股票市场是有经验的人获得很多的钱,有钱的人获得很多经验的地方。
——美国著名炒股家朱尔

没有 不赚钱的股市　**只有** 不会炒股的人

炒股知识小百科

康成福　吴晶 ◎ 编著

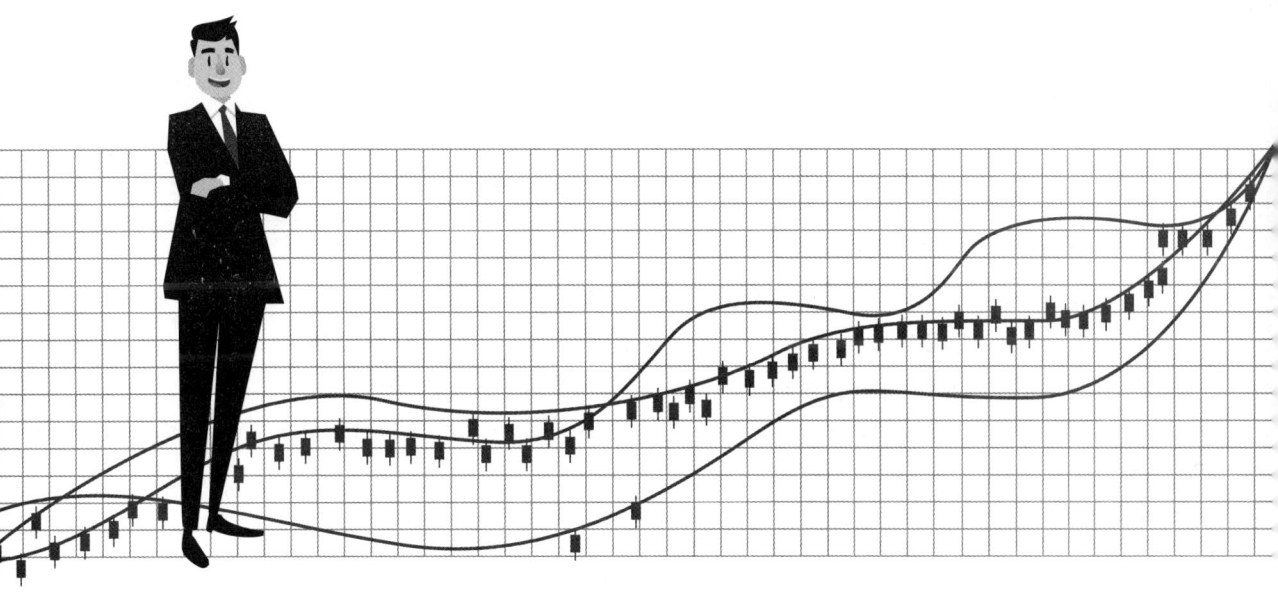

立信会计出版社

图书在版编目（CIP）数据

炒股知识小百科/康成福，吴晶编著．—上海：立信会计出版社，2011.5

（超值金版）

ISBN 978-7-5429-2842-9

Ⅰ．①炒⋯ Ⅱ．①康⋯ ②吴⋯ Ⅲ．①股票交易—基本知识 Ⅳ．①F830.91

中国版本图书馆CIP数据核字（2011）第047181号

策划编辑　蔡伟莉
责任编辑　蔡伟莉
封面设计　李爱雪

炒股知识小百科

出版发行	立信会计出版社
地　　址	上海市中山西路2230号　邮政编码　200235
电　　话	(021) 64411389　传　真　(021) 64411325
网　　址	www.lixinaph.com　电子邮箱　lxaph@sh163.net
网上书店	www.shlx.net　电　话　(021) 64411071
经　　销	各地新华书店
印　　刷	北京柯蓝博泰印务有限公司
开　　本	787毫米×1092毫米　1/16
印　　张	25
字　　数	585千字
版　　次	2011年5月第1版
印　　次	2019年3月第3次
书　　号	ISBN 978-7-5429-2842-9/F
定　　价	58.00元

如有印订差错，请与本社联系调换

目 录

第1篇 股票操作入门知识

第1章 股票的基本概念 2
股票的概念 2
股票的内容 3
股票的性质 3
股票的分类 5
我国股票的分类 7
股票的作用——对于上市公司来说 8
股票的作用——对于股民来说 8
股票与储蓄的比较 9
股票与债券的比较 10
股票与投资基金的比较 11
股票与期货的比较 12

第2章 股息和红利 13
股息和红利的来源 13
股息与红利的发放方式 14
除权与除息 15
送红股的利弊 16
配股的利弊 17
股息红利与投资回报 20
业绩增长与投资回报 21

第3章 股票市场 22
证券机构与股市 22
股市的基本功能 23
股市的负面作用 24

股权分置的概念与背景 ………………………………………… 25
股票指数 …………………………………………………………… 26
股价平均数的计算 ………………………………………………… 27
股票指数的计算 …………………………………………………… 28
几种著名的股票指数 ……………………………………………… 29
我国的股票指数 …………………………………………………… 31
股票指数与投资收益 ……………………………………………… 32
股票市场与零和博弈 ……………………………………………… 33

第4章 股票市场交易 …………………………………………… 36

股市交易基本名词概念——交易制度类 ………………………… 36
股市交易基本名词概念——研判分析类 ………………………… 38
股市交易基本名词概念——实盘交易类 ………………………… 40
开户 ………………………………………………………………… 43
成交的基本原则 …………………………………………………… 45
电脑自动交易竞价作业程序 ……………………………………… 46
股票交易的集合竞价制度 ………………………………………… 47
B股交易规则 ……………………………………………………… 49
B股交易常见问题 ………………………………………………… 50
股票交易费用 ……………………………………………………… 53

第5章 股票市场的风险 ………………………………………… 55

"股市有风险,入市须谨慎" ……………………………………… 55
股市风险的种类 …………………………………………………… 57
股市风险的成因 …………………………………………………… 58
股市风险的度量 …………………………………………………… 60
股市风险的回避 …………………………………………………… 61
系统风险及其防范 ………………………………………………… 62
规避风险的交易策略 ……………………………………………… 63
机构大户设置陷阱的一般手法 …………………………………… 66
中、小散户防范股市陷阱的有效方法 …………………………… 67

第2篇 宏观经济面分析

第6章 国内宏观经济指标与股票的走势分析 ... 70
- 国内生产总值(GDP)与股票市场 ... 70
- 通货膨胀与股票市场 ... 77
- 利率与股票市场 ... 88
- 汇率与股票市场 ... 92
- 平均利润率与股票价格 ... 93

第7章 宏观经济政策与股票的走势分析 ... 96
- 财政政策与股票市场 ... 96
- 货币政策与股票市场 ... 96
- 供给政策与股票市场 ... 97

第8章 经济周期与股票的走势分析 ... 98
- 经济周期的含义 ... 98
- 经济周期的特征 ... 98
- 经济周期的四个阶段 ... 98
- 长期增长和经济周期 ... 99
- 拐点何时到来 ... 100
- 投资时钟 ... 100
- 如何使用投资时钟 ... 100
- 美林的测试结果 ... 101

第3篇 上市公司基本面分析

第9章 股票的估值 ... 104
- 股票的五种价值 ... 104
- 什么是股票的估值 ... 105
- 估值是基本面分析的第一要事 ... 106
- 绝对估值法:两种贴现模型 ... 106
- 相对估值法概述 ... 107

相对估值法Ⅰ——市盈率PE(股价/每股收益) …………………… 108
相对估值法Ⅱ——市净率PB(股价/每股净资产) …………………… 108
相对估值法Ⅲ——净资产收益率ROE(税后利润/净资产) …………… 109
相对估值法Ⅳ——PEG估值法(个股动态市盈率/税后利润增长率) …… 110
联合估值法 …………………………………………………………… 111
防止估值失误的对策——安全边际原则 …………………………… 111

第10章 上市公司经营层面分析 …………………………………… 114

选择优秀公司的核心是分析公司 …………………………………… 114
上市公司产品的竞争能力分析 ……………………………………… 115
上市公司经营管理能力分析 ………………………………………… 117
上市公司成长性分析 ………………………………………………… 119
上市公司竞争优势分析 ……………………………………………… 120

第11章 上市公司财务分析 ………………………………………… 128

投资者衡量股价应先进行财务分析 ………………………………… 128
分析资产负债表 ……………………………………………………… 129
分析利润表及利润分配表 …………………………………………… 133
分析现金流量表 ……………………………………………………… 135
分析财务状况变动表 ………………………………………………… 137
如何辨别上市公司财务造假 ………………………………………… 139

第12章 巴菲特的上市公司分析方法 ……………………………… 143

投资集中在几家杰出的公司身上 …………………………………… 143
巴菲特不愿投资的企业 ……………………………………………… 147
如果不了解他们生产什么,最好不要投资 ………………………… 149
从企业前途的角度来投资 …………………………………………… 149
永远做价格合理的生意 ……………………………………………… 154
最值得投资的行业 …………………………………………………… 157
从弹珠生意到评估企业的角度 ……………………………………… 160
好的东西,是越多越好 ……………………………………………… 162
投资企业需具备的三个因素 ………………………………………… 166
考察企业管理者的三大准则 ………………………………………… 168
考察财务方面的四大准则 …………………………………………… 172

第4篇　股票操作技术分析

第13章　股票技术分析概述 …………………………………… 176
- 技术分析的含义 …………………………………… 177
- 技术分析与基础分析的区别 …………………………………… 178
- 技术分析的要素 …………………………………… 178
- 技术分析方法分类 …………………………………… 180
- 技术分析方法的应用原则 …………………………………… 182
- 技术分析的缺陷 …………………………………… 183

第14章　技术分析的基本理论 …………………………………… 185
- 道氏理论 …………………………………… 185
- 波浪理论 …………………………………… 190
- 随机漫步理论 …………………………………… 192
- 股市发展阶段与成长周期理论 …………………………………… 194
- 信心理论 …………………………………… 196
- 亚当理论 …………………………………… 197
- 相反理论 …………………………………… 197
- 黄金分割率理论 …………………………………… 201

第15章　图表分析技术 …………………………………… 203
- 市场趋势的定义和分类 …………………………………… 203
- 支撑线和压力线 …………………………………… 204
- 趋势线 …………………………………… 207
- 通道线 …………………………………… 209
- 扇形线 …………………………………… 210
- 速度线 …………………………………… 212
- 费波纳奇扇形线和弧形线 …………………………………… 213
- 线性回归带 …………………………………… 214
- 百分比线 …………………………………… 215

第16章　K线图与K线分析 …………………………………… 217

K线图形的历史 …… 217
K线图形的制作 …… 218
K线图的时间单位 …… 219
K线形态分析Ⅰ:长阳线 …… 220
K线形态分析Ⅱ:长阴线 …… 222
K线形态分析Ⅲ:十字线 …… 224
K线形态分析Ⅳ:纺锤线 …… 226
K线形态分析Ⅴ:锤头线与上吊线 …… 227
K线形态分析Ⅵ:流星线 …… 230
双日K线的组合分析Ⅰ:组合线形的画法 …… 231
双日K线的组合分析Ⅱ:乌云密布 …… 232
双日K线的组合分析Ⅲ:雨过天晴 …… 232
双日K线的组合分析Ⅳ:多头吞吃 …… 233
双日K线的组合分析Ⅴ:空头吞吃 …… 234
双日K线的组合分析Ⅵ:蛇吞象 …… 235
双日K线的组合分析Ⅶ:缺口 …… 237
双日K线的组合分析Ⅷ:功能性缺口 …… 239
双日K线的组合分析Ⅸ:普通缺口 …… 239
双日K线的组合分析Ⅹ:三个缺口 …… 240
三日K线和多日K线组合分析Ⅰ:黄昏星 …… 241
三日K线和多日K线组合分析Ⅱ:晨星 …… 241
三日K线和多日K线组合分析Ⅲ:红三兵 …… 242
三日K线和多日K线组合分析Ⅳ:黑三鸦 …… 243
三日K线和多日K线组合分析Ⅴ:上升三部曲 …… 243
三日K线和多日K线组合分析Ⅵ:下降三部曲 …… 244
K线分析技术总结 …… 245

第17章 分时走势图分析 …… 246

分时走势图的含义 …… 246
大盘指数分时走势图 …… 247
个股分时走势图 …… 248
走势图与K线图 …… 250
开盘定性分析 …… 250
开盘后30分钟走势分析 …… 251

中午收市前30分钟走势分析 ·········· 252
下午13:00开盘走势分析 ············ 253
尾盘45分钟走势分析 ·············· 253
个股开盘异常走势分析 ············· 253
个股盘中异常走势 ················ 253
个股尾盘异常走势 ················ 254

第18章 技术指标分析 ················ 255

移动平均线:MA ················· 255
振动升降指标:ASI ··············· 257
平均线差:DMA ·················· 259
动向指数:DMI ·················· 260
指数平均数:EXPMA ·············· 263
平滑异同移动平均线:MACD ······· 264
梅斯线:MASS ··················· 266
抛物线转向:SAR ················ 268
三重指数平滑移动平均数:TRIX ···· 269
布林线:BOLL ··················· 270
瀑布线 ························· 271
佳庆变异率:VCI ················· 273
十字过滤线:VHF ················ 274
宝塔线:TOW ···················· 275
均量线 ························· 276
威廉指标:%R ··················· 277
乖离率:BIAS ··················· 279
顺势指标:CCI ·················· 280
区间振荡线:DPO ················ 282
随机指标:KDJ ·················· 283
资金流量指标:MFI ··············· 285
动量线:MOM ···················· 287
振荡量指标:OSC ················ 288
心理线:PSY ···················· 289
变动率指标:ROC ················ 290
相对强弱指数:RSI ··············· 291

终极指标:UOS ··· 293
支撑压力指标:MIKE ··· 295
逆势操作系统:CDP ·· 296
人气和意愿指标:AR、BR与CR ·· 297
简易波动指标:EMV ·· 298
负量指标:NVI ··· 300
能量潮指标:OBV ··· 301
正量指标:PVI ··· 302
指数点成交值:TAPI ··· 304
成交量比率:VR ··· 305
威廉变异离散量:WVAD ·· 306
佳庆指标:CHAIKIN ·· 308
成交笔数分析 ·· 310
逆时钟曲线 ··· 310
绝对广量指标:ABI ··· 312
腾落指数:ADL ·· 313
涨跌比率:ADR ·· 315
阿姆氏指标:ARMS ·· 316
广量冲力指标:BTI ··· 318
麦克连指标:MCL ··· 320
麦氏综合指标:MSI ··· 321
超买超卖指标:OBOS ··· 322
指数平滑广量指标:STIX ··· 333

第5篇　股票操作民间智慧

第19章　选股智慧 ·· 326
选股第1招:洞悉成交量的变化 ·· 326
选股第2招:寻找稳赚图形 ·· 329
选股第3招:分析平均线系统 ··· 335
选股第4招:掌握主力的动向 ··· 338
选股第5招:了解个股特性 ·· 342
选股第6招:分析炒作题材 ·· 344

第20章 不同时机的投资技巧 ····· 347
新股发行时投资的技巧 ····· 347
新股上市时投资的技巧 ····· 348
分红派息前后投资的技巧 ····· 349
多头市场除息期投资的技巧 ····· 350
股价回档时投资的技巧 ····· 350
彷徨走势时投资的技巧 ····· 351
乖离走势时投资的技巧 ····· 351
淡季时投资的技巧 ····· 352
超买超卖时投资的技巧 ····· 352
多头市场投资的技巧 ····· 353
高价买进的技巧 ····· 353
买涨与买未涨的技巧 ····· 354
换手的技巧 ····· 354

第21章 解密庄家,与庄共舞 ····· 355
如何估算庄家仓位轻重 ····· 355
庄家的基本手法 ····· 356
庄家操盘五部曲 ····· 357
如何判断主力在洗盘 ····· 359
主力试盘手法揭秘 ····· 359
买卖盘是主力动向的窗口 ····· 360
主力护盘的特征 ····· 361
机构操盘的惯用伎俩 ····· 362

第22章 股票买卖操作方法 ····· 364
顺势投资法 ····· 364
"拔档子"操作法 ····· 364
保本投资法 ····· 365
守株待兔法 ····· 365
以静制动法 ····· 366
摊平操作法 ····· 366
加码买进匀低成本法 ····· 367

金融资产的投资三分法 ··· 367
分散投资组合法 ··· 368
按投资期限制定的比例组合法 ····································· 368
试探性分开投资法 ··· 368
由风险情况制定的组合法 ··· 369
计划模式法 ·· 369

第 23 章 炒股的心理建设 ··· 371
炒股盈利的思考方式 ··· 371
成功投资者所具有的共性 ··· 373
华尔街的家训 ·· 376
炒股成功的心理障碍 ··· 380
影响盈亏的三个心理因素 ··· 381
决胜股市的正确心态 ··· 383
怎样养成正确的炒股心态 ··· 384

第1篇

股票操作入门知识

第1章

股票的基本概念

股票的概念

什么是股票？股票是一种由股份有限公司签发的用以证明股东所持股份的凭证，它表明股票的持有者对股份公司的部分资本拥有所有权。由于股票包含有经济利益，且可以上市流通转让，股票也是一种有价证券。

股票的用途有三点：

(1)作为一种出资证明，当一个自然人或法人向股份有限公司参股投资时，便可获得股票作为出资的凭据。

(2)股票的持有者可凭借股票来证明自己的股东身份，参加股份公司的股东大会，对股份公司的经营发表意见。

(3)股票持有人凭借着股票可获得一定的经济利益，参加股份公司的利润分配，也就是通常所说的分红。

在现实的经济活动中，人们获取股票通常有以下四种途径：

(1)作为股份有限公司的发起人而获得股票，如我国许多上市公司都由国有独资企业转为股份制企业，原企业的部分财产就转为股份公司的股本，相应地原有企业就成为股份公司的发起人股东。

(2)在股份有限公司向社会募集资金而发行股票时，自然人或法人出资购买的股票，这种股票通常被称为原始股。

(3)在二级流通市场上通过出资的方式受让他人手中持有的股票，这种股票一般称为二手股票，这种形式也是我国股民获取股票的最普遍形式。

(4)他人赠与或依法继承而获得的股票。

不论股票的持有人是通过何种途径获得股票，只要他是股票的合法拥有者，持有股票，就表明他是股票发行企业的股东，可享有相应的权利与义务。

股票最早出现于资本主义国家。在17世纪初期，随着资本主义大工业的发展，企业生产经营规模不断扩大，由此产生的资本短缺、资本不足便成为制约着资本主义企业经营和发展的重要因素之一。为了筹集更多的资本，出现了以股份公司形态，由股东共同出资经营的企业组织，进而又将筹集资本的范围扩展至社会，产生了以股票这种表示投资者投资入股，并按出资额的大小享受一定的权益和承担一定责任的有价凭证，并向社会公开发行，以吸收和集中分散在社会上的资金。世界上最早的股份有限公司制度诞生于1602年，即在荷兰成立的东印度公司。股份有限公司这种企业组织形态出现以后,很快为资本主义国家广泛利用,成为资本主义国家企业组织的重要形式之一。

伴随着股份公司的诞生和发展,以股票形式集资入股的方式也得到发展,并且产生了买卖交易转让股票的需求。这样,就带动了股票市场的出现和形成,并促使股票市场完善和发展。据文献记载,早在1611年就曾有一些商人在荷兰的阿姆斯特丹进行荷兰东印度公司的股票买卖交易,形成了世界上第一个股票市场,即股票交易所。目前,股份有限公司已经成为资本主义国家最基本的企业组织形式;股票已经成为资本主义国家业筹资的重要渠道和方式,亦是投资者投资的基本选择方式;而股票的发行和市场交易亦已成为资本主义国家证券市场的重要基本经营内容,成为证券市场不可缺少的重要组成部分。

股票的内容

股票作为一种重要的金融工具,它不但要经国家有关部门的核准才能发行,且在其票面必须具备一些基本的内容。在我国,现在所有股票的发行都必须征得中国证券监督管理委员会的审核批准。另外,股票在制作程序、记载的内容和记载方式上都必须规范化,并须符合有关的法律规定和公司章程的规定。

一般情况下,股票上应具备以下内容:

(1) 发行该股票的股份有限公司的全称,该公司依据何处法律在何处注册登记及其注册的日期、注册地址。

(2) 发行的股票总额、股数和每股金额。

(3) 股票的类别。根据股票持有人权利及义务的不同,股票可分为多种类型。目前在我国上海证券交易所及深圳证券交易所流通和转让的股票都是普通股票,一般都不注明类型。但如果是特别股票,在票面上就应当标明其股票种类。

(4) 股票的票面金额及其所代表的股份数。

(5) 股票的发行日期及股票编号。如果是记名股票,则要写明股票持有者(股东)的姓名。

(6) 股票发行公司的董事长或董事签章,主管机关或核定发行登记机构的签章。

(7) 印有供转让股票时所用的表格。

(8) 股票的发行公司认为应当载明的注意事项。

由于现代科学技术的发展,我国现有的沪深股市股票的发行和交易都借助电子计算机及高科技通讯系统进行,上市的股票已实现了无纸化,所以现在的股票仅仅只是计算机系统内的一串符号而已。但在法律上,上市挂牌的股票都必须具备上述这些内容。

股票的性质

股票虽然只是一种凭证,但由于股票的持有人凭着股票可获得一定的经济利益并享有相应的权利,所以股票是一种有价证券,并具有以下一些性质。

1. 收益性

股票的收益性主要表现在股票的持有人都可按股份公司的章程从公司领取股息和红利,从而获取购买股票的经济利益,这也是股票购买者向股份有限公司投资的基本目的,也是股份有限公司发行股票的必备条件。如我国有相关法律规定,一个公司的股票在证券交易所挂牌前三年必须连续盈利,这就为上市股票的收益性提供了一定的保障,因为盈利是股票分红的必要前提条件。但值得注意的是,股票挂牌后公司是否能继续盈利且盈利多少是无法预测的。在上市公司中,虽然亏损的比例很小,但企业间的盈利水平却相差很大。

2. 风险性

任何一项投资都伴随着风险存在,股票投资也不例外。股票的风险主要表现在以下两点:其一,影响股份公司经营的因素繁多且变化不定,公司每年的经营业绩都不确定,而股票的股息和红利是根据公司具体盈利水平确定的。盈利多,股息红利就可多发;经营不佳盈利少,股东的收益就少,有时甚至无股息红利可分;若公司破产,则股票持有者就可能血本无归。其二,当投资者购买的是二级市场上流通的股票时,股票的价格除受公司的经营业绩影响外,还要受众多其他因素的影响。当股票的价格下跌时,股票持有者会因股票的贬值而蒙受损失。但二级市场股价的波动并不影响上市公司的经营和业绩,如股民购买股票的目的是为获取上市公司的股息和红利,则二级市场上股价的波动对其经济利益并无实质性的影响。

3. 流通性

经国家证券管理部门或证券交易所同意后,股票可以在证券交易所流通或进行柜台交易,股票的持有者就可将股票按照相应的市场价格转让给第三者,将股票所代表着的股东身份及各种权益出让给受让者。当持有的股票是可流通股时,其持有人可在任何一个交易日到市场上将其兑现,这就是股票的流通性。但不论在哪一国家或地区,能上市流通的股票所占的比例都很小,如我国现在上市的企业只有1 400多家。一般来说,在证交所挂牌的上市公司占股份制企业的比例在5%左右,并不是所有的股票都能在市场上流通转让。

4. 参与性

根据公司法的规定,股票的持有者就是股份有限公司的股东,他有权出席股东大会、参加公司董事机构的选举及公司的经营决策。也正因为如此,股东的投资意志和经济利益才能通过其行使的股东参与权而得到强化。如最近几年,沪深股市中的上市公司已有多起分红方案和配股议案被股东大会推翻,从而维护了股东的经济利益。虽然股东参与股东大会的权利不受所持股票多寡的限制,但参与经营决策的权利大小是要取决于其持有的股票份额的。一般来说,当股东持有的股票数额达到决策所需的相对多数时,他就成为股份有限公司的决策者。

5. 稳定性

股票是一种无期限的法律凭证,它反映的是股东与股份公司之间比较稳定的经济关系。在向股份公司参股投资而取得股票后,任何股东都不能退股,股票的有效存在是与股份有限公司的存续相联系的,即股票是与发行公司共存亡的。对于股票持有者来说,只要其持有股票,其股东身份和股东权益就不能改变。若要改变股东身份,只有将股票转售给第三人或者等待公司的破产清盘。

股票的分类

由于股票包含的权益不同,股票的形式也就多种多样。一般来说,股票可分为普通股股票和优先股股票。由于我国的股份制改造起步较晚,股票的分类尚不规范,其类型具有一些特殊性。

1. 普通股股票

所谓普通股股票,就是持有这种股票的股东都享有同等的权利,他们都能参加公司的经营决策,其所分取的股息红利是随着股份公司经营利润的多寡而变化。而其他类型的股票,其股东的权益或多或少都要受到一定条件的限制。

普通股股票的主要特点如下:

(1)普通股股票是股票中最普通、最重要的股票种类。股份公司在最初发行的股票一般都是普通股股票,由于它在权利及义务方面没有特别的限制,其发行范围最广且发行量最大,所以股份公司的绝大部分资金都是通过发行普通股股票筹集而来的。

(2)普通股股票是股份有限公司发行的标准股票,其有效期限是与股份有限公司相始终的,此类股票的持有者是股份有公司的基本股东。

(3)普通股股票是风险最大的股票。持有此类股票的股东获取的经济利益是不稳定的,它不但要随公司的经营水平而波动,且其收益顺序比较靠后,这就是股份公司必须在偿付完公司的债务和所发行的债券利息以及优先股股东的股息以后才能给普通股股东分红。所以持有普通股股票的股东其收益最不稳定,其投资风险最大。

对股份公司而言,持普通股股票的股东所处的地位是绝对平等的,在股份有限公司存续期间,他们都毫无例外地享有下述权利,法律和公司章程对此没有任何特别的限制。

(1)通过参加股东大会来参与股份公司的重大经营决策。一般来说,股份公司每一年度都至少要召开一次股东大会,在遇到重大事件时还要召开临时股东大会。在股东大会上,股东除了听取公司董事会的业务和财务报告外,还可对公司的经营管理发表意见,参加公司董事会和监事会的选举。如果认为公司的账目不清时,股东还有权查阅公司的有关账册。如果发现董事违法失职或违反公司章程而损害公司利益时,普通股股东有权将之诉诸法庭。

(2)具有分配公司盈余和剩余资产的权利。在经董事会决定之后,普通股股东有权按顺序从公司经营的净利润中分取股息和红利。在股份有限公司解散清算时,有权按顺序和比例分配公司的剩余资产。

(3)优先认股权。当股份公司为增加公司资本而决定增资扩股时,普通股股东都有权按持股比例优先认购新股,以保证普通股股东在股份有限公司中的控股比例不变。以前,我国的上市公司在配股时,都是按比例先配给现有的普通股股东。当普通股股东不愿或无力参加配股时,它可放弃配股或按相应的规定将配股权利转让与他人。

2. 优先股股票

所谓优先股股票是指持有该种股票股东的权益要受一定的限制。优先股股票的发行一般是股份公司出于某种特定的目的和需要,且在票面上要注明"优先股"字样。优先股股东的特别权利就是可优先于普通股股东以固定的股息分取公司收益并在公司破产清算时优先分取剩余资产,但一般不能参与公司的经营活动,其具体的优先条件必须由公司章程加以明确。

一般来说,优先股的优先权有以下四点:

(1)在分配公司利润时,可先于普通股且以约定的比率进行分配。

(2)当股份有限公司因解散、破产等原因进行清算时,优先股股东可先于普通股股东分取公司的剩余资产。

(3)优先股股东一般不享有公司经营参与权,即优先股股票不包含表决权,优先股股东无权过问公司的经营管理,但在涉及优先股股票所保障的股东权益时,优先股股东可发表意见并享有相应的表决权。

(4)优先股股票可由公司赎回。由于股份有限公司需向优先股股东支付固定的股息,优先股股票实际上是股份有限公司的一种举债集资的形式,但优先股股票又不同于公司债券和银行贷款,这是因为优先股股东分取收益和公司资产的权利只能在公司满足了债权人的要求之后才能行使。优先股股东不能要求退股,却可以依照优先股股票上所附的赎回条款,由股份有限公司予以赎回。

大多数优先股股票都附有赎回条款。如果将优先股股票细分,它还有以下几种类型:

(1)累积优先股股票和非累积优先股股票。累积优先股股票是指在上一营业年度内未支付的股息可以累积起来,由以后财会年度的盈利一起付清。非累积优先股股票是指只能按当年盈利分取股息的优先股股票,如果当年公司经营不善而不能分取股息,未分的股息不能予以累积,以后也不能补付。

(2)参加分配优先股股票和不参加分配优先股股票。参加分配优先股股票是指其股票持有人不仅可按规定分取当年的定额股息,还有权与普通股股东一同参与利润分配的优先股股票。不参加分配优先股股票,就是只能按规定分取定额股息而不再参加其他形式分红的优先股股票。

(3)可转换优先股股票和不可转换优先股股票。可转换优先股股票是指股票持有人可以在特定条件下按公司条款把优先股股票转换成普通股股票或公司债券的股票,而不可转换优先股股票是指不具有转换为其他金融工具功能的优先股股票。

(4)可赎回优先股股票和不可赎回优先股股票。可赎回优先股股票是指股份有限公司可以一定价格收回的优先股股票,又称可收回优先股股票,而不附加有赎回条件的优先股股票就是不可赎回优先股股票。

(5)股息可调整优先股股票。它是指股息率可以调整变化的优先股股票,其特点是优先股股票的股息率可随相应的条件进行变更而不再事先予以固定。

3. 其他类型股票

除了普通股股票和优先股股票外,根据股票持有者对股份公司经营决策的表决权,股票又可分为表决权股股票和无表决权股股票;根据股票的票面是否记载有票面价值,股票又可分为有额面股股票和无额面股股票;根据股票的票面是否记载有股东姓名,股票可分为记名股票和不记名股票。除此之外,还有库藏股票、偿还股票、职工内部股票和储蓄股票等。在这些股票当中,比较特殊的是后配股股票和混合股股票。

(1)后配股股票,又称劣后股股票,是指在规定的日期或规定的事件发生以后才能分享股息红利和公司剩余资产的股票。具体来讲,后配股股票股东行使的收益权顺序位于普通股股东之后,但行使的股东权和普通股股东一致,即可通过股东大会参与股份公司的经营决策。后配股股票的收益极不稳定且没有保障,其股东地位要强于优先股股东。即使如此,一般的投资者都不愿意接受,所以后配股股票一般都是无偿地向公司发起人或参与公司经营的股东管理人赠送,故后配股股票也称为发行人股或管理人股。

(2)混合股股票是将优先分取股息的权利和最后分配公司剩余资产的权利相结合而构成的股票。具体地讲,股份有限公司在分配股息时,混合股股东先于普通股股东行使权利。而在公司清算时,混合股股东分配公司剩余财产的顺序又处于普通股股东之后,混合股股票是优先股与后配股的结合体。

我国股票的分类

由于我国股市正经历着先发展、后规范的历程,我国股票的通俗分类和国外有所不同。在没有进行股权分置改革之前,我国上市公司的股票,按照是否流通,可将其分为流通股及非流通股两大类。目前随着股权分置改革的进行,非流通股票正在减少。

1. 可流通股股票

可流通股股票是指在上海证券交易所、深圳证券交易所及北京两个法人股系统STAQ、NET上流通的股票。由于中国证监会在1992年10月成立,所以在此之前的股票上市都是由各证券交易系统自己审批的,而在此之后,所有股票的上市流通都统一归口由中国证券监督管理委员会管理。

在可流通的股票中,按市场属性的不同可分为A股、B股、法人股和境外上市股票。

A股股票是指已在或获准在上海证券交易所、深圳证券交易所流通的且以人民币为计价币种的股票,这种股票按规定只能由我国居民或法人购买,所以我国股民通常所言的股票一般都是指A股股票。

B股股票是以人民币为股票面值、以外币为认购和交易币种的股票,它是境外投资者向我国的股份有限公司投资而形成的股份,在上海和深圳两个证券交易所上市流通。

H股是以港元计价在香港发行并上市的境内企业的股票。

此外,中国企业在美国、新加坡、日本等地上市的股票,分别称为N股、S股和T股。另外,值得一提的是,沪市挂牌B股以美元计价,而深市B股以港元计价,故两市股价差异较大。如果将美元、港元以人民币进行换算,便知两地股价大体一致。以字母代称进行股票分类,不甚规范,根据中国证监会要求,股票简称必须统一、规范。可以相信,随着我国股市的进一步发展,A股、B股、H股等称谓将成为历史。

2. 非流通股

在上市公司的股票中,非流通股股票主要是指暂时不能上市流通的国家股和法人股,其中国家股是在股份公司改制时由国有资产折成的股份,而法人股一部分是成立股份公司之初由公司的发起人出资认购的,另一部分是在股份有限公司向社会公开募集股份时专门向其他法人机构募集而成的。这一部分股票未上市流通的原因:其一是国家股的代表人尚未确定,其上市转让难以操作;其二是在发行股票时,部分法人股的募集和社会公众股条件有所不同;其三是国家股和法人股在上市公司的总股本中所占比例高达2/3,其上市流通会对现在的二级市场形成较大的冲击。随着我国股权分置改革的深入、股市的成熟和发展,这一部分股票必然将会进入沪深股市的二级流通市场。

股票的作用——对于上市公司来说

对于发行者说,股票的基本作用有四点。

1. 股票是筹集资金的有效手段

股票的最原始作用就是筹集资金。通过发行股票,股份公司可广泛地吸引社会暂时闲置的资金,在短时间内把社会上分散的资金集中成为巨大的生产资本,组成一个"社会企业"——股份有限公司。而通过二级市场的流通,又能将短期资金通过股票转让的形式衔接为长期资金。正是基于这个特点,现今世界上许多国家特别是西方一些发达国家,都是通过发行股票的形式来组织股份有限公司,以经营工业、农业、运输业、金融保险业中的一些大企业。我国一些股份公司发行股票的主要目的也是筹集企业进一步发展所需的资金。

2. 通过发行股票来分散投资风险

发行股票的第二个作用就是分散投资风险。无论是哪一类企业,总会有经营风险存在,特别是一些高新技术产业,由于产品的市场前景不明朗,技术工艺尚待成熟和稳定,在经营过程中,其风险就更大。对这些前景难以预测的企业,当发起人难以或不愿承担所面临的风险时,他们总会想方设法地将风险转嫁或分摊于他人,而通过发行股票来组成股份公司就是分散投资风险的一个好方法。即使投资失败,各个股东所承受的损失也非常有限。

3. 通过发行股票来实现创业资本的增值

在股票发行市场上,股票的发行价总是和企业的经营业绩相联系的。当一家业绩优良的企业发行股票时,其发行价都要高出其每股净资产的许多,若遇到二级市场的火爆行情,其溢价往往能达到每股净资产的2~3倍甚至更多,而股票的溢价发行又使股份公司发起人的创业资本得到增值。如我国上市公司中国家股都是由等量的净资产折价入股的,其一元面值的股票对应的就是其原来一元的净资产。而通过高溢价发行股票后,股份公司每股净资产含量就能提高30%甚至更多。

4. 通过股票的发行上市起到广告宣传作用

由于有众多的社会公众参与股票投资,股市就成为舆论宣传的一个热点,各种媒介每天都在反复传播股市信息,无形之中就提高了上市公司的知名度,起到了宣传广告作用。

股票的作用——对于股民来说

而对于股票的购买者来说,股票的基本作用有如下三点。

1. 股票是大众投资工具

由于股票具有收益性,股票投资就成为大众投资的一种工具。人们总是希望钱能生钱,而除了银行存款、购买债券及亲自创办经济实体以外,通过购买股票也可取得收益,实现资本的增值。

2. 通过购买股票来实现生产要素的组合

通过购买股票,投资者可非常方便地实现参股投资或控股及购买、兼并股份公司的目的,从而实现生产要素的组合,以提高企业的经营效益。如美国和日本的大型企业,通过购买我国江西的江铃汽车股票、北京的北旅汽车股票来参与这两家上市公司的经营管理,将西方先进的技术和管理方式引进这两家企业,从而实现生产要素的组合,达到提高经营效益的目的。

3. 通过购买股票进行赌博或投机

由于受众多因素的影响,股票价格具有较强的波动性,因而人们可通过股票来进行投机活动,从买进卖出中赚取股票的价差,这也是股票市场吸引众多投资者的原因之一。而又由于股票价格特别是其短期趋势较难预测,股民投资股市时并不作基本的分析研究,就是进行详细的分析也不一定能把握胜机,所以许多股民往往都抱着一赌而决胜负的心理进行股票投资,故股票有时也成为某些股民变相赌博的一种工具。

股票与储蓄的比较

股票和储蓄存款在形式有一定的相似性,都是货币的所有人将资金交付给股份公司或银行,相应地有权获取收益,但股票与储蓄存款在实质上有根本的不同。

1. 股票与储蓄存款虽然都是建立在信用的基础上,但其性质不同

股票是以资本信用为基础,它体现着股份公司与股东之间围绕着投资而形成的权利和义务关系。而储蓄存款则是一种银行信用,它所建立的是银行与储户之间的借贷性债权债务关系。股票的购买者是股份公司的股东,而存款人实际上是贷款人,他将自己暂时闲置的资金借与银行。

2. 股票持有人和银行储户的法律地位及权利内容有所不同

股票持有人和储户虽然都享有一定的权利,承担相应的责任,但股票持有人处于股东的地位,有权参与股份有限公司的生产经营决策。而储户则仅仅是银行的债权人,其债权的内容限于定期收回本金和获取利息,但不能参与债务人的经营管理,对其经营状况不负任何责任。

3. 股票和储蓄存款虽都可使货币增值,但其风险性不同

股票是向股份有限公司的直接投资,它可根据股份有限公司的经营状况和盈利水平直接获取所追求的收益——股息和红利。这一收益可以很高,也可能很低或没有,它随股份公司的经营业绩而定,每年都有所不同,处于一种经常性的变动之中。而储蓄存款则仅仅是通过实现货币的储蓄职能来取得收益——存款利息。这一增值部分是事先约定的、固定的,它不会受银行经营的影响。

4. 股票和储蓄存款的存续时间和转让条件不同

股票是无期限的,不管情况如何变化,股东都不能要求股份公司退股而收回股本,但可以进行买卖和转让。而储蓄存款一般是有固定期限的,储蓄存款人到期就可收回本金和利息。即使提前支取,任何形式的储蓄都能收回本金,而股票只能到证券市场去转让,其价格要随行就市,能否收回投资要视交易时的股市行情而定。

5. 股票与储蓄的成本不同

在购买股票时,股民需要投入相当的精力去关注股市行情的变化,通过阅读相关的报刊杂志以获取信息资料,来帮助其研究上市公司的经营情况,从而决定股票的买进卖出。而储蓄存款只需根据利率事先选择好存款期限即可,无需花费过多的精力和物力。

6. 股票与储蓄收益的计算根据不同

储户存款所获利息是根据存款的本金来计算的,其收益的多少与投入的资金数量成正比,存得越多,收益越大;而股息红利是根据股民所持股票数量来派发的,与股民投入资金的数量并没有直接的联系。有些股民投入的资金数量虽然很大,但由于购买的股票价格较高,其收益可能要远远低于同期的银行储蓄利息。

股票与债券的比较

股票和债券都是有价证券,股票是股份公司公开发行用以证明出资人和股东身份的凭证;而债券是政府或企业为了筹集资金而公开发行的并且承诺在限定的时间内还本付息的证券。它们既存在共同之处,又有本质上的区别。

作为投资手段,股票和债券的作用是相同的,它们一方面可为投资者带来收益;另一方面又能够使发行者筹集到所需的资金。

作为有价证券,经过有关部门审批核准后,两者都可在证券市场进行买卖和转让,其流通价格均要受到银行利率等多重因素的影响。

从投资性质来讲,股票和债券有所不同。认购股票是向股份公司的投资,构成公司的自有资金。相应地,投资者成为公司的股东,与公司之间形成股东权与公司生产经营权的关系。公司的经营状况与股东的利益息息相关,因而股东有权从公司经营中获取收益,有权参与公司的经营决策。而购买债券所投入的资金是发行人所需追加的资金,属于负债的范畴。投资者成为发行者的债权人,与发行人之间产生的是借贷性质的债权债务关系。债券持有人可向发行人行使债权,要求收取利息,但无权参与企业的经营决策。所以股票和债券各自包含的权利内容就不尽相同,股票是一种综合性的股东权,而债券则是债权,其内容包括到期收取利息和本金的权利,在债务人破产时优先分取财产的权利。

从收益多寡与风险程度来讲,股票和债券有所不同。持有股票的股东依法获取的收益是股息和红利。由于它是从公司利润中支出,故其数额事先难以确定,完全依赖于股份有限公司的经营状况。经营好的,则可获取大大高于公司债券的收益;而经营不善的,则可能低于公司债券的收益,甚至分文不收。与持有股票不同,持有公司债券的债权人依法获取的收益是利息,其数额事先固定,并在企业的经营成本中支付,其支付顺序要优先于股票的红利。且企业经营效益的优劣与债券持有人的经济收益呈刚性关系,只要发债企业在经营上实现盈亏平衡,债券持有人到期就能收回本息,企业的盈利水平再高,债券的持有者却不会因此得到额外的利益。

由于股票是一种没有期限的永久性投资,股东不能要求退股,也不一定能获取固定的股息和红利,所以在经济收益上股东要承担较大的投资风险。

而债券则是一种风险很小的保守性投资。原因是:

(1)认购公司债券是有期限的借贷关系,公司债券持有人到期既可收取固定的利

息,又可收回本金。

（2）在收益分配上,公司债券持有人的地位优先于公司股东,特别是在公司经营亏损或破产时,要先偿还公司债权人的本息,然后才能在股东之间分配盈余或剩余财产。

（3）股票和公司债券的流通性有所区别。由于股票是永久性投资,股东不能退股,故只能通过在股票交易市场中买卖转让才能收回投资,加之股票投资的风险性很大,使得股票的流通性较强,相应地其交易价格也就受供求关系的影响而有较大幅度的变化,股东在转让股票时收回的金额与股票市场的波动直接相关。相比之下,公司债券作为有期限的债权凭证,可以定期收取本金,投资风险较小,其流通范围和流通频率均小于股票,交易价格的变动较为平缓。为了维护股份有限公司的资本信用,确保偿债能力,法律对于股份有限公司发行公司债券有所限制。比如规定,公司发行公司债券的总额,不得超过该公司净资产。如果股份有限公司对以前发行的公司债券有迟延支付本息等违约行为的,法律则规定不准再发行新的公司债券等。

股票与投资基金的比较

股票与投资基金,有联系也有区别。联系之处在于当前的很多投资基金都是偏股型基金。也就是说在基金投资的品种中,主要以股票为主。如果投资人购买偏股型基金,则等同于委托基金经理代为投资股票,一般来讲基金经理及其团队具有较为丰富的投资经验和广泛的信息渠道,其投资收益相对比较稳健,基金投资人可以享受专家理财的好处。但是由于国家对基金投资有诸多限制和规范,因此当大盘变换迅速时,作为大资金入市的基金公司"船大难掉头",其投资的灵活性又不及技术娴熟的散户投资人。

具体而言,投资基金与股票的区别如下。

1. 发行主体不同

股票是股份有限公司募集股本时发行的,非股份公司不能发行股票。投资基金是由投资基金公司发行的,它不一定就是股份有限公司,且各国的法律都有规定,投资基金公司是非银行金融机构,但在其发起人中必须有一家金融机构。

2. 股票与投资基金的期限不同

股票是股份有限公司的股权凭证,它的存续期是和公司相始终的,股东在中途是不能退股的。而投资基金公司是代理公众投资理财的,不管基金是开放型还是封闭型的,投资基金都有限期的限定,到期时要根据基金的净资产状况,依投资者所持份额按比例偿还投资。

3. 股票与投资基金的风险及收益不同

股票是一种由股票购买者直接参与的投资方式,它的收益不但受上市公司经营业绩、市场价格波动的影响,且还受股票交易者的综合素质的影响,其风险较高,收益也难以确定。而投资基金则由专家经营、集体决策,它的投资形式主要是各种有价证券及其他投资方式的组合,其收益就比较平均和稳定。

由于基金的投资相对分散,其风险就较小,它的收益可能要低于某些优质股票,但其平均收益不比股票的平均收益差。

4. 投资者的权益有所不同

股票和基金虽然都以投资份额享受公司的经营利润,但基金投资者是以委托投资人的面目出现的,他可以随时撤回自己的委托,但不能参与投资基金的经营管理,而股票的持有人是可以参与股份公司的经营管理的。也就是说,即使你只拥有一股的股票,从法律上讲,你也有资格参加上市公司的股东大会。但无论你购买了多少份基金,你都不能参加基金公司的决策会议。

5. 流通性不同

基金有两类:一类是封闭型基金,它有点类似于股票,大部分都在股市上流通,其价格也随股市行情在波动,它的操作与股票相差不大;另一类是开放型基金,这类基金随时可在基金公司的柜台或者基金公司委托的银行柜台和网上账户买进卖出,其价格与基金的净资产基本等同。所以基金的流动性与公开上市发行的股票的流动性相差无几。

股票与期货的比较

通常所说的股票交易一般都是指股票的现货交易,而股票的现货交易与一般商品的期货有较大的差别。

1. 收益来源不同

股票投资的收益主要来源于两个方面:一是上市公司的股息红利,二就是股票交易的价差;而期货的利润仅来源于价差,它完全依赖于期货交易者对市场价格走势的预测,对则盈、错则损。股票交易是投资、投机均可,而期货交易是纯粹的投机。

2. 收益的大小不同

期货的收益比股票的收益要高,因为期货实行的是保证金交易,其交易额可做到保证金的10~20倍,它可以小博大,而股票的现货交易实行的是全额保证金制度,其收益率比期货要低得多。

3. 风险程度差异较大

期货的风险比股票要大很多倍,如买进股票后价格下跌,股民可耐心等待价格的回升。而期货实行的是每日结算制度,一旦期货合约的价格变化超过一定范围,其保证金就被吃掉,而没有套牢一说,即使以后价格又回到对交易者有利的水平,其以前的交易已被平仓而不算数。所以期货的风险特别大,一旦交易做反了,就会造成血本无归。

4. 时限不同

期货交易在期货合约到期时必须交割或实施反方向的对冲以进行平仓,所以期货有严格的时间限制。而股票在买进后投资者可根据自己的意愿将股票予以存放或依市场行情随时抛出,不受相关时间的限定。

第 2 章

股息和红利

股息和红利的来源

　　股息是股东定期按一定的比率从上市公司分取的盈利；红利则是在上市公司分派股息之后按持股比例向股东分配的剩余利润。获取股息和红利，是股民投资于上市公司的基本目的，也是股民的基本经济权利。

　　一般来讲，上市公司在财会年度结算以后，会根据股东的持股数将一部分利润作为股息分配给股东。根据上市公司的信息披露管理条例，我国的上市公司必须在财会年度结束的120天内公布年度财务报告，且在年度报告中要公布利润分配预案，所以上市公司的分红派息工作一般都集中在次年的第二、第三季度进行。

　　在分配股息红利时，首先是优先股股东按规定的股息率行使收益分配，然后普通股股东根据余下的利润分取股息，其股息率则不一定是固定的。在分取了股息以后，如果上市公司还有利润可供分配，就可根据情况给普通股股东发放红利。

　　股东一年的股息和红利有多少要看上市公司的经营业绩，因为股息和红利是从税后利润中提取的，所以税后利润既是股息和红利的唯一来源，又是上市公司分红派息的最高限额。在上市公司分红派息时，其总额一般都不会高于每股税后利润，除非有前一年度结转下来的利润。由于各国的公司法对公司的分红派息都有限制性规定，如我国就规定上市公司必须按规定的比例从税后利润中提取资本公积金来弥补公司亏损或转化为公司资本，所以上市公司分配股息和红利的总额总是要少于公司的税后利润。

　　由于上市公司的税后利润既是股息和红利的来源，又是它的最高限额，上市公司的经营状况直接关系着股息和红利的发放。在一个经营财会年度结束以后，当上市公司有所盈利时，才能进行分红与派息。且盈利越多，用于分配股息和红利的税后利润就越多，股息和红利的数额也就越大。

　　除了经营业绩以外，上市公司的股息政策也影响股息与红利的派法。在上市公司盈利以后，其税后利润有两大用途，除了派息与分红以外，还要补充资本金以扩大再生产。如果公司的股息政策倾向于公司的长远发展，则就有可能少分红派息或不分红而将利润转为资本公积金；反之，派息分红的量就会大一些。

　　股息和红利的分配受国家税收政策的影响。上市公司的股东不论是自然人还是法人都要依法承担纳税义务，如我国就有明确规定，持股人必须交纳股票收益（股息红利）所得税，其比例是根据股票的面额，超过一年期定期储蓄存款利率的部分要交纳20%的所得税。

上市公司在实施分红派息时,它必须符合法律规定且不得违反公司的章程,这些规定在一定程度上也影响着股息和红利的发放数量。这些规定如下:

1. 必须依法进行必要的扣除后才能将税后利润用于分配股息和红利

其具体的扣除项目和数额比例要视法律和公司章程的规定。上市公司的股东大会和董事会通过的分红决议是不能与法律和公司章程的规定相抵触的。

在上市公司的税后利润中,其分配顺序如下:

(1)弥补以前年度的亏损。

(2)提取法定盈余公积金。

(3)提取任意公积金。

(4)支付优先股股息。

(5)支付普通股股息。

在公司按规定的比例交纳所得税后,将依照注册资本的数额(也就是总股本)提取10%的法定盈余公积,但当法定盈余公积达到注册资本的50%以上时,可不再提取。任意盈余公积和股利由公司董事会根据当年的盈利情况报请公司股东大会批准实施。

2. 分红派息必须执行上市公司已定的股息政策

上市公司一般都要将公司的长远发展需要与股东们追求短期投资收益有机地结合起来,制定相应的股息政策,作为分配股息、红利的根据。

3. 分红派息必须执行同股同利的原则

具体表现在持有同一种类股票的股东在分红派息的数额、形式、时间等内容上不得存在差别,但公司章程另有规定的可例外。如沪深股市的一些上市公司在分红派息时,给个人股或职工内部股送红股,而给法人股或国家股派发现金红利。这实际上是一种不公平行为,它侵犯了法人股和国家股的权益,是同股不同权的表现,所以国有资产管理局多次发文制止同股不同权的分红方式。

4. 上市公司在依上述原则分红派息时,还必须注意有关的法律限制

我国证券市场管理法规对上市公司分红派息的规定,有如下几点:

(1)上市公司在无力偿付到期债务或者实施分红派息后将无力偿付债务时,不得分派股息、红利。即使是公司的总资产额超过了公司所欠债务总额,但是当其流动资金不足以抵偿到期债务时,公司亦不得分派股息、红利。

(2)上市公司分配股息、红利,不得违反公司所签订的有关约束股息、红利分配的合同条款。

(3)上市公司分派股息、红利,依法不得影响公司资产的结构及其正常的运转。如此,公司为了分派股息、红利或收回库藏股票而支出的金额,不得使公司的法定资本(股本)有所减少。

(4)公司董事会的自行限制。其主要表现在分派股息、红利时,不得动用公司董事会为了扩大再生产或应付意外风险而从公司利润中提取的留存收益部分。

股息与红利的发放方式

股息红利作为股东的投资收益,是以股份为单位计算的货币金额,如每股多少元。但在

上市公司实施具体分派时,其形式可以有现金股利、财产股利、负债股利和股票股利四种。

(1)现金股利,是上市公司以货币形式支付给股东的股息红利,也是最普通最常见的股利形式,如每股派息多少元,就是现金股利。

(2)财产股利,是上市公司用现金以外的其他资产向股东分派的股息和红利。它可以是上市公司持有的其他公司的有价证券,也可以是实物。

(3)负债股利,是上市公司通过建立一种负债,用债券或应付票据作为股利分派给股东。这些债券或应付票据既是公司支付的股利,又确定了股东对上市公司享有的独立债权。

(4)股票股利,是上市公司用股票的形式向股东分派的股利,也就是通常所说的送红股。采用送红股的形式发放股息红利实际上是将应分给股东的现金留在企业作为发展再生产之用,它与股份公司暂不分红派息没有太大的区别。股票红利使股东手中的股票在名义上增加了,但与此同时公司的注册资本增大了,股票的净资产含量减少了。但实际上股东手中股票的总资产含量没什么变化。

由于要在获得利润后才能向股东分派股息和红利,上市公司一般是在公司营业年度结算以后才从事这项工作。在实际中,有的上市公司在一年内进行两次决算,一次在营业年度中期,另一次是营业年度终结。相应地向股东分派两次股利,以便及时回报股东,吸引投资者。但年度中期分派股利不同于年终分派股利,它只能在中期以前的利润余额范围内分派,且必须是预期本年度终结时不可能亏损的前提下才能进行。

根据《公司法》的规定,上市公司分红的基本程序是,首先由公司董事会根据公司盈利水平和股息政策,确定股利分派方案,然后提交股东大会审议通过方能生效。董事会即可依股利分配方案向股东宣布,并在规定的付息日在约定的地点以约定的方式派发。

在沪深股市,股票的分红派息都由证券交易所及登记公司协助进行。在分红时,深市的登记公司将会把分派的红股直接登录到股民的股票账户中,将现金红利通过股民开户的券商划拨到股民的资金账户。沪市上市公司对红股的处理方式与深市一致,但现金红利需要股民到券商处履行相关的手续,即股民在规定的期限内到柜台中将红利以现金红利权卖出,其红利款项由券商划入资金账户中。如逾期未办理手续,则需委托券商到证券交易所办理相关手续。

除 权 与 除 息

上市公司发放股息红利的形式虽然有四种,但沪深股市的上市公司进行利润分配一般只采用股票红利和现金红利两种,即统称所说的送红股和派现金。当上市公司向股东分派股息时,就要对股票进行除息;当上市公司向股东送红股时,就要对股票进行除权。

当一家上市公司宣布上年度有利润可供分配并准备予以实施时,则该只股票就称为含权股,因为持有该只股票就享有分红派息的权利。在这一阶段,上市公司一般要宣布一个时间为"股权登记日",即在该日收市时持有该股票的股东就享有分红的权利。

在以前的股票有纸交易中,为了证明对上市公司享有分红权,股东们要在公司宣布的股权登记日予以登记,且只有在此日被记录在公司股东名册上的股票持有者,才有资格领取上市公司分派的股息红利。实行股票的无纸化交易后,股权登记都通过计算机交易系统自动进行,股民不必到上市公司或登记公司进行专门的登记,只要在登记的收市时还拥有股票,股东就自动享有分红的权利。

进行股权登记后,股票将要除权除息,也就是将股票中含有的分红权利予以解除。除权除息都在股权登记日的收盘后进行。除权之后再购买股票的股东将不再享有分红派息的权利。

在股票的除权除息日,证券交易所都要计算出股票的除权除息价,以作为股民在除权除息日开盘的参考。

因为在开盘前拥有股票是含权的,而收盘后的次日其交易的股票将不再参加利润分配,所以除权除息价实际上是将股权登记日的收盘价予以变换。这样,除息价就是登记日收盘价减去每股股票应分得的现金红利,其公式为:

$$除息价=登记日的收盘价-每股股票应分得红利$$

对于除权,股权登记日的收盘价格除去所含有的股权,就是除权报价。其计算公式为:

$$股权价=股权登记日的收盘价÷(1+每股送股率)$$

若股票在分红时即有现金红利又有红股,则除权除息价为:

$$除权价=(股权登记日的收盘价-每股应分的现金红利$$
$$+配股率×配股价)÷(1+每股送股率+每股配股率)$$

送红股的利弊

在上市公司分红时,我国股民普遍都偏好送红股。其实对上市公司来说,在给股东分红时采取送红股的方式,与完全不分红、将利润滚存至下一年度等方式并没有什么区别。这三种方式,都是把应分给股东的利润留在企业作为下一年度发展生产所用的资金。它一方面增强了上市公司的经营实力,进一步扩大了企业的生产经营规模;另一方面它不像现金分红那样需要拿出较大额度的现金来应付派息工作,因为企业一般留存的现金都是不太多的。所以这三种形式对上市公司来说都是较为有利的。

当上市公司不给股东分红或将利润滚存至下一年时,这部分利润就以资本公积金的形式记录在资产负债表中。而给股东送红股时,这一部分利润就要作为追加的股本记录在股本金中,成为股东权益的一部分。但在送红股时,因为上市公司的股本发生了变化,一方面上市公司需到当地的工商管理机构进行重新注册登记;另一方面还需对外发布股本变动的公告。但不管在上述三种方式中采取哪一种来处理上一年度的利润,上市公司的净资产总额并不发生任何变化,未来年度的经营实力也不会有任何形式的变化。

而对于股东来说,采取送红股的形式分配利润将优于不分配利润。这几种方式虽都不会改变股东的持股比例,也不增减股票的含金量,因为送红股在将股票拆细的同时也将股票每股的净资产额同比例降低了,但送红股却能直接提高股民的经济效益。其根据如下:

(1)按照我国的现行规定,股票的红利的征税可根据同期储蓄利息实行扣减,即给予一定的优惠,具体税额就是每股红利减去同期同等金额储蓄利息后再征收20%的股票所得税率,这样在每次分红时要征收的税额是:

$$股票所得税=(每股红利-本年度一年期定期储蓄利息)×20\%。$$

(2) 当上市公司在本年度不分配利润或将利润滚存至下一年时,下一年度的红利数额就势必增大,股民就减少了一次享受税收减免的优惠。

(3) 在股票供不应求阶段,送红股增加了股东的股票数量,在市场炒作下有利于股价的上涨,从而有助于提高股民的价差收入。

(4) 送红股以后,股票的数量增加了,同时由于除权降低了股票的价格,就降低了购买这种股票的门槛,在局部可改变股票的供求关系,提高股票的价格。

将送红股与派现金相比,两者都是上市公司对股东的回报,只不过是方式不同而已。只要上市公司在某年度内经营盈利,它就是对股民的回报。但送红股与派发现金红利有所不同,如果将这两者与银行存款相比较,现金红利有点类似于存本取息,即储户将资金存入银行后,每年取息一次。而送红股却类似于计复利的存款,银行每过一定的时间间隔将储户应得利息转为本金,使利息再生利息,期满后一次付清。但送红股这种回报方式又有其不确定性,因为将盈利转为股本而投入再生产是一种再投资行为,它同样面临着风险。若企业在未来年份中经营比较稳定、业务开拓较为顺利,且其净资产收益率能高于平均水平,则股东能得到预期的回报;若上市公司的净资产收益率低于平均水平或送股后上市公司经营管理不善,股东不但在未来年份里得不到预期回报,且还将上一年度应得得红利化为了固定资产沉淀。这样送红股就不如现金红利,因为股民取得现金后可选择投资其他利润率较高的股票或投资工具。

上市公司的分红是采取派现金还是送红股方式,它取决于持多数股票的股东对公司未来经营情况的判断和预测,因为分红方案是要经过股东大会讨论通过的。但我国上市公司中约有一半以上的股份为国家股,且其股权代表基本上都是上市公司的经营管理人员。由于切身利益的影响,经营管理人员基本上都赞同企业的发展与扩张,所以我国上市公司的分红中,送红股的现象就非常普遍。

配 股 的 利 弊

1. 配股不是分红

分红是上市公司对股东投资的回报,它的特征为:上市公司是付出者,股东是收获者,且股东收获的是上市公司的经营利润,所以分红是建立在上市公司经营盈利的基础之上的,没有利润就没有红利可分。上市公司的分红通常有两种形式,其一是送现金红利,即上市公司将在某一阶段(一般是一年)的部分盈利以现金方式返给股东,从而对股东的投资予以回报;另外就是送红股,即公司将应给股东的现金红利转化成资本金,以扩大生产经营,来年再给股东回报。而配股并不建立在盈利的基础上,只要股东情愿,即使上市公司的经营发生亏损也可以配股,上市公司是索取者,股东是付出者。股东追加投资,股份公司得到资金以充实资本。配股后虽然股东持有的股票增多了,但它不是公司给股民投资的回报,而是追加投资后的一种凭证。

为什么股民会将配股混为分红呢?这是我国股市和股民尚不成熟所致。现代中国股市创立的时间较短,正处在发展和成熟期间,股市的规模较小,股票严重短缺,只要买到股票就赚钱。这种现实极大地刺激着百姓入市投机的热情,而上市公司正是利用了这一点,低价向老股东配售新股,一方面壮大了公司的资金实力,同时也满足了股民对股票的渴求。

2. 配股与投资选择

根据《公司法》的有关规定，当上市公司要配售新股时，它应首先在老股东中进行，以保证老股东对公司的持股比例不变，当老股东不愿参加公司的配股时，它可以将配股权转让给他人。对于老股东来说，上市公司的配股实际上是提供了一种追加投资的选择机会。

老股东是否选择配股以追加对上市公司的投资，可根据上市公司的经营业绩、配股资金的投向及效益的高低来进行判断。但在现实的经济生活中，除了配股外，股民还可通过购买其他公司的股票、投资债权及居民储蓄来实现追加投资，其关键就视投资收益情况来确定。如配股上市公司的净资产收益率还达不到居民储蓄存款利率，显然上市公司的经营效益太差，其投资回报难以和居民储蓄相比拟，股民就可不选择配股这种方式来追加对上市公司的投资。当然，当一个上市公司确定配股以后，如配股权证不能流通，其配股就带有强制性，因为配股实施后股票就要除权，价格就要下跌，如老股东不参加配股，就要遭受市值下降的损失。其逃避配股的唯一方法就是在配股前将股票抛出。

在我国上市公司的配股中，由于我国股份制的运作尚不规范，上市公司中国家股和法人股占绝对的控股地位，这些大股东极力赞成配股但拿不出资金来参加配股，且还将其配股权强制性地转让给上市公司的个人股东。这种举措实际上是对中小股东权益的一种侵犯。

3. 配股与投资风险

在比较成熟的股市上，配股是不受股东欢迎的，因为公司股东往往是企业经营不善或倒闭的前兆。当一个上市公司资金短缺时，它首先应向金融机构融通资金以解燃眉之急。一般来说，银行等金融机构是不会拒绝一个经营有方、发展前景较好的企业的贷款要求的。而经营不善的公司就不得不向老股东伸手要钱以渡难关。从最近两年我国股市的配股情况来看，一些配股比例较高的公司往往都是业绩平平、不尽如人意的。当然我国上市公司的配股之风盛行也有其他一些原因，如在国民经济宏观调控期间资金较为紧张、贷款实行规模控制，上市公司也难以从金融机构取得贷款。另外从上市公司的扩展方式来说，由于通过配股来筹集资金比较容易，且因流通股股东所占比例较小也无法抗拒，所以配股就成为上市公司扩展规模的最好途径。

对股民来说，配股有时预示着更大的投资风险。首先，根据我国的有关规定，上市公司每年可有30%的配股额度，不配也就浪费了指标。许多上市公司纯粹是为了配股而配股，所筹资金并不一定有合适的项目去投资。如一些上市公司，因在本行业已无扩展余地，就拿着配股资金去经营一些非主营业务，有时干脆就将资金存银行或炒股票、房地产，而这些公司在这方面是不具优势的。其次，按比例、高溢价地配股意味着要用配股资金再造一个和公司现有规模相差无几的企业，即使能找到合适的项目，但项目的建设是否能顺利进行，项目投产后产品是否能有销路、公司的管理水平和技术力量是否能跟得上，这都是影响配股资金能否在预定的期限内见成效是关键问题，上市公司对股民的投资回报就较难达到要求。再次，由于我国上市公司的的配股具有一定的强制性，配股会将股民更多的资金拖入股市这个风险之地。按照分散资金的原则，鸡蛋是不能都放在一个篮子里的，股民不但不应将资金都投入到某一只股票，且还应留出一部分资金投入到风险较小的领域，如购买国库券或进行其他的实业投资。而每年连续不断的配股势必将股民更多的投资拖入股市，使股民承担更大的市场风险。

4. 配股与资产流失

配股,一般是全体股东都应按持股比例追加投资,这样将不改变原有股东的相对持有比例。当然,如果某些股东对持有比例不介意的话,也可以放弃配股。但放弃配股的股东可能遭受市价损失。

当流通配股后,由于除权的作用,股价就要下降,对于参与配股的股东来说,由于股票数量的增多,股票的市价总值不发生变化。而若放弃配股,这部分股东将因所持股票总市值的减少而蒙受损失。而对于暂不能上市流通的国家股和法人股来说,市值只是一个名义的价格,其经济利益是否受损要视其配股后每股净资产含量和盈利能力的变化情况而定。

当配股价不等于每股净资产时,股东放弃配股将导致资产的相互转移,也就是说,部分股东的资产将在配股之中流失了。当配股低于每股净资产时,配股后每股净资产含量将高于配股价且低于原来的基数,这样,放弃配股的股东的部分净资产将无偿地流向参与配股的一方;而当股价高于每股净资产值时,配股后每股净资产将大于原来的基数而小于配股价,参与配股一方的部分净资产就无偿的流向了放弃配股的一方。而依照中国证监会的现行规定,上市公司的配股价是不得低于每股净资产额的。这样,在上市公司的配股中,若国家股和法人股放弃配股,个人股东配股后所形成的部分资产将无偿地流向国家股和法人股股东,且配股比例越大、溢价越高,个人股东的资产流失也就越大。

5. 配股与市盈率

股民之所以热衷配股,除了配股能增加手中的数量外,通过追加投资,配股还能降低市盈率。

$$市盈率 = 每股股价 \div 每股税后利润$$

在上市公司配股时,只有当配股价低于配股时的股票市价,配股才能进行。当配股大于或等于配股时的股票市价,股民可直接在股市上购买同类股票来增加持有的股票数量。

相对配股时的股票市价来说,配股价都是很低的,配股后上市公司的经营业绩若能保持在原有的水平,由于配股后股民受中的股票成本有所下降,平均股价有所下降,股票的市盈率将会随之下降。

如股民甲以每股20元的价格购得G股票1000股,该股票的每股税后利润为0.2元,其市盈率为100倍。在G股票市场价格为每股15元时,上市公司宣布配股,配股价每股5元,配股比例每股0.5股。

根据配股的除权方式,配股后的除权价为:

$$Y = (市价 + 配股率 \times 配股价) \div (1+配股率)$$
$$= (15 + 0.5 \times 5) \div (1+0.5)$$
$$= 11.66(元)$$

股民甲以每股5元的价格配500股后,共持有G股票1 500股,持股成本从每股20元降为每股15元,其市盈率从100倍降到75倍。

其实,降低股票的市盈率或股票的平均持有成本,并不一定非要通过配股来实现,如果股民甲能在市场上买到市盈率较低的股票,则其效果与配股是相同的,只不过是持有股票的种类增加了,因为股票只不过是上市公司为股民提供了一个购买低市盈率股票的机会而已。在上例中,如果股民甲能买到市盈率只有25倍的股票,再投资2 500元,降低持股市盈率或股票成本的效果将是一样的,只不过所持股票的品种增加了。

在追加投资时只要股民把握住这么一个原则,即后买股票的市盈率比先买的低,就能降低股票的平均市盈率。如果股民仅仅是想降低股票的持有成本或降低持股的市盈率，就不一定非要将自己限制在配股上。如在上例中，股民追加2 500元投资就不一定非要投资到原有股票的配股上，如果市场上有市盈率更低的股票，如每股价格2.5元，市盈率只有10倍的股票，此时股民甲就可购股票1 000股，其持股的平均市盈率就从100倍降到了56.25倍，其效果比参加配股更好。

股息红利与投资回报

获取股息红利，是股东投资于上市公司的基本目的，也是上市公司对股民的主要回报。但股息红利不是上市公司给予股东的全部回报，而仅仅只是其中的一部分。从沪深股市1992~2008年度分红情况来看，上市公司的分红率平均约为70%，剩下的税后利润（总数的30%）都充实到了资本公积金中，成为企业的发展基金。

$$分红率 = 平均每股分红派息额 \div 平均每股收益$$

所以有些股市分析中单纯地只将股息红利作为上市公司对股民的全部回报是片面的，只要是上市公司实现的利润，它都是对股东投资的回报，因为资本公资金的增加也就是股东权益的增加，它增强了上市公司的经营实力，为未来的经营奠定了基础。

因为股息红利不是收益的全部，所以将分红派息额与平均每股净资产相比较，上市公司资本回报水平一般都比较低，例如以中国股市发展早期的1995年为例，当年沪深股市上市公司实际分红的平均净资产收益率约为7%左右，远远低于同期银行贷款利率或国债利率（11%左右）。而实际上1995年沪深股市上市公司的平均净资产收益率约为11%。

$$净资产收益率 = 每股盈利 \div 每股净资产$$

$$实际分红的净资产收益率 = 每股红利 \div 每股净资产$$

如果上市公司把当年盈利全部用于分红，则上述两个指标是相等的。也有的上市公司会把往年的资本公积金也拿出一部分用于当年分红，这时第二个指标就会大于第一个指标。

在论述股票的收益性时，人们都认为股票的收益高于银行储蓄或国债。而在实际中，由于股票的价格与其所含的净资产数量相脱节，股票的投资收益要远远低于储蓄利率或国债利率。若用平均股价来衡量，沪深股市的平均股价收益率只有3%左右，也就相当于一年期的活期储蓄。

$$股价收益率 = 每股税后利润 \div 每股股价$$

$$= 1 \div 市盈率$$

如果把上述公式中的每股股价采用投资人买入股票时的实际价格，则可计算投资人的投资回报。它显示了投资人实际投入的资金参与企业经营后获得的盈利状况。如果将股民在交易中所消耗得交易税、费计算在内，股民的投资回报率还要低。

业绩增长与投资回报

股民的回报来自上市公司的经营业绩。业绩好,股民的回报就高;若上市公司经营不善,股民的回报就少,甚至没有任何回报。

在谈及上市公司的发展时,营业收入、净利润、净资产收益率是经常被用来论证上市公司经营业绩的,一些投资价值报告也常应用这几个指标的增长率来说明公司对股东的回报。

实际上,营业收入是一家企业在一年中取得的收入之总和,它是一家企业的经营规模。对于一家生产型的公司,营业收入是销售额;对于一家服务性企业,它是所提供劳务的总收入。如果将股民比作一家企业,营业收入就是一年中股民卖出股票的总交易额。所以,营业收入表示的是一种销售规模,销售得越多,营业收入就越大,而对于一家贸易公司来说,资金周转得越快,营业收入也就越大。

由于营业收入是一家企业的毛收入,它没有扣减经营支出即成本,它不是上市公司的经营业绩,所以经营收入当然增长与否,还谈不上是对股民的回报。对于同一家企业来说,即使今年的营业收入比往年有成倍的增加,但如果成本上升更快,企业的利润有可能比往年要低或发生亏损。所以,上市公司营业收入的增加与它对股民的回报没有直接的关系。

净利润是一家公司在一年的经营成果,它是股息红利的最高限额。净利润高,股民能分得的红利就高,所以净利润的增减就影响股东的投资回报。但在将净利润用来考证上市公司对股民的回报时,应该注意股民的投入是否增加了,如果股民的投入增加了,净利润的增长就是理所当然的。

在我国沪深股市,由于上市公司频繁配股,且配股比例高达30%,企业的经营资本一年比一年雄厚,相应地上市公司净利润的增幅每年也应在30%以上,上市公司经营的扩张主要是股民投入增加的缘故,而非上市公司的经营能力增强了。

衡量上市公司回报能力的最好指标是净资产收益率,它是每单位净资产的获利能力,因为它是一个效益指标,就很容易用它与其他领域的投资收益作比较。当股民购买股票的价格与上市公司的每股净资产值相当时,股民的收益回报(不包括价差)就等于净资产收益率。

在上市公司的利润增加时,如果其净资产收益率没有提高,就说明是由于加大了投入而引起的利润扩张,如果在净利润增加的同时净资产收益率也有所提高,就说明公司的经营能力增强了,其对股东的回报也实实在在地提高了。

第3章

股票市场

证券机构与股市

证券机构包括证券管理机构、证券经营机构、证券交易机构及证券服务机构。股市也称二级市场或次级市场,它是指对已发股票进行买卖和转让的场所。

1. 证券管理机构

我国已建立了专门的证券管理机构和全国统一的、跨部门的、自律性的证券行业组织相结合的证券市场管理体制。

1992年10月,我国正式成立了国务院证券管理委员会(证管委)和中国证券监督管理委员会(中国证监会)。其中证监委是我国证券管理的权力机关,主任委员由国务院副总理兼任,委员由国家体改委、中国人民银行、财政部、工商行政管理局等部门的领导担任。证监委对全国证券市场进行统一的宏观管理,证监会是证监委的办事机构,其根据证监委的授权,依法对证券市场进行监督管理。

除以上政府机构外,我国还设立了自律性的证券管理组织——中国证券业协会,它是1990年经中国人民银行批准、并经民政部注册登记的社团法人,是由证券经营机构主体会员自愿组成的全国证券行业自律组织。它按照国家的有关法律及协会章程独立开展活动,并接受证券主管部门的管理和指导,通过各种方式与主管机关保持经常性的联系和信息交流,并贯彻证券管理的意图。

2. 证券经营机构

证券经营机构也称证券商或证券经纪人,是证券市场的中介人,是专门经营证券业务并从中获利的企业法人。它的主要作用有两点:一是在发行市场上充当证券筹资者与证券投资者的中介人;二是在流通市场上充当证券买卖的中介人。我国的主要证券经营机构有:

(1)证券公司。证券公司是我国直接从事证券发行与交易业务的具有法人资格的证券经营机构,其业务范围主要有:代理证券发行、证券自营,代理证券交易,代理证券还本付息和支付红利,接受客户委托代收证券本息、红利,代办过户等。

(2)信托投资公司。信托投资公司是以营利为目的,并以受托人身份经营信托业务的金融机构。它除了办理信托投资业务外,还可设立证券部办理证券业务,其业务范围主要有:证券的代销及包销,证券的代理买卖及自营,证券的咨询、保管及代理还本付息等。

3. 证券交易机构

证券交易机构主要包括证券交易所及证券交易中心,这里仅只介绍证券交易所。

证券交易所是依据国家有关法律,经政府证券主管机关批准设立的集中进行证券交易的有形场所。证券交易所主要是提供交易场所和服务,同时也兼有管理证券交易的职能,但其本身不能参与证券交易。证券交易所是非银行金融机构的法人组织,它有两种基本组织形式:一是股份公司制交易所,二是会员制交易所。

公司制证券交易所是以股份有限公司的组织形式成立的证券交易所,由股东共同出资,提供交易所的场地、设备、人员等,在政府主管机构的管理与监督下,吸收各类证券在场内自由买卖并集中交割。公司制的证券交易所是一种自负盈亏的盈利性机构,它收取证券发行者的上市费并抽取证券成交的手续费和其他服务性费用,并且对场内交易双方违约产生的损失承担赔偿责任。

会员制证券交易所是由证券商共同协商、制定章程和管理细则、报请国家证券主管部门批准成立的不以营利为目的社团法人组织。参加交易所的会员可以是自然人,也可以是法人。法人会员多为投资银行、证券公司,投资信托公司等、法人会员须有一代表人,其资格与个人会员相同。会员制交易所的收入主要来自会员费、证券上市费、特殊服务费,支出则用于购置或改善必要的交易设备、职员工资和其他开支。会员制证券交易所的证券买卖者一般以该所的会员为限,其他投资人若要在二级市场买卖股票或债券,则必须通过会员方可进行。

4. 证券服务机构

证券服务机构是为证券经营和证券交易服务的机构。我国的证券服务机构主要有:

(1)证券登记公司。证券登记公司是独立的企业性质的证券服务机构,其主要业务是:公开发行与非公开发行的证券登记,上市及未上市的记名证券的转让登记,代理有价证券的保管,代理有价证券的还本付息和分红派息,从事与证券有关的咨询业务及主管机关批准的其他业务。

(2)证券评级公司。证券评级公司是专门从事有价证券评级业务的企业法人,一般都是独立的、非官方的,其主要业务是对有价证券的发行公司进行客观、准确、真实、可靠的评级,并负责提供评级结果及有关资料。

股市的基本功能

1. 为股票的流通转让提供场所

股市的最基本功能,就是为股票的流通转让提供场所,使股票的发行得以延续。如果没有股市,股票的发行就比较困难甚至难以为继,这是由股票的基本性质决定的。当一个投资者选择银行储蓄或购买债券时,他不必为这笔资金的流动性而担心。无论怎么说,只要到了约定的期限,他都可按约定的利率收回本息,特别是银行存款,就是提前支取,除收回本金外还能得到少量利息,将投资随时变现不存在任何问题。但股票则有所不同,一旦购买了股票而成为企业的股东,你既不能要求发行股票的企业退股,又不能要求发行企业赎回。如果没有股票的流通和转让场所,购买股票的投资就成了一笔死钱,而一旦持股人急需使用资金,股票就无法兑现,这样人们对购买股票就有后顾之忧,股票的发行就会出现困难。有了股市以后,股民随时可将手中的股票在股市上转让,按比较公平和合理的价格将股票兑现,使死钱变为活钱。所以股市一方面为股票的流通转让提供了基本场所;另一方面也可刺激人们购买股票的欲望,为一级股票市场的发行提供保证。同时由于股市的交易价格能较客观地反映股票市场的供求关系,股市也能为一级市场股票的发行提供价格及数量等方面的参考依据。

2. 通过设立股市保护投资者的利益

股市的第二大功能就是能减少投资风险,保护投资者的利益。股票投资的风险主要来自三个方面:一是发行股票企业的经营不善;二是股票价格下跌,三是欺诈性的股票发行。

股市的设立可有效地减少这些风险,其一是因为上市挂牌的企业都要经过严格的审核,其上市条件里规定公司必须在过去数年里连续盈利,并且要按规定公布经营信息,其舆论监督对企业的经营有一定的约束力,所以上市公司的盈利性有一定的保证。而在实际的经营中,上市公司的业绩确比普通企业要好得多。其二是股市里集中了大量的股票,投资者可选择多种股票进行组合,从而减少或分散风险。其三是股市作为一个有高度组织的市场,它对股票的发行及上市都有一系列的法规限制,从而在一定程度上可以防止和减少欺诈活动的发生。

3. 引导资金合理流动

股市的第三大功能就是引导资金合理流动,实现资源的最优配置。在股市中,由于股民一般都是将资金投向业绩较好的企业或有发展潜力的产业,相应地这类股票在股市上的价格就比较高,同类企业在发行股票或配股时就能以此制订出较高的价格,使之筹到较多的资金,使资金资源得到较为合理的配置。

股市的负面作用

1. 剧烈的价格波动让股民遭受损失

股市的最大负面作用就是股市中的股票价格波动剧烈,股民会因此遭受不必要的损失,由于影响股票行情的因素繁多,股民对股市中的各类消息都较为敏感,若有人在股市中故意传播不实消息或谎报企业财务状况、散布虚假的政治动向等,都会在股市中引起恐慌,造成股票价格的大幅涨跌,使不明真相的投资者蒙受重大损失,而另一些人则会趁机渔利。如深市1993年发生的"苏三山事件",就是一股民故意散布虚假的收购信息,而趁股价上扬、大量股民追涨之机,该股民将自己的股票抛出盈利。当骗局揭穿之后,股价又迅速回落,一些股民就惨遭套牢。

2. 股市中有从事不正当交易的可能

由于股价的走向决定于资金的运动,资金实力雄厚的机构大户就能在一定程度上影响股价的涨跌,一些机构大户就可能利用自己的资金实力,采取各种方式制造虚假行情而从中获利。如我国股市经常有机构大户轮流做庄等事情发生,一旦不明真相的中小股民跟进,做庄的大户便拉高出货而从中牟利。

3. 内幕人员操纵股市

上市公司的管理大权均掌握在大股东手中,他们最了解公司的发展和盈利状况,这些人就有可能通过散布公司的盈利、发放红利及扩展计划、收购、合并等消息来操纵公司股票的价格或直接利用内幕信息谋利。

如某上市公司某年经营业绩十分出色,但为了压低股价,董事会故意抛出一个不甚理想的分红预案,市场一片哗然,立即引起股价的下跌,此时相关人员便大笔吸纳该股票。其后不久便召开股东大会,由于该分红方案遭到绝大部分股东代表的抨击,于是按股东的提议,对分红方案进行了修正。新的分红方案公布后,该股票立即得到市场的追捧,股价便扶摇直上,此时相关人员便将股票悉数抛出,打了一个漂亮的时间差。另外,我国股市经常所见的股票价格涨跌在先,信息发布在后的怪现象,也是有人利用内幕消息炒作所致。

4. 证券经纪商和交易所工作人员有作弊的可能

由于券商和交易所是股票交易的组织者及参与者,是股市信息传播及资金流动的必经之道,证券经纪商或交易所工作人员就可利用工作之便,通过所掌握的信息或客户资金从中作弊,或通过劝说客户频繁交易以获取高额佣金。如一些证券从业人员利用股民的资金或股票进行股票的炒作,一些券商经常搞一些讲座或股市沙龙等活动,诱使股民进行频繁交易,从而赚取高额的手续费等。

股权分置的概念与背景

所谓股权分置,是指上市公司的一部分股份上市流通;另一部分暂不上市流通。股权分置问题是由于我国证券市场建立初期,改革不配套和制度设计上的局限所形成的制度性缺陷。截至2004年年底,我国上市公司总股本为7 149亿股,其中非流通股份4 543亿股,占上市公司总股本的63.55%;国有股份占非流通股份的74%,占总股本的47%。

股权分置造成上市公司的股权结构极不合理、不规范,表现为:上市公司股权被人为地割裂为非流通股和流通股两部分,非流通股股东持股比例较高,约为2/3,并且通常处于控股地位。其结果是,同股不同权,上市公司治理结构存在严重缺陷,容易产生"一股独大"、甚至"一股独霸"现象,使流通股股东特别是中小股东的合法权益遭受损害。

作为资本市场一项基本制度的改革,解决股权分置重在解决非流通股股东流通权的取得问题,目标在于真正实现同股同权。

解决股权分置本质上是推动资本市场的机制转换,消除非流通股与流通股的流通制度差异,强化市场对上市公司的约束机制,而不是解决包括国有股在内的非流通股减持变现问题。

现有的非流通股转为可流通后是不是实际进入流通,不仅取决于股东的策略选择,而且要受到相关制度的约束。

股权分置的由来和发展可以分为以下三个阶段:

(1)第一阶段:股权分置问题的形成。我国证券市场在设立之初,对国有股流通问题总体上采取搁置的办法,在事实上形成了股权分置的格局。

(2)第二阶段:通过国有股变现解决国企改革和发展资金需求的尝试,开始触动股权分置问题。1998年下半年到1999年上半年,为了解决推进国有企业改革发展的资金需求和完善社会保障机制,开始进行国有股减持的探索性尝试。但由于实施方案与市场预期存在差距,试点很快被停止。2001年6月12日,国务院颁布《减持国有股筹集社会保障资金管理暂行办法》也是该思路的延续,同样由于市场效果不理想,于当年10月22

日宣布暂停。

(3)第三阶段：作为推进资本市场改革开放和稳定发展的一项制度性变革,解决股权分置问题正式被提上日程。2004年1月31日,国务院发布《国务院关于推进资本市场改革开放和稳定发展的若干意见》(以下简称《若干意见》),明确提出"积极稳妥解决股权分置问题"。

股票指数

股票指数即股票价格指数,是由证券交易所或金融服务机构编制的表明股票行市变动的一种供参考的指示数字。由于股票价格起伏无常,投资者必然面临市场价格风险。对于具体某一种股票的价格变化,投资者容易了解,而对于多种股票的价格变化,要逐一了解,既不容易,也不胜其烦。为了适应这种情况和需要,一些金融服务机构就利用自己的业务知识和熟悉市场的优势,编制出股票价格指数,公开发布,作为市场价格变动的指标。投资者据此就可以检验自己投资的效果,并用于预测股票市场的动向。同时,新闻界、公司老板乃至政界领导人等也以此为参考指标,来观察、预测社会政治、经济发展形势。

这种股票指数,也就是表明股票行市变动情况的价格平均数。编制股票指数,通常以某年某月为基础,以这个基期的股票价格作为100,用以后各时期的股票价格和基期价格比较,计算出升降的百分比,就是该时期的股票指数。投资者根据指数的升降,可以判断出股票价格的变动趋势。并且为了能实时的向投资者反映股市的动向,所有的股市几乎都是在股价变化的同时即时公布股票价格指数。

计算股票指数,要考虑三个因素：一是抽样,即在众多股票中抽取少数具有代表性的成份股；二是加权,按单价或总值加权平均,或不加权平均；三是计算程序,计算算术平均数、几何平均数,或兼顾价格与总值。

由于上市股票种类繁多,计算全部上市股票的价格平均数或指数的工作是艰巨而复杂的,因此人们常常从上市股票中选择若干种富有代表性的样本股票,并计算这些样本股票的价格平均数或指数。用以表示整个市场的股票价格总趋势及涨跌幅度。计算股价平均数或指数时经常考虑以下四点：

(1)样本股票必须具有典型性、普通性,为此,选择样本对应综合考虑其行业分布、市场影响力、股票等级、适当数量等因素。

(2)计算方法应具有高度的适应性,能对不断变化的股市行情作出相应的调整或修正,使股票指数或平均数有较好的敏感性。

(3)要有科学的计算依据和手段。计算依据的口径必须统一,一般均以收盘价为计算依据,但随着计算频率的增加,有的以每小时价格甚至更短的时间价格计算。

(4)基期应有较好的均衡性和代表性。

股价平均数的计算

计算股票指数时,往往把股票指数和股价平均数分开计算。按定义,股票指数即股价平均数。但从两者对股市的实际作用而言,股价平均数是反映多种股票价格变动的一般水平,通常以算术平均数表示。人们通过对不同的时期股价平均数的比较,可以认识多种股票价格变动水平。而股票指数是反映不同时期的股价变动情况的相对指标,也就是将第一时期的股价平均数作为另一时期股价平均数的基准的百分数。通过股票指数,人们可以了解计算期的股价比基期的股价上升或下降的百分比率。由于股票指数是一个相对指标,因此就一个较长的时期来说,股票指数比股价平均数能更为精确地衡量股价的变动。

股票价格平均数反映一定时点上市股票价格的绝对水平,它可分为简单算术股价平均数、修正的股价平均数、加权股价平均数三类。人们通过对不同时点股价平均数的比较,可以看出股票价格的变动情况及趋势。

1. 简单算术股价平均数

简单算术股价平均数是将样本股票每日收盘价之和除以样本数得出的,即:

$$简单算术股价平均数 = (P_1 + P_2 + P_3 + \cdots + P_n) \div n$$

世界上第一个股票价格平均数——道·琼斯股价平均数在1928年10月1日前就是使用简单算术平均法计算的。

现假设从某一股市采样的股票为A、B、C、D四种,在某一交易日的收盘价分别为10元、16元、24元和30元,计算该市场股价平均数。将上述数置入公式中,即得:

$$股价平均数 = (P_1 + P_2 + P_3 + P_4) \div n$$
$$= (10 + 16 + 24 + 30) \div 4$$
$$= 20(元)$$

简单算术股价平均数虽然计算较简便,但它有两个缺点:一是它未考虑各种样本股票的权数,从而不能区分重要性不同的样本股票对股价平均数的不同影响。二是当样本股票发生股票分割派发红股、增资等情况时,股价平均数会产生断层而失去连续性,使时间序列前后的比较发生困难。例如,上述D股票发生以1股分割为3股时,股价势必从30元下调为10元,这时平均数就不是按上面计算得出的20元,而是15元[(10+16+24+10)÷4]。这就是说,由于D股分割技术上的变化,导致股价平均数从20元下跌为15元(这还未考虑其他影响股价变动的因素),显然不符合平均数作为反映股价变动指标的要求。

2. 修正的股价平均数

修正的股价平均数有两种:

一是除数修正法,又称道式修正法。这是美国道·琼斯在1928年创造的一种计算股价平均数的方法。该法的核心是求出一个常数除数,以修正因股票分割、增资、发放红股等因素造成股价平均数的变化,以保持股份平均数的连续性和可比性。具体做法是以新股价总额除以旧股价平均数,求出新的除数,再以计算期的股价总额除以新除数,这就得出修正的股价平均数。即:

$$新除数 = 变动后的新股价总额 \div 旧的股价平均数$$

修正的股价平均数=报告期股价总额÷新除数

在前面的例子除数是4,经调整后的新的除数应是:

新的除数=(10+16+24+10)÷20=3,将新的除数代入下列式中,则:

修正的股价平均数=(10+16+24+10)÷3=20(元),得出的平均数与未分割时计算的一样,股价水平也不会因股票分割而变动。

二是股价修正法。股价修正法就是将股票分割等,变动后的股价还原为变动前的股价,使股价平均数不会因此变动。美国《纽约时报》编制的500种股价平均数就采用股价修正法来计算股价平均数。

3. 加权股价平均数

加权股价平均数是根据各种样本股票的相对重要性进行加权平均计算的股价平均数,其权数(Q)可以是成交股数、股票总市值、股票发行量等。

股票指数的计算

股票指数是反映不同时点上股价变动情况的相对指标。通常是将报告期的股票价格与定的基期价格相比,并将两者的比值乘以基期的指数值,即为该报告期的股票指数。股票指数的计算方法有三种:一是相对法,二是综合法,三是加权法。

1. 相对法

相对法又称平均法,就是先计算各样本股票指数,再加总求总的算术平均数。其计算公式为:

股票指数=n个样本股票指数之和÷n

英国的《经济学家》普通股票指数就使用这种计算法。

2. 综合法

综合法是先将样本股票的基期和报告期价格分别加总,然后相比求出股票指数。即:

股票指数=报告期股价之和÷基期股价之和

代入数字得:

股票指数=(8+12+14+18)÷(5+8+10+15)=52÷38=136.8%

即报告期的股价比基期上升了36.8%。

从平均法和综合法计算股票指数来看,两者都未考虑到由各种采样股票的发行量和交易量的不相同,而对整个股市股价的影响不一样等因素,因此,计算出来的指数亦不够准确。为使股票指数计算精确,则需要加入权数,这个权数可以是交易量,亦可以是发行量。

3. 加权法

加权股票指数是根据各期样本股票的相对重要性予以加权,其权数可以是成交股数、股票发行量等。按时间划分,权数可以是基期权数,也可以是报告期权数。以基期成交股数(或发行量)为权数的指数称为拉斯拜尔指数;以报告期成交股数(或发行量)为权数的指数称为派许指数。

拉斯拜尔指数偏重基期成交股数(或发行量);而派许指数则偏重报告期的成交股数(或发行量)。目前世界上大多数股票指数都是派许指数。

几种著名的股票指数

世界各地的股票市场都有自己的股票指数,其中下列指数比较著名并有一定代表性。

1. 道·琼斯股票指数

道·琼斯股票指数是世界上历史最为悠久的股票指数,它的全称为股票价格平均数。它是在1884年由道·琼斯公司的创始人查理斯·道开始编制的。其最初的股票价格平均指数是根据11种具有的代表性的铁路公司的股票,采用算术平均法进行计算编制而成的,发表在查理斯·道自己编辑出版的《每日通讯》上。其计算公式为:

$$股票价格平均数 = 入选股票的价格之和 \div 入选股票的数量$$

自1887年起,道·琼斯股票价格平均数开始分成工业与运输业两大类,其中工业股票价格平均指数包括12种股票,运输业平均指数则包括20种股票,并且开始在道·琼斯公司出版的《华尔街日报》上公布。在1929年,道·琼斯股票价格平均指数又增加了公用事业类股票,使其所包含的股票达到65种,并一直延续至今。

现在的道·琼斯股票价格平均指数是以1928年10月1日为基数,因为这一天收盘时的道·琼斯股票价格平均指数恰好约为100美元,所以就将其定为基准日。而以后股票价格同基期相比计算出的百分数,就成为各期的股票价格指数,所以现在的股票指数普遍用点来作单位,而股票指数每一点的涨跌就是相对于基数日的涨跌百分数。

道·琼斯股票价格平均指数最初的计算方法是用简单算术平均法求得,当遇到股票的除权除息时,股票指数将发生不连续的现象。1928年后,道·琼斯股票价格平均指数采用了新的计算方法,即在计点的股票除权或除息时采用连接技术,以保证股票指数的连续,从而使股票指数计算方法得到了完善,并逐渐推广到全世界。

目前,道·琼斯股票价格平均指数共分四组,第一组是工业股票价格平均指数。它由30种有代表性的大工商业公司的股票组成,且随经济变化而发展,大致上反映了各个时期美国整个工商业股票的价格水平,这也就是人们通常所引用的道·琼斯工业股票价格平均数。第二组是运输业股票价格平均指数。它包括20种有代表性的运输业公司的股票,即8家铁路运输公司、8家航空公司和4家公路货运公司。第三组是公用事业股票价格平均指数,由代表着美国公用事业的15家煤气公司和电力公司的股票所组成。第四组是平均价格综合指数。它是综合前三组股票价格平均指数所选用的、共65种股票而得出的综合指数,这组综合指数虽然为优等股票提供了直接的股票市场状况参数,但现在通常引用的是第一组——工业股票价格平均指数。

道·琼斯股票价格平均指数是目前世界上影响最大、最有权威性的一种股票价格指数,原因之一是道·琼斯股票价格平均指数所选用的股票都是有代表性,这些股票的发行公司都是在本行业中具有重要影响的著名公司,其股票行情为世界股票市场所瞩目,各国投资者都极为重视。为了保持这一特点,道·琼斯公司对其编制的股票价格平均指数所选用的股票经常予以调整,不断地用具有活力的更富有代表性的公司股票去替代那些失去代表性的公司股票。自1928年以来,用于计算道·琼斯工业股票价格平均指数的30种工商业公司股票,已有30次更换,几乎每两年就要有一个新公司的股票代替老公司的股票。原因之二是公布道·琼斯股票价格平均指数的新闻载体——《华尔街日报》是世界金融界最有影响力的报纸。该报每天详尽报道其每个小时计算一次的采样股票平均指数、百分比变动率以及每种采样股票的成交数额等,并注意对股票分股后的股票价格平均指数进行校正。而在纽约证券交易所的营业时间里,则每隔半小时公布一次道·琼斯股票价格平均指数。原因之三是这一股票价格平均指数自编制以来从未间断,可以用来比较不同时期的股票行情和经济发展情况,成为反映美国股市行情变化最敏感的股票价格平均指数之一,是观察市场动态和从事股票投资的投资者的主要参考。当然,由于道·琼斯股票价格指数是一种成分股指数,它包括的公司仅占目前2 500多家上市公司的极少部分,而且多是热门股票,且未将近年来发展迅速的服务性行业和金融业的公司包括在内,所以它的代表性也一直受人们的质疑和批评。

从1996年5月25开始,还针对我国的股票市场编制了道·琼斯中国股票指数。截至1998年4月1日,沪深两市共有88只股票作为其成分股入选,故称为道·琼斯中国88股票指数。

2. 标准·普尔股票价格指数

除了道·琼斯股票价格指数外,标准·普尔股票价格指数在美国也很有影响,它是由美国最大的证券研究机构——标准·普尔公司编制的股票价格指数。该公司于1923年开始编制发表股票价格指数。最初采选了230种股票,编制两种股票价格指数。到1957年,这一股票价格指数的范围扩大到500种股票,分成95种组合。其中最重要的四种组合是工业股票组、铁路股票组、公用事业股票组和500种股票混合组。从1976年7月1日开始,改为40种工业股票、20种运输业股票、40种公用事业类股票和40种金融业股票。几十年来,虽然有股票更迭,但始终保持为500种。标准·普尔公司股票价格指数以1941年至1993年抽样股票的平均市价为基期,以上市股票数为权数,按基期进行加权计算,其基点数位10。以目前的股票市场价格乘以基期股票数为分母,相除之数再乘以10就是股票价格指数。

3. 纽约证券交易所股票价格指数

纽约证券交易所股票价格指数是由纽约证券交易所编制的股票价格指数。它起自1996年6月,先是普通股股票价格指数,后来改为混合指数,包括在纽约证券交易所上市的1 500家公司的1 570种股票。具体计算方法是将这些股票按价格高低分开排列,分别计算工业股票、金融业股票、公用事业股票、运输业股票的价格指数,最大和最广泛的是工业股票价格指数,有1 093种股票组成;金融业股票价格指数包括投资公司、储蓄贷款协会、分期付款融资公司、商业银行、保险公司和不动产公司的223种股票;运输业股票价格指数包括铁路、航空、轮船、汽车等公司的65种股票;公用事业股票价格指数则有电话电报公司、煤气公司、电力公司和邮电公司的189种股票。

纽约股票价格指数是以1965年12月31日确定的50点为基数,采用的是综合指数形式。纽约证券交易所每半个小时公布一次指数的变动情况。虽然纽约证券交易所编制股票价格指数的时间不长,但它可以全面及时地反映其股票市场活动的综合状况,因而较为受投资者欢迎。

4. 日经道·琼斯股票指数(日经平均股价)

它是由日本经济新闻社编制并公布的反映日本股票市场价格变动的股票价格平均数。该指数从1950年9月开始编制。最初在根据东京证券交易所第一市场上市的225家公司的股票算出修正平均股价,当时称为"东证修正平均股价"。1975年5月1日,日本经济新闻社向道·琼斯公司买进商标,采用美国道·琼斯公司的修正法计算,这种股票指数也就改称为"日经道·琼斯平均股价"。1985年5月1日在合同期满10年时,经两家商议,将名称改为"日经平均股价"。

按计算对象的采样数目不同,该指数分为两种:一种是日经225种平均股价。其所选样本均为在东京证券交易所第一市场上市的股票,样本选定后原则上不再更改。1981年定位制造业150家、建筑业10家、水产业3家、矿业3家、商业12家、陆运及海运14家、金融保险业15家、不动产业3家、仓库业、电力和煤气4家、服务业5家。由于日经225种平均股价从1950年一直延续下来,因而其连续性及可比性较好,成为考察和分析日本股票市场长期演变及动态的最常用和最可靠的指标。该指数的另一种是日经500种平均股价。这是从1982年1月4日起开始编制的。由于其采样包括有500种股票,其代表性就相对更为广泛,但它的样本是不固定的,每年4月份要根据上市公司的经营状况、成交量和成交金额、市价总值等因素对样本进行更换。

5.《金融时报》股票价格指数

《金融时报》股票指数的全称是"伦敦《金融时报》工商业普通股股票价格指数",是由英国《金融时报》公布发表的。该股票价格指数包括从英国工商业中挑选出来的具有代表性的30家公开挂牌的普通股股票。它以1935年7月1日作为基期,其基点为100点。该股票价格指数以能够及时显示伦敦股票市场情况而闻名于世。

6. 香港恒生指数

香港恒生指数是香港股票市场上历史最悠久、影响最大的股票价格指数,由香港恒生银行于1969年11月24日开始发表。恒生股票价格指数包括从香港500多家上市公司中挑选出来的33家有代表性且经济实力雄厚的大公司股票作为成份股,分为四大类——4种金融业股票、6种公用事业股票、9种房地产业股票和14种其他工商业(包括航空和酒店)股票。这些股票涉及香港的各个行业,并占香港股票市值的68.8%,具有较强的代表性。

恒生股票价格指数的编制是以1964年7月31日为基期,因为这一天香港股市运行正常,成交值均匀,可反映整个香港股市的基本股市,基点确为100点。其计算方法是将33种股票按每天的收盘价乘以各自的发行股数为计算日的市值,在与基数的市值相比较,乘以100就得出当天的股票价格指数。由于恒生股票价格指数所选择的基期适当,因此,不论股票市场狂升或猛跌,还是处于正常交易水平,恒生股票价格指数基本上能反映整个股市的活动情况。

自1969年恒生股票价格指数发表以来,已经过多次调整。由于1980年8月香港当局通过立法,将香港证券交易所、远东交易所、金银证券交易所和九龙证券所合并为香港联合证券交易所,在目前的香港股票市场上,只有恒生股票价格指数与新产生的香港指数并存,香港的其他股票价格指数均不复存在。

我国的股票指数

1. 上证股票指数

它是由上海证券交易所编制的股票指数,1990年12月19日正式开始发布。该股票指数的样本为所有在上海证券交易所挂牌上市的股票,其中新上市的股票在挂牌的第二天纳入股票指数的计算范围。

该股票指数的权数为上市公司的总股本。由于我国上市公司的股票有流通股和非流通股之分，其流通量与总股本并不一致，所以总股本较大的股票对股票指数的影响就较大，上证指数常常就成为机构大户造市的工具，使股票指数的走势与大部分股票的涨跌相背离。

上海证券交易所股票指数的发布几乎是和股票行情的变化相同步的，它是我国股民和证券从业人员研判股票价格变化趋势必不可少的参考依据。

2. 深圳综合股票指数

它是由深圳证券交易所编制的股票指数，1991年4月3日为基期。该股票指数的计算方法基本与上证指数相同，其样本为所有在深圳证券交易所挂牌上市的股票，权数为股票的总股本。由于以所有挂牌的上市公司为样本，其代表性非常广泛，且它与深圳股市的行情同步发布，它是股民和证券从业人员研判深圳股市股票价格变化趋势必不可少的参考依据。在前些年，由于深圳证券交易所的股票交投不如上海证券交易所那么活跃，深圳证券交易所现已改变了股票指数的编制方法，采用成份股指数，其中只有40只股票入选并于1995年5月开始发布。

现在深圳证券交易所并存着两个股票指数，一个是老指数深圳综合指数，一个是现在的成份股指数，但从最近3年的运行态势来看，两个指数间的区别并不是特别明显。

股票指数与投资收益

股票指数是指数投资组合市值的正比例函数，其涨跌幅度是这一投资组合的收益率。但在股票指数的计算中，并未将股票的交易成本扣除，故股民的实际收益将小于股票指数的涨跌幅度（股票指数的涨跌幅度是指数投资组合的最大投资收益率）。

股市上经常流传的一句格言，叫做"牛赚熊赔"，就是说牛市中股民盈利、在熊市中亏损，但如果把股民作为一个投资整体来分析，牛市中股民未必能盈利，原因有三。

1. 如果一个牛市是可逆转的，股民只赔不赚

我国上海股市上证指数的中间点位约为600点，在1993年出现的牛市中，沪市曾突破过1500点，后在1994年的7月跌回到300多点；1994年9月，沪市又冲上1000点，但不久又跌到600点以下。从这几年的指数运行来看，上证指数总是从600点以下开始启动，形成一个牛市后又回到600点，可以说上海股市的所有牛市都是可逆的。

当上证指数从600点冲上1000点又回到原地，对于个别股民来说，可能有赚有赔，相互间进行了财富的转移。但对于股民这个群体而言，他们不但无所得且还有所失。其一，不管是在那一个点位上交易，股民都需要交纳交易税和手续费。股票指数从600点上扬再回到600点，对于股民这个整体来说，除了要开销交易成本外，没有任何投资回报。而上海股市在这个点位上的成交量至少要占总成交量的一半以上，对于股民来说，最少一半以上的手续费和交易税的支出是徒劳无功的，因为投资股票的目的是企图在股票的上扬中得到收益。其二，股民为配股和新股的发行付出了额外的代价。配股和新股的发行总是参照二级市场的价格进行的，二级市场的股价越高，发行价就越高，当指数又回到600点以下时，对于在此点位上配股或购买新股的股民来说，就相当于套牢，而这种套牢又不同于二级市场的套牢，因为二级市场的套牢只是股民间的转手而已，资金并无损失。但高价配股或购买新股后，其资金就流向了上市公司，一级市场的这种套牢对股民这个整体就是巨大的损失。如青岛啤酒的发行，每股的成本约为12.8元，但其净资产每股只有2元，也就是说股民花了12.8元只买

到2元的净资产,不管该只股票后来的上市开盘价如何,股民这个整体为每股青岛啤酒股票还花了12.8元的代价。如果股民用买一股青岛啤酒的钱去投资国库券或存银行,每年至少能获得1.3元的收益,而不论青岛啤酒如何前程似锦,它每年的平均收益是难以达到如此之高水平的。所以对一个可逆的牛市,把股民作为一个投资整体来看,股民只赔不赚。

2. 即使是大牛市,股民也不一定就盈利

股票指数的涨跌幅度是股民的投资收益率,但这个投资收益率是名义上的,是没有扣除交易成本的。对于西方一些较为成熟的股市,因为其年换手率一般只有30%左右,其交易成本一般可忽略不计。而我国股市,由于股民的频繁倒手,最近两年的换手率一般都在700%左右,如果将交易成本计入,我国股民的收益实际上是一个负数。

1994年,沪深股市流通股部分共为股民产出了近50亿元的税后利润,但两市这一年的总成交额却高达8 200亿元,按单位成交额买卖双方各需交纳3‰的交易税和近4.5‰的手续费计算,股民累计将支出120亿元的交易成本,收益和支出相比,股民还将倒贴70亿元。

虽然沪深股市的综合指数比开始计点时的基数100点上扬了许多,但据初步估算,到1995年止,沪深股市的上市公司在五年中一共只为二级市场上的股民产出了100亿元的税后利润,而股民在该阶段支出的交易费、税却高达200亿元。相对于1990年,虽然沪深股市现在也还是牛市,但股民这个整体却是亏损的,因为上市公司给予股民的回报难以抵消股票交易的开支。

3. 如果一个牛市使股价偏离了它的投资价值,股民的盈利是虚拟的,且部分股民的盈利都是奠基在他人的亏损基础上的

在短期牛市中,股市可能造成一种错觉,即股民人人都是盈利者,其实这种盈利是虚拟的,因为股票的整体价值是以部分股票的成交价来计算的。当一只股票以较高的价格成交时,一些交易的股票市值都将以成交价来计算,其结果是持有该种股票的股民账面价值都升高了。但若上市公司的所有股票都进入流通,由于股票的供给量急剧增加,股票的价格就难以炒到现今股市这种高度。所以股市中的盈利不能以他人的成交价来计算,而只能以卖出时实现的成交价来计算。另外,当股价脱离其投资价值时,某些股民的盈利是以其他股民的亏损为前提的。

如某只股票的每年的税后利润为0.1元,同期一年期储蓄利率为10%,故这只股票的理论价格应为1元。当一些股民将其价格狂炒至偏离其投资价值以后,比如说将其价格由1元炒至5元,1元买进5元卖出的股民盈利4元,但5元买进的股民却亏损了4元,因为该只股票的实际收益仅相当于1元的储蓄存款。所以在股票的炒作中,一般都是后买的回报了先买的,新股民回报了老股民。

股票市场与零和博弈

股市零和博弈的定义可以表述为:输家损失+现金分红=赢家收益+融资+交易成本。等式左边是股市资金的提供者,右边则是股市资金的索取者,在长期当中等式两端必须平衡,这个"游戏"才能继续下去。

根据这一定义,当融资大于现金分红时,额外的资金需求也要由输家来承担,所以投资者亏损比例扩大;而当现金分红大于融资时,上市公司开始为股市提供资金,这在一定程度

上降低了输家的比例。

假如我们不是在全部市场参与者范围内和长期当中进行检验,而只是在股市局部(例如只包括各类投资者)以及某一阶段上进行调查,则股市可能会表现出"非零和"的特征。

例如道格·亨伍德在《华尔街——如何运作及为谁运作》一书中写道:

"到了1980~1997年,股市走到了提供资金的反面,变成了-11%。这种资金反向输送主要体现在红利上。因此在这时,根本就不是非金融企业求助于华尔街的投资,相反是非金融企业的钱一直充斥着华尔街。"

这表明在20世纪的80~90年代,美国股市上市公司现金分红已经大大超过了其在股市中的融资额。因此对于这一阶段的美国股市投资者来说,股票投资成为一个"正和"游戏,也因此才有了道琼斯指数长盛不衰的这一轮大牛市。

股市零和博弈的定义也可以换一种表述方法:赢家收益-输家损失=现金分红-融资-交易成本。

在这个等式的基础上,我们来进行下一步的讨论,在等式右边为一定的约束条件下,投资者(赢家与输家)之间的财富分配结构又是如何确定的呢?对此,陈浩教授有过贴切的回答:

"如果有一种方法1年能赚1倍,那么,就不允许市场上有一半的资金都使用它,否则1年以后,别的资金就全没了。"

简单地说就是,投资者之间财富分配的结构取决于赢家从输家那里"搬钱"的速度,每一种速度都对应于一种投资者内部的财富分配结构。

任何一个行业,假如企业能够自由地进入和退出,那么在效益最大化的驱使下,众多企业的竞争最终使这个市场的经济利润趋向于零,而上市公司正是由这些企业组成的。如果股市中上市公司的数量足够多,可以代表实际的经济结构,那么上市公司在长期当中对股市资金的贡献与索取应该看作互相抵消。同时如果投资股市可以获得超过其他行业的利润,大量游资的涌入也会把高度差填平。在此基础上考虑到交易成本的存在,则大数定理——股市中的大多数必须是输家——成立。由此,我们可以得到关于市场的一个辩证认识:市场是可以战胜的,前提是多数人无法战胜它。

这就是零和博弈,它是股票市场中"看不见的手"。在经济学上说,它是股市运行的最根本的约束条件。

由此可以得到带有普遍性的推论:在零和博弈之下,任何方法要想在股市长期获利,必须只有少数人能够掌握它,于是存在某种形式的垄断,而这种垄断所导致的市场结构往往对完全信息和完全竞争造成了某种损害。假如这种方法的学习和掌握并不存在不可克服的困难,那么随着模仿者的加入,它将不再是一个可以获得垄断利润的方法,因此垄断最终会消失,对完全信息和完全竞争的某种损害被消除,股市在通往有效市场的道路上前进一步。简而言之,股市中的确存在长期获利的方法,但是如果这种方法被大多数人都知晓了,这种方法就不灵了。

基本分析流派的奠基人本杰明·格雷厄姆于1976年去世前不久,在杂志访谈中宣布他不再信奉基本分析流派。他认为,靠证券分析方法中刻意创立的分析技术,已不再能发现超值获利的投资机会。在他的《证券分析》一书出版的年代,确实存在这样的机会。但是当整个投资行业都用同样的方式来发掘超值股票时,分析的成本就被极大地提高了。格雷厄姆可能没有意识到,如果他没有将这种分析技术公之于世,也许它至今都是一种可以获利的方法。当然其他人早晚也会发现这种技术，但假如每一个发现者都守口如瓶的话，长期获利的方法也依然会是少数人掌握的秘密。

明白了这一点之后，如果再要一个人公布他行之有效的投资分析方法就无异于劝说一个神志正常的人自杀。这方面的正反例子有很多：

W·德尔伯特·江恩是20世纪初美国最著名的投机家，他精确的预测技巧和极高的交易胜率至今无人能及，因此有"交易大师"的称号。江恩在中青年时期由于对自己的交易技术极有自信，曾多次公开进行交易演示，让公众观摩，从而留下了一些极具公信力同时可以让任何时代的职业投资家都叹为观止的交易纪录。但是江恩的操作技术在其晚年效益大大下降，以至于穷困潦倒而终其一生，原因就是他的分析技术变得过于公开化和流行化，严重伤害了其获利能力。

爱德温·李费佛在投机生涯中几起几落，但结果还是没能在最后一击中爬起来（因投机失败而自杀）。他在《股票作手回忆录》中对自己使用的各种投机手法的详尽说明会不会也是造成悲剧的原因之一呢？

因此，要想在股市胜出，就必须想尽一切办法成为少数。如果使用的方法在法律允许的范畴之内，这叫做出奇制胜，而一旦出了这个范畴，那就是不择手段了。但无论是哪种方法，要想获得成功，一个重要的前提就是保证这种方法不为人所知和不能被其他人所掌握。因此，股市获胜的最根本方法就是要尽力去利用甚至去制造信息的不对称和竞争的不对称，即垄断。例如投资者之所以热衷于打探内幕消息，就是渴望获得垄断——少数人才知晓的信息垄断——的一种表现。

第4章

股票市场交易

股市交易基本名词概念——交易制度类

一级市场是指股票的初级市场,也即发行市场,在这个市场上投资者可以认购公司发行的股票。通过一级市场,发行人筹措到了公司所需资金,而投资人则购买了公司的股票成为公司的股东,实现了储蓄转化为资本的过程。一级市场有以下几个主要特点:

(1)发行市场是一个抽象市场,其买卖活动并非局限在一个固定的场所。

(2)发行是一次性的行为,其价格由发行公司决定,并经过有关部门核准。投资人以同一价格购买股票。

二级市场是指流通市场,是已发行股票进行买卖交易的场所。二级市场的主要功能在于有效地集中和分配资金:

(1)促进短期闲散资金转化为长期建设资金。

(2)调节资金供求,引导资金流向,沟通储蓄与投资的融通渠道。

(3)二级市场的股价变动能反映出整个社会的经济情况,有助于抽调劳动生产率和新兴产业的兴起。

(4)维持股票的合理价格,交易自由、信息灵通、管理缜密,保证买卖双方的利益都受到严密的保护。已发行的股票一经上市,就进入二级市场。投资人根据自己的判断和需要买进和卖出股票,其交易价格由买卖双方来决定,投资人在同一天中买入股票的价格是不同的。

无形市场是相对于有形市场而言的,无形市场不设交易大厅作为交易运行的组织中心,投资者利用证券商与交易所的电脑联网系统,可直接将买卖指令输入交易所的撮合系统进行交易。投资者委托买卖、成交回报、股份资金的交割,均通过证券商与交易所的电脑联网系统实现。传统的股票市场都是有形市场,由于互联网的普及,今天的股民大多数都是在电脑前的"无形市场"中进行交易。

柜台委托柜台委托是指投资者到证券部营业柜台填写书面买卖委托单,委托证券商代理买卖股票的方式。

电话委托电话委托是指投资者通过电话向证券商计算机系统输入委托指令,以完成证券买卖委托和有关信息查询的委托方式。

电脑委托电脑委托是指投资者通过与证券商自动委托交易系统联结的电脑终端,按照系统发出的指示输入买卖委托指令,以完成证券买卖委托和有关信息查询的一种先进的委托方式。

　　托管是在托管券商制度下,投资者在一个或几个券商处以认购、买入、转换等方式委托这些券商管理自己的股份,并且只可以在这些券商处卖出自己的证券;券商为投资者提供证券买卖、分红派息自动到账、证券与资金的查询、转托管等各项业务服务。

　　转托管卖是在托管券商制度下,投资者要将其托管股份从一个券商处转移到另一个券商处托管,就必须办理一定的手续,实现股份委托管理的转移,即所谓的转托管。

　　指定交易是指定交易指投资者可以指定某一证券营业部为自己买卖证券的唯一的交易营业部。

　　停牌股票由于某种消息或进行某种活动引起股价的连续上涨或下跌,由证券交易所暂停其在股票市场上进行交易。待情况澄清或企业恢复正常后,再复牌在交易所挂牌交易。

　　涨(跌)停板是指交易所规定的股价一天中涨(跌)最大幅度为前一日收盘价的百分数,不能超过此限,否则自动停止交易。

　　涨跌幅限制是指在一个交易日内,除上市首日证券外,证券的交易价格相对上一交易日收市价格的涨跌幅度不得超过10%;超过涨跌限价的委托为无效委托。

　　大户就是大额投资人,例如财团、信托公司以及其他拥有庞大资金的集团或个人。

　　中户指投资额较大的投资人。

　　散户就是买卖股票数量很少的小额投资者。

　　经纪人执行客户命令,买卖证券、商品或其他财产,并为此收取佣金者。

　　非上市股票是指不在证券交易所注册挂牌的股票。

　　委托书是指股东委托他人(其他股东)代表自己在股东大会上行使投票权的书面证明。

　　T+1交收是指交易双方在交易次日完成与交易有关的证券、款项收付,即买方收到证券、卖方收到款项。

　　特别处理:沪深证券交易所在1998年4月22日宣布,根据1998年实施的股票上市规则,将对财务状况或其他状况出现异常的上市公司的股票交易进行特别处理,由于"特别处理"的英文是Special treatment(缩写是"ST"),因此这些股票就简称为"ST股"。上述财务状况或其他状况出现异常主要是指两种情况:一是上市公司经审计连续两个会计年度的净利润均为负值,二是上市公司最近一个会计年度经审计的每股净资产低于股票面值。

　　在上市公司的股票交易被实行特别处理其间,其股票交易应遵循下列规则:

　　(1)股票报价日涨跌幅限制为5%。

　　(2)股票名称改为原股票名前加"ST",如"ST辽物资"。

　　(3)上市公司的中期报告必须审计。

　　特别转让服务:PT是英语Particular Transfer(意为特别转让)的缩写。这是旨在为暂停上市股票提供流通渠道的"特别转让服务"。对于进行这种"特别转让"的股票,沪深交易所在其简称前冠以"PT",称之为"PT股"。根据《公司法》和证券法的规定,上市公司出现连续三年亏损等情况,其股票将暂停上市。沪深交易所从1999年7月9日起,对这类暂停上市的股票实施"特别转让服务"。第一批这类股票有"PT双鹿"、"PT农商社"、"PT苏三山"和"PT渝太白"。

　　特别转让与正常股票交易主要有四点区别:

　　(1)交易时间不同。特别转让仅限于每周五的开市时间内进行,而非逐日持续交易。

(2)涨跌幅限制不同。特别转让股票申报价不得超过上一日转让价格的上下5%，与ST股票的日涨跌幅相同。

(3)撮合方式不同，特别转让是交易所于收市后一次性对该股票当天所有有效申报按集合竞价方式进行撮合，产生唯一的成交价格，所有符合成交条件的委托盘均按此价格成交。

(4)交易性质不同。特别转让股票不是上市交易，因此，这类股票不计入指数计算，成交数不计入市场统计，其转让信息也不在交易所行情中显示，只由指定报刊专栏在次日公告。

股市交易基本名词概念——研判分析类

绩优股 绩优股是指那些业绩优良，但增长速度较慢的公司的股票。这类公司有实力抵抗经济衰退，但这类公司并不能给你带来振奋人心的利润。因为这类公司业务较为成熟，不需要花很多钱来扩展业务，所以投资这类公司的目的主要在于获得股息。另外，投资这类股票时，市盈率不要太高，同时要注意股价在历史上经济不景气时波动的记录。

热门股 热门股是指交易量大、流通性强、股价变动幅度较大的股票。

成长股 成长股是指这样一些公司所发行的股票，它们的销售额和利润额持续增长，而且其速度快于整个国家和本行业的增长。这些公司通常有宏图伟略，注重科研，留有大量利润作为再投资以促进其扩张。

龙头股 龙头股指的是某一时期在股票市场的炒作中对同行业板块的其他股票具有影响和号召力的股票，它的涨跌往往对其他同行业板块股票的涨跌起引导和示范作用。龙头股并不是一成不变的，它的地位往往只能维持一段时间。

大盘股、中盘股、小盘股 一般流通股本在1个亿以上的个股称为大盘股；5 000万至1个亿的个股称为中盘股；不到5 000万规模的称为小盘股。就市盈率而言，相同业绩的个股，小盘股的市盈率比中盘股高，中盘股要比大盘股高。特别在市场疲软时，小盘股机会较多。在牛市时大盘股和中盘股较适合大资金的进出，因此盘子大的个股比较看好。由于流通盘大，对指数影响大，往往成为市场调控指数的工具。投资者选择个股，一般熊市应选小盘股和中小盘股，牛市应选大盘股和中大盘股。

黑马股 黑马股是指股价在一定时间内，上涨一倍或数倍的股票。

白马股 白马股是指股价已形成慢慢涨的长升通道，还有一定的上涨空间。

技术分析 技术分析是以供求关系为基础对市场和股票进行的分析研究。技术分析研究价格动向、交易量、交易趋势和形式，并制图表示上述因素，用图预测当前市场行为对未来证券的供求关系和个人持有的证券可能发生的影响。

基本分析 基本分析根据销售额、资产、收益、产品或服务、市场和管理等因素对企业进行分析。亦指对宏观政治、经济、军事动态的分析，以预测它们对股市的影响。

基本面 基本面包括宏观经济运行态势和上市公司基本情况。宏观经济运行态势反映出上市公司整体经营业绩，也为上市公司进一步的发展确定了背景，因此宏观经济与上市公司及相应的股票价格有密切的关系。上市公司的基本面包括财务状况、盈利状况、市场占有率、经营管理体制、人才构成等各个方面。

政策面 政策面指国家针对证券市场的具体政策,例如股市扩容政策、交易规则、交易成本规定等。

市场面 市场面是指市场供求状况、市场品种结构以及投资者结构等因素。市场面的情况也与上市公司的经营业绩好坏有关。

技术面 技术面是指反映介变化的技术指标、走势形态以及K线组合等。技术分析有三个前提假设,即市场行为包容一切信息;价格变化有一定的趋势或规律;历史会重演。由于认为市场行为包括了所有信息,那么对于宏观面、政策面等因素都可以忽略,而认为价格变化具有规律和历史会重演,就使得以历史交易数据判断未来趋势变得简单了。

每股税后利润 每股税后利润又称每股盈利,可用公司税后利润除以公司总股数来计算。

股东权益 公司净资产代表公司本身拥有的财产,也是股东们在公司中的权益,因此,又叫作股东权益。

净资产收益率 净资产收益率是公司税后利润除以净资产得到的百分比率,用以衡量公司运用自有资本的效率。

市盈率 市盈率又称股份收益比率或本益比,是股票市价与其每股收益的比值,计算公式为:市盈率=当前每股市场价格÷每股税后利润。

换手率 换手率也称周转率,是指在一定时间内市场中股票转手买卖的频率,也是反映股票流通性强弱的指标之一,其计算公式为:周转率(换手率)=某一段时期内的成交量÷发行总股数×100%。

成交量 成交量反映成交的数量多少。一般可用成交股数和成交金额两项指标来衡量。目前深沪股市两项指标均能显示出来。

分红 分红是指上市公司对股东的投资回报。

送红股 送红股是指上市公司将本年的利润留在公司里,发放股票作为红利,从而将利润转化为股本。

转增股本 转增股本是指公司将资本公积转化为股本,转增股本并没有改变股东的权股益,但却增加了股本规模,因而客观结果与送红股相似。

题材板块 题材板块通常特指由于某一些突发事件或特有现象而使部分个股具有一些共同特征,例如资产重组板块、WTO板块、西部概念等。市场要炒作就必须以各种题材做支撑,这已成了市场的规律。

根据有关市场人士的分析,常被利用的炒作题材大致有以下几类:①经营业绩好转、改善;②国家产业政策扶持,政府实行政策倾斜;③将要或正在合资合作、股权转让;④出现控股或收购等重大资产重组;⑤增资配股或高送股分红等。

周转率 周转率是指股票交易的股数占交易所上市流通的股票股数的百分比。

认股权证 认股权证是指股票发行公司增发新股票时,发给公司原股东的以优惠价格购买一定数量股票的证书。认股权证通常都有时间限制,过时无效。在有效期内持有人可以将其卖出或转让。

含权 凡是有股票有权未送配的均称含权。

除权 除权是由于公司股本增加,每股股票所代表的企业实际价值(每股净资产)有所减少,需要在发生该事实之后从股票市场价格中剔除这部分因素,而形成的剔除行为。除权价等于前一日收盘价减去所含权的差价。

除息 除息由于公司股东分配红利,每股股票所代表的企业实际价值(每股净资产)有所减少,需要在发生该事实之后从股票市场价格中剔除这部分因素,而形成的剔除行为。除息价等于股票前一日收盘价减去上市公司发放的股息。除息也称为派息。

填权 填权是指在除权除息后的一段时间里,如果多数人对该股看好,该只股票交易市价高于除权(除息)基准价,即股价比除权除息前有所上涨,这种行情称为填权。

贴权 贴权是指在除权除息后的一段时间里,如果多数人不看好该股,交易市价低于除权(除息)基准价,即股价比除权除息前有所下降,则为贴权。

增资 上市公司为业务需求经常会办理增资(有偿配股)或资本公积新增资(无偿配股)。

配股 公司增发新股时,按股东所有人份数,以特价(低于市价)分配给股东认购。

阻力线 阻力线是指股价上涨到达某一价位附近,如有大量的卖出情形,使股价停止上扬,甚至回跌的价。

支撑线 支撑线是指股价下跌到在某一价位附近,如有大量买进情形,使股价停止下跌甚至回升的价位。

跳空 股市受到强烈利多或利空消息的刺激,股价开始大幅跳动,在上涨时,当天的开盘或最低价,高于前一天的收盘价两个申报单位以上,称"跳空而上";下跌时,当天的天盘或最高价低于前一天的收盘价两个申报单位,而于一天的交易中,上涨或下跌超过一个申报单位,称"跳空而下"。

填空 填空是指将跳空出现时将没有交易的空价位补回来,也就是股价跳空后,过一段时间将回到跳空前价位,以填补跳空价位。

回档 上升趋势中,因股价上涨过速而回跌,以调整价位的现象。

天价 个别股票由多头市场转为空头市场时的最高价。

突破 突破是指股价经过一段盘档时间后,产生的一种价格波动。

探底 股价持续跌挫至某价位时便止跌回升,如此一次或数次。

头部 股价上涨至某价位时便遇阻力而下滑。

近期趋势 20~30天为近期趋势。

对敲转账 转账交易的一种方式。这是证券经纪商赚取投资利润的一种手段。经纪商们经低价买进股票,并收取客户的佣金,再以高价卖给另一客户,这样就赚取了大量利润。

股市交易基本名词概念——实盘交易类

手 它是国际上通用的计算成交股数的单位。必须是手的整数倍才能办理交易。目前一般以100股为一手进行交易。即购买股票至少必须购买100股。

挂进 买进股票的意思。

挂出 卖出股票的意思。

开市价 开市价又称开盘价,是指某种证券在证券交易所每个交易日开市后的第一笔买卖成交价格。

收市价 收市价又称收盘价,是指某种证券在证券交易所每个交易日里的最后一笔买卖成交价格。

最高价 最高价指某种证券在每个交易日从开市到收市的交易过程中所产生的最高价格。

最低价 最低价指某种证券在每个交易日从开市到收市的交易过程中所产生的最低价格。

涨跌 以每天的收盘价与前一天的收盘价相比较,来决定股票价格是涨还是跌。一般在交易台上方的公告牌上用"+"、"-"号表示。

开高盘 开高盘是指开盘价比前一天收盘价高出许多。

开低盘 开低盘是指开盘价比前一天收盘价低出许多。

开平盘 开平盘是指今日的开盘价与前一营业日的收盘价相同。

盘档 盘档是指投资者不积极买卖,多采取观望态度,使当天股价的变动幅度很小,这种情况称为盘档。

整理 整理是指股价经过一段急剧上涨或下跌后,开始小幅度波动,进入稳定变动阶段,这种现象称为整理,整理是下一次大变动的准备阶段。

盘整 股价经过一段快捷上升或下降后,遭遇阻力或支撑而呈小幅涨跌变动,做换手整理。

回档 回档是指股价上升过程中,因上涨过速而暂时回跌的现象。

反弹 反弹是指在下跌的行情中,股价有时由于下跌速度太快,受到买方支撑暂时回升的现象。反弹幅度较下跌幅度小,反弹后恢复下跌趋势。

多头 多头是指对股票后市看好,先行买进股票,等股价涨至某个价位,卖出股票赚取差价的投资者。

空头 空头是指认为股价已上涨到了最高点,很快便会下跌,或当股票已开始下跌时,认为还会继续下跌,趁高价时卖出的投资者。

多头市场 也称牛市,就是股票价格普遍上涨的市场。

空头市场 也称熊市,是指股价呈长期下降趋势的市场,空头市场中,股价的变动情况是大跌小涨。

多头陷阱 即为多头设置的陷阱,通常发生在指数或股价屡创新高,并迅速突破原来的指数区且达到新高点,随后迅速滑跌破以前的支撑位,结果使在高位买进的投资者严重被套。

空头陷阱 通常出现在指数或股价从高位区以高成交量跌至一个新的低点区,并造成向下突破的假象,使恐慌性抛盘涌出后迅速回升至原先的密集成交区,并向上突破原压力线,使在低点卖出者踏空。

多翻空 原本看好行情的多头,看法改变,卖出手中的股票,有时还借股票卖出,这种行为称为翻空或多翻空。

空翻多 原本作空头者,改变看法,把卖出的股票买回,有时还买进更多的股票,这种行为称为空翻多。

买空 买空是指预计股价将上涨,因而买入股票,在实际交割前,再将买入的股票卖掉,实际交割时收取差价或补足差价的一种投机行为。我国股市目前没有买空机制,欧美发达国家股市有这种机制。

卖空 卖空是指预计股价将下跌,因而卖出股票,在发生实际交割前,将卖出股票如数补进,交割时,只结清差价的投机行为。我国股市目前没有卖空机制,欧美发达国家股市有这种机制。

利空　利空是指促使股价下跌，对空头有利的因素和消息。

利多　利多是指刺激股价上涨，对多头有利的因素和消息。

套牢　套牢是指预期股价上涨，不料买进后，股价一路下跌；或是预期股价下跌，卖出股票后，股价却一路上涨，前者称多头套牢，后者是空头套牢。

抢短线　预期股价上涨，先低价买进后再在短期内以高价卖出。预期股价下跌，先高价卖出再伺机在短期内以低价再回购。

抬拉　抬拉是用非常方法，将股价大幅度抬起。通常大户在抬拉之后便大抛出以牟取暴利。

打压　打压是用非常方法，将股价大幅度压低。通常大户在打压之后便大量买进以牟取暴利。

护盘　股市低落、人气不足时，机构投资大户大量购进股票，防止股市继续下滑行为。

洗盘　洗盘是主力操纵股市，故意压低股价的一种手段，具体做法是，为了拉高股价获利出货，先有意制造卖压，迫使低价买进者卖股票，以减轻拉长压力，通过这种方法可以使股价容易拉高。

骗线　大户利用股民们迷信技术分析数据、图表的心理，故意抬拉、打压股指，致使技术图表形成一定线型，引诱股民大量买进或卖出，从而达到他们大发其财的目的。这种欺骗性造成的技术图表线型称为骗线。

坐轿子　预测股价将涨，抢在众人前以低价先行买进，待众多散户跟进、股价节节升高后，卖出获利。

抬轿子　在别人早已买进后才醒悟，也跟着买进，结果是把股价抬高让他人获利，而自己买进的股价已非低价，无利可图。

下轿子　坐轿客逢高获利结算为下轿子。

反弹　股票价格在下跌趋势中因下跌过快而回升的价格调整现象，回升幅度一般小于下跌幅度。

斩仓(割肉)　在买入股票后，股价下跌，投资者为避免损失扩大而低价(赔本)卖出股票的行为。

平仓　投资者在股票市场上卖股票的行为。

建仓　投资者开始买入看涨的股票。

筹码　投资人手中持有一定数量的股票。

踏空　投资者因看淡后市，卖出股票后，该股价却一路上扬，或未能及时买入，因而未能赚得利润。

跳水　股价迅速下滑，幅度很大，超过前一交易日的最低价很多。

阴跌　股价进一步退两步，缓慢下滑的情况，如阴雨连绵，长期不止。

跳空与回补　股市受强烈的利多或消息影响，开盘价高于或低于前一交易日的收盘价，股价走势出现缺口，称之为跳空；在股价之后的走势中，将跳空的缺口补回，称之为补空。

大盘上的红色、绿色、白色、白线、黄线各代表的意义　证券行情实时显示系统上所显示的红色、绿色、白色和白线黄线是软件设计者为了便于分辨和识别而设定的，在不同情况下有不同的含义。

在通常采用的钱龙分析软件中行情即时显示屏上,出现红色表示该股票即时成交价格较前一个交易日收盘价格出现上涨,绿色代表下跌,白色则代表持平或停牌。在股价指数走势图中所出现的白线表示的是加权平均股价指数的走势,它充分体现了每个股票股本大小对综合指数的影响;而出现的黄线则表示算术平均股价指数,它将每个股票对综合指数的影响平均看待;当黄线高于白线时,表明小盘股相对大盘股涨得多;反之,表明大盘股相对小盘股涨得多。在个股股价走势图中出现的白线则表示个股实际成交价格的走势,黄线则是指该股票自当天开盘至目前为止的平均成交价格的走势。

N、XD、XR、DR分别表示什么 当投资者观看股票行情时,往往会看到有些股票的名称前面突然冒出了英文字母,这些字母分别表示什么呢?让我们分别作出解释:

(1)当股票名称前出现了"N"字,表示这只股是当日新上市的股票,字母"N"是英语New(新)的缩写。看到带有"N"字头的股票时,投资者除了知道它是新股,还应认识到这只股票的股价当日在市场上是不受涨跌幅限制的,涨幅可以高于10%,跌幅也可以低于10%。这样就较容易控制风险和把握投资机会。

(2)当股票名称前出现"XD"字样时,表示当日是这只股票的除息日,"XD"是英语Exclud(除去)Dividend(利息)的简写。在除息日的当天,股价的基准价比前一个交易日的收盘价要低,因为从中扣除了利息这一部分的差价。

(3)当股票名称前出现"XR"的字样时,表明当日是这只股票的除权日。"XR"是英语Exclud(除去)Right(权利)的简写。在除权日当天,股价也比前一交易日的收盘价要低,原因在于股数的扩大,股价被摊低了。

(4)当股票名称前出现"DR"字样时,表示当天是这只股票的除息、除权日。"D"是Dividend(利息)的缩写,"R"是Right(权利)的缩写。有些上市公司分配时不仅派息而且送转红股或配股,所以出现同时除息又除权的现象。

开 户

一般客户是不能直接进入证券交易所进行场内交易的,而要委托证券商或经纪人代为进行。客户的委托买卖是证券交易所交易的基本方式,是指投资者委托证券商或经纪人代理客户(投资者)在场内进行股票买卖交易的活动。股票的交易程序一般包括开户、委托买卖、成交、清算及交割、过户等几个过程。

我们要想买卖股票,首先要寻找一家信誉可靠,同时又能提供优良服务的证券公司作为经纪人。投资者选择证券公司一般要考虑以下几方面:

(1)必须是信誉可靠。这对于投资者来说是头等重要的事情。因为,投资者本人不能进入证券交易所从事股票的买卖。同时,他也不能全面了解股票交易的有关信息。在变化无常的证券市场上从事股票交易,选择一个信誉可靠的证券公司作为经纪人,毫无疑问,将是保证其资产的安全,进而能够盈利的重要前提。

(2)该证券公司应取得证券交易所的席位。因为,只有取得了证券交易所席位的证券公司才能派员进入证券交易所从事股票的买卖。不然的话,证券公司只能再委托其他获得席位的经纪人代理买卖,如果这样将会徒然增加委托买卖的中间环节,增加投资者买卖股票的费用。

(3)投资者在选择证券公司时,还应考虑该公司的业务状况是否良好,工作人员的办事效率是否高,公司的交易设施是否完备、先进,收费是否合理等多方面。

当投资者选定了一家证券作为其买卖股票的经纪人之后,接下来就是在证券公司开户。所谓开户,就是股票的买卖人在证券公司开立委托买卖的账户。其主要作用是在于确定投资者信用,表明该投资者有能力支付买股票的价款或佣金。

客户开设账户,是股票投资者委托证券商或经纪人代为买卖股票时,与证券商或经纪人签订委托买卖股票的契约,确立双方为委托与受托的关系。

证券商接受客户委托代理买卖股票的主要规定有:

(1)证券商必须经证券主管机关批准方可在证券交易市场经营经纪业务。

(2)代理证券商受理委托买卖股票,限于其公司本部营业机构和分支机构以及经证券主管机关批准的股票交易业务的代理机构。

代表证券商受理买卖股票的,是必须在证券交易所注册登记的出市代表。

委托某证券商代办股票买卖交易,必须先向该证券商办理名册登记手续,以建立一种委托与受托关系。名册登记的主要内容包括:客户的姓名、性别、身份证号码、家庭地址、职业、联系电话并留存印鉴和签名样卡。法人名册主要包括法人证明、法人授权书、法人姓名、证券商名称。在我国上海,这种工作由上海证券交易所办理,投资者出具身份证、银行存折办理股票账户,股票账户类似于股票存折,既是股民的代码卡,又是股民分红派息、买卖股票的有效凭证。

在深圳,凡要购买股票者,都必须首先到市内任意一家专业银行(中国工商银行、中国建设银行、中国农业银行、中国银行)和综合性银行(深圳发展银行)中有全市电脑联网、办理通存通兑的储蓄所办理存款手续,确定开户银行和账号,以便作日后分红派息之用,此账号也可作为委托买卖资金专户,以便清算交割的顺利进行。投资者凭身份证和存折到登记过户公司办理股东代码卡,每一个投资者只能建立一个代码,投资者在认购新股、委托买卖、代理股票过户时,必须在有关凭证上填写自己的代码。

按照我国现行的有关规定,证券商有权拒绝下列人员开户:

(1)未满18周岁的成年人及未经法定代理人允许者。

(2)证券主管机关及证券交易所的职员与雇员。

(3)党政机关干部、现役军人。

(4)证券公司的职员。

(5)被宣布破产且未恢复者。

(6)未经证券主管机关或证券交易所允许者。

(7)法人委托开户未能提出该法人授权开户证明者。

(8)曾因违反证券交易的案件在查未满三年者。

一般除了答复证券主管机关、司法机关、监察机关及证券交易所的查询外,证券商对于客户的一切委托事项均应严守秘密。同时,证券商须按客户委托的具体要求办理买卖,不得超越客户委托的范围和权限。但委托买卖证券有下列各项情况之一者,受托证券商不得受理:

(1)全权选择证券种类的委托买卖。

(2)全权决定买卖数量的委托买卖。

(3)全权决定买卖价格的委托买卖。

（4）全权决定买入或卖出的委托买卖。

（5）分期付款方式的证券买卖。

（6）对委托人作含赢利保证或分享利益的买卖。

证券商接受委托证券买卖时，必须先与委托人办妥委托契约。委托人须亲自签订受托契约并交验居民身份证和股东代码卡正本。委托人为法人者，应附法人登记证明文件复印本、合法的授权书与被授权人居民身份证正本。委托契约应载明委托人的姓名、性别、年龄、籍贯、联系电话和地址、居民身份证编号、开户银行账号，其为法人者应载明名称、地址及统一编号。受托契约的有效时间，由契约双方当事人约定。

从事证券交易的投资者可以选择开立以下几种账户：

（1）现金账户。开立这种账户的客户，其全部买卖均以现金完成。当通过经纪商购进股票时，必须在清算日或清算日之前交清全部价款，用现金支付。同样，当卖出股票时，也须在清算日或清算日之前，将股票交给证券经纪商，证券经纪商将价款收入账户。我国目前使用此种账户。

（2）保证金账户。保证金账户又叫普通账户，开立这一账户的客户，在买进股票时，只需要支付部分现款(即保证金)就可以买进全数的股票，全部价款与保证金的差额部分由证券商代垫，按市场利率计息，买进的股票则存在证券商处作抵押品。例如：若规定保证金比例为55%，则开立保证金账户的客户在买进股票时，只需支付所购股票价款55%。余下的45%价款，由证券经纪商公司提供贷款。

（3）联合账户。它是指两个或两个以上的个人共同在经纪商那里开立一个账户，如一方死亡，另一方不需等到法院的判决就可以出售股票。这种情况多见于夫妻双方、父子等亲戚关系间，两个以上的没有亲戚关系的人也可开立联合账户，以减少佣金。

（4）信托账户。这是专为未成年人的保护人开立的交易账户。许多国家的法律禁止未到法定年龄，由于继承遗产或亲友赠送等原因，就拥有一定数量的股票。为解决这个矛盾，证券公司设立比账户，由未成年者的保护人代其交易。

（5）授权账户。这是一种特殊的账户。投资者开立此账户意味着他将授权证券公司，可以事先不与其商量，根据市场情况随机处理，代其进行股票的买卖，它通常是在投资者完全信任证券公司的情况下，才开立此类账户。但日前在很多国家的法律中规定禁止使用这种账户，不少证券公司为避免纠纷，也拒绝开设上类账户。

以上第(2)、第(3)、第(4)、第(5)种账户，我国目前尚未使用。

开立账户之后，投资者与证券公司作为授权人和代理人的关系就基本确定。投资者作为授权人委托证券公司代理买卖股票，证券公司作为代理人负有认真执行客房的委托的责任，并为客户的委托事项保守秘密。任何一方如果失信，将承担违约责任。

成交的基本原则

1. 价格优先原则

价格优先原则是指较高买进申报优先满足于较低买进申报，较低卖出申报优先满足于较高卖出申报；同价位申报，先申报者优先满足。计算机终端申报竞价和板牌竞价时，除上述的优先原则外，市价买卖优先满足于限价买卖。

2. 成交时间优先顺序原则

成交时间优先顺序原则是指在口头唱报竞价，按中介经纪人听到的顺序排列；在计算机终端申报竞价时，按计算机主机接受的时间顺序排列；在板牌竞价时，按中介经纪人看到的顺序排列。在无法区分先后时，由中介经纪人组织抽签决定。

3. 成交的决定原则

成交的决定原则是指在口头唱报竞价时，最高买进申报与最低卖出申报的价位相同，即为成交。在计算机终端申报竞价时，除前项规定外，如买(卖)方的申报价格高(低)于卖(买)方的申报价格，采用双方申报价格的平均中间价位；如买卖双方只有市价申报而无限价申报，采用当日最近一次成交价或当时显示价格的价位。

电脑自动交易竞价作业程序

1. 作业程序

(1)电脑交易的买卖申报由终端输入，限当日有效。

(2)买卖申报的输入自市场集会时间开始前半小时进行。前款输入买卖申报的时间，证券交易所认为必要时可变更。

(3)买卖申报应依序逐笔输入证券商代号、委托书编号、委托种类(融资、融券、集中保管、自行保管)、证券代号、单价、数量、买卖类别、输入时间及代理或自营。但证券交易所可视需要而增减。前款输入序号，证券商应依接单顺序，按每部终端机分别编定，不得跳号。

(4)买卖申报传输至交易所电脑主机，经接受后，由参加买卖的证券商印表机列印买卖申报回报单。

(5)买卖申报仅限于限价申报一种。

(6)证券商查询其未成交的买卖申报，应经由终端机进行。

(7)申请撤销买卖申报时，应经由终端机撤销。申请变更买卖申报时，除减少申报数量外，应先撤销原买卖申报，再重新申报。

2. 行情揭示

行情揭示分为公开揭示屏幕与专业揭示屏幕。

公开揭示屏幕置于深圳交易所集中交易市场和各证券商营业厅。在市场集会时间内，公开屏幕应将成交价格随时揭示，买卖申报价格的揭示以当市最近一次成交价格为基准报出最高叫买价与最低叫卖价。

专业屏幕通过证券商的作业终端显示，可随时揭示围绕最近一次成交价上下两个升降单位的所有申报。

3. 证券商的买卖申报

经交易所电脑主机接受后，由交易所主机自市场集会时间时起自动撮合成交。

4. 决定买卖申报的优先顺序原则

(1)价格优先。

(2)时间优先。

(3)客户委托优先。

5. 买卖申报的竞价方式

买卖申报的竞价方式,分为集合竞价和连续竞价两种。开盘或收盘采用集合竞价方式。收盘时采用集合竞价自收盘前十分钟开始。

6. 集合竞价与连续竞价

集合竞价产生首次上市或除权除息后上市开市价。依集合竞价方式产生开盘价格的,其未成交买卖申报,仍然有效,并依原输入时序连续竞价。

开盘价格未能依集合竞价方式产生时,应以连续竞价产生开盘价格。

7. 连续竞价时,在当市最近一次成交价或当时揭示价连续两个升降单位内,其价格依下列原则决定

(1)最高买进申报与最低卖出申报价格优先成交。

(2)买(卖)方申报价格高(低)于卖(买)方申报价格时,采用较接近当市最近的一次成交价格或当时揭示价格的价位成交价格。

8. 成交回报单

买卖申报一经成交,即经由参加买卖的证券商的印表机列印成交回报单。在炒股软件的委托明细列表中会出现:"已经成交"。

成交回报单的项目应包括证券商代号、委托书编号、委托种类、证券代号、成交数量、成交价格、成交金额、买卖类别、代理或自营及成交时间。

股票交易的集合竞价制度

上交所、深交所定在上午9:15~9:25,大量买或卖某种股票的信息都输入到电脑内,但此时电脑只接受信息,不撮合信息。在正式开市前的一瞬间(9:30)电脑开始工作,十几秒后,电脑撮合定价,按成交量最大的首先确定的价格产生了这种股票当日的开盘价,并及时反映到屏幕上,这种方式就叫集合竞价(下午开市没有集合竞价)。通过集合竞价,可以反映出该股票是否活跃,如果是活跃的股票,集合竞价所产生的价格一般较前一日为高,表明卖盘踊跃,股票有上涨趋势。如果是非活跃股或冷门股,通过集合竞价所产生的价格一般较前一日为低,卖盘较少,股票有下跌趋势。

具体来说,集合竞价是将数笔委托报价或一时段内的全部委托报价集中在一起,根据不高于申买价和不低于申卖价的原则产生一个成交价格,且在这个价格下成交的股票数量最大,并将这个价格作为全部成交委托的交易价格。集合竞价的基本过程如下:

设股票G在开盘前分别有五笔买入委托和六笔卖出委托,根据价格优先的原则,按买入价格由高至低和卖出价格由低至高的顺序将其分别排列如表4-1所示。

表4-1　　　　　　　　　　按价格优先原则的买卖价排列

序号	委托买入价(元)	数量(手)	序号	委托卖出价(元)	数量(手)
1	3.80	2	1	3.52	5
2	3.76	6	2	3.57	1
3	3.65	4	3	3.60	2
4	3.60	7	4	3.65	6
5	3.54	6	5	3.70	6
6	3.75	3			

按不高于申买价和不低于申卖价的原则,首先可成交第一笔,即3.80元买入委托和3.52元的卖出委托,若要同时符合申买者和申卖者的意愿,其成交价格必须是在3.52元与3.80元之间,但具体价格要视以后的成交情况而定。委托成交后其他的委托排序如表4-2所示。

表4-2　　　　　　　　　　委托成交后,其他委托排序

序号	委托买入价(元)	数量(手)	序号	委托卖出价(元)	数量(手)
1			1	3.52	3
2	3.76	6	2	3.57	1
3	3.65	4	3	3.60	2
4	3.60	7	4	3.65	6
5	3.54	6	5	3.70	6
6	3.75	3			

在第一次成交中,由于卖出委托的数量多於买入委托,按交易规则,序号1的买入委托2手全部成交,序号1的卖出委托还剩余3手。

第二笔成交情况:序号2的买入委托价格为不高于3.76元,数量为6手。在卖出委托中,序号1~3的委托的数量正好为6手,其价格意愿也符合要求,正好成交,其成交价格在3.60~3.76元的范围内,成交数量为6手。应注意的是,第二笔成交价格的范围是在第一笔成交价格的范围之内,且区间要小一些。第二笔成交后剩下的委托情况如表4-3所示。

表4-3　　　　　　　　　　第二笔成交后,剩下的委托情况

序号	委托买入价(元)	数量(手)	序号	委托卖出价(元)	数量(手)
3	3.65	4			
4	3.60	7	4	3.65	6
5	3.54	6	5	3.70	6
6	3.75	3			

第三笔成交情况:序号3的买入委托其价格要求不超过3.65元,而卖出委托序号4的委托价格符合要求,这样序号3的买入委托与序号4的卖出委托就正好配对成交,其价格为3.65

元,因卖出委托数量大于买入委托,故序号4的卖出委托仅只成交了4手。第三笔成交后的委托情况如表4-4所示。

表4-4　　　　　　　　　　第三笔成交后的委托情况

序号	委托买入价(元)	数量(手)	序号	委托卖出价(元)	数量(手)
4	3.60	7	4	3.65	6
5	3.54	6	5	3.70	6
6	3.75	3			

完成以上三笔委托后,因最高买入价为3.60元,而最低卖出价为3.65元,买入价与卖出价之间再没有相交部分,所以这一次的集合竞价就已完成,最后一笔的成交价就为集合竞价的平均价格。剩下的其他委托将自动进入开盘后的连续竞价。

在以上过程中,通过一次次配对,成交的价格范围逐渐缩小,而成交的数量逐渐增大,直到最后确定一个具体的成交价格,并使成交量达到最大。在最后一笔配对中,如果买入价和卖出价不相等,其成交价就取两者的平均。

在这次的集合竞价中,三笔委托共成交了12手,成交价格为3.65元,按照规定,所有这次成交的委托无论是买入还是卖出,其成交价都定为3.65元,交易所发布的股票G的开盘价就为3.65元,成交量12手。

当股票的申买价低而申卖价高而导致没有股票成交时,上海股市就将其开盘价空缺,将连续竞价后产生的第一笔价格作为开盘价。而深圳股市对此却另有如下规定:

若最高申买价高于前一交易日的收盘价,就选取该价格为开盘价;若最低申卖价低于前一交易日的收盘价,就选取该价格为开盘价;若最低申买价不高于前一交易日的收盘价、最高申卖价不低于前一交易日的收盘价,则选取前一交易日的收盘价为今日的开盘价。

B股交易规则

1. 交易品种
深圳B股和上海B股。

2. 交易时间
每周一至周五上午9:30~11:0。下午1:00~3:00(北京时间)。

3. 交易原则
价格优先、时间优先。

4. 价格最小变化档位
深圳证券交易所为0.01港元,上海证券交易所为0.001美元。

5. 交易单位
委托买卖及清算的价格以1股为准。深市B股买卖数额以1手即100股或其整数倍为单位。沪市B股买卖数额一手为1 000股或其整数倍为单位。

6. 交易方式
深市B股交易方式分为集中交易和对敲交易。

7. 集中交易

指在交易时间内通过交易所集中市场交易系统达成的交易。

8. 对敲交易

B股证券商在开市后至闭市前五分钟将其接受的同一种B股买入委托和卖出委托配对后输入,经交易所的对敲交易系统确认后达成的交易。对敲交易仅限于股份托管在同一证券商处且不同投资者之间的股份协议转让。每笔交易数量须达到50 000股以上。

9. T+3交收

B股的交收期为T+3,即在达成交易后的第四个交易日完成资金和股份的正式交收,并实现"货银对付"。在此之前,投资者不能提取卖出股票款和进行买入股票的转出托管。

B股交易常见问题

1. 投资者可以在哪些机构进行B股交易

只要经证监会批准经营B股业务和经外汇局批准经营外汇业务的证券公司和信托投资公司,其总部和每一家分支机构都可以办理B股业务。境内个人投资者可以在同城任何一家经批准经营B股业务的证券公司和信托投资公司及其分支机构进行B股交易。

2. 哪些人可以投资B股

投资B股,投资者本身首先应具备由证管部门规定的资格、条件。根据中国证监会有关规定,B股的投资者限于:

(1)外国的自然人、法人和其他组织。

(2)中国港、澳、台地区的自然人、法人和其他组织。

(3)定居海外的中国公民。

(4)境内个人投资者。

(5)中国证监会规定的其他投资人。

3. B股交易的"非居民"指什么

非居民指中国港、澳、台地区、外国公民及取得外国永久居留权者。

4. "非居民"须携带"身份证件"办理开户,"身份证件"是指什么

非居民开户者开户所持的"身份证件"分别为:

(1) 外国公民持身份证或护照。

(2) 中国香港、澳门特区居民身份证。

(3) 中国台湾同胞台胞证。

(4) 取得外国绿卡的中国公民持护照及绿卡,开户时须填写护照号码。

5. 非居民如何开立B股账户

具体步骤:

(1) 首先办理汇款,并在汇款单的备注栏注明"新开户"字样和股东姓名。

(2) 开户者自汇款当日起5个工作日后(境内汇款约为3个工作日)凭银行汇出汇单传真件或复印件到开户证券部查询资金是否入账。

(3) 确认资金已入证券公司账号后,即可办理开户手续。

(4) 开户者一般在T+3后领取资金卡及B股账户卡。

6. B股授权委托书应注意什么

B股授权委托书没有固定模式,但须明确表明代理人是否有权代理股票买卖和资金划拨这两种权限或其中一种。股东选择委托代理必须有时间限制,如无明示,则默认为两年,但股东代理人不得再请代理人。

7. 什么是B股有效委托书

B股有效委托书是指由委托人所在地的公证机关或中国驻外国大使馆、领事馆出具的证明,确认委托书由股东本人亲笔书写并签字。

8. 境内投资者可以在境外B股证券经营机构开户交易吗

不可以。根据规定,境内个人投资者进行B股交易,必须通过交易所有资格从事B股交易业务的证券商进行,境内投资者B股交易不得在境外B股证券经营机构处办理。

9. 境内个人投资者与境外投资者之间可以B股协议转让吗

不可以,根据规定,境内个人投资者与非居民之间不得进行B股协议转让。

10. 境内法人投资者可以投资B股吗

不可以。根据规定,目前我国的B股只对境内的个人居民开放,境内法人机构尚不能投资B股。

11. B股可以"银证通"交易吗

不同的开通银证通业务的网点有不同的规定,能否"银证通"交易B股,应视你所开户的网点是否为你提供了该项服务。

12. 开户资金的数量限制是多少

深圳证券交易所B股资金账户最低金额为7 800港元(即等值1 000美元),上海证券交易所B股资金账户最低金额为1 000美元。没有规定上限。境内居民个人从外汇资金账户向证券经营机构B股保证金账户划转资金时,没有任何数量限制。

13. B股也要"验三证"吗

是的。与A股一样,证券部在投资者进行柜台交易、转托管、资金存取或办理其他手续时,一般要求投资者须提供证券账户卡、身份证、资金账户卡,即所谓的"验三证"。

14. B股的"一卡"也可以全国通用吗

可以,对于境内的B股个人投资者,无论是深圳B股账户卡还是上海B股账户卡,一张B股账户卡可以在全国任何一家交易所会员券商处开户。两者所不同的是,深圳B股账户卡可以在多家证券营业部开户并可同时交易,而上海B股账户卡必须办理指定交易,在办理指定交易后只能在指定的一家证券营业部使用,转换证券交易营业部时,只需办理变更指定交易手续即可。

15. 怎样修改B股开户资料或办理B股销户手续

由于个人资料的变更,投资者有时需要修改开户资料,办理修改开户资料的手续,证券营业部一般对投资者提供修改开户资料的业务流程为:

(1) 投资者提供股东身份证、股东代码卡、证券账户注册资料变更申请表。

(2) 投资者须亲临柜台修改有关资料,如系代理,还需出具代理人的身份证件及经公证证明的授权委托书。

(3) 投资者填写《交易账户更改密码申请书》和《投资者开户资料变动表》。

(4) 营业员审核无误后,输入股东代码修改。

如果投资者提出销户,一般手续为:

(1) 投资者提供股东身份证、股东代码卡、注销证券账户申请表。

(2) 营业员审核资料、查验密码后送主管签批。

(3) 结清股东的资金和股份，办理销户手续。

(4) 交回投资者身份证和股东代码卡。

16. 什么情况下应该办理B股账户资料变更手续

投资者B股账户的下列资料发生变化的，应当及时到开户代理机构办理账户资料变更手续：

(1) 姓名或名称。

(2) 身份证明文件号码、商业注册登记证或其他证明文件号码。

(3) 住所。

(4) 其他资料。

17. 境外人能否用现钞开户

不能。境外投资者投资B股不能使用现钞，应持现汇存款。现汇存款是指境外汇入外汇或携入的外汇票据转存境内商业银行的存款。

18. 外币信用卡上的资金能否买卖B股

目前，国内将外币信用卡视同现钞管理。投资者如果将外币信用卡上的资金转成现钞存款，即可以买卖B股。

19. 境内外B股投资者在交易上有何差异

(1) 开户提交的文件材料不同 在申请开立B股证券账户时，境内居民须凭个人有效身份证件、1 000美元以上的银行进账凭证，到具有B股代理开户资格的券商处办理。

而境外(非居民)投资者则仅须凭个人有效证件(外国护照、外国身份证、中国护照+永久居住证明)，未取得境外永久居住权的，视同境内居民办理。

(2) 保证金存取方式不同 投资者凭B股证券账户在券商处办理外汇资金账户(即B股保证金账户)时，境内居民将从银行转出的现汇或现钞存款，存入B股保证金账户内；而境外(非居民)则须将从境外汇入的外币现汇或境内商业银行的合法现汇存款，存入B股资金账户内。

保证金支取时，境内居民须先将B股保证金账户中资金划回境内商业银行，再到银行提取，而划回银行的资金视同外币现钞，不得向境外支付；而境外(非居民)则可汇出境外支付，或存入其在内地开立的合法外汇账户。

(3) 境内沪市B股投资者需实行指定交易 境内沪市B股投资者在取得B股账户的同时，其指定交易已一并完成，作为买卖证券的唯一交易点，投资者只能在被指定交易的证券营业部进行交易、清算、交收；如需变更指定交易，须先到原已指定交易的证券营业部撤销指定，然后到其他证券营业部重新办理指定交易。

(4) 境外投资者买卖沪市B股"随处可买，随处可卖"与境内居民不同的是，境外投资者在买卖沪市B股中体现为：随处可买，随处可卖。即同一个证券账户在任何不同证券营业部买入的B股，亦可在任一证券营业部卖出。

股份余额由结算会员每月进行对账。但无论在何营业部买入的B股，此间发放的股票现金红利，仍在其指定的结算会员处，有关查询、挂失、权益领取、冻结、解冻、非交易过户等均须在指定的结算会员处办理。

最后，就B股投资者对象而言，对境外是全方位开放，既可是投资基金等机构投资者,也可是境外非居民个人;而目前向境内开放仅限于居民个人而已,暂未对法人开放。

20. 境内个人投资者如何办理划转资金和开立B股账户手续

(1) 凭本人有效身份证明文件到其外汇存款银行将其现汇存款或外币现钞存款划入拟开户的证券经营机构在同城、同行的B股保证金账户,暂时不允许跨行或异地划转外汇资金。

(2) 境内商业银行向境内居民个人出具进账凭证,并向证券经营机构出具对账单。

(3) 凭本人有效身份证明和本人进账凭证到证券经营机构开立B股资金账户,开立B股资金账户的最低金额为等值1 000美元。

(4) 凭B股资金账户开户证明在经结算公司委托的证券经营机构或其他机构开立B股股票账户。

股票交易费用

1. 直接费用(见表4-5)

表4-5　　　　　　　　　　　　　　直接费用

收费项目	深圳A股	上海A股	深圳B股	上海B股
印花税	1‰	1‰	1‰	1‰
佣金	小于或等于3‰ 起点:5元	小于或等于3‰ 起点:5元	3‰	3‰ 起点:1美元
收费项目	深圳A股	上海A股	深圳B股	上海B股
过户费	无	1‰(按股数计算,起点:1元)	无	无
委托费	无	5元(按每笔收费)	无	无
结算费	无	无	0.5‰(上限500港元)	0.5‰

2. 交易所收取的其他费用(见表4-6)

表4-6　　　　　　　　　　　交易所收取的其他费用

收费项目	深圳A股	上海A股	深圳B股	上海B股
开户费	个人:50元 机构:500元	个人:40元 机构:400元	个人:120港元 机构:580港元	个人:19美元 机构:85美元
转托管费	30元	无	港元100元	无

3. 我国印花税调整的简要历程及其对股市的影响

1990年,为稳定初创的股市及适度调节炒股收益,深圳首先开征证券交易印花税,由卖出股票者按成交金额的6‰交纳，拉开了中国股市印花税调整的序幕。同年11月，深圳市对股票买方也开征6‰的印花税，中国股市双边征收印花税的历史开始。

  1991年10月，为了刺激低迷的股市，深圳市将印花税率调整到3‰，上海也开始对股票买卖实行双向征收，税率为3‰。股市旋即迎来一轮大牛市，半年后上证指数从180点飙升至1992年5月的1429点，升幅高达694‰；

  1992年6月，国家税务总局和国家体改委联合发文，明确规定股票交易双方按3‰缴纳印花税，牛市终结，指数在盘整一个月后即掉头向下，一路从1100多点跌到300多点，跌幅超过70%。

  1997年5月，证券交易印花税率从3‰提高到5‰，大牛市当天从顶峰跌落，此后股指下跌500点，跌幅达到30%多。

  1998年6月，证券交易印花税率从5‰下调至4‰。

  1999年6月1日为了活跃B股市场，国家税务总局再次将B股交易税率降低为3‰，上证B指一个月内从38点拉升至62.5点，涨幅高达50%多。B股至此步入牛市行情中。

  2001年11月，财政部决定将A、B股交易印花税率统一降至2‰，股市产生一波100多点的波段行情，11月16日这天正是这轮波段行情的启动点。

  2005年1月，财政部又将证券交易印花税税率由2‰下调为1‰，一波探底行情后，迎来年中股改行情的启动。

  2007年5月30日，财政部将印花税率由1‰上调至3‰，引发牛市中的大雪崩，当日两市天量暴跌，近千只股跌停。

  2008年4月24日，千呼万唤声中，管理层终于下手，印花税率应声回落至1‰。

第5章

股票市场的风险

"股市有风险,入市须谨慎"

读者除了应了解专门性的投资知识外,还应全面认识在证券投资活动中所存在的种种风险及相关的问题。"股市有风险,入市须谨慎",我们经常看到这句话,也应该时刻将它放在心上。

所谓股市中的风险是指在竞争中,由于未来经济活动的不确定性,或各种事先无法预料的因素的影响,造成股价随机性的波动,使实际收益和与预期收益发生背离,从而使投资者有蒙受损失甚至破产的机会与可能性。

股票和风险是孪生子,只要股票存在,而伴随而来的是风险。风险从字面上看,是"风"和"险"两字组成。股海是一个险滩,充满风险,股市风云永远变幻莫测,没人能够准确无误地预测股市行情,因为,如果有人准确无误地分析股市行情,那么他是上帝,世界上没有输家,当然,没有输家,那么赢家也不存在。因此,股市上不能盲目跟风,一哄而上。但身处股市之中也应该经常听股市行情分析和投资专家们的意见,掌握股市信息,不能独断专行,否则结果可能遭到损失。换句话说,股市预报,不能全信,也不能不信。有两种人在股市中必然会失败:一种是不听任何人的话的人,一种是任何人的话都听的人。

任何一个准备或已经在证券市场中投资的投资者,在具体的投资活动前,都应认清风险、正视投资风险从而树立风险意识,并相应的做好如下的基本的准备工作。

1. 掌握必要的证券专业知识

证券市场的本身是一门非常广泛而深奥的学问,当然一般普通投资人很难研究透彻,但是若想成为一个稳健而成功的投资人就必须花些心血和时间去研究一些最基本的证券知识,假如连一些基本的投资知识都没有就妄想碰运气赚大钱,即使运气好误打误撞捞上一笔,不久也肯定会再赔进去。

2. 认清投资环境,把握投资时机

股市与经济环境、政治环境息息相关。经济衰退、股市萎缩、股价下跌;反之,经济复苏、股市繁荣,股价上涨。政治环境亦复如此。政治安定、社会进步、外交顺畅、人心踏实,股市繁荣,股价上涨;反之,人心慌乱、股市萧条,股价下跌。

在股市中常听到一句格言"选择买卖时机比选择股票种类更重要"。这也就是说在投资前应先认清投资的环境,避免逆势买卖,有许多人在未了解股市大势之前即糊里糊涂盲目买卖,结果与股势反道而行。多头市场时做空,空头市场时却做多,这种人怎能不赔光老本?

3. 确定合适的投资方式

股票投资采用何种方式,因投资人的性格与空闲时间而定,一般而言,不以赚取差价为主要目的,而是想获得公司红利或参与公司经营者多采用长期投资方式。本身有职业,没有太多时间前往股票市场,而又有相当积蓄及投资经验的,适合采用中期投资方式。时间较空闲,有丰富经验,反应灵活的人可采用短线交易的方式。经验丰富,整天无事,且自认反应快,赌性浓,喜爱找刺激的人,多半向往当日交易。

就理论而言,短期投资利润最高,次为中期投资,再次为长期投资。但经验上证明很少人能每次准确的在底部买进,顶部卖出,所以就平均获益能力来计算,中期与长期投资较期投资利润高,当日交易投机性最浓且具有赌博性质,是赚是赔一半凭经验,一半靠运气,风险大,伤脑筋,害身体,一般投资人最好不要轻易尝试。

4. 制定周详的资金运作计划

俗语说"巧妇难为无米之炊",股票交易中的资金就如同我们赖以生存解决温饱的大米一样。大米有限,不可以任意浪费和挥霍,因此巧妇如何将有限的"米"用于"炒"一锅好饭,便成为极重要的课题。

同样,在血雨腥风的股票市场里,如何将你的资金做最妥切的运用,在各种情况发生时,都有充裕的空间来调度,不致捉襟见肘,这便是资金运用计划所能为你做的事。

股票投资人一般都将注意力集中在市场价格的涨跌之上,愿意花很多时间去打探各种利多利空消息,研究基本因素对价格的影响,研究技术指标作技术分析,希望能做出最标准的价格预测,但却常常忽略本身资金的调度和计划。

事实上,资金的调度和计划、策略的运用等所有一切都基于一项最基本的观念——分散风险。资金运用计划正确与否,使用得当与否都可以用是否确实将风险。分散为标准来进行衡量。只要能达到分散风险,使投资人进退自如,那便是好的作法。至于计划的具体作法那便是仁者见仁,智者见智了。因为世界上有1 000人就会有1 000种性情、观念、做法、环境的组合,任何再高超再有效的计划也须得经过个人的融会贯通才会立竿见影,不能生搬硬套,这点请投资人千万记住。

时下市场上存在一种观点,认为分散投资风险就是将所有的资金投资在不同的股票之上。因此就真的有人将100万元资金分成若干份分别投向不同的股票市场、不同股票之上:花20万元买"深发展",20万元买"万科",30万元买"海尔",20万元买"华联",最后10万元再买点"中石油"。

这样的操作,不但起不到分散风险的作用,反而更容易将事情搞糟。万一5种投资里有3种行情走反,他马上手忙脚乱,无法应付接踵而来的变化。一如同时从天上掉下5个西瓜,接住1个,接不住其他4个;接住2个,接不住其他3个,或者,最常发生的情况是,5个西瓜都跌碎。这样的操作,陡增风险。

真正的风险分散方案,概括地说就是不要一次性把所有可投资的资金悉数砸进市场。

投资人,尤其是初入市场的投资人,手中握有的股票种类应该尽量单纯,绝不能如上例所述选择不同市场、不同种类、不同性质的股票。这样在行情分析预测以及应付不时出现的意外行情时,才不会左支右绌,穷于应付。在具体操作上,可将资金分成三份。第一份作为第一次投入的先锋队,第二份作为筹码,第三份作为补投资金。例如,100万元的资金可分为40万元、30万元、30万元这样三份,在做价格行情分析后,选择适当品种投入第一份资金40万元开仓交易;当行情如预测一样走势时,随即投入第二份资金30万元作为筹码,逐渐加码,并随即选定获利点获利离场;当行情走反,朝着不利方向发展时,此时第二份资金30万元配合做摊平。而最后一份资金30万元,可以灵活运用,在行情大好时追杀,在行情大坏时当成反攻部队,弥补损失。

值得注意的是,所有这些动作均必须将较情确的行情判断和资金策略配合使用,保持清醒克制的头脑,行情走对时要下得狠心加码追杀,行情走反时要冷静选择反攻机会。

5. 正确选择投资对象

选择适当的投资对象亦为投资前应考虑的重要工作,对象选对了可在短期间获得几倍的暴利。选择错误时天天眼见别的股票节节升高,而自己的股票却如老牛拖车,跌时别的股票缓缓下跌;而反弹时,自己的股票却连连下跌且无反弹。

至于选择何种股票最好,要视当时的经济环境,投资人个性和对股市的了解程度以及经验而定。通常不怕冒风险,股市经验丰富的人多半喜欢买卖涨跌幅度大的热门投机股;而一些正要或刚投入股市的人应该投资获利能力强、涨跌幅度稍缓而流通性仍然很大的优良热门股。

股市风险的种类

所谓风险,是指遭受损失或损害的可能性。就证券投资而言,风险就是投资者的收益和本金遭受损失的可能性。

从风险的定义来看,证券投资风险主要有两种:一种是投资者的收益和本金的可能性损失;另一种是投资者的收益和本金的购买力的可能性损失。

在多种情况下,投资者的收益和本金都有可能遭受损失。对于股票持有者来说,发行公司因经营管理不善而出现亏损时,或者没有取得预期的投资效果时,持有该公司股票的投资者,其分派收益就会减少,有时甚至无利润可分,投资者根本就得不到任何股息;投资者在购买了某一公司得股票以后,由于某种政治的或经济的因素影响,大多数投资者对该公司的未来前景持悲观态度,此时,因大批量的抛售,该公司的股票价格直线下跌,投资者也不得不在低价位上脱手,这样,投资者高价买进、低价卖出,本金因此遭受损失。对于债券投资者来说,债券发行者在出售债券时已确定了债券的利息,并承诺到期还本付息,但是,并不是所有的债券发行者都能按规定的程序履行债务。一旦债务发行者陷入财务困境,或者经营不善,而不能按规定支付利息和偿还本金,甚至完全丧失清偿能力时,投资者的收益和本金就必然会遭受损失。

投资者的收益和本金的购买力损失,主要来自于通货膨胀。在物价大幅度上涨、出现通货膨胀时,尽管投资者的名义收益和本金不变,或者有所上升,但是只要收益的增长幅度小于物价的上升幅度,投资者的收益和本金的购买力就会下降,通货膨胀侵蚀了投资者的实际收益。

从风险产生的根源来看,证券投资风险可以区分为企业风险、货币市场风险、市场价格风险和购买力风险。从风险与收益的关系来看,证券投资风险可分为市场风险(Market Risk),又称系统风险和非市场风险(Non-market Risk),又称非系统风险两种。

1. 市场风险

它是指与整个市场波动相联系的风险,它是由影响所有同类证券价格的因素所导致的证券收益的变化。经济、政治、利率、通货膨胀等都是导致市场风险的原因。市场风险包括购买力风险、市场价格风险和货币市场等。

2. 非市场风险

它是指与整个市场波动无关的风险，它是某一企业或某一个行业特有的那部分风险。例如，管理能力、劳工问题、消费者偏好变化等对于证券收益的影响。非市场风险包括企业风险等。

具有较高市场风险的行业，如基础行业、原材料行业等，它们的销售、利润和证券价格与经济活动和证券市场情况相联系。具有较高非市场风险的行业，是生产非耐用消费品的行业，如公用事业、通讯行业和食品行业等。

由于市场风险与整个市场的波动相联系，因此，无论投资者如何分散投资资金都无法消除和避免这一部分风险；非市场风险与整个市场的波动无关，投资者可以通过投资分散化来消除这部分风险。

不仅如此，市场风险与投资收益呈正相关关系。投资者承担较高的市场风险可以获得与之相适应的较高的非市场风险并不能得到的收益补偿。

在西方现代金融资产组合理论中，市场风险和非市场风险的划分方法得到了相当广泛地采用。为了更清楚地识别这两种风险的差异，表5-1列出了市场风险和非市场风险的定义、特征和包含的风险种类。

表5-1　　　　　　　　市场风险和非市场风险的比较

	市场风险	非市场风险
定　义	与整个市场波动相联系的风险	与整个市场波动无关的风险
特　征	①由共同因素引起； ②影响所有证券的收益； ③无法通过分散投资来化解； ④与证券投资收益相关。	①由特殊因素引起； ②影响某种证券的收益； ③可以通过分散投资来化解； ④与证券投资收益不相关。
包含的风险种类	①购买力风险； ②货币市场； ③市场价格。	企业风险等。

股市风险的成因

证券市场中使投资者蒙受损失的风险归纳起来有两大类：一类是外部客观因素所带来的风险；另一类是由投资者本人的主观因素所造成的风险。

外部客观因素所带来的风险如下。

1. 利率风险

利率风险是指利率变动，出现货币供给量变化，从而导致证券需求变化而使证券价格变动的一种风险。利率下调，人们觉得存银行不合算，就会把钱拿出来买证券，从而造成买证券者增多、证券价格便会随之上升；相反，利率上调，人们觉得存银行合算，买证券的人随之减少，价格也随之下跌。在西方发达国家，利率变动频繁，因利率下降引起股价上升或因利率上调引起股价下跌的利率风险也就较大；而在不发达国家,利率较少变动,因利率变化所引起的风险也相应较低,人们承担这种风险的意识和能力也较差。例如,1988年8~9月,我国银行利率上调,对一些原来买债券的人来说,当初购买时就是因为看中债券比银行利率高,有的好不容易才通过各种关系购得,这时,债券利率反比银行利率下降了,而且还不能"保值",故有不少债券投资者向银行、发行债券的企业以及新闻媒介呼吁,要求调高债券利率。实际上,这正是他们缺乏投资常识,不知道买证券还会遇上利率风险的一种反映。

2. 物价风险

物价风险也称通货膨胀风险,是指物价变动影响证券价格变动的一种风险。这里有两种情况:一种是一些重要物品(如电、煤、油等)价格的变动,从而影响大部分产品的成本和收益；另一种是物价指数的变动。一般来说,在物价指数上涨时,货币贬值,人们会觉得买债券吃亏了,而引起债券价格下降,1988年抢购风时一百元面值的国库券以七八十元的价格抛出,就是受此影响。但是,股票却是一种保值手段,一方面,因为它是拥有企业资产的象征,物价上涨时企业资产也会随之增值,因此,物价上涨也常常引起股价上涨。另一方面,物价上涨,特别是煤、电、油的价格上涨,使企业成本增加,这时投资股票也不免会有风险。但是总的来说,物价上涨,债券价格下跌,股市则会兴旺。

3. 市场风险

市场风险是指证券市场本身因各种因素的影响而引起证券价格变动的风险。

证券市场瞬息万变,直接影响供求关系,包括政治局势动荡、货币供应紧缩、政府干预金融市场,投资大众心理波动以及大投机者兴风作浪等,都可以使证券市场掀起轩然大波。就拿上海股市来说,1991年6月前疲软不振,持股人眼看自己手中的股票价值不但没有增加,反而跌进票面,对股市失去信心；拥有资金者面对行情持续处于跌势,也不愿贸然进场,造成进出均少,尽管上市股票不过区区几千万元,仍是供过于求。7月以后,在外地投资者的影响下,加之浦东开发等重大项目的兴奋作用,上海股市大振,大众心理起了根本变化,几千万元股票变得大大供不应求。对这样畸冷畸热的股市,超出绝大多数人的意料,因为其中有许多无法预测的偶然因素。换言之,投资者若在6月投资股市,尽管价格很低,却会碰到许多难以意料的风险,正因为风险大,获利机会也高。6月投资的人,到10月,股价就翻了两番。

4. 企业风险

企业风险是指上市企业因为行业竞争、市场需求、原材料供给、成本费用的变化,以及管理等因素影响企业业绩所造成的风险。企业风险一般有几种情况:一是营业风险,这里有市场上某种产品饱和滞销的因素,也有政府产业政策的影响,使某一行业或产业受到限制。例如,为防治污染,污染严重的企业或因此关门,或则迁移,或则必须花极大费用去整治污染,从而造成企业利润大大下降甚至亏损。二是财务风险,是指企业财务状况不良,包括财务管理不当,规划不善,扩充过失等,从而造成不应有的营业损失和资本损失。一个企业若发生营业性风险尚可调整方向,若遇财务风险,有时在其会计报告中会用不属实的财务数据来欺瞒股东,误导投资人,当财务报告中突然出现大额营业外收入或非常利益所得,看起来公司获利大为增加时,需特别引起注意,这很可能是一种假象,投资者一定要谨慎对待。

投资风险若按风险影响的范围来说,可分为社会公共风险和个别风险,上述利率风险、物价风险、市场风险均属公共风险,企业风险则是一种个别风险。同样,因投资者本人主观因素造成的风险,也属于个别风险之列,包括盲目跟风、不必要的恐慌、贪得无厌、错误估计形势、错过买卖时机、像赌徒一样迷恋股市等。其中盲目跟风和贪得无厌更是会将投资者置于死地的两种常见风险。

盲目跟风常常与不必要的恐慌联系在一起,成为大投机者操纵股市的牺牲品。一些大投机者往往利用市场心理,把股市炒热,把股价抬高,使一般投资者以为有利可图,紧追上去,你追我赶一直把股价逼上顶峰;这时投机者又把价位急剧拉下,一般投资者不明就里,在恐惧心理下,又只好盲目跟进,不问情由,竞相抛售,从而使股价跌得更惨。这种因盲目跟风而助长起来的大起大落常常让投资者跌得晕头转向,投机者则从中大获其利。

贪得无厌则跟赌博心理联系在一起。这种人在股市中获利后,多半会被胜利冲昏头脑,像赌徒一样频频加注,直到输个精光为止。反过来,假如在股市中失利,他们常不惜背水一战,把资金全部投在股票上,孤注一掷。毫无疑问,这种人多半落得倾家荡产的下场。

股市风险的度量

从风险的定义来看,证券投资的风险是在证券投资过程中,投资者的收益和本金遭受损失的可能性。风险衡量就是要准确地计算投资者的收益和本金遭受损失的可能性大小。

一般来讲,有三种方法可以衡量证券投资的风险。

1. 计算证券投资收益低于其期望收益的概率

假设,某种证券的期望收益为10%,但是,投资该证券取得10%和10%以上收益的概率为30%,那么,该证券的投资风险为70%,或者表示为0.7。

这一衡量方法严格从风险的定义出发,计算了投资于某种证券时,投资者的实际收益低于期望收益的概率,即投资者遭受损失的可能性大小。但是,该衡量方法有一个明显的缺陷,即许多种不同的证券都会有相同的投资风险。显然,如果采用这种衡量方法,所有收益率分布为对称的证券,其投资风险都等于0.5。然而,实际上,当投资者投资于这些证券时,他们遭受损失的可能性大小会存在着很大的差异。

2. 计算证券投资出现负收益的概率

这一衡量方法把投资者的损失仅仅看作本金的损失,投资风险就成为出现负收益的可能性。这一衡量方法也是极端模糊的。例如,一种证券投资出现小额亏损的概率为50%,而另一种证券投资出现高额亏损的概率为40%,究竟哪一种投资的风险更大呢?采用该种衡量方法时,前一种投资的风险更高。但是,在实际证券投资过程中,大多数投资者可能会认为后一种投资的风险更高。之所以会出现理论与实际的偏差,基本的原因就在于:该衡量方法只注意了出现亏损的概率,而忽略了出现亏损的数量。

3. 计算证券投资的各种可能收益与其期望收益之间的差离(Deviation),即证券收益的方差(Variance)或标准差(Stand Deviation)

这种衡量方法有两个鲜明的特点:其一,该衡量方法不仅把证券收益低于期望收益的概率计算在内,而且把证券收益高于期望收益的概率也计算在内;其二,该衡量方法不仅计算了证券的各种可能收益出现的概率,而且也计算了各种可能收益与期望收益的差额。与第一种和第二种衡量方法相比较,显然,方差或标准差是更适合的风险指标。

股市风险的回避

市场风险来自各种因素,需要综合运用回避方法。

1. 要掌握趋势

对每种股票价位变动的历史数据进行详细的分析,从中了解其循环变动的规律,了解收益的持续增长能力。例如,小汽车制造业,在社会经济比较繁荣时,其公司利润有保证,小汽车的消费者就会大为减少,这时期一般就不能轻易购买它的股票。

2. 搭配周期股

有的企业受其自身的经营限制,一年里总有那么一段时间停工停产,其股价在这段时间里大多会下跌,为了避免因股价下跌而造成的损失,可策略性低地购入另一些开工、停工刚好相反的股票进行组合,互相弥补股价可能下跌所造成的损失。

3. 选择买卖时机

以股价变化的历史数据为基础,算出标准误差,并以此为选择买卖时机的一般标准,当股价低于标准误差下限时,可以购进股票,当股价高于标准误差上限时,最好把手头的股票卖掉。同时注意投资期。企业的经营状况往往呈一定的周期性,经济气候好时,股市交易活跃;经济气候不好时,股市交易必然凋零。要注意不要把股市淡季作为大宗股票投资期。在西方国家,股市的变化对经济气候的反映更敏感,常常是在经济出现衰退前6个月,股价已开始回落。比如1991年2月,美国经济进入新的一个衰退期的前6个月,道·琼斯工业指数已开始下跌,而在经济开始复苏前半年,股价即已开始回弹。根据历史资料分析,还可知道它的经济繁荣期大多持续48个月。因此,有可能正确地判定当时经济状况在兴衰循环中所处的地位,把握好投资期限。

4. 防范经营风险

在购买股票前,要认真分析有关投资对象,即某企业或公司的财务报告,研究它现在的经营情况以及在竞争中的地位和以往的盈利情况趋势。如果能将保持收益持续增长、发展计划切实可行的企业当作股票投资对象,而和那些经营状况不良的企业或公司保持一定的投资距离,就能较好地防范经营风险。如果能深入分析有关企业或公司的经营材料,并不为表面现象所动,看出它的破绽和隐患,并作出冷静的判断,则可完全回避经营风险。

5. 避开购买力风险

在通货膨胀期内,应留意市场上价格上涨幅度高的商品,从生产该类商品的企业中挑选出获利水平和能力高的企业来。当通货膨胀率异常高时,应把保值作为首要因素,如果能购买到保值产品的股票(如黄金开采公司、金银器制造公司等股票),则可避开通货膨胀带来的购买力风险。

6. 避免利率风险

尽量了解企业营运资金中自有成分的比例,利率升高时,会给借款较多的企业或公司造成较大困难,从而殃及股票价格,而利率的升降对那些借款较少、自有资金较多的企业获公司影响不大。因而,利率趋高时,一般要少买或不买借款较多的企业股票,利率波动变化难以捉摸时,应优先购买那些自有资金较多企业的股票,这样就可基本上避免利率风险。

系统风险及其防范

股票风险的防范,首先是要防范系统风险,这就是常说的何时买比买什么更重要。何时买指的就是系统风险的防范,而买什么就是非系统风险的防范。而要防范系统风险,投资者首先就应该学会区分股票的高价区和低价区,因为系统风险往往都发生在高价区,且在高价区系统风险的杀伤力最大。

如沪市和深市的综合指数在1993年上半年分别从1558点、358点的高位跌至1994年7月底的333点和94点,从1994年9月底的1050点、230点跌至1995年2月的532点、123点,从1995年5月下旬的920点、175点跌至1996年年初的510多点、110点;上证指数从2007年10月19日的6124点跌到2008年10月31日的1664点,这些熊市中的大跌,反映的都是股市的系统性风险。

根据Wind数据的统计,从1994年至今的15年间,两市A股平均市盈率(以上年年报为业绩基准)为39.67倍,沪深300为30.22倍,其中,在1994年、2005年、2008年的市场底部,A股平均市盈率都低于过20倍,沪深300成分股在3次熊市的最低市盈率都低至15倍;而在1997年、2001年和2007年的牛市顶部,A股平均市盈率均超过60倍,沪深300的市盈率也超过50倍。

也就是说从市盈率的角度来看,整体平均50~60倍以上的市盈率说明整体股价已经脱离上市公司盈利能力的基本面,标志着股市的系统性风险累积到一触即发的程度,说明头部就在眼前;反之,在15倍市盈率之下,市场的系统性风险已得到充分释放,说明底部即将到来。如图5-1所示。

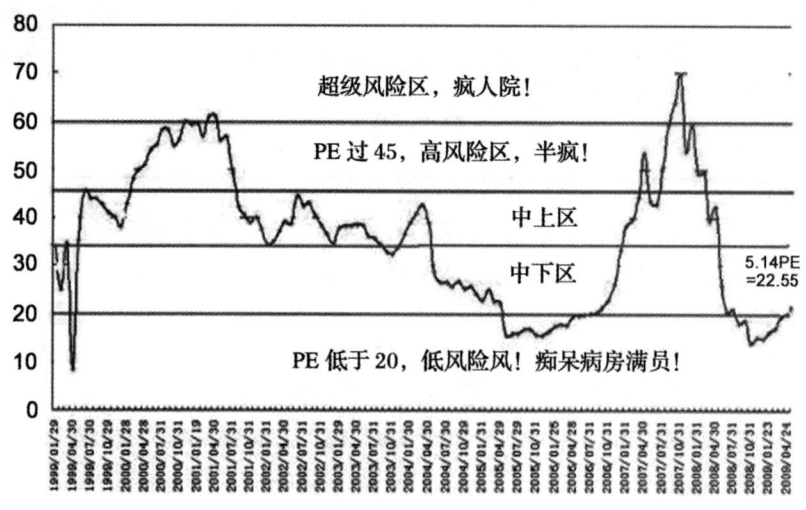

图5-1 A股平均市盈率

除了避免在高价区域买入股票外,为了有效地防范系统风险,股民还需密切关注宏观经济形势的发展,特别是要关注国家的政治局势、宏观经济政策导向、货币政策的变化、利率变动趋势和税收政策的变化等。如果在这些因素发生变化之前而采取行动,股民也就成功地逃避了系统风险。

对于非系统风险的防范,主要在选股时对上市公司的经营历史、管理水平、技术装备情况、生产能力、产品的市场竞争能力及企业外部形象等方面要有详细的了解,力图对上市公司的经营管理能力和发展前景作出比较客观的预测。即便如此,由于上市公司在其发展过程之中还是存在着股民难以预测的不确定因素,所以防范非系统风险的有效方法还是在于分散投资,这就是在选择投资组合时,要注意不同行业、不同地区、不同种类股票之间的搭配,一旦某只股票的收益情况不尽如人意,其他股票的收益还能在一定的程度上弥补损失。如1994年房地产行业不景业,1995年汽车行业经营效益普遍较差,若股民在选股时不将全部的资金注入这一个行业,其损失就相当有限。而那些在股市中热衷于寻黑马、炒概念、追板块而不注意分散投资的股民,久而久之都难以逃脱非系统风险的惩罚。

对于短线投资者来说,从事股票交易的目的就是赚取价差,股票有没有投资价值并不重要,只要避免了价格套牢,也就规避了风险。现在市场上有许多形形色色的软件和技术分析方法,其在一定的范围和应用条件内能帮助股民进行分析和判断,以掌握股票的买进卖出机会。但应注意的是,任何测市系统或技术指标给出的买入或卖出信号充其量只是必要条件,而不是充分条件,股民若依葫芦画瓢,其最终还是躲避不了股市的风险特别是非系统风险。所以短线股民在购入股票时还是应有风险意识,这就是投机不成怎么办?最好的方法就是在购买股票时不要发生价值套牢,在股票投资时关注股票的投资价值,尽可能只在投资价值区域内购入股票。

对于长期投资者来说,风险的防范比短线投资要简单且有效,因为长线投资只要避免价值套牢即可,价格套牢不套牢不太重要的,只要能坚持只在股市的投资价值区域内买入股票即可。

当然,对于长期投资者也存在一个把握机会的问题,不能因为不在乎套牢而盲目地入市。股价越低,投资收益也就越高。当股价下跌至投资区域后,长期投资者也需要根据国家宏观经济的运行态势、利率的走向、股市发展的一些相关政策以及股票指数的轨迹,对股价的运行趋势多作一些分析研究,尽可能在股价的底部投入,这样不但可降低投入成本、提高投资收益率,还可减轻股价套牢对股民心理的压力。

那么,什么是股市的投资价值区域呢?一般来说,当整个股市的平均市盈率低于一年期同期储蓄利率的倒数且股价不高于股票平均净资产的1.5倍时,股市就进入了投资价值区,此时股民只要将投资分散在一些业绩和发展前景较好且股价与其净资产值较为贴近的股票,就可以说已将股票投资的风险控制在了一个相当低的水准。

规避风险的交易策略

因股票价格的变幻规律难以掌握,股票的见险就较难控制。为了规避风险,使股票投资的收益尽可能达到最大化,前人总结了一些股票投资的基本交易策略,本节将选其中六种予以简略介绍。

1. 固定投入法

"固定投入法"是一种摊低股票购买成本的投资方法。采用这种方法时,其关键是股民不要理会股票价格的波动,在一定时期固定投入相同数量的资金。经过一段时间后,高价股与低价股就会互相搭配,使股票的购买成本维持在市场的平均水平。

例如,某投资者每季固定用一万元购买某种股票。一年后他所购买的股票情况如表5-2所示。

表5-2　　　　　　　　　　　1年后某投资者购买的股票情况

季度	投资额(万元)	每股价格(元)	购买的数量(股)
1	1	40	250
2	1	55	180
3	1	50	200
4	1	44	220

　　该股票在一年中的平均价格为47.25元,4万元资金能买股票840股。由于采用"固定投入法",使股票的平均成本降为47.06元,共买入股票850股,如果他用1年的总投资额4万元都在股票价格最高的二季度时买进股票,那就只能买到730股,自然比"固定投入法"的买入数量要少。如果他在股票价格最低的一季度时投入全部资金4万元购买股票,那能买到1 000股,则要比"固定投入法"买入数量多。"固定投入法"是一种比较稳健的投资方法,它对一些不愿冒太大风险,尤其适宜一些初次涉入股票市场、不具备股票买卖经验的股民。采用"固定投入法",能使之较有效地避免由于股市行情不稳可能给他带来的较大风险,不至于损失过大;但如果有所收获的话,其收益也不会太高,一般只是平均水平。

2. 固定比例法

　　"固定比例法"是指投资者采用固定比例的投资组中,以减少股票投资风险的一种投资策略。这里的投资组合一般分为两个部分:一部分是保护性的,主要由价格不易波动、收益较为稳定的债券和存款等构成;另一部分是风险性的,主要由价格变动频繁、收益变动较大的股票构成。两部分的比例是事先确定的,并且一经确定,就不再变动,采用固定的比例。但在确定比例之前,可以根据投资者的目标,变动每一部分在投资总额中的比例。如果投资者的目标偏重于价值增长,那么投资组合中风险性部分的比例就可大些。如果投资者的目标偏重于价值保值,那么投资组合中保护性部分的比例可大些。

　　例如,某投资者有现款1 000元,按照"固定比例法"进行投资。首先他要根据自己的投资目标,为投资组合确定一个比例。假如该比例为保护性部分和风险性部分各占50%。于是,他就得把其中的500元投资股票,另外500元投资债券,各占50%。在其后,根据股票价值的变化,对投资组合进行修正,使两者之间始终保持既定的比例。假如股票价格上涨,使他购买的股票价值从500元上升到600元,那么,在投资组合中风险性部分就要大于保护性部分,破坏了原先各占50%的比例规定。这时要进行修正,将升值的100元按50%的比例进行分配,即卖出50元股票,再投资于债券,促使两部分的比例重新恢复到各占50%水平。

　　固定比例法是建立在投资者既定目标的基础上的。如果投资者的目标发生变化,那么投资组合的比例也要相应变化。

　　比如其价值增长的欲望加大,投资组合中的风险性部分的比例就要加大;反之,风险性部分的比例就要缩小。

3. 可变比例法

　　"可变比例法"是指投资者采用的投资组合的比例随股票价格涨跌而变化的一种投资策略。它的基础是一条股票的预期价格走势线。投资者可根据股票价格在预期价格走势上的变化,确定股票的买卖,从而使投资组合的比例发生变化。当股票价格高于预期价格,就卖出股票买进债券;反之,则买入股票并相应卖出债券。一般来讲,股票预期价格走势看涨时,投资组合中的风险性部分比例增大;股票预期价格走势看跌时,投资组合中的保护性部分比例增大。但无论哪一种情况,两部分的比例都是不断变化着的。

例如,某投资者有现款1 000元,按照"可变比例法"进行投资。最初股票与债券各占50%的比例,即500元投资于股票,购入某种每股50元的股票10股,500元投资于债券。假如股票预期价格走势线是看涨的,并且预期每股每月上涨5元。投资者根据股票价格与预期价格的差额买入或卖出股票,并相应买卖债券。那么,当股票价格与预期价格一致时(即每月上涨5元),投资组合中的风险性部分的比例在第二个月就会从50%上升到52.4%(股票额550元与债券额500元之比),在第三个月又从52.4%升到54.5%。

当股票价格低于预期价格或者高于预期价格时,则可以根据实际差价的分配百分比买入或卖出股票,从而也会使投资组合中的风险性部分的比例逐月加大。比如股票价格上涨到每股61元,较预期价格每股55元高出6元,这6元就是股票价格与预期价格之间的实际差价。如果实际差价的分配百分比仍然为各占50%,那么投资者就要在每股股票中抽出3元(6×50%),将总价值为30元的股票抛出,并买入同额债券,这样他的投资组合是股票580元,债券530元,风险性部分占52.25%,保护性部分占47.75%。这里实际差价的分配百分比可以根据投资者的需要和具体情况而确定。假如股票的预期价格走势线是看跌的,那么情况正好相反,投资组合中的风险部分的比例会逐步减小。

因此,在使用可变比例法时预期价格走势至关重要。它的走势方向和走势幅度直接决定了投资组合中两部分的比例,以及比例的变动幅度。

4. 分段买高法

"分段买高法"是指投资者随着某种股票价格的上涨,分段逐步买进某种股票的投资策略。股票价格的波动很快,并且幅度较大,其预测是非常困难的。如果股民用全部资金一次买进某种股票,当股票价格确实上涨时,他能赚取较大的价差;但若预测失误,股票价格不涨反跌,他就要蒙受较大的损失。

由于股票市场风险较大,股民不能将所有的资金一次投入,而要根据股票的实际上涨情况,将资金分段逐步投入市场。这样一旦预测失误,股票价格出现下跌,他可以立即停止投入,以减少风险。

例如,某投资者估计某种在50元价位的股票会上涨。但又不敢贸然跟进,怕万一预测失误而造成损失。因而不愿将1 000元现款一次全部购进该种股票,就采用"分段买高法"投资策略。先用250元买进5股,等价格上涨为55元时再买进第二批;再上涨到每股60元时,买进第三批。在这个过程中。

一旦股票价格出现下跌,他一方面可以立即停止投入,另一方面可以根据获利情况抛出手中的股票,以补偿或部分补偿价格下跌带来的损失。假如投资者买进第三批股票后,价格出现下跌,这时投资者应停止投入,不再购买第四批;同时要根据股票价格下跌幅度来决定是否出售已购股票。当股票价格不跌为55元可考虑出售全部股票。这样,第三批股票上的损失可以用第一批股票上的盈利来弥补,保证1 000元本金不受损失。当然,投资者也可以根据股票下跌幅度,分批出售股票。

5. 分段买低法

"分段买低法"是指股民随着某种股票价格的下跌,分段逐步买进该种股票的投资策略。按照一般人的心理习惯,股票价格下跌就应该赶快买进股票,待价格回升时,再抛出赚取价差。其实问题并没有这么简单,股票价格下跌是相对的,因为一般所讲的股票价格下跌是以现有价格为基数的,如果某种股票的现有价格已经太高,即使开始下跌,不下跌到一定程度,其价格仍然是偏高的。这时有人贸然大量买入,很可能会遭受重大的损失。因此,在股票价格下跌时购买股票,投资者也要承担相当风险。一是股票价格可能继续下跌,二是股票价格即使回升,其回升幅度难以预料。

股民为了减少这种风险,就不在股票价格下跌时将全部资金一次投入,而应根据股票价格下跌的情况分段逐步买入。

例如,某种每股50元股票,其价格逐步上涨,当上升到每股60元时,开始回跌,假如跌到每股55元,这时可能继续下跌,也可能重新回升。由于原先上涨幅度较大,使得继续下跌可能性要大于重新回升的可能性。如果某投资者在下跌时将所有的资金1 000元一资投入该股票,那么他很可能会因股票价格继续下跌而遭受较大的损失。他只有在股票价格重新回升,并超过每股55元时,才有获利的可能。如果他采用"分段买低法"逐步买入该种股票,就能通过出售股票来补偿,或部分补偿遭受的损失,以减少风险。当股票价格跌到每股55元时,他先买进第一批5股该种股票,待股价跌到每股50元时,买进第二批,再跌到每股45元时,买进第三批。这时,如果股票价格重新回升,当上升到每股50元时,投资者就可以用第三批股票来抵消买进第一批股票的损失。如股票价格继续下跌,那么也能减少投资者的损失。如股票价格重新回升到最初的每股60元时,那么股民就能获得巨大收益。

"分段买低法"比较适用于那些市场价格高于其内在价值的股票。如果股票的市场价格低于其内在价值,对于长线股民来说,可以一次完成投资,不必分段逐步投入。因为股票价格一般不可能低于其内在价值,其回升的可能性很大,如不及时买进,很可能会失去获利的机会。

6. 相对有利法

"相对投资法"是指在股市投资中,只要股民的收益达到预期的获利目标时,就立即出手的投资策略。股票价格的高低是相对的,不存在绝对的高价与绝对的低价。此时是高价,彼时却可能是低价;此时是低价,而彼时则有可能是高价。所以,在股票投资过程中务必要坚持自己的预期目标,即"相对有利"的标准。因为在股票投资活动中,一般投资者很难达到最低价买进、最高价卖出的要求,只要达到了预期获利目标,就应该立即出手,不要过于贪心。至于预期的获利目标则可根据各种因素,由投资者预先确定。

例如,某投资者有现款1 000元,买进了20股某种每股50元的股票。如果确定预期获利目标为10%,那么当股票价格上升到每股55元时,他就该立即出售全部股票,获净利100元,正好为其本金的10%,如果其确定的获利目标为20%,那么必须等到股票价格上升到每股60元时,才能卖掉股票。很显然,"相对有利法"虽然比较稳健,可以防止因股价下跌而带来的损失,但也有两个不足之处,一是股票出手后,如股票价格继续上涨,那么股民就失去了获取更大收益的机会;二是如果股票价格变化较平稳,长期达不到预期获利目标,那么投资者的资金会被长期搁置而得不到收益。投资者除了事先确定预期获利目标外,还可相应确定预期损失目标,这就是止损线,只要股票价格变化一达到预期损失目标,股民就立即将股票出手,防止损失进一步扩大。

机构大户设置陷阱的一般手法

在实际的股票投资中,除了客观因素造成的股市风险外,还有一类风险是人为的,这就

是机构大户为中、小散户设置的陷阱。

一般来说,中、小散户的资金实力相当有限,力量单薄,在股市上难以形成气候。而大户却可凭借自己手中雄厚的资金实力,呼风唤雨,推波助澜,可以制造一些股市陷阱,专等中、小散户上当,以牟取高额利润。机构大户设置陷阱的一般手法如下。

1. 造谣惑众

造谣惑众是机构大户最常用的一种方法,它既简单又省事,又不容易被人抓住把柄。在股市中,机构大户故意散布一些无中生有的谣言,以影响中、小散户的购买意向。如在股市的顶部区域,机构大户就经常制造一些利空传言,从而打压股指;而在牛市初期,机构大户就经常性地扩散一些利多消息,从而吸引中、小散户跟进。

2. 内幕交易

内幕交易是上市公司的经营管理人员利用职务之便或券商利用职业之便,进行非法的股票交易来获取暴利。如1963年年末,美国的一上市公司在加拿大东部发现了一座矿山,并购买了周围的土地,然后该公司的经营管理人员等"内幕人士"及其亲朋好友们就纷纷购入该公司股票,同时又发布新闻对社会舆论的报道予以否定。1964年4月,该公司的秘密还是被公众发现了,其股票价格当天就从18美元涨到36美元,到1968年,该公司的股价涨到150美元,那些经营管理人员及相关人士就趁机大发了一笔横财。

3. 囤积居奇

囤积居奇是指机构大户凭借手中巨额资金大量套购股票,并依此为理由,要求参加上市公司的经营管理或干脆吞并上市公司,要挟上市公司以高价收回,借些大赚一笔。

4. 瞒天过海

瞒天过海是指某个机构大户利用不同的身份开设两个以上的账户,或某一个集团利用分公司的账户,以互相冲销转账的方式,反复地作假,开销少量的手续费和交易税,以达到操纵股价的目的。

5. 抛砖引玉

抛砖引玉是指机构大户连续以小额买卖,以"高进低出"或"低进高出"的手法,来达到压低股价或拉抬股价的目的。当以小额资金抬高股价后,机构大户就趁中、小散户跟风之机,倾巢抛出,从而获取暴利;反之,当以少量股票打压股价后,就大量买进。

中、小散户防范股市陷阱的有效方法

中、小散户防范股市陷阱的有效方法有两种。

1. 远远地避开

在股市投资中坚持自己的原则和策略,不为股价的涨涨跌跌所动,不为谣言所惑,股价到达了自己的预期就抛,降到了投资价值区域就吸,与机构大户井水不犯河水。

2. 搭船过河、过河拆桥

即利用机构大户的造市,从中赚得一把。但采取这种方法一般风险较大,在操作中难以把握分寸,在我国中、小散户中,绝大多数都是"赔了夫人又折兵"。

第 2 篇

宏观经济面分析

第6章
国内宏观经济指标与股票的走势分析

长期以来,资本市场尤其是股票市场的走势,被看作是宏观经济的"晴雨表"。宏观经济发展良好与否,增长快速与否,体现在股票市场上就是暴涨暴跌,牛市与熊市。

作为股票投资者,可以通过分析宏观经济走势来把握在股市中的投资节奏。国家统计局每年每月都会公布当期的宏观经济数据,这些经济数据是投资者分析宏观经济走势的重要视角。

常见的经济指标包括:国内生产总值、通货膨胀率(物价指数)、失业率、利率、汇率、财政收支等。本书选择其中四个指标来谈对股市的影响。

国内生产总值(GDP)与股票市场

1. 国内生产总值的概念

国内生产总值是指在一定时期内(一个季度或一年),一个国家或地区的经济中所生产出的全部最终产品和劳务的价值。GDP即英文(Gross Domestic Product)的缩写,也就是国内生产总值(我国港台地区有翻译为国内生产毛额、本地生产总值)。

更加通俗的说,GDP是以人民币计算的,所有在中国生产的商品和劳务的总的价格标签。它是一种价值总和,其价值分别来自所有在特定时期在中国出售或出口到外国的商品和劳务。即便那些未出售而放置在库房货架上的产品也被计入GDP,因为这些产品已经被装配完毕。在此GDP反映了中国经济的全部产出价值,而不管它们是卖出了还是作为存货。

一般来说,国内生产总值共有四个不同的组成部分,其中包括消费、私人投资、政府支出和净出口额。用公式表示为:

$$GDP=CA+I+CB+X$$

CA为消费;I为私人投资;CB为政府支出;X为净出口额。

2. GDP是怎样统计出来的

有两个非常聪明的经济学天才青年,他们经常为一些高深的经济学理论争辩不休。一天饭后去散步,为了某个数学模型的证明两位杰出青年又争了起来,正在难分高下的时候,突然发现前面的草地上有一堆狗屎。甲就对乙说,如果你能把它吃下去,我愿意出5 000万元。5 000万元的诱惑可真不小,吃还是不吃呢?乙掏出纸笔,进行了精确的数学计算,很快得出了经济学上的最优解:吃! 于是甲损失了5 000万元,当然,乙的这顿加餐吃得也并不轻松。

两个人继续散步,突然又发现一堆狗屎,这时候乙开始剧烈地反胃,而甲也有点心疼刚才花掉的5 000万元了。于是乙说,你把它吃下去,我也给你5 000万元。于是,不同的计算方法,相同的计算结果——吃! 甲心满意足的收回了5 000万元,而乙似乎也找到了一点心理平衡。可突然,天才们同时号啕大哭:闹了半天我们什么也没有得到,却白白的吃了两堆狗屎! 他们怎么也想不通,只好去请他们的导师、一位著名的经济学泰斗给出解释。

听了两位高足的故事,没想到泰斗也号啕大哭起来。好容易等情绪稳定了一点,只见泰斗颤巍巍地举起一根手指头,无比激动地说:"一个亿啊! 一个亿啊! 我亲爱的同学,我代表祖国和人民感谢你们,你们仅仅吃了两堆狗屎,就为国家的GDP贡献了一个亿的产值!"

上面当然是个笑话,但是这个笑话非常经典,它部分地反映了GDP统计的方法。GDP究竟是怎样统计出来的呢?

计算GDP有三种方法:生产法、收入法和支出法。

3. 统计GDP的收入法(或称要素成本法)

收入法是把生产要素在生产中所得到的各种收入加总而成,由于要素的收入从企业角度看即是产品的成本(包括企业利润),所以这种方法又称要素成本法。

从收入的角度看,GDP由四块构成:第一块是固定资产折旧。例如,当我们投资企业的时候,购买了100万元固定资产,年折旧率是10%,每年就有10万元的折旧费;第二块是劳动者报酬,这是给工人、农民及所有劳动者的工资;第三块是政府的净税收,也就是全国人民缴的税,由政府支配的部分;第四块是企业盈余,也就是企业家盈利的部分。

收入法核算的GDP应包括的项目:

(1) 工资、利息和租金等,这些是生产要素的报酬。

(2) 非公司企业主收入,如医生、律师、农民和小店铺主的收入。

(3) 公司税前利润,包括公司所得税、社会保险税、股东红利及公司未分配利润等。

(4) 企业转移支付及企业间接税。这些虽然不是生产要素创造的收入,但要通过产品价格转嫁给购买者,故也应视为成本。企业转移支付包括对非营利组织的社会慈善捐款和消费者呆账,企业间接税包括货物税或销售税、周转税。

(5) 资本折旧。它虽不是要素收入,但包括在总投资中,也应计入GDP。

用公式表示为:

$$GDP=\sum 各产业部门劳动者报酬+\sum 各产业部门固定资产折旧+\sum 各产业部门生产税净额+\sum 各产业部门营业利润$$

4. 统计GDP的支出法(或称最终产品法)

支出法是把一国一定时期投入的生产要素生产出来的物品与劳务按需求者支出的金额分类汇总而成。

国民产品和劳务的需求者在GDP核算体系中分为四类:

(1) 个人消费支出总额(C):不包括居民购买新建住宅的支出。

(2) 国内总投资支出(I):增加或替换资本资产的支出,包括固定资产投资与存货投资。其中：总投资＝净投资＋重置投资(补偿固定资本损耗和意外损坏)。

(3) 政府购买支出(G)：指各级政府部门对商品和劳务的购买支出，包括政府在军事设施和物资方面的支出和政府雇员的薪金支出。但政府转移支付不计入GDP。

(4) 商品和劳务的净出口：(X-M)。

所以，用支出法核算GDP，公式为：

$$Y=C+I+G+(X-M) \text{ 或 } Y+M=C+I+G+X$$

当GDP构成人们的收入之后，又是如何花掉的呢？也就是说，GDP是怎么支出的？这是计算GDP最经常使用的方法。从支出的角度看，GDP由三部分组成：总消费、总投资、净出口。

首先，GDP的一部分是大家的消费；另一部分是人们的投资；此外还有一部分，是外国人买了我们的产品，也就是我国的出口。出口计入本国的GDP。

消费和投资这两部分好理解，而出口为什么算作本国的GDP？当我们把产品输出去的时候，外国人买了我们的产品，外汇流入本国的企业，这样，我们的蛋糕就做大了，反之，本国的进口同样做大了别国的蛋糕。所以我们在计算GDP的时候，要计算净出口，就是出口减去进口后的净值。

既然从支出的角度总消费、总投资、净出口这三部分构成了GDP，由此我们得到一个清晰的计算公式：

$$GDP=总消费+总投资+净出口$$

公式中这个"净"字，表示出口减去进口。宏观经济常常出现一个"净"字，例如，一国出口1000亿美元，进口1 200亿美元，那么，出口对该国GDP的拉动就变成了一个负数。

$$GDP=总消费+总投资+政府支出+净出口(C+I+G+X-M)$$

所以消费、投资与出口就是拉动一国经济增长的重要途径，被称为是经济增长的"三驾马车"。2008年金融海啸以来，我国的出口受到影响，因此加大投资和拉动内需也就是刺激消费就成为中国经济增长的新动力。

5. 统计GDP的生产法(或称部门法)

生产法是从生产的角度出发，把所有企业单位投入的生产要素新创造出来的产品和劳务在市场上的销售价值，按产业部门分类汇总而成：

标准形式的生产法由以下几个步骤组成。

第一步，计算各产业部门的总产值。

第二步，计算各产业部门的中间消耗，即各部门生产单位在生产中所消耗的购自其他生产单位的货物和服务。

第三步，从总产值减去中间消耗，得出各产业部门的增加值。所有产业部门增加值的总和，便是国内生产总值。

第四步，对第三步所得结果进行调整，即从国内生产总值中扣除支付给外国居民的要素收入，加上本国政府和居民来自国外的要素收入，其结果即为国民生产总值(GNP)。

从各部门的总产值(收入)中减去中间产品和劳务消耗，得出增加值。各部门增加值的总和就是国民生产总值。计算公式为：

$$GDP=\sum 各产业部门的总产出-\sum 各产业部门的中间消耗$$

6. GDP数据的发布

我国由国家统计局每年公布GDP数据，需要经过以下几个过程：初步估计过程、初步核实过程和最终核实过程。初步估计过程一般在每年年终和次年年初进行。它得到的年度GDP数据只是一个初步数,这个数据有待于获得较充分的资料后进行核实。初步核实过程一般在次年的第二季度进行。初步核实所获得的GDP数据更准确些,但因仍缺少GDP核算所需要的许多重要资料,因此相应的数据尚需要进一步核实。最终核实过程一般在次年的第四季度进行。这时,GDP核算所需要的和所能搜集到的各种统计资料、会计决算资料和行政管理资料基本齐备。与前一个步骤相比,它运用了更全面、更细致的资料,所以这个GDP数据显得就更准确些。

此外,GDP数据还需要经过一个历史数据调整过程,即当发现或产生新的资料来源、新的分类法、更准确的核算方法或更合理的核算原则时,要进行历史数据调整,以使每年的GDP具有可比性,这是国际惯例。如美国在1929~1999年之间就进行过11次历史数据调整。

总之,每个时段公布的GDP都有其特定阶段的含义和特定的价值,不能因为在不同时间公布的数据不同,而怀疑统计数据存在问题。当然,我国在GDP的计算体系上也有一些缺憾,例如我国长期采用的原产生于前苏联和东欧国家的统计核算体系,从实际情况看,不少地方已经滞后于时代的发展了。

在美国,国内生产总值由商务部负责分析统计,惯例是每季估计及统计一次。每次在发表初步预估数据(the preliminary estimates)后,还会有两次的修订公布(the first revision & the final revision),主要发表时间在每个月的第三个星期。国内生产总值通常用来跟上年同期作比较,如有增加,就代表经济较快,有利于其货币升值;如减少,则表示经济放缓,其货币便有贬值的压力。以美国来说,国内生产总值能有3%的增长,便是理想水平,表明经济发展是健康的,高于此水平表示有通胀压力;低于1.5%的增长,就显示经济放缓和有步入衰退的迹象。

7. 国民生产总值(GNP)

世界经济危机的爆发,激起了人们想要了解国民经济状况的欲望,于是,西蒙·库兹涅茨教授受美国参议院财经委员会之托,开始试图建立并发展一系列用来统计核算一国总产出的指标,并由此发展成后来的"国民收入账户"。1933年,当地公布1929~1932年的国民收入统计资料时,人们这才发现,这次经济危机竟是如此可怕。库兹涅茨教授的这一套统计核算指标,后经修改补充形成了国民生产综合指标体系。其中作为衡量国民收入的手段,使用最广、最著名的是国民生产总值,即GNP。

GNP是英文"Gross Nation Product"的首字母缩写语,翻译为国民生产总值。国民生产总值是指1年中,一国或地区拥有的生产企业生产的最终产品和劳务的市场价值总和,它并不包括那些在该国境内从事生产活动的外国企业的产值。例如,日本在华的独资企业,其产值就应加进日本的国民生产总值中,而不应记在我国的账上。

8. GNP和GDP的联系和区别

GDP(Gross Domestic Product),中国名称叫"国内生产总值",指的是在一年内一国国境之内所有最终产品的产值和所有劳务产值。要注意的是:这里指的是一国国境内的产值,不管是国内企业的产值还是国外企业的产值,都算在内,外资的产值也算在内。GNP(Gross National Product),中国名称叫"国民生产总值",指的是在一年内一国国民所生产的所有最终产品的产值和所有劳务产值。要注意的是:这里指的是一国国民的产值,这个国家在外国的产值也算在内。

GDP和GNP,无论是外国名还是中国名,都只差一字,所以很容易让一般人混淆。许多人在刚开始接触GDP的时候,也误以为它就是国民生产总值。正是因为很容易让一般人混淆,所以有人才利用它们制造了重重迷雾,常用GDP偷偷代替GNP。

为了让大家更容易区分它们,这里举个例子。

假如有一家子,妻子在家里种苹果,1年的产值是5 000元,丈夫在外地卖馄饨,1年的产值是10 000元。他们还有一间房屋出租给一个公司搞软件开发,1年的产值是100 000元。那么,这个家庭的"家民生产总值"(GNP)就是丈夫和妻子的生产总值,就应该是15 000元;这个家庭的"家内生产总值"(GDP)就是这个妻子和那个公司的生产总值,就是105 000元。

GDP和GNP的关系是:

$$GDP=GNP+(外资生产总值—本国国民在外国的生产总值)$$

在上例中,那个家庭的 *GDP*=15 000+100 000−10 000=105 000(元)。

从上面的公式中,我们可以看到,假如一个国家,外资在这个国家内的生产总值和它在外国的生产总值相等,即"(外资生产总值−本国国民在外国的生产总值)"的值为0,那么这个国家的GDP就等于它的GNP。如果这两个值相差不大,那么这个国家的GDP也就约等于GNP。如果一个国家,外资在这个国家内的生产总值远远大于它在外国的生产总值,那么这个国家的GDP就远远大于它的GNP。如果一个国家,外资在这个国家内的生产总值远远小于它在外国的生产总值,那么这个国家的GDP就远远小于它的GNP。

GDP和GNP,究竟哪个能比较真实地反映一国国民的生活水平呢?当然是GNP。GNP是本国国民生产的总产值,当然比GDP反映地要真实一些。外资在该国的产值再大,也不是该国的。外资在该国内,就像在一个人肚子里的用塑料薄膜严密封好的一个蛋糕,这个蛋糕虽然在这个人肚子里,但是不属于这个人。还拿上例来说,真正能反映那个家庭生活水平的数据,是15 000元,而不是105 000元,那个软件开发公司的产值再高,也和这个家庭无关。

所以说,在GDP和GNP这两个核算方法中,要想选择一个能比较真实反映国民生活水平的方法,应该选GNP。

9. 我国现在为何没有GNP

以前,在资本主义国家,都普遍使用GNP。中国从1985年起,用的也是GNP。20世纪80年代末,那个时候,书本里出现的都是国民生产总值(GNP),所以国民生产总值我们很眼熟,不过那个时候我们没见过GNP这个缩写。

那么,为什么中国后来要把GNP换成GDP呢?很简单。中国的外资太多了,而发达资本主义国家在外国的企业又很多,在本国内的企业相对很少,一用GDP来算,那么中国的数据就和发达国家的差距小多了。说明如下:

在上面的公式中,我们可以看到:

美国的GDP=美国的GNP+外资在美国的生产总值−美国国民在外国的生产总值

中国的GDP=中国的GNP+外资在中国的生产总值−中国国民在外国的生产总值

因为美国国民在外国的生产总值很大,外资在美国的生产总值不是很大,而外资在中国的生产总值很大,中国在外国的生产总值很小

所以公式一变,中国的GDP就和美国的GDP很接近了。

再拿上面那个例子来说吧。那个家庭的家长,当他要和其他家庭比数据时,他就喜欢用105 000的GDP,而不喜欢用15 000的GNP。

当前,中国已查阅不到官方公布的GNP数据。如果你在网上或其他地方看到了中国现在的GNP数据,那其实是GDP数据,是用GDP代替GNP。而实际上,这两个数据要相差很大。

10. GDP与股票走势的关系

国内生产总值(GDP)是衡量宏观经济发展状况的主要指标之一。快速增长的GDP表明该国经济正迅速扩张,因此,该国公司有更多的机会获得优良的经营业绩,从而促进股票价格的上涨;而增长缓慢或负增长的GDP则表明该国经济比较低迷,大部分公司的盈利情景就比较暗淡,许多公司的股票价格就会上升乏力,甚至下跌。

11. 股神巴菲特判断股市长期走势的指标

巴菲特从不预测股市的短期波动,但是巴菲特却认为股市长期波动是可以预测的:"如果预期股市长期走势的话,我就觉得非常容易。格雷厄姆曾经告诉我们为什么会如此:尽管短期来说股市是一个投票机,但长期来说股市却是个称重机。"

巴菲特发现,股市的极端非理性行为是周期性爆发的。短期内,贪婪和恐惧在投票时扮演了重要的角色,会让价格过于偏离价值。但长期内股价总是会回归于价值。

想要在股票市场上取得更好的回报,就应该学会如何应对下一次股市非理性行为的爆发。巴菲特建议投资者进行定量分析,定量分析如同一针清醒剂,可以让你避免陷入大众的疯狂,而理性地把握过于高估时卖出和过于低估时买入的机会。

巴菲特认为,对于股市总体而言定量分析并不需要十分复杂。2001年他在美国《财富》杂志发表了一篇文章,提出一个非常简单的股市定量分析指标。

巴菲特的定量分析指标:上市公司股票总市值占国民生产总值(GNP)的比率。

巴菲特认为,上市公司股票总市值占GNP的比率,这个指标尽管非常简单,对于需要了解众多信息的投资人来说,这项指标提供的信息相对有限,但它仍然可能是任何时点上评估公司价值时的最佳单一指标。

巴菲特认为:如果投资人财富增加的速度比美国经济增长的速度更快,那么所有上市公司总市值占GNP的比率形成的曲线必须不断上升、上升再上升。如果GNP年增长5%,而希望市值增长10%,那么这条曲线必须迅速上升到图表的顶端。而事实上这是根本不可能的。

其实巴菲特对这个指标的涵义的理解可以概括为一句话:长期而言,上市公司股票总市值的增长速度与国民经济增长速度基本一致。换句话说,股市长期是一台称重机,称出的是国民经济增长。

巴菲特分析了过去80年来美国所有上市公司总市值占GNP的比率,他发现的规律是:"如果所有上市公司总市值占GNP的比率在70%~80%之间,则买入股票长期而言可能会让投资者有相当不错的报酬。"

这项指标在1999年达到前所未有的高峰。1999年全年以及2000年中的一段时间,这个比率接近200%,这是一个很强烈的警告信号。巴菲特说,在这个时候购买股票简直就是在玩火自焚。

2000年,美国股市开始持续下跌。2001年网络股泡沫破灭,道·琼斯指数从高点大幅回挫2000点时,很多人都在讨论重返股市的时机。但当时股市总市值仍相当于美国GNP的133%,所以巴菲特并未轻举妄动。

从2000年3月24日最高的1552.87点,到2002年10月10日最低跌到768.63点,32个月下跌超过50%。巴菲特成功避开了股市大跌。

有学者计算了1992~2008年中国所有上市公司总市值占GDP的比率,结果发现,这个指标与上证指数几乎完全同步。

2000年年底股票总市值与GDP的比率创9年新高，达到48.47%，上证指数年底收盘于2073点，也创9年新高。

2005年股票总市值与GDP的比率创9年新低，仅有17.7%，上证指数年底收盘于1161点，也创7年新低。

2007年底股票总市值与GDP的比率创16年最高，达到127%，上证指数年底收盘于5262点，也创16年以来最高。

如果你看了巴菲特2001年的文章，知道股票总市值与GNP的比率在70%~80%之间是合理的，那么即便研究者采用的数据是GDP，2007年高达127%肯定是过于高估了。

如果你看到了，也做到了，在2007年年底退出股市，那么你就能避免2008年一年下跌66%的悲剧。

巴菲特在金融海啸之后入市了吗？

2008年10月17日，巴菲特在《纽约时报》公开发表文章宣布，如果美国股市继续下跌，将用私人账户买入美国公司股票。美国股票总市值占GNP比率在1999年最高峰时达到190%，经过2008年大跌之后，目前下降到75%左右，给了巴菲特一个充分的入市理由："如果总市值与GNP的比率落在70%~80%之间，进场购买股票可能会很有利。"

巴菲特对于总市值占GNP比率重返正常一点也不感到讶异，他告诉《财富》杂志说，这种变化让他想起他的导师对股市波动规律的描述，他说："股市短期像是一台投票机，但长期像是一台称重机。"

那么巴菲特赚钱了吗？

2008年10月17日，巴菲特在《纽约时报》发表文章时标准普尔500指数收于940点，到2009年2月23日却跌到743点。过了4个月，股市又下跌了21%。

很多美国人疑问为什么巴菲特开始买入美股，美国股市还继续下跌呢？巴菲特的指标预测的是长期股市走势，短期未必准确。他做的也是长期投资，并不追求短期业绩。

请注意巴菲特在文章中说，如果美国股市继续下跌，他将会大量买入股票。巴菲特说他喜欢股市大跌，这让他能以更加便宜的价格买入更多他看中的好公司股票。

2008年年底上证指数收盘于1820点，股票总市值为121 366亿元，GDP按照大部分经济学家增长9%的共识为280 464亿元，那么中国股市股票总市值占GDP的比率下降到43%，即便考虑到GDP与GNP之间的差额，也应该大大低于巴菲特认为70%~80%的合理区间。

中国股市却从2008年10月28日最低的1664点开始反弹，2009年2月16日最高冲到2389点，最大涨幅超过43%。如果你根据巴菲特的这个指标，短短3个来月会赚上一大笔。可能股神也没想到，他的文章没有唤来美国股市的春天，却唤来中国股市的一波小阳春。

如果你对中国经济有信心，那么意味着你认为GDP还会继续增长，那么股市越跌，股票总市值占GDP的比率越下降，根据过去17年的历史经验，你长期投资赚钱的概率越大。

这里要说明的是，运用巴菲特的股市指标，长期投资成功的概率更大，但短期未必。短期内股市波动无法预测，没有人也没有什么指标可以预测得准。

通货膨胀与股票市场

根据中国国家统计局数据显示,2008年1月份,居民消费价格总水平同比上涨7.1%。其中,城市上涨6.8%,农村上涨7.7%;食品价格上涨18.2%,非食品价格上涨1.5%;消费品价格上涨8.5%,服务项目价格上涨2.6%。从月环比看,居民消费价格总水平比2007年12月上涨1.2%。

1. 消费者物价指数

CPI全称为Consumer Price Index,中文意思是消费者物价指数。其反映的是根据和居民生活有关的商品及劳动力价格所统计出来的一个指标。其作用是对通货膨胀水平的一个量化体现。通俗地说,现在我们吃的、喝的、用的一些物品,很多价格都在涨,那到底涨了多少呢？这就需要一个统一的标尺来衡量,这个标尺就是CPI。

我国的CPI是按食品、烟酒及用品、衣着、家庭设备用品及服务、医疗保健及个人用品、交通和通信、娱乐教育文化用品及服务、居住这八大类来计算的。这八大类的权重总和加起来是100。其中,食品所占比重最大,包括:粮食、肉禽及其制品、蛋、水产品、鲜菜、鲜果。

在每一类消费品中选出一个代表品,比如大多数人是吃米还是吃面,是穿皮鞋还是穿布鞋等。国家统计局选出一定数量的代表品,把这些代表品的物价按每一月、每一季、每一年折算成物价指数,定期向社会公布,就是我们所说的官方的CPI。

CPI作为一个固定的价格指数,不反映商品质量的改进或者下降,对于新产品也不加考虑,它所考量的只是和居民生活相关的一些商品及劳务价格。

当CPI升幅过大的时候,表明居民生活成本较之以前变高,如果你的收入没有增加那么相对于社会环境来说你的收入实际是降低了。举一个简单的例子:假如说去年你得到100元没有花掉,而今年CPI上升了6%,那么你现在用这100元其实只能买到相当于去年94元就能买到的商品及劳务服务。

因此CPI的大幅上涨,即最通俗的说法"涨价",是不受欢迎的。如果CPI升幅过大,则通货膨胀就会成为国民经济中的不稳定因素,央行即会有紧缩货币政策和财政政策的风险,继而导致经济前景不明朗。

CPI的变化会对股市产生一定的影响。CPI增幅过大,会导致通货膨胀,而央行为了抑制通胀,会采取加息等紧缩策略,继而导致股市流动资金的减少,而减小股票的买盘。根据供求关系,股票买盘小的情况下其价格就会下跌;反之,如果CPI降低,则股市走热,股票上涨。

CPI计算体系是1993年确立的,但一直以来,不为人们所重视。2007年年初,中国人民银行设定了3%的CPI目标,这一底线,也被认为是央行加息的"警戒线"。但自2007年5月开始,这条警戒线,却被轻松突破。

2007年5月,CPI增速首次越线,达到3.4%,6月再上新台阶,达到4.4%。到了8月,已是"连升三级",达到了令人瞠目的6.5%。8月8日,曾经一心力保3%的央行甚至发出了"防止物价全面上涨"的警告。但是,CPI只稍微放慢了脚步,9月降到6.2%。随后又急速上涨,直到2008年2月份的8.7%,达到11年来新高。以食品类价格为例,食品类商品价格同比上涨23.3%,其中,肉禽及其制品价格上涨45.3%(其中猪肉价格上涨63.4%)。

细心的人士会发现,从2007年以来,我国物价开始快速上涨,那些不断涨价的产品总是与人们的生活息息相关,比如粮食、蔬菜、食用油、煤炭、电、自来水、天然气等,为什么这些生活必需品会涨得这么快呢?

粮食、蔬菜、食用油等生活必需品的价格上涨可以说是一种必然,因为我国耕地面积有限,土地资源为不可再生资源。在有限的土地上种植粮食要等上一年半载才能收获,而打下的粮食还需要进一步加工才能上市,所以说靠耕种土地赚钱很慢,于是越来越多的土地变成了住宅或厂房,因为人们普遍认为工业是快速致富之路,这也是全球性的趋势。所以,在稀缺土地上种出来的粮食也就变得稀缺了,与人们生活相关的米、面、油等必需品也就不得不涨价了。我国的物价指数虽保持在7%左右的水平,但真正与人们日常生活密切相关的CPI指数实际上更高,只是总体数值被那些降价促销的耐用消费品摊平了。

消费价格总水平的上升,将进一步增加生活成本,影响居民的幸福水平。房价不断上涨,让有些人发现,买房不如买房地产股划算;黄金价格不断上涨,于是买不起实物黄金还可以买黄金股;吃不起猪肉可以买农业股。通胀环境中,人们可以想到什么产品价格上涨就买产销这种产品的企业股票,这样就能够做到"跑不过刘翔,但总能够跑过CPI",不过要注意的是,要把握好通胀概念然后再投资。

2. 通货膨胀的概念

简而言之,通货膨胀就是指经济生活中,整体物价水平持续性的上升。这个定义包含两层含义:

第一是整体的物价水平。这是指全社会总的消费品和生产品等所有可供交易的物品的价格整体上涨,比如说,你今天去买菜,发现因为苹果歉收所以价格上涨了,但是其他水果和蔬菜的价格没有变,这不叫通货膨胀。通货膨胀必须是整体价格的上涨,让你感觉手中的钱不值钱了,能买到的东西更少了。

第二是持续的价格上涨。这是说价格上涨已经呈现出一定的趋势,不是偶而出现的。比如说,这一段时间由于铁路运力受影响,某个城市的蔬菜供给跟不上来,蔬菜价格普遍上涨,但是过一段时间又恢复了,这也不叫通货膨胀;再比如,东北寒冷的地方,一到冬天蔬菜的生产成本较高,绿色蔬菜都会涨价,这也不叫通货膨胀,是供求关系引起的。通货膨胀必须是在一定时间内持续的价格上涨的现象。

经济学家把通货膨胀通常分成:需求推动型、供给推动型、供求混合推动型和滥发纸币型,通过分类来进行更为细致的研究。

(1)需求推动型通货膨胀。

需求拉动的通货膨胀是指总需求过度增长所引起的通货膨胀,即"太多的货币追逐大少的货物",按照经济学家凯恩斯的解释,如果总需求上升到大于总供给的地步,此时,由于劳动和设备已经充分利用,因而要使产量再增加已经不可能,过渡的需求是能引起物价水平的普遍上升。

(2)供给推动型通货膨胀。

从供给的角度来看,成本或供给方面的原因形成的通货膨胀,即成本推进的通货膨胀又称为供给型通货膨胀,是由厂商生产成本增加而引起的一般价格总水平的上涨。而造成成本向上移动的原因大致有:工资过渡上涨,利润过度增加和进口商品价格上涨。

工资推动通货膨胀是工资过渡上涨所造成的成本增加而推动价格总水平上涨,工资是生产成本的主要部门。工资上涨使得生产成本增长,在既定的价格水平下,厂商愿意并且能够供给的数量减少,于是引发了通货膨胀。

利润推进的通货膨胀是指厂商为谋求更大的利润导致的一般价格总水平的上涨,与工资推进的通货膨胀一样,具有市场支配力的垄断厂商也可以通过提高产量的价格而获得更高的利润,结果导致价格总水平上涨。

造成成本推进的通货膨胀的另一个重要原因是进口商品的价格上升,如果一个国家生产所需要的原材料主要依赖于进口,那么,进口商品的价格上升就会造成成本推进的通货膨胀,其形成的过程与工资推进的通货膨胀是一样的,如20世纪70年代的石油危机期间,石油价格急剧上涨,而以进口石油为原料的西方国家的生产成本也大幅度上升,从而引起通货膨胀。

(3)供求混合推动型通货膨胀。

从供给和需求两方面结合来看,在实际中,造成通货膨胀的原因并不是单一的,因各种原因同时推进的价格水平上涨,就是供求混合推进的通货膨胀。

(4)滥发纸币型通货膨胀。

还有一种观点,直接抛开这些经济的直观现象而剖析本质,认为通货膨胀指因纸币发行量超过商品流通中的实际需要的货币量而引起的纸币贬值、物价上涨现象。

获得诺贝尔经济学奖的经济学家弗里德曼曾经说过,"通货膨胀无论何时都是一种货币现象",这就是说,通货膨胀本质上是由于钱太多了而导致的。

3. 通货膨胀对经济生活的影响

如果用通俗的话来解释通货膨胀,那就是钱不值钱了。除了钱贬值之外,通货膨胀还有其他的影响。

第一是在债务人与债权人之间,通货膨胀将有利于债务人而不利于债权人。在通常情况下,借贷的债务契约都是根据签约时的通货膨胀率来确定名义利息率,所以当发生了未预期的通货膨胀之后,债务契约无法更改,从而就使实际利息率下降,债务人受益,而债权人受损。其结果是对贷款,特别是长期贷款带来不利的影响,使债权人不愿意发放贷款。说白了,在没发生通货膨胀的时候,你借给别人1 000元钱,能干很多事情。结果发生的严重的通货膨胀,别人再还你这1 000元钱的时候,你发现已经不像原来那么值钱了。这等于是说借钱的人受益,而债主却承担了损失。

第二是在雇主与工人之间,通货膨胀将有利于雇主而不利于工人。这是因为,在不可预期的通货膨胀之下,工资增长率不能迅速地根据通货膨胀率来调整,从而即使在名义工资不变或略有增长的情况下,使实际工资下降。实际工资下降会使利润增加。利润的增加有利于刺激投资。工资的调整总是慢半拍的,即使经济中发生了通货膨胀,工资的上涨也总是慢,你发现自己赚到的钱永远赶不上物价上涨的速度,东西越来越贵,可是自己却挣得越来越少,于是严重影响了生活。

第三是在政府与公众之间,通货膨胀将有利于政府而不利于公众。由于在不可预期的通货膨胀之下,名义工资总会有所增加,随着名义工资的提高,达到纳税起征点的人增加了,有许多人进入了更高的纳税等级,这样就使得政府的税收增加。但公众纳税数额增加,实际收入却减少了。政府由这种通货膨胀中所得到的税收称为"通货膨胀税"。一些经济学家认为,这实际上是政府对公众的掠夺。这种通货膨胀税的存在,既不利于储蓄的增加,也影响了私人与企业投资的积极性。还有就是,政府通过发行公债,往往是债务人,而购买公债的广大居民则是债权人,通过上面的分析就可以知道债务人是受益的,那么政府也会通过通货膨胀受益。

第四是对居民生活的影响。除了刚才提到的几点之外,经济学中还专门有几个名词来阐释这个现象。

(1)菜单成本,是指厂商改变加工,需要重新印刷它的产品价格表,向客户通报改变价格的信息和理由;所有这一切都会引起一笔开支和费用。

(2)鞋底成本。当发生通货膨胀时,人们必须频繁地到银行去存钱,以保证所持资金的市值。这样频繁地光顾银行,必然使鞋底磨损得较快,所以将这种成本称为鞋底成本。可见通货膨胀给生活带来了诸多的不变。

除了这些有形的影响之外,通货膨胀最可怕的是影响了人们的信心,终日惶恐的生活在物价上涨的压力之下,使得人们担心生活便无法正常的投入到工作中去,严重影响了人们工作的积极性,甚至会影响国家的稳定。

改革开放以来,我国经历了三次比较严重的通货膨胀,分别发生在1980年、1988年和1994年。综合来看,通货膨胀对人们的生活有着严重的影响,因此需要采取措施防止通货膨胀的继续攀升,以保证生活的稳定。

4. 通货膨胀、GDP与股票市场

高通货膨胀下的GDP高速增长是泡沫经济的表现,经济形势有在矛盾激化中恶化的可能。

通货膨胀企业成本上升;重复建设最终导致供大于求;与此同时,通货膨胀导致居民实际收入下降(实际购买力下降)。三种因素同时发生作用,导致企业的盈利能力下降,最终引发股票价格的大跌。

如果政府对通货膨胀进行宏观调控(如采用收缩性货币政策),那么GDP会出现减速增长。受政策收缩,增长减缓影响,股票价格有一个下跌的过程。随着宏观调控的有效性显现,社会经济结构趋于合理,经济矛盾逐步缓解,股票市场也会体现对经济向好的预期而出现平稳渐升的态势。

5. 通货膨胀如何欺诈股票投资者——沃伦·巴菲特的观点

沃伦·巴菲特在美国《财富》杂志1977年5月号上,发表了名为《通货膨胀如何欺诈股票投资者》的文章。三十多年来,该文被公认是深度剖析通货膨胀与股票投资者利益的经典之作。本书摘选其核心内容如下。

股票在通货膨胀环境下像债券一样表现不佳,这已经不是个秘密。在过去十年里,我们一直处于这种通胀环境里。确实,这是一个股票遇到麻烦的时期。但是,在这段时间里造成股票市场难题的原因仍然没有被人们完全理解。

在通胀时期债券持有者所遇到的问题一点也不神秘。当美元月复一月地贬值,一种本金和收入都用美元支付的证券不会是个大赢家。你根本不需要一个博士学位就能搞懂这个问题。

一直以来,人们认为股票是不同的。多年来,传统智慧坚持认为股票是对通货膨胀的对冲。这个说法来源于一个事实,那就是股票不像债券一样是对美元的所有权,而是对有着生产设施的公司的所有权。因此,股票投资者们相信,无论政客们如何印钞票,股票投资者仍然能保持他们投资的实际价值。

但是为什么实际上不是这么回事?主要原因在于:我认为股票在经济实质上非常类似于债券。

我知道我的主张对很多投资者来说显得古怪。他们马上就观察到债券的回报(利

息)是固定的,而股票投资的回报(盈利)会每年变化极大。这确实是事实。但是,任何研究战后公司总体回报的人都会发现一个现象,即资本回报率实际上并没有变化那么多。

1.停滞的息票

第二次世界大战十年,一直到1955年,道·琼斯工业指数里的公司的资本回报率是12.8%。战后的第二个十年,这个数字是10.1%。在第三个十年,是10.9%。财富500强(历史数据最早到50年代中期),这一个更大范围的数据显示了相似的结果:1955~1965年资本回报率11.2%,1965~1975资本回报率11.8%。这个数字在几个特殊年份里非常高(财富500强的最高值是1974年的14.1%)或者非常低(1958年和1970年是9.5%)。但是,过去这些年,总体上,净资产的回报率持续回到12%的水平。在通胀时期,这个数字没有显著超越这一水平。在价格稳定的时期净资产的回报率也没有超越这一水平。

让我们先不把这些公司看成上市的股票,而是生产的企业。让我们假定企业的所有人按净资产价值购买了这些企业。如果是这样,这些企业的所有人自己的回报也是12%左右。由于回报如此固定,我们有理由把回报看成"股票的息票"。

当然,在现实世界里,股票投资者并不只是购买并持有。相反,很多人在股票市场上反复买卖,试图战胜其他投资者,以获得公司盈利里面自己那部分的最大化。这种争斗,从总体上来说是无效的,对股票及股票自身的盈利无影响,却减少投资者的收益。因为这些活动会造成很高的摩擦成本,比如咨询费和交易费等。一个活跃的期权市场的引入根本无法增加美国企业的生产率,只不过是产生了给这个赌场配置数以千计的人手的需求。而摩擦成本则进一步升高。

2.股票是永久的

实际上,在现实世界,股票投资者通常并不用净资产价格购买股票。有时他们能在净资产价格之下购买。但是大多数的情况下他们的购买价格要比净资产价格高。这种情况下,就进一步增加了12%的资本回报的压力。在后面的文章里我会进一步谈两者的关系。现在,让我们关注主要的一点:通货膨胀已经增加,但资本回报不变。本质上,买股票的人得到的是内在的固定收益和买债券的人一样。

当然,股票和债券有一些重要的不同。首先,债券最终会到期。债券可能需要等很长时间才到期,但是最终债券投资者能够重新谈判合同的条款。如果目前和未来的通货膨胀率上涨使债券投资人旧的息票率显得不够,他可以拒绝再买。除非目前的息票率提高,重新引起他的兴趣。这种情况在近些年一直在持续上演。

股票,与之相反,是永久的。股票具有无限的到期日。股票投资者只能接受美国企业的盈利,无论好坏。如果美国企业注定获得12%的资本回报,这就是股票投资人必须接受的水平。作为一个群体,股票投资者无法退出,也无法重新谈判。从总体上说,他们的投入是增加的。单个的公司可以被买卖或破产清算。公司可以回购股票。但是从总体来说,增发新股和未分配利润肯定会使锁定在公司系统里的资本增加。

所以,债券在这点上占了上风。债券最终会被重新谈判,股票的"息票"不会。确实,在很长时间里,12%的息票率看起来并不需要很多调整。

3.债券投资者拿的是现金

这是另外一个债券与12%回报的"股权债券"的重要的区别。股票就好像是穿着股票证书华丽外衣参加华尔街化装舞会的一种新的债券——"股权债券"。

通常情况下,债券投资者拿到现金息票。他可以自己决定这笔现金最好的投资方式。我们的股票投资者的"息票"——盈利,则与之相反,一部分被公司留用并重新投资,而且投资回报率完全取决于公司。换句话说,公司的12%的年资本回报率一部分以现金方式发股息,剩下的重新投入盈取12%的回报。

4. 美好的旧日时光

股票盈利的一部分重新再投入的特性,是好消息也是坏消息,这取决于那12%的回报到底有多诱人。在20世纪50年代和60年代早期,这的确是好消息。当债券收益率只有3%或4%的时候,能够有权自动把股票盈利的一部分再投入,取得12%的回报,具有极大的价值。注意,投资人无法把自己的资金投资其他的东西而取得那12%的回报。在这个时期,股票价格远超过净资产价格。由于价格高涨,无论公司内在的回报率是多少,投资者都无法直接从公司的收益中获得回报。这就好比年息12%的债券,如果你以远远超过票面价值的价格购买,是无法获得12%的回报的。

但是,投资者的存留收益可以获得12%的回报。实际上,在当时的经济环境下,存留收益让投资者以净资产价格购买价值远超出净资产价格的企业。

这种情况让现金股利与收益存留相比没有任何吸引力。确实,能有更多的盈利再投入赚取12%回报,投资者就更认为他们的投资有价值。他们就更愿意付更高的价格。在20世纪60年代早期,投资者对增长区域的电力公司股票付出了高价。因为他们知道这些成长型公司有能力再投入大量的盈利赚取更多回报。而由于运营环境的原因付出更多现金股利的电力公司则股价很低。

如果在这一时期,一个高等级、无法回购的年息12%的长期债券存在的话,也会卖得远远超过票面价值的。如果这样一个债券再有另外一个不寻常的特性——能够把利息收入的大部分再以票面价值投入到类似的债券中去,那它还会卖得更高。实际上成长型股票把大部分盈利存留下来再投入,就好像前面提到的债券。当资本再投入的回报是12%而银行利息只有4%左右时,投资者非常高兴。当然,他们也付出了高的价格。

5. 逃离

回首过去,股票投资者可以认为他们在1946~1956年享受了丰盛的三重盛宴。第一,他们享受了远超过银行利息的公司回报。第二,这些回报的很大部分又重新被投入,获得了其他投资方式无法获得的高回报。第三,当前面两点好处被广泛认知时,他们从股票资产价格的不断上升中又进一步获得了好处。这第三重好处意味着在12%的公司资本回报率之上,他们获得了额外的奖金。道·琼斯工业指数股票价格从1946年的相当于138%的净资产增长到1966年的相当于220%的净资产。在这一增长过程中,投资者短暂地获得了超越其所投资企业内在盈利能力的回报。

这一人间天堂式的情形在20世纪60年代中期被许多主要投资机构"发现"。但正当这些金融界的大象争先恐后进入股票市场时,我们进入了一个加速通货膨胀和高利率的时期。非常合乎逻辑的是,股票的上涨开始改头向下。升高的利息无情的减少了现存的固定收益投资的价值。当长期公司债券利息开始上升(最终达到了10%的附近),股票投资的12%的回报和再投入的优势都变得不一样了。

股票被认为比债券更加具有风险。在一定时期内,股票的收益率虽然多多少少是固定的,但却每年上下浮动。投资者对未来的态度,很大程度上被每年的这种收益率浮动所影响,而这种影响往往是错误的。股票有更大的风险还因为股票是无限期的。(即使你的友好的股票经纪人有"安全"的100年的债券,他也不敢兜售给你)。由于这些额外的风险,投资者自然预期股票要有令人满意的高于债券的回报。而同样是公司发行的股票和债券,股票回报12%,债券回报10%,这两者的差异还够不上令人满意。当两者的差异缩小时,股票投资者开始寻找逃离的方式。

但是,作为一个群体,他们无法逃离。他们所能取得的只有很多的股票价格变动,显著的摩擦成本和新的、更低的估值水平。这一估值水平反映了在通货膨胀条件下,12%的股票收益率毫无吸引力。在过去10年,债券投资者受到了一系列的打击。他们在这一遭受打击的过程中发现,在任何债券利息水平,无论是6%,或8%,还是10%,都没有任何神奇的力量阻止债券价格的崩溃。股票投资者虽然总的来说没有意识到他们也有"息票",但是他们还正在接受教育的过程中。

6.提高盈利的五个方法

我们必须把12%的资本回报率看成是不变的吗?有没有一条法律规定:公司资本回报率不能自我调节,来应对长期的更高的平均通货膨胀率?

当然,并没有这样一条法律。恰恰相反,美国企业无法通过意愿或者命令增加盈利。为了提高资本回报率,企业需要至少下面的其中一项:

(1)提高周转率,也就是销售额与总资产的比。

(2)廉价的债务杠杆。

(3)更高的债务杠杆。

(4)更低的所得税。

(5)更高的运营利润率。

这就是所有的方式。根本没有提高普通股资本回报率的其他方式。让我们看看我们如何利用这些方式。

我们先从周转率开始。为了分析周转率,我们必须考虑三个主要类型的资产:应收账款、库存和固定资产。如厂房和机器。

应收账款随销售额增加成比例增加,而以美元计的销售额增加是由销量增加或通货膨胀引起,在这里没有改善的空间。

库存的情况非常不简单。从长期看,计件的实体库存数量趋势跟随销量趋势。但是从短期看,实体库存的周转率会上下波动,原因可能是空间影响、成本预期或者生产瓶颈。

在通胀时期,使用后进先出库存估值方法会提高报告的周转率。当由于通货膨胀引起销售额上升,使用后进先出方式的公司库存值要么会保持不变(如果销量不增加),要么会跟随销售额上升(如果销量上升)。无论哪种情况,以美元计的周转率都会提高。

在20世纪70年代早期,公司的一个显著趋势就是转向"后进先出"会计方式(这样做有降低公司报告的盈利和降低税的效果)。这一趋势目前似乎有所减缓。但是,很多"后进先出"公司的存在,加上很多其他公司也可能加入"后进先出"这一行列,会使未来报告的库存周转率提高。

7.中等程度的改善

在固定资产方面,假定对所有产品的影响是相同的的情况下,任何通胀,在一开始会有改善周转率的效果。这是因为销售额会立即反映新的价格水平。但固定资产会逐渐反映价格的变化。当前的资产逐渐消耗掉,新的资产反映新的价格水平。很明显,一个公司的固定资产替换过程越慢,固定资产周转率上升的越多。但是当替换过程完成后,这一上升就停止了。假定通货膨胀率是固定的,那么销售额和固定资产将随通货膨胀率一起上升。

通胀将引起周转率在一定程度的上升。由于"后进先出"会计方式,也会带来一些周转率的改善。如果通胀加速,由于销售额增速超过固定资产增速,也会改善周转率。但是,所有这些改善都是中等程度的,没有达到明显改善资本回报率的程度。1965~1975年这十年间,虽然通胀总体加速,企业广泛应用"后进先出"会计方式,财富500强企业的周转率只从1.81:1提高到了1.29:1。

便宜的债务杠杆呢?不太可能。高通胀通常导致借贷成本昂贵而不是便宜。快速增长的通胀创造了快速增长的资本需求。但是发放贷款的一方越来越不相信长期合同,变得更苛求。即使通货膨胀率不进一步上升,债务杠杆也会变得更加昂贵。因为目前公司账面的借贷成本低于替换成新的贷款后的成本。而替换新的贷款需要等目前的贷款到期。总的来看,未来的债务杠杆成本的变化会轻度压缩资本回报率。

更多的杠杆呢?美国企业已经用了够多的债务杠杆了。《财富》500强的数据就是证明。在1975年之前的二十年里,财富500强的股东权益占总资产的比例从63%降到了50%以下。换句话说,每一美金的资本已经比过去利用了更高的债务杠杆。

8.贷款发放者学到了什么

通胀引发了一个具有讽刺意味的财务要求:高度盈利的公司,一般有最好的信用,但只需要相对很少的债务。但是在盈利方面不佳的公司对债务的需求从来就没够。相对十年前,贷款发放者对此了解的更加透彻。所以,他们不愿意贷款给资本匮乏、盈利不佳的公司,让他们把债务杠杆抬高到天上去。

即便如此,在通胀条件下,将来很多企业看起来肯定会利用更高的债务杠杆来提高资本回报率。很多公司通常即使维持同等规模的实体商业运营,也需要巨额的资本。而减少股息或者增发新股在通胀条件下都不具备吸引力,这些公司的管理层因此会选择更高的债务杠杆。无论债务成本如何,这些公司都会债务堆积如山。他们的行为会像那些电力公司。那些公司在20世纪60年代曾经为八分之一个点的利息而与发放贷款者争执。而到1974年,他们对能拿到12%的债务融资已经很感激了。

和20世纪60年代早期4%利息的债务相比,以现在的利息水平增加的债务对资本回报的促进有限。但另外的问题是高债务比率会降低信用评级,进而提高利息成本。

所以,除了我们讨论的其他因素,债务比率增加会提高利息成本,也会导致债务杠杆成本增加。更高的债务杠杆成本会抵消更高债务杠杆的各种好处。

除了这些之外,美国企业的资产负债表上,与传统相比已经有了太多的债务。很多企业担负了大量的养老金义务。这些义务把养老金设置成当现在的工人退休时的实际支付水平。在低通胀的1955~1965年,由这些养老金义务引发的负债相当好预测。而今天,没人能够真正搞清楚公司的最终义务是多少。但是,如果未来通货膨胀率平均7%的话。一个今天25岁挣12 000美金一年的雇员,未来的工资涨幅仅仅和通胀持平,在他65岁退休的时候也要挣180 000万美金(译者注:通用汽车就是这么死的)。

当然,每年有很多年报里有非常精确的缺少资金的养老金义务数字。如果那些数字可信,一个公司可以把这个养老金义务的数字加上当前的养老基金资产,把整个养老金交给一个保险公司,让保险公司承担养老金义务。实际上,找到一个愿意听一听这样一个交易的保险公司都不可能。

实际上,每个美国企业的司库都不敢有发行"生活成本"债券的想法。"生活成本"债券也就是一种无法召回而且息票和价格指数相联系的债券。但是,通过私人的养老金系统,美国企业实际上承担了大量相当于"生活成本"债券的债务。

对更多的债务杠杆,无论是传统的债务还是没有记录的与价格指数相关的养老金债务,股东都应该持怀疑态度。一个无债一身轻的企业的12%回报要远胜于一个负债累累的企业的同样回报。这也意味着今天的12%的回报的价值要比20年前的12%回报低得多。

……

9.投资者的公式

即使你同意12%的回报是不可改变的,你仍然希望在未来能取得好的业绩。这可以理解。毕竟有很多投资者长期业绩很好。但是,你未来的业绩取决于三个变量:股票净资产与股票市场价格的关系、税率和通货膨胀率。

让我们算算净资产和市场价格。当股票一直在净资产价格销售时,非常简单。100美元的净资产,平均市场价格100美元,12%的公司盈利就给投资者产生12%的回报(还要减去摩擦成本,在此我们先忽略不计)。如果股息发放率为50%,我们的投资者将拿到6美元的股息,并获得另外6美元的净资产增加。这一净资产的增加会体现在投资者所持有的股票市场价格上。

如果股票价格是净资产的150%,情况就不一样了。投资者会受到同样的6美元股息。但是这只相当于他150美元成本的4%而已。公司的净资产也会增加6%(达到106美元)。而投资者的股票市场价值在净资产150%的基础上也会增加6%(达到159美元)。但是,投资者的总回报,也就是净资产增值加上股息,才只有10%而不是公司内在的12%盈利。

当投资者低于净资产买入,这个过程正好相反。如果股票价格是净资产的80%,同样的盈利和股息发放率将产生7.5%的股息回报(6美元除以80美元)和6%的净资产增值回报。总回报为13.5%。换句话说,你最好买打折的而不是高价的,这和常识告诉我们的一样。

战后,道·琼斯工业指数股票的市场价格最低达到净资产的84%(1974年),最高达到过净资产的232%(1965年)。大多数时候,股票市场价格远超过100%的净资产(今年春天早些时候,股票价格大约是110%的净资产)。让我们假定未来这一比率在100%左右。这意味着股票投资者会获得12%的回报。至少,他们在税和通胀之前可以获得那么多。

……

10.通货膨胀率——一个没人知道的数字

通货膨胀率到底会是多少?这是个重要的问题,但是没有人知道。政客不知道,经济学家不知道,权威评论家也不知道。这些人在几年前还觉得,只要这里那里轻微调节一下,失业率和通货膨胀率就会像训练过的海豹一样做出反应。

但是,很多迹象并不支持稳定的价格,因为通货膨胀现在是世界性的。我们社会的主要集团倾向于利用他们对竞选的影响,转移而不是解决经济问题。如果可以推迟,即使是最关键的问题(如能源和核扩散)他们也不愿解决。我们的政治系统鼓励短期行为。为了重新当选,立法者做出有利于短期,但却最终会带来长期痛苦的决定。

绝大多数政客都强烈反对通胀,但他们都坚定支持制造通胀的政策。

讨论未来通货膨胀率往往会触及货币和财政政策的敏感性。这两者是决定任何精确的通胀公式结果的重要变量。但是问题的根源在于:和平时期的通货膨胀是个政治问题而不是个经济问题。人的行为才是最关键的。货币不是关键。政客也是人,肯定会顾及自己的利益。选择短期利益确保下届继续当选,还是选择长远利益为下一代着想而失去竞选?他们通常会做出确保自己利益的选择。

这种泛泛而论无法得出精确的数字。但是,我认为将来通货膨胀率很有可能会在维持7%的平均水平。我希望我的预测是错的。对未来的预测通常告诉我们更多有关预测者的信息而不是未来。你可以自己选择把你自己的通货膨胀率代入投资者的公式。但是,如果你预测未来2%~3%的通货膨胀率,那你的视角肯定和我不同。

所以,我们的结论出来了:在扣除通胀及税之前股票有12%的回报;扣税但不扣除通胀,股票还有7%的回报;扣除税和通胀后股票可能为零回报。这可不像是一个令人激动人心的公式。

作为一个普通股票投资者,你将有更多钱。但是,你将不会有更多的购买力。这可不像富兰克林("存的一分就是挣的一分")和弗雷德里曼("一个人可以消费,也可以投入他的资本")所说的。

11.寡妇们没有注意到的事情

算术可以很清楚的证明一个事实:通货膨胀是一种税。而且这种税比我们的立法者所制定的任何税种都更具毁灭性。通货膨胀税具有可怕的消耗资本的能力。对于一个依靠存折上5%利息收入的寡妇来说,零通胀时期100%的所得税和通胀时期5%的通货膨胀率是一样的。两种情况都让她没有任何实际收入。任何她所花的钱都直接来自于资本。她会对120%的所得税感到气愤。但她却不会注意到6%的通货膨胀率在经济上就相当于120%的所得税。

如果我对通胀的假设接近正确,不仅市场下跌时业绩会令人失望,市场上升时业绩也会令人失望。上个月早些时候,道·琼斯指数是920点,比10年前上涨55点。但是,经过通货膨胀调整后,道指实际下降345点,即从865点跌到520点。道·琼斯指数里的公司还必须把属于股东的盈利的一半截留,然后再投资,才能取得这样的结果。

在下一个10年,只要股票有12%的资本回报率,40%的股息分红率和110%的市场价与净资产的比率,道·琼斯指数会翻倍。但如果有7%的通货膨胀,10年后在1800点卖出的投资者付出资本利得税后的实际结果还远远不如今天的水平。

我几乎都可以听到一些投资者对我悲观想法的反应。他们会认为无论新的投资时代带来何种困难,他们都能巧妙应对,为自己获得出色的结果。他们的成功未必有把握。而在总体上说肯定是不可能的。如果你感觉你可以在股票市场来回买卖来击败通货膨胀税。我愿意做你的股票经纪人,而不是合伙人。

即使那些所谓的免税的投资者,如养老基金和大学捐款基金,也不能逃避通货膨胀税。假设我的7%的通胀率是正确的,一个大学的司库应该把每年的前7%回报看作只是补充购买力。大学捐款基金在超越通胀前没有挣得任何东西。在7%的通胀水平,总体回报8%时,这些机构相信他们是免税的。但是,实际上他们付87.5%的所得税。

12. 社会的公式

不幸的是，高通胀造成的问题不仅困扰投资者，而且影响整个社会。投资收入只占国民收入的一小部分。如果只是实际投资回报为零，而人均实际收入能以健康的速度增长，整个社会的公平与正义也许会进一步发展。

市场经济给参与者不成比例的回报。嗓音、解剖结构、身体力量或者智力等天赋可以让人从未来国民产出中得到巨额的财富(股票、债券和其他资本)。投对了胎也能在一出生就拥有一生无尽的财富。如果通胀造成的投资零回报能劫富济贫。从这些有着巨额财富的幸运儿手中，把国民产出的更大一部分转给一样努力工作，但却没那么幸运的公民。那么，这对一个公平的世界不会有什么损害，上天也不会干预的。

但是，这种劫富济贫的效果并不明显。员工报酬已经是分红的28倍。而很多这些分红会流向养老基金、非营利组织，比如大学和并不富裕的个人投资者。在这种情况下，如果我们把所有富裕的股东的分红都转移到员工报酬里。这种事情我们只能做一次。因为这是杀鸡取卵。这样的转移对实际工资的提高还比不上我们过去从一年的经济增长中获得的多。

13. 俄国人也理解这一点

所以，通过通货膨胀对投资的影响来减少富人，这对穷人来说连短期的实际帮助都没有。穷人的经济状况随通胀对经济的总体影响而起伏。而通胀对经济的影响不可能是好的。

民众经济状况的大幅度改善需要资本的大幅实际增长，并将资本投入现代的生产设施中。如果不通过产业发展来持续创造并使用昂贵的，新的资本资产，即使有广泛的人力资源，巨大的消费需求和政府的许诺，也只能导致失败。这个公式俄国人和洛克菲勒都理解。这一公式在日本和前西德已经被应用，并且产生了惊人的成功。高资本积累率让这些国家的生活水平快速提高。即便我们相对于他们有着能源的优势，但他们生活水平提高的速度远超过我们。

为了理解通胀对真实资本积累的影响，需要一点数学计算。让我们回到12%的资本回报率。这样的回报是除去了折旧之后的。也就是说假定可以补充现有的生产能力之后的回报。但前提是厂房和设备可以在未来通过与当初相似的价格购买来。

14. 过去的方式

让我们假设盈利的一半用来分红，剩下的6%的资本投入未来的增长。假如通胀很低，为2%，那么增长的大部分将会是实际产出的真实增长。在这一条件下，必须额外投入2%在应收账款、库存和固定资产上，明年的实际产出才会与今年持平。剩下的4%对资产的投资将带来更多的实际产出。这2%的虚幻增长反映的是通货膨胀，而剩下的4%则支持实际增长。如果人口增长1%，这4%的实际增长会转化为3%的人均收入真实增长。这虽然是非常粗略的估算，但这就是我们经济过去增长的方式。

现在，让我们算一下7%的通胀率下，在满足了必需的通胀部分后，还有多少能剩下给真实增长。答案是，如果分红政策不变，债务杠杆也不变，没有任何东西能剩下支持真实增长。12%回报的一半分红，剩下的6%都要用来投入才能保持明年的实际产出与今年持平。

很多公司面临正常分红后，无真正的存留盈利来支持业务扩张的困境。他们只能临时想办法。怎么办呢？他们会问自己：我们怎么才能减少分红，但又不触怒股东呢？

近些年，电力工业只有很少，或者没有能力分红。或者说，如果投资者同意买他们的股票，他们就有能力分红。1975年，电力公司分红33亿美金，却要投资者交回34亿美金。当然，他们把这些都混在一起，施展了拆东墙补西墙的办法，以免得到爱迪生那样的坏名声。爱迪生电力公司，如果你记得，在1974年非常不明智的对股东实话实说：公司没钱分红。这种坦诚带来的是市场的灾难。

更老于世故的公用事业公司保持，甚至是增加季度分红，然后要求股东把钱寄回去。换句话说，公司增发新股，让股东把钱送回去。这一过程把大量资本转给了税务局和投行。但是，所有人都很兴致勃勃(尤其是投行)。

……

15. 政府将试着投资

随着公司在真实资本积累问题上的挣扎，我们将会看到更多伪装起来的减少分红的做法。但是从股东那里截流不会完全解决问题。7%的通胀率和12%的回报率加在一起，会减少公司赖以支持真实增长的资本。

所以，当传统的私人资本积累方式在通胀条件下失效，我们的政府将会更多的尝试影响资本向工业的流动。这样做可能像英格兰一样失败，也可能像日本一样成功。但是美国缺少日本式积极的政、商、劳工结合所必需的文化和历史基础。如果我们幸运，我们会避免重蹈英格兰的覆辙。在英格兰，所有的各方争夺自己的份额，而不是合力把蛋糕做大。

总的来讲，在未来一些年，我们会听到更多有关投资不足、滞胀和私人部门无法满足需求的失败的事情。

利率与股票市场

1. 利率概述

利率又称利息率。表示一定时期内利息量(利息额)与本金的比率，通常用百分比表示，按年计算则称为年利率。其计算公式为：

$$利息率 = 利息额 \div 本金 \div 时间 \times 100\%$$

例：1万元的年利息额是500元，那么这笔借款的年利息率合约利息率是多少？

解：年利息率 = 500÷10 000÷1×100% = 5%

　　月利息率 = 500÷10 000÷12×100% = 0.42%

利率(InterestRates)，就其表现形式来说，是指一定时期内利息额同借贷资本总额的比率。利率是单位货币在单位时间内的利息水平，表明利息的多少。多年来，经济学家一直在致力于寻找一套能够完全解释利率结构和变化的理论，"古典学派"认为，利率是资本的价格，而资本的供给和需求决定利率的变化；凯恩斯则把利率看作是"使用货币的代价"。马克思认为，利率是剩余价值的一部分，是借贷资本家参与剩余价值分配的一种表现形式。利率通常由国家的中央银行控制，在美国由联邦储备委员会管理。现在，所有国家都把利率作为宏观经济调控的重要工具之一。当经济过热、通货膨胀上升时，便提高利率、收紧信贷；当过热的经济和通货膨胀得到控制时，便会把利率适当地调低。因此，利率是重要的基本经济因素之一。

利率是经济学中一个重要的金融变量,几乎所有的金融现象、金融资产均与利率有着或多或少的联系。当前,世界各国频繁运用利率杠杆实施宏观调控,利率政策已成为各国中央银行调控货币供求,进而调控经济的主要手段,利率政策在中央银行货币政策中的地位越来越重要。合理的利率,对发挥社会信用和利率的经济杠杆作用有着重要的意义,而合理利率的计算方法是我们关心的问题。

利息率的高低,决定着一定数量的借贷资本在一定时期内获得利息的多少。影响利息率的因素,主要有资本的边际生产力或资本的供求关系。此外,还有承诺交付货币的时间长度以及所承担风险的程度。利息率政策是西方宏观货币政策的主要措施,政府为了干预经济,可通过变动利息率的办法来间接调节通货。在萧条时期,降低利息率,扩大货币供应,刺激经济发展。在膨胀时期,提高利息率,减少货币供应,抑制经济的恶性发展。所以,利率对我们的生活有很大的影响。

2. 利率的种类

各种利率是按不同的划分法和角度来分类的,以此更清楚地表明不同种类利率的特征。

(1) 按计算利率的期限单位可划分为:年利率、月利率与日利率。

(2) 按利率的决定方式可划分为:官方利率、公定利率与市场利率。

(3) 按借贷期内利率是否浮动可划分为:固定利率与浮动利率。

(4) 按利率的地位可划分为:基准利率与一般利率。

(5) 按信用行为的期限长短可划分为:长期利率和短期利率。

(6) 按利率的真实水平可划分为:名义利率与实际利率。

(7) 按借贷主体不同划分为:中央银行利率,包括再贴现、再贷款利率等。

(8) 商业银行利率,包括存款利率、贷款利率、贴现率等;非银行利率,包括债券利率、企业利率、金融利率等。

(9) 按是否具备优惠性质可划分为:一般利率和优惠利率。

利率的各种分类之间是相互交叉的。例如,三年期的居民储蓄存款利率为4.95%,这一利率既是年利率,又是固定利率、差别利率、长期利率与名义利率。各种利率之间以及内部都有相应的联系,彼此间保持相对结构,共同构成一个有机整体,从而形成一国的利率体系。

3. 决定和影响我国现阶段利率的主要因素

(1)利润率的平均水平。社会主义市场经济中,利息仍作为平均利润的一部分,因而利息率也是由平均利润率决定的。根据我国经济发展现状与改革实践,这种制约作用可以概括为:利率的总水平要适应大多数企业的负担能力。也就是说,利率总水平不能太高,太高了大多数企业承受不了;相反,利率总水平也不能太低,太低了不能发挥利率的杠杆作用。

(2)资金的供求状况。在平均利润率既定时,利息率的变动则取决于平均利润分割为利息与企业利润的比例。而这个比例是由借贷资本的供求双方通过竞争确定的。一般地,当借贷资本供不应求时,借贷双方的竞争结果将促进利率上升;相反,当借贷资本供过于求时,竞争的结果必然导致利率下降。在我国市场经济条件下,由于作为金融市场上的商品的"价格"——利率,与其他商品的价格一样受供求规律的制约,因而资金的供求状况对利率水平的高低仍然有决定性作用。

(3)物价变动的幅度。由于价格具有刚性,变动的趋势一般是上涨,因而怎样使自己持有的货币不贬值,或遭受贬值后如何取得补偿,是人们普遍关心的问题。这种关心使得从事经营货币资金的银行必须使吸收存款的名义利率适应物价上涨的幅度,否则难以吸收存款;同时也必须使贷款的名义利率适应物价上涨的幅度,否则难以获得投资收益。所以,名义利率水平与物价水平具有同步发展的趋势,物价变动的幅度制约着名义利率水平的高低。

(4)国际经济的环境。改革开放以后,我国与其他国家的经济联系日益密切。在这种情况下,利率也不可避免地受国际经济因素的影响,表现在以下几个方面:①国际间资金的流动,通过改变我国的资金供给量影响我国的利率水平;②我国的利率水平还要受国际间商品竞争的影响;③我国的利率水平,还受国家的外汇储备量的多少和利用外资政策的影响。

(5)政策性因素。自1949年新中国成立以来,我国的利率基本上属于管制利率类型,利率由国务院统一制定,由中国人民银行统一管理,在利率水平的制定与执行中,要受到政策性因素的影响。例如,新中国成立后至十年动乱期间,我国长期实行低利率政策,以稳定物价、稳定市场。1978年以来,对一些部门、企业实行差别利率,体现出政策性的引导或政策性的限制。可见,我国社会主义市场经济中,利率不是完全随着信贷资金的供求状况自由波动,它还取决于国家调节经济的需要,并受国家的控制和调节。

4. 基准利率

基准利率是人民银行公布的商业银行存款、贷款、贴现等业务的指导性利率,存款利率暂时不能上、下浮动,贷款利率可以在基准利率基础上下浮10%至上浮70%。

基准利率是金融市场上具有普遍参照作用的利率,其他利率水平或金融资产价格均可根据这一基准利率水平来确定。基准利率是利率市场化的重要前提之一,在利率市场化条件下,融资者衡量融资成本,投资者计算投资收益,客观上都要求有一个普遍公认的利率水平作参考。所以,基准利率是利率市场化机制形成的核心。

基准利率必须具备以下几个基本特征:

(1)市场化。这是显而易见的,基准利率必须是由市场供求关系决定,而且不仅反映实际市场供求状况,还要反映市场对未来的预期。

(2)基础性。基准利率在利率体系、金融产品价格体系中处于基础性地位,它与其他金融市场的利率或金融资产的价格具有较强的关联性。

(3)传递性。基准利率所反映的市场信号,或者中央银行通过基准利率所发出的调控信号,能有效地传递到其他金融市场和金融产品价格上。

5. 利率与股票走势的关系

下表列举了1990年以来历次中国人民银行调整基准利率的情况,以及调整后第一个股市交易日上证指数的点位情况,然后对比出两次调息期间指数点位的变化趋势。基准利率调整与股票市场波动表如表6-1所示。

表6-1　　　　　　　　基准利率调整与股票市场波动表　　　　　　　单位:年利率%

调整时间	活期	三月	半年	一年	二年	三年	五年	方向 +/-	上证指数	涨/跌 +/-
90.8.21	2.16	4.32	6.48	8.64	9.36	10.08	11.52	调整起点	—	—
91.04.21	1.80	3.24	5.40	7.56	7.92	8.28	9.00	—	116.19	+
93.05.15	2.16	4.86	7.20	9.18	9.90	10.80	12.06	+	1140.04	—

续表

调整时间	活期	三月	半年	一年	二年	三年	五年	方向 +/-	上证指数	涨/跌 +/-
93.07.11	3.15	6.66	9.00	10.98	11.70	12.24	13.86	+	845.52	-
96.05.01	2.97	4.86	7.20	9.18	9.90	10.80	12.06	-	654.52	+
96.08.23	1.98	3.33	5.40	7.47	7.92	8.28	9.00	-	773.06	+
97.10.23	1.71	2.88	4.14	5.67	5.94	6.21	6.66	-	1178.3	+
98.03.25	1.71	2.88	4.14	5.22	5.58	6.21	6.66	-	1188.86	-
98.07.01	1.44	2.79	3.96	4.77	4.86	4.95	5.22	-	1299.14	-
98.12.07	1.44	2.79	3.33	3.78	3.96	4.14	4.50	-	1223.25	+
99.06.10	0.99	1.98	2.16	2.25	2.43	2.70	2.88	-	1370.39	+
02.02.21	0.72	1.71	1.89	1.98	2.25	2.52	2.79	-	1530.28	-
04.10.29	0.72	1.71	2.07	2.25	2.70	3.24	3.60	+	1305.29	+
06.08.19	0.72	1.80	2.25	2.52	3.06	3.69	4.14	+	1601.15	+
07.03.18	0.72	1.98	2.43	2.79	3.33	3.96	4.41	+	3014.44	+
07.05.19	0.72	2.07	2.61	3.06	3.69	4.41	4.95	+	4072.23	+
07.07.21	0.81	2.34	2.88	3.33	3.96	4.68	5.22	+	4213.36	+
07.08.22	0.81	2.61	3.15	3.60	4.23	4.95	5.49	+	5032.39	+
07.09.15	0.81	2.88	3.42	3.87	4.50	5.22	5.76	+	5421.39	-
07.12.21	0.72	3.33	3.78	4.14	4.68	5.40	5.85	-/+	5234.26	-
90.8.21	2.16	4.32	6.48	8.64	9.36	10.08	11.52	调整起点	-	
08.10.09	0.72	3.15	3.51	3.87	4.41	5.13	5.58	-	2000.57	
08.10.30	0.72	2.88	3.24	3.60	4.41	4.77	5.13	-	1728.79	+
08.11.27	0.36	1.98	2.25	2.52	3.06	3.60	3.87	-	1871.16	-
08.12.23	0.36	1.71	1.98	2.25	2.79	3.33	3.60	-	1863.8	+

从理论上讲,利率的变化与股价的变化是负相关的。也就是说提高利率对股市是个利空,降低利率对股市是个利好。原因最基本的有两点:

(1) 从上市公司来讲:当利率上升时,公司的借贷成本增加,公司的经营业绩通常也会有不同程度的恶化;而同时利率的上升又减少了公司未来现金流的现值,从而导致了股票价格的下跌。

(2) 从股市投资者角度来看,利率上升意味着银行存款的利息增加,投资人为了获得稳定的储蓄收益,会减少对补票投资的配置,从而导致股票买方资金的衰减,股价下跌。换言之,利息低,储蓄存款会搬家到股市;利息高,股市资金会搬家到银行。

从上表的数据来分析,A股的走势与利息的调整之间的变化规律与上述结论是基本一致的,但这并不意味着每次利息调整都会在股市中产生立竿见影的效果。因为利息调整的方向在一段时间内是稳定的,这被称为加息周期或者减息周期,而股市却是变化无常的,而且影响其走向的因素错综复杂。如在2004年10月到2007年9月的加息周期内,股市一直是上涨的,这形象地说明了,利息是影响股市的重要因素但不是唯一因素。

股票投资者除了要关注利息调整是加息还是减息之外,还要关注利息调整的频率(表现为两次加息之间的时间间隔)。一般来讲,加息的频率快,说明宏观经济的决策层认为经济发展过热,股市上涨过快,需要通过连续的加息为经济降温,打压股市。如2007年的连续加息就源于此;反之,减息的频率快,说明宏观经济决策层认为经济发展的内外环境出现恶化,需要刺激经济、鼓励消费、拉抬股市,如2008年的连续减息就是如此。

汇率与股票市场

1. 汇率的概念

汇率亦称"外汇行市或汇价"。一国货币兑换另一国货币的比率,是以一种货币表示另一种货币的价格。由于世界各国货币的名称不同,币值不一,所以一国货币对其他国家的货币要规定一个兑换率,即汇率。

2. 汇率与进出口

一般来说,本币汇率下降,即本币对外的币值贬低,能起到促进出口、抑制进口的作用;若本币汇率上升,即本币对外的比值上升,则有利于进口,不利于出口。2007年金融海啸以来,以日本和美国为代表的国际社会要求人民币升值的呼声很大,其中一个重要考虑就是,人民币升值可令中国出口商品在国际市场上的成本有较大幅度的增加,打击中国商品的竞争力,并反过来刺激中国大量进口他们的商品。回顾1997年在亚洲金融危机的时候,如果人民币贬值,其他国家的金融危机将更糟糕。而当时我国政府坚持人民币汇率的稳定,塑造了负责任大国的形象。

3. 汇率与物价

从进口消费品和原材料来看,汇率的下降要引起进口商品在国内的价格上涨。至于它对物价总指数影响的程度则取决于进口商品和原材料在国民生产总值中所占的比重;反之,本币升值,其他条件不变,进口品的价格有可能降低,从而可以起抑制物价总水平的作用。

4. 汇率与资本流出入

短期资本流动常常受到汇率的较大影响。当存在本币对外贬值的趋势下,本国投资者和外国投资者就不愿意持有以本币计值的各种金融资产,并会将其转兑成外汇,发生资本外流现象。同时,由于纷纷转兑外汇,加剧外汇供求紧张,会促使本币汇率进一步下跌;反之,当存在本币对外升值的趋势下,本国投资者和外国投资者就力求持有的以本币计值的各种金融资产,并引发资本内流。同时,由于外汇纷纷转兑本币,外汇供过于求,会促使本币汇率进一步上升。

5. 汇率与股市

综上所述,汇率会通过影响进出口、物价和资本流动,对股市产生影响力。

当本国货币贬值时,国内出口企业提供的商品和服务在国际市场上以外币表示的价格就会降低,国际竞争力增强,促进本国商品的出口,增强国内经济的发展,这样,公司(尤其是出口公司)的盈利前景就比较好,使股票的价格有上涨的空间。如果本国货币升值,出口商品的外币价格上升,降低了国际竞争力,阻碍商品的出口,影响国内经济的发展,这样公司(尤其是出口公司)的盈利就会下降,使得股票价格下跌。

从国际资本流动的角度来讲,当本国货币贬值时,本国资本会选择流出,在股市抛售股票,导致股市下跌;当本国货币升值时,外国资本会流入,形成所谓的国际热钱,这部分热钱会选择买入本国的股票,导致股市上升。

人民币汇率升值,实质上利好A股市场,但也潜藏了一定风险。汇率升值会带来资本市场效应,使大量外来资金投到股票市场上去,有利于市场资金的扩容,活跃A股市场,增强市场信心,从中长期看,无疑是一个极大的实质性利好。同时,通过带动直接投资直接进入各行业,形成资本投入、购并和重组的热潮,成为刺激A股上涨的另一条途径。人民币升值也有可能成为影响股票市场的不稳定因素,因为外来资本的投机属性,使其一旦感受到风险,就会快速的大量撤出,造成股市的暴跌。

平均利润率与股票价格

平均利润率是关于资金流动的一条客观定律,其大意为:当两个部门间投资利润率存在差别时,资金就会从利润率低的部门向利润率高的部门流动,直到两部门的投资利润率基本相等。用一句通俗的话来表述平均利润率规律就是:水往低处流,资金向利润率高的地方走。

股票的价格是直接受资金的供给情况影响的,当进入股市的资金增加时,股票的价格价就会上涨,如利多消息出台时,外围资金就纷纷进入股市,从而引起股票价格的上涨。

当某个领域的投资利润率发生变化时,股市和该领域间的投资利润率就会产生一个位差。根据平均利润率规律,股市和该投资领域之间就会出现资金的流动,而资金流动的结果就会引起股票的价格发生变化。

股民投资于股市,其期望就是获得超额利润,即获得超过社会平均投资利润率水平的收益。而股民在股市中的一切操作(买进和卖出)都是平均利润率规律的集中表现。综合起来,平均利润率规律对股票价格的影响有以下四个方面。

1. 给股价定位

绝大部分股民购买股票的动机就是认为股价会上涨,且一年之内的涨幅肯定要高于自己能涉足的投资领域,否则股民会将资金投入到其他利润率高的领域。而股民将资金源源不断地投入股市的结果,就会驱使股价逐步攀升,从而导致股价收益率的下降。当资金运动的结果使股价收益率接近于其他领域的平均水平时,股民购买股票与进行其他投资的收益就基本相等,此时资金的流动就会趋向于平缓,股价就会维持在一个相当的水平,既不上涨,也不下跌。所以平均利润率规律有给股价定位的作用。

对于普通市民来说,其资金实力较小,又要兼顾工作,其在现阶段的主要投资渠道也就是银行储蓄、购买债券和股票投资。由于银行储蓄几乎无风险可言,又不耗费多少时间和精力,所以银行储蓄是一般市民的首选投资工具。若要进行股票投资,一般都会将银行利率作为股票投资的预期收益。当投资于股票的收益要大于银行存款利率时,人们将选择股票;反之,当银行存款利率高于股票的投资收益率时,人们将会选择储蓄。所以,当一个股市的股民较为理性和成熟时,股市的投资收益基本上就会与所在地一年期的储蓄利率相等,因而其股价也就稳定在与此相适应的水平。

衡量一个股市的投资利润率通常是用股价收益率的倒数,即股市的平均市盈率,由于股市的投资利润率与平均市盈率之间是倒数关系,当股价收益率与银行一年期的储蓄利率相等时,也就有:

$$股市的平均市盈率 \times 1年期银行存款利率 = 1$$

当银行的存款利率确定以后,股市的市盈率也就稳定在一个相对应的水平,股票价格也随之确定。

$$股市的平均市盈率 = 1 \div 1年期银行存款利率$$

2. 引起股价涨跌

根据平均利润率规律,当股市周边领域的投资利润率发生变化时,资金总是要从利润率低的部门向利润率高的部门流动,从而导致资金的转移。在现阶段,影响股市资金的主要领域是银行储蓄、债券市场、期货市场、房地产等。另外,商贸、实业投资及收藏业对股市也有一定的影响。

(1)银行储蓄和债市:当储蓄和债券的利率调整时,股市与储蓄或债券市场上的收益平衡就会打破,资金就会转移以追逐较高的利润。具体就是当储蓄或债券发行利率上调时,股市的投资价值会相应降低,股民就会抛售股票而将资金投向储蓄或债券,从而引起股票价格的下跌;反之,当储蓄或债券的发行利率下调时,人们就会从储蓄或债券市场抽出资金而投入股市,最终导致股票价格的上升。

(2)期货:由于期货具有高风险和高收益的特点,所以我国的期货市场也吸收了大量的游资,且我国的证券营业部门中许多都代理期货业务,资金在股市与期货之间的转移极其方便。

当期货市场行情火爆的时候,它往往将股市的资金吸引过去,从而导致股市的低迷和股价的下行;而当期货市场行情清淡的时候,股市的资金就比较充盈,股价就比较坚挺。

(3)另外,当股市周边的房地产业、收藏业、商贸及实业投资等领域比较兴旺时,由于高利润率的诱惑,这些领域也会从股市吸引一些资金。如我国的温州地区,由于当地居民擅长于商贸及实业投资,且在这些行业能取得较高的利润率,即使在行情火爆时,相对于其他城市,其证券买卖业务也较为冷清;然而这种情况在2006年之后发生了改变,一方面是实业投资竞争日益激烈,利润率下降;另一方面股市、楼市持续升温,因此,温州炒房团、"涨停"敢死队等现象在全国声名鹊起。

(4)相应地,股市内部资金的转移也可导致股价的涨跌。当股民认为某只股票具有投资价值时,相当的资金便会涌入该股票,从而促使其价格的上扬;而当一只股票的前景不佳时,股民便会抛售该股票而从中抽出资金,从而导致该股票价格的下跌。如2008年的中期年报公布时,某只股票的业绩每股还亏损0.70元以上。在信息披露的当天,其价格便直接打到了跌停板。

3. 导致股价的回归

当一个股市的股价上涨过快时,股票的价差收益就会明显超过其他领域。在高额利润的诱惑下,外围的资金就会纷纷涌入,从而进一步抬高股价,推动股指的上涨。而由于涌入资金的惯性,股指往往会涨到一个相对高点。此时,进入股市的资金已相对过剩,市盈率偏高,过高的股价对资金已不再具有吸引力。相对于周边投资市场,股市的投资收益率已明显偏低。这是,平均利润率规律又将作用于股市,它将引导资金从股市向其他投资市场流动,一些较为理智的投资者就会率先撤出资金,股价开始下跌,从而引起连销反应,最终导致股市的暴跌,使股指又回到一个与周边领域投资利润率相适应的水平,这也就是股票市场暴涨之后必有暴跌的原因所在;反之,当股市暴跌而出现股价过低时,股价收益率提高,市盈率降低,股票的投资价值就会明显高于其他投资市场。此时,在平均利润率的作用下,资金又会从周边市场向股市转移,导致股价的回升。

4. 限制公司业绩增长

研究表明,股价的上涨是与上市公司的净资产收益率同步的。而平均利润率规律却像一只无形的手,它最终要导致上市公司的收益率向社会平均水平回归,将上市公司的净资产收益率及业绩限定在一个相当的水平。而由于利润的增长受到限制,股价的急剧上扬就失去了内在动力和业绩基础。我国上市公司虽然大部分都是各行各业的排头兵,其管理、经营机制比非上市公司要灵活一些,但其收益水平同样会受平均利润率规律的制约。其具体表现就是,当某个上市公司开发出获利水平较高的新产品、新工艺或探索出一些经营管理的新方法时,其经营业绩会迈上一个新的台阶。但为了追逐超额利润,其他企业就会争先恐后地将资金投向这些产品,或对其管理方法进行效仿,从而进行市场分割,增强了市场竞争,而最终使这些新产品或新行业的利润趋向于平均水平。如前几年的房地产曾是获利能力最强的产业,许多上市公司因此而获利不菲、创下了骄人的业绩,其股价也表现不俗。在平均利润率规律的作用下,不但全国上下和各行各业都大搞房地产开发,就是上市公司配股后也将大量资金投向该行业。回顾1994年,商品房开始滞销,销售率还达不到50%,大量的资金积压,大批的公司巨额亏损,一些上市公司也因此而未能完成经营计划。1994年后空调又成为热门货,一些经营该产品的上市公司又大出风头。而现在大量资金又开始向该产品聚集,空调大战已经在全国范围内爆发。随着市场竞争的加剧,该产品的盈利水平将会随之下降,直到和其他产业的平均利润率基本持平。而如今,由于房价上涨迅猛,大批带有地产概念的上市公司都成了热门股票。

虽然上市公司的经营机制比非上市公司要灵活,他们是股份制企业,管理者的责任心较强,素质相对较高,其产品的竞争能力也非常出众,但由于平均利润率规律的作用,上市公司的净资产收益率将难持久地维持在一个较高水平。

第7章
宏观经济政策与股票的走势分析

财政政策与股票市场

财政政策是一国政府为实现一定的宏观经济目标而采取的调整财政收入规模和收支平衡的一系列指导原则及其相应的措施的总称。

当经济增长缓慢或处于衰退时,政府通常会采用积极的财政政策。如果是采用扩大财政支出的方式,就会直接扩大对商品和劳务的总需求,刺激企业的投资,改善企业的经营业绩,促进国内经济的发展;同时还可以增加居民的收入,使其投资和消费能力增强,进一步促进国内经济的发展。在这种情况下,股票价格自然趋于上涨。

2008年下半年以来,我国政府推出四万亿的政府投资计划,就属于积极财政政策,股市应声而涨;其他各国也推出相应的"救市"计划,全球股市都走出了探底回升的走势。

如果政府是采用降低税率的方式来实施积极的财政政策,最终效果也一样。因为税率的降低会直接增加微观经济主体的收入,促进他们的消费和投资需求,从而促进国内经济的发展,改善企业的经营业绩。

相反的,如果政府缩减财政支出或提高税率,将促使股票价格下降。

货币政策与股票市场

货币政策是中央银行为实现特定的经济目标运行各种货币政策工具调节货币供给和利率水平,进而影响宏观经济的方针和措施的总称。货币政策主要是通过影响市场利率水平来实现。

中央银行实施货币政策时,有三个政策工具可供采用:公开市场业务、再贴现政策和法定存款准备金政策。

1. 公开市场业务

公开市场业务,即中央银行在金融市场上公开买卖政府债券以控制货币供给和影响利率水平的行为。

当经济过热时,中央银行就出售债券,一方面可以回收货币,减少货币供应量,导致市场利率水平上升；另一方面，又会促使金融市场上的债券价格下跌，市场利率上升。这两方面都会使股市资金收紧，股市下跌。

如果经济不景气，中央银行则进行相反操作，购进债券，促使利率下降，刺激社会的有效需求，促进经济发展。这对股市是个利好。

2. 再贴现政策

再贴现政策，即中央银行通过直接调整或制定对合格票据的贴现利率，以干预和影响市场利率水平，从而调节货币供应量。再贴现政策包括再贴现率的调整和向中央银行申请再贴现资格的限定。

当经济过热时，中央银行会提高再贴现率，一方面，可以向市场起到"告示"作用，说明国家判断经济过热，又紧缩的意向；另一方面，又增加商业银行获得资金的成本，间接提高客户的贷款利率，使得银行信用量收缩，减少货币供应量。这两方面都会使得市场利率上升，从而给过热的经济降温。这对股市是个利空。

当认为经济处于衰退状态或即将衰退时，中央银行将下调再贴现率，以促进经济发展。一般来讲也会带动股市止跌回升。

3. 法定存款准备金政策

法定存款准备金政策，即中央银行在法律所赋予的权利范围内，通过调整商业银行上缴中央银行的存款准备金率，以改变货币乘数，控制商业银行的信用创造能力，最终影响市场的货币供应量。

当经济过热时，中央银行就可以调高法定存款准备金率，使市场货币供应量较大幅度的减少，从而促进市场利率上升，投资和消费需求减少，股市也会因资金面收缩而止涨下跌。

相反，当经济陷入严重衰退时，中央银行可以调低法定存款准备金率，使市场货币供应量有较大幅度的增长，促使利率下降，刺激投资和消费需求，促进经济发展。股市会止跌回升。

供给政策与股票市场

供给政策着眼于提高经济的生产能力，其目标是创造一个良好的环境，使工人和资本所有者有最大的动力和能力来从事生产活动。供给政策包括如税收政策、教育政策、研究开发政策等。

例如，国家提出节能减排目标后，加大对新能源、环保、节能等技术的科研扶持和税收减免政策，相关的行业板块从中受益良多，对股市是个利好。

第8章

经济周期与股票的走势分析

经济周期的含义

经济周期(Business cycle):也称商业周期、商业循环、景气循环,它是指经济运行中周期性出现的经济扩张与经济紧缩交替更迭、循环往复的一种现象,是国民总产出、总收入和总就业的波动。

在市场经济条件下,企业家们越来越多地关心经济形势,也就是"经济大气候"的变化。一个企业生产经营状况的好坏,既受其内部条件的影响,又受其外部宏观经济环境和市场环境的影响。

一个企业,无力决定它的外部环境,但可以通过内部条件的改善,来积极适应外部环境的变化,充分利用外部环境,并在一定范围内,改变自己的小环境,以增强自身活力,扩大市场占有率。因此,作为企业家对经济周期波动必须了解、把握,并能制订相应的对策来适应周期的波动,否则将在波动中丧失生机。

经济周期的特征

(1)经济周期不可避免。
(2)经济周期是经济活动总体性、全局性的波动。
(3)一个周期由繁荣、衰退、萧条、复苏四个阶段组成。
(4)周期的长短由周期的具体性质所决定。

经济周期的四个阶段

经济学家将经济周期分为四个阶段:衰退、复苏、过热和滞胀。每一个阶段都可以由经济增长和通胀的变动方向来唯一确定。我们相信,每一个阶段都对应着表现超过大市的某一特定资产类别:债券、股票、大宗商品或现金,如图8-1所示。

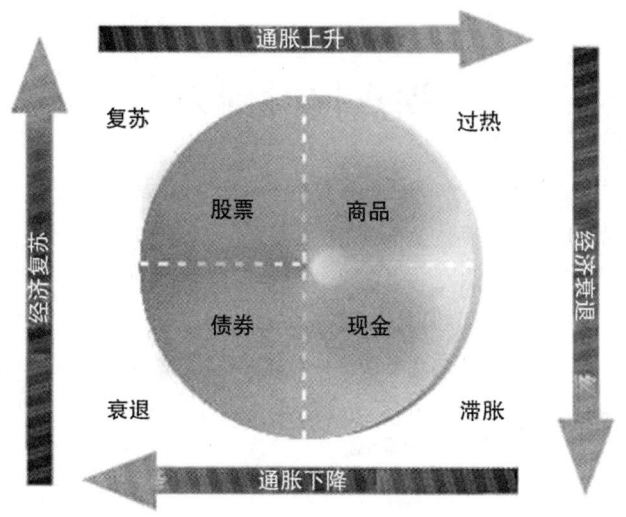

图8-1 经济周期与投资轮动

在衰退阶段,经济增长停滞。超额的生产能力和下跌的大宗商品价格驱使通胀率更低。企业盈利微弱并且实际收益率下降。中央银行削减短期利率以刺激经济回复到可持续增长路径,进而导致收益率曲线急剧下行。债券是最佳选择。

在复苏阶段,舒缓的政策起了作用,GDP增长率加速,并处于潜能之上。然而,通胀率继续下降,因为空置的生产能力还未耗尽,周期性的生产能力扩充也变得强劲。企业盈利大幅上升、债券的收益率仍处于低位,但中央银行仍保持宽松政策。这个阶段是股权投资者的"黄金时期"。股票是最佳选择。

在过热阶段,企业生产能力增长减慢,开始面临产能约束,通胀抬头。中央银行加息以求将经济拉回到可持续的增长路径上来,此时的GDP增长率仍坚定地处于潜能之上。收益率曲线上行并变得平缓,债券的表现非常糟糕。股票的投资回报率取决于强劲的利润增长与估值评级不断下降的权衡比较。大宗商品是最佳选择。

在滞胀阶段,GDP的增长率降到潜能之下,但通胀却继续上升,通常这种情况部分原因归于石油危机。产量下滑,企业为了保持盈利而提高产品价格,导致工资—价格螺旋上涨。只有失业率的大幅上升才能打破僵局。只有等通胀过了顶峰,中央银行才能有所作为,这就限制了债券市场的回暖步伐。企业的盈利恶化,股票表现非常糟糕。现金是最佳选择。

长期增长和经济周期

从长期看,经济增长取决于生产要素的可获得性、劳动力、资本和生产能力的提高。从短期看,经济经常偏离可持续的增长路径。政策制定者的工作就是要使其回复到可持续增长路径上来。

在潜能之下的经济增长会使经济面临通货紧缩的压力并最终变为紧缩;经济增长持续保持在潜能之上会导致破坏性的通胀。

拐点何时到来

金融市场一贯地将增长率的短期偏离误以为是其长期趋势的改变。结果，在经济偏离的极限处，当政府的"矫正"政策就要起作用时，资产往往被错误定价。投资者正确地识别拐点，可以通过改变资产配置而盈利。但前几年的情况套用该理论会出现错误。例如，许多投资者凭着对美国经济持续增长和科技股公司从"新纪元"中受益最多的判断，在1999年年底买入了昂贵的科技股。然而，美联储对抗正在轻微上升的通胀的紧缩性政策已经在起作用。这轮周期在2000年年初达到顶峰，接着科技股泡沫破灭。随后的下跌推动了激进的美联储从债券和住宅房地产市场中追逐巨大利益。

投 资 时 钟

美国美林证券在2008年金融海啸全面爆发之前，是世界上赫赫有名的投资银行，虽然今天已经成为次级债危机中倒下的失败典型，但是该公司提出的投资时钟理论，却依然是投资界奉为经典的经济周期分析工具。

"投资时钟"是一种将经济周期与资产和行业轮动联系起来的方法。

投资时钟的分析框架有助于投资者识别经济中的重要拐点，从周期的变换中获利。

如何使用投资时钟

美林证券在超过三十年的数据统计分析中，发现了投资时钟，根据经济增长和通胀状况，美林证券的投资时钟将经济周期划分为四个不同的阶段。在每个阶段，图中标识的资产类和行业的表现倾向于超过大市，而处于对立位置的资产类及行业的收益会低过大市，如图8-2所示。

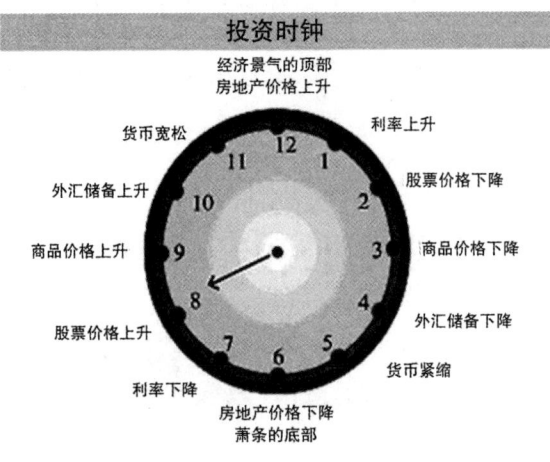

图8-2　投资时钟

经典的繁荣—萧条周期从左下角开始,沿顺时针方向循环;债券、股票、大宗商品和现金组合的表现依次超过大市。但往往并没有这么简单。有时候,时钟会逆时针移动或跳过一个阶段。

从投资时钟上看,一个经典的繁荣—萧条周期始于左下方,沿顺时针方向循环。我们把投资时钟画为圆圈的一个优点是:可以分别考虑增长率和通胀率变动的影响。经济增长率指向南北方向,通胀率指向东西方向。当经济受到海外因素影响或受到冲击时,如"9·11"事件时,投资时钟不再简单地按照顺时针方向变换阶段,投资时钟的这种画法可以帮助我们预测市场的变动。

投资时钟可以帮助我们制定行业投资战略:

(1)周期性:当经济增长加快(北),股票和大宗商品表现好。周期性行业,如高科技股或钢铁股表现超过大市。当经济增长放缓(南),债券、现金及防守性投资组合表现超过大市。

(2)持续期:当通胀率下降(西),折现率下降,金融资产表现好。投资者购买久期长的成长型股票。当通胀率上升(东),实体资产,如大宗商品和现金表现好。估值波动小而且久期短的价值型股票表现超出大市。

(3)与标的资产相关:一些行业的表现与标的资产的价格走势相关联。保险类股票和投资银行类股票往往对债券或股权价格敏感,在衰退或复苏阶段中表现得好。矿业股对金属价格敏感,在过热阶段中表现得好。石油与天然气股对石油价格敏感,在滞胀阶段中表现超过大市。

投资时钟对资产类和行业板块的投资也是有意义的,可以用来做配对交易。例如,如果在过热阶段,我们应该做多大宗商品和工业股,位于对立面的是衰退阶段,所以我们应该同时做空债券和金融股。

按照美国的经验,连续两个季度是负增长,则定义为经济衰退,但是目前阶段,中国经济不会出现负增长的情况,因为中国有自己完整的经济体系。现在的中国再大的危机除以十三亿就很小了;再小的投资机会乘以十三亿就很大了。考虑到中国的经济改革必须要在一定的发展率中解决,所以中国最少要保持5%~6%的增长速度,所以如果经济增长速度下降到6%,则意味着中国经济已经衰退,当然也有专家认为中国低于8%的增长速度就是衰退。目前,按照经济指标计算,中国虽然没有处于衰退阶段,但是从出口数据分析,已经有进入经济衰退的征兆,外贸出口订单在大幅度地衰减,所以目前阶段最佳的投资策略是选择债券和寻找未被经济周期所影响,价值被低估的股票,然后等待经济增长周期取得超额收益。

美林的测试结果

美林证券用自1973年4月至2004年7月美国完整的超过三十年的资产和行业回报率数据来验证了投资时钟的合理性。以下是美林证券的一部分研究成果。

1. **不同类别资产的收益率**

(1) 所有资产中股票的表现最好,年均实际回报率达到6.1%,相比债券收益率,存在约2.5%的股权风险溢价。

(2) 债券的收益率高出现金2%,反映了债券的久期风险和违约风险。

(3) 大宗商品的收益率高出预期。

(4) 1.5%的现金实际回报率是平均实际利率。

2. **不同阶段的资产收益率**

比较几类资产的收益率。以下列出每个阶段的收益率排序:

(1) 衰退:债券>现金>大宗商品;股票>大宗商品。

(2) 复苏:股票>债券>现金>大宗商品。

(3) 过热:大宗商品>股票>现金/债券。

第 3 篇
上市公司基本面分析

第 9 章

股票的估值

股票的五种价值

从本质上讲,股票仅仅是一种凭证,其作用是用来证明持有人的财产权利,而不像普通商品一样包含有使用价值,所以股票自身并没有价值,也不可能有价格。但当持有股票后,股东不但可参加股东大会,对股份公司的经营决策施加影响,且还能享受分红和派息的权利,获得相应的经济利益,所以股票又是一种虚拟资本,它可以作为一种特殊的商品进入市场流通转让。而股票的价值,就是用货币的形式来衡量股票作为获利手段的价值。所谓获利手段,即凭借着股票,持有人可取得的经济利益。利益越大,股票的价值就越高。

在股票的价值中,有面值、净值、清算价值、市场价值和内在价值五种。

1. 股票的面值

股票的面值是股份公司在所发行的股票上标明的票面金额,它以元/股为单位,其作用是用来表明每一张股票所包含的资本数额。股票的面值一般都印在股票的正面且基本都是整数,如百元、拾元、壹元等。在我国上海和深圳证券交易所流通的股票,其面值都统一定为壹元,即每股1元。股票票面价值的最初目的,是在于保证股票持有者在退股之时能够收回票面所标明的资产。随着股票的发展,购买股票后将不能再退股,所以股票面值现在的第一个作用是表明股票的认购者在股份公司投资中所占的比例,作为确认股东权利的根据。如某上市公司的总股本为1 000万元,持有一股股票就表示在该股份公司所占的股份为千万分之一。第二个作用就是在首次发行股票时,将股票的面值作为发行定价的一个依据。

一般来说,股票的发行价都将会高于面值。当股票进入二级市场流通后,股票的价格就与股票的面值相分离了,彼此之间并没有什么直接的联系,股民爱将它炒多高,它就会有多高,如前些年上海股市有些股票的价格曾被炒到80多元,但其面值仅为1元。

2. 股票的净值

股票的净值又称为账面价值,也称为每股净资产,指的是用会计的方法计算出来的每股股票所包含的资产净值。其计算方法是将公司的注册资本加上各种公积金、累积盈余,也就是通常所说的股东权益,将净资产再除以总股本就是每股的净值。股票的账面价值是股份公司剔除了一切债务后的实际家产,是股份公司的净资产。

由于账面价值是财会计算结果,其数字准确程度较高,可信度较强,所以它是股票投资者评估和分析上市公司经营实力的重要依据之一。股份公司的账面价值高,则股东实际所拥有的财产就多;反之,股票的账面价值低,股东拥有的财产就少。股票的账面价值虽然只是一个会计概念,但它对于投资者进行投资分析具有较大的参考作用,也是产生股票价格的直接根据,因为股票价格愈贴近每股净资产,股票的价格就愈接近于股票的账面价值。

在股票市场中,股民除了要关注股份公司的经营状况和盈利水平外,还需特别注意股票的净资产含量。净资产含量越高,公司自己所拥有的本钱就越大,抗拒各种风险的能力也就越强。

3. 股票的清算价值

股票的清算价值是指股份公司破产或倒闭后进行清算之时每股股票所代表的实际价值。从理论上讲,股票的每股清算价值应当与股票的账面价值相一致,但企业在破产清算时,其财产价值是以实际的销售价格来计算的,而在进行财产处置时,其售价都低于实际价值。所以股票的清算值就与股票的净值不相一致,一般都要小于净值。股票的清算价值只是在股份公司因破产或因其他原因丧失法人资格而进行清算时才被作为确定股票价格的根据,在股票发行和流通过程中没有什么意义。

4. 股票的市场价值

股票的市场价值又称为股票的市值,是指股票在交易过程中交易双方达成的成交价。股票的市值直接反映着股票市场行情,是股民买卖股票的依据。由于受众多因素的影响,股票的市场价值处于经常性的变化之中。股票的市场价值是与股票价格紧密相连的,股票价格是股票市场价值的集中表现,前者随后者的变化发生相应的波动。在股票市场中,股民是根据股票的市场价值(股票行市)的高低变化来分析判断和确定股票价格的,所以通常所说的股票价格也就是股票的市场价值。

5. 股票的内在价值

股票的内在价值是指在某一时刻股票的真正价值,它也是股票的投资价值。从长期来看,股价的走势会和股票的内在价值保持一致。

什么是股票的估值

上节所列举的五种股票的价值,对股民而言,最重要的是市场价值和内在价值。由于市场价值和股价是一个概念,因此,每天股市开盘都能看见它的变化。但是股票的内在价值则是看不见的,预测、分析和评估股票内在价值的过程,就是股票的估值。

换言之,估值就是对上市公司进行研究,分析其内在价值,并将内在价值与当前股价进行对比,得出股价是否偏离价值的判断,进而指导投资人的决策。

以A股的贵州茅台为例,在2008年1月创下了230.55元的历史高价,之后随着大盘指数的暴跌,在2008年11月股价降至84.2元,截至2009年12月22日,股价已升至170元附近。作为A股优质成长股的典型,贵州茅台的内在价值到底是多少呢?要回答这个问题,就要运用股票估值的方法。

股票估值是一个相对复杂的过程,影响的因素很多,没有全球统一的标准。

影响股票估值的主要因素依次是每股收益、行业市盈率、流通股本、每股净资产、每股净资产增长率等指标。

股票估值分为绝对估值、相对估值和联合估值。

估值是基本面分析的第一要事

在股票的基本面分析中,首先要做的就是估值。具体来讲,股票估值有以下作用和意义:

(1)发现被低估的股票。帮助投资者发现价值被严重低估的股票,买入待涨获利,直接带来经济利益。

(2)决定卖出还是继续持有。帮助投资者判断手中的股票是否被高估或低估,以作出卖出或继续持有的决定,帮助投资者锁定盈利或坚定持有以获得更高收益的决心。

(3)不盲从。帮助投资者判断机构或投资咨询机构推荐的股票的安全性和获利性,做到有理有据的接受投资建议;也能帮助投资者理解股评信息中对股票价值低估的判断。

(4)帮助投资者在热点板块中寻找最大的获利机会。通常热点板块中的股票的表现大相径庭,有些投资者虽然踏中了热点,却获利不高。估值帮助投资者在热点板块中寻找到最佳的股票、获得最大的收益。

绝对估值法:两种贴现模型

绝对估值法主要分为两类:DDM(股利贴现模型),DCF(现金流贴现模型)。这两种方法都要用到贴现法。所谓贴现法是通过把股票的未来收益按照一定的贴现率折算成现值的方法。

假设某股民在2010年1月1日存入1万元银行储蓄,当年的定期存款利息是5%,那么1年后的本利额是10 500元。也就是说1年后的10 500元在今天的价值就是1万元。同理,假设该股民在2010年年初以每股10元的价格购买1000股L公司股票,L公司当年的每股税后利润是1元,那么该股民1年后的收益是11 000元。由于1年后的10500元的现值是1万元,贴现率是5%,所以,1年后11 000元的现值是:11 000÷(1+0.05)=10 476(元)。

进而算出:每股L公司股票的价值折现=10 476÷1 000=10.476(元)

结论:2010年年初L公司股票价值被低估了。

以上计算是为了说明折现法的基本含义,在现实中,股票估值是一个非常复杂的过程。其公式为:

$$P=L_1/(1+I_1)+L_2/(1+I_2)+\cdots+L_t/(1+I_t)+\cdots+L_n/(1+I_n)$$

其中:L_t是股票在第t年的每股税后利润;n是上市公司的寿命期,I_t是第t年的社会平均投资收益率。

由于上市公司的寿命期、每股税后利润及社会平均投资收益率等都是未知数,所以股票的内在价值较难计算,在实际应用中,一般都是取预测值。

1. DDM：股利贴现模型

由于财务报表中的每股税后利润不等于每股的分红额，但对于投资人来讲，每股分红的股利是实实在在的收益，也是最直接的投资回报。另外，与自由现金流、净利润相比，有些公司的股利分红往往更加稳定。在此情况下，以每股分红的股利为基础，形成了股利贴现模型。公式为：

$$P=L_1/(1+I_1)+L_2/(1+I_2)+\cdots+L_t/(1+I_t)+\cdots+L_n/(1+I_n)$$

其中：L_t是股票在第t年的每股分红；n是上市公司的寿命期；I_t是第t年的社会平均投资收益率。

DDM的劣势在于：

（1）不适用于经常不分红的公司。

（2）如果股利政策与公司未来的盈利不相关，则DDM法也是不适用的。简单点来说就是，股利必须随着公司净利润的增长而增长。如果一个公司的净利润不断增长，但其股利却是越分越少或者不变，那么DDM法也是不适用的。其实，实际的计算中，DDM是假定公司的长期现金分红比例是确定且不变的。

DDM对我国A股股市基本不适用。因为从近二十年的历史来看，我国上市公司普遍分红比例不高，分红的比例与数量也不具有稳定性，难以对股利增长率做出预测。

2. DCF：现金流贴现模型

现金流贴现模型是通过预测未来的现金流量，来进行估值。公式为：

$$P=L_1/(1+I_1)+L_2/(1+I_2)+\cdots+L_t/(1+I_t)+\cdots+L_n/(1+I_n)$$

其中L_t是股票在第t年的每股净现金流量，n是上市公司的寿命期；I_t是第t年的社会平均投资收益率。

DCF估值法适用于：

（1）那些股利不稳定，但现金流增长相对稳定的公司。

（2）那些现金流能较好反映公司盈利能力的公司。

相对估值法概述

相对估值是使用市盈率（PE）、市净率（PB）等价格指标与其他多只股票（对比系）进行对比，如果低于对比系的相应的指标值的平均值，那么说明股票价格被低估，股价将很有希望上涨，使得指标回归对比系的平均值。

绝对估值法把上市公司自身的未来收益通过贴现计算出现值，因而所估计的股票价值具有绝对性。而相对估值法是通过建立一个对比系，通过对比来评估股票价格是否背离了其内在价值，因此，具有相对性。

相对估值法通常的对比方法包括：

（1）和该公司的历史数据进行对比。

(2) 和国内同行业企业的数据进行对比,确定它的位置。

(3) 和国际上的(特别是中国香港和美国)同行业重点企业数据进行对比。

相对估值法 Ⅰ——市盈率 PE(股价/每股收益)

PE是简洁有效的估值方法,其核心在于e的确定。

$$PE=p/e$$

即:价格与每股收益的比值。

从直观上看,如果公司未来若干年每股收益为恒定值,那么PE值代表了公司保持恒定盈利水平的存在年限。这有点像实业投资中回收期的概念,只是忽略了资金的时间价值。而实际上保持恒定的e几乎是不可能的,e的变动往往取决于宏观经济和企业的生存周期所决定的波动周期。所以在运用PE值的时候,e的确定显得尤为重要,由此也衍生出具有不同含义的PE值。e有两个方面:一个是历史的e,另一个是预测的e。对于历史的e来说,可以用不同e的时点值,可以用移动平均值,也可以用动态年度值,这取决于想要表达的内容。对于预测的e来说,预测的准确性尤为重要,在实际市场中,e的变动趋势对股票投资往往具有决定性的影响。

上述公式计算的市盈率被称为静态市盈率。在估值分析的时候还会经常用到动态市盈率。其计算公式是以静态市盈率为基数,乘以动态系数:

$$动态系数=1/[(1+i)^n]$$

其中i是企业每股收益的增长性比率;n是企业的可持续发展的存续期。

例如,上市公司目前股价为20元,每股收益为0.38元,去年同期每股收益为0.28元,成长性为35%,即$i=35\%$,该企业未来保持该增长速度的时间可持续5年,即$n=5$,则动态系数为$1÷[(1+35\%)^5]=22.3\%$。相应地,动态市盈率为11.73倍即:

$$静态市盈率=20÷0.38=52.63(倍)$$
$$动态市盈率=52.63×22.3\%=11.73(倍)$$

两者相比,相差之大,相信普通投资人看了会大吃一惊,然后恍然大悟。动态市盈率理论告诉我们一个简单朴素而又深刻的道理,即投资股市一定要选择有持续成长性的公司。于是,我们不难理解资产重组为什么会成为市场永恒的主题,及有些业绩不好的公司在实质性的重组题材支撑下成为市场黑马。

相对估值法 Ⅱ——市净率 PB(股价/每股净资产)

对于股票投资来说,准确预测e是非常重要的,每股收益e的变动趋势往往决定了股价是上行还是下行。但股价上升或下降到多少是合理的呢?市净率PB可以给出一个判断极值的方法。比如,对于一个有良好历史净资产收益率的公司,在业务前景尚可的情况下,PB值低于1就有可能是被低估的。如果公司的盈利前景较稳定,没有表现出明显的增长性特征,公司的PB值显著高于行业(公司历史)的最高PB值,股价触顶的可能性就比较大。

这里提到的周期有三个概念：市场的波动周期、股价的变动周期和周期性行业的变动周期。这里的PB值也包括三种：整个市场的总体PB值水平、单一股票的PB值水平和周期性行业的PB值变动。当然，PB值有效应用的前提是合理评估资产价值。

相对估值法Ⅲ——净资产收益率ROE（税后利润/净资产）

净资产收益率又称股东权益收益率，是净利润与平均股东权益的百分比，是公司税后利润除以净资产得到的百分比率，该指标反映股东权益的收益水平，用以衡量公司运用自有资本的效率。指标值越高，说明投资带来的收益越高。

例如，某公司税后利润为2亿元，净资产为15亿元，净资产收益率就是13.33%[（2÷15)×100%]。

净资产收益率可衡量公司对股东投入资本的利用效率。它弥补了每股税后利润指标的不足。例如，在公司对原有股东送红股后，每股盈利将会下降，从而在投资者中造成错觉，以为公司的获利能力下降了，而事实上，公司的获利能力并没有发生变化，用净资产收益率来分析公司获利能力就比较适宜。

如果说净资产收益率的年度目标值是2.8%，那么从目前至4个月后，净资产收益率为1.6%合理；净资产收益率会随着时间的推移而增长（假定各月净利润均为正数)。

有关净资产利润率的分析：

(1)净资产利润率反映所有者投资的获利能力，该比率越高，说明所有者投资带来的收益越高。

(2)净资产利润率是从所有者角度来考察企业盈利水平高低的，而总资产利润率则从所有者和债权人两方来共同考察整个企业盈利水平。在相同的总资产利润率水平下，由于企业采用不同的资本结构形式，即不同负债与所有者权益比例，会造成不同的净资产利润率。

净资产收益率的缺陷：

(1)净资产收益率的计算，分子是净利润，分母是净资产，由于企业的净利润并非仅是净资产所产生的，因而分子分母的计算口径并不一致，从逻辑上是不合理的。

(2)净资产收益率可以反映企业净资产（股权资金）的收益水平，但并不能全面反映一个企业的资金运用能力。

道理十分明显，全面反映一个企业资金运作的整体效果的指标，应当是总资产收益率，而非净资产收益率，所谓总资产收益率，计算公式为：

$$净利润 \div 资产总额(负债+所有者权益) \times 100\%$$

比较一下它与净资产收益率的差别，仅在于分母的计算范围上，净资产收益率的计算分母是净资产，总资产收益率的计算分母是全部资产，这样分子分母才具有可比性，在计算口径上才是一致的。

运用净资产收益率考核企业资金利用效果，存在很多局限性。

(1)每股收益与净资产收益率指标互补性不强。由于各个上市公司的资产规模不相等,因而不能以各企业的收益绝对值指标来考核其效益和管理水平。目前,考核标准主要是每股收益和净资产收益率两项相对数指标,然而,每股收益主要是考核企业股权资金的使用情况,净资产收益率虽然考核范围略大(净资产包括股本、资本公积、盈余公积、未分配利润),但也只是反映了企业权益性资金的使用情况,显然在考核企业效益指标体系的设计上,需要调整和完善。

(2)以净资产收益率作为考核指标不利于企业的横向比较。由于企业负债率的差别,如某些企业负债奇高,导致某些微利企业净资产收益率却偏高,甚至达到了配股要求,而有些企业尽管效益不错,但由于财务结构合理,负债较低,净资产收益率却较低,并且有可能达不到配股要求。

(3)考核净资产收益率指标也不利于对企业进行纵向比较分析。企业可通过诸如以负债回购股权的方式来提高每股收益和净资产收益率,而实际上,该企业经济效益和资金利用效果并未提高。以2000年度实施国有股回购的上市公司"云天化"为例,该公司2000年的利润总额和净利润分别比1999下降了33.66%和36.58%,但由于当年回购国有股2亿股,每股收益和净资产收益率分别只下降了0.01元和2.33%,下降幅度分别只是2%和13%。这种考核结果无疑会对投资者的决策产生不良影响。

由上可以看出,以净资产收益率指标作为企业再筹资的考核标准,弊病较多,而改用总资产收益率考核要合理得多。一方面可以恰当地反映企业资金利用效果,帮助投资者做出正确的投资决策,也可以在一定程度上避免企业玩"数字游戏"达标。因此,为全面地考核企业资金利用效率,引导社会资源的合理流动,真正使资金流向经济效益高的企业,抑制企业筹资冲动,应改用总资产收益率来作为配股和增发的考核标准。

相对估值法Ⅳ——PEG估值法
(个股动态市盈率/税后利润增长率)

PEG估值法是一代宗师彼得·林奇最爱用的一种估值方法,非常简单实用。方法如下:其中:P是价格;E是收益;G是增长。

$$PEG=个股动态市盈率÷税后利润增长率$$

这种估值方式是在市盈率的基础上考虑公司的利润增长速度,当用市盈率除以公司的利润复合成长率时,所得的结果能够更好地反映出公司之间因为利润增长率的差异所形成的差别,从而帮助投资者作出相对更为准确的估值判断。

彼得·林奇以PEG选股时,就认为当某只股票PEG小于1时有可能被低估,当PEG大于1时说明该股被高估,从而有助于选择出相对更有吸引力的股票。

PEG方式是对简单市盈率方式的一个改进,对于解释为什么高成长的个股往往具有高市盈率的特征有着很大的帮助。例如,在创业板发行过程中,就有不少分析师用此来解释创业板个股为什么应当具有高市盈率。但应当看到,这一指标有着很强的局限性,在使用上更多的只能作为试错的依据,运用这一指标最大的问题在于对未来的公司利润增长速度,没有人能够作出相对准确的判断,特别是对于一些处于高速成长的新兴企业,其高利润增长速度很大程度上仅仅是有限的一段时间内所具备的特征,从长时间看将会回归到一般行业的正常水平,而且这种企业在迅速扩张的过程中很容易遭遇到各种各样的经营问题、财务问题、管理问题,从而导致其利润增长速度出现大幅下降。因此,如果简单地运用其此前的高成长率作为PEG中间的参数进行估值,就会存在相当大的风险,特别是由此计算出的PEG数值和一般个股之间不存在太大差别时,这种风险将会非常之大。

由此可见,PEG这种方式虽然有其合理的一面,但如果不能确保对利润复合成长率这一关键性数值做出准确的判断,简单地运用这一方式进行估值同样存在着相当大的误判风险。因此,对于投资者而言,PEG最多只能是一种辅助解释不同利润增长率的公司之所以存在市盈率差距的方式,而不能作为直接的比较依据,这也是投资者在判断创业板上市公司价值时所应当重视的一点。

联 合 估 值 法

通过对前面多种估值方法的学习和研判,人们会发现几乎没有完美无缺的估值方法。因此,在股票操作的实践中,就产生了更为谨慎的联合估值法。

所谓联合估值就是结合绝对估值和相对估值,寻找绝对指标和相对指标都被低估的股票,从而使所选择的股票的价格最有希望上涨;反之,对于联合估值结果都表明被高估的股票,应该抛售或者远离。但是联合估值法也有局限性,因为更常见的情形是,绝对估值的结论与相对估值的结论是完全相反的。

估值法的种种适用性和局限性,更加说明了一个真理:股票投资有方法、有技术,但没有包赚不赔的真理。

防止估值失误的对策——安全边际原则

巴菲特强调防止估值失误的一个保守却可行的办法是坚持安全边际原则:

"尽管用来评估股票价值的公式并不复杂,但分析师,即使是经验丰富且聪明智慧的分析师在估计未来现金流时也很容易出错。我们采用两种方法来对付这个问题。第一,我们努力固守于我们相信我们可以了解的公司……第二,亦是同等重要的,我们强调在我们的买入价格上留有安全边际。"

现代证券分析创始人、华尔街教父、巴菲特最尊敬的导师格雷厄姆告诉他最喜爱的学生巴菲特两个最重要的投资规则:

第一条规则:永远不要亏损;

第二条规则:永远不要忘记第一条。

那么,在实际投资操作中如何应用以上两条规则呢?

格雷厄姆自己给出的答案是:"我大胆地将成功投资的秘密精练成四个字的座右铭:安全边际"。

巴菲特始终遵循导师的教诲,坚持"安全边际"原则是成功投资的基石。这正是巴菲特永不亏损的投资秘诀。巴菲特指出:"我们相信这种'安全边际'原则——格雷厄姆尤其强调这一点——是成功的基石。"

1. 安全边际的内涵：价格与价值之间的显著差异

格雷厄姆认为，"安全边际"是股票投资的核心。尽管公司股票的市场价格涨落不定，但许多公司具有相对稳定的内在价值。训练有素且勤勉的投资者能够精确合理地衡量这一内在价值。股票的内在价值与当前交易价格通常是不相等的。基于安全边际的长线投资策略是指投资者通过公司的内在价值的估算，比较其内在价值与公司股票价格之间的差价，当两者之间的差价达到某一程度时（即安全边际）就可选择该公司股票进行投资。

格雷厄姆在他的名著《聪明的投资者》中首次提出了安全边际概念：

"我大胆地将成功投资的秘密精练成四个字的座右铭：安全边际。"

"安全边际概念可以被用来作为试金石，以助于区别投资操作与投机操作。"

"为了真正地投资，必须有一个真正的安全边际，并且，真正的安全边际可以由数据、有说服力的推理和很多实际经验得到证明。"

"在一个十年的周期中，股票盈利率超过债券利率的典型超额量可能达到所付价格的50%。这个数据足以提供一个非常实际的安全边际——其在合适的条件下将会避免损失或使损失达到最小。如果在二十种或更多种股票中都存在如此的安全边际，那么在完全正常的条件下，获得理想结果的可能性是很大的，这就是投资于普通股的典型策略，并且不需要对成功概率做出高质量的洞察和预测。"

2. 安全边际的作用：减少风险的同时增加投资回报

安全边际是对股票市场波动巨大的不确定性和不可预测性的一种预防和保险。有了较大的安全边际，即使市场价格在较长的时期内仍低于价值，我们仍可通过公司净利润和股东权益的增长，来保证我们投资资本的安全性以及取得满意的报酬率。如果公司股票市场价格进一步下跌，我们反而能够以更大的安全边际买入公司更多的股票。巴菲特告诉我们，市场从长期来说是一台称重机，最终会回归于股票的内在价值。正如巴菲特所说："未来永远是不确定的。在大家普遍看好时，你只能花高价从市场买入股票。所以，不确定性反而实际上是长期价值者的朋友。"

寻找到安全边际的前提在于对公司价值的准确评估，但公司估值永远只能大致准确，却永远不可能精确。因为估值的前提在于对公司未来收益的长期预测，而预测永远不可能绝对准确。

价值评估的最大困难和挑战是内在价值取决于公司未来的长期现金流，而未来的现金流又取决于公司未来的业务情况，而未来是动态的、不确定的，预测时期越长，越难准确地进行预测。即使是股神巴菲特也不得不感叹："价值评估，既是科学，又是艺术。"

巴菲特一再强调内在价值是估计值而不是精确值：

"内在价值可以简单地定义如下：它是一家企业在其余下的生命中可以产生的现金流量的贴现值。但是内在价值的计算并非如此简单。正如我们定义的那样，内在价值是估计值，而不是精确值，而且它还是在利率变化或者对未来现金流的预测修正时必须相应改变的估计值。此外，两个人根据完全相同的一组事实进行估值，几乎总是不可避免地得出至少是略有不同的内在价值的估计值，即使对于我和我的伙伴查理来说也同样如此。这正是我们从不对外公布我们对内在价值的估计值的一个原因。"

"查理和我承认，我们只是对于估计一小部分股票的内在价值还有点自信，但这也只限于一个价值区间，而绝非那些貌似精确实为谬误的数字。"

"无论谁都可能告诉你，他们能够评估企业的价值，你知道所有的股票价格都在价值线上下波动不停。那些自称能够估算价值的人对他们自己的能力有过于膨胀的想法,原因是估值并不是一件那么容易的事。"

价值评估之所以非常困难,是因为未来公司收益预测是决定公司估值准确程度的最主要因素,估值公司的核心是公司未来收益预测。

证券公司纷纷花费巨资聘请专家预测公司收益变化,股票分析师中的明星便是那些预测专家。那么,这些专家对公司收益预测的准确程度如何呢?

《金融世界》发现明星股票分析师推荐的股票涨幅比市场平均水平低34%。《机构投资者》每年评选一次最优秀的分析专家,从数百个经纪公司中选出一支最优秀的明星队,由他们来预测每一个行业的收益变化。《金融世界》研究了这些明星的实际表现,发现预测专家们的真实业绩却令人吃惊的拙劣:"真正的英雄少之又少,在研究期间股市平均上涨14.1%,而'明星'推荐的股票,总体上涨9.1%,比市场平均水平还低34%。在推荐的134种股票中,只有42种,接近1/3,上涨幅度超过标准普尔500指数的平均水平……在激烈竞争的股市中,明星似乎无能为力……他们在不该大胆时大胆,在不该小心时小心,显得非常可笑,股市仿佛与他们的预测反其道而行之。"

美国逆向投资专家德瑞曼的研究表明1973~1991年十八年间分析师收益预测平均错误率达44%。德瑞曼与M·贝利在1995年5~6月的《金融分析学报》上发表了一篇文章,研究了1973~1991年间分析师收益预测准确性。该文评估每一季度的收益预测一般用前三个月的数据,分析家可以在该季度前两个星期修订。研究样本公司包括纽约证券交易所、纳斯达克和美国证券交易所的主要股票1 000只。结果发现分析家们的收益预测与实际收益一直相差很大,平均错误率达44%!尽管20世纪70年代后信息技术有了飞跃发展,分析师的预测水平反而更差了。在研究期间的最近八年,平均失误率达50%,有两年达到57%、65%。这种巨大的预测失误率将导致投资者对公司的价值判断产生很大错误,从而导致对股价产生不合理预期,一旦公司收益公布与预测相差很大,股价必定大跌,使投资人遭受较大亏损。

事实证明,公司收益是很难预测的,股票分析师的收益预测往往很不准确。为了防止公司收益预测的错误造成价值评估太大的误差,股票投资人需要相当大的安全边际,以确保在相当小的风险程度下取得满意的投资收益率。

第10章

上市公司经营层面分析

选择优秀公司的核心是分析公司

格雷厄姆曾用"市场先生"这种形象的说法来说明市场行为。在他看来,股票市场应该被看作一个情绪容易波动的商业伙伴。这个伙伴每天都会出现,告诉你一个价格,他会以这个价格买你手中的股票,或把他手中的股票卖给你。这个伙伴每天都有一个新价格。我们要做市场的主人,而不是做他的奴隶。当我们投资股票时,我们实际上是投资股票所代表的企业。当我们找到了喜欢的公司时,市场高低不会对我们的决策产生影响。我们一个一个地寻找公司,很少花时间考虑宏观因素。我们只考虑那些我们熟悉的企业,而且价格和管理状况要让我们满意。

凯恩斯曾经说过,不要试图去弄清楚市场在做什么。我们需要弄清楚的是企业。由于某些原因,人们热衷于寻找价格变动中的线索,而不是价值。在这个世界上,最愚蠢的买股行为莫过于看到股价上升就按捺不住而出手。

只要投资者具备理性的态度加上适当的知识结构,就能成为一个成功的投资者。换句话说就是,投资者必须理性地投资。投资者要把自己当成公司的管理层、把自己当成公司的董事长来考虑将怎样经营它?竞争对手是谁?客户是谁?走出门去并和他们交谈,分析你想投资的公司和其他公司相比,优势和弱点在哪里?如果投资者这样做了,就可能比公司的管理层更了解这家企业。如果投资者没有办法来熟悉企业,就干脆不要做它,只做自己完全了解的事。他强调投资者一定要非常重视确定性,如果投资者这样做了,风险因素就没有意义了。

以低于价值的价格买入证券不是冒险。以巴菲特购买"华盛顿邮报"的股票为例,它就是一种无风险投资。1973年时,"华盛顿邮报"的市值为8 000万美元,而且没有任何负债。商界人士认为"华盛顿邮报"值4亿美元,所以即使是凌晨2点在大西洋(行情论坛)当中进行拍卖,也会有人来买。这种投资是非常安全的,令人不可思议。

对于长线投资来讲,80%的工作量都要放在分析企业的环节,估值反而不是价值投资的核心所在。价格是投资者将付出的,价值是投资者将得到的。在决定购买股票时,内在价值是一个重要的概念。没有公式能用来计算内在价值。投资者必须了解所要买的股票背后的企业,然后给企业估价。如果有人说他能估出交易所上市的所有股票的价值,他一定高估了自己的能力。但如果你集中精力去研究某些行业,你能学会许多和估价有关的东西。最重要的不是你的能力范围有多广,而是你的能力有多强。如果你知道你的能力的界限在哪里,你就比那些能力范围比你大五倍而不清楚界限在哪里的人强多了。

不过,为什么巴菲特在几十年的投资生涯中只投资了区区几只股票?原因在于对了解的企业上画个圈,然后剔除那些价值、管理和应变能力达不到标准的企业,剩下的可以进入到估值环节的股票就已经不多了。

上述选择股票的方法也许可以用巴菲特旗下公司伯克希尔登在《华尔街日报》上的一则广告来加以总结。广告说:以下是我们所寻求的东西:

  A.税后盈余越大越好。
  B.可靠的持续获利能力(对投行业景气之时机不感兴趣)。
  C.企业股东权益回报水平良好而且债务水平很低或为零。
  D.适当的管理。
  E.简单的企业(如果需要太复杂的技术就无法了解)。

上市公司产品的竞争能力分析

1. 成本优势

成本优势是指公司的产品依靠低成本获得高于同行业其他企业的盈利能力。在很多行业中,成本优势是决定竞争优势的关键因素。企业一般通过规模经济、专有技术、优惠的原材料和低廉的劳动力实现成本优势。由资本的集中程度而决定的规模效益是决定公司生产成本的基本因素。

当企业达到一定的资本投入或生产能力时,根据规模经济的理论,企业的生产成本和管理费用将会得到有效降低。对公司技术水平的评价可分为评价技术硬件部分和软件部分两类。

(1)技术硬件部分如:机械设备、单机或成套设备。

(2)软件部分如:生产工艺技术、工业产权、专利设备制造技术和经营管理技术,具备了何等的生产能力和达到什么样的生产规模,企业扩大再生产的能力如何等。

另外,企业若拥有较多的技术人员,就有可能生产出质优价廉、适销对路的产品。原材料和劳动力成本则应考虑公司的原料来源以及公司的生产企业所处的地区。取得了成本优势,企业在激烈的竞争中便处于优势地位,意味着企业在竞争对手失去利润时仍有利可图,亏本的危险较小;同时,低成本的优势,也使其他想利用价格竞争的企业有所顾忌,成为价格竞争的抑制力。

2. 技术优势

企业的技术优势是指企业拥有的比同行业其他竞争对手更强的技术实力及其研究与开发新产品的能力。这种能力主要体现在生产的技术水平和产品的技术含量上。在现代经济中,企业新产品的研究与开发能力是决定企业竞争成败的关键。因此,任何企业一般都确定了销售额的一定比例作为研究开发费用,这一比例的高低往往能决定企业的新产品开发能力。

产品的创新包括研制出新的核心技术,开发出新一代产品;研究出新的工艺,降低现有的生产成本;根据细分市场进行产品细分。

技术创新,不仅包括产品技术,还包括创新人才,因为技术资源本身就包括人才资源。

现在大多数上市公司越来越重视人才的引进。在激烈的市场竞争中,谁先抢占智力资本的制高点,谁就具有决胜的把握。技术创新的主体是高智能、高创造力的高级创新人才,实施创新人才战略,是上市公司竞争制胜的务本之举,具有技术优势的上市公司往往具有更大的发展潜力。

3. 质量优势

质量优势是指公司的产品以高于其他公司同类产品的质量赢得市场,从而取得竞争优势。由于公司技术能力及管理等诸多因素的差别,不同公司间相同产品的质量是有差别的。消费者在进行购买选择时,虽然有很多因素会影响他们的购买倾向,但是产品的质量始终是影响他们购买倾向的一个重要因素。

质量是产品信誉的保证,质量好的产品会给消费者带来信任感。严格管理,不断提高公司产品的质量,是提升公司产品竞争力的行之有效的方法。具有产品质量优势的上市公司往往在该行业占据领先地位。

4. 产品的市场占有率

分析公司的产品市场占有率,在衡量公司产品竞争力问题上占有重要地位,通常从两个方面进行考察。

(1)公司产品销售市场的地域分布情况。从这一角度可将公司的销售市场划分为地区型、全国型和世界范围型。销售市场地域的范围能大致地估计一个公司的经营能力和实力。

(2)公司产品在同类产品市场上的占有率。市场占有率是对公司的实力和经营能力的较精确的估计。

市场占有率是指一个公司的产品销售量占该类产品整个市场销售总量的比例。市场占有率越高,表示公司的经营能力和竞争力越强,公司的销售和利润水平越好、越稳定。公司的市场占有率是利润之源。效益好并能长期存在的公司市场占有率必然是长期稳定并呈增长趋势的。

不断地开拓进取,挖掘现有市场潜力,不断进军新的市场,是扩大市场占有份额和提高市场占有率的主要手段。

5. 品牌战略

品牌是一个商品名称和商标的总称,它可以用来辨别一个卖者或卖者集团的货物或劳务,以便同竞争者的产品相区别。一个品牌不仅是一种产品的标识,而且是产品质量、性能、满足消费者效用的可靠程度的综合体现。品牌竞争是产品竞争的深化和延伸。当产业发展进入成熟阶段,产业竞争充分展开时,品牌就成为产品及企业竞争力的一个越来越重要的因素。

品牌具有产品所不具有的开拓市场的多种功能:

(1)品牌具有创造市场的功能。

(2)品牌具有联合市场的功能。

(3)品牌具有巩固市场的功能。

以品牌为开路先锋,为作战利器,不断攻破市场壁垒,从而实现迅猛发展的目标,是国内外很多知名大企业行之有效的措施。效益好的上市公司,大多都有自己的品牌和名牌战略。品牌战略不仅能提升产品的竞争力,而且能够利用品牌进行收购兼并。

上市公司经营管理能力分析

1. 公司管理人员的素质和能力分析

所谓素质是指一个人的品质、性格、学识、能力、体质等方面特性的总和。在现代企业里,管理人员不仅担负着对企业生产经营活动进行计划、组织、指挥、控制等管理职能,而且从不同角度和方面负责或参与对各类非管理人员的选择、使用与培训工作。因此,管理人员的素质是决定企业能否取得成功的一个重要因素。在现代市场经济条件下,企业面临的内外环境日益复杂,对公司管理人员的要求也不断提高。在一定意义上,是否有卓越的企业管理人员和管理人员集团,直接决定着企业的经营成败。显然,才智平庸、软弱无能者是无法担当起有效管理企业的重任的。所以,现代企业管理职能客观上要求企业管理人员具有相应的良好素质。换言之,良好的管理人员的素质是提高管理的不可或缺的重要条件。

管理人员的素质要求是指从事企业管理工作的人员应当具备的基本品质、素养和能力,它是选拔管理人员担任相应职务的依据和标准,也是决定管理者工作效能的先决条件。对管理人员的素质分析是公司分析的重要组成部分。一般而言,企业的管理人员应该具备如下素质:

(1)从事管理工作的愿望。企业管理是组织、引导和影响他人为实现组织目标而努力的专业性工作,胜任这一工作的前提条件是必须具有从事管理工作的愿望。只有那些具有影响他人的强烈愿望,并能从管理工作中获得乐趣、真正得到满足的人,才可能成为一个有效的管理者;反之,倘若没有从事管理工作对他人施加影响的愿望,个人就不会花费时间和精力去探索管理活动的规律性和方法,亦缺乏做好管理工作的动力,不可能致力于提高他人的工作效率,难以成为一个优秀的管理者。

(2)专业技术能力。管理人员应当具备处理专门业务技术问题的能力,包括掌握必要的专业知识,能够从事专业问题的分析研究,能够熟练运用专业工具和方法等。这是由于企业的各项管理工作,不论是综合性管理或职能管理,都有其特定的技术要求。如计划管理要求掌握制订计划的基本方法和各项经济指标的内在联系,能够综合分析企业的经营状况和预测未来的发展趋势,善于运用有关计算工具和预测方法。要胜任计划管理工作,就必须具备上述专业能力。因此,管理人员应当是所从事管理工作的专家。此外,就管理对象的业务活动而言,管理人员虽然不一定直接从事具体的技术操作,但必须精通有关业务技术特点,否则就无法对业务活动出现的问题作出准确判断,也不可能从技术上给下级职工以正确指导,这会使管理人员的影响力和工作效能受到很大限制。

(3)良好的道德品质修养。管理人员能否有效影响和激发他人的工作动机,不仅决定于企业组织赋予管理者个人的职权大小,而且在很大程度上取决于个人的影响力。而构成影响力的主要因素是管理者的道德品质修养,包括思想品德、工作作风、生活作风、性格气质等方面。管理者只有具备能对他人起到榜样、楷模作用的道德品质修养,才能赢得被管理者的尊敬和信赖,建立起威信和威望,使之自觉接受管理者的影响,提高管理工作的效果;反之,管理人员如果不具有良好的道德品质修养,甚至低于一般规范,则非但无法正常行使职权,反而会抵消管理工作中其他推动力的作用,影响下级工作的积极性。

（4）人际关系协调能力。这是从事管理工作必须具备的基本能力。在企业组织中，管理人员通常担负着带领和推动某一部门、环节的若干个人或群体共同从事生产经营活动的职责。因此，需要管理人员具有较强的组织能力，能够按照分工协作的要求合理分配人员，布置工作任务，调节工作进程，将计划目标转化为每个员工的实际行动，促进生产经营过程连续有序地稳定进行。不仅如此，为了充分发挥协作劳动的集体力量，适应企业内外联系日益复杂的要求，管理人员应成为有效的协调者，善于协调工作群体内部各个成员之间以及部门内各工作群体之间的关系，鼓励职工与群体发挥合作精神，创造和谐融洽的组织气氛；同时要善于处理与企业有直接或间接关系的各种社会集团及个人的关系，妥善化解矛盾，避免冲突和纠纷，最大限度地争取社会各界公众的理解、信任、合作与支持，为企业的发展创造良好的外部环境。

（5）综合能力。现代市场经济条件下，企业作为不断与外部环境进行信息、物质与人才转换的开放系统，生产经营过程具有明显的动态性质，即需要随时根据市场环境的变化作出反应和调整。与这一状况相适应，管理工作经常面对大量的新情况、新问题。在一定意义上，管理过程就是不断发现问题、解决问题的过程。为此，管理人员必须具备较强的解决问题的能力，要能够敏锐地发现问题之所在，迅速提出解决问题的各种措施和途径，善于讲求方式方法和处理技巧，使得问题得到及时、妥善的解决。在解决问题的过程中，决策能力具有至关重要的作用。现代管理中管理人员特别是高层管理人员面临的非程序性、非规范化问题越来越多，在没有先例可循的情况下，管理人员必须具有较高的决策能力，要善于在全面收集、整理信息的基础上，准确判断，大胆拍板，从各种备选方案中果断地选择最优方案，并将决策方案付诸实施。不同层次的管理人员所需要的能力构成也有所不同。一般说来，专业技术能力对基层管理人员显得比较重要，中层管理人员次之，高层管理人员则不需要太强的专业技术能力。基层管理者日常管理工作中面对的大量问题是技术问题，必须有熟练的专业技术能力和深厚的专业基础知识才能胜任。综合能力对高层管理人员最重要，因为高层管理者承担企业重大战略决策、协调内外环境平衡的职能，专业问题可以委托职能部门的参谋人员去解决，但是最终的决策必须由自己承担。人际关系协调能力对每个管理层次都很重要，但不同管理层次人际关系协调能力的类型有所不同。基层管理者需要协调基层操作人员工作协作、配合方面的能力；中层管理人员既要协调上级和下级单位之间的关系，也要承担大量的横向协调职能；高层管理人员主要承担企业外部关系的协调职能，为企业营造一个良好的环境。

2. 公司管理风格及经营理念分析

管理风格是企业在管理过程中所一贯坚持的原则、目标及方式等方面的总称。经营理念是企业发展一贯坚持的一种核心思想，是公司员工坚守的基本信条，也是企业制定战略目标及实施战术的前提条件和基本依据。一个企业不必追求"宏伟的"理念，而应建立一个切合自身实际的，并能贯彻渗透下去的理念体系。经营理念往往是管理风格形成的前提。

一般而言，公司的管理风格和经营理念有稳健型和创新型两种。

稳健型公司的特点是在管理风格和经营理念上以稳健原则为核心，一般不会轻易改变业已形成的管理和经营模式。因为成熟模式是企业内部经过各方面反复探索、学习、调整和适应才形成的，意味着企业的发展达到了较理想的状态。奉行稳健型原则的公司的发展一般较为平稳,大起大落的情况较少,但是由于不太愿意从事风险较高的经营活动,公司较难获得超额利润,跳跃式增长的可能性较小,而且有时由于过于稳健,会丧失大发展的良机。稳健并不排斥创新,由于企业面临的生存发展环境在不断变化之中,企业也需要在坚持稳健的原则下不断调整自己的管理方式和经营策略以适应外部环境的变化。如果排斥创新的话,稳健型的公司也可能会遭到失败。

创新型公司的特点是管理风格和经营理念上以创新为核心,公司在经营活动中的开拓能力较强。创新型的管理风格是此类公司获得持续竞争力的关键。管理创新是指管理人员借助于系统的观点,利用新思维、新技术、新方法,创造一种新的更有效的资源整合方式,以促进企业管理系统综合效益的不断提高,达到以尽可能少的投入获得尽可能多的综合效益,具有动态反馈机制的全过程管理目的。管理创新应贯穿于企业管理系统的各环节,包括经营理念、战略决策、组织结构、业务流程、管理技术和人力资源开发等各方面,这些也是管理创新的主要内容。创新型企业依靠自己的开拓创造,有可能在行业中率先崛起,获得超常规的发展;但创新并不意味着企业的发展一定能够获得成功,有时实行的一些冒进式的发展战略也有可能迅速导致企业的失败。分析公司的管理风格可以跳过现有的财务指标来预测公司是否具有可持续发展的能力,而分析公司的经营理念则可据以判断公司管理层制定何种公司发展战略。

3. 公司业务人员素质和创新能力分析

公司业务人员的素质也会对公司的发展起到很重要的作用。作为公司的员工,公司业务人员应该具有如下的素质:熟悉自己从事的业务,必要的专业技术能力,对企业的忠诚度,对本职工作的责任感,具有团队合作精神,等等。具有以上这些基本素质的公司业务人员,才有可能做好自己的本职工作,才有可能贯彻落实公司的各项管理措施以及完成公司的各项经营业务,才有可能把自身的发展和企业的发展紧密地联系在一起。当今国际经济竞争的核心,是知识创新、技术创新和高技术产业化,不少高科技公司依靠提高产品和技术服务的市场竞争力,加快新产品开发,公司业绩实现持续增长。管理创新是企业创新的一个方面,其他还有产品创新、技术创新、市场创新。管理创新则是产品、技术和市场创新的基础。在进取型的公司管理风格下,还需要具有创新能力的公司业务人员,如技术创新、新产品的开发必须要由技术开发人员来完成,而市场创新的信息获得和创新方式则不可缺少市场营销人员的努力。因此,公司业务人员的素质,包括进取意识和业务技能也是公司发展不可或缺的要素。对员工的素质进行分析可以判断该公司发展的持久力和创新能力。

上市公司成长性分析

1. 公司经营战略分析

经营战略是企业面对激烈的变化与严峻挑战的环境,为求得长期生存和不断发展而进行的总体性谋划。它是企业战略思想的集中体现,是企业经营范围的科学规定,同时又是制定规划(计划)的基础。经营战略是在符合和保证实现企业使命的条件下,在充分利用环境中存在的各种机会和创造新机会的基础上,确定企业同环境的关系,规定企业从事的经营范围、成长方向和竞争对策,合理地调整企业结构和分配企业的全部资源。经营战略具有全局性、长远性和纲领性的性质,它从宏观上规定了公司的成长方向、成长速度及其实现方式。由于经营战略决策直接牵涉到企业的未来发展,其决策对象是复杂的,所面对的问题常常是突发性的、难以预料的。因此,对公司经营战略的评价比较困难,难以标准化。一般可以从以下几方面进行:

(1)通过公开传媒资料、调查走访等途径了解公司的经营战略,特别是注意公司是否有明确、统一的经营战略。

(2)考察和评估公司高级管理层的稳定性及其对公司经营战略的可能影响。

(3)公司的投资项目、财力资源、研究创新、人力资源等是否适应公司经营战略的要求。

(4)在公司所处行业市场结构分析的基础上,进一步分析公司的竞争地位,是行业领先者、挑战者,还是追随者,公司与之相对应的经营战略是否适当。

(5)结合公司产品所处的生命周期,分析和评估公司的产品策略是专业化还是多元化。

(6)分析和评估公司的竞争战略是成本领先、别具一格,还是集中一点。

2. 公司规模变动特征及扩张潜力分析

公司规模变动特征和扩张潜力一般与其所处的行业发展阶段、市场结构、经营战略密切相关,它是从微观方面具体考察公司的成长性。可以从以下几个方面进行分析:

(1)公司规模的扩张是由供给推动还是由市场需求拉动,是通过公司的产品创造市场需求还是生产产品去满足市场需求,是依靠技术进步还是依靠其他生产要素等,以此找出企业发展的内在规律。

(2)纵向比较公司历年的销售、利润、资产规模等数据,把握公司的发展趋势,是加速发展、稳步扩张还是停滞不前。

(3)将公司销售、利润、资产规模等数据及其增长率与行业平均水平及主要竞争对手的数据进行比较,了解其行业地位的变化。

(4)分析预测公司主要产品的市场前景及公司未来的市场份额。对公司的投资项目进行分析,并预测其销售和利润水平。

(5)分析公司的财务状况以及公司的投资和筹资潜力。

上市公司竞争优势分析

通常投资者通过考察哪家公司的利润增长最快(并假定这个趋势将在未来持续)来判断一家公司的投资价值。但更多的情况不是这样,回过头来看,曾令人振奋的公司在未来往往表现很差,因为它过去的成功吸引了竞争者,就像黑夜跟着白天一样。高额的利润往往伴随着激烈的竞争,资本追逐高预期回报是任何一个自由竞争市场基本的天性。因此,经过一段时间,当竞争者打破特许经营权之后,大部分高盈利的企业利润都会减少。

为什么普通的制药企业雇用一大群律师寻找专利的漏洞?因为像辉瑞和默克这样的美国大制药企业非常有利可图,只要成功地找出专利保护的一点漏洞就可能获利。为什么在20世纪90年代风险资本家向每一个刚刚起步的网络企业投资?因为,思科公司每年有40%的增长,营业利润也以25%的速度增长。如果一家公司正在创造着巨大的利润,它肯定要吸引竞争。

竞争优势的概念对晨星公司分析股票来讲是至关重要的,因为竞争优势是一家公司保持优异业绩的特征。

我们通过研究投资大师沃伦·巴菲特和哈佛大学教授迈克尔·波特,学到了很多东西,他们制定了许多分析竞争策略和竞争优势的主要原则。

分析一家公司的竞争优势,可以遵循下面四个步骤:

第一步,评估公司历史上的盈利能力。这家公司的资产和所有者权益一直能够创造稳定收益吗?这是一家公司是否在它周围建立起了竞争优势的真正的试金石。

第二步,如果这家公司的资本有稳定的收益并能有持续不断的盈利能力,就需要评估公司利润的来源:为什么这家公司能阻挡竞争者,是什么阻止竞争者窃取它的利润?

第三步,评估一家公司能阻挡竞争者多久,这是该公司竞争优势的周期。一些公司能阻挡竞争者仅仅几年的时间,而另一些公司可以阻挡十年。

第四步,分析行业竞争结构。行业内的公司是怎样和其他公司竞争的呢?这是一个很有利可图的、有吸引力的行业,还是一个参与者都在痛苦挣扎的过度竞争的行业?

对竞争优势的分析是复杂的,你的竞争者想要赶超你,而你要始终如一地赚钱,有无数的方案,正是这样的原因使这个过程变得很有趣。

1. 评估收益性

我们首先需要做的是通过调查公司的财务状况,寻找公司拥有竞争优势的确实证据。尽管断定一家公司未来能否有竞争优势是相当困难的,但我们不要放弃尝试。

我们寻找的公司是那些所赚利润超过资本成本——能够产生相对于投资数量持续稳定的现金流的公司。一个简单的评估办法就是在以下问题中使用度量标准。尽管这些度量标准不是完美的,但使用这些标准是一个捷径。当这些标准一起使用的时候,通常在识别公司是否有竞争优势的问题上能起到很好的作用。这个环节用什么财务度量标准,将在以后的几章里详细讨论。

这家公司产生自由现金流(Free Cash Flow,FCF)吗?如果产生,是多少呢?

首先,考察一下自由现金流——它等于经营性现金流减去资本支出现金流。

(我们可以考察一个公司的现金流量表,你会发现它有季度和年度之分,找到"经营性现金流"这一行,然后减去"资本支出"这一行。)公司的自由现金流本质上指再投资后还有资金的剩余,因为公司需要保持生意继续兴旺。在某种意义上,自由现金流是一个公司可以每年提取但不致损害核心业务的资金。

下一步,把销售额(或收入)与自由现金流分开,它将告诉你公司的每一美元收入能转换成超额利润的比例。如果一家公司的自由现金流在销售收入的5%左右或更多,你就找到一个印钞机器了——到2003年中期,只有标准普尔成分股达到了这样的标准。强大的自由现金流是一家公司有竞争优势的极好信号。

公司的净利润怎样?

就像自由现金流可以从一个角度度量超额利润一样,净利润可以从另一个角度考察公司的盈利能力。净利润是销售收入的一个百分比,它告诉你每一美元的销售收入产生多少利润(你能在公司的损益表上找到销售收入和净收入,而任何一套完整正规的财务报表都有损益表)。一般而言,公司净利润在15%以上说明它的经营活动是良好的。

净资产收益率(Returns on Equity,ROE)是什么?

前面已有介绍,净资产收益率是净收益相对所有者权益的百分比,它可用来度量股东在公司投资每一美元产生的利润。尽管净资产收益率有一些缺陷,但它仍然是一个全面评估盈利能力的好工具。凭经验可知,如果公司能够持续不断地显示有高于15%的净资产收益率,通常表明股东的投资正在产生稳定的回报,这意味着这些公司很可能有竞争优势。

2. 资产收益率如何？

资产收益率是净收益相对公司全部资产的百分比,它用来度量企业资产转化成利润的效率。6%~7%可作为一个粗略的基准——如果一个企业的资产收益率能够持续超过这个比率,说明它可能有相对同行业的竞争优势。

当你考察全部四个度量指标时,要考察一年以上的数据。一个能够连续几年保持稳定的净资产收益率和资产收益率,拥有良好的自由现金流和净利润的公司,比那些数据不稳定的公司更有可能具有竞争优势。评估一家公司时,连贯性是相当重要的,因为它说明该公司不仅仅是短期,而是长期具有阻止竞争者进入的能力,这使这家公司更有价值。五年是估值最小的时间段,如果可能的话,考察的数据最好能倒回去十年。

与行业平均水平比较是一个好主意,以平均水平作为检验盈利能力的标准,可以比出公司的盈利能力是高还是低。

还有一个更久经考验的度量企业盈利能力的指标,就是计算投入资本收益率(Return on Invested Capital,ROIC),然后估计一个加权资本平均成本(Weighted Average Cost of Capital,WACC),看两者之间有何区别。如果它对你来说太复杂也不要着急,你可以综合使用自由现金流、净资产收益率、资产收益率和净利润为你把握正确的方向。

3. 建立竞争优势

接下来我们需要明白的是,为什么企业要在保持利润并在一定范围内保持竞争力方面做那么多工作。尽管处在一个有吸引力的行业对企业会有帮助,但是赶超对手标准的战略往往更重要。有许多卓越的公司根植于不引人注意的行业里,这些事实直观地告诉了我们这个道理。根据研究表明,当企业试图建立竞争优势时,企业的战略比企业所处的行业更加重要。

当你检验公司竞争优势的来源时,关键是要不停地问"为什么"。为什么竞争者不能夺走它的消费者？为什么竞争者不能对类似的产品或服务给出一个更低的价格？为什么消费者能接受每年的价格上涨？

如果可能,从消费者角度看一下:企业的产品和服务给消费者带来了什么价值？它是怎样帮助企业更好地经营自己生意的？为什么消费者会用一个企业的产品和服务去代替竞争对手的产品或服务？如果你能回答这些问题,你就有机会发现这家公司竞争优势的来源。

一般而言,一家独立的公司要建立足够的竞争优势有五条途径:

(1)通过出众的技术或特色创造真实的产品差别化。
(2)通过一个信任的品牌或声誉创造可感知的产品差别化。
(3)降低成本并以更低的价格提供相似的产品和服务。
(4)通过创造高的转换成本锁定消费者。
(5)通过建立高进入壁垒把竞争者阻挡在外面。

4. 真实的产品差别化

这当然是最显而易见的竞争优势难道消费者不应该为更好的产品和服务支付更多吗？不幸的是,简单地拥有更好的技术和更多的特色并不是一个可以持久的战略,因为总有竞争者正在准备一个更好的捕鼠器。拥有更好的产品和服务通常意味着公司可以要一个溢价,但这也会限制它们的潜在市场——很多消费者对品质略低一等的产品,只要价格足够低,也是能够接受的。

更重要的是,企业要增加特色或改进产品,就要始终保持领先竞争对手一步,其实这是相当困难的,这也是为什么很少有企业能够长期采用这种战略获得超额利润的原因。尤其是在技术密集的电子行业——今天最新最好的服务器、存储系统或者DVD播放机的供应商,很可能不是明天的领导者。最后,持续的创新通常需要大量研发费用的投入,这些资本的投入使得产品差异化战略花费甚巨。

数据存储器制造商EMC公司就是一个很好的例子。在20世纪90年代中期,这家公司快速成长的技术已经超过IBM并赢得了新的客户,因为它的产品有IBM缺乏的特色。几年的时间,EMC公司在自己技术领先的产品上持续向用户索要比竞争对手高的价格,因此迅速取得了巨额的利润。(EMC公司产品的价格如此之高,以至于用户给这家公司起了一个"暴利公司")。

然而,IBM和其他竞争者并没有放弃。终于,IBM生产出大量与EMC公司产品完全接近的产品,并且为了把客户重新拉回来,IBM给这些产品定价很低。结果,IBM的市场份额开始恢复,EMC公司的生意受到重创。

这一案例说明,尽管企业通过保持领先一步的技术偶尔会获得巨额的超额利润和巨额的股票收益,但这些利润通常是短命的。除非你足够熟悉行业内部的工作方式,知道何时一家公司的产品正要被更好的挤掉,否则你应提防依靠独立创新保持竞争优势的公司。

5. 可感知的产品差别化

通常情况下,一家能持续不断提供好产品和服务的公司可以创造自己的品牌,而一个强大的品牌能建立一个强大的竞争优势。拥有一个品牌的奇妙之处是消费者一旦接受了你的产品或服务,就会长期使用下去,并且会认为它比其他公司的产品和服务好,不管这种差别是否真的存在,他都会感到有些细小的差别。

蒂凡尼公司就靠品牌的力量创造了超额经济回报,几乎令人难以置信。其实很简单,将一串珠宝包装好,放在名贵的小盒里就可以为这个产品开出一个高价。这个例子令人着迷,因为珠宝有很多客观标准,如黄金的含量、钻石的透明度,这些都可以用来衡量它的品质。消费者从蒂凡尼公司购买一个事实上与其他珠宝商同样的钻石戒指,但要多付很多钱。这显示了一个品牌的真正价值:它提升了消费者自愿支付的动力。

从这个角度来思考品牌和声誉——消费者是否宁愿多花钱从一家公司购买产品或服务来替代另一家公司的产品或服务——有助于把有价值的品牌从低劣的品牌中分别出来。品牌本身不是最重要的,重要的是怎样使用这个品牌创造出超额的利润。事实上,品牌在一些行业是没有用的。

再看一下索尼和福特这样的公司,它们都有知名的品牌,但是这些公司在过去的几年中仍不得不为创造一个稳定的资本收益而努力,因为它们所销售的产品的价格差异不是简单地受品牌驱动的。就像消费者不愿意为与松下具有相似特色的索尼立体声产品多付钱一样,他们也不愿意为仅具有一个福特牌子的卡车多付钱。

另外,A&F公司这样的公司成功地使大批十几岁的青少年愿意花25美元买一件在前面印有该公司标识的衬衫。虽然这个品牌的强势能保持多久难以预料,但是在过去几年里它确实有能力让消费者为它的产品多付许多钱。事实上,品牌的耐久力是以品牌为基础的竞争优势的关键组成部分。例如,可口可乐或迪士尼这样的品牌持续了数代人,但另外一些则是相对短暂的。

当你正在评估一个品牌是否真正创造了竞争优势时,单纯考察消费者是否信任这个品牌或对这个品牌有没有感情是不够的。判断一个品牌的价值,通常要看这个品牌能为公司赚多少钱,因为要维持一个强势品牌通常需要大量的广告费。因此,除非这个品牌事实上增加了消费者主动消费的意愿,并且那些投入的资本确实转化成了持续稳定的资本回报,否则这个品牌可能不像你想象的那么值钱。

6. 降低成本

能以较低的成本提供类似的产品和服务可能是一个非常强大的竞争优势来源。西南航空公司每英里的成本比其他不赚钱的航空公司航线要低25%,这种成本优势在二十五年的时间里,使一个得克萨斯州的暴发户变成了一个一流的企业。戴尔公司的低成本已经使利润率得到了扩展,以至于它有能力在1997~2002年六年的时间里把它的PC机市场份额从6%扩大到15%。

在航空业和PC机制造业这些行业里,产品和服务是很难区分的,低成本策略在这种类型的市场中非常起作用。而在非日用品市场,只要成本优势是持续的而不是临时的,较低的成本也会带来较大的优势。然而,这还不足以评判一家公司的利润率以及这样的公司是否比其他竞争者的成本低,因为你还需要鉴别降低这些成本的各种各样的原因。

通常,公司要么通过投资一个比较好的工序,要么达到比较大的规模,来建立成本优势。戴尔公司是一个基于工序优势的典型例子。制造PC机只有在客户下完订单后,公司才可以利用变换PC机组成部件调整利润,而不是先制造完放在仓库里坐等客户订单。随着时间的推移,戴尔公司仍在从它的供应链里继续压缩成本。你可能会认为戴尔公司已不再是一个技术型企业,而更像是一家成品制造商。

工序上的优势是细微的。在资产管理行业里,人们也许认为先锋公司(Vanguard)是靠规模压低其服务价格的,但是同等规模的其他公司比它的收费要高。关键在于先锋公司的股东是由公债所有者组成的,它不是由普通股东组成的利益最大化的公司。因为这种结构,先锋公司能将用于再投资的超额利润用于降低成本的行动中,而传统结构的资产管理公司通常把超额利润以丰厚的红利形式分配给管理人员,或者让现金在资产负债表上累计。在先锋公司的个案中,高额利润允许公司降低成本,这就吸引了更多资金,产生了更多的利润。由于这种独特的结构,对任何一个非共同基金资产管理企业来说,要与先锋公司的低成本战略竞争下去是相当困难的。

规模优势通常是竞争者很难超越的:大的公司连续不断地降低成本和价格,小的公司要赶上它们还有一段相当困难的时间。规模优势最基本的表现形式来自固定成本的杠杆优势,换句话说,来自把成本分散在工厂不断扩大的规模基础上。例如,英特尔公司在每一个特定的年份里生产的微处理器数量要远远大于AMD公司,这意味着每一个芯片的生产成本大大低于AMD公司。

固定成本并不仅仅局限于制造厂商。例如,包裹递送网络服务机构联合包裹快递公司(UPS)相比任何一个拥有更多低成本场所的竞争者,有更高的固定成本。尽管对一个潜在的竞争对手而言,复制一个只在大城市中心承担递送服务的网络也许不是什么难事,但要复制一个能递送到全国各地的网络就是另外一回事了。

在已经投入服务的特定路线的卡车上多放几个包裹,对联合包裹快递公司来说只增加了很少一点成本,而它在这些多加的包裹上赚的利润却是相当高的。

7. 锁定消费者

消费者锁定或者建立高的消费者转换成本,是竞争优势中的精细类型。剖析一家公司需要对这家公司的经营有深度理解。成本优势、品牌和更好的产品表面上看相对容易,但是要想准确搞清楚是什么阻止了消费者改用其他公司的产品还是很难的。这就是为什么消费者转换成本高常常意味着公司具有了较强的竞争优势,不管怎样,这个战略的威力还是很大的。

如果你能使消费者从消费你的产品转换到消费竞争者产品上去的过程变得很困难——无论是因为金钱还是时间因素——你就能从消费者身上赚取更多的钱。理论上是这样,也很简单,但实践起来并不容易。

请记住,转换成本不一定是指金钱,事实上,转换成本很少是指金钱。经常的情况是,降低消费者对竞争者产品和服务需要的兴趣依靠的是时间。学习使用一个新产品和服务需要大量时间的投入,这种时间上的投入意味着投资者转换到竞争产品上要受到很大损失。消费者换一个番茄沙司的品牌很容易,品尝起来也许这种比另一种感觉更好一些。但如果是文字处理程序,转换起来就没那么简单了。对于一个主流的软件来说,毫无疑问它有巨大的优势,如果要转换,消费者要丢弃已经积累的知识并且要花时间去学习新的软件。

像Stryker公司和Zimmer公司那样的医疗设备厂商,是企业创造高的转换成本并有效保留住客户的成功范例。这两家公司是人造股骨头和人造膝关节的制造商,外科医生必须经过训练来学会怎样植入它们的产品。Stryker公司的人造股骨头产品与Zimmer公司的人造股骨头产品是不同的,外科医生不可能这一周买这个公司的,下一周又选择另一个公司的。对外科医生来说,这个训练的过程是非常耗时的。因此,Stryker公司、Zimmer公司和其他竞争厂商都有相对稳定的人工关节市场份额。这使得新进入的厂商不得不提供更好的产品,并向外科医生提供再训练的费用以推广使用它的新产品,这大大提高了产品的转换成本。

当你正寻找高的消费者转换成本时,搞清下面这些问题是有帮助的:

(1) 这家厂商的产品需要大量的客户培训吗?如果需要,消费者愿意勉强转换并且承受在培训期间导致的生产力损失吗?

(2) 这家厂商的产品和服务是否紧紧和客户的生意结合在一起?厂商不更换关键产品的供应商,往往是因为转换费用会远远超出新产品和服务带来的利益。

(3) 这家厂商的产品和服务是一个行业的标准吗?消费者可能从他们的客户或同行那里感到有压力推动自己连续使用一个众所周知和受人重视的产品和服务。

(4) 转换取得的利益是否小于相关的转换成本?例如,银行的消费者常常忍耐高的费用,因为虽然他们到竞争银行开户费用可能较低,但他们转移账户可能会很麻烦。

(5) 厂商是否倾向于与客户签订长期合约?这经常是客户不想频繁更换供应商的信号。

8. 把竞争者阻挡在外面

把竞争者阻挡在外面是制造持续竞争优势的又一途径。如果做得好,它会带来数年巨额利润。

把竞争者阻挡在外面最明显的方法就是取得某些特许的专营权,就像很多娱乐博彩业从政府取得专营权一样。许可证和其他类似的许可对竞争对手有强大的威慑力,但是因规则由政府制定,政府也可以在不警告的情况下修改规则。大家都知道,美国政府在娱乐博彩业取得许可并获取较高赢利时提高了税率。尽管娱乐博彩业公司一直是受保护而免于竞争的,但政府通过税收手段从它们最初预期的超额利润中拿走一大部分。

专利权属于特许经营权的类别。因为在一段特定的时期内,法律保护专利权的所有者免于受到直接的竞争。像一些大的制药公司就是例证,专利可以使它们在数年里获得很高的毛利。但是尽管专利能阻止竞争,专利也有增加诉讼的趋势,这严重地牵制了专利权人获取超额回报的能力。

辉瑞制药公司是一个很有影响的例子。辉瑞制药公司持有世界上最热销的一些药物专利,这些专利使该公司可以在新药进入市场的头几年内以很高的价格销售。在专利权的保护期里竞争是很有限的,而利润和现金流是巨大的。这就是辉瑞制药公司净资产收益率在过去的十多年一直保持在30%以上的原因,它的净利率超过25%(标准普尔500公司平均为6%);这也是这只好股票被长期持有的原因。事实上,很多大型制药公司做得都比过去十年好,因为这个行业有自己固有的竞争优势。

不管怎样,虽然专利权和特许经营权在牵制竞争者、保持高利润方面可以起到很大作用,但它们的作用往往也是短暂的。如果你投资一家公司,它的竞争优势只是依赖单一的专利或者某项特许经营,你不要忘记仔细调查这家公司意外失去特许经营权的可能性。

一个更持久的把竞争者阻挡在外面的策略是利用网络效应。强大的网络变得越来越比用户的增长更有价值。比如电话网络,如果你只有与十几个人打电话的网络,这个网络就不值多少钱,但如果有庞大的数量,这个网络就有无限的价值,拥有保护竞争地位的网络的公司常常有很强的竞争优势。

一般而言,有很多买家和卖家的开放性市场都倾向于一种网络效应,在这样的市场,网络的价值很大。比如在公开拍卖市场,eBay公司就是完美的例子;这个公司靠它的网络效应能与更大的公司抗衡,而其他的竞争者则难以支撑这种竞争。eBay公司之所以能成为世界上几乎垄断的在线拍卖商是很容易理解的,因为eBay最主要的拍卖方式是通过互联网连接个人买家和卖家,买家和卖家的数量增长相当快。当一张珍贵的网球卡和有些年头的海报拿出来在eBay上拍卖时,有很多买家会被吸引过来报价,众多的买家又反过来吸引了更多的卖家。卖家总是希望到买家爱去的地方,买家也希望去卖家云集的地方。过去雅虎和亚马逊公司也曾试图进入拍卖领域,可惜太晚了。"对eBay上的卖家来说,这个网上有很多竞标人。让这些买家和卖家都转换到一个新的、小的拍卖机构去几乎是不可能的。在小的拍卖机构,也许买家会以一个较低的价格买到商品,因为几乎没有竞标人,但是买家没有兴趣到处去寻找这样的信息,而eBay则有更多的项目、更大的规模。今天eBay几乎达到了极限,在在线拍卖市场中已达到几乎垄断的地位。

另一个很好的例子是从事汇款业务的西联公司(Western Union),这家公司在第一数据公司(First Data)旗下。西联公司在全世界有超过十七万个经营场所,可以把你的资金汇到你需要的世界上任何一个地点,公司代理网络的价值因服务场所的增加而不断提高。网络效应的核心特点是:它是一个正反馈,用户越多就能吸引更多的用户。

9. 它能维持多久

这个问题研究的是如何评估竞争优势的寿命,我们需要知道一家公司阻止竞争对手进入的时间能维持多久。

我们在两个维度上来思考竞争优势。从深度上,是说公司能赚多少钱;从宽度上,是说公司能持续保持高于平均水平的利润率多长时间。科技型企业常常有一个很强但是面很窄的竞争优势,它们在一个相对短的时间内有难以置信的利润,直到竞争对手制造出更好的产品。一个像WD-40公司这样的面向利基市场的公司则刚好相反,它销售家用润滑剂,虽然它从来没有赚过大钱,但是它有让公司取得相当稳定的超额回报的稳固的特许权。

估计竞争优势能持续多久是一个难题,但你至少应该思考,即使你得不出一个准确的答案。把一个公司分成三个时间段(很短几年、几年和很多年)来考察是一种有用的方法。

一般而言,基于技术的竞争优势有别于基于产品的竞争优势,它是比较短暂的。例如,成功的软件公司能产生巨大的超额回报,因为这些公司有很高的利润率,而且不需要在像机器设备这样的固定成本上投资很多。但不管怎样,因为技术飞速的发展和变化,这些公司的回报周期是很短暂的。换句话说,今天的领导者可能就是明天的失败者,因为进入门槛太低而潜在的回报又太高。

通过成本优势、品牌、锁定消费者和把竞争者阻挡在外面等各种途径,能形成不同时间长度的竞争优势阶段。遗憾的是,没有好的方法可以在分辨面宽的竞争优势与面窄的竞争优势,以及什么公司根本没有竞争优势方面给你一些指导。

10. 行业分析

最后一个步骤是调查公司所处的行业。我们来看一种现象:有些行业赚钱就比其他行业容易(请教一些航空公司的CEO就能知道这点)。尽管行业是否有吸引力不代表企业价值的全部(毕竟西南航空公司就为它的股东赚了足够多的钱),但对企业竞争前景要有一个把握是相当重要的。

首先,要对行业有一个大致的印象,然后你才能把它分类。在行业里销售费用削减的情况通常是在增长还是在收缩?公司是一直有钱可赚,还是大多数公司开始亏损、行业进入循环周期?这个行业是被极少数大厂商控制,还是充满了规模大致相当的厂商?厂商的平均盈利中营业毛利率(营业毛利率是收益除以营业额的百分比)是相当高(高于25%)还是相当低(低于15%)?

通过汇总的统计数据,你能回答一些问题,比如平均增长率、平均毛利率等。无论如何,平均值并不能告诉你行业的每一个方面,所以你一定要调查一定数量的公司的情况。做这件事的一个简单方法就是看这个行业销售收入或市值的排行榜,调查十几个公司就能对这个行业找到一些感觉。

你不用在这一点上做详细的分析,只需要浏览一下销售收入和盈利增长率还有毛利率。最重要的是寻找各种公司在一个相当长的时间(至少是五年,也许是十年)的分析框架。

第11章

上市公司财务分析

投资者衡量股价应先进行财务分析

进行股票投资的投资者在研究如何衡量股价以前,应先了解发行公司财务报表。不论买卖股票的动机,是从事投资或进行投机;不论从事交易的方式,为长线或短线交易,至少应知晓资产负债表及利润表上面各项数字所代表的含义,如果能进一步进行简单的财务比率分析,那就更能了解发行公司的营运情况、财务情况及盈利情况了。

从传统股票投资学的定义看,股价即为发行公司"实质"的反映,而发行公司的实质,就是它的营运情况、财务情况及盈利情况,最直接最方便的办法,便是从发行公司的财务分析着手。

了解发行公司的财务状况和经营成效及其股票价格涨落的影响,是投资者进行决策的重要依据。

股票投资的财务分析,就是投资者通过对股份公司的财务报表进行分析和解释,借以了解该公司的财务情况、经营效果,进而了解财务报告中各项的变动对股票价格的有利和不利影响,最终作出投资某一股票是否有利和安全的准确判断。因此,财务分析是基本分析的一项重要组成部分。

财务分析的对象是财务报表,财务报表主要包括资产负债表、财务状况变动表和利润表及利润分配表。从这三种表中应着重分析以下四项内容:

(1)公司的获利能力。公司利润的高低、利润额的增长速度是其有无活力、管理效能优劣的标志。作为投资者,购买股票时,当然首先是考虑选择利润丰厚的公司进行投资。所以,分析财务报表,先要着重分析公司当期投入资本的收益性。

(2)公司的偿还能力。目的在于确保投资的安全。具体从两个方面进行分析:一是分析其短期偿债能力,看其有无能力偿还到期债务,这一点须从分析、检查公司资金流动状况来下判断;二是分析其长期偿债能力的强弱。这一点是通过分析财务报表中不同权益项目之间的关系、权益与收益之间的关系,以及权益与资产之间的关系来进行检测的。

(3)公司扩展经营的能力。即进行成长性分析,这是投资者选购股票进行长期投资最为关注的重要问题。

(4)公司的经营效率。主要是分析财务报表中各项资金周转速度的快慢,以检测股票发行公司各项资金的利用效果和经营效率。

总之,分析财务报表,主要是分析公司的收益性、安全性、成长性和周转性四个方面的内容。

分析资产负债表

资产负债表是企业财务报告三大主要财务报表之一,选用适当的方法和指标来阅读,分析企业的资产负债表,以正确评价企业的财务状况、偿债能力,对于一个理性的或潜在的投资者而言是极为重要的。

1. 资产负债表各项目的填列

报表中的"年初数"栏内各项数字,根据上年末资产负债表"期末数"栏内所列数字填列。如果本年度资产负债表各个项目的名称和内容同上年度不相一致,则应对上年末资产负债表各项目的名称和数字按照本年度的口径进行调整,填入报表中的"年初数"栏内。

2. 报表其他各项目的内容和填列方法

"货币资金"项目 反映企业库存现金、银行结算户存款、外埠存款、银行汇票存款、银行本票存款和在途资金等货币资金的合计数。

"短期投资"项目 反映企业购入的各种能随时变现,持有时间不超过一年的有价证券以及不超过一年的其他投资。

"应收票据"项目 反映企业收到的未到期收款也未向银行贴现的应收票据,包括商业承兑汇票和银行承兑汇票。

"应收账款"项目 反映企业因销售产品和提供劳务等而应向购买单位收取的各种款项。

"坏账准备"项目 反映企业提取尚未转销的坏账准备。

"预付账款"项目 反映企业预付给供应单位的款项。

"应收补贴款"项目 反映企业应收的各种补贴款。

"其他应收款"项目 反映企业对其他单位和个人的应收和暂付的款项。

"存货"项目 反映企业期末在库、在途和在加工中的各项存货的实际成本,包括原材料、包装物、低值易耗品、自制半成品、产成品、分期收款发出商品等。

"待摊费用"项目 反映企业已经支付但应由以后各期分期摊销的费用。企业的开办费、租入固定资产改良及大修理支出以及摊销期限在一年以上的其他待摊费用,应在本表"递延资产"项目反映,不包括在该项目数字之内。

"待处理流动资产净损失"项目 反映企业在清查财产中发现的尚待转销或作其他处理的流动资产盘亏、毁损扣除盘盈后的净损失。

"其他流动资产"项目 反映企业除以上流动资产项目外的其他流动资产的实际成本。

"长期投资"项目 反映企业不准备在一年内变现的投资。长期投资中将于一年内到期的债券,应在流动资产类下"一年内到期的长期债券投资"项目单独反映。

"固定资产原价"项目和"累计折旧"项目 反映企业的各种固定资产原价及累计折旧。融资租入的固定资产在产权尚未确定之前,其原价及已提折旧也包括在内。融资租入固定资产原价并应在本表下端补充资料内另行反映。

"固定资产清理"项目 反映企业因出售、毁损、报废等原因转入清理但尚未清理完毕的固定资产的净值,以及固定资产清理过程中所发生的清理费用和变价收入等各项金额的差额。

"在建工程"项目 反映企业期末各项未完工程的实际支出和尚未使用的工程物资的实际成本,包括交付安装的设备价值,未完建筑安装工程已经耗用的材料、工资和费用支出、预付出包工程的价款、已经建筑安装完毕但尚未交付使用的建筑安装工程成本、尚未使用的工程物资的实际成本等。

"待处理固定资产净损失"项目 反映企业在清查财产中发现的尚待批准转销或作其他处理的固定资产盘亏扣除盘盈后的净损失。

"无形资产"项目 反映企业各项无形资产的原价扣除摊销后的净额。

"递延资产"项目 反映企业尚未摊销的开办费、租入固定资产改良及大修理支出以及摊销期限在1年以上的其他待摊费用。

"其他长期资产"项目 反映除以上资产以外的其他长期资产。

"递延税款借项"项目 反映采用纳税影响会计法进行所得税会计核算的企业,尚未转销的递延税款金额。

"短期借款"项目 反映企业借入尚未归还的一年期以下的借款。

"应付票据"项目 反映企业为了抵付货款等而开出、承兑的尚未到期付款的应付票据,包括银行承兑汇票和商业承兑汇票。

"应付账款"项目 反映企业购买原材料或接受劳务等供应而应付给供应单位的款项。

"预收货款"项目 反映企业预收购买单位的货款。

"其他应付款"项目 反映企业所有应付和暂收其他单位和个人的款项,如应付保险费、存入保证金等。

"应付工资"项目 反映企业应付未付的职工工资。

"应付福利费"项目 反映企业提取的福利费的期末余额。

"未交税金"项目 反映企业应交未交的各种税金(多交或尚未抵扣的税金以"-"号填列)。

"未付利润"项目 反映企业应付未付给投资者及其他单位和个人的利润(多付数以"-"号填列)。

"其他未交款"项目 反映企业应交未交的除税金、应付利润以外的各种款项(多交数以"-"号填列)。

"预提费用"项目 反映企业所有已经预提计入成本费用而尚未交付的各项费用。

"其他流动负债"项目 反映除上述流动负债以外的其他流动负债。

"长期借款"项目 反映企业借入尚未归还的一年期以上的借款本息。

"应付债券"项目 反映企业发行的尚未偿还的各种长期债券的本息。

"长期应付款"项目 反映企业期末除长期借款和应付债券以外的其他各种长期应付款。如在采用补偿贸易方式下引进国外设备,尚未归还外商的设备价款;在融资租赁方式下,企业应付未付的融资租入固定资产的租赁费以及住房周转金等。

"其他长期负债"项目 反映除上述长期负债项目以外的其他长期负债。上述长期负债各项目中将于一年内到期的长期负债,应在本表"一年内到期的长期负债"项目内另行反映。

"实收资本"项目 反映企业实际收到的资本总额。

"资本公积"项目和"盈余公积"项目　分别反映企业资本公积和盈余公积的期末余额。
"未分配利润"项目　反映企业尚未分配的利润。

3. 资产负债表的作用

资产负债表向人们揭示了企业拥有或控制的能用货币表现的经济资源,即资产的总规模及具体的分布形态。由于不同形态的资产对企业的经营活动有不同的影响,因而对企业资产结构的分析可以对企业的资产质量作出一定的判断。

把流动资产(一年内可以或准备转化为现金的资产)、速动资产(流动资产中变现能力较强的货币资金、债权、短期投资等)与流动负债(一年内应清偿的债务责任)联系起来分析,可以评价企业的短期偿债能力。这种能力对企业的短期债权人尤为重要。

通过对企业债务规模、债务结构及与所有者权益的对比,可以对企业的长期偿债能力及举债能力(潜力)作出评价。一般而言,企业的所有者权益占负债与所有者权益的比重越大,企业清偿长期债务的能力越强,企业进一步举借债务的潜力也就越大。

通过对企业不同时点资产负债表的比较,可以对企业财务状况的发展趋势作出判断。可以肯定地说,企业某一特定日期(时点)的资产负债表对信息使用者的作用极其有限。只有把不同时点的资产负债表结合起来分析,才能把握企业财务状况的发展趋势。同样,将不同企业同一时点的资产负债表进行对比,还可对不同企业的相对财务状况作出评价。

通过对资产负债表与利润表有关项目的比较,可以对企业各种资源的利用情况作出评价。如可以考察资产利润率、运用资本报酬率、存货周转率、债权周转率等。

4. 阅读资产负债表,了解企业的资金实力

游览一下资产负债表主要内容,你就会对企业的资产、负债及股东权益的总额及其内部各项目的构成和增减变化有一个初步的认识。由于企业总资产在一定程度上反映了企业的经营规模,而它的增减变化与企业负债与股东权益的变化有极大的关系,当企业股东权益的增长幅度高于资产总额的增长时,说明企业的资金实力有了相对的提高;反之,则说明企业规模扩大的主要原因是来自于负债的大规模上升,进而说明企业的资金实力在相对降低、偿还债务的安全性亦在下降。

5. 阅读资产负债表,分析企业的大额红字项目

对资产负债表的一些重要项目,尤其是期初与期末数据变化很大,或出现大额红字的项目进行进一步分析,如流动资产、流动负债、固定资产、有代价或有息的负债(如短期银行借款、长期银行借款、应付票据等)、应收账款、货币资金以及股东权益中的具体项目等。例如,企业应收账款过多占总资产的比重过高,说明该企业资金被占用的情况较为严重,而其增长速度过快,说明该企业可能因产品的市场竞争能力较弱或受经济环境的影响,企业结算工作的质量有所降低。此外,还应对报表附注说明中的应收账款账龄进行分析,应收账款的账龄越长,其收回的可能性就越小。又如,企业年初及年末的负债较多,说明企业每股的利息负担较重,但如果企业在这种情况下仍然有较好的盈利水平,说明企业产品的获利能力较佳、经营能力较强,管理者经营的风险意识较强,魄力较大。再如,在企业股东权益中,如法定的资本公积金大大超过企业的股本总额,这预示着企业将有良好的股利分配政策。但在此同时,如果企业没有充足的货币资金作保证,预计该企业将会选择送配股增资的分配方案而非采用发放现金股利的分配方案。

另外,在对一些项目进行分析评价时,还要结合行业的特点进行。就房地产企业而言,如该企业拥有较多的存货,意味着企业有可能存在着较多的、正在开发的商品房基地和项

目,一旦这些项目完工,将会给企业带来很高的经济效益。

6. 阅读资产负债表,收集财务数据

对一些基本财务指标进行计算,计算财务指标的数据来源主要有以下几个方面:直接从资产负债表中取得,如净资产比率;直接从利润表及利润分配表中取得,如销售利润率;同时来源于资产负债表利润表及利润分配表,如应收账款周转率;部分来源于企业的账簿记录,如利息支付能力。

7. 阅读资产负债表,判断企业的财务结构是否合理

反映企业财务结构是否合理的指标有:

$$净资产比率=股东权益总额÷总资产$$

该指标主要用来反映企业的资金实力和偿债安全性,它的倒数即为负债比率。净资产比率的高低与企业资金实力成正比,但该比率过高,则说明企业财务结构不尽合理。该指标一般应在50%左右,但对于一些特大型企业而言,该指标的参照标准应有所降低。

$$固定资产净值率=固定资产净值÷固定资产原值$$

该指标反映的是企业固定资产的新旧程度和生产能力,一般该指标应超过75%为好。该指标对于工业企业生产能力的评价有着重要的意义。

$$资本化比率=长期负债÷(长期负债+股东股益)$$

该指标主要用来反映企业需要偿还的及有息长期负债占整个长期营运资金的比重,因而该指标不宜过高,一般应在20%以下。

8. 阅读资产负债表,判断企业的偿债能力

反映企业偿还债务安全性及偿债能力的指标有:

$$流动比率=流动资产÷流动负债$$

该指标主要用来反映企业偿还债务的能力。一般而言,该指标应保持在2:1的水平。过高的流动比率是反映企业财务结构不尽合理的一种信息,它有可能是:

(1)企业某些环节的管理较为薄弱,从而导致企业在应收账款或存货等方面有较高的水平。

(2)企业可能因经营意识较为保守而不愿扩大负债经营的规模。

(3)股份制企业在以发行股票、增资配股或举借长期借款、债券等方式筹得的资金后尚未充分投入营运;等等。但就总体而言,过高的流动比率主要反映了企业的资金没有得到充分利用,而该比率过低,则说明企业偿债的安全性较弱。

$$速动比率=(流动资产-存货-预付费用-待摊费用)÷流动负债$$

由于在企业流动资产中包含了一部分变现能力(流动性)很弱的存货及待摊或预付费用,为了进一步反映企业偿还短期债务的能力,通常,人们都用这个比率来予以测试,因此该比率又称为"酸性试验"。在通常情况下,该比率应以1:1为好,但在实际工作中,该比率(包括流动比率)的评价标准还须根据行业特点来判定,不能一概而论。

9. 阅读资产负债表,计算股东的权益

反映股东对企业净资产所拥有的权益的指标主要有:

$$每股净资产=股东权益总额÷(股本总额×股票面额)$$

该指标说明股东所持的每一份股票在企业中所具有的价值,即所代表的净资产价值。该指标可以用来判断股票市价的合理与否。一般来说,该指标越高,每一股股票所代表的价值就越高,但是这应该与企业的经营业绩相区分,因为,每股净资产比重较高可能是由于企

业在股票发行时取得较高的溢价所致。

10. 阅读资产负债表,进行综合评价和分析

在以上这些工作的基础上,对企业的财务结构、偿债能力等方面进行综合评价。

值得注意的是,由于上述这些指标是单一的、片面的,因此,就需要你能够以综合、联系的眼光进行分析和评价,因为反映企业财务结构指标的高低往往与企业的偿债能力相矛盾。如企业净资产比率很高,说明其偿还期债务的安全性较好,但同时就反映出其财务结构不尽合理。你的目的不同,对这些信息的评价亦会有所不同,如作为一个长期投资者,所关心的就是企业的财力结构是否健全合理;相反,若你以债权人的身份出现,他就会非常关心该企业的债务偿还能力。最后还须说明的是,由于资产负债表仅仅反映的是企业某一方面的财务信息,因此你要对企业有一个全面的认识,还必须结合财务报告中的其他内容进行分析,以得出正确的结论。

分析利润表及利润分配表

根据有关规定,股份制企业中的各上市公司必须公告其年度报告,其中,利润表及利润分配表就是一项很重要的公告内容。

1. 利润表及利润分配表的填列

"主营业务收入" 反映企业销售商品的销售收入和提供劳务等主要经营业务取得的收入总额。

"营业成本" 反映企业已销售商品和提供劳务等主要经营业务的实际成本。

"销售费用" 反映企业在销售商品过程中所发生的应由主营业务负担的各项销售费用。如广告费。

"管理费用" 反映企业为组织和管理企业生产经营所发生的管理费用,包括企业的董事会和行政管理部门在企业的经营管理中发生的,或者应当由企业统一负担的公司经费(包括行政管理部门职工工资、折旧费、修理费、物料消耗、低值易耗品摊销、办公费和差旅费等)。

"财务费用" 反映企业在生产经营过程中发生的一般财务费用,如利息支出、汇兑损失及金融机构手续费。

"进货费用" 反映商业企业在进货过程中发生的应当由企业负担的运输费、装卸费、包装物、保险费等。

"营业税金及附加" 反映企业应由销售商品、提供劳务等负担的税金,包括产品税、增值税、营业税、城市维护建设税等营业税金。

"主营业务利润" 反映以上"1项−2项−3项−4项−5项−6项−7项"的合计数。

"其他业务利润" 反映企业除销售商品和提供劳务等主营业务外的其他业务收入和扣除其他业务成本及应负担的费用、税金后的净收入(如为净支出应以"−"号表示)。

"营业利润" 反映"主营业务利润项+其他业务利润项"之和。

"投资收益" 反映企业以各种方式对外投资所得取的收益,其中包括分得的投资利润、债券投资的利息收入以及认购的股票应得的股利等。

"营业外收入"项目和"营业外支出"项目 反映企业业务经营以外的收入和支出。

"**利润总额**" 反映企业在一定期间的经营成果,包括营业利润、投资净收益和营业外收支净额。所以,利润总额指"10项+11项+12项的净额(营业外收入-营业外支出)"的合计数。

"**年初未分配利润**" 应与上年利润分配表"未分配利润"项目的本年实际数一致。

"**上年利润调整**" 反映企业年度结账时发现前年度的会计处理上有误需调整的损益。如:本年一结账,审核发现上年度销售费用少汇或多记××元,因此,要进行上年利润的调整。如减少利润用负号表示(注:按新制度此项已取消,为方便读者理解上市公司历史年度的财务数据起见,予以保留)。

"**公积金转入数**" 反映企业按规定公积金弥补亏损以及用公积金分配的股利数。

"**可分配利润**" 反映企业可用于最后分配的利润。

"**应交所得税**"项目 反映企业年度内应交纳的所得税。所得税税率正常情况下为25%。

"**提取法定盈余公积金**" 反映企业按规定比例从税后利润提取的公积金。

"**可供股东分配的利润**" 反映企业最后用于股东分配的利润。

"**已分配优先股股利**"项目 反映分配给优先股股东的股利。

"**提取任意盈余公积金**"项目 反映企业按照股东会议决议提取的任意盈余公积金。

"**已分配普通股股利**"项目 反映企业按照股东会议决议,分配给普通股股东的股利。

"**未分配利润**" 反映本年企业未分转入下年待处理的利润。

2. 利润表及利润分配表的分析要点

根据利润表及利润分配表中的数据,并结合年度报告中的其他有关资料,特别是资产负债表中的有关资料,投资者可以从以下几个方面进行阅读和分析:

(1)从总体上观察企业全年所取的利润大小及其组成是否合理。通过将企业的全年利润与以前利润比较,能够评价企业利润变动情况的好坏。通过计算利润总额中各组成部分的比重,能够说明企业利润是否正常合理。通常情况下,企业的主营业务利润应是其利润总额的最主要的组成部分,其比重应是最高的,其他业务利润、投资收益和营业外收支相对来讲比重不应很高。如果出现不符常规的情况,那就需要多加分析研究。

(2)通过对企业毛利率的计算,能够从一个方面说明企业主营业务的盈利能力大小。毛利率的计算公式为:(主营业务收入-营业成本)÷主营业务收入=毛利÷主营业务收入。如果企业毛利率比以前提高,可能说明企业生产经营管理具有一定的成效,同时,在企业存货周转率未减慢的情况下,企业的主营业务利润应该有所增加;反之,当企业的毛利率有所下降,则应对企业的业务拓展能力和生产管理效率多加考虑。

(3)可通过有关比率指标的计算,来说明企业的盈利能力和投资报酬。

3. 计算每股收益

这一指标反映企业普通股每股在一年中所赚得的利润。其计算公式为:

每股收益=(税后利润-优先股股利)÷发行在外的普通股平均股额

上列公式中,根据我国目前上市公司发行股票主要为普通股以及每股面值为一元的情况,可直接以税后利润除以平均股本总额来计算,此时,这一指标即为"股本净利率"。每股获利额常被用来衡量企业的盈利能力和评估股票投资的风险。如果企业的每股获利额较高,则说明企业盈利能力较强,从而投资于该企业股票风险相对也就小一些。应该指出,这一指标往往只用于在同一企业不同时期的纵向比较,以反映企业盈利能力的变动,而很少用于不同企业之间的比较,因为不同企业由于所采用的会计政策的不同会使这一指标产生较大的差异。

4. 计算市盈率

市盈率是一个被用来评价投资报酬与风险的指标,作为对每股获利额指标不足的一种弥补。在本书"股票的估值"一章中有详尽的介绍。

5. 股利发放率

这一指标反映企业的股利政策。其计算公式为:

$$股利发放率 = 每股股利 \div 每股获利额$$

这一指标的评价,很大程度上取决于投资者是作为短期投资还是中长期投资而定。一般地,若作为短期投资,则应选择股利发放率比较高的股票;若作为中长期投资,则应选择股利发放率不是很高的股票,因为这预示着该企业正在把资金再行投入企业,从而将使其未来的利润增长具有较大的动力,并将使未来的股票价格上涨。

6. 股利实得率

这是一个反映股票投资者的现金收益率指标。其计算公式为:

$$股利实得率 = 每股股利 \div 每股市价$$

这一指标往往为那些对股利比较感兴趣的投资者所注意,对这些人而言,股利实得率较高的股票自然具有较强的吸引力。最后,要注意将利润及利润分配表中的有关数据与资产负债表,财务状况变动表中的有关数据相对照,看看它们是否符合应有的连带关系。如,利润及利润分配表中最后的未分配利润额是否与资产负债表中的未分配利润额相一致;年度内各项利润分配数是否与财务状况变动表中的各项利润分配数相一致;本年提取的公积金数额是否与资产负债表中的公积金增加数额相一致,等等。若发现这些数据之间无法核对,就说明报表中的许多资料有错误甚至是失实了,这时就需要慎重决策。

分析现金流量表

一个公司是否有足够的现金流入是至关重要的,这不仅关系到其支付股利、偿还债务的能力,还关系到公司的生存和发展。因此,投资者、债权人在关心上市公司的每股净资产、每股净收益率等资本增值和盈利能力指标时,对公司的支付、偿债能力也应予以关注。

在其他财务报表中,投资者只能掌握企业现金的静态情况,而现金流量表是从各种活动引起的现金流量的变化及各种活动引起的现金流量占企业现金流量总额的比重等方面去分析,它反映了企业现金流动的动态情况。因此,投资者在研究现金流量表时,与其他财务报表结合起来分析,就会更加全面的了解这一企业。

1. 现金流量表中"现金"的含义

阅读现金流量表,首先应了解现金的概念。现金流量表中的现金是指库存现金、可以随时用于支付的存款和现金等价物。库存现金是可以随时用于支付的存款,一般就是资产负债表上"货币资金"项目的内容。准确地说,则还应剔除那些不能随时动用的存款,如保证金专项存款等。现金等价物是指在资产负债表上"短期投资"项目中符合以下条件的投资:

(1)持有的期限短。

(2)流动性强。

(3)易于转换为已知金额的现金。

(4)价值变动风险很小。

在我国,现金等价物通常是指从购入日至到期日在三个月或三个月以内能转换为已知现金金额的债券投资。例如,公司在编制2009年中期现金流量表时,对于2009年6月1日购入2006年8月1日发行的期限为三年的国债,因购买时还有两个月到期,故该项短期投资可视为现金等价物。

现金流量表主要由三部分组成,分别反映企业在经营活动、投资活动和筹资活动中产生的现金流量。每一种活动产生的现金流量又分别揭示流入、流出总额,使会计信息更具明晰性和有用性。经营活动产生的现金流量,包括购销商品、提供和接受劳务、经营性租赁、交纳税款、支付劳动报酬、支付经营费用等活动形成的现金流入和流出。

在权责发生制下,这些流入或流出的现金,其对应收入和费用的归属期不一定是本会计年度,但是一定是在本会计年度收到或付出。如收回以前年度销货款,预收以后年度销货款等。公司的盈利能力是其营销能力、收现能力、成本控制能力、回避风险能力等相结合的综合体。由于商业信用的大量存在,营业收入与现金流入可能存在较大差异,能否真正实现收益,还取决于公司的收现能力。了解经营活动产生的现金流量,有助于分析公司的收现能力,从而全面评价其经济活动成效。筹资活动产生的现金流量,包括吸收投资、发行股票、分配利润、发行债券、银行贷款、偿还债务等收到和付出的现金。

其中,"偿还利息所支付的现金"项目反映公司用现金支付的全部借款利息、债券利息,而不管借款的用途如何,利息的开支渠道如何,不仅包括计入损益的利息支出,而且还包括计入在建工程的利息支出。因此该项目比利润表中的财务费用更能全面地反映公司偿付利息的负担。投资活动产生的现金流量,主要包括购建和处置固定资产、无形资产等长期资产,以及取得和收回不包括在现金等价物范围内的各种股权与债权投资等收到和付出的现金。

其中,分得股利或利润、取得债券利息收入而流入的现金,是以实际收到为准,而不是以权益归属或取得收款权为准的。这与利润表中确认投资收益的标准不同。例如,某上市公司投资的子公司本年度实现净利润500万元。该上市公司拥有其80%的股权,按权益法应确认本年度有投资收益400万元。但子公司利润不一定立即分配,而且不可能全部分完(要按规定提取盈余公积)。如果该子公司当年利润暂不分配付讫,就没有相应的现金流入该上市公司。该上市公司当然也就不能在当年的现金流量表中将此项投资收益作为投资活动现金流入反映。公司投资活动中发生的各项现金流出,往往反映了其为拓展经营所作的努力,可以从中大致了解公司的投资方向,一个公司从经营活动、筹资活动中获得现金是为了今后发展创造条件。现金不流出,是不能为公司带来经济效益的。投资活动一般较少发生一次性大量的现金流入,而发生大量现金流出,导致投资活动现金流量净额出现负数往往是正常的,这是为公司的长远利益,为以后能有较高的盈利水平和稳定的现金流入打基础的。当然错误的投资决策也会事与愿违。所以特别要求投资的项目能如期产生经济效益和现金流入。

2. 现金流量表中经营活动现金流量净额与利润表的净利润相差的原因

第一个原因是影响利润的事项不一定同时发生现金流入、流出。

有些收入,增加利润但未发生现金流入。

例如，一家公司本期的营业收入有8亿多元，而本期新增应收账款却有7亿多元，这种增加收入及利润但未发生现金流入的事项，是造成两者产生差异的原因之一。

有的上市公司对应收账款管理存在薄弱环节，未及时做好应收货款及劳务款项的催收与结算工作，也有的上市公司依靠关联方交易支撑其经营业绩，而关联方资金又迟迟不到位。这些情况造成的后果，都会在现金流量表中有所体现，甚至使公司经营活动几乎没有多少现金流入，但经营总要支付费用、购买物资、交纳税金，发生大量现金流出，从而使经营活动现金流量净额出现负数，使公司的资金周转发生困难。应收账款迟迟不能收回，在一定程度上也暴露了所确认收入的风险问题。

有些成本费用，减少利润但并未伴随现金流出。例如，固定资产折旧、无形资产摊销，只是按权责发生制、配比原则要求将这些资产的取得成本，在使用它们的受益期间合理分摊，并不需要付出现金。

第二个原因是对现金流量分类的需要。

净利润总括反映公司经营、投资及筹资三大活动的财务成果，而现金流量表上则需要分别反映经营、投资及筹资各项活动的现金流量。

例如，支付经营活动借款利息，既减少利润又发生现金流出，但在现金流量表中将其作为筹资活动中现金流出列示，不作为经营活动现金流出反映。又如，转让短期债券投资取得净收益，既增加利润又发生现金流入，但在现金流量表中将其作为投资活动中现金流入列示，不作为经营活动现金流入反映。

上述两点是使经营活动现金流量净额与净利润产生差异的原因，其实也是现金流量表附注中要求披露的内容。利润表列示了公司一定时期实现的净利润，但未揭示其与现金流量的关系，资产负债表提供了公司货币资金期末与期初的增减变化，但未揭示其变化的原因。现金流量表如同桥梁沟通了上述两表的会计信息，使上市公司的对外会计报表体系进一步完善，向投资者与债权人提供更全面、有用的信息。

分析财务状况变动表

1. 财务状况变动表的编制

它是反映企业在年度内流动资产的来源和运用情况及各项流动资金的增加或减少情况。本表的特点是：表左方反映流动资金的来源和运用情况；右方反映各项流动资产和流动负债的增减情况。

"**本年利润**"**项目**　反映企业年度内实现的利润（如为亏损用"–"号表示）。

"**固定资产折旧**"**项目**　反映企业年度内累计提取的折旧。

"**无形资产、递延资产摊销**"**项目**　反映企业年度内累计摊入成本、费用的无形资产以及开办费、其他长期待摊费用等递延资产价值。

"**固定资产盘亏**"**项目**　反映企业经批准在营业外支出列支的固定资产盘亏减去盘盈的净损失。

"**清理固定资产损失**"**项目**　反映企业年度内由于出售固定资产和固定资产报废、毁损发生的净损失。

"**小计**"**项目**　是以上五项的相加合计数。上述为"流动资金"来源中属不减少企业流动资金的费用和损失的"本年利润"中的流动资金。

"其他来源" 反映利润以外的其他可增加流动资金的来源。它包括固定资产清理收入、增加长期负债等。

"固定资产清理收入" 反映企业年度内清理固定资产发生的变价收入、出售固定资产的价款收入以及因固定资产损失而向过失人或保险公司收回的赔偿款扣除清理费用后的净额。

"增加长期负债"项目 反映企业年度内长期负债累计增加数。

"收回长期投资"项目 反映企业年度内收回的长期投资累计数。

"对外投资转出固定资产"项目和"对外投资转出无形资产"项目 分别反映年度内用固定资产、无形资产对外投资累计数。

"资本净增加额"项目 反映企业年度内追加的资本累计数。包括追加的股本、超面额发行股票溢价以及提取的公积金和公益金。企业按照规定程序经批准减少注册资本而发还股款收购股票应自本项目内扣除。

流动资金来源合计数 是由"小计项+其他来源项"的合计数。

"应交所得税"项目 反映企业年度内应交纳的所得税。

"提取盈余公积金" 反映企业按规定比例从税后利润提取的公积金。企业提取的公益金也在此科目下核算。

"已分配股利"项目 反映企业年度内已分配的股利累计数。

"利润分配小计" 是"应交所得税项+提取盈余公积金项+已分配利润项"之和。

"购建固定资产和在建工程净增加额"项目 反映企业年度内增加固定资产净值和建造固定资产而支出的资金累计数。

"增加无形资产、递延资产及其他资产"项目 反映企业年度的无形资产、递延资产及其他资产增加累计数。

"偿还长期负债" 反映企业已偿还的长期负债额。

"增加长期投资" 反映企业本年度长期投资的增加额。

"其他运用小计" 反映"购建固定资产和在建工程净增加额项+增加无形资产、递延资产及其他资产项+偿还长期负债项+增加长期投资项"的合计数。

"流动资金运用合计" 反映"利润分配小计项+其他运用小计项"的合计数。

"流动资金增加净额" 是指"流动资金来源合计"减去"流动资金运用合计"的净值。

此外,对那些不涉及营运资金的变化但属于企业重大理财活动的业务,也应当在财务状况变动表中予以列示。

2. 财务状况变动表的作用

对财务状况变动表的分析,可以从下列几方面进行:从财务状况变动表的右半部分,可以了解企业经过一个会计期间的经营活动后营运资金的变动结果及其分布,从而确定该企业的营运资金状况是"恶化"了还是"好转"了。例如,1994年度某企业的营运资金,年末比年初净增加1 036.1万元。这对所有者权益(期末)为3 396.1万元,资产总额为4 121万元(期末)的企业来讲,是一个比较大的营运资金状况好转的迹象。

一般而言,企业保持适应规模的货币资金有利于保持其营运资金状况处于较好的状态,但如果货币资金过多,则应进行具体分析:如果是因为季节性、临时性的原因导致的货币资金余额较多,则属正常;但如果是由于企业对货币资金运用不当所致则企业应从加强财务管理方面多下工夫。从财务状况变动表的左方,可以分析企业当期营运资金的增加(来源)因素及其使用方向。

其中,营运资金来源中,经营活动提供的营运资金(以"本年净利润"为基础进行的调整)反映了企业经营活动对营运资金的"贡献"。在企业处于正常的经营状态下,这部分营运资金来源应占总营运资金来源的相当大的比重。企业的理财活动对营运资金的"贡献"则体现在"其他来源"中。在企业的初建和经营活动开始初期,这部分来源应构成营运资金来源的较大比重。

此外,其他资源还在一定程度上反映了企业经营者的理财能力与财务风险,这部分来源越多,企业经营者的理财能力相对越强,同时,企业的财务风险也相应加大。至于营运资金运用,则反映了企业当期的营运资金使用方向,其中,"利润分配"反映了"企业在利润分配"方面对营运资金"支出规模"的影响,"其他运用"则主要反映了企业的投资活动对营运资金的运用。企业在这方面运用的增加,在一定程度上可以反映企业的后劲及发展方向。当然,对财务状况变动表的分析,除对其本身进行分析外,还应结合资产负债表、利润表及其他会计资料进行。

如何辨别上市公司财务造假

第一次被骗,可能是疏忽;反复被骗,就需要检讨自己的问题。在市场经济中,尤其是在转型的市场经济中,幻想财务造假的消失,是非常不现实的。如何辨别财务造假?综合多位学者的研究成果,可以从以下几个方面来考虑:常识,重大交易、一次性收入、反常收入、尤其是关联交易,现金流状况,应收账款情况,重要财务指标的连续性等。

1. 常识

常识是发现上市公司财务造假最重要的工具,也是不具备专业财务知识的投资者识别造假的主要途径。比如,在电脑制造业,多年以来,整个行业的平均税后利润率为5%左右,最好的公司戴尔可以达到6%,在国内最大的电脑制造公司是联想,税后利润率一般为3%,这些都是可信的。但有一年,同样从事电脑生产的上市公司"长城电脑"税后利润率达到10%,让人感到惊讶,再仔细看年报,原来公司利润中,超过一半的总利润是来自一次重大的股权转让交易。国内还有一家大型电脑制造公司,规模比联想公司小,业务收入基本上都来自电脑生产,但有一年,其税后利润率却达到这个行业的上限,并大大高于同期的联想。普通投资者看半天报表,也不会找到原因或问题,除了佩服这家公司的水平以外,就要多留一个心眼。比如,今年以手机制造为主营业务的上市公司基本上都获得了惊人的利润,税后利润率高达10%左右,个别公司接近15%。这时候,有兴趣的投资者就要思考一些问题了:这么高的利润是怎么来的?收入是怎么计算的?成本是怎么计算的?营销成本(尤其是巨额的广告投入)是怎么计算的?巨额投入的资本品(如生产手机的设备)如何摊销?回款情况怎么样?这个行业的门槛高不高?如果不高,为什么能不寻常地实现比相近的制造业要高很多的利润率?这么高的利润率能维持多久?如果这些问题都想一想,就能及时发现一些新情况。

对一些特殊行业的上市公司,如银行,最需要关注的财务指标不是利润,而是坏账比率。对于银行类上市公司,利润这个指标是既没有什么意义,也很容易被操纵,因为银行的资本金低于10%,银行的总资产是银行资本金的十几倍,银行资产中超过90%是负债(存款),银行必须把大部分存款贷出去,如果银行的贷款中坏账比率稍微提高一点,银行那点可怜的利润或资本金就可能会全部被消灭。中国当前的大环境下,银行的坏账率非常高,官方的说法是25%左右。有些中小股份制银行,确实有很好的运行机制等一些特点,但它们的坏账率不可能偏离总的平均水平。香港学者郎咸平曾预言,如果花旗银行早十几年就进入中国,现在的坏账率不会比国内银行好多少,因为银行贷款的主要客户是国有企业,这些国有企业经营不善,还不了钱,难道花旗有更好的办法吗?所以,如果看到一家银行的呆坏账比率只有10%,甚至只有5%或者更低,而且这家银行开展业务的年头并不短,那么作为想要买银行股票的投资者,在为这家银行高兴的时候,心里一定要打一个大大的问号:"是真的吗?"这么低的坏账率到底怎么来的?如果是真的,它能维持多久?如果按照国际标准来计算,坏账率是否会增加?这些问题不搞清楚,银行的利润再高,都华而不实,哪一天再追溯调整,所有的利润还会一笔勾销。

那些已经被发现财务造假的公司,如银广夏、蓝田股份、东方电子,其从事的业务一般(如银广夏、蓝田股份主要从事种植、养殖业,东方电子在电网自动控制领域并不是最一流的公司),但它们税后的利润率却曾连续多年达到20%、30%,甚至40%,这样的利润率世界上恐怕只有微软等几家公司才能达到。已经被确认财务造假的美国世界通讯公司,当年的利润率可以比竞争对手(朗讯、SPRINT)高出近一倍,搞得朗讯、SPRINT一头雾水,找不出原因,后来大家发现,原来世界通讯是财务造假的高手。所以,常识对于那些对财务不太了解的投资者,非常重要。

2. 重大交易、一次性收入、反常收入、尤其是关联交易

重大交易、一次性收入。前面列举的两个案例都涉及重大交易,这是很多非法、"灰法"(看似合法,但既不道德,又缺乏合法原则支持)的财务造假最常采用的手段。那些重大交易,表面上大股东或者关联方吃了大亏,但它们最终会大笔地从其他普通投资者手中赚回来。靠重大交易而取得利润,往往不会创造太多的现金流,产生的利润也是一次性的,不会持久。而且,经常搞重大交易的公司,往往对老老实实搞经营已经没有了兴趣,这种染上坏习惯的公司,也很难变成真正的蓝筹公司。

反常收入,关联交易。如果一家公司的很大一部分收入来自一家公司,就需要警惕了。当年的银广夏,取得的惊人利润大部分来自出口,而出口又主要通过一家德国公司完成,事后发现是一场银广夏自编自导的骗局。

3. 应收账款

如果一家公司的应收账款在增加、或者增加的速度大大超过主营业务收入的增加速度、平均应收账龄在增加,这往往是公司要出问题的先兆。美国一家著名的软件公司,把某一软件产品卖给客户,按照协议,只要该客户每年向软件公司支付一笔使用费,就可以在未来很多年里使用该软件。这家软件公司在进行财务处理时,却把未来的软件使用费全部折现处理为当年的收入,把根本还没有收到的未来收入列为应收账款。这种做法是前面提到的所谓"提前计算收入法",有欺诈投资者之嫌,反映在财务报表上,就是利润的产生伴随着应收账款的大幅增加。国内一些上市公司经常在年底搞突击销售,最后几天的每天销售额是平时的几十倍,造成大批的应收账款,投资者对这样依靠大量应收账款而实现的收入要格外警觉。

4. 重要财务指标的连续性

如果一家公司变化太快,玩"蹦极"运动,一下从连续多年的亏损变成每股1元多的盈

利,一下从垃圾股ST变为"绩优成长",同时二级市场的股票价格也提前高歌猛进,此时,普通的投资者就要分外留心财务报表的真实性和利润高速成长的背后故事。从成熟资本市场的上百年历史看,"乌鸡变凤凰"的故事确实有,但概率极低,不超过10%。世界500强的大公司,基本上都是脚踏实地、一步一个脚印干出来的,很少有重组、突变、"大跃进"出来的。重组文化是中国股票市场的一大特点。"重组"出来的财务指标,往往是不连续的,有很大的欺骗性和误导性。在不成熟的、只有十多年的中国股票市场,根据观察,真正"乌鸡变凤凰"的比例很低,不会超过5%。绝大部分"乌鸡变凤凰"的故事,事后看都是一场闹剧:很多乌鸡暂时打扮成凤凰,但卸了装,还是乌鸡;有些还没卸装的乌鸡,站在凤凰的架子上,到现在还没有下来,它们不是不想下来,而是实在下不来,但随着岁月推移,"鸡老珠黄",最终要完成高台跳水;真正修成正果的凤凰,到现在可能用十个指头就可以数出来(不要忘记,中国现在有1 300家上市公司,曾经发生的重组故事不下几百起)。乌鸡变不成凤凰,但把乌鸡打扮成凤凰的人却赚了钱,相信乌鸡是凤凰的人却成了真正被煲汤的"乌鸡"。可惜的是,现在的中国股票市场上,这种"皇帝的新装"童话总是在不断上演。乌鸡寄托了太多人发财的梦想。

5. 在现实中判断

一般来说,做假是市场经济的顽疾。外国有,我国更不例外,只不过是目的不同,程度不同而已。有些是善意的做假,有些是恶意的做假。这里要说的是恶意做假,会给价值投资者能带来灭顶之灾,特别是对于似是而非的价值投资者,套进去以后不愿意割肉的朋友,所以说忘记成本是非常的关键。一般来说,判断做假在财务报表上面绝大多数人是没能力发现的,说实话我也没这个能力,因为我不懂财务,就算你是个财务行家,同样也难以发现那些恶意做假。因为恶意做假的大多数会考虑到人们的质疑,所以大多数在财务报表上面是无法分析出来的。你应该明白,做假公司财务部的人都是很专业的财务高手,不至于笨到外行人也能看出来的地步吧。那么怎么办呢?只能在现实中判断,判断公司与其他同行业企业的横向对比差异,判断地方政府对于该企业的重视程度,判断该企业当家人在地方上的地位或名誉知名度什么的,判断该企业产品在市场的情况,判断庄家、上市公司描述的灿烂前景是不是与股价走势吻合,有没有专业人士对于该企业的公开质疑,上市公司会不会无缘无故地送股,等等。

(1)特别要重视专业人士对于该企业的公开质疑,由于我国特殊的文化,一般来说专业人士如果没把握是不愿意也不敢公开质疑的,因为有可能碰上诉讼甚至人身安全问题。所以,如果你持有的股票发现有专业人士的质疑,希望你能在第一时间卖出,也许你不相信,但我们该相信君子不站于危墙之下的古训。不能有侥幸心理,安全是第一位的。

(2)与同行业企业的横向对比,比如说曾经的大牛股东方电子就是个做假的公司,公司直接参与炒股票,把炒股票的利润注入上市公司的利润,从财务报告上面你很难判断,因为有假的合同,假的销售收入,假的现金流(其实说起来东方电子的利润还不是假的呢,但自己炒股票是非法的)。如果你能把东方电子的财务报告与其他同行业的财务报告对比一下就可以看出,因为这个行业没那么高的毛利率,那么你就应该注意了。还有那个大牛股蓝田股份同样也是如此,它的财务报告什么都是假的,而且毛利率大大的高于同类上市公司,这就有值得怀疑的地方,如果发现走势不对头,就得赶紧卖出。

(3)地方政府的重视程度,一般来说我国的上市公司都是地方上的大企业,地方政府的财政收入大户,所以地方政府会非常关心和支持,而且恶意做假的公司往往看起来前景特别的好。因为是庄家股的原因,走势也非常的好看,从道理来说,这样的前途无限的公司,地方政府也是相当重视的。在地方报纸上会经常上头条,当家人在当地的知名度应该非常的高。如果不是,那么就值得怀疑。大牛股ST广夏就是那样的情况,地方政府对这家公司表现得无所谓,因为地方政府了解真实情况。

(4)该企业产品在市场的情况,比如蓝田股份说的怎么怎么好的野鸭蛋、饮料产品,按照它们的销售量,应该在大商场里面都有,可是人们却找不到。比如说那个东方电子的销售量,业内人士说他不可能有那么多的销售量。比如银广夏,海关方面的数据显示,它没有那么多的出口量。

(5)做假公司、庄家股有一个特征,就是无缘无故的送股,但不会现金分红。明明利润不多,但就是大手笔送股而没现金分红,而且会想办法股权融资。有人说对于是不是做假的公司,可以去实地考察,但需要时间与阅历,否则你还是不了解的。如果你去公司看看,仅仅是和公司证券部人员聊天,也是没有多大用处的。去上市公司了解,最好的办法就是在财务部交一个朋友,或者在当地政府有关部门交个朋友。

第12章

巴菲特的上市公司分析方法

投资集中在几家杰出的公司身上

巴菲特说:"投资必须是理性的,如果你不能了解它,就不要投资。在你了解的企业上画个圈,然后剔除掉那些缺乏内在价值、好的管理和没有经历过困难考验的不及格的公司。剩下来入选的公司很少,所以我们的投资仅集中在几家杰出的公司身上。"

巴菲特集中投资的杰出公司虽然所处行业不尽相同,但也有共性的特征:第一,它们是具有消费垄断性的公司;第二,它们是利润丰厚、财务稳健的公司;第三,它们是可以用留存收益再投资的公司。

1. 具有消费垄断性的公司

1938年,约翰·霍普金斯大学一个叫劳伦斯·布鲁伯格的学生在他的博士论文中,论述了消费者垄断的投资价值。

布鲁伯格认为,消费者的商誉意识与下列因素相关联:企业便利的地理位置、彬彬有礼的雇员、便捷的送货服务、令人满意的产品。他还认为持久而诱人的广告使某种产品和商标深深印在了顾客心里,从而在购买时只买这几种商品。或者通过某种秘方和专利,一个公司提供的产品与众不同从而吸引顾客,就像可口可乐的秘密配方。

布鲁伯格说,由于上述这些因素的影响给公司带来了可喜的结果:更高的权益收益率、利润的增长、股票的良好业绩,从而使这些公司的股票无论在经济景气还是萎缩的情况下,都可以占领市场。

沃伦·巴菲特参考布鲁伯格的理论,发明了一种方法来检验某企业是否存在消费者垄断,他的问题是:"如果有几十亿资金(他确实有)和在全国50名顶尖经理中挑选的权利,能开创一个企业并且成功地与目标企业竞争吗?"

如果问题答案是"不",那么这个企业就具有某种类型的消费者垄断。

在巴菲特看来,检验消费者垄断的效力的一种方法就是看如果不以赚钱为目的,竞争者能对该企业产生多大的破坏力。它有可能和"华尔街日报"竞争吗?你可能花了几十亿资金,但仍不能减少该刊物的读者人数。你能开创一个口香糖公司与箭牌公司(Wrigley)抗衡吗?好像迄今为止无人成功。还有就是可口可乐。

想一想全世界有多少不同的地方在卖可口可乐!每个加油站、电影院、超级市场、饭店、快餐连锁店、酒吧、旅馆、运动场,都有可口可乐的影子。它如此受人欢迎以至于商店和饭店都不得不销售它,因为不这样他们就会失去很多顾客。你能再想出其他品牌的商品是各个摊贩们非卖不可的吗?

如果你想和可口可乐竞争,你必须具有相当于两个通用汽车公司的雄厚的资本,但说不定你还是会失败,因为可口可乐是一种无人能敌的品牌,我们已经消费了好几万杯这种饮料,你怎样呢? 你的孩子们呢?

同样的情况还有万宝路香烟,很难想象一个抽万宝路香烟的人会转向其他品牌的香烟。

因此可以认为,检验消费者垄断的办法就是问这样一个问题:如果有人给你一种权力拥有像万宝路这样的品牌,或使你有权拥有可口可乐公司的秘密配方,所罗门兄弟公司这类的投资银行会不会同意为你筹集开办企业所需的几十亿美元? 如果是,那么这种产品就具有消费者垄断。

如果某人拥有城区内唯一的自来水公司,那他一定会赚大钱。唯一的难题在于长期以来自来水行业都受到管制。大多数公用事业公司都是如此。如果管制不存在,那么这就是一个可以为你带来丰厚利润的产业,你所需要的就是不受管制的自来水公司。

但是,投资者们都意识到了这一点,这样那些不受管制的公司的股票价格就会非常昂贵。由于所付的价格决定回报率,所以这样就会减少回报率,因此最好的方法就是寻找一种还没有被公众所认识的公司股票,也许是一个伪装的自来水公司。

布鲁伯格认为,具有很强的消费者垄断的公司之所以能够有很高的盈利,其原因在于它们不必过度依赖于对土地、厂房和设备的投资。而这些固定的费用和财产税会消耗那些普通商品企业的利润。

相反,具有消费者垄断的公司的财富主要以无形资产形式存在,比如可口可乐的配方和万宝路的品牌。这样,由于联邦税收主要是针对利润,所以税额可以根据公司的利润而变,而像通用汽车公司那样必须不断投资于有形资产的公司,其利润的弹性就不大,在企业扩张的早期,一般商品类型的企业只有依靠大规模地扩建厂房才能满足需求增长的需要。

具有消费者垄断的公司,由于具有很大的现金流量,所以几乎没有什么负债。箭牌公司和UST(美国烟草公司)的资产负债表上就没有什么负债,这两个公司一个生产口香糖,一个生产香烟。由于负债很少,它们就有很大的自由去向别的更有盈利能力的企业投资,购买它们的股票。另外,这些企业的产品大多是低技术产品,不需要非常先进的厂房。而且由于没有竞争者的威胁,它们的生产设备能够使用更长的时间,因为没有竞争者就意味着不必不断地进行设备更新和厂房改造。

通用汽车公司生产的汽车属于价格敏感型的普通商品,它必须花几十亿元更新设备或购买新的生产设施来生产新型号的汽车,而这种新型号的汽车也许只具有几年的竞争力,这样,公司又不得不进行新一轮的改造。

值得注意的是,商业的历史显示出不同类型的消费者垄断自从贸易开始形成以来就一直存在。从早期在远东贸易的享受消费垄断的威尼斯人,到英帝国对冶铁业的垄断,到早期的西部美洲,那时科尔特(Colt)和威切斯特(Winchester)就象征着高质量的火器,还有德国的著名火炮生产商克虏伯(Krupp),它的产品在两次世界大战中都被广泛运用。这些企业都从消费者垄断中获利,由于其产品和服务的质量,消费者愿意为之多付钱。

再看一看通用电气公司,这是由托马斯·爱迪生参与创建的公司,它为全球提供电力,向某个国家销售发电技术以及电线,然后再向其销售电器、灯泡、发电设备和冰箱(就像吉列公司向消费者派发剃须刀以使其购买吉列刀片一样)。今天,通用电气公司已是美国最有实力的商业公司之一,它的实力部分来自于20世纪上半期它独占市场时积累的雄厚资本。

2. 利润丰厚、财务稳健的公司

具有消费者垄断固然很好,但是经理人员也许不能利用好这一因素,从而使每股利润起伏不定,巴菲特寻找的就是具有丰厚的利润并呈上升趋势的公司。

巴菲特感兴趣的公司,其盈利情况应该是:该公司不仅拥有具有消费者垄断的商品,而且公司的经理人员还善于运用这一优势来提高本公司的实际价值。

巴菲特喜欢财务政策保守的公司。一般说来,如果一个公司具有消费者垄断,那么它就会有相当丰富的现金,没有长期的债务负担。巴菲特最喜欢的公司如箭牌公司、UST和国际香水公司就没有什么长期债务,而经营业绩较好的公司,如可口可乐和吉列公司的长期债务不超过公司净现金利润的一倍。

有时候,一个优秀的企业即使具有消费者垄断,它也会大借外债来获得对其他企业的控制权,如大都会公司就曾使自己的长期债务增加一倍以购买ABC电视台网。如果情况是这样的话,就必须保证要购买的公司必须也具有消费者垄断,本例就是如此。如果购买的公司不具有消费者垄断,那你就必须小心了。

当长期债务用来购买其他公司时,必须遵循下列规则:

(1)当两个具有消费者垄断的公司结合时,这将是一次奇妙的联姻。由于两者都具有消费者垄断,这将产生巨大的现金流量和超额利润,从而很快就能将所借的长期债务还清。

(2)当一个具有消费者垄断的公司与另一个普通商品类型的公司结合时,其结果往往不尽如人意。这是因为普通商品类型的企业为了改善自己不佳的经济状况,会侵蚀掉消费者垄断所产生的利润,从而没有足够的钱来偿还借下的长期债务。一种例外的情况就是某个商品类型企业的经理人员利用公司的现金流量购买了另一个具有消费者垄断的企业,随后在完成这种结合后就抛弃了急需补充现金的商品类型企业。

(3)当两个商品类型企业结合时,这就是一种灾难。因为两个企业都没有能力获取足够多的利润来偿还借款。

在寻找优秀企业的过程中,应寻求那些具有消费者垄断并且财务状况较保守的企业。如果一个具有消费者垄断的公司想借一大笔长期债务,那么除非它想购买另一家也具有消费者垄断的公司,否则就是不可取的。

3. 可以用留存收益再投资的公司

巴菲特认为,一个优秀企业还应具有这样的特征:企业有能力对保存盈余进行再投资,以便获得额外的高昂利润。

巴菲特小时候曾迷上了一种弹子机游戏。他发现别人也非常想玩,但弹子机不是许多人能买得起的。于是,他购置了一部弹子机出租,生意很火。如果他只保留一部弹子游戏机,永远不扩展其业务,而把从中所挣的钱都存入银行,那么,他的利润率就是银行存款利率。

但如果巴菲特把挣来的利润投在一个新的企业上,其投资回报率高于银行利率,那么巴菲特就能获得更高的权益收益率,反过来会使股东更富有。想一想,如果十年之中每年给你10 000美元,你都将其锁在抽屉里,那么十年后你一共会攒100 000美元。但如果你以年利率5%的存款利率将钱存入银行,十年后你就会有132 067美元。如果我们像巴菲特一样精明,每年可以以23%的复利率进行投资,那么十年末我们将会有370 388美元。这比藏在抽屉里的十万美元以及存在银行的132 067美元要多得多。

如果二十年内每年都能有23%的收益率,那么二十年后总额共计3 306 059美元,而将钱锁在抽屉里只会有200 000美元,以年利率5%存入银行也只有347 193美元。

巴菲特相信,只要一个公司能以超过平均数的收益率进行投资,那么就应该将盈利保存在公司进行再投资。他不止一次地说过,只要公司能获得平均数以上的收益率,他就对伯克希尔·哈撒韦公司保存所有的盈余而不分派红利感到很高兴。

巴菲特正是利用这一投资哲学进行投资,并把它运用到那些他的股东没有太大兴趣的公司。他相信:只要公司以前能很好地利用保留盈余进行再投资,或将能以合理的收益率进行运用,那么,将盈利保留下来再投资就对股东有利。

但是要注意,如果一个公司的资本需求不大,但资本运用不佳,或者经理人员常常把留存盈余用于盈利率较低的投资项目,在这种情况下,比较好的选择应该是将利润以红利形式派发,或者购回股票。

如果保留盈余被用来购回股票,公司实际上是在收回其财产权利,同时也增加了那些仍持有股票的股东们未来的每股盈利。可以这样来看这个问题:如果一个合伙企业有三个合伙人,那么每人拥有该企业1/3的产权。现在企业用资金买断了其中一个人的股份,那么剩下的两个股东每人拥有50%的股份,公司的盈余就由两个人平分。这样,股票购回就使每股盈余增加,从而造成了公司股价的上升,这就给股东带来了更大的财富。

巴菲特的首选是投资于"现金牛",也就是那些需要很少的研究开发费用或不大进行厂房和设备更换的非常具有盈利能力的企业,最好的"现金牛"是有能力投资于或购买其他"现金牛"的企业。以纳贝斯克和菲利普·莫里斯公司为例。这两个公司都拥有烟草企业,都是"现金牛",并能产生巨大的保留盈余。如果它们将这些盈余进行再投资,比如说投资于汽车行业,那么在获利之前必须进行很长一段时间的巨额开支,但是,如果它们的投资目标投向其他"现金牛",如烟草行业和食品行业,像纳贝斯克食品公司、通用食品公司、卡夫食品公司以及其他一些著名的食品公司。这种情况还有一个典型例子是萨拉·李(SaraLee)公司,它不仅生产著名的巧克力蛋糕,而且还拥有其他一些著名的品牌,如里格斯(Leggs)、汉斯(Hanes)和普雷泰克斯(Playtex)。

大都会公司在和迪士尼公司合并以前,曾利用其"现金牛"光缆电视企业去购买ABC电视网。ABC公司是另一个"现金牛"。长期以来,大都会公司一直把大量资金花在购买其他新闻媒体上,这是因为电视台和电台能产生大量的现金,从而使股东愿意花钱去购买。建造一所电视台可以持续40年,直到现在,新闻媒体的消费者垄断还受到联邦政府的保护,但是,由于运用通讯线路而造成的光缆、卫星和电视的发展产生了一个问题:三大网络巨头——ABC、CBS和NBC能否保持其竞争地位?

有一个关于大都会公司的总经理汤姆·墨菲(Tom Murphy)的故事。当他坐在奥哈马·巴菲特的家中看电视时,有人问他:"你觉得广播通讯领域的许多成就令人吃惊吗?"他回答说,他更喜欢只有黑白电视和三个网络竞争的时代。巴菲特相信广播业虽然不像以前那样盈利丰厚,但还是个不错的行业。

在对企业进行长期投资时,最重要的一个问题就是公司的经理人员能否有效利用其保留盈余。如果将资金投向了那些没有什么前途的企业,那么资金就会落空。

巴菲特不愿投资的企业

巴菲特为什么不愿意投资在商品型的企业里呢？

其实道理很简单，商品型企业的顾客群不是消费者，而是其他的公司。这些公司不像消费者有消费人性那样，会对品牌产品日久生情，变成情有独钟的现象。反之，它们完全是以价格和品质来作采购标准的。一不小心，顾客就会转换供应商。这不是顾客不讲人情，而是如果他们讲太多的人情、向你进更贵的货，他们就会被自己的行业竞争者击败而倒闭。

我们常看到，商品型的企业一不小心，就会被取代。

更糟的是，商品型企业的命运并不完全是由自己主宰的。劳工成本就是一个例子。所以我们看到了各种工业从先进国家转移到发展中国家，接着再转到落后国家的现象。

要想清楚了解巴菲特的思考模式，我们现在对这类企业做更进一步的探讨。

当我们谈到商品型的企业时，我们说的是：一个企业所生产的商品，价格是消费者最主要购买的因素之一。

在我们的日常生活当中，最简单而明显的商品企业型是：纺织业；食品原料，如玉米和稻米；钢铁业；天然气和石油公司；木材业；制纸业。

这些公司所生产的商品，在市场上面临强劲的竞争，价格是影响消费者选购的主要因素。

即使石油公司企图让我们相信某一个品牌比另外一个更好，然而当我们在买汽油的时候，仍然是以价格为依据。价格是决定性的因素，同样的产品还有水泥、木材、砖块、记忆体以及电脑的处理晶片。

让我们面对这个事实：你所购买的玉米来自于何处并不重要，只要它是玉米，而且口味像玉米就可以了，由于玉米市场强大的竞争导致利润非常微薄。

在商品型的企业当中，低成本的公司将会取得领先的地位，这是因为低成本的公司在定价方面有较大的自由，成本越低，利润就越高，虽然这是个简单的概念，但是却有非常复杂的意义，因为要降低成本就表示公司在生产制造方面必须不断求进步，以保持领先的地位。这需要资金额外的支出，而消耗掉保留盈余，并因而造成研发新产品以及收购新企业速度的降低，而这两者能够增加公司产品的价格。

其中的过程通常是这样：A公司在生产制造的过程当中，做了某些改进以降低成本并增加收益，于是A公司降低市场上的销售价格，增加边际效益，企图由B、C、D公司手中瓜分更多的市场。而B、C、D公司不愿将市场拱手让给A公司，因此它们只好和A公司一样不断改进生产过程，B、C、D公司于是开始降低价格，与A公司竞争，并削减了公司因为改善生产过程而得到的利润，恶性循环就开始了。

有时候对某种服务和产品的需求，超过它所能供应的量，就像飓风扫过佛罗里达州，摧毁了数以千计的房舍，而使三夹板的价格一飞冲天的情况。此时，所有的厂商都能够得到收益，但是需求增加通常也会导致供应增加，一旦需求疲弱，过度供应也会造成价格和利润的再度下跌。

此外，商品型的企业也要完全依赖管理阶层的品质与智慧去创造利润，如果管理阶层缺乏眼光，或是浪费公司宝贵的资产，误用公司的资源，就会丧失它的优势，而在强劲的竞争下失败。

首先,从投资的角度来看,商品型企业的未来成长空间非常小,由于价格的竞争,这些公司的利润一直很低,所以公司较缺乏经费扩充企业,或是投资更新设备。其次,就算他们设法开始赚钱,盈利通常用来更新工厂的设备,以保持竞争的能力。

商品型的企业,有时为创造市场空间,运用广告轰炸消费者,让消费者以为它们的产品胜过竞争对手。在某些例子中,为保持产品领先优势,就必须做相当幅度的改进,然而问题是不论产品做多少改进,如果消费者选购的唯一标准就是价格,那只有低成本的公司会取得领先的地位,而其他的人只能不断地挣扎求生。

巴菲特喜欢将柏林顿企业(Burlingten)的例子作为不良投资的典型。那是家纺织厂,是生产商品型产品的公司。

1964年,柏林顿企业的营业额是12亿美元,股票大约30美元1股。在1964~1985年间,公司的资本支出大约30亿美元,或是每股100美元,为提升公司的效率赚更多的钱,资本大部分的支出都用来改善成本、扩充设备。1985年,公司的营业额是28亿美元,由于通货膨胀而丧失不少销售机会,收益也比1964年大幅减少,1985年股票每股34美元,只比1964年高一点,公司21年的营运以及花了投资人30亿美元,却只让股东的收益获得些微的增加。

柏林顿的管理阶层是纺织业界最能干的一群人,但是问题在于这个行业本身由于过度的竞争,使得经济层面表现不佳,而造成整个纺织业实质上的生产力过剩,这就表现在价格上的强烈竞争,形成较低的利润,股票因而表现不佳,使股东失望。

巴菲特喜欢说,当杰出的管理阶层碰上了不良的企业,通常是不良的企业依然保持原状。

要辨别商品型的企业并不难,它们通常销售许多其他企业也在销售的产品,它们的特色包括如下七个方面:

(1)低利润:低利润是价格竞争的产物——一家公司降低产品价格,以便与另外一家公司竞争。

(2)低回收率:美国公司的回收率大约在12%,低于这个数字的企业就可能是属于商品型企业。

(3)缺乏对品牌的忠诚度:如果你所买的产品其品牌意义不大,你买的可说是商品型的产品。

(4)大量的生产者:走进任何一家汽车用品店,你会发现有七八种不同品牌的油品,都卖同样的价格。由于有众多的生产商,产生了竞争,而竞争导致低价,低价又使得利润降低,而低利润就使股东的收益减少。

(5)实质生产力过剩:任何时候业界发生实质生产力过剩的现象,就没有人能从需求增加当中真正获利,一直到生产力过剩的现象消失,价格才会开始回升,然后当价格开始回升的时候,管理阶层又蠢蠢欲动开始想要成长,在他们的脑海中企业帝国的伟大形象开始形成,由于口袋中有股东所托付的资本,管理阶层最后会为这些异象采取行动,他们会扩充生产能力,而造成生产力过剩。

问题是其他的企业也有同样的想法,于是所有的人都开始扩充生产能力,生产力过剩的恶性循环又开始了,生产力过剩代表价格上的竞争,而价格竞争代表利润降低。

(6)变化不定的利润:真正能够让你辨识商品企业的方法是利润变动剧烈,研究公司过去7至10年间每股盈余变动的情形,你会发现它上下变化不定,这是在商品型企业中常有的现象。

(7)收益几乎完全仰赖管理阶层有效运用公司的资产,一旦公司的收益主要依赖公司运用资产的能力,譬如说工厂和设备,而不是依赖无形的专利、著作权以及商标,你就应该怀疑这家公司有可能是属于商品型的企业。

巴菲特警告说,如果价格是选购商品唯一考量的因素,那么你很可能就是和商品形态的企业交易,因此这家公司很可能长期所能提供给你的只是一般的利润。

如果不了解他们生产什么,最好不要投资

了解公司生产什么产品与该产品如何使用,是巴菲特的必修课程之一。他喜欢的企业是,该公司产品并不会因为科技的进步而遭淘汰,这就表示许多科技产业公司已被拒于选择之外。而这并不表示依照巴菲特的理论就不能投资这些公司了。巴菲特的意思是如果你不了解他们生产什么产品,你最好不要投资。

其中的诀窍是你了解你投资的是什么,才不会迷失在竞争的旋涡中。这当中没有假设,也没有"但是"等不确定的成分。你必须了解这个企业的本质,了解企业的本质是了解企业潜在经济状况的本质。而它的经济状况也可以让你分辨出,这是商品或是消费独占企业型的公司。它也可以告诉你管理阶层是否有能力将保留盈余转入再投资,转而使投资人受益,它也将告诉你公司值多少钱,以及是否可预测公司未来盈余趋势的概念。预测公司未来盈余趋势,是计算公司价值的关键。

因此,你需要投资建议吗?你要将企业分成两大类:一是商品形式的企业;另外一类是消费独占形式的企业。其中有些是公开上市交易的企业,也就是说你能够通过集中交易市场买卖这些股票。然而也有一些仍是企业主私人拥有,你根本投资无门。

可能你每次工作后总是要喝可口可乐,由于可口可乐风行全世界,你可以说它是消费独占的事业。你读的《华尔街日报》,也是消费独占的事业。你的汽车必须加油,你可能用香奈儿香水,这些也是消费独占的事业。仔细观察每天生活的点点滴滴,你会看到许多企业品牌在你生活中。汽车技师了解汽车业,药剂师了解制药业,而在便利商店柜台后的服务人员,能不假思索地告诉你哪种饮料、啤酒、香烟或糖销路最好,而他可能一辈子也没读过一份分析报告。

一家电脑公司的推销员打电话给你,告诉你该公司销路最好的电脑及最热卖的软件是什么。如果你在电脑销售店工作,你明了除了苹果电脑以外几乎所有的电脑都用Windows的软件,你可能会有预感,生产Windows的人可能蛮赚钱的。做一点点小的调查,结果你的答案是制造Windows的微软公司值得投资。

了解了很多的企业,也就等于有了许多个潜在的投资机会。

从企业前途的角度来投资

在巴菲特看来,从企业前途的角度来投资是一种原则,可以说,投资股市的实质就是投

资企业的发展前景。坚守这条原则,让别人的愚蠢行为成为你的经验,也就是说,别人由于恐惧和贪婪所犯的错误,会让你吸取教训,积累经验。

1. 巴菲特的公司利润观

为了理解巴菲特从企业前途角度投资的观点,就必须理解巴菲特对于公司利润的独到见解。

他觉得公司利润与其在公司里的所有权成正比。因此,如果一个公司1股赚5美元,巴菲特拥有该公司100股,那么他就认为他赚了500美元(5×100)。

巴菲特相信公司面临两种选择:一是通过红利付出500美元,二是保留盈余进行再投资,从而提高公司的内在价值。巴菲特相信,通过一段时间,股票市场价格会由于公司内在价值的提高而提高。

巴菲特相信:如果一个公司能以较高的收益进行再投资,那么就应该保留所有盈利,因为这样可以使投资者与分得红利相比,获得更高的回报率。而且由于红利是作为个人收入纳税的,因此保存盈利还能获得税收优惠。

华尔街长期以来一直存在着一种偏见,那就是反对公司不付任何红利而保留全部盈利。这种偏见产生于20世纪早期。那时,人们普遍购买债券而不是股票作为投资。由于债券是由公司资产作担保的,当公司破产时,债券持有者可以优先受偿,因此投资者觉得很安全。另外,债券按季付息,如果投资者当季没有收到利息单,那么他就知道公司存在麻烦,从而做出应对决策。

尽管普通股的地位极大地提高,人们仍然有一种偏见,那就是定期收到利息单才算安心。不论是股票还是债券,华尔街的专家们都避免向不发放红利的公司投资,他们认为不发放红利是公司衰落的象征。

现在,证券投资家们把发放红利的公司定位较高,而将不发放红利的公司定位较低,即使公司不发放红利是正确选择也不例外。

在巴菲特的世界里,普通股也具有债券的特征,可付利息就是公司的纯收益。他用公司每股股票的净盈利除以每股买价,计算出收益率。一种买价每股10美元,每年净盈利2美元的股票,其收益率为20%。当然,这种计算必须假定公司盈利的可预测性。在现实生活中,如果你想购买当地一种股票,你必须清楚它每年能赚多少,它的卖价是多少。通过这两个数字,只要简单相除就能计算出你对该项投资的报酬率。巴菲特不管是购买整个企业还是购买企业的一股股票,都是这样做的。记住:买价决定收益率。

2. 看准投资对象的潜在价值

每当巴菲特看到一种股票时,他开始不仅仅看资产的静止现象,而是将之作为一个有着独特动力和潜能的活生生的正在运作的企业来看待。1963年,投资于伯克希尔后一年,巴菲特开始研究一种与以往所买股票都不相同的股票。它根本没有工厂,也没有硬件资产。实际上,它最有价值的商品就是它的名字。

美国捷运公司绝对是一个符合时代潮流的公司。美国已经进入了太空时代,而且美国的人民都处在一种未来派的思维格局之中,没有任何产品能像美国捷运那样恰当地代表着现代生活的成就。由于乘飞机旅行已经在人们的经济承受范围之内,所以中产阶级开始乘飞机到处旅行,旅行支票已经成了"通行证"。该公司成千上万美元的票据在流通,像货币一样被人毫不迟疑地接受着。到了1963年,有1 000万公众持有美国捷运卡,这种卡只不过是五年前才引入的,而最初,公众还都觉得有必要带着现金去旅游。《时代》周刊宣告,"无现金的社会"已经到来。一场革命即将开始,而美国捷运正是这场革命的导航灯。

结果出现了麻烦,在公司的一个遥远而微不足道的领地,灾难降临到美国捷运公司新泽西巴约纳的一家仓库。

这个仓库在一场毫无吸引力的平凡交易过程中,接收了一批罐装菜油。这批货物是由庞大的联合原油精炼公司提供的,仓库给联合公司开出了收据作为这批所谓的色拉油的凭证,联合公司用此收据作为抵押来取得贷款。后来,联合公司宣告破产了。债权人抓住公司的抵押品不放。这时候,即1963年11月,美国捷运发现了问题:进一步的调查发现油罐中只装有少量的菜油。里面装的一部分是海水,简单地说,就是仓库蒙受了巨大的欺骗,其损失估计达1.5亿美元。

由谁来承担这项损失呢?联合公司首当其冲,但是它已经破产了。美国捷运的附属机构也已登记破产。美国捷运自己是否有责任还不能确定,但是总裁霍华德·克拉克深深地领悟到对于一个大名登记在旅行支票上的公司而言,公众的信任高于一切。克拉克于是承担了这一份债务。

换句话说,母公司将面对各种索赔,而且将包括没有法律依据的索赔,潜在的损失是巨大的,实际上,它已经"资不抵债"。

1963年11月22日,有消息传出公司的股票从以前的每股60美元跌到了每股56.5美元,当股市在肯尼迪遇刺之后重新开市时,美国捷运的股价跌落到每股49.5美元。甚至有消息说它面临着无力偿付的风险。当事件还没有发展到这一步时,巴菲特专门到奥马哈罗斯的牛排屋拜访了一次。这天晚上,巴菲特所感兴趣的并不是顾客们吃的牛排,也不是他们的衣服帽子,他自己跑到收款机后面,一边和店主闲聊,一边观察着。他观察到这样的事实:不论是不是谣言四传,罗斯店的顾客们还是继续使用美国捷运卡来付餐费。从这一点他推断出,同样的情形也会发生在圣路易斯或是芝加哥乃至伯明翰的牛排屋中。

然后他来到奥马哈的银行和旅行社,在那儿,他发现人们仍旧用旅行者支票来做日常的生意。他还拜访了出售美国捷运汇票的超级市场和药店,最后他和美国捷运的竞争者进行了交谈。他的一番调查得出了两个结论,与公众的观点大相径庭:

(1)美国捷运并没有走下坡路。
(2)美国捷运的商标是世界上畅行标志之一。

美国捷运并没有本·格雷厄姆的感觉里所说的那种安全程度,因而它也不可能得到格雷厄姆的投资。格雷厄姆的经典信条非常清楚,购买一种股票必须以"来自于统计数据的简单而明确的数字论证"为基础,换句话说,就是要以运营资金、厂房和设备以及其他有形资产等一堆可以被测度的数据为基础。

但是巴菲特看到了一种逃避格雷厄姆视线的资产——美国捷运这个名字的特许权价值。特许权意味着独占市场的权利。卡迪纳尔拥有在圣路易斯的垒球特许权,因此没有其他的队伍可以申请加入。美国捷运就几乎是这样的。在全国范围内,它拥有旅行支票市场80%的份额,还在付费卡上拥有主要的股份。巴菲特认为,没有任何东西动摇过它的地位,也不可能有什么能动摇它。它的顾客群所具有的忠实性是无法从格雷厄姆那种"简单的统计数据"中推断出来的,它不像有形资产那样会出现在公司的资产负债表上,比如伯克希尔的工厂等,然而这种特许权确实含有价值——在巴菲特看来,这是一种巨大的价值,美国捷运在过去的10年中赚到了丰厚的利润,不管菜油是不是真的,它的顾客并没有走开;股票市场对这个公司的标价却是基于这样一个观点,即它的顾客已经抛弃了它。

1964年年初，美国捷运的股价跌至每股35美元，华尔街的证券商如同在唱诗班里一样哼着同样一个调子，一齐高唱着"卖！"而巴菲特决定去买。他将自己的1/4资产投入这种股票上，这种股票可能背负着一种未知的或者潜在的债务。如果判断错了，他辛苦积累的财富和声誉将化为灰烬。

美国捷运的总裁克拉克，向仓库的债权人提供了6 000万美元，但他遭到了股东们的起诉，他们声称克拉克把他们的资产"浪费"在一种似是而非的道德义务上。

巴菲特不同意这种观点，他前去拜访克拉克，自我介绍给他，自称是一位好的股东。"巴菲特买了我们的股票，"克拉克回忆道，"而任何在那种时候买进的人都是我们真正的伙伴。"

当巴菲特告诉克拉克自己支持他时，一位美国捷运的律师问他是否愿提供证词。巴菲特来到了法院，告诉股东们，他们不该起诉，说他们应该感谢克拉克，因为他正努力不让这件事缠上他们。后来，他解释道：就我所关心的而言，那6 000万美元是他们该寄给股东们的红利，但在邮寄途中丢失了。

尽管诉讼还在缓慢地进行着，但股价已经开始回升，然而巴菲特没有沿袭格雷厄姆的模式，马上抛售股票以实现利润，他喜欢克拉克，而且喜欢公司的产品，因此他逐渐增加了投资。

3. 了解投资对象的管理情况

一般说来，是管理才能的大小而不是企业的大小造成了企业收效悬殊的差距。但巴菲特对此看法更为深刻，他经常用船长的比喻来说明这个问题：如果你有两个船长，其中一个比另一个有经验得多，在一次比赛中，你给那个更有经验的人一艘橡皮艇，而给另一个人一艘赛艇，你觉得谁会赢呢？如果企业内在的经济情况不好，经理人员再优秀也无济于事。

对于一个经营状况非常好的企业来讲，情况也是如此。因为即使对一个非常愚蠢的经理来说，要想把一个优秀企业的经济状况弄糟，也不是件容易的事。巴菲特曾经说过，他只对那些内在经济状况如此之好以至于即使是傻瓜也能将其经营得很好的企业感兴趣，从而愿意向这些企业投资。

所以，投资者们在考虑要不要向一个企业投资，首先应看它的经济状况，而不是其经理人员。但正是像一句谚语所说：经理人员不仅要求勤奋和聪明，而且也必须诚实，因为如果不诚实，那么前两个品质——勤奋和聪明——就会蒙骗你。

诚实也许是经理人员最重要的品质。诚实的经理会像对待自己的财产一样来运用公司的财产，因而就不会浪费股东们的资金。成功投资的一个关键因素就在于，经理人员的出发点与巴菲特等投资者的出发点一样，即从企业前途角度考虑。

作为一名具有主人翁意识的经理人员，应有下列比较明显的才能：

(1) 有效率地分配资金。

(2) 尽可能多地保留权益收益。

(3) 如果没有其他合适的投资机会，就可以分发权益收益，或者用其回购公司股票。

巴菲特相信，能显示经理人员的良好意图的一个基本特征就在于：当回购股票有利时，经理人员就利用多余的留存收益购买本公司的股票。

当公司回购股票的价格可以使公司获得高于其他投资的收益时，这对那些仍持有本公司股票的股东来讲就是件好事。因为他们的份额越来越大，而他们却什么也不必做。这听起来非常吸引人。

让我们看一看大都会公司的经理人员的情况,来弄清楚这个问题。

从1989~1992年,该公司的经理人员花了大约4亿美元,购回了本公司100万股股票。他这样做的理由在于:由于大都会公司是个大的广播公司,它也必须投资于自己了解的行业——在这种情况下,就是广播业。

当时的问题是,那段时间内私人市场上广播公司的股价都非常高,而公共市场(即股票市场)上公司的股价与私人市场的非公开交易相比要低得多。该公司的经理人员发现本公司的股票价格与在私人市场相比要低得多,于是他们就买回了本公司的股票,这比购买那些私人持有的股票要划算得多。这一举动增加了那些仍持有股票的股东们的财富。

你需要诚实的经理人员,只有这样他们才能以增加股东财富为目标,而不是去追求办公大楼的气派。

20世纪二三十年代华尔街德高望重的专家伯纳德·巴鲁奇在列出其投资标准时曾经说过:"最重要的就是经理人员的品格和才能。我宁愿要少的钱和好的经理人员,而不愿意要多的钱和差的经理人员,因为差的经理人员会毁掉好的前途。在评价企业未来发展的前景时,经理人员的素质至关重要。"

经理人员对你的资金具有绝对的控制权,如果你不喜欢经理人员所做的事情,你可以通过选举新的经理来替换他,或者卖掉你所持有的股票,这就是平日所说的"用脚投票"。

4. 两种最值得投资的公司

在商业国际化和竞争日趋激烈之时,只有那些能够满足消费者需求的公司,才能继续生存。

在时代的进步下,以前长达十年以上的无能公司淘汰过程,今日只需要一年的时间即可见效。因此未来十五年里我们不但会看到跟不上时代潮流的公司被淘汰,而且我们也将会看到前所未有的淘汰速度。

对于投资人而言,这种市场改变是意义重大的。今日的投资人,如果不幸投资在管理不当或不尊重消费者的公司里,在经济开放的重击下,在还来不及找些时间坐下来阅读行业报告前,手上的股票早已血本无归。

在未来"有贡献方能生存"的国际社会里,只有两种公司值得我们今日拿出血汗钱来做投资。

一是品牌公司。这是消费者因认同品牌而不管怎样都会购入产品的公司。

二是最高效率的公司。这是有关行业里,操作成本最低的公司。

品牌公司是消费者所认同的公司。可能是大家心里觉得这个品牌质地好,或只是感觉上比较喜欢用这个牌子。显然,可口可乐和百事可乐是两个最佳例子。

品牌公司使您不必担心有后来者以更高效率的方式操作,而把您推进商业历史的坟墓里。

而最高效率的公司是指在各自行业里操作成本最低的公司。比如百货业的沃尔玛公司、快餐业的麦当劳、家具零售业的NFM和珠宝零售业的Borsheim's。

以前的社会,资金和技术都不流通,因此竞争者根据行业领导公司的例子去如法炮制的机会不大。

今日在资金、技术和紧接而来的人力自由流通协助之下,除非您能够建立起类似"品牌公司"的威力,否则不论您有什么市场或行业的创意,很快地就会被人模仿。那个时候,行业里的最终胜利者,不是创造那个概念的公司,而是操作效率最高、因而成本最低的那家公司。

比如,史密斯(Fred Smith)是创立全球首家隔天快邮公司的传奇性人物。但这个利用自己的飞机输送文件和包裹的概念并不能享有专利权,人人都能如法炮制,因此引发了好几家公司随后激烈竞争市场的现象。

美国百货业也是一个例子。今日的领导者是沃尔玛,其营业额超过排名第二的竞争者两倍。有人可能会误以为沃尔玛公司是第一家创立价值概念的公司。事实上,当沃尔玛公司成立的时候,美国境内已有好几家公司实行价值概念,而且规模已是它的上百倍了。但在接下来的二十多年里,沃尔玛通过高效率的操作,成为行业里(全球)每平方米卖得最多、每个职员卖得最多、偷盗率最低、分行最多、营业额最高、盈利最大的百货公司。

所以说,如果能学巴菲特,看准这样的企业加以投资,何愁不赚呢?

永远做价格合理的生意

巴菲特说,"只要企业的股东权益报酬率充满希望并令人满意,或管理者能胜任其职务而且诚实,同时市场价格也没有高估此企业",那他"相当满足于长期持有任何证券"。如果股票市场确实过分高估某家企业,他就会将其股票卖出。此外,如果他需要现金以购买别家可能被过分低估或是有同样价值,但他更了解的企业的股份,巴菲特将会出售价值公道或被低估的证券以变现。

1. 报酬率的高低取决于买价

让我们先回答一个问题:如果我愿意卖给你一个年底收到1 100美元的权利,你最高愿意付多少钱在年初买下它?如果你付我1 100美元,而我在年底又付你1 100美元,你在该年的投资报酬率等于零。然而,如果你付我1 000美元,取得在年底收到1 100美元的权利,你的获利即为100美元,年报酬率为10%。

现在你的下一个问题是,10%的年报酬率与其他投资报酬率相比,是否是好的报酬率。为了做此决定,你该货比三家。你可能发现银行提供你7%的存款利息,这表示你借给银行1 000美元,一年后你将得到1 070美元。很明显地,10%的报酬率高于7%。

如果你比较许多不同的投资,仍发现10%的报酬率最高,你可以下此结论:我给你的报酬高于其他。

然后,回到我们的问题上,今天你愿意付出多少价钱,以取得年底回收1 100美元的权利?如果你至少要求10%的报酬率,最高价格你只应该付1 000美元。如果你的价格提高,例如付出1 050美元,你的获利将减少50美元,报酬率随之下降4.7%(50÷1 050)。如果你付出较低,如950美元,你的获利将是150美元,则报酬率上升15.7%(150÷950)。由此可知,买价越高报酬率越低,买价越低报酬率越高。付得越多获利越少,付得越少获利越多。

巴菲特评估一个企业的价值时,其思考流程是,找出每股年盈余,并将这个盈余视为他的投资报酬率。

所以如果一个公司的每股盈余为5美元,股票市价为每股25美元,巴菲特的看法是,他的年投资报酬率为20%(5÷25)。而这5块钱可以配发给股东当作现金股利,或保留在公司内作为企业扩充及营运之用。

因此,如果你每股付出40美元,该股每年配发5美元股利,那么巴菲特计算投资该公司的投资报酬率为12.5%(5÷40)。以这个基础思考,一股市价10美元的股票,每年配发每股5美元股利,投资该公司的报酬率是50%(5÷10)。再一次证明:你付出的买价将决定投资报酬率的高低。

不管你打算持有你所投资的股票多长期间,有一点非常明确的是,扎实而且可预测的盈余是重要的考虑要素。如果购买1只每股25美元的股票,它最近1年的每股盈余是5美元(等于20%的投资报酬率),而如果下一年度公司不配发任何盈余,那么你的年报酬率为零。巴菲特所要投资的公司是经济状况及管理阶层都扎实健全,并能创造可以合理推估的盈余。只有完全符合这些条件后,巴菲特才可预估该公司的未来投资报酬率及投资该公司的价值。

由上可知,巴菲特思考的基本方式不外乎两个方面:其一,你付出的买价决定投资报酬率,其二,你必须先能合理地推算企业的未来盈余。

2. 寻找低成本公司

近年来巴菲特对销售业低成本的公司产生了兴趣。其实这并不奇怪。巴菲特已购入多家以极低成本见称的公司,如报馆、珠宝店、家具店等,因此从中应该已经了解到它们在日后更趋开放的国际经济环境中,具有更大的发展潜能。

毕竟,购入行业的领导公司,并不表示能够确保永远的胜利。但如果购入的是行业里成本最低的公司,它抬头霸占市场,只是时间上的问题。原因很简单:没有人能够击败它。透明度、资讯自由流通、消费者变聪明这三大世界趋势,将会促成这些公司的成功。

巴菲特以前更强调他发现美国公司和产品在国际市场有着很大的吸引力,这是一个优势。

巴菲特说他曾错失购入一家类似公司的机会,他将不会重犯这个错误。实际上,他所指的这家公司是全球最大的沃尔玛百货公司(1997年伯克希尔已开始购入)。

运作成本不高的The Gap服装店也已在日本扩展,成为深受日本人欢迎的品牌。巴菲特1997年也买入了一些它的股票。

低成本公司的威力,从伯克希尔所投资的几家公司的例子即可看得出来。

美国家具销售业里,除了伯克希尔以外,成本最低的是Levitz,其操作成本是营业额的40%,所以它能够收取45%的价格差。换言之,顾客每买100元的家具,其中55元是这家店的家具成本。不要忘了,这是除伯克希尔以外全美国成本最低的家具店。

白沙属下的NFM,操作成本只有15%,这使之能够只收取以上那家最低成本的竞争者的一半价格差别,来吸引顾客群。换言之,光顾NFM的美国消费者,每买100元的东西,和其他地方的最低价相比之下,就已经节省了20元。

试想,当你的操作成本是最佳竞争者的一半时,时间将会是你最好的朋友。只要继续保持这个优势,绝对没人能够击败你。

另外两个例子是Borsheim's珠宝店和伯克希尔已开始购买股票的沃尔玛百货公司。前者的操作成本是营业额的18%,后者是15%。全美最大的电器连锁公司的相关比率是25%,而全美最大的家具连锁公司的是40%。

销售业的情形是,当你成本最低时,你就可以卖得便宜些,吸引到更多顾客,进而提高销售量。这使你能提供更多种类的选择、更便宜的价格、吸引到更多的消费者,如此良性循环,永无止境,迈向成功。

3. 最理想的买进价位

在1988年巴菲特第一次购买可口可乐股票的时候，人们问他："可口可乐公司的价值在哪里？"公司的价值是它有市场平均值15倍的盈余和12倍的现金流量，以及30%~50%的市场溢价。巴菲特为一个只有6%净盈余报酬的企业，付出5倍于账面的价格，原因是有可口可乐的经济商誉作保证，所以他非常乐意投资。小额投资，公司可以赚到31%的股东权益报酬率。当然巴菲特曾经解释价格与价值并没有太大的关系。犹如其他公司，可口可乐公司的价值主要是取决于企业生存期间现金流量预估值，以适当的贴现率折算成现值。

1988年，可口可乐公司的股东盈余（净现金流量）等于8.28亿美元，30年期的美国政府公债（无风险利率）利率，大约是9%。如果在1988年可口可乐公司的股东盈余，以9%的贴现率（巴菲特不会在贴现率中加入风险溢酬）折现，可口可乐的价值在当时是92亿美元。当巴菲特购买可口可乐的时候，公司的市场价值是148亿美元，巴菲特可能花了太多钱买这家公司，但是92亿美元是可口可乐公司目前股东盈余的折现价值。因为市场上的其他人乐意付上比可口可乐公司（实值92亿美元）实质价值更高的60%代价来购买它，显示买主将它未来成长的机会也视为价值的一部分。

当公司不需要额外的资金就能增加股东盈余，主要是利用无风险报酬率和股东盈余成长率相减得出的差来增加利润。分析可口可乐公司，我们可以发现从1981~1988年，股东盈余每年以17.8%的成长率成长——比无风险报酬率还要快。当这种情形发生时，分析师使用二阶段折现模型（Two-stage Discount Rodel）。当一家公司在某几年有特殊的表现，并长期以较稳定的比例成长时，此模型就适合用来计算未来的盈余。

我们使用一阶段的流程，来计算1988年公司的现值，及其未来现金的流量。1988年，可口可乐公司的股东盈余是8.28亿美元。如果我们假设可口可乐公司在未来10年内能够以每年度15%的比例增加股东盈余（这是合理的假设，因为这个比例比公司前7年的平均值还低），第10年度股东盈余将会等于33.49亿美元。让我们更进一步地假设在第11年度刚开始时，成长率将会减少到每年5%，使用9%的贴现率（那时的长期债券利率），我们能计算可口可乐公司的实质价值在1988年为483.77亿美元。

我们能假设不同的成长率重复这项计算。假设可口可乐公司的股东盈余在未来10年的成长率为12%之后，则每年以5%成长，以9%的贴现率计算公司现值是为381.63亿美元。若在未来10年是以10%的比例成长，以后都以5%的比例成长，可口可乐的价值将会是324.97亿美元。而且如果我们假设所有的成长率皆为5%，公司至少仍值207亿美元。

1988年6月，可口可乐公司的价格大约是每股10美元。之后的10个月内，巴菲特已取得9 340万股，总计投资10.23亿美元，他的平均成本是每股10.96美元，到了1989年年底，可口可乐占伯克希尔普通股投资组合的35%，这是一个相当大胆的举动。

从1980年葛苏达控制可口可乐公司开始，公司的股价每年都在增加。在巴菲特购买他的第一张可口可乐公司股票的前五年中，可口可乐股票的股价每年上涨18%。该公司的经济状况非常好，所以巴菲特无法以较低的价格买到可口可乐公司的股票。在这段期间，史坦普工业指数也在上扬。可口可乐公司及股票市场都没有机会让他以低廉的价格购得股票，但巴菲特仍然依市价购买。他再次说明股价与价值之间是没有什么关系的。

在1988年和1989年巴菲特购买可口可乐期间，可口可乐在股票市场上的价值平均为151亿美元。但是巴菲特估计，可口可乐公司的实值大约是从207亿美元（假设股东盈余以5%的比例成长）、324亿美元（假设股东盈余以10%的比例成长）、381亿美元（假设股东盈余以12%的比例成长),到483亿美元。

低价买进,这个"低价"是相比较于实质价值而言的。在价格远远低于其实质价值时,巴菲特就会毫不犹豫地买进。

最值得投资的行业

巴菲特说:"投资企业,是购买它的未来。""你应当投资于一家甚至连傻子都可以经营的企业,因为有朝一日,可能真会有傻子这么做的。因此我喜欢那种根本不需要管理仍能赚大钱的行业,它们才是我喜欢从事的那种行业。"

1. 行业素质比什么都重要

投资股票,其实就是"购买未来"。

对于一家上市公司而言,过去的辉煌事迹和今日的妥善经营,虽是好事,但都已反映在今日的股价上了。因此,对于投资人而言,能否为赚钱的,是未来的成绩。巴菲特也曾说过,真正决定投资成败的,是公司未来的表现。

试想,如果投资成败决定于过去和今日,那任何人都能投资致富,根本也不需要很强的分析能力,因为过去和今日的业绩都是公共消息,人人都知道的。

就因为投资成绩是由未来而定,所以巴菲特认为,行业的性质,比经理人的素质更重要。毕竟,人心莫测,经理人可以"变质",但整体行业情形一般就不会那么容易改变。

每一个经济体系里的各种行业,都有着不同程度的竞争情形。有些行业很容易进入,因此竞争异常激烈,另一些行业则因消费者注重品牌等因素,而使得整个行业年年获利良好。

比如,巴菲特说过,从第一家的民航公司算起,几十年来,整个民航事业,是没有半点行业收益的。自从巴菲特20世纪80年代投资美国主要民航公司之一的USAir没取得盈利之后(伯克希尔的投资标准是,就算是没有亏掉本钱,只要是没有可观的利润,已是一种失败),他开玩笑说,他设立了一个类似美国戒烟者和戒酒者每次忍不住就可以打进去取得咨询的电话号码,以便每次他突然想要投资民航公司时,可以打进去寻求咨询。

巴菲特说,一些行业,竞争是非常激烈的,比如超级市场就是一个例子。而另一些则没有这么激烈的竞争。我们身为消费者也可以亲眼看到,超级市场价格竞争激烈,经理人必须时常关注对手的削价情形,以作出对策。比如世界最大的百货连锁公司沃尔玛的创办人沃尔顿先生在世时就是天天都到主要对手Kmart的好几家分店去参观。据他所说,目的就是要看看,到底为什么还有人会来这里购物。历史上有很多零售连锁商,开始时赚大钱而快速发展,但最终还是渐渐退步,直到倒闭。

巴菲特说,他敢叫最呆板的表弟去管理类似可口可乐的公司,10年过后,公司还是好好的。但如果叫这位表弟去管理超级市场,却等于是企业快速自杀。巴菲特认为,在零售业里,缓行等于失败。

巴菲特也曾说过,选购公司的时候,应该选那些即使是傻瓜也能够管理的公司。因为,迟早,某个傻瓜准会爬上去主管这家公司的。

2. "产品公司"与"消费垄断"的公司

巴菲特把市场上的众多公司分成两大类:第一类是我们应该尽量避免的"产品公司"。第二类是我们应该选购的"消费垄断"的公司。

"产品公司"是那些消费者很难区分竞争者产品的公司。几十年前,这些公司包括了银、铜、大麦、石油等产品。但今日,就连电脑硬件、银行服务、民航服务、保险产品等,都成了产品公司。这些公司的特点是每个竞争者为了争取生意,都必须从价格和素质方面竞争,两者对公司收益都不利。巴菲特说通常这些公司为了吸引顾客,都会拼命打广告,希望能在顾客脑海里建立起和其他竞争者不同的形象,但往往都是白费心思,徒增开销而已。产品公司在市场好时,收益已不算多,一旦遇上经济不景气,大家竞相削价求存,导致人人都面临亏钱的困境。这是我们应该尽量避免的公司。

"消费垄断"的公司,就是那些在消费者脑海里,已经建立起了一种"与众不同"形象的公司。巴菲特一直都认为可口可乐是世界上最佳的"消费垄断"公司例子,因此我们在此拿汽水例子来谈。

世界最大的百货连锁公司沃尔玛在美国和英国的消费市场里都已证明了,消费者在不看品牌的情形下,的确是没法认出哪一杯汽水是可口可乐、百事可乐,哪一杯又是它自己品牌的Sam's Choice。

结果,几年前沃尔玛公司就毅然推出它的可乐品牌,放在几千家的分店外面,和可口可乐、百事可乐的自动售卖机排在一起卖。Sam's Choice不但占据最接近入口的优势,而且售价也只是百事可乐和可口可乐的一半。尽管如此,它还是不敌这两个世界名牌汽水的市场占有率,而只是吃进其他无名品牌汽水的市场而已。

试想,就连无法分辨出来的产品,也能够吸引顾客以高一倍的价格购买,这就是"消费垄断"公司的威力。换言之,在市场上,它们并没有"垄断",因为还有很多的竞争者来争生意,但在顾客群体的脑海里,它们早已是"垄断"的公司了。

巴菲特常常在买下一家公司股份时,先这么问自己:"如果我投资几十亿美元开办新公司和这家公司竞争,而且又可以聘请全美国最佳的经理人,我能够吃进它的市场吗?如果不能,这家公司的确不错。"巴菲特更深一层次的问题是:"如果我要投资几十亿美元。请来全国最佳经理人,而且又宁可亏钱争市场的话,我能够吃进它的市场吗?"如果答案还是不能的话,这就是一家很优秀的公司,非常值得投资。

3. 不要投资生产工业产品的公司

巴菲特所投资的公司,主要可以分成两大类。

  第一类就是消费垄断的公司。

  第二类是那些在各自的销售行业里,操作成本为最低的公司。比如沃尔玛公司、NFM家具店、Borsheim's珠宝店等。

以上两大类,都是对准消费者而来的。

为什么巴菲特不愿意投资工业公司呢?

巴菲特避开工业产品公司的道理很简单。工业公司的顾客群不是消费者,而是其他的公司。这些公司不会像消费者那样对品牌产品日久生情、变成情有独钟的现象;反之,它们完全是以价格和品质来做采购标准的。因此对于投资人而言,形成了不但是很难注意多个行业里的动态,而且竞争更是激烈,导致盈利很小。一不小心,顾客就会转换供应商了。这不是顾客不讲人情,而是如果他们讲太多的人情、向你取更贵的货,他们就会被自己的行业竞争者击败而倒闭。

我们常看到,工业公司一不小心就会被取代。更糟的是,工业公司的命运并不完全是由自己主宰的。劳工成本就是一个例子。所以我们看到了各种工业从发达国家移到发展中国家、接着转到落后国家的现象。

4. 千万别投资电脑和网络公司

沃顿商学院毕业的彼得·林奇(Peter Lynch)是美国人公认最成功的基金经理,他曾说过他不敢投资电脑科技股,因为这行业不像零售业或旅馆业那样能看到竞争者慢慢吃进我们的市场;反之,一个年轻人能在家里地下室玩电脑没多久,便创造了更好的产品,一夜之间把你击败。

巴菲特也同样不敢投资电脑科技股。比较客气的说法是:他并不明白科技公司的行业情形。比较不客气的说法是:电脑科技日新月异、变化快速,你能看到十年后的情形吗?你能够确保十年后,你的公司还存在吗?就此,巴菲特对于电脑科技公司所抱持的态度,是和太空旅行一样的:我们很尊敬、支持和感谢这些伟大的人物,但我们却不想亲自去尝试。

在1992~2001年美国股市持续飙升期间,最受股市崇拜的就是电脑科技公司,尤其是网络公司。比如刚上市没几年的Yahoo和Amazon从未看到收益,只凭美丽的梦幻吸引无知的散户。前者是全球最大的网址搜索引擎公司之一,后者则是全球最大的网上书店。这两家公司自创立以来,长年亏损几千万美元,但它们的市价却分别是234亿和170亿美元。值得一提的是,此市价是它们营业额(不是收益)的140倍和35倍。

巴菲特对于这些从未有收益的网络公司很不客气,在伯克希尔股东大会期间,接受传媒访问的时候,他说:"如果今天我是在教大学投资课程的话,我会在期终考试的时候,问学生这个问题:请问你如何为这些(年年亏钱的)网络公司定价?"任何提供答案的学生,他会当场判下不及格!

在一次股东大会上,他说得更直接:"如果你花钱买入这些网络公司的股票,你并不是在投资。"

毕竟,投资的定义是,首先要"保值"、不亏本金,其次才是"增值"。

把钱投进那些自从创立以来或自从上市以来,都在亏大钱的公司,巴菲特不但完全没有兴趣,也一直努力劝告亲朋尽快抛售,以避开他所谓的"20世纪最大的骗局"——网络公司的股票。

这种"投资"抱有"至少先要保住本金,然后才来追求获利"的态度,是伯克希尔、巴菲特和伯克希尔股东们的一大特征。

巴菲特始终觉得,把血汗钱交给一家公司,是投资人和公司的精神结合。只有彼此的结合,才会带来令人满意的成果。精神上的冲突,只会带来痛苦。

5. 越好做的生意越简单

基金经理彼得·林奇曾说过,如果投资人在30秒里说不出他们所投资的公司是做什么的,那他们就很难投资成功。

巴菲特的投资哲学也是一样,专门找那些行业情形最容易明白的来投资。

很多投资人对难懂的行业最有兴趣,反而是对普普通通的生意没有感觉。毕竟,人人都懂的公司,缺乏了一种挑战性。尤其对男性,这是一种征服感、一种追求超人一等的感觉。比如今日全球各地都在激发投资人兴趣的电脑科技股,就是一大例子。试想:如果您想靠买对股票而能在人前炫耀,您会选可口可乐、麦当劳、迪士尼,还是几家没人知道是在干什么的科技股?当然是后者,因为它提供了"人人不知唯我独醒"的炫耀机会。

巴菲特可不是这种投资人。他投资的目的主要是赚钱,绝对不是为了炫耀。

为了赚钱,他选择了一个很明显的途径:选购那些非常简单的行业和公司,简单到无聊,简单到其他投资人都发闷而不想持有的股票。比如可口可乐、迪士尼、沃尔玛公司、吉列刮胡刀公司、万国宝通、华盛顿邮报等公司。"闷"和"刺激"投资法,谁才能发财,却是不言而喻的。

巴菲特说,他的成功秘诀很简单,专门挑选那些一尺高的栏杆,跨过去,而不是专找那些七尺高的栏杆,尝试跳过去。

伯克希尔副董事长查理·蒙格也曾说过,投资不像跳水比赛,尽管您尝试买入很难懂的公司,即使买对了,也不会获得像跳水那样的难度动作的额外分数。

从弹珠生意到评估企业的角度

巴菲特评估企业的方法,简单地说就是以适当的价格拥有正确的行业。

1. 年轻巴菲特的弹珠生意

巴菲特在小时候就立志要做美国最有钱的人,他17岁的时候就决定要开一家公司。

年轻的巴菲特想要开一家公司,赚更多的钱。他知道如果他要获取复利的好处,越早开始越好。

经过一番搜寻之后,他发现一台老旧但可使用的弹珠台,并以35美元的代价买下来。现在他有了生意上第一项资产,且必须把它放在人多的地方,弹子房的人说已经有了四台,不想再要,以免客人被巴菲特抢走。在明白弹子房在弹珠台经营上有某种程度的垄断时,巴菲特觉得很沮丧。就像他们在零售业中所说的:"地点!地点!地点!"

但是,年轻的巴菲特突然发现弹子房附设了一位理发师,名叫沙琪。于是巴菲特去沙琪的理发店拜访,他发现沙琪没有弹珠台,而弹子房都需要他去帮人理发。

此刻巴菲特开始进行他第一次的合资。他答应沙琪如果让他把弹珠台放在店里,沙琪可以分到弹珠台收入的20%。沙琪一向对赚钱非常敏锐,于是答应巴菲特加入他的公司。第二天,年轻的巴菲特又去理发店,发现弹珠台里有10块钱,他拿出20%给沙琪(2美元),自己留下80%(8美元)。走出理发店。巴菲特觉得这将会是一种非常有利润的投资。

如果巴菲特的弹珠台生意接下来一整年每天替他赚进8美元,巴菲特又和沙琪订下10年的独家租约,10年之后房子就要拆了,那么巴菲特的生意现在值多少钱?

答案并不清楚。让我们先来看看这个生意的经济因素。首先巴菲特的现金和资产总数是43美元,没有负债,所以他的资产负债表,也就是会计师所做的企业在某一天的财务状况。

让我们看看巴菲特弹珠台生意的损益表。

现金的资产是8美元,动产是弹珠台一座,值35美元,没有负债。实收资本是原先投资的钱,也就是购买弹珠台的35美元。保留盈余是第一天的收入8美元。股东的股本是实收资本加上保留盈余一共是43美元(35+8)。

收入明细表可以显示企业在某一段时间之内的获利情况。以巴菲特来说,公司第一天的收入明细如下:

  收入:$0
  支出:$-2
  所得:$8

收入是第一天所赚得的钱10美元,支出是付给沙琪的2美元,所得就是巴菲特放入口袋中的钱8美元。

2. 弹珠生意值多少钱

我们可以从损益表中看到公司净值43美元,他会以公司的净值43美元卖掉吗?

不会的,因为巴菲特相信未来10年它每天会为自己赚进8美元。所以巴菲特的公司值多少钱?沙琪的店1年365天都开着,把1天赚的8美元乘以365,1年可以得到2 920美元的收益。这是不错的回收。

那么,巴菲特的生意究竟值多少钱?

他的弹珠台生意1年赚2 920美元,他希望继续再做10年,所以实际上,他的公司在未来的10年当中,每年会赚进2 920美元,同时他也认为,他的公司现在就值未来10年之内每年赚进的2 920美元。什么是现值呢?现值也就是现在的价值。年轻的巴菲特开始考虑折现,以及比较每年收益复利的理论。

他想,如果每年会赚进2 920美元,持续赚10年,那么在第十年,就可以得到总数29 200美元,也就是说,如果把所赚的钱全存下来的话,共赚了29 200美元。

如果把这笔钱存下来,然后把它投资到货币市场基金,这个基金每个月付8%的利息,那么在第十年就会大约拥有44 516.86美元。这笔44 516.86美元,在今天将会值多少?

如果利息是8%,那么今天要投资多少金额,10年后才会有44 516.86美元?键入年数(N=10),利息(8%),以及未来的价值(FV=44 516.86),然后按下运算的按钮,以及现在的价值(PV)的按键,于是得到20 619.92美元。

这就表示如果投资了20 619.2美元,在10年之中,每年的复利是8%,如果你把所有的钱都存下来,连同利息,那么在第十年就可以得到44 516.86美元。

这似乎是一项不错的投资,除了一件事,如果每年能够投资到有10%报酬的最高等级公司债券,就是可以得到更好的收益。

这对我们的评估有什么影响呢?你想投资下去可以得到8%的收益或是10%呢?假设这两者有相同的风险,选择10%将会是你自己做的决定。

因此,如果你付出20 619.92美元,可以计算出每年有8%的收益,如果希望达到10%的收益,就必须付出更少的钱。

所以不论对报酬的要求如何,都可以利用计算器算出,要获得该笔报酬所需投资的金额。投资以上金额,你就可以预估这家公司会比过去的记录做得更成功。投资的金额越少,得到的报酬越多。

3. 评估企业的角度

对投资者而言,他事先就知道要得到某种报酬,你必须先付出多少金额,这就是企业远景的角度,你了解公司的本质以及可能得到的报酬,而愿意付出一笔款项,以得到经济效益。

在股票市场上,每天都因为从企业远景角度的投资,以及人心的贪婪投机而使得个人公司中的部分利息,落到拍卖的命运。从企业远景的角度来看,大公司多寻求购买整个公司以增加营收,从投机的角度来看,许多个人的投资者,以及不少共同基金都是从乐观的期望和贪婪的角度出发。

证券卖出的价格,并不是这个公司价值的指标,有的时候这个公司真正的价值不止于此,有的时候,也可能没有这个价值。股票市场就是由人和一些公司或者是共同基金所组成,他们是由两股相反的力量在较劲,这种两极的态度一个是从严谨的企业远景角度投资,一个则是从恐惧和贪婪的角度投资。

就是这种投机心理才会把证券推往巅峰,然后又因恐惧而掉落谷底。从企业远景角度来考量,才能够把巅峰以及谷底的股价拉回。纳贝斯科公司在1988年,是以每股45美元卖出,每股配息5.92美元,而且债务非常少。长久以来,它的营收成长非常快速,因为烟草的生意利润非常高,然而大众对这个公司的印象非常差,因为有不少的消费者因为自身的健康受到损害而控告它。于是它的股价就无法提升。

然而纳贝斯科公司的管理阶层,看到股价一直无法攀升,认为他们可以借由数10亿美元,来买下所有的股票,以完全控制公司。然后再用公司流通的现金,去偿还他们所借来的数10亿美元。看到这个机会,管理阶层组成了一群投资者,尝试从华尔街的投资银行取得数10亿美元的贷款,这些由管理阶层组成的投资人,决定以75美元一股,买回所有发行的股票,也就是等于付出170亿美元买下整个公司。这有点像买下一栋商业大楼,把新的标的物产生的收益付给卖主,再把租金付给银行。

就纳贝斯科公司的例子而言,管理阶层所组成的投资人以买主的身份出现,买下整个公司,然后把它抵押,取得的款项付给原先的股东,再利用流动的现金付给银行。这个非常聪明的游戏之所以会成功,是因为投资大众受到恐惧因素的影响而超卖股票,使得股价下滑,而管理阶层所组成的投资者,知道这个公司从企业远景角度所具有的价值,于是紧紧捉住这个机会,把股票因恐惧而引发卖压的45美元一股,推升到从以企业远景角度考量的75美元1股。

事情原本进行得很顺利,不料中途杀出了借贷收购公司KKP,他们认为这个公司的价值不止于此,于是取得一些银行的同意,以大约280亿美元的价格买下这家公司,后来KKP运用纳贝斯科公司的流动现金,再加上卖掉其他几家子公司的收益,付出了头款。现在这家公司已经开始转亏为盈,而且付清了大部分的债务(KKP这样的借贷收购公司所组成的投资人,他们找到了标的物买下整座没有贷款的大楼,然后运用大楼的租金来付清银行的贷款,但是除了商业大楼之外,像KKP这样的公司会去寻找没有多少付债的标的物,或是股票市场低估的公司,然后买下它)。

格雷厄姆在1951年《证券分析》一书中写道:一般而言,股票市场会低估正在诉讼的资产并高估负债。因此有心进入这些市场的人士,就有机会以低于它们真正价值的价格买进,而在诉讼标的物经过处分之后,获取极高的利润。

纳贝斯科公司是一个大众因恐惧而低估它的资产,又因恐惧而高估它的负债的一个标准的例子。这种例子造成股票的卖空,然后从企业远景角度去看的人士,发现的价值,而愿意以远超过股票市场所评估的价格买下它。

请注意,这并不是说从企业远景角度来看,就不会受投机心态所影响,然后以过高的价格买下一项标的物。只要管理阶层被自我所蒙蔽,且想要扩充版图的贪念太强,就容易忽略企业远景角度的合理投资。

好的东西,是越多越好

巴菲特投资的首要选择是寻找那些优秀且庞大的私人企业,等到老板想要卖出部分家产时,全盘买下。所以,如果谁拥有很优秀的私人企业,且规模庞大,每年至少有上亿美元盈利,又有兴趣出售的话,那他就买下来。但有一个条件:那就是经理人必须继续留任,因为伯克希尔不会插入新人去管理的。

但这种优秀的私人公司毕竟很罕见。巴菲特就此也转向股市里寻找同样优秀的挂牌公司。

在此,巴菲特觉得他就会扮演小股东的角色。因为他发现在股市中收购整家企业通常都会因多个收购者竞争而炒高价格,即使买到了也不合算,反而是等待"股市把股票交给你"才是投资的上上之策。

从他的投资经验中,他发现在股市里可以静悄悄地以小股东身份购得平常收购价的半价股票。伯克希尔收购别家公司之后不会要求换人管理,反而是看中这些优秀经理人才买入的。所以,既然都是争取到相同的股份利益,为什么还要花费双倍的价格去全盘收购人家呢?

1. 最好的公司就是不需要增加投资的公司

巴菲特从第一家买入的公司(伯克希尔纺织厂)经验中学到一个很重要的教训:最好的公司就是不需增加投资的公司。

巴菲特发现,很多企业虽然赚钱,但所赚到的盈利却是不停地投入公司里用来增添设备器材用的。这种企业,等到竞争力不够时,多年累积的盈利都要泡汤。

即使是永远能够保持竞争力,这种企业的投资报酬率不会使投资者致大富。因为,这些公司的盈利虽然每年都在增加,但却是由资金的增加促成,就像银行定期存款里的利息(盈利),如果永远不将利息拿出来,那盈利每年都在增加,虽然利率没有改变。

真正能够使投资者致大富的,是那些能够不停地增加企业盈利,但却不需要增加投资的公司。

伯克希尔早期所买入的私人公司都是这一类的公司,包括报馆、家具店、糖果店等。我们拿一个例子来清楚地说明巴菲特的经商精神。这个例子将会告诉我们巴菲特对投资活动里,现金观点的重要性。巴菲特称他对现金投资和报酬率的看法为"现金对现金"的投资法。

当年伯克希尔以5 500万美元买下NFM家具店80%股份时(另外20%由创办人家族持有),它的常年营业额是1亿美元。也就是说,伯克希尔以55分买下80分的营业额。这和巴菲特所反对的电脑科技股今日以营业额百多倍价格交易的情形,形成对比。

但投资是购买未来,今日价格便宜并不能确保明日的胜利。且让我们继续算下去。

买入后的第一年,NFM就赚了1 450万美元。这意味着伯克希尔的应得部分是1 160万美元。这是超过21%的首年报酬率!这笔现金盈利NFM交给了伯克希尔,每年如此。

接下来的10年里,NFM的盈利每年增加,第十年的盈利(伯克希尔部分)是2 154万美元。这是当年投资本金的39%。39%的确是很高的投资报酬率。或许有人会问,怎么可以拿10年前的投资本金来谈呢?不要忘了,NFM每年都把公司盈利交给巴菲特拿去投资,所以营业额和盈利的成长都不靠额外的资金。巴菲特发现近乎所有的大公司多年来盈利之所以增加,就是因为把盈利加入公司再投资。他说有些主管人员还不明理地炫耀说是在他们主管下营业额和盈利才增加了多少多少的。巴菲特认为这没有什么稀奇,在银行开一个储蓄户口,不要把利息拿出来,让它和本金一起滚,也能够达到相同的效果。

伯克希尔股东觉得可喜的是,以上NFM的优秀例子,并不是一个例外,而是伯克希尔属下很普遍的一个例子而已!

2. 死后也要可口可乐陪葬

巴菲特认为,世界上最优秀的品牌公司,就是可口可乐公司。在世界各地不同国家和不同时间里展开的消费者调查报告显示,大半的品牌认知、品牌认同和素质认同的排名,都是可口可乐公司高居榜首。

这种占尽市场优势的情形,和麦当劳这家以汉堡包为主的快餐厅,在炸鸡、比萨、西裔食品等的快餐公司围攻之下,脱颖而出,占全球整个快餐业大半市场的优势,如出一辙。

可口可乐的优势在于:第一,它很专注于汽水市场,不像百事可乐还牵涉零食生意。第二,和百事可乐相同的是,多次实验已经证明,没人可以分辨得出百事可乐、可口可乐和一些其他类似味道的汽水,但消费者还是习惯于喝品牌可乐。甚至世界最大的百货公司在它的几千家分店外面摆设自己品牌的汽水,虽然消费者分不出味道,并有摆设地点和半价出售的优势,还是攻不进可口可乐的市场。就是这种"同产品、更贵价格"还能吸引消费者的现象,使可口可乐成为投资人一大致富选择。今日的可口可乐是世界饮料市场的领导者,在很多国家(包括美国国内市场),占了超过一半的饮料市场。

可口可乐是一种非常"中产"的饮料。要成为中产阶级的饮料其实不难,难的是成为上、中、下阶层都喜欢的品牌饮料。

一个亿万富翁、一个百万富翁和一个工薪阶层人士,都有自己心目中所喜爱的葡萄酒牌子。但可口可乐却完全没有阶层之分,三种人都有能力像巴菲特那样一天喝好几罐的可口可乐,同时也不用付出更高的价格来买"更高品质"的可口可乐以炫耀身份。在这种情形之下,今日三种人都在喝可口可乐的事实,不但是市场营销学者的经典案例,也是投资人每年津津乐道的话题。

今日的可口可乐,虽然是品牌饮料市场的霸主,每一天全球总共卖出10亿杯,但毕竟也只是全球饮料市场的2%而已。另外470亿杯的饮料(全球人口平均每人8杯)不但包括了其他品牌饮料(如百事可乐),也更包括了无品牌的饮料,包括我们午餐时所叫的苏打水、咖啡店和友人聊天时喝的咖啡、街边食摊的茶饮料、家里自己泡的三合一或凉茶等。

可口可乐公司把那庞大的470亿杯饮料视为目标,称自己每天卖10亿杯的惊人成就为"刚刚起步"。

其实,如果我们要看未来全球经济现象是怎样的,我们就应该看看今日那几个已经将近全面开放竞争的国家。因为这些国家没有阻止外国人进去竞争,因此在那里胜出的公司,就是全球经济大开放时的市场领导者。

伯克希尔股东觉得可喜的是,在今日已开放的国家里,可口可乐占据上了最大的市场占有率。比如在美国,要把可口可乐的销售量加倍,就得要全部美国人都喝可口可乐,这是不可能的事。要人们在10年后每天喝今日两倍的饮料,也是很难想象的事,因为我们肠胃的容量和能力永远都是一样的。

真正的威力,来自那些发展中国家和落后国家。今日这些国家有些是阻止外国饮料入境、有些是百般刁难外国品牌的行销。更糟的还是这些国家的人民的收入水平太低,无法天天喝可口可乐。那里,才是可口可乐未来的金矿。

巴菲特与可口可乐的交情,还在于他和可口可乐有着一段旧情缘。当他6岁时,夏天常到祖父的杂货店,买来6个罐装的可口可乐,共两毛五,然后向邻居小孩兜售,每罐卖五分钱。当时的小巴菲特觉得这生意本小利大,有"很大的收益空间"。

很可惜,巴菲特当时并没有把小孩子喜欢喝可口可乐的心态,转到买可口可乐股票的行动上。

一直到了1988年,当巴菲特终于看到可口可乐全球增长潜能和品牌的威力时,才大笔买入股票。针对此事,巴菲特评论说,从小时卖可口可乐到现在,经过了长达52年的时间他才明白,可口可乐最赚钱的是在那个糖浆上,而不是在销售生意里。

或许,巴菲特很迟买入可口可乐股票,是因为他之前对百事可乐的执著。巴菲特在买入可口可乐之前,是个百事可乐的忠实"饮迷",每天喝下五六罐的百事可乐。

今天呢?当然,每天还照样喝五六罐的可乐,但已经不是百事可乐,而是可口可乐。

巴菲特常强调,他的投资和饮食偏好是一致的。

他说,当他死的时候,可口可乐公司将会额外卖出很多罐的汽水,因为他要大量的可口可乐和他陪葬!

3. 两次买入迪士尼

很多散户常常问:股票卖多少钱才算"贵",多少钱才又算"便宜"呢?这其实也是投资世界里胜负的决定性的问题。毕竟,"低买高卖"就是投资致富的秘诀。

有些股民常爱说,"这股票以前是卖80元的,今天只卖12元,应该大笔买入,很便宜啦!"一些则说,"这股票涨得太厉害了,200元不该买入,等它跌到40元以下才入货吧。"

巴菲特说,一张股票之"贵"或"便宜",跟股价没有关系。一只2 000元的股票有可能还算很便宜,但另一只仅卖3元的股票却可能是太贵了。

巴菲特喜欢提起20世纪60年代的迪士尼例子。当时,美国股市处于类似今日亚洲股市低迷的困境,人人"谈股色变",好股坏股价格齐跌,皆无人问津。

当时的巴菲特发现了迪士尼集团这只好股。那时美国人都说迪士尼股票不便宜,但巴菲特买股是以整家公司来看的。每次买股时,他都会问自己:"如果我可以买下整家公司,我愿意给多少钱?"把这笔庞大的数目,除以股票总数,就是他所愿意付出的每股价格了。

当时巴菲特就发现,整家迪士尼公司也只卖9 000万美元,单单是一年的盈利已是2 100万美元,而耗资1 700万美元的海盗游缆车已建好即将开幕。从这个眼光看来,迪士尼股价就不贵。

不要忘了迪士尼旗下的各个子公司。今日我们都看到了,单单是《狮子王》的推出就已经为公司带来总共10亿美元的盈利,还未包括每隔几年就推出一次的《白雪公主》等卡通名片的原版、全球各地迪士尼卡通玩具的专利税、全球四个迪士尼乐园游乐场门票等,全部事业,都可以在20世纪60年代以9 000万美元购得。

今日回想起来,尤其是当你和全家人在迪士尼世界游玩,当你在观赏《玩具总动员》、《虫虫特工队》的时候,你就会对迪士尼的品牌威力感到尊敬。巴菲特曾说过,家长没时间每部儿童电影都先去过滤才选适当的给孩子观赏。迪士尼也就成了家长的自然选择。

可惜的是,巴菲特于1966年买入迪士尼后,次年就把它卖掉,1年赚取了54%的盈利。

幸好,买入优秀公司,绝不嫌迟。20世纪90年代,当伯克希尔手中的ABC电视公司和迪士尼公司合并时,巴菲特也重新看到了迪士尼的威力,除了合并拿到的迪士尼股票之外,也另外多买了不少。

迪士尼的一个强点是能拍摄卡通电影后,每隔几年又重新推出赚大钱,这对公司盈利是很重要的。

4. 钟情于国际牛奶皇后

相信对美国比较了解的人对International Dairy Queen(国际牛奶皇后,简称IDQ)并不会感到陌生。这是美国很出名的快餐连锁店，在全球各地总共设有6 000多家的特许经营分店。1997年，巴菲特毅然卖出将近所有的麦当劳股份，而收购了整家的IDQ。

麦当劳是全球最大的快餐连锁公司，全球分店数目高达3万家，而且股东资金报酬率（ROE）在过去10年来也逼近20%。麦当劳今日在美国的营业额，是排名第二、第三和第四的三家竞争者相加起来的营业额总和。在国际市场方面，麦当劳在一百多个国家里，占排名第一的地位。在全球的连锁快餐营业额中，麦当劳占了高达六成的销售量，是排名第二的竞争者的三倍。这种品牌的优势，使麦当劳在日渐年轻化的消费市场占尽优势。它在国际市场的增长率每年都是双位数。

再者，今日的麦当劳，每一天也只是在国际市场里提供服务于世界人口总数的1%而已。一整年里，平均每个人只是在麦当劳吃三餐而已。

那么，为什么巴菲特1997年又会卖掉麦当劳，买进IDQ呢？

必须明白，麦当劳和IDQ虽然都是快速成长的快餐连锁店，但它们却有一个非常明显的差异。麦当劳除了让创业家特许开办餐厅，但同时总公司本身也拥有不少的餐厅分店。这意味着麦当劳除了拥有那个饮食业本身的部分，同时也拥有不少的产业。

今日的企业，要想稳重但快速地赚钱，就必须避开拥有任何产业，而不是像传统古老思想的企业那样，强调必须拥有本身营业的建筑物。

简单地说，如果生意上的报酬率连产业增值都比不上，那最好去投资产业。如果生意报酬率超过产业增值，那就应该集中注意力于那个生意的运作部分，而不要拥有任何关联的产业。租用产业会更好。这对于传统思想的中国人是一大挑战，因为在过去10多年来的切身经验中大家都看到了，身边买股票的人，即使没有严重被"烧伤手"的，也没有那么惊人的产业增值。20世纪90年代和21世纪的"要致富就要避开产业"投资原则，的确是只有理智和开明态度的投资人才会接受的。

投资企业需具备的三个因素

巴菲特说："当我们投资购买股票的时候，应该把自己当作是企业分析家，而不是市场分析家、证券分析家或宏观经济分析家。"

巴菲特认为，股票是个抽象的概念，他并不从市场理论、宏观经济思想或是局部趋势的角度来思考问题。相反，他的投资行为是与一家企业如何运营有关的。

巴菲特相信，如果人们不是被企业经营而是被某些肤浅的了解吸引到一场投资中去的话，他们更有可能在刚一看到某些不对或损失的苗头时就吓跑了。巴菲特与这些人不同，他总是集中精力尽可能多地了解企业的深层次因素。这些因素主要集中在以下三个方面：

(1)企业的业务是否简明易懂？

(2)企业经营历史是否始终如一？

(3)企业是否具有长期令人满意的前景？

1. 业务简明易懂

巴菲特认为，投资者成功与否，与他是否真正了解这项投资的程度成正比。这一观点是区分企业导向和股市导向这两类投资人的一个重要特征。后者仅仅是购买了股票，打一枪换一个地方而已。

这些年来,巴菲特曾经拥有过类别广泛的企业:加油站、农具厂、纺织品公司、零售商、银行、保险公司、广告公司、铝材料和水泥公司、报纸、石油和矿产开采公司、食品饮料和烟草公司以及广播电视公司。这些企业中,有些是由巴菲特控股;而有些企业,巴菲特只是少数股东。不管处于何种股权地位,巴菲特都很了解这些企业是如何经营的,包括盈利、费用、现金流、劳工关系、价格的灵活性,以及公司的资本需要、分配与运用状况。

巴菲特之所以能够保持对所投资的企业有较高程度的了解,是因为他有意识地把自己的选择限制在他自己的理解力能够达到的范围。

巴菲特忠告投资者:"一定要在你自己能力允许的范围内投资。能力有多强并不重要,关键在于正确了解和评价自己的能力。"

有些专业人士认为,巴菲特给自己设置的这些限制,使他无法投资于那些收益潜力巨大的产业,比如高科技企业。巴菲特则认为,投资的成功并不在于你知道多少,而在于真正明确你到底不知道什么。"投资者只要能够避免大的错误,就很少再需要做其他事情了。"在巴菲特看来,超乎寻常的投资成就,往往只是通过普通的事情来获得的,关键是如何把这些普通的事情处理得异乎寻常的出色。

2. 贯穿始终的经营历史

巴菲特并不只是避免分析上的复杂,他对企业经营业务也有明确的要求。巴菲特通常拒绝投资下面几类公司的股票:

(1)正在解决某些难题。

(2)由于以前的计划不成功而准备改变经营方向。

根据巴菲特的经验,那些多年来生产同样产品、提供同样的服务的企业,往往有最好的投资回报。而那些正在转变经营业务的企业,则更有可能出现重大的经营失误。

巴菲特认为,剧烈的变革和丰厚的投资回报通常是不相容的。但绝大多数投资者却持相反的看法。最近,投资者争购那些正在进行公司重组的公司股票。巴菲特认为,出于无法解释的原因,这些投资者对这类公司未来的收益寄予厚望,却忽视了这类公司的现状和问题。

巴菲特从自己在企业经营和投资方面的经验教训中深深地体会到,经营方针的重大转变很少能真正起作用;以合理的价格购买优秀的企业和以便宜的价格购买有问题的企业相比较,前者更具增加投资收益的可能。巴菲特解释说:"我们并不知道如何解决有困难的企业所面临的问题,只是尽量避免投资这些有问题的企业。我们之所以取得目前的成就,是因为我们关心的是寻找那些我们可以跨越的一英尺障碍,而不是去拥有什么能飞越七英尺障碍的能力。"

3. 令人满意的长期发展前景

根据巴菲特的观点,整个经济世界可划分为两个团体:有特许经营权的企业形成的小团体和一群普通的商业企业组成的大团体。后者中的大部分企业的股票是不值得购买的。巴菲特把特许经营定义为:

一家公司提供的产品或服务:

(1)有市场需求甚至强烈的需求。

(2)没有比较接近的替代产品。

(3)没有受到政府管制。

这些特征允许特许经营型企业有规则地提高它们的产品或服务的价格,却不必担心失去市场份额。特许经营企业甚至可以在需求平稳、生产能力未充分利用的情况下提价。这种定价的灵活性是特许经营的一个重要特性,它使得投资可以得到超乎寻常的回报。特许经营企业另一个明显的特点则是拥有大量的经济商誉,可以更有效地抵抗通货膨胀的负面影响。

相反,普通的商业企业所提供的产品或服务与竞争对手往往大同小异,甚至雷同。几年前,普通的商品包括油料、汽油、化学品、小麦、铜、木材和橙汁。如今,计算机、汽车、空运服务、银行服务和保险也都成了典型的日用商品。尽管有巨大的广告预算,它们的产品或服务仍然与竞争对手没有实际意义上的区别。

总的来说,普通商品企业通常是低回报率的企业,巴菲特称之为"盈利困难企业的主要候选者"。因为它们的产品与其他企业并无二致,因而只能在价格上竞争,结果严重削减了经营利润。普通商品企业增加利润的唯一办法就是指望出现货紧张的情形。巴菲特认为,决定一家普通商品企业长期盈利能力的关键因素是"供应紧张相对供应宽松的年数比率"。这一比率往往是一分数。伯克希尔·哈撒韦公司控股公司下属的纺织分部最近经历了一次供应紧张时期,但用巴菲特的话来形容,这次供应紧张只持续了"清晨最好的那部分时间"。

巴菲特分析完公司的经营特征后,接下来评判它的相对竞争优势和弱点。他强调说:"我所看重的是公司的盈利能力,这种盈利能力是我所了解并认为可以保持的。"

特许经营通常会形成盈利优势。优势之一表现在可以自由涨价从而获得较高的盈利率。另一点则是在经济不景气时,比较容易生存下来并保持活力。巴菲特认为,持有一家即使犯了错误,利润仍能超过平均水平的企业的股票是很舒服的。"特许经营企业可以容忍管理失误。无能的管理者可能会减少它的盈利能力,但不会造成致命的损失。"

特许经营一个主要的弱点是价值容易降低。成功显然会吸引新的进入者和替代产品,产品之间的区别也会逐步缩小。在竞争期间,强势特许经营会逐渐退化为巴菲特所说的"弱势特许经营",而后是变成"强大的企业"。一度曾经很成功的特许经营企业最终减弱为一般的商业企业。

当这些情形发生时,优秀管理者的价值和重要性呈指数递增。

一个特许经营企业可以忍受无能的管理而继续生存,而一家普通的企业则不能。

考察企业管理者的三大准则

巴菲特考虑购买一家企业时,总是仔细考察该企业的管理。巴菲特所购买的企业必须是由诚实、有能力并且令他欣赏和信任的管理者领导的。巴菲特对有意收购或投资的企业管理的考察主要包括以下几个方面。

1. 管理者的行为是否理性

对股东来说,最重要的管理行为是公司资金的分配。因为从长远来看,资金分配决定了股东投资的价值。巴菲特认为,如何分配公司盈利——继续投资还是分配给股东是一个逻辑和理性的问题。

如何分配公司盈利,与公司处于生命周期的阶段有关。当一家公司沿自己的经济生命周期向前发展时,它的成长速度、销售收入、利润和现金流都会发生戏剧性的变化。在第一阶段,即初始发展阶段,公司因为开发产品和建立市场,支出大于收入。在第二阶段,即迅速成长阶段,公司盈利能力增强,但内部产生的现金仍无法支持公司快速发展对资金投入的需求。此时,公司不仅要保留所有的盈利,还要通过借债或发行股票来筹集发展资金。而第三阶段,即成熟阶段,公司发展速度开始减慢,产生超过扩展和经营所需要的现金。最后一个阶段,即衰退阶段。公司开始体验到销售和利润同时下降,但仍能产生多余的现金。如何分配利润这一问题突出体现在企业成长的第三、第四阶段,特别是第三阶段。

如果多余的现金用于再投资的收益率超过公司股权资本成本,即公司股东要求的收益率,则公司应保留所有的利润进行再投资。此外,如果再投资收益率低于资本成本,则保留盈利进行再投资就是不合理的行为。如果一公司产出的现金超过内部投资与维持经营对资金的需求,但继续在本公司业务上投资只能获得平均水平甚至低于平均水平的投资回报率,那么这家公司的管理者在利润分配时面临三种选择:

(1)再投资于公司现有业务上。

(2)购买成长型企业。

(3)分配给股东。

正是在这一决策的十字路口,巴菲特才尤其关注企业管理者的行为。因为在这里,才能真正体现公司管理者的行为是否理性。

总的来说,那些不顾再投资收益率会低于平均水平仍然继续投资的管理者,往往认为低回报率的情况只是暂时现象。他们相信,凭着管理层的才能,可以提高公司盈利能力。如果一家公司多次忽视低投资回报率问题,执意将多余现金进行再投资,那么该公司的现金会成为越来越没有价值的资源,公司股价也会相应下跌,利润回报日益恶化。现金富裕、股价较低的公司往往会吸引公司并购者的注意,这也就是公司现任管理层任期终结的开端。为了保护自己,经理们经常选择第二个方案:购买另外一家所谓成长型的公司。

宣布并购计划有激励股东、阻止公司并购者的作用。但是,巴菲特对需要通过并购其他企业来促进自身成长的公司持怀疑态度。原因之一在于,这样的成长可能代价过高,得不偿失。原因之二是,这样的公司需要整合成一家新公司,这就有可能犯损害股东利益的重大错误。

巴菲特认为,对拥有不断增加的现金,却难以获得高于投资平均收益率的公司来说,唯一合理的做法,就是将这些现金返还给股东。具体做法有两种:

(1)增加红利。

(2)购股份。

股东拿到现金红利后,就可以自主选择其他回报率更高的投资机会。表面上看,这好像是一桩好事,因此很多人认为红利不断增加是企业经营良好的表现。但巴菲特坚信,只有股东利用他们的现金进行投资从而获得比公司利用盈利再投资而产生的现金更多时,这才是对的。

这些年来,巴菲特在他的投资上获得了很高的回报,而且保留其中所有的收益。在这样高的收益下,给股东分红就等于是提供了错误的服务。因此,伯克希尔·哈撒韦公司不对股东派发现金红利并不令人惊讶,股东也相当满意。1985年,巴菲特询问伯克希尔·哈撒韦公司的股东以下的三种股利政策中哪一种更符合他们的心意:

(1)继续将所有的盈利再投资,不分红派息;

(2)适当分配现金红利,把经营利润的5%~15%用于分红派息;

(3)按时下美国公司典型的做法分红派息,即将全部利润的40%~50%用于分红派息。

结果,88%的股东愿意继续现存的不分红派息的股利政策,显示出伯克希尔·哈撒韦公司的股东们绝对相信巴菲特。

如果说现金红利的真正价值有时会被误解的话,那么采用回购政策把盈利返还给股东的做法就更是如此了。从很多方面来讲,股东从股票回购中得到的利益更间接、更无形。

巴菲特认为股票回购的回报是双重的。如果股票的市场价格低于其内在价值,那么回购股票就有良好的商业意义。例如,某公司股票市价为50美元,内在价值却是100美元。那么管理层每次回购时,就等于花费1美元而得到2美元的内在价值。这样的交易对余下的股东来说,收益是非常高的。

巴菲特进一步认为,公司经理们在市场上积极回购股票时,是在表示他们以股东利益最大化为准则,而不是不计效益盲目扩展公司资产与业务。这种立场向市场发出了利好信号,从而吸引其他正在股市上寻找管理优秀且可以增加股东财富的公司的投资者。此时,股东通常可以得到两项回报——第一项是最初公开的市场上购买,紧接着是因投资人的追捧而造成的股价上扬。

2. 管理者对股东是否坦诚

巴菲特一直敬重那些全面、真实地披露公司财务状况的管理者。他们承认错误如同公告成功一样,并且能对股东坦诚相待。巴菲特特别敬重那些不利用公认会计准则来隐瞒、包装企业业绩真实情况的经理人员。

巴菲特还欣赏那些有勇气公开讨论失败的人。巴菲特认为,大多数企业的年度报告是虚假的。每个公司都在犯错误,只是程度不一。大多数管理者在报告业绩时乐观有余、诚信稳健不足。这一行为只能满足经理人员自己的短期利益,但从长远来看,对谁都没有好处。

巴菲特在伯克希尔·哈撒韦公司的年度报告中,公开了伯克希尔·哈撒韦公司盈利能力和管理状态的好坏两方面状况,巴菲特一直披露伯克希尔·哈撒韦公司在纺织或保险业务方面所遇到的问题,以及他自己的管理失败。从1989年开始,巴菲特在年度报告中列举自己所犯的错误,称为"二十五年中的第一个失误"。在年报中,巴菲特不仅坦言了自己的失误本身,而且还包括因为他处理失误而丧失的机会。

评论家们认为,巴菲特之所以敢于实行他的公开承认错误的计划,是因为他拥有伯克希尔·哈撒韦公司42%的股份,因此,即使公开坦陈所犯错误,也没有被炒鱿鱼的后顾之忧。这固然是一个因素,但巴菲特这一做法在管理层报告中还是具有创造性的。因为巴菲特深信,坦诚对管理者和股东都有好处。"误导公众的总经理,最终也将误导他自己。"巴菲特将这一见解归功于查理·蒙格,认为是他帮助自己理解了研究一个人的失败比只关心他的成功更重要的道理。

3. 管理者是否受惯例驱使

既然管理者是通过解决困难和修正错误来赢得尊敬和信誉,为什么那么多的年度报告中却只鼓吹成功呢?如果资金的分配和利用是这么简单而又必然,为什么总是处理不好呢?巴菲特将其原因归结为"惯例驱使"。正是这些貌似无形的惯例导致公司管理者模仿别人行为的趋向,而不顾及那些行为可能是非常愚蠢和不合理的。

巴菲特宣称这是他职业生涯中最令人吃惊的发现。在学校所学到的是:有经验的公司管理者是诚实而又聪明的,可以自动作出合理的经营决策。但一旦来到企业的实际环境中,巴菲特看到和体会到的却是另一番景象,"当惯例驱使发生作用时,理性是脆弱无力的"。

巴菲特将惯例驱使的力量归纳为以下几种情况:

(1)一个组织或机构拒绝在当前方向上做任何改变。

(2)就像工作占用了所有可用的时间一样,公司的计划和并购也具体化为用尽所有可支配资金。

(3)在每项业务上,不管经理人员的筹划有多么不明智,都能很快获得由工作人员悉心准备、内容翔实的关于利润率、策略等方面研究报告的支持。

(4)盲目模仿、争相攀比同类公司的行为,包括扩张、并购、建立经理奖励制度等。

大多数管理者都不希望在别的公司每季度都有盈利时,自己的公司却发生令人难堪的赤字亏损,因为这样往往会被人们视为无能。尽管他们自己也相信沿着原来既定的方向继续走下去必然是悬崖,却不愿勒马改道,因为跟随别的公司总比改变方向要轻松。确实,巴菲特不用担心被炒鱿鱼,因而可以作出一些非常规的决定。同样,如果一名管理者有较高的交流技巧,就容易使股东相信短期的损失可以带来长期的高利润。巴菲特深知,无力抵抗习惯性压力的情形,往往很少与股东有关,关键在于经营者是否乐意接受根本的改变。

即使管理者接受现实,认为公司必须进行改革以避免可能的破产,但对大多数企业来说,改革计划很可能因大多数人感到困难而难以贯彻执行,最终往往是被一个折中的方案所替代:购买一家新公司,而不是正视当前实际问题。

为什么管理者会这样做?巴菲特指出,对管理者行为影响最大的三点事实是:第一,大多数管理者不能控制自己行动的欲望,从而产生过激行为,而这些过激行为又往往通过企业接管来寻找发泄的出路;第二,大多数管理者总是不断把自己企业的销售、盈利、经理奖励等与其他企业进行比较。这种比较往往容易导致企业经理的非理性行为;第三,大多数管理者通常会高估自己的管理能力。

另一个普遍的问题是糟糕的资金分配。巴菲特指出,总经理们大多是因为在公司其他方向的优异表现才提升到这个职位的,如管理、设计、市场营销或是生产部门。由于他们中的大多数缺乏资金运用的经验,所以,只得向下属、顾问或投资银行家们寻求建议。在这里,习惯性规则就开始影响决策过程了。只要总经理把15%的投资回报率作为判断是否收购的标准时,他的下属就会向他报告说投资回报率实际可以达到15.1%。

对习惯性规则最后的解释就是不动脑筋,生搬硬套地模仿。如果A、B、C公司正在以相同的方式处理问题,那么D公司的总经理就以此为原因而采用相同的行为模式。巴菲特强调,并不是腐败或愚蠢使得这些公司的经理人员难以抵挡那些必然导致毁灭的行为。实际上,是习惯性的力量使得这些公司难以抵挡那些必然导致毁灭的行为。巴菲特曾在一次对学生谈话时,出示了一张列有27家失败的投资银行的名单。他指出尽管纽约股票交易所规模增加了15倍,但名单上的这些投资银行仍没有逃脱失败的厄运。这些投资银行的经理们都是智商很高而且工作勤奋的人,他们非常渴望成功,但为什么他们还会得到这种失败结果呢?因为他们不动脑筋,盲目模仿他们的同行。

巴菲特曾与美国企业界一些最聪明的管理者一起工作,包括可口可乐公司的小罗伯特·格依祖培和威尔斯·法高银行的卡尔·理查德。但即使是这些聪明能干的经营者一旦接手问题重重的企业,也难妙手回春。巴菲特说:"如果你把这些经营高手放到一家有问题的企业中去,也不会有多大起色。"他所说的意思是,不管这位经营者给人的印象多么深刻,他也不会仅因为这个经营者而投资于一个糟糕的企业。"让一个聪明、有能力的经理人员来处理一个基本情况极差的企业时,企业状态也没有什么变化。"

经营者的能力评估很大程度上是一种主观努力,因此不应该一味加以量化。不过,可以辅以一些量化标准,如权益资本收益率、现金流以及经营利润等。

考察财务方面的四大准则

巴菲特评价管理和获利能力以及财务评估方面的准则,是以某些典型的巴菲特信条作为基础的。他以下面几个准则作为自己在财务评估方面的指导:

(1)集中于权益资本收益,而不是每股收益。
(2)计算"股东收益"。
(3)寻找经营利润率高的公司股票。
(4)对每1美元的留存收益,确认公司已经产生出至少1美元的市场价值。

1. 用权益资本收益率来评价经营业绩

巴菲特认为:"对经营管理获利状况最重要的量度,是已投入股权资本的收益状况,而不是每股收益。"巴菲特更愿意使用权益资本收益率——经营利润对股东权益的比例来评价一家公司的经营业绩。

采用权益资本收益率评价业绩时,需要做某些调整。首先,有价证券应该按投资成本而不是按市场价格来估价。因为股票市场价格会极大地影响一家公司的权益资本收益率。例如,如果1年中股价戏剧性地上升,那么公司净资产价值就会增加,即使公司经营业绩的确非常优秀,但与这么大的股权市值相除,权益资本收益率也将急剧减小。相反,股价下跌会减少股东权益,从而会使平庸的盈利状况看起来比实际好得多。其次,投资人也应控制非经常项目对公司利润的影响。巴菲特将所有资本性的收入和损失以及其他会增减利润的特殊项目排除在外,集中考察公司的经营利润,他想知道管理层利用现有的资本通过经营能产生出多少利润。巴菲特认为这就是判断管理者获利能力的最好指标。

另外,巴菲特始终认为一家企业应能在没有或极少负债的情况下,用股权资本来获得收益。我们知道,提高财务杠杆比率,即增加债务资本,可以增加权益资本收益率。巴菲特非常清楚这一点。但是,通过借更多的钱来提高伯克希尔·哈撒韦公司权益资本收益率的想法并未打动他。"优秀企业的投资决策,会产生令人满意的业绩,即使没有贷款的帮助也一样。"而且,财务杠杆比率较高的公司,在经济增长缓慢或衰退时,是极为脆弱的。巴菲特宁可在财务质量方面发生错误,也不愿意冒因增加债务而使伯克希尔·哈撒韦公司股东权益受到威胁的风险。

巴菲特在债务方面的考虑显然是相当保守的,但在确实需要借债时,巴菲特并不畏缩。实际上,他更愿意在预料到未来使用状况时借债,而不是临时抱佛脚,在需要已经紧迫的时候再去借债。巴菲特说,如果企业每次进行有利可图的投资都能与借债的时机恰到好处地匹配,那是很理想的,但实际情形却往往相反。低成本的资金往往会使资产的价格上升,而高利率的资金却往往会增加负债成本,同时会降低资产价值。当购买公司股票的价格达到最理想的价位时,资金高成本(较高的利率)却往往降低这一机会的吸引力。针对这种状况,巴菲特认为,公司的资产与负债管理应该相互独立。

这种为日后的发展而借款的哲学,会影响近期的盈利。但巴菲特只在确信未来的经营会带来比目前债务成本更高的利润时,才会真正这么做。而且,真正有吸引力的商业机会很少,所以巴菲特希望伯克希尔·哈撒韦公司能枕戈待旦。"如果你想射中罕见的、移动迅速的大象,就得一直带着猎枪。"

巴菲特并不针对某一企业负债水平是否合适提出建议。

很明显,不同的企业现金流不同,可以应付的债务水平也不同,巴菲特想说的是,一家优秀的企业应该可以不借助债务资本,而仅用股权资本来获得不错的盈利水平。如果公司是通过大量的借款来获得利润的,那么该公司的获利能力就值得怀疑。

2. 用"股东收益"来衡量内在价值

巴菲特告诫投资者说,应该注意会计上的每股收益只是判断企业内在价值的起点,而非终点。"首先应该明白,并非所有的利润都是同样被产出的。那些相对于利润具有过多资产的公司,所报告的利润只是表面的。因为通货膨胀实际上征收了资产密集企业的通行费,导致这类企业的盈利化为幻影。所以,只有当分析家们了解预期现金流时,会计上的利润才有利用价值。"

巴菲特又指出:即使是现金流也并非是完美的衡量尺度。现金流也经常会误导投资者。现金流用于评估初始投资很大而后续投资小的企业(如房地产、油田、电信公司等)时还是比较恰当的,但对于需要持续不断的资本性支出的生产制造型企业,用现金流来评价是不够准确的。

公司的现金流,通常被定义为税后利润再加上折旧和摊销等非现金费用。巴菲特认为,这一定义的不足之处在于,它未考虑一个重要的经济事实——资本性支出。公司1年的利润中还包括用来购买新设备,升级更新工厂和维持公司运营的费用。根据巴菲特的估计,大约95%的美国企业需要与折旧大约相等的资本性支出。巴菲特指出,企业可以将资本性支出推迟1年或更长,但如果长期这么做,不进行必要的资本支出,企业肯定会衰退。资本性支出就像公司的劳务和原料成本一样,也是企业的一项常规费用。

20世纪80年代杠杆收购时期,现金流的概念和方法运用也达到鼎盛时期。付给被并购企业的过高价格就是由现金流法来评判的。巴菲特深信,现金流的数字"经常被企业或证券推销商引用,以使不合理的价格看起来合理,使本来没有市场的东西能卖得出去。当利润不足以支付垃圾债券或无法支持愚蠢高价时,很容易诱使人们去关注现金流"。巴菲特警告说,除非愿意从中减去必要的资本支出,否则就不要过于关注现金流。

巴菲特更喜欢使用他称之为"股东收益"的指标,即公司的税后利润加上折旧、推销等非现金费用,同时,减去资本性支出费用以及可能需要增加的运营资金量。巴菲特承认,"股东收益"并不能为价值分析提供所要求的精确值,因为未来资本性支出需要经常评估。但巴菲特总是引用凯恩斯的话来解释自己的观点:"宁可接受模糊的真理,也不要精确的错误。"

3. 经营利益率与成本压力

巴菲特与费雪一样,深知如果管理者无法把销售收入变成利润,那么企业所做的投资就没有价值。根据他的经验,成本管理存在马太效应,高成本运营的管理者趋向于寻找途径增加成本,而低成本经营的管理者却总在寻求减少成本的途径。

巴菲特以卡尔·理查德、保罗·哈恩(威尔斯·法高银行总裁)以及汤姆·穆菲、唐·伯克(大都会美国广播公司总裁)对不必要的费用所进行的无情削减为例。这两个公司的管理层"不论利润创了新纪录还是正面临压力,都始终积极地削减成本"。巴菲特自己对削减不必要的成本费用也是十分坚决的。他对伯克希尔·哈撒韦公司的盈利幅度十分敏感。他了解任何企业经营所需的合适的职员数目,也坚信对于每一美元销售,都应有一个合适的费用水平与之对应。

伯克希尔·哈撒韦公司是一个独一无二的公司。公司的职员人数甚至不够组建一支垒球队。伯克希尔·哈撒韦公司没有法律事务部或是公共关系部,没有设置专门策划公司并购并由受过工商管理硕士课程训练的员工组成的公司策略部,也不雇用安全保卫人员、汽车司机和送信人。伯克希尔·哈撒韦公司的费用开支还不到经营利润的1%。相比之下,其他盈利水平相似的公司这一比率高达10%,也就是说,那些公司仅仅因为日常开支过大,就使股东拥有的财产价值减少了9%。

4. 一美元的市场价值

投资者如何检验是否选择了一家具有良好的长期发展前景,并由以股东利益为导向、精明能干的管理层来经营的企业呢?对于这一问题,巴菲特通常是通过比较公司市场价值增量与留存收益增量来加以验证的。

我们知道,尽管个别时候股价会因各种原因偏离其内在价值,但从长远来看,股票市场会合理地反映公司的内在价值。对于留存收益也是一样的。如果公司运用保留的利润,在较长时间内都没有获得较好的收益,则有效市场就会在该公司股票价格上体现出它的失望。相反,如果公司利用追加资本获得的收益超过平均水平,这一成功也会体现在股价的上升中。在巴菲特的快速测试中,公司股票市值增量应至少不低于留存收益的数额。如果公司的市场价值增量超过留存收益增量,当然更好。巴菲特对此的解释是:"在这个巨大的交易舞台中,我们的任务就是寻找这类企业:它的盈利状况可以使每一美元的留存收益至少能转化为一美元的市场价值。"

第 4 篇

股票操作技术分析

第13章
股票技术分析概述

技术指标是随着股价变动而变动,不是股价随着技术指标的变动而变动。

所有技术分析方法最终都只有一个目标,那就是解释和预测价格的走势。不同的方法只是尝试从不同的路径和角度去把握市场,各有所长所短。

证券技术分析方法,在当代众多的股市分析理论中,有两大主要流派——基本面分析和技术分析。基本面分析是根据经济学、金融学、财务学及投资学等基本原理,对决定股票价格的基本要素,如宏观环境、经济政策、行业发展状况、上市公司的业绩、前景等进行分析,评估股票的投资价值,判断股票的合理价位,提出相应的投资建议。技术分析则是仅从股票的市场行为来分析股票价格未来变化趋势的方法,将股票价格每日涨跌的变化情况,通过一系列分析指标,用绘图的方法呈现出来,以判断股票价格的变化趋势,从而决定买卖的最佳时机。

技术分析的理论基础是"空中楼阁理论"。"空中楼阁理论"是美国著名经济学家凯恩斯1936年提出的,该理论完全抛开股票的内在价值,强调心理构造出来的空中楼阁。投资者之所以要以一定的价格购买某种股票,是因为他相信有人将以更高的价格向他购买这种股票,至于股价的高低,这并不重要,重要的是存在更大的"笨蛋"愿以更高的价格向你购买。精明的投资者无须去计算股票的内在价值,他所须做的只是抢在最大"笨蛋"之前成交,即股价达到最高点之前买进股票,而在股价达到最高点之后将其卖出。通常认为,查尔斯·道是技术分析派的创始人。道和琼斯开创了"道氏理论","道氏理论"是技术分析的奠基石。

此后,各种理论、技术指标陆续出现,可谓百花齐放。波浪理论、RSI等技术指标、四度空间、螺旋历法、周期理论、阴阳烛等是比较流行的。投资界从来没有停止争论,究竟技术分析有没有用。因此,也形成了三分天下的局面:技术分析派、基本分析派和随机漫步派。

在目前公说公有理、婆说婆有理的情况下,我们认为没有必要再进一步讨论,因为每一个人的自身情况并不一样,任何理论用在不同的人身上会有不同的结果。

既然三分天下的局面已形成,倒不如看看自己的情况适合哪一种理论。

对于拥有资金达九位数甚至十位数的机构而言,通常都拥有自己的调研人员,根据调研的结果选择投资目标,并不完全依靠技术分析方法。

对于资金10万元以下的中小投资者而言,要到处做调研,恐怕是不现实的。因此,强调中小投资者学习技术分析方法是必要的。

技术分析的含义

所谓技术分析是指对证券市场的市场行为所作的分析。其特点是通过对市场过去和现在的行为,应用数学和逻辑上的方法,归纳总结一些典型的行为,从而预测证券市场的未来的变化趋势。什么叫未来的变化趋势呢?就是市场交易的双方也就是买方和卖方是谁把谁打败了,这就是技术分析的实质。市场行为包括价格的高低、价格的变化、发生这些变化所伴随的成交量,以及完成这些变化所经过的时间。技术分析是一种广泛应用在证券市场中的分析工具,是一种技巧,也是一门学问。可以说,如果没有技术分析的帮助,投资者要想在证券市场上取得成功是不可想象的。作为一门经验之学的技术分析,之所以有它的实用性而存在、发展,关键就在于它的理论基础是建立在合理的假设基础之上的。

技术分析的理论基础是基于三项合理的市场假设:

(1)市场行为涵盖一切信息。

(2)价格沿趋势移动。

(3)历史会重演。

对这三大假设本身的合理性一直存在争论,不同的人有不同的看法。例如,第一个假设说市场行为包括了一切信息。市场行为反映的信息只体现在价格的变动之中,同原始的信息毕竟有差异,损失信息是必然的。正因为如此,在进行技术分析的同时,还应该适当进行一些基本分析和别的方面的分析,以弥补不足。又如,第三个假设,市场的市场行为是千变万化的,不可能有完全相同的情况重复出现,差异总是或多或少存在。

1. 第一假设是进行技术分析的基础

它主要的思想是认为影响价格的每一个因素包括内在的和外在的都反映在市场行为中,不必对影响价格的因素具体是什么做过多的关心。如果不承认这一假设,技术分析所作的任何结论都是无效的。技术分析是从市场行为预测未来,如果市场行为没有包括全部所有的影响价格的因素,也就是说,对影响价格的因素考虑的只是局部而不是全部,这样,得到的结论当然没有说服力。这个假设是有一定合理性的。任何一个因素对市场的影响最终都必然体现在价格的变动上。如果某一消息一公布,价格同以前一样没有大的变动,这说明这个消息不是影响市场的因素。如果有一天我们看到,价格向上跳空很多,成交量急剧增加,不用问,一定是出了什么利多的消息,具体是什么消息,完全没有必要过问,它已经体现在市场行为中了;反之,向下跳空,成交量大增,也一定出了什么利空消息,上述现象就是这个消息在市场行为中的反映。外在的、内在的、基础的、政策的和心理的因素,以及别的影响股票价格的所有因素,都已经在市场的行为中得到了反映。作为技术分析人员,只关心这些因素对市场行为的影响效果,而不关心具体导致这些变化的东西究竟是什么。另外必须注意,产生价格变动趋势的因素不会永远对市场起作用,当市场的价格、成交量、时间变化了以后,原来的因素将不会再有影响,而新的因素将加入到市场行为中了。

2. 第二个假设是进行技术分析最根本、最核心的因素

这个假设认为价格的变动是按一定规律进行的,价格有保持原来方向的惯性。正是由于这一条,技术分析者们才花费大量心血,以图找出价格变动的规律。一般说来,一段时间内价格一直是持续上涨或下跌,那么,今后一段时间,如果不出意外,价格也会按这一方向继续上涨或下跌,没有理由改变这一既定的运动方向。"顺势而为"是市场中的一条名言,如果没有掉头的内部和外部因素,没有必要逆大势而为。

3. 第三个假设是从人的心理因素方面考虑的

市场中进行具体买卖的是人,是由人决定最终的操作行为。人不是机器,他必然要受到人类心理学中某些理论的制约。一个人在某一场合得到某种结果,那么,下一次碰到相同或相似的场合,这个人就认为会得到相同的结果。市场的某个市场行为留在投资人头脑中的阴影和快乐是会永远影响投资人的。在进行技术分析时,一旦遇到与过去某一时期相同或相似的情况,应该与过去的结果比较。过去的结果是已知的,这个已知的结果应该是现在对未来作预测的参考。任何有用的东西都是经验的结晶,是经过许多场合检验而总结出来的。

技术分析与基础分析的区别

技术分析主要研究市场行为,基础分析则集中考察导致价格涨、跌或持平的供求关系。基础分析者为了确定某商品的内在价值,就要考虑影响价格的所有相关因素。所谓内在价值就是根据供求规律确定的某商品的实际价值,它是基础分析派的基本概念。如果某商品内在价值小于市场价格,称为价格偏高。就应该卖出这种商品,如果市价小于内在价值,叫做价格偏低,就应买入。两派都试图解决同样的问题,即预测价格变化的方向,只不过着眼点不同。基础派追究市场运动的前因,而技术派则是研究其后果。技术派理所当然地认为"后果"就是所需的全部资料,而理由、原因等无关紧要,基础派则非得刨根究底不可。两种方法貌合神离,而市场价格的变化总要超前于哪怕是最新获得的经济情报。换言之,市场价格是经济基础的超前指标,也可以说是大众常识的超前指标。经济基础的新发展在统计报告等资料揭示之前,早已在市场上实际发生作用,已经被市场消化吸收了。因此,当前的价格实际上是当前尚来不及为人所知的经济基础因素作用的结果。历史上一些最为剧烈的牛市或熊市在开始的时候,几乎找不到表明经济基础已改变了的资料,等到好消息或坏消息纷纷出笼的时候,新趋势早已滚滚向前了。关于基本分析和技术分析的关系也可以这样来理解:基本分析可以确定价格运动的大方向,至于如何走法就是技术分析的问题了。

技术分析的要素

证券市场中,价格、成交量、时间和空间是进行分析的要素。这几个因素的具体情况和相互的关系是进行正确分析的基础。

1. 价和量是市场行为最基本的表现

市场行为最基本的表现就是成交价和成交量。过去和现在的成交价、成交量涵盖了过去和现在的市场行为。技术分析就是利用过去和现在的成交量、成交价资料,以图形分析和指标分析工具来解释、预测未来的市场走势。这里,成交价和成交量就成为技术分析的要素。如果把时间也考虑进去,技术分析其实就可简单地归结为:对时间、价、量三者关系的分析,在某一时点上的价和量反映的是买卖双方在这一时点上共同的市场行为,是双方的暂时均势点,随着时间的变化,均势会不断发生变化,这就是价量关系的变化。一般说来,买卖双方对价格的认同程度通过成交量的大小得到确认,认同程度大,成交量大;认同程度小,成交量小。双方的这种市场行为反映在价、量上就往往呈现出这样一种趋势规律:价增量增,价跌量减。根据这一趋势规律,当价格上升时,成交量不再增加,意味着价格得不到买方确认,价格的上升趋势就将会改变;反之,当价格下跌时,成交量萎缩到一定程度就不再萎缩,意味着卖方不再认同价格继续往下降了,价格下跌趋势就将会改变。成交价和成交量的这种规律关系是技术分析的合理性所在,因此,价、量是技术分析的基本要素,一切技术分析方法都是以价、量关系为研究对象的,目的就是分析、预测未来价格趋势,为投资决策提供服务。

2. 成交量与价格趋势的关系

量在价先。成交量是股价的先行指标。关于价和量的趋势,一般说来,量是价的先行者。当量增时,价迟早会跟上来;当价增而量不增时,价迟早会掉下来。从这个意义上,我们往往说"价是虚的",而只有"量才是真实的"。特别是在一个投机市场中,机构大户打压、拉抬股价,投资者不能仅从价上来看,而要从量上去把握庄家操纵的成本,如此才能摸清庄家的策略,并最终获利。

价涨量增股价随着成交量的递增而上涨,为市场行情的正常特性。此种量增价涨关系,表示股价继续上升。

价创新高,量未突破。在一波段的涨势中,股价随着递增的成交量而上涨,突破前一波的高峰,创下新高价,继续上涨,然而此波段股价上涨的整个成交量水准却低于前一波段上涨的成交量水准,价格突破创新高,量却没突破创新水准量,则此波段股价涨势令人怀疑,同时也是股价趋势潜在的反转信号。

价涨量减。股价随着成交量的递减而回升,股价上涨,成交量却逐渐萎缩,成交量是股价上涨的原动力,原动力不足显示股价趋势潜在反转的信号。

价急涨,量暴增。有时股价随着缓慢递增的成交量而逐渐上涨,渐渐地走势突然成为垂直上升的喷出阶段,成交量急剧增加,股价跃升暴涨。紧随着此波走势,继之而来的是成交量大幅度萎缩;同时股价急速下跌。这种现象表示涨势已到末期,上升乏力,走势力竭,显示出趋势反转的现象,反转所具的意义将视前一波股价上涨幅度的大小及成交量扩增的程度而定。

谷底附近的价涨量平。在一波段的长期下跌形成谷底后股价回升,成交量并没有因股价上涨而递增,股价上涨欲振乏力,然后再度跌落至先前谷底附近,或高于谷底。当第二谷底的成交量低于第一谷底时,是股价上涨的信号。

价下跌破位,量增。股价下跌,向下跌破股价的某条重要支撑线,同时出现大成交量,是股价下跌的信号,强调趋势反转形成空头。

大量过后,价创新低。股价跌落一段相当长的时间,出现恐慌卖出,随着日益扩大的成交量,股价大幅度下跌,继恐慌卖出之后,预期股价可能上涨,同时恐慌卖出所创的低价,将不可能在极短时间内跌破。随着恐慌大量卖出之后,往往是(但并非永远是)空头市场的结束。

股价高位盘整,量增。当市场行情持续上涨很久,出现急剧增加的成交量,而股价却上涨乏力,在高档盘旋,无法再向上大幅上涨。显示股价在高档大幅振荡,卖压沉重,从而形成股价下跌的因素。

股价低位盘整，量增。股价连续下跌之后，在低档出现大成交量，股价却没有进一步下跌，价格仅小幅变动，此表示庄家或大户在进货。

量价关系与时间。时间在进行行情判断时有着很重要的作用。一方面，一个已经形成的趋势在短时间内不会发生根本改变，中途出现的反方向波动，对原来趋势不会产生大的影响；另一方面，一个形成了的趋势又不可能永远不变，经过了一定时间又会有新的趋势出现。循环周期理论着重关心的就是时间因素，它强调了时间的重要性。例如，在大的成交量之后的一段时间内（华尔街神童胡立阳的经验数据是五天内），如果没有更大的或者相等的成交量出现，那么可以判断股价创新高的概率很小。

量价关系与空间。空间在股票操作中的意义上讲，可以认为是价格与量的上下极限。它指的是价格与成交量的波动能够达到的空间上的极限。例如，当箱体振荡的行情出现时，量或者价若突破了箱体的上限或下限，投资者就要高度关注，这说明行情有变异的可能。

技术分析方法分类

在历史价、量资料基础上进行的统计、数学计算、绘制图表方法是技术分析方法主要的手段。从这个意义上讲，技术分析方法可以有多种。不管技术分析方法是如何产生的，人们最关心的是它的实用性，因为我们的目的是用它来预测未来价格走势，从而为投资决策服务，所以，本书介绍的仅仅是比较常用的（当然也是比较实用的）一些技术分析方法。

一般说来，将技术分析主要分为如下五类：指标派、切线派、形态学派、K线派和波浪派。

1. 指标派

指标派要考虑市场行为的各个方面，建立一个数学模型，给出数学上的计算公式，得到一个体现股票市场的某个方面内在实质的数字，这个数字叫指标值。指标值的具体数值和相互间关系直接反映股市所处的状态，为我们的操作行为提供指导的方向。指标反映的东西大多是从行情报表中直接看不到的。目前，世界上用在证券市场上的各种名称的技术指标，五花八门，数不胜数。例如，相对强弱指标（RSI）、随机指标（KD指标）、趋向指标（DMI）、平滑异同平均线（MACD）、能量潮（OBV）、心理线、乖离率等。这些都是很著名的技术指标，在股市中长盛不衰。而且，随着时间的推移，新的技术指标还在不断涌现，充实和扩大这个大家族。明白了技术分析的实质就是分析买卖双方的力量对比，也就意味着任何人都可以根据这一点设计出新的指标，所以说指标没什么"神秘"的。

2. 切线派

切线派是按一定方法和原则在由股票价格的数据所绘制的图表上画一些直线，然后根据这些直线的情况推测股票价格的未来趋势，这些直线就叫切线。切线的作用主要是起支撑和压力的作用，支撑线和压力线往后的延伸位置对价格的趋势起一定的制约作用。一般说来，股票价格在从下向上抬升的过程中，一触及压力线，甚至远未触及到压力线，就会调头向下；同样，股票从上向下跌的过程中，在支撑线附近就会转头向上。另外，如果触及切线后没有转向，而是继续向上或向下，这就叫突破。突破之后，这条直线仍然有实际作用，只是名称变了。原来的支撑线变成压力线，原来的压力线将变成文撑线。切线派分析股市主要是依据切线的这个特性。切线的画法是最为重要的，画得好坏直接影响预测的结果。目前，画切线的方法有很多种,它们都是人们长期研究之后保留下来的精华。著名的有趋势线、通道线等。此外还有黄金分割线和甘氏线等。

3. 形态学派

形态学派是根据价格图表中,过去一段时间走过的轨迹的形态来预测股票价格未来的趋势情况的方法。假设条件(1)告诉我们,市场的行为包括一切信息。价格走过的形态是市场行为的重要部分,是股票市场对各种信息感受之后的具体表现,用价格的轨迹或者说是形态来推测股票价格的将来是很有道理的。从价格轨迹的形态,我们可以推测出股票市场处在一个什么样的大的环境之中,由此对我们今后的行为给予一定的指导。著名的形态有M头、W底、头肩顶底等十几种,这些形态同样是人们智慧的结晶。需要说明的是,形态学是建立在切线理论基础上的,是切线理论的进一步延伸和扩展。

4. K线派

K线派的研究手法是侧重若干天K线的组合情况,推测股票市场多空双方力量的对比,进而判断股票市场多空双方谁占优势,是暂时的,还是决定性的。K线图是进行各种技术分析的最重要的图表,我们将在后面详细介绍。单独一天的K线的形态有十几种,若干天K线的组合种类就很多了。人们经过不断地总结经验,发现了一些对股票买卖有指导意义的组合,而且,新的结果正不断地被发现,被运用。K线在东亚地区很流行,广大股票投资人进入股票市场后,进行技术分析时往往首先接触K线图。

5. 波浪派

波浪理论一词起源于1978年美国人查尔斯·J·柯林斯发表的专著《波浪理论》。波浪理论的实际发明者和奠基人是艾略特,他在20世纪30年代有了波浪理论最初的想法。波浪理论把股价的上下变动和不同时期的持续上涨下降看成是波浪的上下起伏一样。波浪的起伏遵循自然界的规律,按一定之规进行,股票的价格也就遵循波浪起伏所遵循的规律。简单地说,上升是五浪下跌是三浪。数清楚了各个浪就能准确地预见到跌势已接近尾声,牛市即将来临,或是牛市已到了强弩之末,熊市将来到。波浪理论较之于别的技术分析流派,最大的区别就是能提前很长的时间预测到底和顶,别的流派往往要等到新的趋势已经确立之后才能看到。但是,波浪理论又是公认的最难掌握的技术分析方法。大浪套小浪,浪中有浪,在数浪的时候极容易发生偏差。事情过了以后,回过头来数这些浪,发现均满足波浪理论所陈述的,都能数对。一旦身处在现实,真正能够正确数浪的人是很少的。

以上五类技术分析方法是从不同的方面理解和考虑股票市场。有些有相当坚实的理论基础,有的就没有很明确的理论基础,很难说清楚为什么。它们都有一个共同的特点,那就是都是经过股票市场的实际战火的考验,最终没有被淘汰而被保留下来的,它们都是我们的前人的经验、智慧的精华。这五类技术分析方法尽管考虑的方式不同,目的是相同的,彼此并不排斥,在使用上相互借鉴。比如,在指标分析时,经常用到切线和形态学派中的一些结论和手法。这五类技术分析方法考虑的方式不同,这样就导致它们在操作指导时,所使用的方式不同,有的注重长线,有的就要短些;有的注重价格的相对位置,有的注重绝对位置;有的注重时间,有的注重价格。不管注重什么,最终殊途同归。只要能有收益,用什么方法是不重要的。

技术分析方法的应用原则

1. 技术分析必须与基本分析结合起来使用，才能提高其准确程度，否则单纯的技术分析是不全面的

对于刚刚兴起的不成熟市场，由于市场突发消息较频繁、人为操纵的因素较大，所以仅靠过去和现在的数据、图表去预测未来是不可靠的，这方面的例子举不胜举。但是，不能因为技术分析在突发事件到来时预测受干扰就否定其功效，正如任何一种工具的使用都有其适用范围一样，不能因某种场合工具无用而责怪工具本身，扔掉工具更是不可取的。事实上，在中国的证券市场上，技术分析依然有非常高的预测成功率。这里，成功的关键在于不能机械地使用技术分析。除了在实践中不断修正技术分析外，还必须结合基本分析来使用技术分析。当基本分析的因素已反映在价格走势中时，那些因素将不再起主导作用，当价格走势面临方向选择时，来自基本分析的因素将会成为决定方向的"借口"。

2. 注意多种技术分析方法的综合研判，切忌片面地使用某一种技术分析结果

这句话是每一个使用技术分析方法的投资者应该记住的，也是被广泛认同的。它告诉我们，需全面考虑技术分析的各种方法对未来的预测，综合这些方法得到的结果，最终得出一个合理的多空双方力量对比的描述。实践证明，单独使用一种技术分析方法有相当的局限性和盲目性。如果每种方法得到同一结论，那么这一结论出错的可能性就很小，这是已经被实践证明了的真理。也许有读者会问，单独使用一种分析方法能保证获利吗？应该说，能。如果不能，那这种分析方法就没有存在的必要了。但是每一种分析方法都是有限制条件的，而方法的创造者也没有把限制条件告诉我们，另外，单一方法只有长期不懈地使用才能保障获利，因为每种方法设计的出发点都是靠付出小的错误成本来捡大西瓜的。而不断的小的错误成本足以摧毁很多投资者的意志，所以为了减少自己的失误，需尽量多掌握一些技术分析方法。从理论上说掌握得越多肯定是越有好处的，但另一方面使用太多分析方法有时会让人产生无所适从的感觉，容易贻误战机，所以寻求最佳分析方法的组合，是投资者必做的功课。

3. 把大周期与小周期的图形结合起来分析

小周期是完全包含在大周期中的，小周期的价格走势是为大周期服务的，因为大小周期的市场行为并没有什么本质的不同，技术分析也就适用于不同的周期，当然，如果采用相同的指标参数，小周期图形上经常出现超买超卖指标钝化的情况。按照小周期的分析结果买卖，要参考大周期是否发出相同方向的买卖信号，至少不能发出相反的信号，当大小周期图形发出相同方向的买卖信号时，则信号就可靠得多；按照大周期的分析结果买卖，也要从小周期的图形上寻找合适的介入点，减少不必要的成本。当小周期图形形成趋势后，要到大周期图形上去寻找支撑和压力价位；当大周期图形上的价格处于横向调整时，要到小周期图形上去发现趋势。

如何搭配各种时间长度的周期，根据很多投资者长期以来的习惯，技术分析常用的周期为：1分钟、5分钟、15分钟、30分钟、1小时、日、周、月，其中日图分析占有相当重要的地位，有承前启后的作用，因为人类的生产活动就是"日出而作、日落而息"。市场的投资者是在一天内完成他们的操作计划，而不是日内的某一时段，日内行情波动必然服务于整日的计划，当然这并不排斥某个市场在某一日内时段交易比较活跃。周图和月图分析具有战略指导意义，一般不宜直接据其信号入市买卖，日内分时图的分析最适合短线操作。到底是按照多长的周期进行分析操作呢？最重要的一点你的资金能否承受得住这个周期的"噪音"，其他就得根据自己的具体情况了。什么样的周期搭配比较合理呢？笔者建议相邻周期的时间长度之比为3倍以上，比如你喜欢按五分钟周期图形操作，那比它大的下一个周期必须是15分钟以上。需要强调的是，技术分析在小周期图形上的应用不如大周期图形可靠，因为周期越长，越是能充分地反映了多空双方的力量对比。

4. 技术分析应在成熟的市场运用

前面我们已经说过，技术分析就是分析买卖双方力量对比的，一个投资者众多、成交活跃的市场才能真正反映买卖双方资金的角力过程，一旦一方获胜，将保持一定时间的惯性。而一个成交清淡的市场，随机成分较多，虽然也能应用技术分析，但分析结果往往缺少实际操作意义。

5. 不要把技术分析结果的偶然性当成必然性

一些初学者没有理解所有的技术分析方法分析出来的结果只能是一种概率，并不具有必然性，而是机械地套用技术分析，一旦失误又不愿"掉头"，很容易招致投资失败，最终将技术分析抛弃。事实上，所有市面上的教材在讲述技术分析的时候，都没有着重强调技术分析结果的另一种可能性或者使用技术分析的限制条件，原因可能是为了让读者对技术分析有信心吧。另外，我们学习了这么多技术分析方法，市场行情走势总能"契合"某种技术分析方法的结果，有时投资者发现在某个时期内在某个市场上某种技术分析方法颇为灵验，于是便以为这就是技术分析的"真谛"，而忽略了技术分析本身是个概率游戏，而这个概率在不同时期高低不同是很正常的。把这种偶然性当成必然性是很多自以为聪明的投资者投资失败的根本原因。

技术分析的缺陷

1. 没有100%的准确率

股票市场之所以存在，是因为有它的游戏规则在支撑。但假如有100%的预测方法存在，这个游戏就没法玩下去了，也不会有这么多的分析流派了。再者，即使某一个时期内有这种方法存在，用不了多长时间也会被其他人掌握，因为市场是简单的，不会有永远的"天机"。另外一个重要的原因就是有的突发消息能够改变市场任何的走势，不管它走的多么完美。为什么没有100%，还有很重要的一点就是趋势有时能够把所有根据技术分析得出的买卖信号打破，也许这时你会说，我按照趋势做不就行了？问题是趋势不可能一直持续下去，市场中的上升趋势和下降趋势是轮流表演的，你怎么会知道一轮趋势的终结点呢？既然没有100%，那么有没有70%、80%或90%呢？答案是肯定的，但每一种分析方法应用的时候，要有一些限制条件，才能达到这样高的盈利，而不是简单套用。了解了这一点，就意味着在投资活动中，是允许亏损现象存在的，追求完美是不行的。我们学习技术分析就是为了寻找和应用盈利能达到70%以上的分析方法，以做到总体投资是盈利的。

2. 市场的操纵行为使技术分析暂时失灵

市场的主力和庄家无法改变价格运行的主要趋势，但能影响短期趋势，特别是日内交易。随着投资者普遍学习技术分析知识,主力和庄家有时利用这一点进行骗线,特别是在关键价位搞一些假突破动作、虚晃一枪,引诱投资者上当;有时故意拖延时间,包括突破前和突破后,动摇意志不坚定者的信心。凡此种种,要求投资者不要机械地应用技术分析,要在长期的投资实践中结合市场特性不断总结,以制订出可行的应对措施。

3. 技术分析的滞后性

因为大部分技术分析方法是顺应趋势交易,也就是在明确了买卖双方向一边倒的时候,才做交易,而在技术分析发出买卖信号以前,价位已运行了一定的幅度,而这样的幅度往往要大过交易手续费或佣金好多,这就是短线投资往往不如长线投资盈利丰厚的原因。在学习了技术分析之后,投资者往往以为掌握了赚钱的工具,于是频繁交易,行情走势本没有固定模式,这样在每次做对的情况下也不一定比得上交易次数少的利润,何况按照概率来说,交易次数越多,失误的次数也就多了。逆势交易虽然有买卖在最高及最低价位可能,但要冒相当大的"逆势"风险。

第14章

技术分析的基本理论

美国华尔街流行一句话：市场一定会用一切办法来证明大多数人是错的。

股市流行了许多理论和法则，对股民炒股应该有一定的参考价值。但是固定不变的理论对股市这个变幻莫测的战场来说，则有它的局限性。尤其是国外的炒股理论和各种法则对中国股市并不完全适用，有些甚至相悖。所以，股民在运用这些炒股理论和各种法则时，一定要结合中国股市变幻莫测的实际情况。

道氏理论

人们所提及的道氏理论，实际上是查尔斯·道和威廉·彼得·汉密尔顿的市场智慧的结晶。

道氏是至今依然大名鼎鼎的道琼斯公司的创办人之一。他除了向全美提供金融新闻资讯服务以外，还出版《华尔街日报》，并且担任其主编。

汉密尔顿辞世于1929年，在此之前的20年间，他为《华尔街日报》进行了辉煌卓越的编辑工作。早年的汉密尔顿作为一名记者，曾经与道氏密切合作。

道氏自己对股票市场理论的表述，仅集中表现在1900~1902年间所写出的若干社论文章里。道氏在这些文章中提出了关于股票市场的全新理念：在股票市场中，个股的价格波动的背后，实际上总是隐藏着市场整体趋势的变化。直到那时，就是那些思考过这类问题的人普遍认定，股票市场的个股价格波动，相互独立，互不关联，是由其特定的个股公司状况，以及当时参与这些个股投机人士的市场态度所决定的。

汉密尔顿发展了他称之为道氏理论的"含义"。对汉密尔顿来说，股票市场是商业的晴雨表。它常常能预示自身未来可能的发展趋势。汉密尔顿展现出了阅读这个晴雨表的出色技巧，并时常把他对股市晴雨表的解读及其理由根据的文章，以"股市价格运动"的社论标题刊登发表在《华尔街日报》上。

在1922年，汉密尔顿出版了《股票市场晴雨表》。这是一本基于查尔斯·道的股票市场价格运动的理论，进行市场预测价值研究的书籍。

真正写作完成《道氏理论》的是罗伯特·雷亚先生。他在《道氏理论》的前言中写道："坚信道氏理论是预测股票市场价格运动的唯一合理的、确定的方法，是我写这本道氏理论书籍的唯一初衷。"

雷亚先生是个卧床多年的病人,他10多年的研究和投资实践都是在床上进行的。他说:"如果一个人不利用这种特有的机会,把它当成是一种幸运的人士才能够享有的快乐补偿,他就会丧失对生命的乐趣……我的唯一消遣就是研究商业经济,尤其是对商业趋势和股票市场趋势的研究。也许是由于道氏理论,或是纯属幸运,我在1921年适时地买进了一些股票;而在1929年,股市的最后上冲猛涨之时,没有持有任何股票。并且,还是由于道氏理论或幸运,我在股市崩盘之后的两年里,持有少量比例的放空仓位。所以,我的研究得到了回报。如果我在努力实践道氏理论的同时,能对道氏理论进行阐述解说,也许会对其他人有所帮助,至少,我的愿望是如此。"

1. 道氏的理论基础

道氏理论有极其重要的三个假设,与人们平常所看到的技术分析理论的三大假设有相似的地方,而道氏理论更侧重于其市场含义的理解。

假设一:人为操作指数或证券。每天、每星期的波动可能受到人为操作,次级折返走势也可能受到这方面有限的影响,比如常见的调整走势,但主要趋势(Primary trend)是不可能是人为操作的。

有人也许会说,庄家能操作证券的主要趋势。就短期而言,庄家如果不操作,这种适合操作的证券的内质也会受到他人的操作;就长期而言,公司基本面的变化不断创造出适合操作证券的条件。总的来说,公司的主要趋势仍是无法人为操作,只是证券换了不同的机构投资者和不同的操作条件而已。

假设二:市场指数会反映每一条信息。每一位对于金融事务有所了解的市场人士,他所有的希望、失望与知识,都会反映在上证指数与深圳指数或其他的什么指数每天的收盘价波动中;因此,市场指数永远会适当地预期未来事件的影响。如果发生火灾、地震、战争等灾难,市场指数也会迅速地加以评估。

在市场中,人们每天对于诸如财经政策、扩容、领导人讲话、机构违规、创业板等层出不穷的题材不断加以评估和判断,并不断将自己的心理因素反映到市场的决策中。因此,对大多数人来说市场总是看起来难以把握和理解。

假设三:道氏理论是客观化的分析理论。成功利用它协助投机或投资行为,需要深入研究,并客观判断。当主观使用它时,就会不断犯错,不断亏损。我可以再告诉大家一个秘密:市场中95%的投资者运用的是主观化操作,这95%的投资者绝大多数属于"七赔二平一赚"中的那"七赔"人士。而我,幸运地成为了一个客观化的交易师和投资者。

2. 道氏理论的基本要点

根据道氏理论,股票价格运动有三种趋势,其中最主要的是股票的基本趋势,即股价广泛或全面性上升或下降的变动情形。这种变动持续的时间通常为一年或一年以上,股价总升(降)的幅度超过20%。对投资者来说,基本趋势持续上升就形成了多头市场,持续下降就形成了空头市场。

股价运动的第二种趋势称为股价的次级趋势。因为次级趋势经常与基本趋势的运动方向相反,并对其产生一定的牵制作用,因而也称为股价的修正趋势。这种趋势持续的时间从三周至数月不等,其股价上升或下降的幅度一般为股价基本趋势的1/3或2/3。

股价运动的第三种趋势称为短期趋势,反映了股价在几天之内的变动情况。修正趋势通常由三个或三个以上的短期趋势所组成。

在三种趋势中,长期投资者最关心的是股价的基本趋势,其目的是想尽可能地在多头市场上买入股票，而在空头市场形成前及时地卖出股票。投机者则对股价的修正趋势比较感兴趣。他们的目的是想从中获取短期的利润。短期趋势的重要性较小，且易受人为操纵，因而不便作为趋势分析的对象。人们一般无法操纵股价的基本趋势和修正趋势，只有国家的财政部门才有可能进行有限的调节。

3. 基本趋势

即从大的角度来看的上涨和下跌的变动。其中，只要下一个上涨的水准超过前一个高点。而每一个次级的下跌其波底都较前一个下跌的波底高，那么，主要趋势是上升的。这被称为多头市场。相反地，当每一个中级下跌将价位带至更低的水准，而接着的弹升不能将价位带至前面弹升的高点，主要趋势是下跌的，这称之为空头市场。通常（至少理论上以此作为讨论的对象）主要趋势是长期投资人在三种趋势中唯一考虑的目标，其做法是在多头市场中尽早买进股票，只要他可以确定多头市场已经开始发动了，一直持有到确定空头市场已经形成了。对于所有在整个大趋势中的次级下跌和短期变动，他们是不会去理会的。当然，对于那些作经常性交易的人来说，次级变动是非常重要的机会。

多头市场，也称之为主要上升趋势。它可以分为三个阶段：

第一个阶段是进货期。在这个阶段中，一些有远见的投资人觉察到虽然目前是处于不景气的阶段，但却即将会有所转变。因此，买进那些没有信心，不顾血本抛售的股票，然后，在卖出数量减少时逐渐地提高买进的价格。事实上，此时市场氛围通常是悲观的。一般的群众非常憎恨股票市场以至于完全离开了股票市场。此时，交易数量是适度的。但是在弹升时短期变动便开始增大了。

第二个阶段是十分稳定的上升和增多的交易量，此时企业景气的趋势上升和公司盈余的增加吸引了大众的注意。在这个阶段，使用技术性分析的交易通常能够获得最大的利润。

最后，第三个阶段出现了。整个交易沸腾了。人们聚集在交易所，交易的结果经常出现在的报纸的"第一版"，增资迅速在进行中，在这个阶段，朋友间常谈论的是"你看买什么好？"大家忘记了市场景气已经持续了很久，股价已经上升了很长一段时间，而目前更恰当地说"真是卖出的好机会"的时候了。在这个阶段的最后部分，随着投机气氛的高涨，成交量持续地上升。"冷门股"交易逐渐频繁，没有投资价值的低价股的股价急速地上升。但是，却有越来越多的优良股票，投资人拒绝跟进。

空头市场，也称为主要下跌趋势，也分为三个阶段：

第一阶段是"出货"期。它真正的形成是在前一个多头市场的最后一个阶段。在这个阶段，有远见的投资人觉察到企业的盈余到达了不正常的高点，而开始加快出货的步伐。此时成交量仍然很高。虽然在弹升时有逐渐减少的倾向，虽然此时的大众仍热衷于交易，可是大众已经开始感觉到预期的获利已逐渐地消逝。

第二个阶段是恐慌时期，想要买进的人开始退缩，而想要卖出的人则急着要脱手。价格下跌的趋势突然加速到几乎是垂直的程度，此时成交量的比例差距达到最大。在恐慌时期结束以后，通常会有一段相当长的次级反弹或者横向的变动。

接着，第三阶段来临了。它是由那些缺乏信心者的卖出所构成的。在第三阶段的进行时，下跌趋势并没有加速。"没有投资价值的低价股"可能在第一或第二阶段就跌掉了前面多头市场所涨升的部分。业绩较为优良的股票持续下跌，因为这种股票的持有者是最后推动信心的。在过程上，空头市场最后阶段的下跌是集中于这些业绩优良的股票。空头市场在坏消息频传的情况下结束。最坏的情况已经被预期了,在股价上已经实现了。通常,在坏消息完全出尽之前,空头市场已经过去了。

4. 次级趋势

它是与主要趋势运动方向相反的一种逆动行情,干扰了主要趋势。在多头市场里,它是中级的下跌或"调整"行情;在空头市场里,它是中级的上升或反弹行情。通常,在多头市场里,它会跌落主要趋势涨升部分的1/3~2/3。然而,需要注意的是:1/3~2/3的原则并非是一成不变。它只是概率的简单说明。大部分的次级趋势的涨落幅度在这个范围里。它们之中的大部分停在非常接近半途的位置,即回落原先主要涨幅的50%;这种回落达不到1/3者很少,同时也有一些是将前面的涨幅几乎都跌掉了。

因此,我们有两项判断一个次级趋势的标准:

(1)任何和主要趋势相反方向的行情,通常情况下至少持续三个星期。

(2)回落主要趋势涨幅的1/3或更多。

然而,除了这个标准外,次级趋势通常是混淆不清的。它的确认,对它发展的正确评价及它的进行的全过程的断定,始终是理论描述中的一个难题。

认清次级趋势对投资者是非常有价值的。例如,大牛市(主要趋势)中的调整(次级趋势)是买进的好时机;大熊市(主要趋势)中的反弹(次级趋势)是卖出的好时机。

5. 短期变动

它们是短暂的波动。很少超过三个星期,通常少于六天。它们本身尽管是没有什么意义,但是使得主要趋势的发展全过程富于了神秘多变的色彩。通常,不管是次级趋势或两个次级趋势所夹的主要趋势部分都是由一连串的三个或更多可区分的短期变动所组成。由这些短期变化所得出的推论很容易导致错误的方向。在一个无论成熟与否的股市中,短期变动都是唯一可以被"操纵"的。而主要趋势和次要趋势却是无法被操纵的。

6. 潮汐、波浪、涟漪——对三种趋势的形象比喻

上述股票市场波动的三种趋势,与海浪的波动极其相似。在股票市场里,主要趋势就像海潮的每一次涨(落)的整个过程。其中,多头市场好比涨潮,一个接一个的海浪不断地涌来拍打海岸,直到最后到达标示的最高点。而后逐渐退去。逐渐退去的落潮可以和空头市场相比较。在涨潮期间,每个接下来的波浪其水位都比前一波涨升的多而退的却比前一波要少,进而使水位逐渐升高。在退潮期间,每个接下来的波浪比先前的更低,后一波者不能恢复前一波所达到的高度。涨潮(退潮)期的这些波浪就好比是次级趋势。同样,海水的表面被微波涟漪所覆盖,这和市场的短期变动相比较它们是不重要的日常变动。

潮汐、波浪、涟漪代表着市场的主要趋势、次级趋势、短期变动。

7. 结合成交量判断趋势的变化

成交量会随着主要的趋势而变化。因此,据成交量也可以对主要趋势做出一个判断。通常,在多头市场,价位上升,成交量增加;价位下跌,成交量减少。在空头市场,当价格滑落时,成交量增加;在反弹时,成交量减少。当然,这条规则有时也有例外。因此正确的结论只根据几天的成交量是很难下的,只有在持续一段时间的整个交易的分析中才能够做出。在道氏理论中,为了判定市场的趋势,最终结论性信号只由价位的变动产生。成产量仅仅是在一些有疑问的情况下提供解释的参考。

8. 盘局(盘整格局)可以代替中级趋势

一个盘局出现于一种或两种指数中,持续了两至三个星期,有时达数月之久,价位仅在

5%的范围内波动。这种形状显示买进和卖出两者的力量是平衡。当然,最后的情形之一是,在这个价位水准的供给完毕了,而那些想买进的人必须提高价位来诱使卖者出售。另一种情况是,本来想要以盘局价位水准出售的人发觉买进的气氛削弱了,结果他们必须削价来处理他们的股票。因此,价位往上突破盘局的上限是多头市场的征兆。相反价位往下跌破盘局的下限是空头市场的征兆。一般来说,盘局的时间越久,价位越窄,它最后的突破越容易。

盘局常发展成重要的顶部和底部,分别代表着出货和进货的阶段。但是,它们更常出现在主要趋势时的休息和整理的阶段。在这种情形下,它们取代了正式上的次级波动。很可能一种指数正在形成盘局,而另一种却发展成典型的次级趋势。在往上或往下突破盘局后,有时在同方向继续停留一段较长的时间,这是不足为奇的。

9. 把收盘价放在首位

道氏理论并不注意一个交易日中的最高价、最低价,而只注意收盘价。因为收盘价是时间匆促的人看财经版唯一阅读的数目,是对当天股价的最后评价,大部分人根据这个价位来做买卖的委托。这是又一个经过时间考验的道氏理论规则。这一规则在断定主要趋势的未来发展动向上的作用表现在:假定一个主要的上升趋势中,一个中级上升早上11点钟到达最高点,在这个小时的道氏工业指数为152.45而收盘为150.70,未来的收盘必须超过150.70,主要趋势才算是继续上升的。当天交易中高点的152.45并不算数,如果下一次的上升的当天高点达到152.60,但收盘仍然低于150.70,主要的多头趋势仍然是不能确定的。

10. 在反转趋势出现之前主要趋势仍将发挥影响

当然,在反转信号出现前,提前改变对市场的态度,就好比赛跑时于发出信号前抢先跑出固然不错。这条规则也并意味着在趋势反转信号已经明朗化以后,一个人还应再迟延一下他的行动,而是说在经验上,我们等到已经确定了以后再行动较为有利,以避免在还没有成熟前买进(或卖出)。自然,股价主变动趋势是在经常变化着的。多头市场并不能永远持续下去,空头市场总有到达底部的一天。当一个新的主要趋势第一次由两种指数确定后,如不管短期间的波动,趋势绝大部分会持续,但越往后这种趋势延续下去的可能性会越小。这条规则告诉人们:一个旧趋势的反转可能发生在新趋势被确认后的任何时间,作为投资人,一旦作出委托后,必须随时注意市场。

11. 股市波动反映了一切市场行为

股市指数的收市价和波动情况反映了一切市场行为。在股票市场,你可能觉得政治局势稳定,所以买股票;另外一些人可能觉得经济前景乐观,所以买股票;再另外一部分人以为利率将会调低,值得在市场吸纳股票;更有一些人有内幕消息谓大财团出现收购合并,所以要及早入货。无论大家抱有什么态度,市价上升就反映了情绪,即使是不同的观点角度。相反,当大家有不同恐惧因素时,有人以为沽空会获大;有人以为政局动荡而恐慌;有人恐怕大萧条来临;有人听到内幕消息谓大股东要出货套现,或者政客受到行刺。不论什么因素,股市指数的升跌变化都反映了群众心态。群众乐观,无论有理或无理,适中或过度,都会推动股价上升。群众悲观,亦不论盲目恐惧,有实质问题也好,或者受其他人情绪影响也好,都会反映在市场上使指数下挫。以其分析市场上千千万万人每一个投资人士的心态,做一些没有可能做到的事,投资人士应该分析反映整个市场心态的股市指数。股市指数代表了群众心态,是市场行为的总和。指数反映了市场的实际是乐观情绪还是悲观情绪在控制大局。

12. 道氏理论的缺陷

(1)道氏理论主要目标乃探讨股市的基本趋势。一旦基本趋势确立,道氏理论假设这种趋势会一路持续,直到趋势遇到外来因素破坏而改变为止。好像物理学里牛顿定律所说,所有物体移动时都会以直线发展,除非有额外因素力量加诸其上。但有一点要注意的是,道氏理论只推断股市的大势所趋,却不能推动大趋势里面的升幅或者跌幅将会到哪个程度。

(2)道氏理论每次都要两种指数互相确认,这样做已经慢了半拍,丧失了最好的入货和出货机会。

(3)道氏理论对选股没有帮助。

(4)道氏理论注重长期趋势,对中期趋势,特别是在不知是牛市还是熊市的情况下,不能带给投资者明确启示。

波 浪 理 论

波浪理论是技术分析大师R·E·艾略特所发明的一种价格趋势分析工具,它是一套完全靠观察得来的规律,可用以分析股市指数、价格的走势,它也是世界股市分析上运用最多,而又最难以了解和精通的分析工具。

艾略特认为,不管是股票还是商品价格的波动,都与大自然的潮汐、波浪一样,一浪跟着一浪,周而复始,具有相当程度的规律性,展现出周期循环的特点,任何波动均有迹可循。因此,投资者可以根据这些规律性的波动预测价格未来的走势,可在做买卖策略时运用。

1. 波浪理论的四个基本特点

(1)股价指数的上升和下跌将会交替进行。

(2)推动浪和调整浪是价格波动两个最基本形态,而推动浪(即与大市走向一致的波浪)可以再分割成五个小浪,一般用第1浪、第2浪、第3浪、第4浪、第5浪来表示,调整浪也可以划分成三个小浪,通常用A浪、B浪、C浪表示。

(3)在上述八个波浪(五上三落)完毕之后,一个循环即告完成,走势将进入下一个八波浪循环。

(4)时间的长短不会改变波浪的形态,因为市场仍会依照其基本形态发展。波浪可以拉长,也可以缩细,但其基本形态永恒不变。

总之,波浪理论可以用一句话来概括即"八浪循环"。

那么,如何来划分上升五浪和下跌三浪呢?一般说来,八浪各有不同的表现和特性,依次介绍如下。

2. 第一浪

几乎半数以上的第一浪,是属于营造底部形态的第一部分,第一浪是循环的开始,由于这段行情的上升出现在空头市场跌势后的反弹和反转,买方力量并不强大,加上空头继续存在卖压,因此,在此类第一浪上升之后出现第二浪调整回落时,其回档的幅度往往很深。

另外半数的第一浪,出现在长期盘整完成之后,在这类第一浪中,其行情上升幅度较大,经验看来,第一浪的涨幅通常是五浪中最短的行情。

3. 第二浪

这一浪是下跌浪,由于市场人士误以为熊市尚未结束,其调整下跌的幅度相当大,几乎吃掉第一浪的升幅,当行情在此浪中跌至接近底部(第一浪起点)时,市场出现惜售心理,抛售压力逐渐衰竭,成交量也逐渐缩小时,第二浪调整才会宣告结束,在此浪中经常出现图表中的转向形态,如头底、双底等。

4. 第三浪

第三浪的涨势往往是最大、最有爆发力的上升浪,这段行情持续的时间与幅度,经常是最长的,市场投资者信心恢复,成交量大幅上升,常出现传统图表中的突破信号。例如,裂口跳升等。这段行情走势非常激烈,一些图形上的关卡非常轻易地被穿破,尤其在突破第一浪的高点时,是最强烈的买进信号,由于第三浪涨势激烈,经常出现"延长波浪"的现象。

5. 第四浪

第四浪是行情大幅劲升后调整浪,通常以较复杂的形态出现,经常出现"倾斜三角形"的走势,但第四浪的底点不会低于第一浪的顶点。

6. 第五浪

在股市中第五浪的涨势通常小于第三浪,且经常出现失败的情况,在第五浪中,二三类股票通常是市场内的主导力量,其涨幅常常大于一类股(绩优蓝筹股、大型股),即投资人士常说的"鸡犬升天",此期市场情绪表现相当乐观。

7. 第A浪

在A浪中,市场投资人士大多数认为上升行情尚未逆转,此时仅为一个暂时的回档现象,实际上,A浪的下跌,在第五浪中通常已有警告信号,如成交量与价格走势背离或技术指标上的背离等。但由于此时市场仍较为乐观,A浪有时出现平势调整或者"之"字形态运行。

8. 第B浪

B浪表现经常是成交量不大,一般而言是多头的逃命线,然而由于是一段上升行情,很容易让投资者误以为是另一波段的涨势,形成"多头陷阱",许多人士在此期惨遭套牢。

9. 第C浪

C浪是一段破坏力较强的下跌浪,跌势较为强劲,跌幅大,持续的时间较长久,而且出现全面性下跌。

从以上看来,波浪理论似乎颇为简单和容易运用。实际上,由于其每一个上升、下跌的完整过程中均包含有一个八浪循环,大循环中有小循环,小循环中有更小的循环,即大浪中有小浪,小浪中有细浪。因此,使数浪变得相当繁杂和难以把握,再加上其推劫浪和调整浪经常出现延伸浪等变化形态和复杂形态,使得对浪的准确划分更加难以界定,这两点构成了波浪理论实际运用的最大难点。

10. 波浪之间的比例

波浪理论推测股市的升幅和跌幅采取黄金分割率和神秘数字去计算。一个上升浪可以是上一次高点的1.618,另一个高点又再乘以1.618,以此类推。

另外,下跌浪也是这样,一般常见的回吐幅度比率有0.236(0.382×0.618)、0.382、0.5、0.618等。

11. 波浪理论内容的几个基本的要点

(1)一个完整的循环包括八个波浪,五上三落。
(2)波浪可合并为高一级的浪,亦可以再分割为低一级的小浪。
(3)跟随主流行走的波浪可以分割为低一级的五个小浪。
(4)一、三、五3个推浪中,第三浪不可以是最短的一个波浪。
(5)假如三个推动论中的任何一个浪成为延伸浪,其余两个波浪的运行时间及幅度会趋一致。

(6)调整浪通常以三个浪的形态运行。

(7)黄金分割率奇异数字组合是波浪理论的数据基础。

(8)经常遇见的回吐比率为0.382、0.5及0.618。

(9)第四浪的底不可以低于第一浪的顶。

(10)波浪理论包括三部分:形态、比率及时间,其重要性以排行先后为序。

(11)波浪理论主要反映群众心理。越多人参与的市场,其准确性越高。

12. 波浪理论的缺陷

(1)波浪理论家对现象的看法并不统一。每一个波浪理论家,包括艾略特本人,很多时都会受一个问题的困扰,就是一个浪是否已经完成而开始了另外一个浪呢?有时甲看是第一浪,乙看是第二浪。差之毫厘,失之千里。看错的后果却可能十分严重。一套不能确定的理论用在风险奇高的股票市场,运作错误足以使人损失惨重。

(2)甚至怎样才算是一个完整的浪,也无明确定义,在股票市场的升跌次数绝大多数不按五升三跌这个机械模式出现。但波浪理论家却曲解说有些升跌不应该计算入浪里面。数浪(Wave Count)完全是随意主观。

(3)波浪理论有所谓伸展浪(Extension Waves),有时五个浪可以伸展成九个浪。但在什么时候或者在什么准则之下波浪可以伸展呢?艾略特却没有明言,使数浪这回事变成各自启发,自己去想。

(4)波浪理论的浪中有浪,可以无限伸延,亦即是升市时可以无限上升,都是在上升浪之中,一个巨型浪,持续一百年都可以。下跌浪也可以跌到无影无踪都仍然是还在下跌浪中。只要是升势未完就仍然是上升浪,跌势未完就仍然是下跌浪。这样的理论有什么作用?能否推测浪顶浪底的运行时间甚属可疑,等于纯粹猜测。

(5)艾略特的波浪理论是一套主观分析工具,毫无客观准则。市场运行却是受情绪影响而并非机械运行。波浪理论套用在变化万千的股市中会十分危险,出错机会大于一切。

(6)波浪理论不能运用于个股的选择上。

随机漫步理论

一切图表走势派的存在价值,都是基于一个假设,就是股票、外汇、黄金、债券等,所有投资都会受到经济、政治、社会因素影响,而这些因素会像历史一样不断重演。例如,经济如果由大萧条复苏过来,物业价格、股市、黄金等都会一路上涨。升完会有跌,但跌完又会再升得更高。即使短线而言,支配一切投资价值规律都离不开上述所说因素,只要投资人士能够预测哪一些因素支配着价格,他们就可以预知未来走势。在股票而言,图表趋势、成交量、价位等反映了投资人士的心态趋向。这种心态趋向构成原因,否认了他们的收入、年龄、对消息了解、接受消化程度、信心热炽,全部都由股价和成交反映出来。根据图表就可以预知未来股价走势。不过,随机漫步理论却反对这种说法。

随机漫步理论指出,股票市场内有成千上万的精明人士,并非全部都是愚昧之人。每一个人都懂得分析,而且资料流入市场全部都是公开的,所有人都可以知道,并没有什么秘密可言。既然你也知,我也知,股票现在的价格已经反映了供求关系。或者本身价值不会太远。

所谓内在价值的衡量方法就是由每股资产值、市盈率、派息率等基本因素来决定。这些因素并非是什么秘密,每一个人打开报纸或杂志都可以找到这些资料。如果一只股票资产值是10元,断不会在市场变到值100元或者值1元。市场不会有人出100元买入这只股票或以1元沽出。现时股票的市价根本已经代表了千万醒目人士的看法,构成了一个合理价位。市价会围绕着内在价值而上下波动。这些波动却是随意而没有任何轨迹可寻。形成波动的原因是:

(1)新的经济、政治新闻消息是随意,并无固定地流入市场。

(2)这些消息使基本分析人士重新估计股票的价值而作出买卖方针,致使股票发生新变化。

(3)因为这些消息无迹可寻,是突然而来,事前并无人能够预告估计,股票走势推测这回事并不可以成立,图表派所说的只是一派胡言。

(4)既然所有股价在市场上的价钱已经反映其基本价值。这个价值是公平的由买卖双方决定,这个价值就不会再出现变动,除非有突发消息传出。如战争、收购、合并、加息减息、石油战等利好或利淡等消息出现才会再次波动。但下一次的消息是利好或利淡大家都不知道,所以股票现时是没有记忆系统的。昨日升并不代表今日升。今日跌,明日可以升亦可以跌。每日与另一日之间的升跌并无相关。就好像掷铜板一样,今次掷出是正面,并不代表下一次掷出的又是正面,下一次所掷出的是正面,或反面各占机会率50%。亦没有人会知道下一次会一定是下面或反面。

(5)既然股价是没有记忆系统的,企图用股价波动找出一个原理去战胜市场,赢得大市,肯定全部失败。因为股票价格完全没有方向,随机漫步,乱升乱跌。我们无法预知股市去向,无人肯定一定是赢家,也无人一定会输。至于股票专家的作用其实不大,甚至可以说全无意义。因为他们若是那么专业的话,就一定会自己先用这些理论致富,哪里会公布的自己的研究使其他人发达?

随机漫步理论对图表派无疑是一个正面大敌,如果随机漫步理论成立,所有股票专家都无立足之地。所以不少学者曾经进行研究,看这个理论的可信程度。在无数研究之中,有三个研究,特别支持随机漫步的论调:

(1)曾经有一个研究,用美国标准普尔指数的股票作长期研究,发觉股票狂升或者暴跌,狂升四五倍,或是跌99%的,比例只是很少数,大部分的股票都是升跌10%~30%不等。在统计学上有常态分配的现象。即升跌幅越大的占比例越少。所以股价并无单一趋势。买股票要看你是否幸运,买中上升的股票还是下跌的股票机会均等。

(2)另外一次试验,有一个美国参议员用飞镖去掷一份财经报纸,拣出20只股票作为投资组合,结果这个乱来的投资组合竟然和股市整体表现相若,一点也不逊色于专家们建议的投资组合,甚至比某些专家的建议表现更出色。

(3)也有人研究过单位基金的成绩,发觉今年成绩好的,明年可能表现得最差,一些往年令人失望的基金,今年却可脱颖而出,成为升幅榜首。所以无迹可寻,买基金也要看你的运气,投资技巧并不实际,因为股市并无记忆,大家都只是瞎估估。

随机漫步总的观点就是:买方与卖方同样聪明机智,卖方也与买方同样聪明机智。他们都能够接触同样的情报,因此在买卖双方都认为价格公平合理时,交易才会完成;股价确切地反应股票实质。结果,股价无法在买卖双方能够猜测的单纯、有系统情况下变动。

股价变动基本上是有随机的。

这一说法的真正含义是，没有什么单方能够战胜股市，股价早就反映一切了，而且股价不会有系统地变动。天真的选股方法，如对着报纸的股票版丢掷飞镖，也照样可以选出战胜市场的投资组合。

股市发展阶段与成长周期理论

1. 股市成长阶段论

证券市场发展的道路不完全一样，但一般都要经历五个阶段。

休眠阶段 此阶段了解证券市场的人并不多，股票公开上市的公司也少，但过了很长一段时间，投资者发现，即便不算潜在的资本增值，获得的股利都超过其他投资形式得到的收益，于是他们就买进股票，但开始还是小心谨慎。

操纵阶段 一些证券经纪商和交易商发现，由于股票不多，流动性有限，只要买进一小部分股票就能哄抬价格。只要价格持续高涨，就会吸引其他人购买，这时操纵者抛售股票就能获取暴利。因此，他们开始哄压市价，操纵市场，获取暴利。

投资阶段 有些人通过买卖股票得到了大量的资本增值，不管已经实现了的或还只是账面上的，这些暴利的示范作用都会吸引更多的人加入投机行列，投机阶段就开始了，股票价格大大超过实际的价值，交易量扶摇直上。新发行的股票往往被超额急购，吸引了许多公司都来发行股票，原来惜售的持股者也出售股票以获利，于是扩大了上市股票的供应。

崩溃阶段 到一定时机，用来投机的资金来源会枯竭，认购新发的股票越来越少，而越来越多的投资者头脑静下来，开始认识到股票的价格被抬得太高了，与本来的价值脱节得太厉害。这时只要外界一有风吹草动，股价就会动摇，然后价格开始下降。

成熟阶段 在股市下跌之后，需要几个月甚至几年的时间使公众对股票市场重新恢复信心。这个时间的长短视价格跌落的幅度，购买新股票的刺激，机构投资者的行为等因素而定。跌市使有些人亏了大本。他们只留着作长期投资，寄望于将来价格的回升，一些私人投资者变得谨慎了，一些没有经历过崩溃阶段的新的投资者加入进来，机构投资者的队伍也扩大了，这样成熟阶段就开始了。这时股票供应增加，流动性更大，投资者更有经验，交易量更稳定，虽然股票价格还是会波动，但不像以前那样激烈了，而是随着经济和企业的发展上下波动。

2. 股市周期循环论

构成股价涨跌变化的因素颇多，除了政治、财经、业绩等实质因素之外，人为因素等的变化，往往是促成股价涨跌的主要原因。虽说影响股价的因素颇多，但一些精明的操作者，在长期统计和归纳之后，发现了有规则的周期性。聪明的投资人，把这些周期循环的原则应用到股票的买卖操作上来，经常是无往而不利。

循环性周期，可分为下述几个阶段：

低迷期 行情持续屡创低价，此时投资意愿甚低，一般市场人士对于远景大多持悲观的看法，不论主力或中散户都是亏损累累。做短线交易不易获利时，部分中散户暂时停止买卖，以待股市反弹时再予低价套现伏空；没有耐性的投资人在失望之余，纷纷认赔抛出手中的股票，退出市场观望。低迷期为真正具有实力的大户默默进货的时候，少数较具长期投资眼光的精明投资者多在此时按计划买入。该期盘旋整理的时间越久，表示筹码换手的整理越彻底，而此期的成交量往往最低。

青年涨升期　此时的景气尚未好，但由于前段低迷期的长期盘跌已久，股价大多已经跌至不合理的低价，市场浮筹亦已大为减少，在此时买进的人因成本极低再跌有限，大多不轻易卖出，而高价套牢未卖的人，因亏损已多，也不再追价求售，市场卖压大为减轻。此时的成交量大多呈现着不规则的递增状态，平均成交量比低迷时期多出一半以上，少数领导股的价格大幅上涨，多数股价呈现着盘坚局面，冷门股票也已略有成交并蠢蠢欲动。大部分的内行人及半内行人开始较积极地买进股票进行短线操作，但也有不少自认精明的人士及尝到末跌段做空小甜头的投资者，仍予套现卖出。该期多数股票上涨的速度虽嫌缓慢，但却是真正可买进作长期投资的时候，即为一般所称的"初升段"。

反动期　即为一般所称多头市场的回档期，而第二阶段所称的青年涨升期，即称作初升段。股价在初升段的末期，由于不少股票亦已持续涨升，经过长空头市场亏损的投资者，在好不容易略有获利之余，多数采取"落袋为安"的观念，获利了结改为观望；而未搭上车的有心人，及持股甚多的主力大户，为求摆脱坐车浮额，大多趁着投资大众的信心尚未稳定之际，乃以转账冲销或打压的方式为多，而多数股价在盘软之余，市场上大户出货的传言特别多，此时空头又再呈活跃，但股价下跌至某一程度时，即让人有着跌不下去的感觉。反动期是大户真正进货的时期，也是真正买卖股票的精明投资人，所乐于大量介入投资的时期，但该期真正到来时，中散户的两手大多空空，甚至有少数在低迷期尝到做空小甜头的散户们，还有融券尚未补回的。

壮年涨升期　即为一般所称的"主升段"，由于景气亦已步入繁荣阶段，发行公司有盈余大增。此时大户手上的股票特别多，市场的浮动筹码已大量的减少，有心人利用各种利多消息将股价持续拉高，甚至于重复的利多消息一再公布，炒冷饭也在所不惜，该期间股票市场的是人头攒动到处客满。由于股价节节上涨，不管内行外行，只要买进股票便能获利，做空头的信心已经动摇，并逐渐由空翻多，形成抢购的风潮，而股价会在此种越涨越抢，越抢越涨的循环，甚至形成全面暴涨的局面。市场充满着一片欢笑声，从来不知道股票为何物的外行人，在时常听到"股票赚了多少"的鼓动下，也开始产生兴趣，买进几张试试。

老年涨升期　即一般所称的末升段。此时景气十分繁荣，发行公司的盈余均为大增，反映在证券市场上的，除了人气一片沸腾之外，新股也大量发行，而上涨的股票多为以前少有成交的冷门股，原热门的股票反而开始有着步履沉重的感觉。该期的成交量常破纪录地暴增，暴涨暴跌的现象屡有可见，投资大众手中大多拥有股票，以期待着股价进一步上升，但是股价的涨升却显得步履蹒跚，而反映在成交量上面的，便常有：股价上升但成交量减少，股价下跌但成交量反而增加。该阶段行情的操作犹如刀口舐血，如果短线操作成功的话会大有斩获，但是一般投资人大多在此阶段惨遭亏损，甚至落得倾家荡产的局面。

下跌幼年期　即为K线理论上的渐落期，也称初跌期，由于多数股价都已偏高，欲涨乏力的结果，使不少投资人于较难获利之余已开始反省。此时大主力多头均已出货不少，精明的投资人见利渐减少，套得饱饱的中散户们心里虽然产生犹豫，但还是期望着行情仅是回档，期待着另一段涨升的到来，甚至买进摊平的实例也到处可见，只有冷门股已开始大幅下跌,此为该段行情的重要指标之一。

中间反弹期 即称新多头进场或术语上所称的逃命期。该期由于成交量的暴减,再加上部分浮额的赔本抛售,使得多数股价的跌幅已深。高价卖出者和企图摊平高档套牢的多头们相继进场,企图挽回市场的颓势,加上部分短空的补货,使得股价止跌而转向坚挺,但由于反弹后抢高价者已具戒心,再加上部分短线者的获利回吐,使得股价欲涨乏力,于弹升之后又再度滑落。少数精明的投资人纷纷趁此机会将手上的股票卖出以求"逃命",而部分空头趁此机会介入卖出。

下跌的壮年期 一般称为主跌段行情,此时大部分股价的跌幅渐深,利空的消息满天飞,股价下跌的速度甚快,甚至有连续几个跌停板都卖不掉的。以前套牢持股不卖的人信心也已动摇,成交量逐渐缩小,不少多头于失望之余纷纷卖光股票退出市场,而做多的中散户也已逐渐试着做点小空。

下跌的老年期 即称末跌段,有以沉衰期称之。此时股价跌幅已深,高价套牢要卖的已经卖光了,未卖的也因赔得太多,而宁愿抱股等待。该阶段的成交量很少是其特色之一,股价的跌幅已经缩小,散户浮空到处可见,多数股票只要一笔买进较多股票的话,便可涨上好几档,但不再有支撑续进的话,不久则又将回跌还原。股市投资大众手上大多已无股票,真真有眼光的投资人及大户们,往往利用此期大量买进。

大波段的周期循环为上述九大阶段,只要我们能够适时将现段的行情性质予以分析,明确区分属哪一时期,再确立做多、做空、长线、短线等操作原则,获利机会便可增加许多。

信 心 理 论

信心股价理论是基于市场心态的观点去分析股价。由于传统股价理论过于机械性地重视影响公司盈余,而并不能解释在多变的股市中股价涨跌的全盘因素。

尤其当一些突发性因素导致股价应涨不涨,反而下跌,或应跌不跌,反而上升,此种现象,更使传统的股价理论变得矛盾。因此信心股价理论,强调股票市场由心理或信心因素影响股价。

根据信心理论,促成市场股价变动的因素,是市场对于未来的股票价格、公司盈利与股票投放比率等条件,所产生信心的强弱。

投资者若对于股市基本情况乐观,信心越强,就必然以买入股票来表现其心态,股价因而上升,倘若资金本身过于乐观时,可能漠视股票超越了合理正常价格水平,而盲目大量买入,使股票价格上涨至不合情理的价位水平。

相反,投资人士若对股票市场基本情况表示悲观时,信心转低落,将抛出手中股票,股价因此下跌,倘若投资人士心理过度悲观,以致不顾正常股票价格、公司盈余与股息水平而大量抛售股票,则可导致股票价格被抛低至不合理水平。

就因为投资人信心的强弱,而产生了各种不同的情况,有时甚至与上市公司营运状况,以及获利能力等基本因素完全脱节,使股价狂升暴跌原因就在这里。

信心股价理论,以市场心理为基础,来解释市场股价的变动,并完全依靠公司财务上的资料,故此理论可以弥补传统股价理论的缺点,对股市的反常现象,提出合理的解释。譬如经济状况良好,股价却疲弱,或者经济情况欠佳而股价反而上升的原因,如果这个理论是对的话,投资的策略就是研究市场心态,是悲观还是乐观,而顺应市势去做,必可获利。

但信心股价理论亦有其缺点。由于股票市场的群众信心很难衡量,常使分析股票市场动态的人士感到困惑,因此仍有不少投资人士信任传统股价理论,可是在很多情况下,传统股价学说,又被证明失败。

比较上述的两种股价理论,传统股价理论过于重视公司的运作情况和经营获利能力,忽视其他影响股价的众多外在因素,自然有所缺失。

信心股价理论则又过于重视影响股价的各种短期外来因素,而忽略公司本质的优劣。

亚当理论

亚当理论的精义是没有任何分析工具可以绝对准确地推测市势的走向。每一套分析工具都有其缺陷。市势根本不可以推测。如果市势可以预测的话,凭借RSI、PAR、MOM等辅助指标,理论上就可以发达。但是不少人运用这些指标却得不到预期后果,仍然蚀得很惨,原因要依赖一些并非完美的工具推测去向不定、难以捉摸的市势,将会是徒劳无功的。所以亚当理论的精神就是教导投资人士要放弃所有主观的分析工具。在市场生存要适应市势,顺势而行就是亚当理论的精义。

市场是升势,逆势做沽空,或者市场是跌市,持相反理论去入市,将会一败涂地。原因是在升市中,升完可以再升。在跌市时,跌完可以再跌。事前无人可以预计升跌会何时完结。只要顺势而行,则将损失风险减到最低限度。简而言之,亚当理论提出下列做法,被总结为"亚当理论十大戒条":

(1)一定要认识市场运作,认识市势,否则绝对不买卖。
(2)入市买卖时,应在落盘时立即订下止蚀价位。
(3)止蚀价位一到即要执行,不可以随便更改,调低止蚀位。
(4)入市看错,不宜一错再错,手风不顺者要离,再冷静分析检讨。
(5)入市看错,只可止蚀,不可一路加注平均价位,否则可能越蚀越多。
(6)切勿看错市而不肯认输,越错越深。
(7)每一种分析工具都并非完善,一样会有出错机会。
(8)市升买升,市跌买跌,顺势而行。
(9)切勿妄自推测升到哪个价位或跌到哪个价位才升到尽,跌到尽,浪顶浪底最难测,不如顺势而行。
(10)看错市,一旦亏损10%就一定要斩立刻断,重新来过,不使亏损超过10%,否则再追翻就很困难。

相 反 理 论

网络流传一张帖子:十多年前,在上海某证券交易所大门前,有一位卖《上海证券报》的老太婆,她自己也开有上海的股东户头。当她的报纸每天卖不到十份时,她就叫人帮她填单买进延中实业(现在称方正科技),根本不管啥价位,只要买进就行。当她的报纸每天卖出超过一百份时,她就叫人帮她填单卖出,根本不管啥价位,只要能卖出就行。结果是:从未输过!

上述老太太显然不会懂得这其中蕴含着相反理论的真谛,但是她却实实在在地从实践这一理论中赚到了钱。

1. 相反理论的含义

相反理论是人人似乎都明白,但却没有得到足够重视的理论。它的出发点是基于这样一个原则:证券市场本身并不创造新的价值,没有增值,甚至可以说是减值的。如果行动同大多数投资者行动相同,那么一定不是获利最大的,因为,不可能多数获利。要获得大的利益,一定要同大多数人的行动不一致。在市场人数爆满的时候出场,在人数稀落的时候入场是相反理论在操作上的具体体现。

(1)相反理论并非只是大部分人看好,我们就要看淡,或大众看淡时我们便要看好。相反理论会考虑这些看好看淡比例的趋势,这是一个动态概念。

(2)相反理论并不是说大众一定是错的。群众通常都在主要趋势上看得对。大部分人看好,市势会因这些看好情绪变成实质购买力而上升。这个现象有可能维持很久。直到所有人看好情绪趋于一致时,市势会发生质的变化——供求的失衡,正如很多投资大师都说过的:"当每一个人都有相同想法时,每一个人都错。"

(3)相反理论从实际市场研究中,发现赚大钱的人只占5%,95%都是输家。要做赢家只可以和群众思想路线相背,切不可以同流。

(4)相反理论的论据就是在市场行情将转势,由牛市转入熊市前一刻,每一个人都看好,都会觉得价位会再上升,无止境的升。大家都有这个共识时候,大家会尽量买入了,升势消耗了买家的购买力,直到想买入的人都已经买入了,而后来资金却无以为继。牛市就会在所有人看好声中完结。相反,在熊市转入牛市时,就是市场一片淡风,所有看淡的人士都想沽货,直到他们全部沽了货,市场已经再无看淡的人采取行动,市场就会在所有人都沽清货时见到了谷底。

(5)在牛市最疯狂,但行将死亡之前,大众媒介如报纸、电视、杂志等都反映了普通大众的意见,尽量宣传市场的看好情绪。人人热情高涨时,就是市场暴跌的先兆。相反,大众媒介懒得去报导市场消息,市场已经没有人去理会,报章新闻全部都是市场坏消息时,就是市场黎明的前一刻,最沉寂最黑暗时候,曙光就在前面。大众媒介永远都采取群众路线,所以和相反理论原则刚刚违背,这反而做成相反理论借鉴的资料。大众媒介全面看好,就要看淡,大众媒介看淡反而是入市时机。

2. 好友指数与市场情绪指标

上述所说的,只是相反理论的精神。我们凭什么知道大家的看法是看好还是看淡呢?单凭直觉印象或者想象并不足够,运用相反理论时,真正的数据通常有两个:一是好友指数;另一个叫做市场情绪指标。

两个指标都是一些大经纪行,专业投资机构的期货或股票部门收集的资料。资料来源为各大经纪行、基金、专业投资机构,甚至报纸、杂志的评论,计算出看好和看淡情绪的比例。

这两个指标在操作意义上来讲,大同小异。本书就以好友指数为例,来说明其含义。

3. 好友指数的实际应用

好友指数统计的是看好股票后市的人——即好友——的比例。在中国各大财经股票类网站上,大多都有统计该指数的投票窗口。以东方财富网(http://www.eastmoney.com/)为例,其首页专门设有对下一个交易日走势"上涨、盘整、下跌"的投票窗口,表14-1是2009年12月31日对2010年1月4日的投票结果,好友指数为63.36%。

表14-1   好友指数举例

您觉得1月4日大盘走势将会如何?		
共有2901人投票		
选项	票数	比例(%)
上涨	1838	63.36
盘整	178	6.14
下跌	885	30.51

好友指数由零开始,即所有人都绝对看淡;直到100%为止,即人人看好,包括基金,大经纪行,投资机构,报纸杂志的报道。如果好友指数在50%左右,则表示看好看淡情绪参半。指数通常会在30%~80%之间升沉。如果一面倒的看好看淡,显示牛市或熊市已经去到尽头,行将转势。因为好友指数由0~100%,都有不同启示,详细的分析将会给投资者一个更清晰的概念,运用理论时也较有把握。

好友指数比例指示:

0~5%。一个主要的上升趋势已经就在目前,为期不远。人人看淡时,淡友要沽货的已经你也沽我也沽,以致沽无可沽。大市淡无可淡,这就是转势的时机。把握时机入货,博取无穷利润,就是在这个时候!

5%~20%。这是一个不明的区域,大部分人看淡,只有少部分人看好。这些看淡的人足以压倒性姿势将大市推低。但因为看淡的人比例大,市势亦可以随时见底。很多时转势情形都会在这个区域产生。投资人士可以辅之以图表、成交量等去探测大市是否已经见底。

20%~40%。看淡的人在比例上仍然盖过乐观情绪。从统计数字看出,继续看淡赢面机会较大。如果在这一个区域,大市不再向下,市势就会变得十分不明朗,要忍手为上。如果在这个区域,大市转势上升,通常升幅会十分凌厉,而且创出新高点。因为大众看淡时,却看错了,市势一升就一发不可收拾,创新高点机会大于一切。

40%~55%。市价可以向上向下,绝对不明朗。在这个区域,投资人士一定忍手,切勿轻率入市做买卖,因为赢面和输面比例差不多。在保本为第一原则之下,不做买卖反而最安全。

55%~75%。看好的人占多数,但又并非绝大多数。市势发展有很大上升余地。但如果这个比例看好的人多,大市却不升反跌,一定会是急促而且令人害怕的。通常大家看好时下跌,多数会出现近期的低点。

75%~95%。大市未十分明朗。很多时市场都会在这个区域转势向下,但仍然有机会在看好情绪一路高涨之下,一路攀升一段时间直到百分之百的人都看好止。所以利用图表分析作为辅助工具就比较安全得多。

95%~100%。大市已经出现所有人看好的局面。投资的本钱已经全部投入大市,是弹尽粮绝,强弩之末之兆,大市转势迫在眉睫。速速沽货为上,要离开市场。如果加多一脚,做淡友沽空,胜算最大。

4. 相反理论的启发

相反理论带给投资者的信息十分有启发性。首先,这个理论并非局限于股票或期货,其实亦可以运用于地产、黄金、外汇等。它指示投资者一个时间指针,何时离市,哪个时候是机会,哪个时刻市势未明朗而应该忍手。相反理论更加像一个处世哲学。古今多少成功的人士,都是超越了他们同辈的狭窄思维,即使面对挖苦、讽刺、奚落,遇到世俗的白眼闲言,仍然一往无前向自己目标迈进,才成为杰出人物。人云亦云,将会是在人海消失的小人物。相反理论提醒投资者应该要:

(1)深思熟虑,不要被他人所影响,要自己去判断。

(2)要向传统智慧挑战,群众所想所做未必是对的。即使投资专家所说的,也要用怀疑态度去看待处理。

(3)凡事物发展,并不一定好似表面一样,你想象是升就一定是升。我们要高瞻远瞩,看得远,看得深,才会是胜利。

(4)一定要控制个人情绪。恐惧贪婪都将成事不足,败事有余。周围人的情绪会影响到你,你反而因此要更加冷静。其他人恐惧大市已经无得玩,有可能这才是时机来临。在一窝蜂地争着在市场买入期货、股票时,你要考虑市势是否很快就会见顶而转入熊市。

(5)当眼前的事实和希望并非相符时,勇于承认错误。因为投资者都是普通人。普通人总不免会发生错误,只要肯认输,接受失败的现实,不自欺欺人,将自己从普通大众中提升为有独到眼光见解的人,才可使自己成为成功人物。

在任何市场,相反理论都可以大派用场,因为每一个市场的人心、性格、思想、行为都一样。大部分人都是追随者,见好就追入,见淡就看淡。只有少部分人才是领袖人物。领袖人物之所以成为领导人,皆因他们见解、眼光、判断能力和智慧超越常人。亦只有这些异于常人的眼光和决策才可以在群众角力的投资市场脱颖而出,在金钱游戏中成为胜利者。

实际运用相反理论时,一般的难题都在于搜集资料方面。好友指数并非随时可以得知,在报章上亦并非随时找到。投资人士可以自行将报纸杂志投资专家发表的言论去归纳分析好淡观感的比例,以做买卖决策。但资料是否全面,当然是一大疑问。另外,相反理论有个很好的启示,那就是当大众媒介都争着报道好消息时,大市见顶已为时不远。这个说法,屡经印证,屡试不破。投资人士可以加倍留意。

最后一点要提醒大家,即使收集到一个可靠的好友指数也不等待100%的人看好时才决定离市,或者所有人看淡时才入市。因为当你的数据确认有这些现象出现时,时间上已经出现了差距,其他人早比你洞悉先机可能已经比你快一步采取行动。你有可能错失在最高价沽出或出最低价买入货的机会。快人一步、早过好友指数采取适当行动的投资人士将会更加稳操胜券。

黄金分割率理论

1. 黄金分割率由来

数学家法布兰斯在13世纪写了一本书,关于一些奇异数字的组合。这些奇异数字的组合是1、1、2、3、5、8、13、21、34、55、89、144、233⋯

任何一个数字都是前面两数字的总和。

2=1+1、3=2+1、5=3+2、8=5+3⋯以此类推。

有人说,这些数字是法布兰斯从研究金字塔所得出。金字塔和上列奇异数字息息相关。金字塔的几何形状有五个面,八个边,总数为十三个层面。由任何一边看去,都可以看到三个层面。金字塔的长度为5813寸(5-8-13),而高低和底面百分比率是0.618,即是上述神秘数字的任何两个连续的比率,比如55÷89=0.618,89÷144=0.618,144÷233=0.618。

另外,一个金字塔五角塔的任何一边长度都等于这个五角形对角线(Diagonal)的0.618。还有,底部四个边的总数是36524.22寸,这个数字等于光年的100倍!

这组数字十分有趣:

0.618的倒数是1.618;14÷89=1.168;233÷144=1.168;0.618×1.168=1

另外有人研究过向日葵,发现向日葵花有89个花瓣,55个朝一方,34个朝向另一方。

这组数字就叫做神秘数字。而0.618,1.618就叫做黄金分割率(Golden Section)。

2. 黄金分割率的特点

黄金分割率的最基本公式,是将1分割为0.618和0.382,它们有如下一些特点:

(1)数列中任一数字都是由前两个数字之和构成。

(2)前一数字与后一数字之比例,趋近于一固定常数,即0.618。

(3)后一数字与前一数字之比例,趋近于1.618。

(4)1.618与0.618互为倒数,其乘积则约等于1。

(5)任一数字如与后两数字相比,其值趋近于2.618;如与前两数字相比,其值则趋近于0.382。

理顺下来,上列奇异数字组合除能反映黄金分割的两个基本比值0.618和0.382以外,尚存在下列两组神秘比值。即:

(1)0.191、0.382、0.5、0.618、0.809。

(2)1、1.382、1.5、1.618、2、2.382、2.618。

3. 黄金分割率在投资中的运用

在股价预测中,根据该两组黄金比有两种黄金分割分析方法。

第一种方法:以股价近期走势中重要的峰位或底位,即重要的高点或低点为计算测量未来走势的基础,当股价上涨时,以底位股价为基数,跌幅在达到某一黄金比时较可能受到支撑。当行情接近尾声,股价发生急升或急跌后,其涨跌幅达到某一重要黄金比时,则可能发生转势。

第二种方法:行情发生转势后,无论是止跌转升的反转抑或止升转跌的反转,以近期走势中重要的峰位和底位之间的涨额作为计量的基数,将原涨跌幅按0.191、0.382、0.5、0.618、0.809分割为五个黄金点。股价在反转后的走势将有可能在这些黄金点上遇到暂时的阻力或

支撑。举例如下:

当下跌行情结束前,某股的最低价10元,那么,股价反转上升时,投资人可以预先计算出各种不同的反压价位,也许就是:

第一反压价位:$10×(1+19.1\%)=11.9$(元)

第二反压价位:$10×(1+38.2\%)=13.8$(元)

第三反压价位:$10×(1+61.8\%)=16.2$(元)

第四反压价位:$10×(1+80.9\%)=18.1$(元)

第五反压价位:$10×(1+100\%)=20$(元)

第六反压价位:$10+(1+119.1\%)=21.9$(元)

然后,再依照实际股价变动情形做斟酌。

反之,上升行情结束前,某股最高价为30元,那么,股价反转下跌时,投资人也可以计算出各种不同的支持价位,也就是:

第一支持价位:$30×(1-19.1\%)=24.3$(元)

第二支持价位:$30×(1-38.2\%)=18.5$(元)

第三支持价位:$30×(1-61.8\%)=11.5$(元)

第四支持价位:$30×(1-80.9\%)=5.7$(元)

然后,依照实际变动情形做斟酌。

黄金分割率的神秘数字由于没有理论作为依据,所以有人批评是迷信,是巧合,但自然界的确充满一些奇妙的巧合,一直难以说出道理。

黄金分割率为艾略特所创的波浪理论所套用,成为世界闻名的波浪的骨干,广泛地为投资人士所采用。神秘数字是否真的只是巧合呢?还是大自然一切生态都可以用神秘数字解释呢?这个问题只能见仁见智。但黄金分割率在股市上无人不知,无人不用,作为一个投资者不能不此研究,只是不能太过执著而已。

第 15 章

图表分析技术

图表分析技术是对一系列分析技术的总称,这些分析技术包括支撑线分析、压力线分析、趋势线分析、速度线分析和扇形线分析等,其共同的特点就是通过图形和线条来预测市场的趋势。

在技术分析的所有研究方法中,趋势的概念绝对是核心内容。图表分析师所使用的全部工具,诸如支撑和阻挡水平、价格形态和趋势线等,其唯一的目的就是辅助投资者预测市场趋势,从而顺应趋势的方向做交易。在市场上,"永远顺着趋势交易"、"绝不可逆趋势而动"或者"趋势即良友"等,实在已经是老生常谈了。因此我们要花些工夫,给趋势加以定义和分类。

市场趋势的定义和分类

从一般意义上说,趋势就是市场何去何从的方向。不过,为了便于实际应用,我们需要更具体的定义。在通常情况下,市场不会朝任何方向直来直去,市场运动的特征就是曲折蜿蜒,它的轨迹酷似一系列前赴后继的波浪,具有相当明显的峰和谷。所谓市场趋势,正是由这些波峰和波谷依次上升或下降的方向所构成的。无论这些峰和谷是依次递升,还是依次递降,或者横向延伸,其方向就构成了市场的趋势。所以,我们把上升趋势定义为一系列依次上升的峰和谷,把下降趋势定义为一系列依次下降的峰和谷;把横向延伸趋势定义为一系列依次横向伸展的峰和谷。如下图15-1所示。

趋势具有三种方向。我们所说的上升、下降、横向延伸三种趋势都是有充分的依据的。许多人习惯上认为市场只有两种趋势方向,要么上升,要么下降。

但是事实上,市场具有三个运动方向——上升,下降以及横向延伸。仅就保守的估计来看,至少有1/3的时间,价格处在水平延伸的形态中,属于所谓交易区间,所以弄清楚这个区别颇为重要。

这种水平伸展的状况表明,市场在一段时间内处于均衡状态,也就是说在上述价格区间中,供求双方的力量达到了相对的平衡(我们曾经交代,道氏理论用水平直线来描述此类价格形态)。不过,虽然我们把这种持平的市场定义成横向延伸趋势,但是更通用的说法还是"没有趋势"。

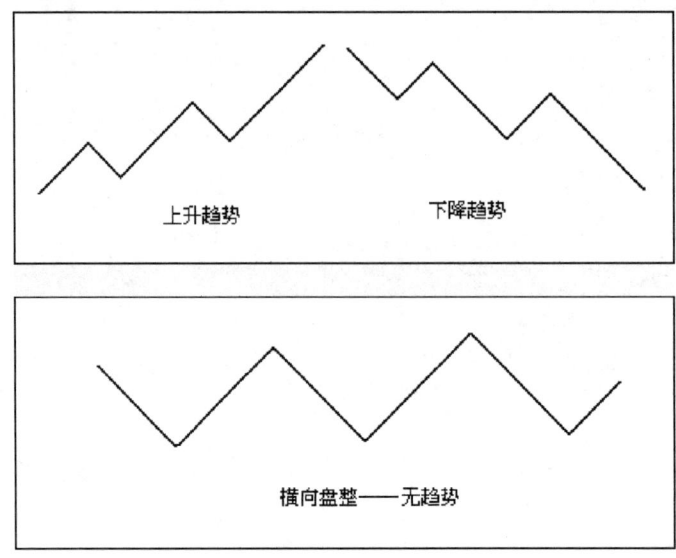

图15-1 市场趋势图

大多数技术工具和系统在本质上都是顺应趋势的,其主要设计意图在于追随上升或下降的市场。当市场进入这种持平的或者说"没有趋势"的阶段时,它们通常表现拙劣,甚至根本不起作用。恰恰是在这种市场横向延伸的时期,技术型交易者最易受挫折,而采用趋势系统的人也蒙受着最大的损失。顾名思义,对顺应趋势系统来说,首先必须有趋势可循,然后才能施展功用。所以,失败的根源不在系统本身,而是在于交易商,是交易商操作错误,把设计要求在趋势市场条件下工作的系统,运用到没有趋势的市场环境之中了。期货交易商有三种选择——先买后卖(做多头)、先卖后买(做空头)或者拱手静观。当市场上升的时候,先买后卖当然是上策。而在市场下跌的时候,第二种选择则是首选。顺理成章,逢到市场横向延伸的时候,第三个办法——拱手静观——通常是最明智的。

趋势不但具有三个方向,而且通常还可以划分为三种类型,这三种类型就是"道氏理论"中介绍过的主要趋势、次要趋势和短期波动趋势。实际上在市场上,从覆盖几分钟或数小时的非常短暂的趋势开始,到延续五十年乃至一百年的极长期趋势为止,随时都有无数个大大小小的趋势同时并存、共同作用。然而,大多数技术分析人员对趋势的分类仅限于上述三个方向和三种类型,否则,在不同的分析者之间,对各类趋势的定义不免就有一定混乱了。

支撑线和压力线

1. 支撑线和压力线的含义

支撑线(Surport Line)又称为抵抗线。当股价跌到某个价位附近时,股价停止下跌,甚至有可能还有回升,这是因为多方在此买入造成的。支撑线起阻止股价继续下跌的作用。这个起着阻止股价继续下跌或暂时阻止股价继续下跌的价格就是支撑线所在的位置。

压力线(Resistance Line)又称为阻力线。当股价上涨到某价位附近时,股价会停止上涨,甚至回落,这是因为空方在此抛出造成的。压力线起阻止股价继续上升的作用。这个起着阻止或暂时阻止股价继续上升的价格就是压力线所在的位置。

支撑线和压力线如图15-2所示。

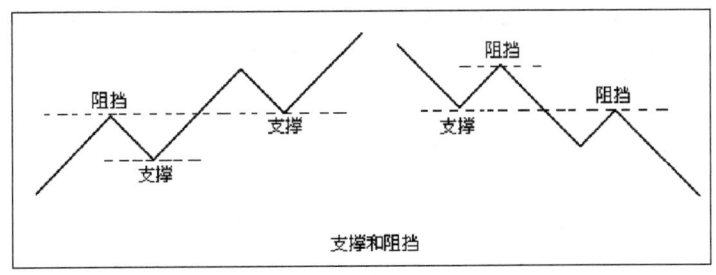

15-2 支撑线和压力线

2. 支撑线和压力线的作用

如前所述,支撑和压力线会阻止或暂时阻止股价向一个方向继续运动。我们知道股价的变动是有趋势的,要维持这种趋势,保持原来的变动方向,就必须冲破阻止其继续向前的障碍。比如说,要维持下跌行情,就必须突破支撑线的阻力和干扰,创造出新的低点;要维持上升行情,就必须突破上升的压力线的阻力和干扰,创造出新的高点。由此可见,支撑线和压力线迟早会有被突破的可能,它们不足以长久地阻止股价保持原来的变动方向,只不过是使之暂时停顿而已。

同时,支撑线和压力线又有彻底阻止股价按原方向变动的可能。当一个趋势终结了或者说到头了,它就不可能创出新的低价和新的高价,这样支撑线和压力线就显得异常重要,是取得巨大利益的地方,上升趋势中,如果下次未创出新高,即未突破压力线,这个上升趋势就已经处在很关键的位置了,如果再往后的股价又向下突破了这个上升趋势的支撑线,这就产生了一个趋势有变得很强烈的警告信号,通常这意味着,这一轮上升趋势已经结束,下一步的走向是向下跌的过程。同样,在下降趋势中,如果下次未创新低,即未突破支撑线,这个下降趋势就已经处于很关键的位置,如果下一步股价向上突破了这个下降趋势的压力线,这就发出了这个下降趋势将要结束的强烈的信号,股价的下一步将是上升的趋势。

3. 支撑线和压力线的相互转化

支撑线和压力线主要是从人的心理因素方面考虑的,两者的相互转化也是从心理角度方面考虑的。支撑线和压力线之所以能起支撑和压力作用,很大程度是由于心理因素方面的原因,这就是支撑线和压力线理论上的依据。当然,心理因素不是唯一的依据,还可以找到别的依据,如历史会重复等,但心理因素是主要的理论依据。

一个市场是无外乎三类人,多头、空头和旁观。旁观的又可分为持股的和持币的。假设股价在一个支撑区域停留了一段后开始向上移动。在此支撑区买入股票的多头们很肯定地认为自己对了,并对自己没有多买入而感到后悔。在支撑区卖出股票的空头们这时也认识到自己弄错了,他们希望股价再跌回他们的卖出区域时,将他们原来卖出的股票补回来。而旁观者中的持股者的心情和多头相似,持币者的心情同空头相似。无论是这四种人中的哪一种,都有买入股票成为多头的愿望。

正是由于这四种人决定要在下一个买入的时机买入,所以才使股价稍一回落就会受到大家的关心,他们会或早或晚地进入股市买入股票,这就使价格根本还未下降到原来的支撑位置,上述四个新的买进大军自然又会把价格推上去。在该支撑区发生的交易越多,就说明越多的股票投资者在这个支撑区有切身利益,这个支撑区就越重要。

我们再假设股价在一个支撑位获得支撑后,停留了一段时间开始向下移动,而不是像前面假设的那样是向上移动。对于上升,由于每次回落都有更多的买入,因而产生新的支撑;而对于下降,跌破了该支撑,情况就截然相反。在该支撑区买入的多头都意识到自己错了,而没有买入的或卖出的空头都意识到自己对了,无论是多头还是空头,他们都有抛出股票逃离目前市场的想法。一旦股价有些回升,尚未到达原来的支撑位,就会有一批股票抛压出来,再次将股价压低。

以上的分析过程对于压力线也同样适用,只不过结论正好相反。

这些分析的附带结果是支撑和压力地位的相互转换。如上所述,一个支撑如果被突破,那么这个支撑将成为压力;同理,一个压力被突破,这个压力将成为支撑。这说明支撑和压力的角度不是一成不变的,而是可以改变的,条件是它被有效的足够强大的股价变动突破。怎样才能算被突破呢?用一个数字来严格区分突破和未突破是很困难的,没有一个明确的截然的分界线。一般说来,穿过支撑线或压力线越远,突破的结论越正确,越值得我们相信,越让我们认识到新的压力线和支撑线。

有几个数字值得我们注意,3%、5%、10%和一些整数的价位。跌破这些数字,往往是我们改变看法的开始。3%、5%和10%是针对突破支撑线或压力线的幅度而言。3%偏重于短线的支撑和压力区域,10%偏重于长线的支撑和压力区域,5%介于这两者之间。整数价位主要是针对人的心理状态而言,它更注重心理,而不是注重技术。4.99元与5.00元相差并不多,但4.99元给人的印象是跌破5元了,而5.00元还未跌破5元。

4. 支撑线和压力线的确认和修正

一般来说,一个支撑线或压力线对当前时期影响的重要性有三个方面的考虑:

(1)股价在这个区域停留的时间的长短。

(2)股价在这个区域伴随的成交量大小。

(3)这个支撑区域或压力区域发生的时间距离当前这个日期的远近。

图15-3 支撑线和压力线举例

很显然,股价停留的时间越长,伴随的成交量越大,离现在越近,则这个支撑或压力区域对当前的影响就越大;反之,就越小。有时,由于股价的变动,会发现原来确认的支撑或压力可能不真正具有支撑或压力的作用,比如说,不完全符合上面所述的三条。这时,就有一个对支撑线和压力线进行调整的问题,这就是支撑线和压力线的修正。对支撑线和压力线的修正过程其实是对现有各个支撑线和压力线的重要性的确认。每个支撑和压力在人们的心目中的地位是不同的。股价到了这个区域,你心里清楚,它很有可能被突破,而到了另一个区域,你心里明白,它就不容易被突破。这为进行买入卖出提供了一些依据,不至于仅凭直觉进行买卖决策。如上页图15-3所示。

趋 势 线

1. 趋势线的画法

连接股价波动的高点的直线为下降趋势线,连接股价波动的低点的直线为上升趋势线。

需要指出的是,趋势线的起点不一定是最高点或最低点,往往是次高点或次低点。因为每一条上升趋势线,需要两个明显的底部,才能决定;每一条下跌趋势线,则需要两个顶点才能决定。根据波动的时间又可分为长期趋势线(连接长期波动点)和中期趋势线(连接中期波动点)。一般说来,所画出的直线被触及的次数越多,其作为趋势线的有效性越被得到确认,用它进行预测越准确有效。另外,这条直线延续的时间越长,就越具有有效性。如图15-4所示。

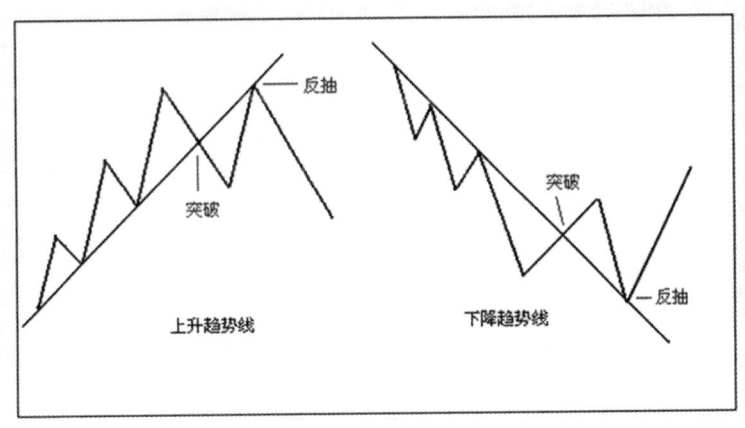

图15-4 趋势线

趋势线的相对陡峭程度(斜率)也很重要。一般来说,倾斜角度约为45度趋势线最有意义。某些图表分析家甚至简单地从图上某个显著高点或低点引出一条45度倾角的直线,作为主要趋势线。W·D·江恩对所谓45度线技术就特别垂青,因为这样的直线反映出的价格随着时间向上升或下降的速率,恰好从价格、时间两个方面处于完美的平衡之中。如果趋势线过于陡峭(如1线所示),那么通常表明价格上升得太快,因而难以持久。如图15-5所示,如果这样的趋势线被跌破了,可能只是意味着上升趋势的坡度将调整回45度线上下,而不是趋势的逆转。如果趋势线过于平缓(如3线所示),说明这个上升趋势过于衰弱,因而不太可靠。

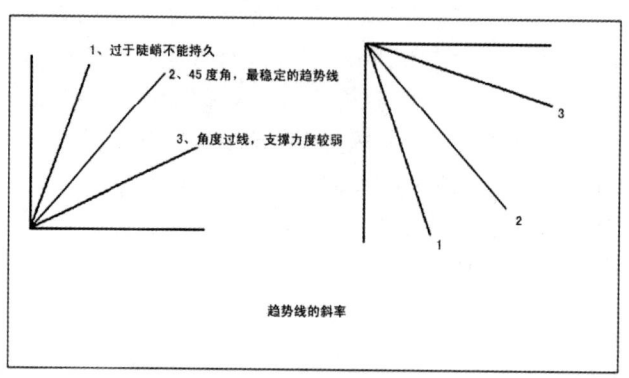

图15-5　趋势线的斜率

上涨行情中为了调整股价与趋势线之间的角度,股价会以回挡的方式来修正,一般情形下,股价回档的幅度,通常为其前一次上涨幅度的1/3或2/3;反之,下跌行情时会以反弹的方式对应。然而,极强势或极弱势的行情,通常都以横向的方式修正角度,这种修正法称为"以时间换取空间"。也就是说,股价不需要以回档或反弹的方式修正角度,在原有股价的水平下,让时间自然将股价推移至趋势线附近,完成修正的作用。因此,横向盘整虽然很令股民厌恶,但是,它不一定不好;反之,它可能正在酝酿下一波的攻势。

趋势线的画法如图15-6所示。

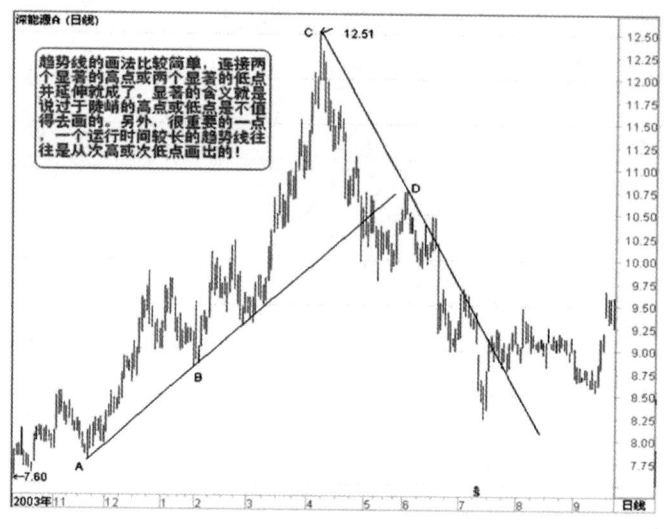

图15-6　趋势线的画法

2. 趋势线的市场含义

趋势线表明当股价向其固定方向移动时,它非常有可能沿着这条线继续移动。

(1)当上升趋势线跌破时,就是一个出货信号,并成为后期回升的阻力;在没有跌破之前,上升趋向线就是每一次回落的支持。

(2)当下降趋向线突破时,就是一个入货信号,并成为后期回落时的支持;在没升破之前,下降趋向线就是每一次回升的阻力。

(3)在长期上升趋势中,当有非常高的成交量出现时,这可能为中期变动终了的信号,紧随着而来的将是反转趋势。

(4)在中期变动中的短期波动结尾,大部分都有极高的成交量,顶点比底部出现的情况更多,不过在恐慌下跌的底部常出现非常高的成交量,这是因为在顶点,股市沸腾,散户盲目大量抢进,大户与做手乘机脱手于底部,股市经过一段恐慌大跌,无知散户信心动摇,见价就卖,而此时实已到达长期下跌趋势的最后阶段,于是大户与做手开始大量买进,造成高成交量。

(5)股价的上升与下跌,在各种趋势之末期,皆有加速上升与加速下跌之现象。因此,市势反转的顶点或底部,大都远离趋势线。

3. 如何判断股价是否突破了趋势线

当股价突破趋势线时,突破的可信度可从下列几点判断:

(1)假如在一天的交易时间里突破了趋势线,但其收市价并没有超出趋势线的外面,这并不算是突破,可以忽略它,而这条趋势线仍然有用。

(2)如果收市价突破了趋势线,必须要超越3%才可信赖;另外,如果连续3根(至少2根)的K线收市价停留在趋势线的另一方,也被视为突破有效。

(3)当股价上升冲破下降趋势线的阻力时需要有成交量增加的配合;但向下跌破上升趋势线支持则不必如此,通常突破当天的成交量并不增加,不过,于突破后的第二天会有增大的现象。

(4)当突破趋势线时出现缺口,这突破将会是强而有力。

4. 实验性趋势线

有经验的技术性分析者经常在图表上画出各条不同的试验性趋势线,当证明其趋势线毫无意义时,就会将之擦掉,只保留具有分析意义的趋势线。此外,还会不断地修正原来的趋势线,例如当股价跌破上升趋势线后又迅即回升这趋势线上面,分析者就应该从第一个低点和最新形成的低点重新画出一条新线,又或是从第二个低点和新低点修订出更有效的趋势线。

通 道 线

通道线又称轨道线或管道线,是基于趋势线的一种方法。在已经得到了趋势线后,通过第一个峰或谷可以作出这条趋势线的平行线,这条平行线(虚线)就是通道线。通道线和趋势线是相互合作的一双。很显然,先有趋势线,后有通道线。趋势线比通道线重要得多。趋势线可以独立存在,而通道线则不能。如图15-7所示。

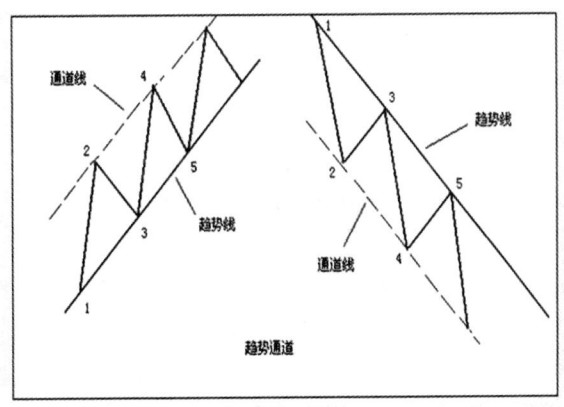

图15-7 通道线和趋势线

两条平行线组成一个通道,这就是常说的上升通道和下降通道。通道的作用是限制股价的变动范围,让它不能变得太离谱。一个通道一旦得到确认,那么价格将在这个通道里变动。如果对上面的或下面的直线的突破将意味着将有一个大的变化。与突破趋势线不同,对通道线的突破并不是趋势反向的开始,而是趋势加速的开始,即原来的趋势线的斜率将会增加,趋势线的方向将会更加陡峭。这时许多图表分析师将按照平行于新的通道线的方向,重作基本的上升趋势线。如上页图15-7所示。

同趋势线一样,通道线也有是否被确认的问题。股价在4的位置如果的确得到支撑或受到压力而在此掉头,并一直走到趋势线上,那么这条通道线就可以被认可了。当然,通道线被触及的次数越多,延续的时间越长,其被认可的程度和其重要性就越高,这一点同趋势线以及介绍的大多数直线是相同的。通道线的另一个作用是提出趋势转向的警报。如果在一次波动中未触及通道线,离得很远就开始掉头,这往往是趋势将要改变的信号。它说明,市场已经没有力量继续维护原有的上升或下降的规模了。通道线举例如图15-8所示。

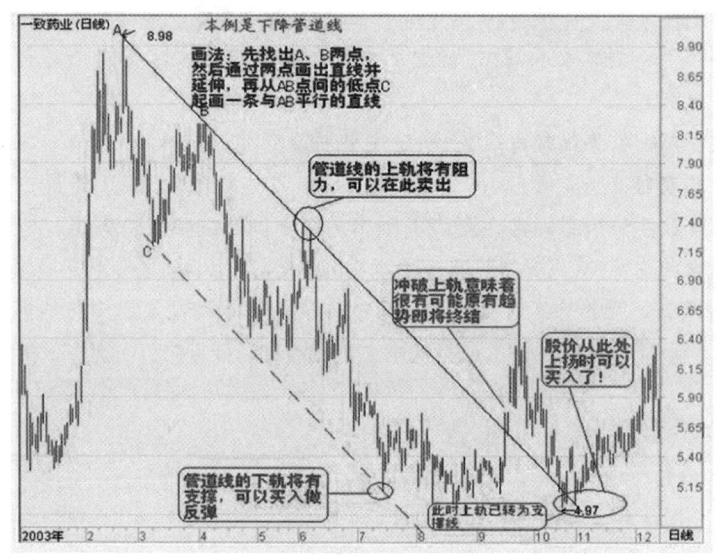

图15-8 通道线举例

通道线还具有测算意义。一旦在价格通道的两条边线上发生了突破,价格通常将顺着突破方向达到与轨道宽度相等的距离。因此我们可以根据通道的宽度,从通道边线上的突破点起,简单地顺着突破方向投影出去,得出价格目标。

然而投资者们应切记,在组成通道的两条线中,基本的趋势线远比通道线重要,也更为可靠。在趋势线技术中,通道线是第二位的。

扇形线

扇形线与趋势线有很紧密的联系,初看起来像趋势线的调整。扇形线丰富了趋势线的内容,明确给出了趋势反转(不是局部短暂的反弹和回档)的信号。

如下图15-9所示,有时候1线上升趋势线被突破后,价格先是有所下跌,然后再度上弹,回到原上升趋势线的下边(该线此时已成为阻力线了)。此时我们可以作出新的一条趋势线(2线),随后2线也被向下突破了,然后价格又一次弹回,向上试探2线未果,于是我们得到第三条趋势线(3线)。第三条趋势线若再次被突破,通常就意味着价格将下跌了。在上右图中,第三条下降趋势线(3线)的突破构成了新一轮上升趋势出台的信号。由上述两图来看,原先的支撑线被突破后均变成了阻力线,原先的阻力线被突破后均变成了支撑线,请注意其转化过程。图中依次变得平缓的三条直线形如扇子,扇形原理由此得名。

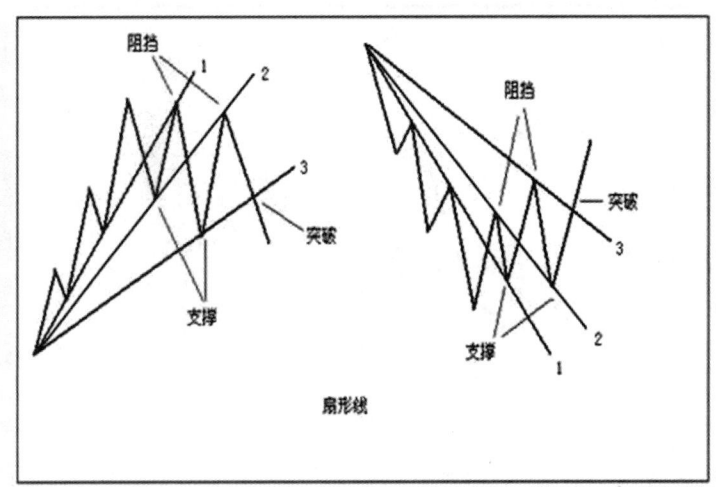

图15-9 扇形线

请切记,第三条趋势线被突破是趋势反转的有效信号。扇形原理依据的是三次突破的原则,是"事不过三"的自然法则在股价运行趋势中的具体体现。

扇形线举例如15-10所示。

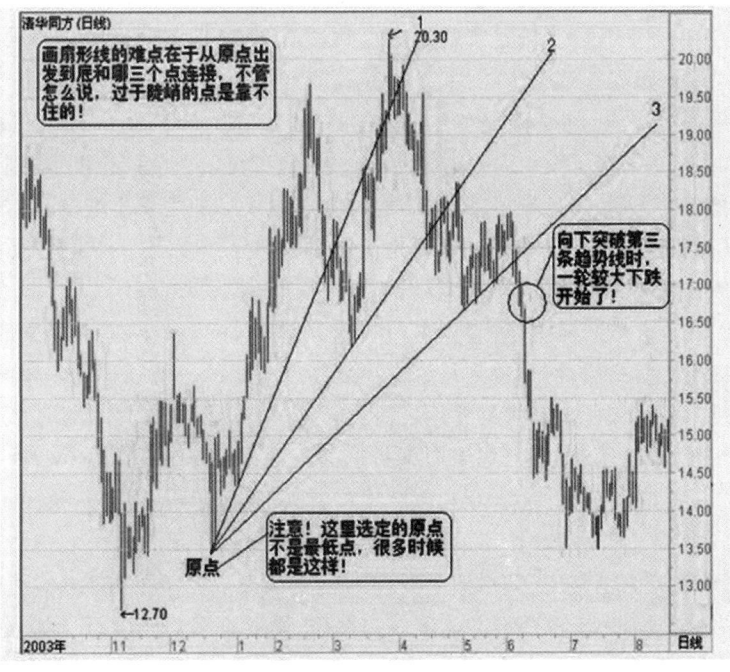

图15-10 扇形线举例

速 度 线

同扇形原理考虑的问题一样,速度线也是用以判断趋势是否将要反转的。不过,速度线给出的是固定的直线,而扇形原理中的直线是随着股价的变动而变动的。另外,速度线又具有一些百分比线的思想。它是将每个上升或下降的幅度分成三等分进行处理,所以,有时我们又把速度线称为三分法。如图15-11所示。

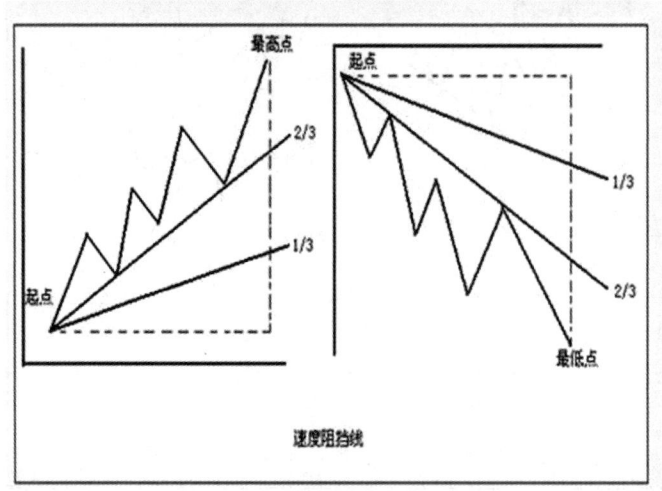

图15-11　速度线

1. 速度线的画法

首先,找到一个上升或下降过程的最高点和最低点(这一点同百分比线相同),然后,将高点和低点的垂直距离三等分。

第二步是连接高点(在下降趋势中)与0.33分界点和0.67分界点,或低点(在上升趋势中)与0.33分界点和0.67分界点,得到两条直线。这两条直线就是速度线。与别的切线不同,速度线有可能随时变动,一旦有了新高或新低,则速度线将随之发生变动,尤其是新高和新低离原来的高点低点相距很近时,更是如此,原来的速度线可以说一点用也没有。

2. 速度线的意义

速度线在日后价格回撤中,将起到支撑和压力作用,一旦被突破,其原来的支撑线和压力线的作用将互相变换位置,这也是符合支撑线和压力线的一般规律的。速度线最为重要的功能是判断一个趋势是被暂时突破还是长久突破(趋势反转)。其基本的思想叙述如下:

(1)在上升趋势的调整之中,如果向下折返的程度突破了位于上方0.67的速度线,则股价将试探下方的0.33速度线。如果0.33速度线被突破,则股价将一泻而下,预示这一轮上升的结束,也就是转势。

(2)在下降趋势的调整中,如果向上反弹的程度突破了位于下方的0.67速度线,则股价将试探上方的0.33速度线。如果0.33速度线被突破,则股价将一路上行,标志这一轮下降的结束,股价进入上升趋势。

速度线举例如15-12所示。

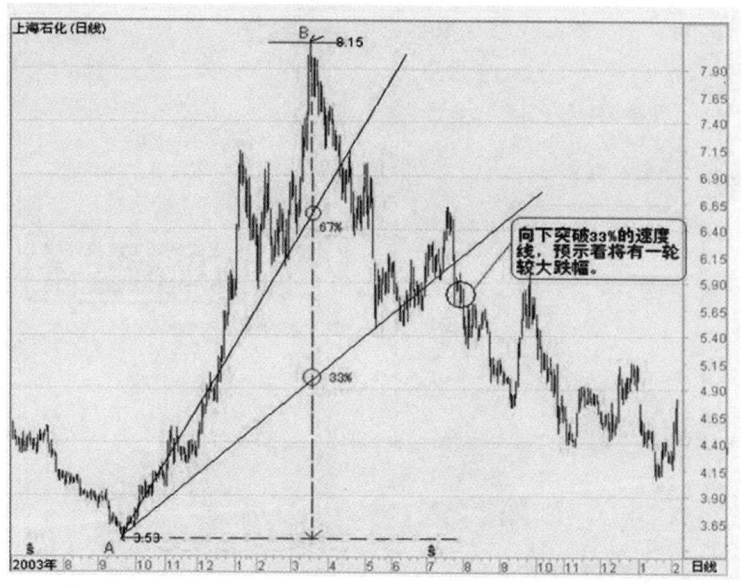

图15-12 速度线举例

费波纳奇扇形线和弧形线

费波纳奇扇形线的构造方法与速度线较为相似，首先在图上找出市场重要的顶点和底点，然后从第二点(后边的点)向第一点引出一条垂直线段，接着按照38%、50%、62%的比例划分垂直线段，再从第一点出发，分别通过这三个点，连成三条直线，这三条直线在日后价格回撤中，将起到支撑和阻力的作用。

菲波纳奇弧形线则是以第二点为圆心，以第二点到上述38%、50%、62%比例分割点的距离为半径，划出三条弧线，这三条弧线从时间和价格方面标识了可能出现支撑和阻力的位置。扇形线和弧形线可以结合起来使用，两种线条重合的位置，其发出的信号将会较强，如图15-13所示。举例如15-14所示。

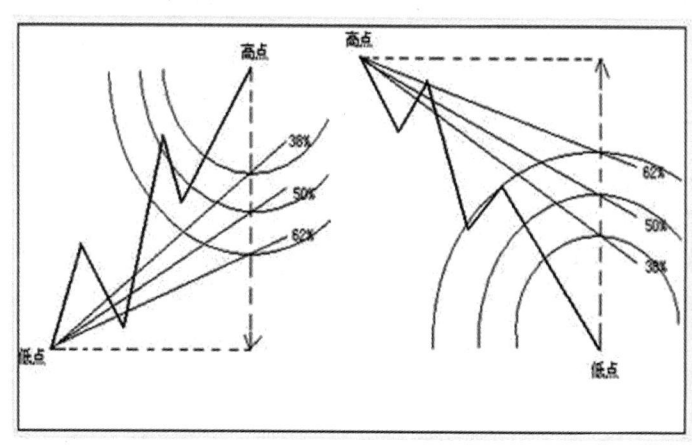

图15-13 菲波纳奇弧形线和弧形线

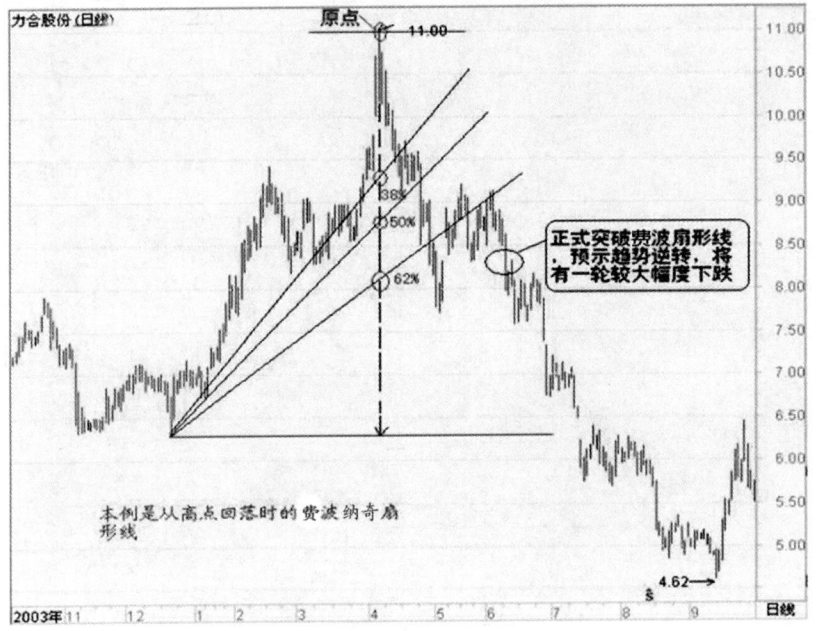

图15-14 费波纳奇扇形线举例

线 性 回 归 带

线性回归是一个极具特色的线型分析工具,有较强的实战价值。它是通过最小两乘法计算画出一条价格趋势线,使价格与趋势线距离总体最近,对股价的振荡范围和幅度走向加以预测,从而判别未来走势的效果。

1. 线性回归通道画法

(1)线性回归线:两个定位点,用来决定时间周期的范围。在此范围内画出一根线段,使得每一根垂直于线段长度的和为最小。

(2)线性回归带:两个定位点,画法同线性回归一样,多了上下两条与之平行的线段,一条经过该周期范围内的最高价,一条经过最低价。在图中以实线表示。

(3)线性回归通道:同线性回归带,三条平行线向右侧延伸,延伸部分为虚线。回归线上方的平行线叫通道上轨线,回归线下方的平行线叫通道下轨线。

2. 运用原则

(1)回归带的长度也就是两个定位点一经确定不可轻易改变;但当趋势线明显改变后,就重新确定回归带。

(2)在上升趋势中,股价突破通道上轨时将冲高回落,股价回落至回归线时将获得支撑而反弹,股价跌破回归线时是卖出信号,股价跌破通道下轨时是止损信号;在下降趋势中反之。

(3)回归通道对上升或下降第二浪有更强的预测作用。

线性回归带举例如图15-15所示。

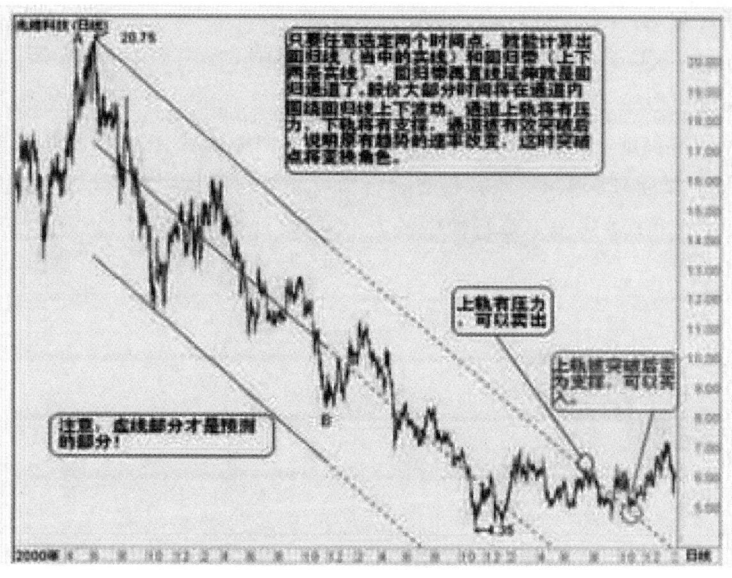

图15-15 线性回归带举例

百 分 比 线

  百分比线考虑问题的出发点是人们的心理因素和一些整数的分界点。当股价持续向上,涨到一定程度,肯定会遇到压力,遇到压力后,就要向下回撤,回撤的位置很重要。黄金分割提供了几个价位,百分比线也提供了几个价位。

  以这次上涨开始的最低点和开始向下回撤的最高点两者之间的差,分别乘上几个特别的百分比数,就可以得到未来支撑位可能出现的位置。百分比线举例如下图15-16所示。

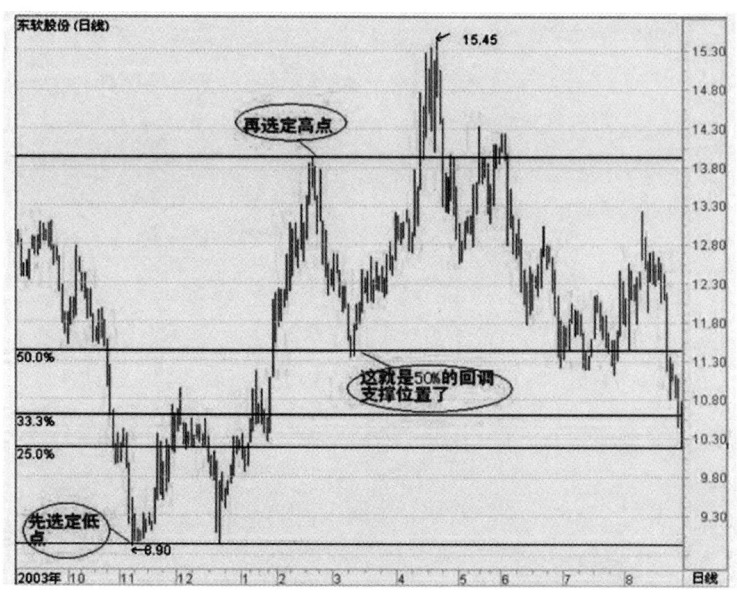

图15-16 百分线举例

这些百分比数是：
0.125 0.25 0.375 0.5 0.625 0.751 0.33 0.67

这里的百分比线中,33%和67%的这两条线最为重要。在一个强劲趋势的调整过程中,市场通常至少回撤到前一个运动的1/3的位置;而最大回撤位置在2/3也就是67%的位置,大于67%,很可能就要回到起点了,原有趋势也就很可能不再继续了。另外,50%的回撤位置是一个很重要的心理价位。对于下降行情中的向上反弹,百分比线同样也适用。其方法与上升情况完全相同。

第 16 章

K线图与K线分析①

股市如果找到下跌原因之时,就是股市见底之日。股市如果找到上升原因之时,就是股市见顶之日。

K线图形的历史

K线图形的形状也称"蜡烛线"、"阴阳线"、"酒井线"和"日式画线法"。这些图形是1750年前日本大阪米市商人为记录1天、1周、1月中米市价格涨跌行情所使用的图形表示。后来人们把这种图形方式引至股票及期货市场,从而变成目前股票技术分析中最常用、最普通的图形分析画法。

为何称之为K线?有一种说法,即日本的股票技术分析称这种图形线为罚线,而罚的日文读音为"K",这种图形线自引入我国后,称这种特定的图形为K线图形。

研究K线图,不研究现代日本人是如何使用K线图来指导自己的买卖活动,就不能深入了解K线图的神秘之处。

在15世纪,日本经过100多年的各家族内战,德川家族在1605年统一日本后,强迫各地的首领和地主全家迁居东京。当各家族的首领和各地的地主返回自己的领地时,家族的人必须留在东京作为人质,如果这些返回各领地的首领不回来或者造反,他们的家人就会被处死。

各首领和地主的经济来源是佃农和农夫以稻米所缴纳的租金,由于稻米无法由各地一直运送到东京,他们在大阪建立仓库来存放稻米。由于所有的家族首领和他们的家人都住在东京周围,过着奢华的生活。为了维持这种生活方式,他们销售存放在大阪的稻米,甚至销售未来的收成,形成稻米的期货交易。在期货交易中,仓库会发行"米票",这些米票称为"空米票"("空米票"是指这些稻米实际上不存在),然后,"空米票"逐渐形成市场,这便是全世界最早的期货市场之一。

稻米的期货交易很容易产生投机操作,投机操作便是日本期货交易技术分析的发展基础。在稻米的期货交易市场上,当时最著名的交易员是本间宗久,活跃于18世纪。本间发现,稻米价格由供给与需求的关系决定,但市场价格也受到交易员情绪的影响。

---

① 本章内容借鉴和引用了周佛郎、周云川两位专家的部分研究成果。

他认为,研究市场的心理情绪,将有助于预测行情。稻米的实际价值与价格是两回事,正如现在的股票、债券和外汇的价值与价格也是由各种因素来决定。

日本人常将K线走势图称为"酒井图形",就是纪念本间所居住的港都"酒井"。本间是否发明K线图形的绘制方法,还有不同的看法和争论。我们目前所使用的K线方法,应该是集合多人智慧,经过数个世代的演进而成。即使本间不是阴阳线的创始人,但他了解市场的心理层面是交易成败的关键因素之一。在日本,最早的技术分析形式,心理层面似乎多于图形。

日本最早的期货交易理论书籍是本间宗久所著述的《黄金泉》。他说:"当每个人都看空行情时,这是酝酿价格上涨的契机。每个人都看行情上升时,则构成价格下跌的原因"。这句话是现在所谓的"反向思维理论"、"相反理论"。

《黄金泉》强调,阴线与阳线会不断地轮替。因此,阴中有阳,阳中有阴。这可以说明K线的理论对反转形态的重视程度何以远超过连续形态。当某个事件或消息发生时,如果你想建立头寸,应该判断市场对该事件的反应,不应该根据消息的本身。

如果你已经深入研究行情,便不应该再与别人做无谓的讨论,除非对方有独到的见解,你的交易决策应该只根据市场来考虑。《黄金泉》中有这样一句话:"如果你希望了解市场,应该在市场中学习——如此你才能够成为无懈可击的市场鬼才"。

在学习K线图形之前,了解这一段历史是很有必要的。

今天,几乎所有的股票计算机分析软件都采用K线图来记录1周、1月、1年或数年的股票历史价格走势。

我们目前所使用的K线分析方法,经过了长时间的演进和完善,集合了多人的智慧,已经成为股票分析中必不可少的分析手段和分析理论。

K线图形的制作

通常将开盘与收盘的价位用长方形表示,称为实体部分。当开盘时股票价低,收盘时股票价格升高,称阳线实体,用空心长方形表示。开盘时价格高,收盘时价格低,称阴线实体,用实心长方形(涂黑)表示。

对于阴线实体,若当日的最高价与开盘价不同,则用黑细线将开盘价与最高价相连,称阴上影线。若最低价与收盘价不同,则用黑细线连接收盘价与最低价,此称阴下影线。对空心阳体来说,收盘价与最高价的连线称阳上影线;开盘价与最低价相连的细线称阳下影线。

K线图的画法,如图16-1所示。

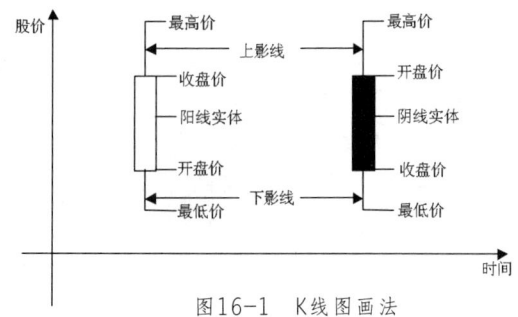

图16-1 K线图画法

K阳线的顶端为最高价,底端为最低价。

上影线与矩形实体的连接点为阳线收盘价,下影线与矩形实体的连接点为阳线开盘价。

K阴线与K阳线完全相反,上影线连接的是阴线开盘价,下影线连接的是阴线收盘价。

没有上影线的阳线,被称为光头阳线,即收盘价是当天最高价;没有下影线的阳线,被称为光脚阳线,即开盘价是当天最低价。既没有上影线也没有下影线的,被称为光头光脚阳线,即当天的开盘价是当天的最低价,当天的收盘价是当天的最高价。

同理,可知道光头阴线、光脚阴线、光头光脚阴线的含义。

K线图多种形状如图16-2所示。

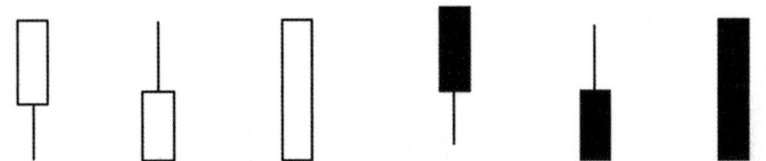

图16-2　光头阳线　光脚阳线　光头光脚阳线　光头阴线　光脚阴线　光头光脚阴线

K线图的开盘价是每天开始交易时买卖双方的楚河汉界,互相交战的分界线。K线图的收盘价则代表买卖双方的力量对比结果。买方力量强大,股票价格就往上涨;卖方力量强大,价格就往下跌。

上影线和下影线记录了买卖双方战斗的过程。

阴阳实体的长度、上下影线的长度都反映了买卖双方的力量对比情况。

K线图的时间单位

K线图是用简单的图形完整地记录每日的股市行情和股市买卖双方的战斗情况,并把它们逐日按时间顺序把包括开盘、收盘、最高及最低价位在内的日K线图展现在价格和时间为轴的二维平面图上,使人们能清楚地看到过去几日、1周、1个月、1年和数年的股价历史走势,提供给人们一种判断股市未来走势的一种统计数据的图形表示方法。人们通过对这些图形的综合分析、比较和整理,寻找股市内在的变化规律,预测股市未来的走势。这是一种最古老、最原始的手工图形数学统计分析方法。随着计算机技术的高速发展,大量的数据收集、统计、分析、计算和预测交给计算机完成。股票数据库的建立,很多精确的、极其复杂的计算数学分析方法已经得到应用。但是这种古老的分析方法至今仍然作为股票走势分析技术的入门加以介绍。

K线图以日为记录单位称日K线图,记录单位可以是分、小时、周、月和年,它们分别称为分K线图、小时K线图、周K线图、月K线图和年K线图。为了短线操作的需要,有些投资者用1分钟、5分钟、15分钟、30分钟、1小时等为记录单位,在命名上分别是5分K线图、15分K线图、30分K线图、1小时K线图等。

1. 分析方法的差异与时间单位关系不大

通常来讲,K线图的分析方法,与记录单位没有太大的关系。新浪网著名的股票博客版主徐小明很擅长分析1分钟K线图,他有一句名言:"看不懂1分钟图形,就看不懂一天的,更看不懂一星期的"。可谓一语中的。

2. 不同时间单位的k线图,显示的意义也不尽相同

虽然面对不同时间单位的K线图,分析方法是一样的,但是时间的长短也决定了分析结果的差异。如果你分析5分钟图形,那么结论也就对5分钟的周期有意义;如果你分析周K线图,那么结论也就对一星期内的操作有意义。

在实际操作中,有一些中长线投资者喜欢研究月K线图形和周K线图形;有一些短线投资者喜欢研究周K线图形和日K线图形,也有对1小时图形和1分钟图形感兴趣的。其中的优劣短长,难下定论。但一般来讲,看长做短是一个广为接受的原则。

所谓看长做短,是指投资者所研究的K线时间单位应该比自己的交易时间单位长一些。如果投资者热衷于做当天买进卖出的超短线,那么除了研究适合于超短线的分钟K线图之外,主要依据应该是日K线。如果投资者热衷于做波段的话,分钟图形的参考意义就大为下降,而是应该以月K线图特别是周K线作为交易的依据。

K 线形态分析Ⅰ:长阳线

1. 长阳线的辨别

长阳线是指交易时段的开盘价位于低价附近,收盘价位于高价附近。

判断一根阳线是否是具有明显意义的长阳线,依据是:其实体的长度至少是前1日或前3~5日平均实体长度的3倍。

还有两种特殊的阳线:光头光脚阳线和涨停阳线。判断其是否是长阳线的依据也要看前1日阳线的实体长度。如果确认是长阳线,则这两种长阳线的信号强度更为强烈。

2. 低价区的长阳线

长阳线对未来走势的信号作用和其出现的位置有关。通常来讲,低价区的长阳线,信号作用最为强烈最为可靠。

低价区的长阳线如图16-3所示,一根长阳线出现在低价区,可能是底部即将形成的信号,长阳线代表该交易时段的价格上涨几乎没有受到空头的打压,收盘价越接近高价,实体的长度越长,长阳线所代表的意义越重要。

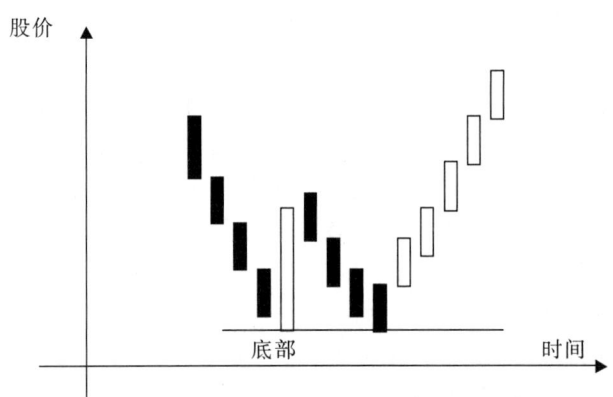

图16-3　低价区的长阳线形成底部

底部出现长阳线,成交量放大,一般有两种情况发生:庄家在股价底部吃进的筹码不够,采用拉高股价进货(空头陷阱),持股成本增加,拉高股价后又开始多日回调,庄家吃进

更多筹码,这就形成了一个坚实的底部,成为日后的价格支撑线;另一种情况是庄家绝对控股,走出旗形走势,无须成交量配合。

3. 下降途中的长阳线,反弹位置若和支撑线重合

在波动格局当中,如果股价回落至前一低点附近,但未突破前一低点,则前一低点和长阳的低点构成一条支撑线。如果长阳线反弹的位置与趋势线、移动平均线或水平支撑线等重要支撑有所重合,即可更进一步确认支撑的有效性。

图16-4显示一根长阳线由支撑区向上反弹,代表多头转守为攻。

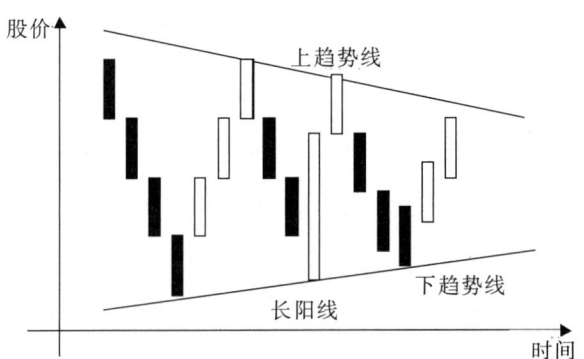

图16-4　长阳线确认趋势线价格支撑的有效性

4. 上升途中,若以长阳线突破压力线

在上升途中,股价是否能够有效突破压力线,这是判断未来走势的重要依据之一。如果不能有效突破压力线,则股价仍会回到原来的运行箱体中;反之,股价就会上一个台阶。长期的研究K线运行规律后发现,以长阳线突破压力线,大多数都是非常有效的突破。根据前面学过的"支撑线与压力线相互转化"的结论,可以知道长阳线突破压力线后转变为支撑线。

图16-5显示长阳线突破压力线后转变为支撑线。

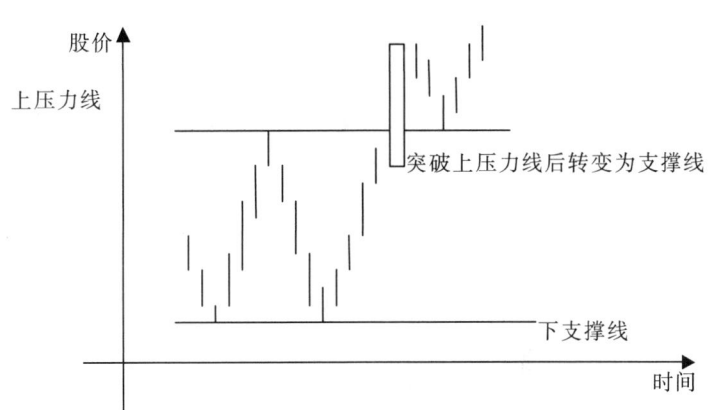

图16-5　长阳线突破压力线

5. 涨势中,长阳线的支撑作用

根据日本文献的说法,涨势中的长阳线具有支撑的功能,在一根长阳线之后,价格很容易出现拉回的走势,这是因为市场可能处于短期超买的状况(价格在短期间内上涨过速)。在这种情形下,价格可能需要稍微拉回整理,以缓解超买的状况。

我们可以根据长阳线所提供的支撑功能来进行交易。例如,当价格拉回到长阳线的底端附近时可进场买进,并以长阳线的下端(包括下影线在内)作为支撑。如果收盘价跌破支撑,应考虑卖出清盘,认输离场;如果在盘中支撑线被跌破,但收盘价又拉回至支撑线以上,这种情况可认为下支撑线仍然有效。

如图16-6所示,股价在上升趋势中长阳线的作用。长阳线的中点和底线(下影线)都可以成为阶段性价格支撑线。

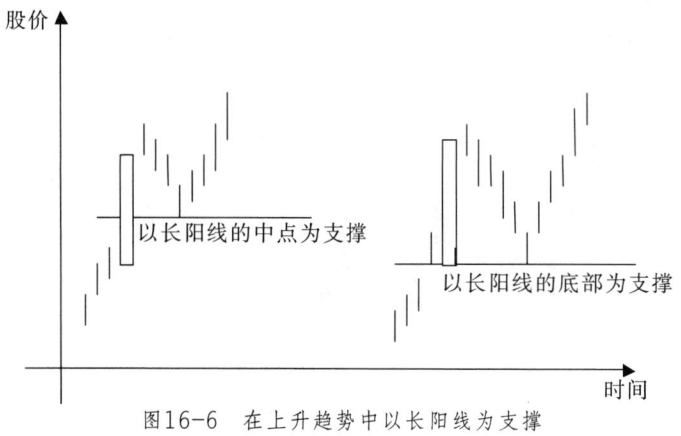

图16-6 在上升趋势中以长阳线为支撑

K线形态分析 II:长阴线

1. 长阴线的辨别

低价区的长阳线代表底部的信号和形成股价下支撑线,同理,在高价区的长阴线也具有强烈的信号意义,代表头部的信号和形成上档股价的压力线。

判断一根阴线是否是长阴线的依据是:长阴线的实体长度必须3倍于先前一日或三日到五日的平均实体长度。

2. 高价区的长阴线

请参考图16-7,长阴线代表空头已经取得股价走势的控制权。先前的涨幅越大,超买的情况越严重,长阴线的意义越重要。

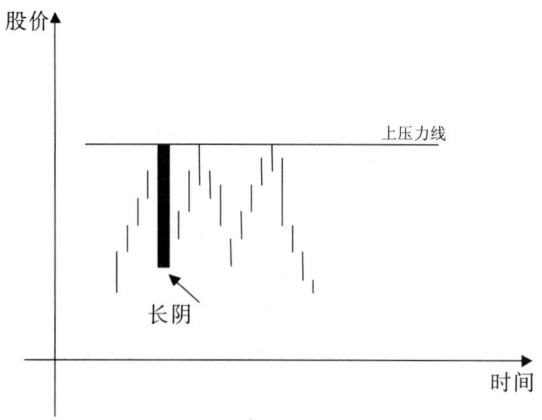

图16-7 高价区的长阴线形成头部

3. 下降走势中,若长阴线回落位置与某条压力线重合

如果股价冲高至某一高点后大幅下跌,形成长阴线,而冲高的价位未有效突破前一高点,则前一高点和长阴的高点构成一条压力线。如果长阴线回落的位置与趋势线、移动平均线或水平压力线等重要压力有所重合,即可更进一步确认该价位压力的有效性。

如图16-8所示,如果价格以一根长阴线由上档的压力区拉回,可以确认压力的有效性。因为这种线形代表多头已经后续乏力,空头已经转守为攻。不论是哪种情况,都代表潜在的空头走势。

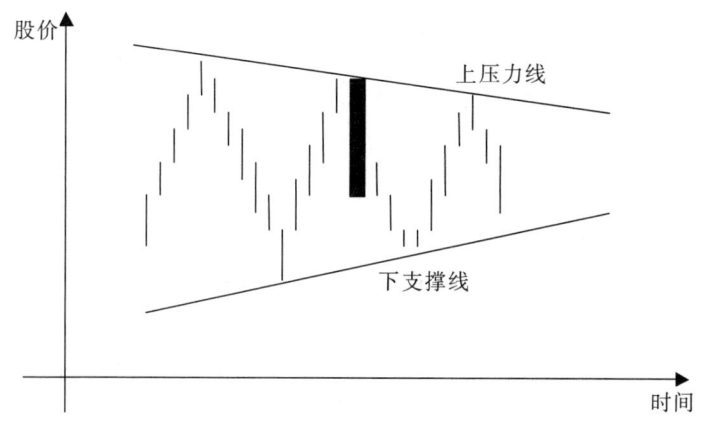

图16-8 下降走势中的长阴线确认上压力线

4. 下降途中,若以长阴线突破支撑线

如图16-9所示,长阴线突破下档支撑线。长阴线向下突破支撑的方式,是有效突破的概率很大。根据前面讲过的"支撑线与压力线相互转化"的原理,支撑线一旦被有效突破就会成为后期反弹的压力线。

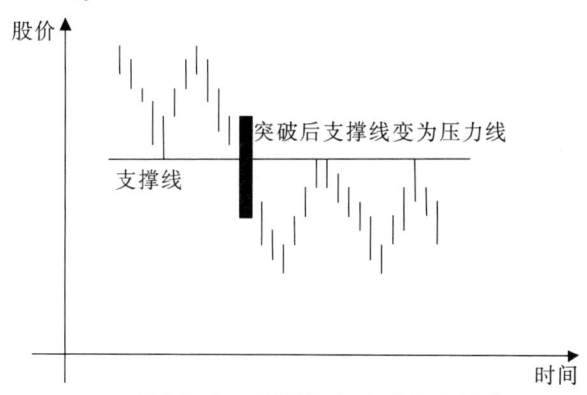

图16-9 长阴线突破下档支撑线

5. 跌势中,长阴线的压力作用

根据日本文献的说法,跌势中的长阴线具有压力的功能,在一根长阴线之后,价格有可能出现反弹的走势,这是因为市场可能处于短期超卖的状况(价格在短期间内下跌过速)。在这种情形下,价格可能需要稍微反弹整理,以缓解超卖的状况。

其原理与长阳线的支撑原理是相同的,只是作用是相反的。

K线形态分析Ⅲ：十字线

1. 十字线的辨别

十字线，也称为十字星线，是最重要的单根线形之一，如图16-10所示。

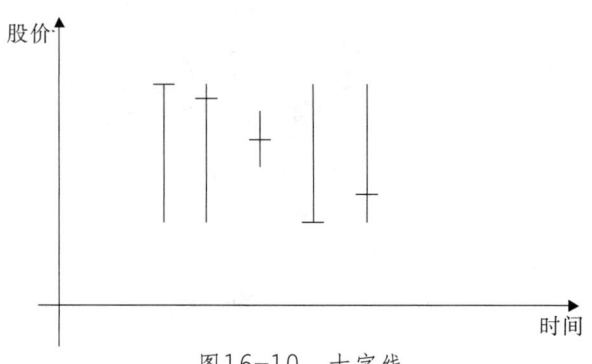

图16-10　十字线

十字线的实体部分呈现水平状的直线，这是因为交易时段的开盘价与收盘价相等（或几乎相等）。

2. 十字线的指导意义

承前所述，长阳线代表多方力量大于空方力量，长阴线代表空方力量大于多方力量。而十字线代表"多空力量趋于一致的变盘信号"，十字线虽然可能意味着先前的趋势即将反转，但投资者应该将其视为多空力量转化的过渡而不是反转的信号。

如果当时的行情处于盘整横向走势，十字线没有什么指导意义。十字线如果发生在上升或下降趋势的阶段，即代表变盘的征兆。

在交易时的开盘价与收盘价非常接近，但又不完全相等，如何确定在什么条件下才可能视为十字线？

方法是比较近期的线形。如果十字线前后几个交易日是实体很小的线形，那么十字线的线形将没有什么特殊的意义，因为这种情况下的十字线只能看成是前期行情的延续，而不是变盘的征兆。

3. 跌势中的十字线

在明确的上升趋势中，如果十字线发生在一根长阳线之后，投资者要特别警惕，因为不论十字线位于长阳线实体之上或位于长阳线实体之内，均表明市场买卖双方的力量已经发生了变化。

在先前升势中的长阳线，多头完全居于主导地位。当十字线出现后，多头已经不能再向上驱动行情了。十字线的顶端经常代表压力和阶段性头部的形成。

当十字线发生在上升趋势中，随后的收盘价穿越十字线的高价，则表明市场已经重整旗鼓，价格随后继续挺进，应该视为多头的信号。因为市场在稍作犹豫之后，股价将持续上升。如图16-11十字线1所示。

升势之后的十字线虽然代表趋势可能反转，但还是等待空头的确认信号。如果以十字

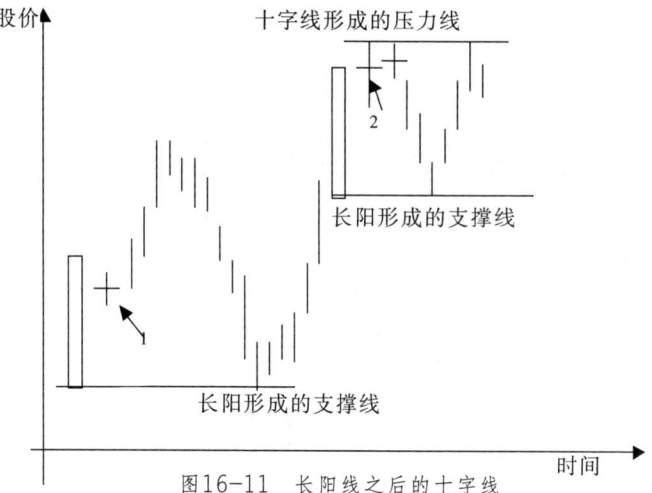

图16-11　长阳线之后的十字线

线为卖出信号,应该视十字线为压力,如图16-11十字线2所示;如果十字线为卖出信号(数根十字线也是以十字线来处理),应该在其十字线的高价设定卖出点。

4. 跌势中的十字线

在明确的下降趋势中,如果十字线发生在一根长阴线之后,投资者需要特别警惕。不论十字线位于长阴线实体之上或之内,都代表市场的力量已经发生变化。

在先前跌势中出现的长阴线,空头完全居于主导地位。当十字线出现之后,表明空头已经不能再向下驱动行情。因为十字线的底端通常代表支撑线。但是,稍后价格如果穿越十字线的底端,说明下降趋势可以继续发展,这时的十字线只是中途的整理信号,此时十字线无特殊意义。

十字线发生在大幅的升势之后,可能代表顶部。然而,十字线如果发生在行情的起涨阶段,形成顶部的机会不大。长阴线之后出现的十字线,在大幅下跌之后,十字线可能代表底部信号。如图16-12所示。

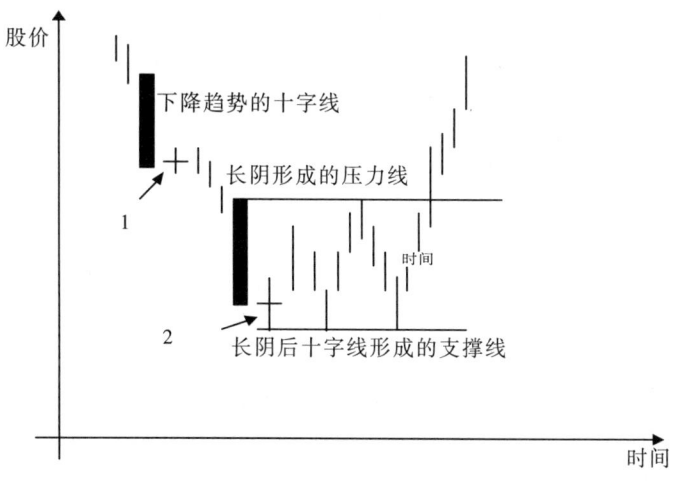

图16-12　长阴线之后的十字线

下跌行情之初,十字线可能没有特殊的意义,形成底部的机会也不大,如图16-12中的

1号十字线。但在超买或超卖的情况下,十字线可能是重要的反转信号,图16-12中的2号十字线是一个底部支撑线。

K线形态分析Ⅳ:纺锤线

1. 纺锤线的辨别

前面已经讨论了长阳线与长阴线所代表的意义。长阳线代表多头控制交易过程,长阴线则由空头起主导作用。如果实体的长度很小,上下影线很长,多空双方正处于拉锯战中,多空的力量大致维持均衡。

这种实体很小的线形称为纺锤线,代表股票缺乏上升或下降的力量,表明市场正在休息或正在调整之中。

图16-13表示了纺锤线的形态,它们有很长的上影线或下影线,但实体的部分很短。

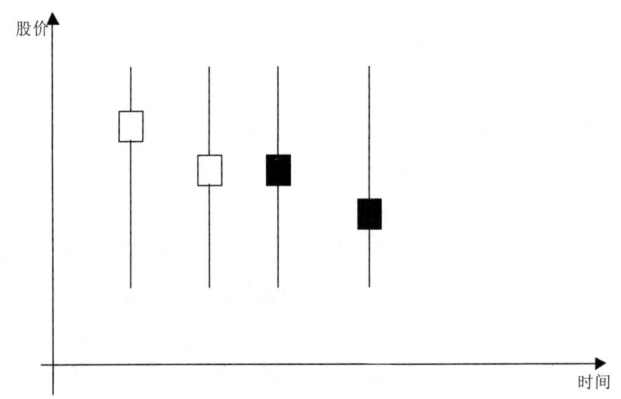

图16-13 纺锤线形态

2. 纺锤线的指导意义

纺锤线是一种预警信号,表明市场正在丧失方向。

如果纺锤线发生在股价高位附近,在急涨的走势之后,表示多头已经后续乏力,先前的升势可能因此停顿。

如果纺锤线发生在股价低位附近,在急跌的走势之后,表示空头已经无下跌动力,先前的跌势可能因此停顿。

3. 纺锤线结合成交量一起分析

K线图最重要的优点之一是可以与其他的技术分析方法一起使用,能非常形象地说明股市所发生的一切。如果把单一纺锤线与成交量一起使用,就能判断市场的内部运作,发现庄家是在搜集筹码还是在派发筹码。

搜集筹码与派发筹码是价量关系中两个重要的概念。

(1)搜集筹码发生在低价区,成交量放大而价格停滞。如成交量放大,则代表买方不断买进筹码,投入所有的资金。但是,停滞的价格显示空头无法压低价格,空头所投入的筹码已被多头承接,结果是一波的升势。

(2)派发筹码与搜集筹码正好相反,出货发生在高价区,成交量放大而价格停滞不动。在这种盘势中,庄家正将手中的筹码转交给其他买盘。由于卖方供给的筹码足以应付买盘的需求,所以价格无法挺进。因此,在高价区出货应该视为顶部信号,结果是一波跌势。

在搜集与派发的盘势中,有一个共同的特征:即价格几乎停滞不动。这时的纺锤线便是这种情况下的标准线形(开盘价与收盘价非常接近)。所以,在高价区纺锤线出现时,只要观察成交量的变化,就可以判断是否在派发筹码;同理,在低价区纺锤线出现时,只要观察成交量的变化,就可以判断是否在收集筹码。

另外,纺锤线无论是出现阴实体或阳实体,它们所代表的意义都是一样的。

K线形态分析Ⅴ:锤头线与上吊线

1. 锤头线与上吊线的辨别

锤头线和上吊线,其样子是完全一样的,它们都有一个很小的实体,没有上影线或者上影线很短,但有一个很长的下影线。如图16-14所示。

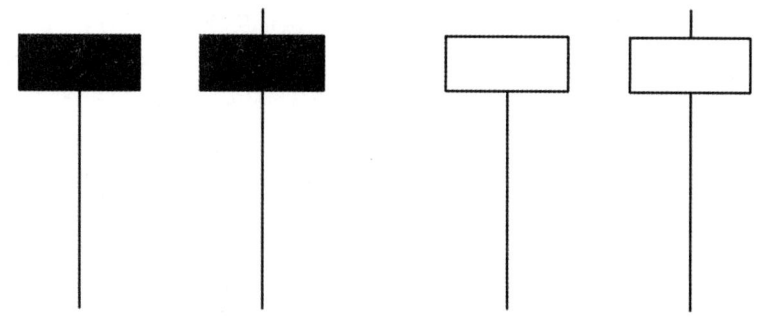

图16-14　阴体锤头线和上吊线　　　　　　　阳体锤头线和上吊线

这个线形代表的含义比较复杂,它的长长的下影线代表着多头的力量,但是不能直接认定是多头或者空头。它可以代表多头,也可以空头,完全取决于它在趋势中的位置。

如果发生在下降趋势中的低位,便是代表多头力量大的锤头线;如果它发生在上升趋势中的高位,则是空头力量大的上吊线。

换言之,锤头线只会出现在跌势中的低位,是进场买进的信号;上吊线只会出现在涨势中的高位,是卖出离场的信号。

2. 锤头线的指导意义

锤头线是一个重要的反转信号,尤其是大幅下跌之后或严重超卖情况下的锤头线更有意义,表明行情的反转就在眼前。如果没有出现大幅下跌,而是连续两三天的小幅下跌走势之后出现锤头线,通常没有特殊的意义,行情反转的信号意义很弱。

另外,由锤头所发动的反弹很可能遭卖压,所以涨势经常拉回,重新试探锤子的底部。当股价遭卖压后回落时,锤头线的下影线处的低价形成一道支撑线,如未有效跌破这道支撑线,股价探底回升的概率加大,形成所谓的"W"形底。如图16-15所示。

如何根据锤头进行投资,取决于投资者的心态与风险的控制。

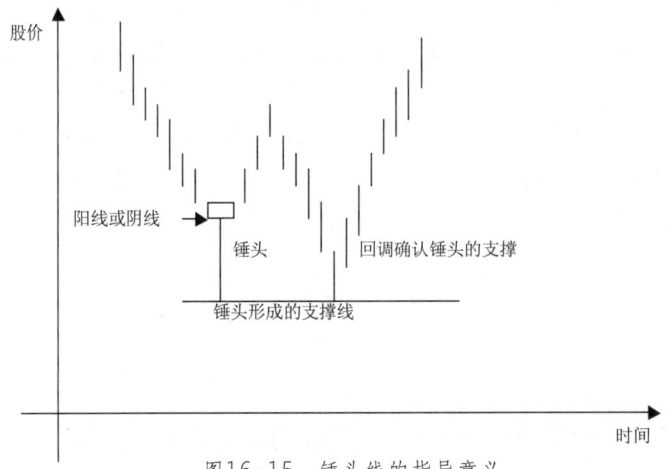

图16-15 锤头线的指导意义

如投资者决定在锤子出现之后立即买进,必须重新试探锤子的底部。如果希望价格拉回,完成试探之后再进场,其方法是:当锤头出现时,以小量进行交易,如果价格拉回并成功完成探底,再加码买进。

锤头线还常常被庄家用来试探行情的底部,看看底部有没有承接力。

如图16-16是深南玻(000012)1996年9月至1997年1月的日K线和成交量走势图,这是底部锤头线的实战案例。

C处有一根锤头探底线。这根锤头线是庄家试探底部而形成的。底部的承接力很强,收盘时股价抬高,收出一根锤头线。这是一根非常重要的、具有指导意义的锤头线。

该锤头线发生在1996年12月15日星期天的政策利空后的第8个交易日,庄家大量筹码被套,他们为了自救而测试底部。

1996年12月15日的政策利空是一个突发事件,12月16日股价全面下跌,连跌两个跌停板。18日庄家在护盘失败后,19日后股价又连续4天下跌。23日的锤头线使庄家明确了底部价位。

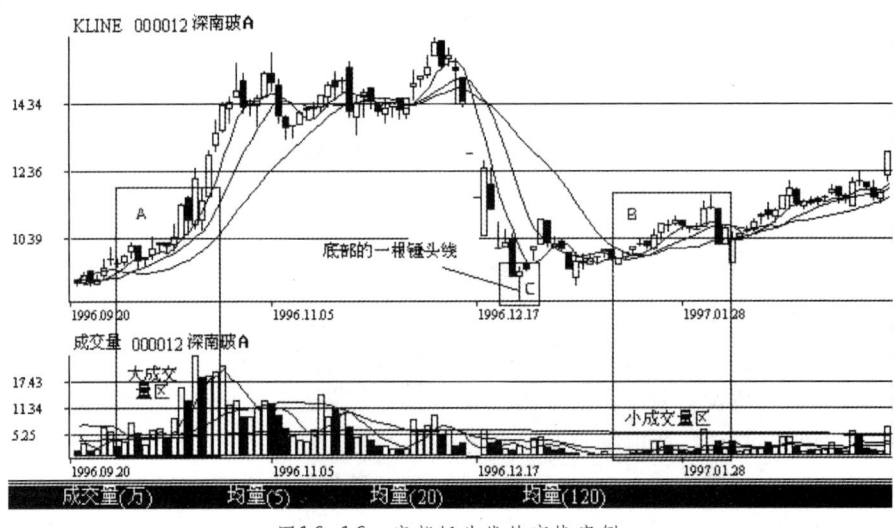

图16-16 底部锤头线的实战案例

1996年12月24日后股价开始上升,几天后又有一个回调确认锤头线的底部,在确认后股价一路上扬。

从K线图形中如何知道是庄家被套呢?这需要结合当时的政策背景来加以分析。因为政策利空发生在庄家派货的头部,庄家正在走一头肩顶派货形态,在头部形成后和右肩形成时,发生政策利空,股价大跳水,庄家没有时间,更没有派货的条件,因此我们知道庄家的筹码被套。比较图中A处和B处的成交量,A和B同处在相同的拉升初期和低价区。A处每日成交均量在1 100万股左右,而B处每日成交均量仅有100万股,不到A处的1/10。在B处,每日的股价一再上升,但成交量都基本不变。这就说明了大量筹码在庄家手中,散户的筹码很少,所以放不出量。因此庄家被套是显而易见的。

3. 上吊线的指导意义

在图16-17的线形中,长长的下影线代表买进的意愿,因此被视为多头的信号。但是,高位的这种形态——上吊线的形态——出现后,价格开始下跌的概率很大,因为上吊线代表了这时多头的力量相当脆弱。

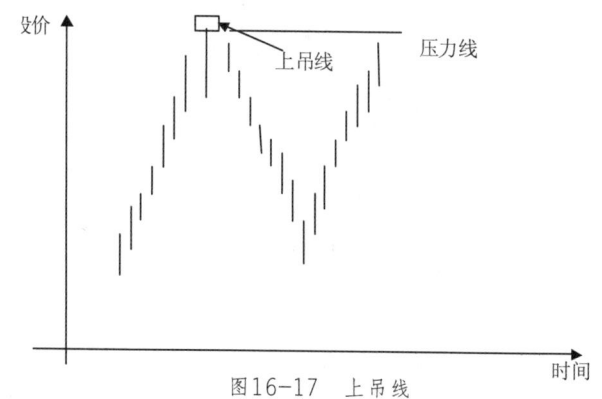

图16-17 上吊线

上吊线的小实体部分亦代表先前的涨势可能在变化之中。由于上吊当天具有多头的意味,所以投资者必须经过日后空头的确认。确认方法是观察隔天的收盘价是否低于"上吊"的实体,如果价格跌到上吊线实体的下方,这条K线就可确认是"上吊线"。

如图16-18所示,1999年6月30日方正科技(600601)走出了在高价区,并走出了一根放出天量带长下影线的上吊线。第二天又走出一根放量长阴,这就证明庄家正在派货,股价即将下降。这时头部形成,投资者应尽快离场。

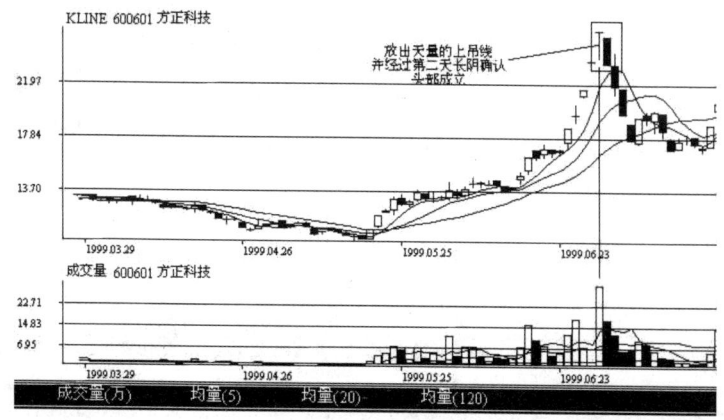

图16-18 上吊线、流星线和锤头线的实战案例

K线形态分析Ⅵ：流星线

流星线与上吊线和锤头线的形态形成对照，前者是上影线很长，后者是下影线很长。

流星线是一根上影线很长的线形，实体很小而位于上影线的下端，流星线的上影线具有空头的意义。上影线很长，代表空头有能力大幅压低价格。

流星线如出现在高价位，又有成交量配合，大多是庄家的派货走势。

流星线如发生在低价位，又有成交量配合，则是庄家强行收购筹码的行为。如图16-19所示。

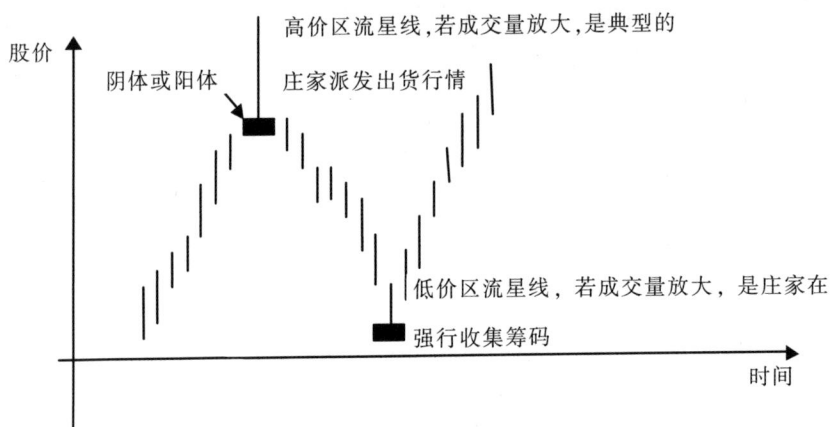

图16-19　流星线

图16-20是上海江西纸业（600053）1999年12月至2000年6月的日K线和成交量的走势图。在图中，我们可以看到上升趋势中流星线出现所代表的意义。股价的上升趋势中有A、B、C三处出现流星线，流星线的第二天都有一根阴线出现。为什么B和C不是头部信号，而选择A为头部信号？

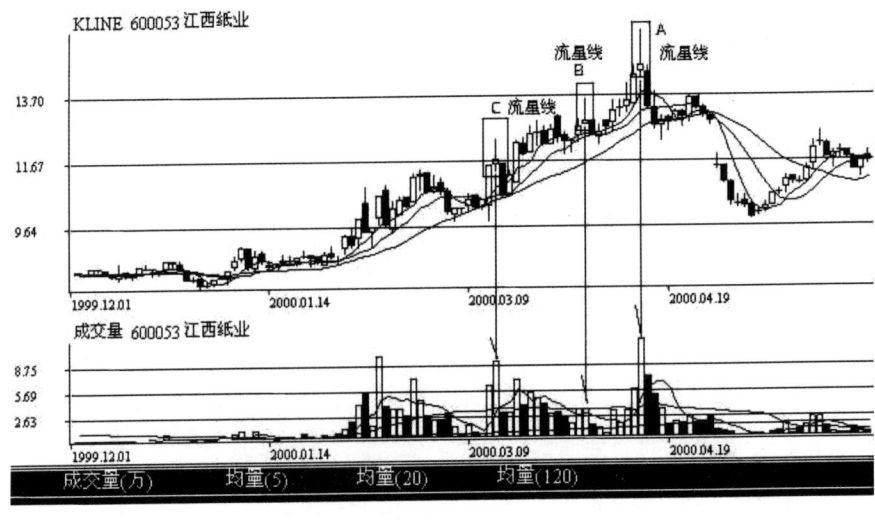

图16-20　上升趋势中出现流星线的实战案例

这是因为C处的流星线是在拉升初期,该流星线的出现是由于庄家强行吸进筹码,不让当天股价超过前期头部。而第二天出现抛盘,是一部分人中了庄家流星的空头陷阱而出货形成了一根长阴线。这些出货人误认为庄家在出货,而事实是庄家正在进货,因而C处不是头部的流星线走势。

B处的流星线接近拉升后期,但没有成交量的配合,第二天的阴线短,成交量小,因而B处也不是头部的流星线走势。

图中A处的流星线是在拉升后期,出现流星线的当日成交量放出天量,股价达到天价。第二天出现一根放量长阴,这是标准的头部流星走势,趋势要发生反转。因此,A处的流星线才是顶部信号。

双日K线的组合分析Ⅰ:组合线形的画法

所谓双日K线的组合分析,是指针对双日K线的组合加以分析、研究,从而预测第三日以后股价走势的研判方法。

为了研判两根和多根K线组合的意义,我们采用组合线形来研判。组合线形的画法分下面几个步骤完成。

第一步,取K线组合第一个交易日开盘价作为组合线形的开盘价。

第二步,取K线组合中的最高价作为组合线形的最高价。

第三步,取K线组合中的最低价作为组合线形的最低价。

第四步,取K线组合最后一个交易日的收盘价作为组合线形的收盘价。

图16-21的组合线形是由三根K线图组成。从组合线形中我们看到,这是一组带长上影线、下影线和实体很短的纺锤阴线,空头气氛很浓,如发生在股价高位,并有成交量配合,即可断定,这个组合线形的含义是庄家拉高出货。

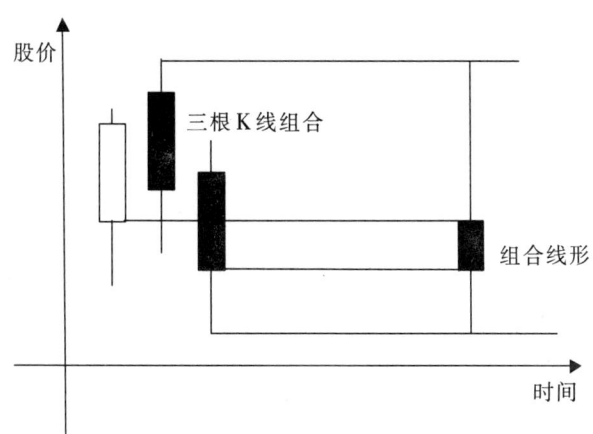

图16-21 组合线形的画法

组合线形是分析两条K线和多条K线的基本方法。

本书后面内容中的双线和多线组合的日K线图的分析方法,都将采用组合线形来分析和研判。

双日K线的组合分析Ⅱ：乌云密布

"乌云密布"是由两根K线所构成,第一根是强劲的长阳线,第二根是长阴线,收盘价深入第一根阳线的实体内(超过实体长度的50%),如图16-22所示。

"乌云密布"代表上升动能被第二根阴线所冲散,上涨的走势蒙上一层乌云,它发生在股价的高位,是行情反转的预警信号。

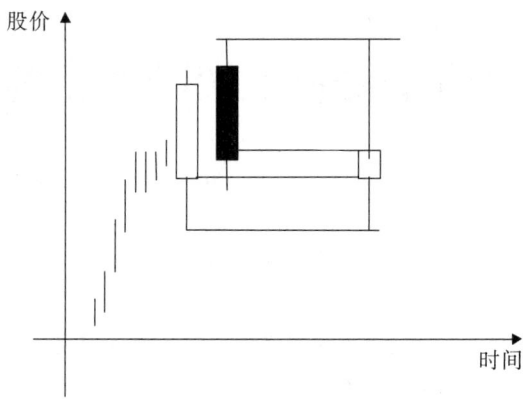

图16-22 "乌云密布"

一个理想的"乌云密布",第二根阴线的开盘价(向上跳空高开)应该高于第一根阳线的最高价,第二根阴线的收盘价应深入第一根阳线的实体一半以上。如果深入程度未超过一半,属于不完整的形态,应该再观察第三天的收盘价作为确认信号。一般来说,第二根阴线收盘价进入第一根阳线实体的程度越深,形态越具有空头意义。

从组合线形来分析,这是带长上影线和下影线空头气氛很浓的纺锤线形,行情很可能反转,上影线越长空头气氛越浓。

非理想的"乌云密布",一定要有第三根线的收盘价确认。

双日K线的组合分析Ⅲ：雨过天晴

"雨过天晴"与"乌云密布"恰好相反,是在下降趋势中由一根顺势的长阴线与另一根长阳线所构成,长阳线的收盘价深入长阴线的实体内。"雨过天晴"可显示低位的强劲买盘。由于"乌云密布"的出现,股价下降,犹如倾盆大雨,而倾盆大雨后又将是"雨过天晴"。

一个理想的"雨过天晴"应该是,第二根阳线的开盘价(向下跳空低开)应该低于第一根阴线的最低价,第二根阳线的收盘价要能够深入第一根阴线实体的一半以上。第二根阳线深入第一根阴线的程度越深,所代表的底部反转意义越明确。如果深入的程度不够深,则代表多头的反攻还不够强劲。

一个非理想的"雨过天晴"需要第三根线的收盘价来证实。

如图16-23所示,"雨过天晴"的组合线形可看出:下影线特别长,实体很短。说明多头气氛很强,下降动力已经耗尽。

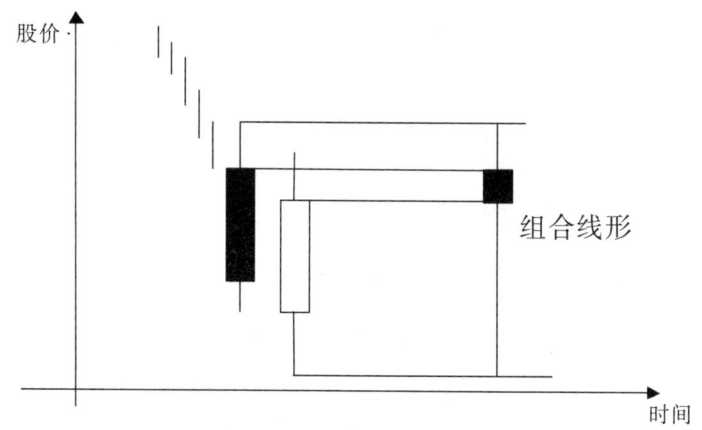

图16-23 "雨过天晴"组合线形示意图

图16-24是深圳飞亚达(000026)1999年12月到2000年4月的日K线和成交量走势图,这是"乌云密布"和"雨过天晴"的一个典型的实战案例。

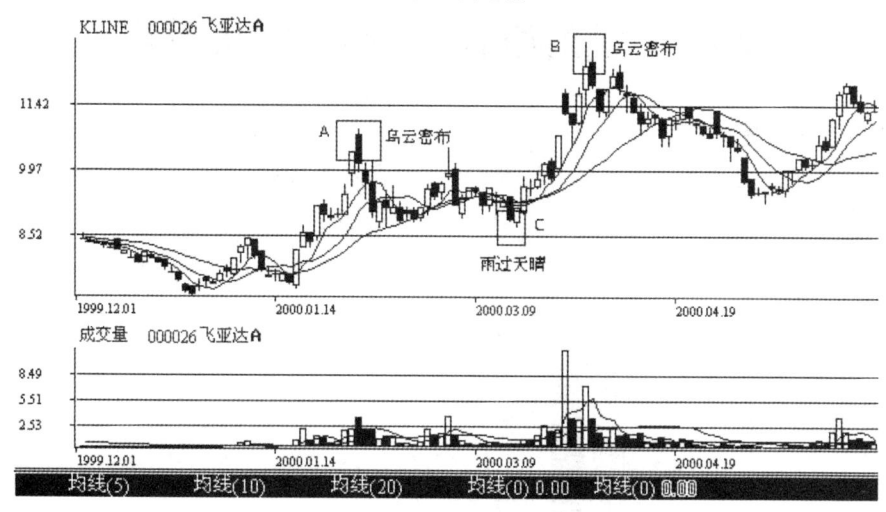

图16-24 "乌云密布"和"雨过天晴"的典型实战案例

C处是两根阴阳线组成的"雨过天晴"组合形态。"雨过天晴"后,趋势反转,股价上涨。A处和B处是两组"乌云密布"的形态。在"乌云密布"形态后,股价趋势由上涨变为下跌。

双日K线的组合分析Ⅳ:多头吞吃

多头吞吃形态是由阴阳两根线形构成,第二根阳线的实体吃掉第一根阴线的实体,如图16-25所示。

多头吞吃形态发生在股价下跌中,一根长阳线完全吃掉了一根长阴线。

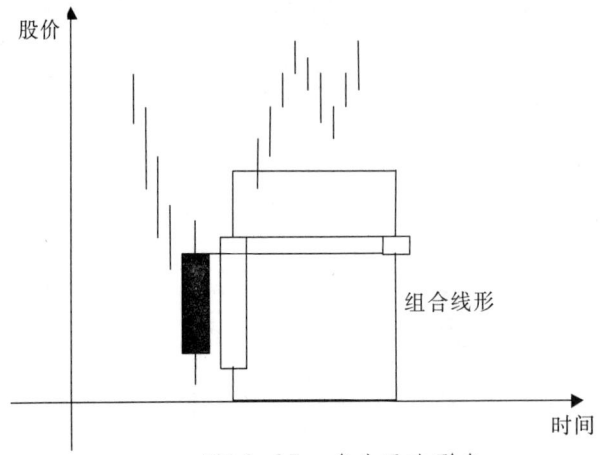

图16-25 多头吞吃形态

如果多头吞吃发生在下降走势中,那么其组合线形态所表现的多头强度要大于"雨过天晴"的形态。因为其组合线形的下影线长度一般要比"雨过天晴"的组合线形的下影线长,组合线形的实体是阳线。

双日K线的组合分析Ⅴ:空头吞吃

空头吞吃形态发生在上升走势中,第二根阴线的实体吃掉第一根阳线的实体。在图16-26中,空头吞吃形态的组合线形是一根带长上影线的小阴实体,它的空头气氛浓于"乌云密布"形态。

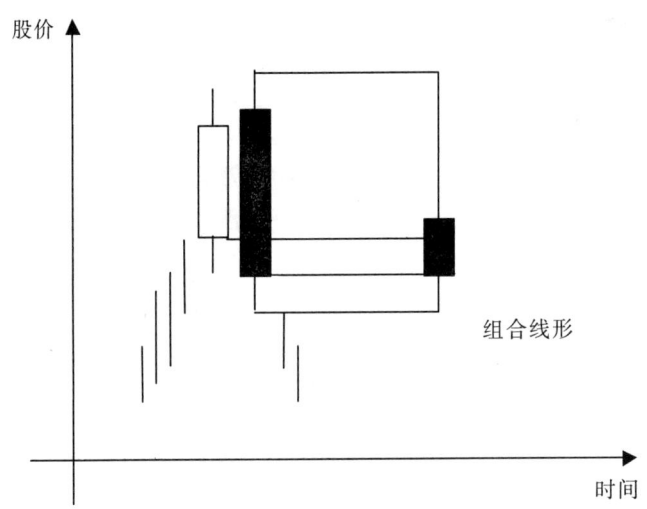

图16-26 空头吞吃形态

吞吃形态显示空头力量稍大,表明空头由多头的手中夺回了主控权。

在空头吞吃中,空头以压倒性的优势制服多头。在前面讨论的"乌云密布"排列中,空头的气势可以由第二根阴线深入到第一根阳线实体的程度来反映。但在空头吞吃中,空头所驱动的第二根阴线完全吃掉第一根阳线的实体,显示出空头的气势很浓。

相同的概念也适用于"雨过天晴"和多头吞吃之间。在"雨过天晴"形态中,多头所驱动的反攻只深入前一根阴线实体的一半左右。

我们还可以根据形态所发生的位置来判断形态的效力。如:一个发生在支撑区的"雨过天晴"与一个没有在支撑区的多头吞吃,前者可能是更有效的底部反转信号。所以,在判断形态的效力时,应该由整体技术面来考虑。

理想的吞吃形态是第一根线形的实体很短,第二根线形的实体很长,而且第二根线形的实体完全吃掉第一根线形(包括其影线在内)。

非理想的吞吃形态应由第三根线的收盘价来确认。

图16-27是深圳中集集团 (000039)1997年3月到1998年11月的周K线和成交量走势图,这是空头吞吃和多头吞吃的典型案例。

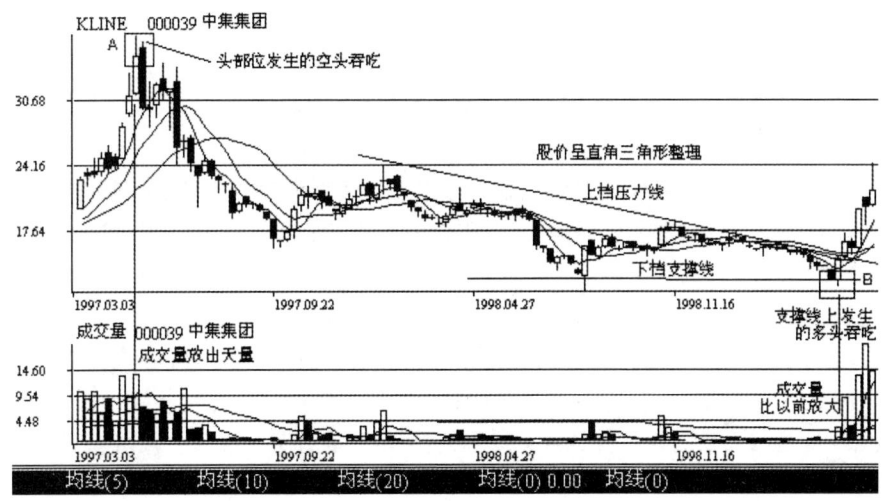

图16-27 空头吞吃和多头吞吃的案例

A处是两根周阴阳线走出了理想的空头吞吃的组合形态。该组合形态发生在高价区,成交量放出天量,空头吞吃后,头部形成,趋势反转,股价下降。

B处是两根周阴阳线在股价底部走出了理想的多头吞吃的组合形态。该组合形态发生在直角三角形整理的下档支撑线上,成交量比前期放大,多头吞吃后,趋势反转,股价上升。

双日K线的组合分析Ⅵ:蛇吞象

"蛇吞象"是由两根长短线形所构成。第一根线形的实体很长,第二根线形的实体很短,而且小实体完全处在长实体之内。换言之,这两根线形的先后顺序与吞吃相反,吞吃是长实体吃掉前一个小实体,而蛇吞象是小实体吞吃一个长实体。

因长实体代表原来的趋势,小实体的出现改变了原来的趋势。在现实生活中用蛇吞象来形容小的吃掉大的,小个打败大个,就像一条蛇把一头大象吞到肚里一样。

第一根线应是长阳线或者长阴线,第二根线的小实体可以是阳线、阴线或十字线。

在下跌趋势中,蛇吞象代表下跌的力量已经耗尽了;在上升趋势中,蛇吞象代表涨势难以继续下去。

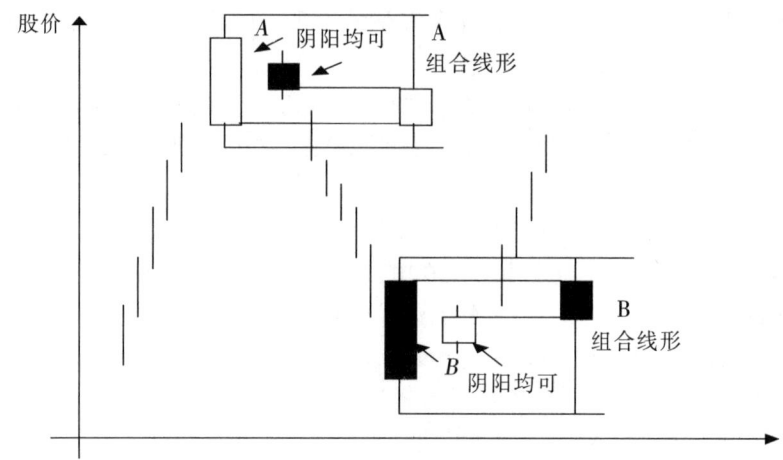

图16-28 蛇吞象形态示意图

如图16-28所示，B处是上升趋势的蛇吞象形态。线形的颜色不是蛇吞象排列的必要条件，在下降趋势中，象阳蛇阴、象阴蛇阴、象阴蛇阳和象阳蛇阳的排列均可。其中象阳蛇阳的多头气势强过其他排列，这是因为长阳线本身更有多头意义。所以像是由长阳线所构成，表明跌势已经告一段落，上升趋势即将开始。

同样的道理也适用于下降趋势中的蛇吞象。如图16-28中A处所示，在上升趋势中，象阳蛇阴、象阴蛇阴、象阴蛇阳和象阳蛇阳均可，其中象阴蛇阴的空头意义将强过长阳线所形成的蛇吞象。这是因为长阴线本身是空头线形，它可能代表升势已经告一段落，下降趋势即将开始。

图16-29是上证指数(000001)1996年7月至1999年6月的周K线和成交量走势图，是蛇吞象和其他形态的综合分析和学习案例。

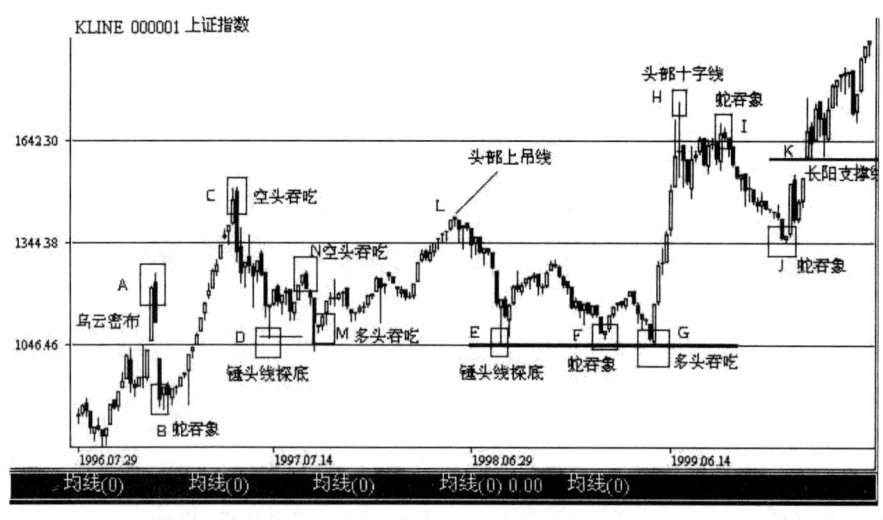

图16-29 蛇吞象和其他形态举例

B处、F处和J处都走出蛇吞象的走势。由于小实体是在长实体底端，因此，这种排列称为低位蛇吞象。这三个蛇吞象发生在股指底部。蛇吞象后，趋势反转，股指上升。

I处也走出了一个蛇吞象的形态。它发生在股价上升趋势高位,趋势将反转,股指下降。

A处走出了"乌云密布"的形态。在"乌云密布"形态后,股指下降。

C处和N处是两个空头吞吃形态。在空头吞吃形态后,股指下降。

D处和E处是两个底部锤头线探底。在探底后,股指开始上升。

G处是多头吞吃形态。在多头吞吃形态后,股指上升。

L处是头部上吊线。经过头部上吊线后,股指下降。

H处是头部十字线。经过头部十字线后,股指调整。

K处是放量长阳形成的下档支撑线。

K线分析的研究者们经过长期的实盘分析后,发现在蛇吞象形态中,第二个线形可能影响整体的效力。

(1) 如果第二个小实体位于第一个长实体的中央,可以增加蛇吞象的反转可能性。在上升趋势中,如果第二个小实体位在第一个长实体的上端,随后可能产生横向整理走势,而非下跌的走势。这种排列称为高位蛇吞象。

(2) 在下降趋势中,如果第二个小实体位于第一个长实体的下端,随后可能产生横向而非上涨的走势。这种排列称为低位蛇吞象。

(3) 如果第二根线形(包括影线在内)完全处于第一根线形的实体范围内,价格反转的气势比较强。

(4) 第二根线形的影线越短,实体越小,蛇吞象形态的信号越明确。如果第二根线形是十字线(称为蛇十字),反转的可能性更高(类似长阳和长阴后的十字形态)。

(5) 在上升趋势中,蛇吞象排列一旦被穿越,则代表多头的持续信号。同样,在下降趋势中,蛇吞象的低点被跌破,则代表价格将持续下跌。

双日K线的组合分析Ⅶ:缺口

在两根K线组合中,如果第二根K线与第一根K线的交易价格是不连续的,就构成了一个K线缺口。换言之,缺口是价格K线走势图中没有交易的价格区间形成。缺口是一种非常重要的K线形态。

缺口有向上跳空缺口和向下跳空缺口两种。如果第二根K线的最低价高于第一根K线的最高价,就形成向上跳空缺口;如果第二根K线的最高价低于第一根K线的最低价,就形成向下跳空缺口。

当以缺口作为支撑或压力时,必须了解一种常见现象,即:价格可能暂时跌破上升缺口的底部或暂时穿越下降缺口的顶部,然后再恢复先前的走势。这个过程被称为"弥补缺口"。如图16-30和图16-31所示。

在日K线走势中,如果收盘价弥补缺口,则先前的趋势应该结束。如在13~14元之间存在一个向上跳空缺口,而随后的价格收在缺口的底部14元以下,先前的上升趋势应该被视为结束;反之,如果在21~23元之间存在一个下降缺口,而多头随后将收盘价格拉至23元以上,先前的下降趋势应该视为结束。但如果盘中价格封闭窗口,则不可视为趋势结束的信号,应等待收盘价的确认。

同样,在周K线图中,应该根据周五的收盘价来确认缺口是否被弥补。如果以收盘价来

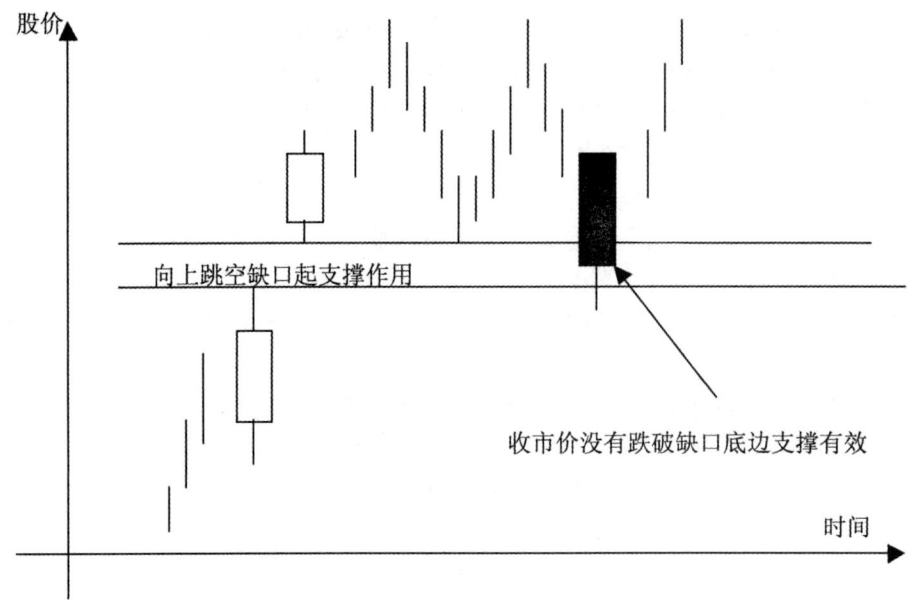

图16-30　向上跳空缺口支撑示意图

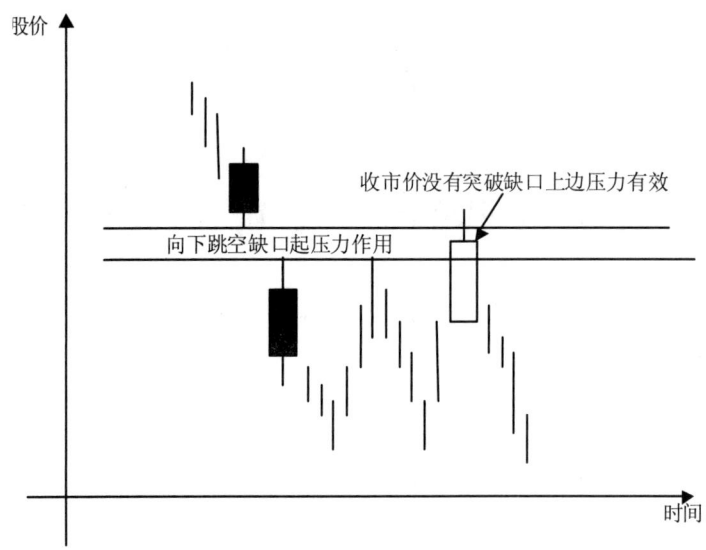

图16-31　向下跳空缺口压力线示意图

确认,可能涉及一定的风险。因为当确认缺口被弥补时,市场走势可能已经发生好几天了。

缺口在实际走势中经常出现,但缺口的性质是不相同的。缺口可分为功能性缺口和普通缺口。

双日 K 线的组合分析Ⅷ:功能性缺口

功能性缺口的实战意义固然重要,但是在走势中功能性缺口并不常见,只有在关键的时机才会出现。功能性缺口可分为突破性缺口、中途缺口和竭尽缺口三种。

突破性缺口通常是在底部向上突破和头部向下突破时出现。这类缺口的出现,如有成交量的配合,将预示着股指和股价将走出大的反转行情。向上突破性缺口应有长时间的大幅下跌和调整,并有扎实的底部作前提,突破时还要有大成交量的支持。在政策面上,常会伴随巨大的利好政策出台。这种缺口有可能连续几年长时间不能弥补。

中途缺口出现在一轮上涨行情或一轮下跌行情的中途。它的出现预示着股指或股价将继续上涨或下跌的行情。由于该缺口是在中途出现,只要根据缺口的位置就可以预测未来股价可能上涨或下跌的距离。所以中途缺口又被称为"度量缺口"。

竭尽缺口(又称消耗性缺口)出现在上涨和下跌行情的末端,预示着多头或空头行情已进入后期,是股价在上涨过程中的最后冲刺,能量消耗极大,已无后继力。出现竭尽缺口后,股价在短期内将发生反转行情。

当股价向下经过较长时间的下跌,这时空方能量消耗极大,此时如出现消息面利空,将产生恐慌性抛盘,空方一致做空,产生向下跳空缺口,随后该卖的都卖了,再也没有卖盘现出,这就是向下竭尽缺口。向下竭尽缺口的出现将预示着股市在短期内结束下跌行情。

双日 K 线的组合分析Ⅸ:普通缺口

普通缺口的重要性次于功能性缺口。但在实际走势中,普通缺口出现的频率却大大超过功能性缺口。因此,我们见到的多数都是普通缺口。

在技术分析领域中有缺口必补的说法。在实际走势中,普通性缺口一定会被回补,而且所用的时间并不长。但功能性缺口,尤其是底部或头部产生的缺口将在很长的时间内不能回补。

某些日本交易员认为,如果缺口在三个交易时段内没有关闭,可以确认为市场将朝缺口的方向发展。以下降缺口来说,如果在三个交易时段内没有关闭缺口,价格应该继续下跌。另一日文著作还提出更强硬的结论,认为如果缺口在三个交易日内没有关闭,在随后的十个交易日内,市场将朝缺口方向发展。

普通缺口有如下特点。

(1) 在股价回调时,一个向上的跳空缺口的位置通常是明显的支撑;在股价反弹时,一个向下的跳空缺口位置通常是明显的阻力。

(2) 缺口处如伴随着较大的成交量,在此间形成的支撑和阻力也就越强。

(3) 向上缺口如没有成交量的支撑,此缺口极容易被回补。向下缺口如没有成交量支持,该缺口并不一定很快被回补。

(4) 缺口被回补后,股价通常仍向原方向继续运行。

图16-32是深圳深万科A(000002)1999年6~10月的日K线和成交量走势图,这是向下跳空缺口的实战案例。

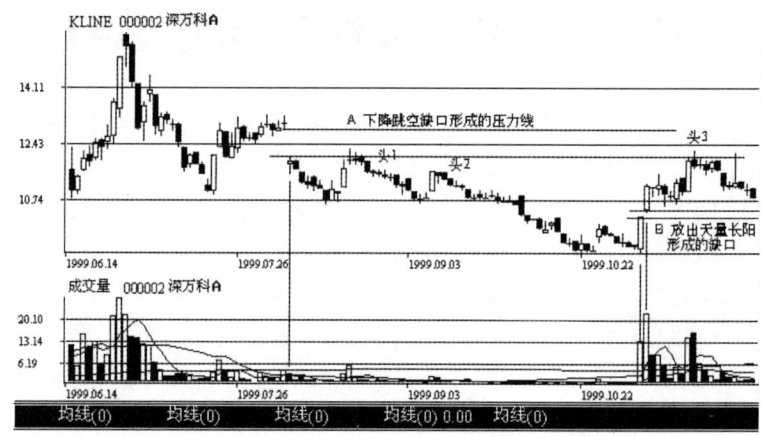

图16-32 向下跳空缺口的实战案例

A处是一根向下跳空的放量阳线,形成一个下降缺口。缺口幅度是8.8%。三日内缺口没有弥补,属于有效普通下降缺口。该缺口形成一条缺口压力线。图中几次反弹形成的头部都没有超过该压力线,说明该缺口的有效性。其实际指导意义是投资者可在反弹到这根压力线附近了结手中股票。

B处是一根放出天量向上跳空的长阳线。这个缺口多日内没有被弥补,属于有效普通上升缺口。该缺口形成一条有效股价支撑线。

双日K线的组合分析X:三个缺口

缺口理论认为,缺口的发生遵循"一鼓作气,再而衰,三而竭"的规律。即第一个缺口的力量最大,第三个缺口的力量则已经衰竭。涨势中,如果出现三个向上跳空缺口,则上升的动能已经释放耗尽,走势会反转向下;跌势中,如果出现三个向下跳空缺口,则下降动能也已经释放耗尽,走势会反转向上。

换言之,如果市场连续出现三个上升缺口或三个下降缺口,则表示原来的趋势发展已经过度,而即将发生修正。如图16-33所示,当看到连续三个缺口后,原来的趋势将发生反转。

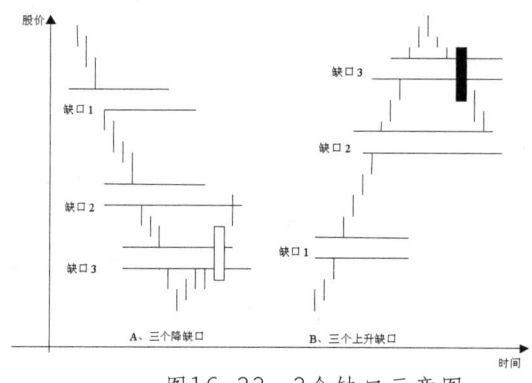

图16-33 3个缺口示意图

三日K线和多日K线组合分析Ⅰ：黄昏星

黄昏星是由三根线形构成。黄昏星如出现在上升趋势中，首先是一根顺势的长阳线；其次是一根向上跳空的小实体线形，颜色不拘，阴阳均可；最后是实体向下跳空的长阴线，收盘价深入第一根阳线的实体之内。如果第二根线形是十字线，形态便是黄昏十字星。如图16-34所示。

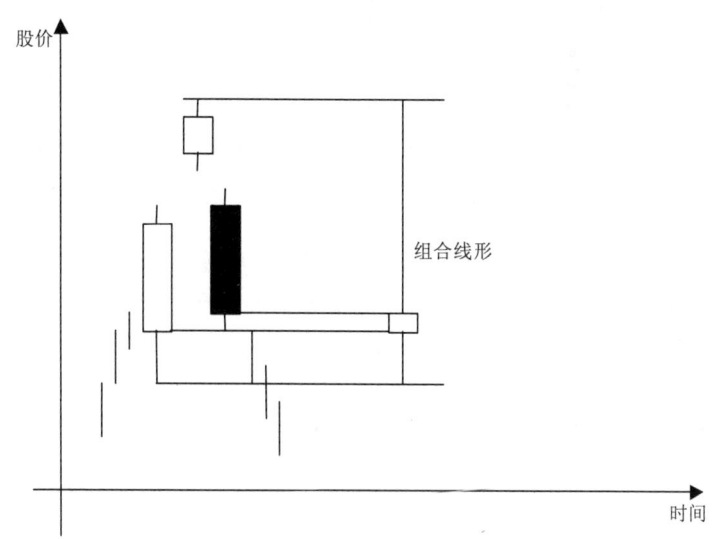

图16-34 黄昏星

黄昏星组合线形的上影线越长，它的空头气氛越浓，反转的可能性就越大。

当第三根线的阴体部分超过阳体，组合线形变为阴体，空头控制了全局。实体越大，空头越强。

把三天的成交量加在一起就可计算出换手率。换手率越高，庄家出货的可能性就越大。

在这个排列中，务必等待第三根长阴线的确认。因为在前两根线形完成时，我们只知道先前的涨势已经转变为多空僵持局面，唯有第三根长阴线出现，才能确认空头已经掌握大局。

很多股票的走势证明：黄昏星的组合线形是一根纺锤线，当它出现在股价高位时是庄家为了派货而设置的多头陷阱。

三日K线和多日K线组合分析Ⅱ：晨星

图16-35是典型的晨星排列。第二根线形的实体与前后的实体之间都存在缺口。以组合线形来看，第三根线形的收盘价越深入第一根黑线实体的内部，组合线形的下影线就越长，多头形态的气势也就越浓。

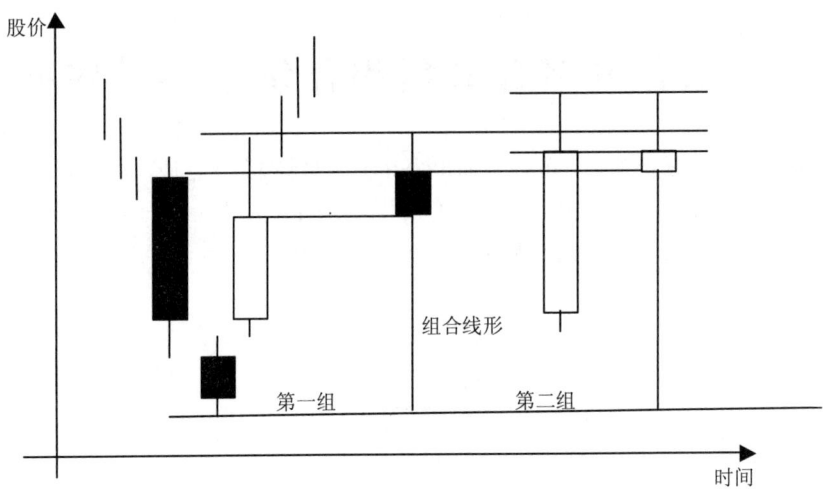

图16-35　晨星

晨星组合线形的下影线越长,它的多头气氛就越浓,反转的可能性越大。

当第三根线的阳线实体超过第一根阴线实体,组合线形变为阳体(图形第二组),说明多头控制了全局。实体越大,多头气氛越强。

在这个排列中,务必等待第三根长阳线的确认。这是因为在前两根线形完成时,我们只知道先前的跌势已经转变为多空僵持的局面。唯有第三根长阳线出现后,我们才能确认多头已经掌握了大局。

三日K线和多日K线组合分析Ⅲ:红三兵

红三兵的标准图形是由三根实体短小的阳线组成。这种图形通常发生在行情的启动阶段,每日成交量温和放大。如16-36所示。

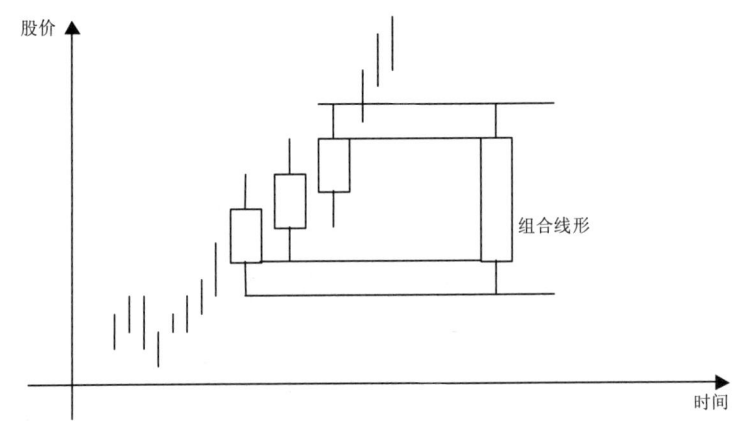

图16-36　红三兵

在行情启动走势中,常出现第一根小阳,成交量温和放大;第二根是实体很小的阳线。

成交量持平或温和放大;第三根是小长阳线。成交量持平或反而减小,第四天起一定有上升行情。

红三兵组合线形的下影线越长,它的多头气氛就越浓。

红三兵组合线形在中阳和长阳之间。多头控制了全局,实体越强,多头气氛越浓。

红三兵组合线形出现在启动行情的红三兵排列才能有效。如果在上升行情后期出现,很可能是庄家设置的派货多头陷阱。

三日K线和多日K线组合分析Ⅳ:黑三鸦

黑三鸦的标准图形是由三根实体短小的阴线组成。它通常发生在行情的头部阶段。如图15-37所示。

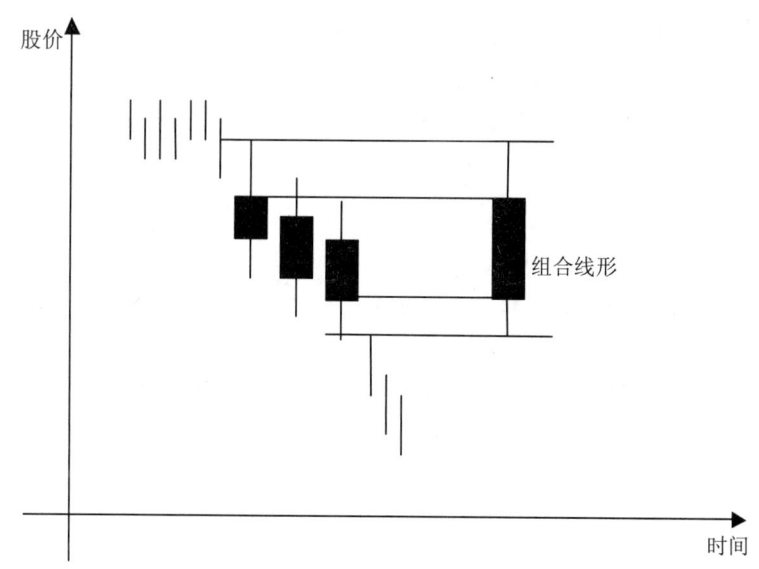

图16-37 黑三鸦

黑三鸦组合线形的上影线越长,它的空头气氛就越浓。

黑三鸦组合线形实体长度常在中阴左右。实体越长,空头气氛越浓。

出现在头部行情的黑三鸦排列才能有效。如果是在下降行情或底部出现则没有指导意义。

黑三鸦在头部的实体不会很长,它是庄家在头部派货所形成的。由于头部的派货空间有限,黑三鸦的实体不会很长,一般在中阴左右。如实体过长,表明股价已下降很大,就没有指导意义。一些股市书籍把三根长阴作为"黑三鸦"处理,在此时出货已经太迟。

三日K线和多日K线组合分析Ⅴ:上升三部曲

标准的上升三部曲图形是由五根线形组成,第一根是长阳,紧接着是三根短小的阴体,第五根又是长阳。上升三部曲常发生在行情上升途中。如图16-38所示。

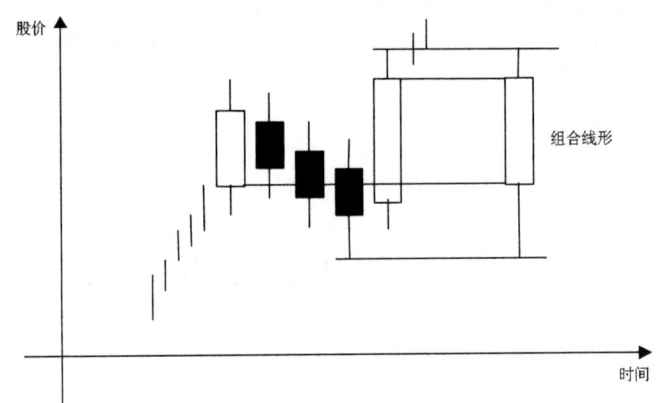

图16-38　上升三部曲

在上升走势中,出现一根长阳体;长阳体后面出现"黑三鸦",这是上升途中调整和换手所致,是一个"假"黑三鸦;黑三鸦后又出现一根长阳。

上升三部曲组合线形的下影线越长,多头气氛越浓,实体越长,多头就越强。

五日的换手率越高,后市的上升行情就越强。

三日K线和多日K线组合分析Ⅵ:下降三部曲

标准的下降三部曲图形是由五根线形组成。第一根是长阴,紧接着三根短小的阳体,第五根又是长阴。下降三部曲常发生在行情下降中途。如图16-39所示。

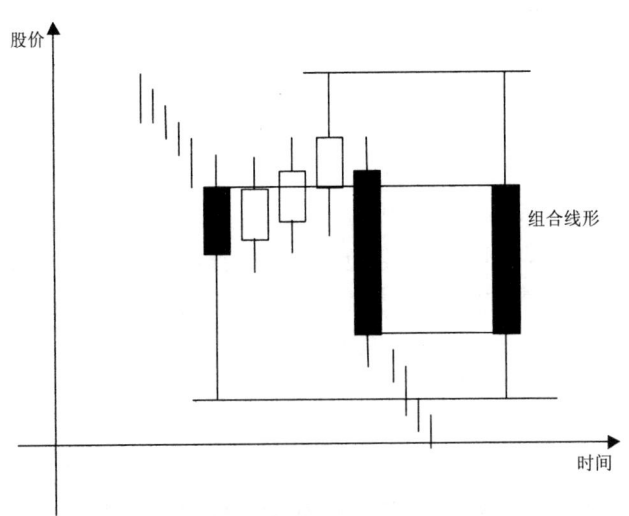

图16-39　下降三部曲

在下降走势中,出现一根长阴体;长阴体后面出现红三兵,这是下降途中派发和换手所致;红三兵后又出现一根长阴。

下降三部曲组合线形的上影线越长,空头气氛越浓,实体越长,空头越强。

下降三部曲形态常发生在庄家派发股票初期和中期。下降三部曲是庄家的多头陷阱。在下降途中出现阳线,一些投资者会误认为是另一轮行情开始,而实际上是庄家拉高出货。这时买进股票的人,都掉进了庄家的多头陷阱。

K线分析技术总结

用K线组合来分析研究过去的股市走势,预测股票未来的走势,是一种最古老的分析方法。有经验的人把这些走势分析成买卖双方犹如一场千军万马的战场拼杀,拼得你死我活,尸横遍野。一座座城池被攻破,一块块阵地失而复得,你来我往,今天卖方胜利,明日卖方失败。在这个战场上,没有永远的失败者,也没有永远的胜利者。每一种走势,在不同的大盘走势下都有不同的解释方法。同样是一根阳线,在庄家收购期解释为拉高进货,而在派货期则解释为拉高派货,是完全相反的结论。对于没有经验的人,他们看到的只不过是矩形图形,哪有千军万马和尸横遍野的战斗?

周K线图形的正确使用,可以大大降低入市风险。目前在中国使用的人还不多,这是股市研究专家周佛郎、周云川先生在其研究中大力推荐的方法。周K线图的各种形态的可靠性要大于日K线图,特别适合中长线投资者使用。

由日本人发明和在日本股票市场使用最广泛的K线图形理论,以独特的图形方式,简单、明白、鲜明地说明当日的股价走势,说明买卖双方的力量对比,成为每一个初入股票市场的人必须了解的基本图形分析方法和基本理论知识,仍具有很高的推广应用价值。

但是这些组合图形用来分析过去的走势有一定的道理,而用来预测未来股票走势还缺乏科学的、定量的和定性的数学统计和计算手段,缺乏唯一性。

第 17 章

分时走势图分析

股市如果出现恐慌性抛盘,股市就是见底之时。股市如果出现疯狂性买盘,股市就是见顶之时。

分时走势图的含义

分时走势图也叫即时走势图,它是把股票市场的交易信息实时地用平滑曲线在坐标图上加以显示的技术图形。如图17-1所示。

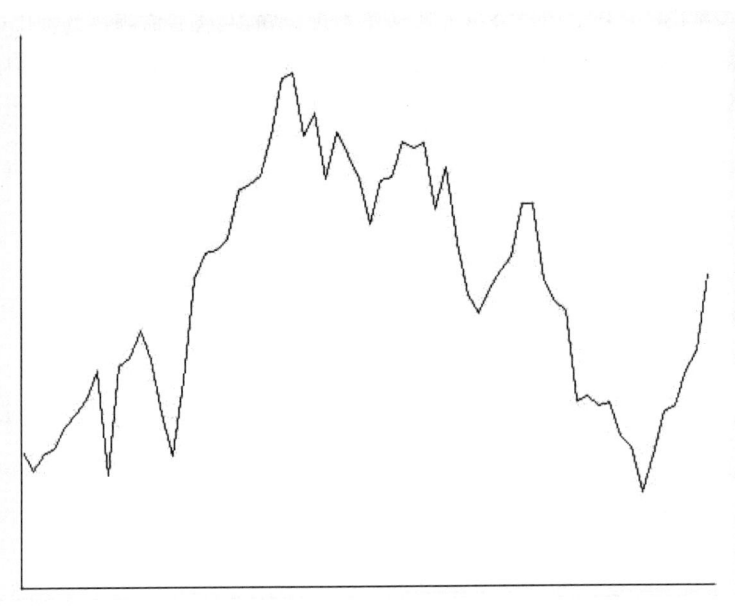

图17-1 分时走势图

在日图中,走势图相当于1分钟的K线图,不同的是,它只是显示收市价而已。走势图坐标的横轴是开市的时间,纵轴的上半部分是股价或指数,下半部分显示的是成交量。分时走势图分为指数分时走势图和个股分时走势图。

大盘指数分时走势图

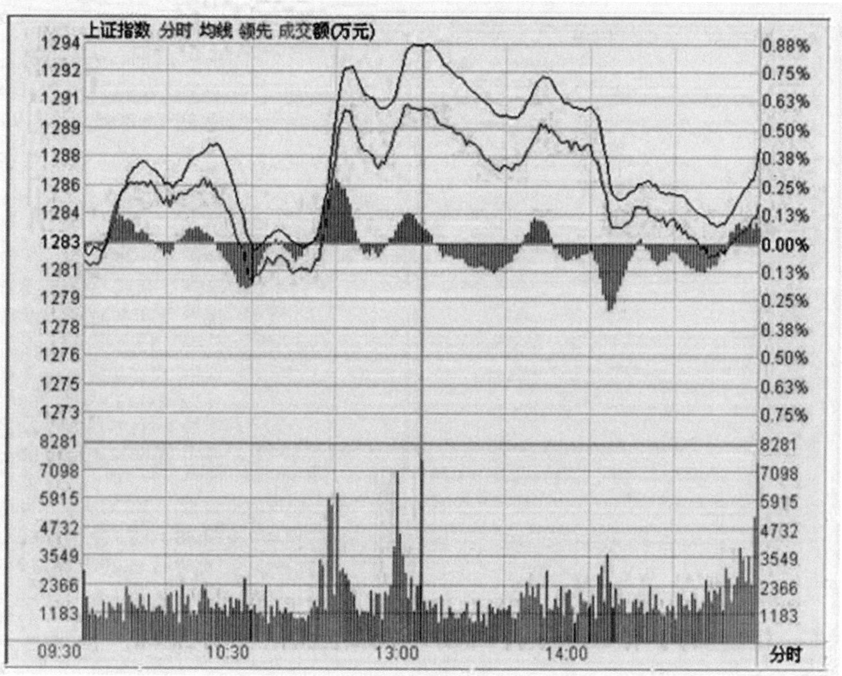

图17-2 大盘指数分时走势图

大盘指数分时走势图如图17-2所示。

上图中红色曲线表示上证交易所对外公布的通常意义下的大盘指数,也就是加权数。因上证指数是以各上市公司的总股本为加权计算出来的,故盘子大的股票较能左右上证指数的走势,如马钢、石化等。

上图中蓝色曲线是不考虑上市股票发行数量的多少,将所有股票对上证指数的影响同等对待的不含加权数的大盘指数。

参考红色曲线和蓝色曲线的相对位置关系,可以得到以下信息。

当指数上涨,红色曲线在蓝色曲线走势之上时,表示发行数量少(盘小)的股票涨幅较大;而当红色曲线在蓝色曲线走势之下,则表示发行数量多(盘大)的股票涨幅较大;当指数下跌时,如果红色曲线仍然在蓝色曲线之上,这表示小盘股的跌幅小于大盘股的跌幅;如果红色曲线反居蓝色曲线之上,则说明小盘股的跌幅大于大盘股的跌幅。

上图中间红色、绿色的柱线反映当前大盘所有股票的买盘与卖盘的数量对比情况。红柱增长,表示买盘大于卖盘,指数将逐渐上涨;红柱缩短,表示卖盘大于买盘,指数将逐渐下跌。绿柱增长,指数下跌量增加;绿柱缩短,指数下跌量减小。

上图下方柱线表示每分钟的成交量,单位为手(100股/手)。

个股分时走势图

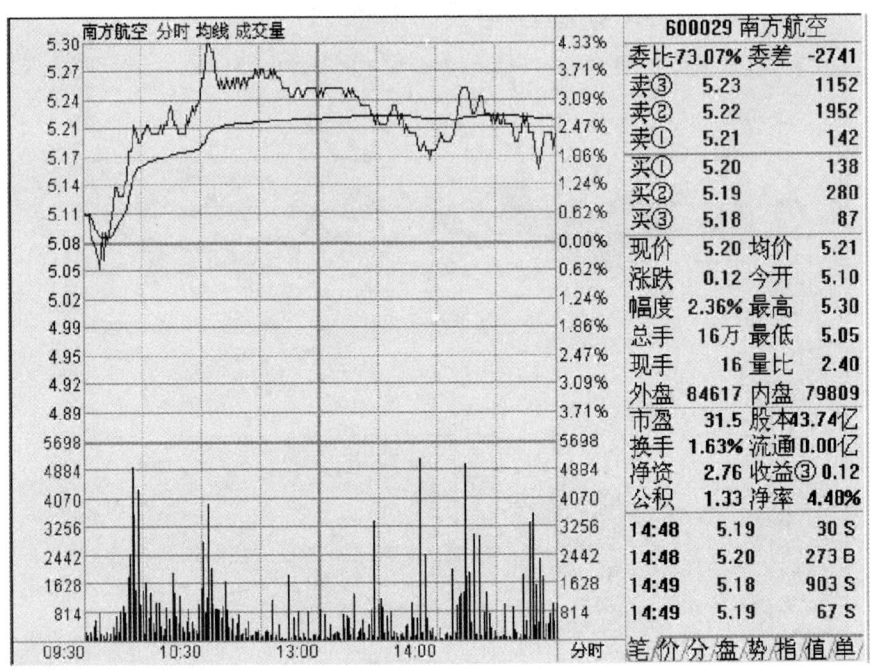

图17-3 个股分时走势图

个股分时走势图如图17-3所示。

图17-3中红色曲线表示该种股票的分时成交价格。蓝色曲线表示该种股票的平均价格。下方柱线表示每分钟的成交量,单位为手(100股/手)。

下面是图17-3中分时走势图中右边出现的名词及含义。

1. 委比

委比是衡量某一时段买卖盘相对强度的指标。它的计算公式为:

$$委比=(委买手数-委卖手数)÷(委买手数+委卖手数)×100\%$$

委买手数:现在所有个股委托买入下三档的总数量。

委卖手数:现在所有个股委托卖出上三档的总数量。

委比值的变化范围为-100%~+100%,当委比值为-100%时,它表示只有卖盘而没有买盘,说明市场的抛盘非常大;当委比值为+100%时,它表示只有买盘而没有卖盘,说明市场的买盘非常有力。当委比值为负时,卖盘比买盘大;而委比值为正时,说明买盘比卖盘大。委比值从-100%~+100%的变化是卖盘逐渐减弱、买盘逐渐强劲的一个过程。如某一时刻,股票G的买入和卖出委托排序情况如表17-1所示。

表17-1　　　　　　　　　股票G的买入和卖出委托排序情况

序号	委托买入价(元)	数量(手)	序号	委托卖出价(元)	数量(手)
1	3.64	4	1	3.65	6
2	3.60	7	2	3.70	6
3	3.54	6	3	3.75	3
4	3.50	6			

现在委托买入的下三档的数量为17手,卖出委托的上三档数量为15手,股票G在此刻的委比为:

委比=(委买手数-委卖手数)÷(委买手数+委卖手数)×100%
　　=(17-15)÷17+15100%
　　=6.66%

委比值为6.66%,说明买盘比卖盘大,但不是很强劲。

2. 买一、卖一

买一、买二、买三为三种委托买入价格,其中买一为最高申买价格。卖一、卖二、卖三为三种委托卖出价格,其中卖一为最低申卖价格。有的股票操作软件可以显示多达10种委托买卖价格,其含义是相同的,不一一介绍。

3. 内盘和外盘

所谓内盘就是股票在买入价成交,成交价为申买价,说明抛盘比较踊跃;外盘就是股票在卖出价成交,成交价为申卖价,说明买盘比较积极。

如某一刻股票G的委托情况如表17-2所示。

表17-2　　　　　　　　　　　股票G的委托情况

序号	委托买入价(元)	数量(手)	序号	委托卖出价(元)	数量(手)
1	3.60	4	1	3.75	6

由于委托买入价与卖出价之间没有相交部分,股票G在此刻就没有成交,申买与申卖就处于僵持状态。此时,若场内的抛盘较为积极,突然报入一个卖出价3.60元,则股票G就会在3.60元的价位上成交,成交价为申买价,这就是内盘;反之,若场内的买盘较为积极,突然报入一个买入价3.75元,则股票G就会在3.75元的价位上成交,成交价为申卖价,这就是外盘。

4. 量比

它是一个衡量相对成交量的指标,它是开市后每分钟的平均成交量与过去5个交易日每分钟平均成交量之比。其公式为:

量比=现成交总手÷(过去5日平均每分钟成交量×当日累计开市时间(分)

当量比大于1时,说明当日每分钟的平均成交量要大于过去5日的平均数值,交易比过去5日火爆;而当量比小于1时,说明现在的成交比不上过去5日的平均水平。

5. 均价

均价是现在这个时刻买卖股票的平均价格。它的计算公式为:

均价=(各分时成交的量×成交价)÷总成交股数

6. 上涨或下跌幅度

它表示的是现在的上证指数相对于前一交易日收盘指数的涨跌相对数，其计算公式为：

涨跌幅度=(现上证指数−前一日的收盘指数)÷(前一日的收盘指数×100%)

7. 现手

已经成交的最新一笔买卖的手数。在盘面的右下方为即时的每笔成交明细，红色向上的箭头(此图用字母B表示)表示以卖出价成交的每笔手数，绿色箭头(此图用字母S表示)表示以买入价成交的每笔手数。

走势图与K线图

因为走势图相当于1分钟的K线图，所以对图形形态分析的方法同样适用于走势图，走势图比K线图更是简洁明了。对日内走势图的分析必须与前期股价走势结合起来，这样才能增加分析的准确度。特别是当前期走势处于未有明显趋势时，对日内走势图的分析更容易把握短线机会。

开盘定性分析

集合竞价是每个交易日第一个买卖股票的时机，这也是机构大户借集合竞价高开拉升或减仓，跳空低开打压或进货的黄金时间段，开盘价一般受昨日收盘价影响。

若高开，说明人气旺盛，抢筹码的心理较多，走势有向好的一面。但如果高开过多，使前日买入者获利丰厚，则容易造成过重的获利回吐压力。如果高开不多或仅一个点左右，则表明人气平静，多空双方暂无恋战情绪。

如果低开，则表明获利回吐心切或亏损割肉者迫不及待，故市势有转坏的可能。若昨日股指、股价处于当日最高价位，次日开盘往往跳空高开；反之则低开。

如果在底部突然高开，且幅度较大，常是多空双方力量发生根本性逆转的时候，因此，回档时反而构成进货建仓良机；反之，若在大势已上涨较多时发生大幅跳空，常是多方力量最后喷发的象征，表明牛市已走到了尽头，反而构成出货机会。

同样，在底部的大幅低开常是空头歇斯底里的一击，反而构成见底机会，而在顶部的低开则证明人气涣散，皆欲争先逃出，也是市势看弱的表现。其后虽有反弹，但基本上一路下泻。

在大市上升中途或下降中途的高开或低开，一般有继续原有趋势的意味，即上升时高开看好，下跌时低开看淡。当然在连续的单边走势后会发生特殊情况，一般情况下开盘后股价立即单边涨停或跌停的情况出现，预示着该股有消息与信心十足的机构猛烈的单边动力，可以适当的跟进做多或做空，有许多有经验的投资者常常在9:20左右敲键F3，然后敲键+号进入即时成交视窗，一般情况下最先出现的有大手笔竞价成交的个股很可能成为当日的主要做多或做空明星品种,因为一般情况下,大资金的操盘手如在当日有操作计划,都会较早地到证券公司做好准备并较早地做好集合竞价显示出趋向,作为投资者应注意此种股票的短线动向并利用之。

另外如果能够把握住意外的无原因的大幅高开或大幅低开的机会则是意外之喜(对于勤快的投资者一年可能会把握五次左右的此类机会)。

需要注意的是如果预见较大的利多或利空因素参与集合竞价,时间最好应在9:20以前。

开盘后30分钟走势分析

1. 第一个10分钟

开盘后多头为了顺利吃到货,开盘后常会迫不及待地抢进,而空头为了完成派发,也会故意拉高,于是造成开盘后的急速冲高,这是强势市场中常见的。而在弱势市场中,多头为了吃到便宜货,会在开盘时即向下砸,而空头胆战心惊,也会不顾一切地抛售,造成开盘后的急速下跌。因此开盘后前10分钟的市场表现有助于正确地判断市场性质。

2. 第二个10分钟

则是多空双方进入休整阶段的时间,一般会对第一个10分钟的走势进行修正,如空方逼得太猛,多头会组织反击,抄底盘会大举介入;如多方攻得太猛,空头也会予以反击,获利盘会积极回吐。

3. 第三个10分钟

因参与交易的人越来越多,买卖盘变得较实在,虚假的成分较少,因此可信度较大,上午10:00左右将是产生当天集中交易热点的时间,此时昨日尾市走强的品种与部分板块强弱代表股票的强弱度已经显露,而一些职业机构在看清当天的消息面情况后开始演出,此时市场表现将可能是市场全天表现的缩影,只不过会在涨跌幅度上发生量变。这段时间的走势基本上为全天走向奠定了基础。

4. 三个10分钟走势的组合分析

如果是先上后下再上(即先涨后跌又涨),则当天行情趋好的可能性较大,日K线可能收阳线。因为它表明多头势力较强。若前30分钟直线上涨,则表明多头势强,后市向好的可能性很大,收阳线概率大于90%,回档是建仓良机。具体来说,若第二个下跌幅度很小,不低于开盘值,则行情应较乐观。若第三个上涨创下新高,行情就更乐观了,当天一般会大涨小回收阳线。若第二个下跌低于起涨点(开盘),则表明空头压力过大,当天的调整压力较大,一旦冲高无力,会出现急挫,只有在底部得到支撑,才会有较强反弹,但当天一般不太可能收在最高点。若第二个下跌低于开盘,而第三个上涨又高于前高点,则表明多空分歧比较大,当天振荡会较大,但最终仍可能以阳线报收。若第二个下跌虽没低于开盘,但第三个上涨却没创新高,特别是随后出现了较为有力的下跌,则说明在多空双方正面交锋时多头相对较弱,当天的回档会持续较长时间,收盘不可能为最高点,有时甚至会演化为"先上后下又下"走势,进而走淡并收出阴线。

如果是先下后上又下,则当天行情走淡的可能性较大,特别是先下后下又下,则表明空头力量十分强大,当天的反弹均构成出货机会,后市下跌的可能性较大。若开盘较高,收阴线的概率超过90%。具体来说,若第三个下跌创下新低,则为典型的空头特征,当天的反弹一般较弱。在中长期头部形成时,常出现类似形式。若第二个上涨创下新高,第三个下跌不创新低,则表明多头势力仍较盛,当天有冲高机会,尾盘可能不收在最低。若第二个上涨虽没创新高,但第三个下跌无力创新低,且随后出现上涨,表明空头压力虽大,多头仍不可小视,当天会先冲高后回落,但不会收在最低。若第二个上涨创新高,第三个下跌又创新低,则表明当天会有较大振荡,但尾盘可能收在较低位置。

如果是先上又上再下,则表明多头势力较强,但空头压力也大,当天如果在底部得到支撑,向上的机会仍较大。但若第三个下跌低于开盘,则表明空头力量过于强大,当天探底会比较深,这种探底一般是由于获利回吐所致。若第三个下跌较弱,甚至不低于第一个上涨,则当天多头势力较强,一般是大涨小回收阳线。

如果先下又下再上,则表明空头势力较强,但多头尚有反击余力,当天若高位压力略强,走淡机会较大,尤其是第三个上涨若软弱无力,特征会更明显。若第三个上涨超过了开盘,则一般属于拉高出货的行情,当天在高位盘整后,可能出现急跌。

如果是先上又下再下,则表明开盘后的向上是空头陷阱,当天行情走淡的可能性比较大。

如果是先下又上再上,则表明开盘后的向下是多头获利回吐的表现,当天行情仍可能走好。

中午收市前 30 分钟走势分析

中午收市前的走势也是多空双方必争的。因为中午停市这段时间,投资者有了充裕的时间检讨前市走向,研判后市发展,并较冷静或较冲动地做出自己的投资决策,因此主力大户常利用收市前的机会作出有利于自己的走势来,引诱广大中小散户上当。一般来说,收市前与开市后的走势应综合起来看,而不能孤立对待。

如果大市上午在高位整理,收市前创下全天最高,则一方面表明买方力量较强,大势可能继续向好,另一方面则表明主力可能想造成向好的假象,以借机出货。怎样判断呢?若是前者,则下午开盘后应有冲动性买盘进场,即大势应快速冲高,则回落后仍有向好机会,可以借机买入,如果是后者,则下午开盘后指数可能根本不动,甚至缓缓回头,即为主力故意拉高以掩护出货的开始。

如果大势连绵下跌无反弹,而反弹又迫在眉睫,则主力常做出大势跌势未尽的假象,在上午收市前刻意打压,使之以最低报收。下午开盘后,中午经过思考下定决心斩仓的人会迫不及地卖出,故指数仍有急泻,结果这往往是最后一跌,或者因此时卖压相对较少,主力唯恐拉高时吃不到更多的筹码,所以还会造成第二次下跌,但此时成交量常开始萎缩,于是,此次下跌便是最佳的建仓良机。

如果大势平平处于上升或下跌途中,则收市前的走势一般具有指导意义。即若大市处于升势时午收于高点,表明人气旺盛,市道向好;反之,若大市处于跌势时午收于低点,表明人气低,市道向淡。若升势时午收于低点,或跌势时午收于高点,多半是假象,改变不了其本来走势。

下午 13:00 开盘走势分析

由于在中午有电台、电视股评的因素存在(有些股评人士是上午涨就叫好,上午跌就叫空),13:00开盘时容易造成当天的次(最)高点或次(最)低点,此时很容易操作错误,应多看技术指标与冷静思考。

尾盘 45 分钟走势分析

尾盘在时间上一般认为是最后15分钟,实际上从最后45分钟多空双方即已开始暗暗较量了。若从最后45分钟到35分钟这段时间上涨,则最后的走势一般会以上涨而告终。因为此时参与交易的人数最多,当涨势明确时,会有层出不穷的买盘涌进推高指数,反之,若最后45分钟到35分钟这段时间下跌,则尾市一般难以走好。

特别是到了最后30分钟大盘的走向极具参考意义,此时若在下跌过程中出现反弹后又调头向下,尾盘将可能连跌30分钟,杀伤力极大。在具体操作上,当发现当日尾盘将走淡时,应积极沽售,以回避次日的低开;当发现尾盘向好时,则可适量持仓以迎接次日的高开。

个股开盘异常走势分析

1. 瞬间大幅高开:开盘时以涨停或很大升幅高开,瞬间又回落

目的:

(1)突破了关键价位,庄家不想由于红盘而引起他人跟风,故做成阴线,也有震仓的效果。

(2)吸筹的一种方式。

(3)庄家试盘动作,试上方抛盘是否沉重。

2. 瞬间大幅低开:开盘时以跌停或很大跌幅低开

目的:

(1)出货。

(2)为了收出大阳使图形好看。

(3)操盘手把筹码低价卖给自己或关联人。

个股盘中异常走势

盘中瞬间大幅拉高或打压主要为做出长上、下影线。

1. 瞬间大幅拉高:盘中以涨停或很大升幅一笔拉高,瞬间又回落

目的:试盘动作,试上方抛盘是否沉重。

2. 瞬间大幅打压:盘中以跌停或很大跌幅一笔打低,瞬间又回升

目的:

(1)试盘动作,试下方接盘的支撑力及市场关注度。

(2)操盘手把筹码低价卖给自己或关联人。

(3)做出长下影,使图形好看,吸引投资者。

(4)庄家资金不足,抛出部分后用返回资金拉升。

3. "钓鱼"线

在个股当日即时走势中,开始基本保持某一斜率上行,之后突然直线大幅跳水,形成类似一根"鱼竿"及垂钓的"鱼线"的图形。此为庄家对倒至高位,并吸引来跟风盘后突然减低好几个价位抛出巨大卖单所至。此时若接盘不多,出不了多少,可能庄家仍会拉回去;反之则一泻千里。

4. 长时间无买卖

由于庄家全线控盘或多数筹码套牢在上方,又无买气使然。

5. 在买盘处放大买单

此往往为庄家资金不雄厚的表现,企图借此吸引散户买入,把价位拉高。

换位思考一下:庄家若欲建仓,并大幅拉高,隐蔽还来不及,怎么会露于世人。

个股尾盘异常走势

1. 收盘前瞬间拉高

表现为:在全日收盘前半分钟(14:59)突然出现一笔大买单加几角甚至1元、几元把股价拉至很高位。

目的:由于庄家(或主力,以下略)资金实力有限,为节约资金而能使股价收盘收在较高位或突破具有强阻力的关键价位,尾市"突然袭击",瞬间拉高。假设某股10元,庄家欲使其收在10.80元,若上午就拉升至10.80元,为把价位维持在10.80元高位至收盘,就要在10.80元接下大量卖盘,需要的资金必然很大,而尾市偷袭由于大多数人未反应过来,反应过来也收市了,无法卖出,庄家因此达到目的。另一些基金重仓的股票在要计算基金净值的那一日为使基金净值提高,曾有尾市瞬间拉高的现象。

2. 收盘前瞬间下砸

表现为:在全日收盘前半分钟(14:59)突然出现一笔大卖单减低很大价位抛出,把股价砸至低位。

目的:

(1)使日K形成光脚大阴线,或十字星,或阴线等较"难看"的图形使持股者恐惧而达到震仓的目的。

(2)使第二日能够高开并大涨而跻身升幅榜,吸引投资者的注意。

(3)操盘手把股票低价位卖给自己,或关联人。

第18章

技术指标分析

技术指标在股市实战操作中运用广泛,剖析一些实战例子对炒股有一定好处。技术指标其实并不神秘！读者千万别让某些高谈阔论的专家和评论家的一大堆指标名词唬住,许多技术指标一点即破。因此,新股民掌握它不难,让"神秘"的技术指标走下神坛是可能的。

正因为技术指标神秘之处让人层层破译,所以,在运用时有钝化的现象,新股民在运用时要注意现场发挥,不能死守教条。同时要多结合基本面、题材面等综合因素考虑。

另外,有些朋友喜欢亲自算,其实没有必要。当今的股票操作软件大多提供技术指标的计算结果,花费大量时间不值得。有时间应多研究个股之间谁的指标更好,以便及时发现买进、卖出的信号或多研究宏观面、公司面动态等。技术指标有多种多样,特点不一。本书选出常用的指标进行讲解、剖析。读者朋友只要融会贯通,加强实战学习,技术指标的掌握其实相当容易。

移动平均线:MA

移动平均线是用统计处理的方式,将若干天的股票价格加以平均,然后连接成一条线,用以观察股价趋势。移动平均线的理论基础是道·琼斯的"平均成本"概念。一般来说,现行价格在平均价之上,意味着市场买力(需求)较大,行情看好;反之,行情价在平均价之下,则意味着供过于求,卖压显然较重,行情看淡。以10日移动平均线为例。将第1日至第10日的10个收盘价,累计加起来后的总和除以10,得到第一个10日平均价,再将第2日至第11日收盘价和除以10,则为第二个10日平均价,这些平均价的连线,即成为10日移动平均线,移动平均的期间长短关系其敏感度,期间越短敏感度越高,一般股价分析者,通常以6日、10日移动平均线观察短期走势,以10日、20日移动平均线观察中短期走势;以30日、72日移动平均线,观察中期走势;以13周、26周移动平均线,研判长期趋势。西方投资机构非常看重200天长期移动平均线,以此作为长期投资的依据,行情价格若在长期移动平均线下,属空头市场;反之,则为多头市场。

1. 移动平均线的特点

MA的最基本的思想是消除偶然因素的影响,另外还稍微有一点平均成本价格的含义。它具有以下几个特点:

(1)追踪趋势。加入能够表示股价的趋势方向,并追随这个趋势,不轻易放弃。如果从股价的图表中能够找出上升或下降趋势线,那么,MA的曲线将保持与趋势线方向一致,能消除中间股价在这个过程中出现的起伏。原始数据的股价图表不具备这个保持追踪趋势的特性。

(2)滞后性。在股价原有趋势发生反转时,由于MA的追踪趋势的特性,MA的行动往往过于迟缓,掉头速度落后于大趋势。这是MA的一个极大的弱点。等MA发出反转信号时,股价掉头的深度已经很大了。

(3)稳定性。由MA的计算方法就可知道,要比较大地改变MA的数值,无论是向上还是向下,都比较困难,必须是当天的股价有很大的变动。因为MA的变动不是一天的变动,而是几天的变动,一天的大变动被几天一分摊,变动就会变小而显不出来。这种稳定性有优点,也有缺点,在应用时应多加注意,掌握好分寸。

(4)助涨助跌性。当股价突破了MA时,无论是向上突破还是向下突破,股价有继续向突破方向再走一程的愿望,这就是MA的助涨助跌性。

(5)支撑线和压力线的特性。由于MA的上述四个特性。使得它在股价走势中起支撑线和压力线的作用。MA的突破,实际上是支撑线和压力线的被突破。

使用MA通常是对不同的参数同时使用,而不是仅用一个。按各人的不同,参数的选择上有些差别,但都包括长期、中期和短期三类MA。长、中、短是相对的,可以自己确定。需要说明的是,每天的股价实际上是1日的MA。股价相对移动平均线实际上是短期MA相对于长期MA。从这个意义上说,如果只面对两个不同参数的MA,则我们可以将相对短期的MA当成股价,将较长期的MA当成MA,这样,上述法则中股价相对于MA的所有叙述,都可以换成短期相对于长期的MA。换句话说,5日线与10日线的关系,可以看成是股价与10日线的关系。

2. 计算方法

其计算公式为:

$$MA=(P_1+\cdots+P_n)\div n$$

P为每天价格,n为日数。

3. 运用原则

上述计算比较复杂耗时,投资者不必亲自计算,理解其计算方法即可。电脑股票行情系统可以在K线状态下,键入"MA",即可调出该指标。在MA图中,时间可以自行设置,不同的时间显示的颜色也有所不同。常见的有5日均线、10日均线、20日均线和60日均线等。

(1)平均线由下降逐渐走平而股价自平均线的下方向上突破是买进信号。当股价在移动平均之下时,表示买方需求太低,以至于股价大大低于移动平均线,这种短期的下降给往后的反弹提供了机会。这种情况下,一旦股价回升,便是买进信号。

(2)当股价在移动平均线之上产生下跌情形,但是刚跌到移动平均之下就开始反弹,这时,如果股价绝对水平不是很高,那么,这表明买压很大,是一种买进信号。不过,这种图表在股价水平已经相当高时,并不一定是买进信号,只能作参考之用。

(3)移动平均线处于上升之中,但实际股价发生下跌,未跌到移动平均线之下,接着又立即反弹,这里也是一种买进信号。在股价的上升期,会出现价格的暂时回落,但每次回落的绝对水平都在提高。所以,按这种方式来决策时,一定要看股价是否处于上升期,是处于上升初期,还是处于上升晚期。一般来说,在上升期的初期,这种规则适用性较大。

(4)股价在平均线下方变动加速下跌,远离平均线,为买进时机,因为这是超卖现象,股价不久将重回平均线附近。

(5)平均线走势从上升趋势逐渐转变为盘局,当股价从平均线上方向下突破平均线时,为卖出信号。股价在移动平均线之上,显示价格已经相当高,且移动平均线和股价之间的距离很大,那么,意味着价格可能太高,有回跌的可能。在这种情况下,股价一旦出现下降,即为抛售信号。不过,如果股价还在继续上涨,那么,可采用成本分摊式的买进即随着价格上涨程度的提高,逐渐减少购买量,以减小风险。

(6)移动平均线缓慢下降,股价虽然一度上升,但刚突破移动平均线就开始逆转向下,这可能是股价下降趋势中的暂时反弹,价格可能继续下降,因此是一种卖出信号。不过,如果股价的下跌程度已相当深,那么,这种规则就不一定适用,它可能是回升趋势中的暂时回落。因此,投资者应当做仔细的分析。

(7)移动平均线处于下降趋势,股价在下跌过程中曾一度上涨到移动平均线附近,但很快又处于下降状态,这时是一种卖出信号。一般来说,在股市的下降过程中,常会出现几次这种卖出信号,这是下降趋势中的价格反弹,是一种短期现象。

(8)股价在平均线上方突然暴涨,向上远离平均线为卖出时机,因此这是超卖现象,股价不久将止涨下跌回到平均线附近。

(9)长期移动平均线呈缓慢地上升状态,而中期移动平均线呈下跌状态,并与长期移动平均线相交。这时,如果股价处于下跌状态,则可能意味着狂跌阶段的到来,这里是卖出信号。需要注意的是,在这种状态下,股价在下跌的过程中有暂时的回档,否则不会形成长期移动平均线和中期移动平均线的交叉。

(10)长期的移动平均线(一般是26周线)是下降趋势,中期的移动平均线(一般是13周线)在爬升且速度较快的超越长期移动平均线,那么,这可能意味着价格的急剧反弹,是一种买进信号。出现这种情况一般股价仍在下跌的过程中,只不过中期的下跌幅度要低于长期的下跌幅度。

(11)在盘整阶段或趋势形成后的中途休整阶段,MA极易发出错误的信号,这时应参考其他分析方法入市买卖。

振动升降指标:ASI

ASI是英文Accumulation Swing Index的缩写,中文名称为振动升降指标,由Welles Wilder所创。ASI企图以开盘、最高、最低、收盘价构筑成一条幻想线,以便取代目前的走势,形成最能表现当前市况的真实市场线(Real Market)。韦尔达认为当天的交易价格,并不能代表当时真实的市况,真实的市况必须取决于当天的价格,和前一天及次一天价格间的关系,他经过无数次的测试之后,决定了ASI计算公式中的因子,最能代表市场的方向性。由于ASI相对比当时的市场价格更具真实性,因此,对于股价是否真实的创新高或新低点,提供了相当精确的验证,又因ASI精密的运算数值,更为股民提供了判断股价是否真实突破压力,或支撑的依据。

ASI不仅提供辨认股价真实与否的功能,另外也具备了"停损"的作用,及时地给投资人多一层的保护。

1. 计算公式

① A＝当天最高价－前一天收盘价
　B＝当天最低价－前一天收盘价
　C＝当天最高价－前一天最低价
　D＝前一天收盘价－前一天开盘价
　A、B、C、D皆采用绝对值。

② E＝当天收盘价－前一天收盘价
　F＝当天收盘价－当天开盘价
　G＝前一天收盘价－前一天开盘价
　E、F、G采用其±差值。

③ X＝E＋1÷2F＋G

④ K＝比较A、B二数值，选出其中最大值

⑤ 比较A、B、C三数值：
　若A最大，则R＝A＋1÷2B＋1÷4D
　若B最大，则R＝B＋1÷2A＋1÷4D
　若C最大，则R＝C＋1÷4D

⑥ L＝3

⑦ SI＝50×X÷R×K÷L

⑧ ASI＝累计每日之SI值

2. 运用原则

上述计算相当复杂，投资者不必亲自计算，理解其计算方法即可。电脑股票行情系统可以在K线状态下，键入"ASI"，即可调出该指标。

在ASI图中，ASI线用白色。

(1) ASI走势几乎和股价同步，若ASI领先股价，提早突破前次ASI高点或低点，则次一日之后股价必然能突破前次高点或低点。

(2) 向上爬升的ASI，一旦向下跌破前一次显著的N形转折点，一律可视为停损卖出的信号。

(3) 股价走势一波比一波高，而ASI却未相对创新高点形成"牛背离"时，应卖出。

(4) 股价走势一波比一波低，而ASI却未相对创新低点形成"熊背离"时，应买进。

(5) ASI大部分时机都是和股价走势同步的，投资人仅能从众多股票中，寻找少数产生领先突破的个股。

(6) 投资人根据ASI早一步买入股票，随后股价顺利突破压力，一旦产生利润时，不可想象往后还有多少涨幅，应立即脱手卖出获利。

(7) ASI和OBV同样维持"N"字形的波动，并且也以突破或跌破"N"形高、低点，为观察ASI的主要方法。

ASI举例如图18-1所示。

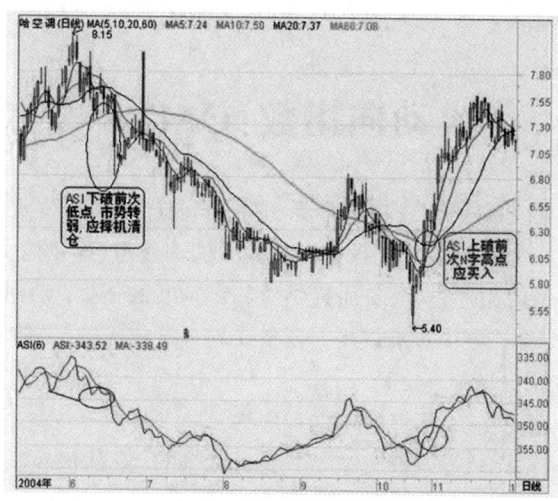

图18-1　ASI实例

平均线差：DMA

DMA是英文Different of Moving Average的缩写，中文名称为平均线差，它是利用两条平均线之间离差的扩大和缩小来判断股价运行趋势的。

1. 计算公式

DMA=MA_1-MA_2，其中MA_1为短期移动平均线，MA_2为长期移动平均线；

AMA=MA(DMA,N)，N为对DMA进行移动平均的天数。

2. 应用原则

(1)DMA向上交叉其平均线时，为买进信号。

(2)DMA向下交叉其平均线时，为卖出信号。

(3)DMA的交叉信号比MACD、TRIX略快。

(4)DMA与股价产生背离时的交叉信号，可信度较高。

(5)DMA、MACD、TRIX三者构成一组指标群，互相验证。

DMA实例如图18-2所示。

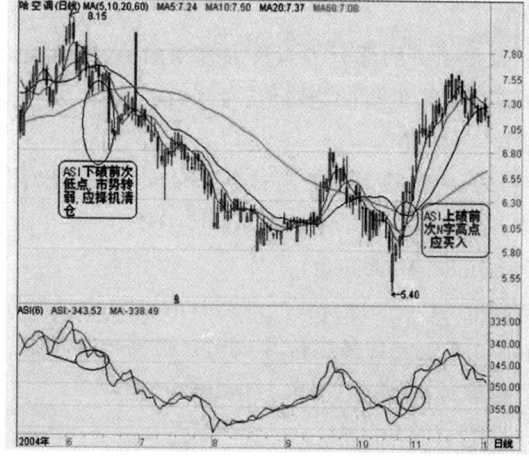

图18-1　DMA实例

动向指数:DMI

动向指数又叫移动方向指数或趋向指标,是属于趋势判断的技术性指标,其基本原理是通过分析股票价格在上升及下跌过程中供需关系的均衡点,即供需关系受价格变动之影响而发生由均衡到失衡的循环过程,从而提供对趋势判断的依据。动向的指数有三条线:上升指标线、下降指标线和平均动向指数线。三条线均可设定天数,一般为14天。

1. 计算方法

动向指数的计算比较复杂,运算的基本程序为:

(1)按一定规则比较每日股价波动产生的最高价、最低价和收市价,计算出每日股价波动的真实波幅TR,上升动向+DM和下降动向-DM,在运算基日基础上按一定天数将其累加,以求N日的TR,+DM和-DM值。

(2)将N日的上升动向值和下降动向值分别除以N日的真实波幅值,从而求出N日的上升指标+DI和下降指标-DI。

(3)通过N日的上升指标+DI和下降指标-DI之间的差和之比,计算出每日动向指数DX。

(4)按一定天数将DX累加后平均,求得N日的平均动向指数ADX。

下面是制作动向的指数的具体计算程序和方法。

第一步,计算真实波幅(TR)。

动向指数中的真实波幅是通过比较下列三种股价差额的绝对值,取其中最大的价差绝对值作为股价的每日真实波幅。

①当日最高价与当日最低价之间的价差。

②当日最低价与上日收市价之间的价差。

③当日最高价与上日收市价之间的价差。

第二步,计算当日动向值(TR)。

当日动向值分上升动向、下降动向和无动向三种情况,每天的当日动向值只能是三种情况中的一种。

(1)上升动向(+DM)。

当日最高价高于上日最高价的部分为当日上升动向值,即+DM值,条件是上升动向值必须大于当日最低价减去上日最低价的绝对值,否则+DM=0。

(2)下降动向(-DM)。

当日最低价低于上日最低价的部分为当日下降动向值,即-DM值,条件是下降动向值必须大于当日最高价减去上日最高价的绝对值,否则-DM=0

(3)无动向(Zero Directional Movement)。

无动向代表当日动向值为"零"时的情况,即当日的+DM=0。有两种股价波动情况可能出现无动向:当当日最高价低于上日最高价并且当日最低价高于上日最低价时;当上升动向值正好与下降动向值相等时;这两情况下的±DM值均为零。

第三步,计算14日的TR,+DM和-DM。

动向指数是一种对股价趋势的分析工具,因此采一定天数的平均指标更能反映市场趋势。平均指标的采样天数过多,指数摆动较为平滑,采样天数过少,指数摆动又过于敏感,一般是以14日采样作为运算的基础天数。

14日的TR即TR14为14天的TR之和,同理,14日±DM即±DM14为14天的±DM之和。

为简化计算过程,在第一个TR14计算出来之后,RT14的计算方法可改为:

当日TR14=上日TR14-上日TR14÷14+当日TR。+DM14和-DM14的简化方法以此类推。

第四步,计算上升指标(+DI)和下降指标(-DI)。

上升指标和下降指标的计算方法为分别将其上升的动向值和下降的动向值除以真实波幅值。即:+DI14=+DM14÷TR14-DI14=-DM14÷TR14

第五步,计算动向指数(DX)。

动向指数是上升指标与下降指标之间的差和之比,它的计算公式为:

$$DX=[(+DI14)-(-DI14)]\div[(+DI14)+(-DI14)]\times100\%$$

第六步,计算平均动向指数(ADX)。

由于每日的动向指数值跟随每日股价波幅上落,上下起伏较大,为使动向指数表现得比较平滑,一般以平均动向指数作为最终的分析指标。平均动向指数仍按14天作为运算基础,它的计算公式为:

$$ADX=(DX1+DX2+\cdots+DX14)\div14$$

同样,为运算能够简化,在计算出第一个ADX后,平均动向指数的计算公式可改为:

$$当日ADX=(上日ADXL\times13+当日DX)\div14$$

第七步,动向指数图的绘制。

在以上计算过程中得出的三个重要数值+DI-DI和ADX后,可将它们绘制在动向指数图上。动向指数图一般绘于股价走势图下方,横轴表示时间,绘制时要与股价走势时间相对应,以便分析研判,纵轴表示数值单位,由于三种数值的单位均在0~100之间,可用0和100表示纵轴的单位坐标。在绘制图表过程中,要用线条将每日的数值逐日连接起来,形成三条波动曲线。

2. 运用原则

动向指数在应用时,主要是分析上升指标+DI,下降指标-DI和平均动向指数ADX三条曲线的关系,其中+DI和-DI两条曲线的走势关系是判断出入市的信号,ADX则是对行情趋势的判断信号。

3. 上升指标+DI和下降指标-DI的应用法则

走势在有创新高的价格时,+DI上升,-DI下降。因此,当图形上+DT14从下向上递增突破-DT14时,显示市场内部有新的多头买家进场,愿意以较高的价格买进,因此为买进信号。

相反,当-DI14从下向上递增突破+DI14时,显示市场内部有新的空头卖家出货,愿意以较低价格沽售,因此为卖出信号。

当走势维持某种趋势时,+DI14和-DI14的交叉突破信号相当准确,但走势出现牛皮盘档时,应将+DI14和-DI14发出的买卖信号视为无效。

4. 平均动向指标ADX的应用法则

趋势判断。当行情走势朝向单一方向发展时,无论是涨势或跌势,ADX值都会不断递增。因此,当ADX值高于上日时,可以断定当前市场行情仍在维持原有趋势,即股价会继续上涨,或继续下跌。特别是当+DI14与ADX同向上升,或-DI与ADX同向上升时,表示当前趋势十分强劲。

牛皮市判断。当走势呈牛皮状态,股价新高及新低频繁出现,+DI和-DI越走越近,反复交叉,ADX将会出现递减。当ADX值降低至20以下,且出现横向移动时,可以断定市场为牛皮市。此时趋势无一定动向,投资者应持观望,不可认为±DI14发出的信号入市。

转势判断。当ADX值从上涨高点转跌时,显示原有趋势即将反转,如当前处于涨势,表示跌势临近,如当前处于跌势,则表示涨势临近。此时±DI有逐渐靠拢或交叉之表现。ADX在高点反转的数值无一定标准,一般以高度在50以上转跌较为有效。观察时,ADX掉头向下,即为大势到顶或到底之信号。

5. 在动向指数中增添ADXR指标,能够扩充动向的指数的功能

ADXR是ADX的"评估数值",其计算方法是将当日的ADX值与14日前的ADX值相加后除以2得出。ADXR的波动一般较ADX平缓,当±DI相交,发出买卖信号后,ADXR又与ADX相交,则是最后的出入市机会,随后而来的行情较急,因此应立即采取行动。ADXR还是市场的评估指标,当ADXR处于高位时,显示行情波动较大,当ADXR处一低档,则表明行情较为牛皮。

6. 韦达的交易法则

(1)唯有ADX评级偏高的证券才适合采用顺势交易的系统。ADX读数是反映趋向变动的程度,而不是方向的本身。

(2)进场与出场是采用+DI14与-DI14的穿越信号。

(3)当极端点交易法则生效时,法则2将有例外。当DI发生穿越信号时,取当天的极端点作为止损点;换言之,多头头寸取当天的低价为止损点,空头头寸取当天的高价。在随后的几之内,如果止损点未被触及,即使DI再发生穿越信号也不需理会。

(4)当ADX的位置高于两条DI而方向发生改变,这是趋势反转的早期信号,可以做部分的获利了结。最后的平仓信号是来自于DI穿越或极端点的止损被引发。当ADX改变方向时,如果+DI14高于-DI14,这代表趋势的变动是由上而下;反之亦然。

(5)如果ADX高于两条DI,而且读数明显偏高,这代表既有的趋势已经持续一段时间。这并不是建立新头寸的理想时机,因场信号很可能反复。换言之,ADX的读数偏高,相当于是超买/超卖,顺势的新交易头寸通常很难获利。

(6)如果ADX同时低于两条DI或ADX的读数低于20~25,避免采用顺势交易的系统,因为市场中没有明显的趋势。

DMI实例如图18-3所示。

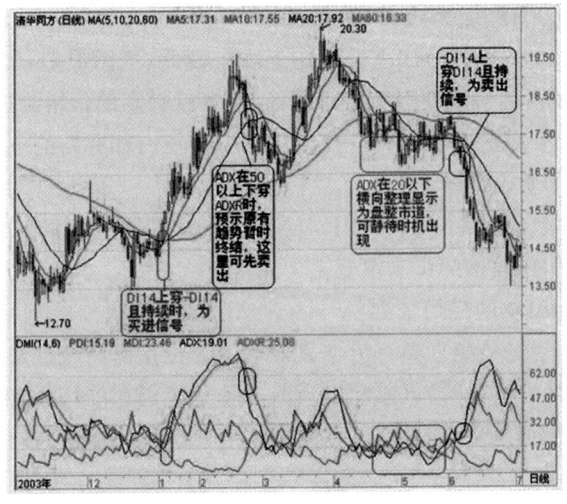

图18-3　DMI实例

指数平均数：EXPMA

EXPMA（Exponential Moving Average），本指标原属于均线型指标，但是EXPMA是以交叉为主要的信号，因此，将其归入趋向型指标。因为移动平均线计算时，必须采用前N天的价格综合平均，平均线的走向，受制于前N天的价格高低，而不是以现在的价格高低决定平均线的走向，因此，其交叉信号经常落后行情数日时间。如股价已经反转下跌，但是，移动平均线因为平滑的关系，采用前N天的价格，为计算因子的结果，造成均线仍然持续上升，无法迅速反应股价的下跌，等待均线相对反应的时候，股价早已下跌一段幅度。为了解决移动平均线落后的问题，分析学家另外寻求EXPMA及VMA等类型均线指标，用以取代移动平均线，EXPMA正是在这种环境下被广泛采用。此外，EXPMA可以随股价的快速移动，立即调整方向，有效地解决信号落后的问题。

1. 计算公式

① 计算第一条EXPMA：
EXPMA1=(C-XP)×0.15+XP
② 计算第二条EYPMA：
EXPMA2=(C-XP)×0.04+XP
③ C=当天的收盘价
④ XP=前一天的EXPMA

第一次计算时，因为还没有EYPMA值，所以XP用前一天的收盘价代替。0.15及0.04的来源是由2÷(N+1)得来，而一般N的参数值设定在12及50。

2. 运用原则

(1) 当第一条0.15的EXPMA由下往上穿越第二条0.04的EXPMA时，将对股价造成推升力道。

(2) 当第一条0.15的EXPMA由上往下穿越第二条0.04的EXPMA时，将对股价造成推降的力道。

(3) 股价由下往上碰触EXPMA时，很容易遭遇大压力回档。

(4) 股价由上往下碰触EXPMA时，很容易遭遇大支撑反弹。

(5) 当EXPMA向上交叉时，不必立即采取买进的动作，股价会先形成一个短暂的高点，然后微幅回档至0.14EYPMA附近，此时正是最佳的买进时机。当EXPMA向下交叉时，不必立即采取卖出的动作，股价会先形成一个短暂的低点，然后微幅反弹至0.04EXPMA附近，此时正是最佳的卖出时机。

(6) 瞬间行情波动太大时，可以将日线图转变成半小时或一小时图，以避免根据EXPMA的交叉信号，而买在最高价或卖在最低价。也可以放弃使用EXPMA指标，改为CCI搭配ROC使用。

EXPMA实例如图18-4所示。

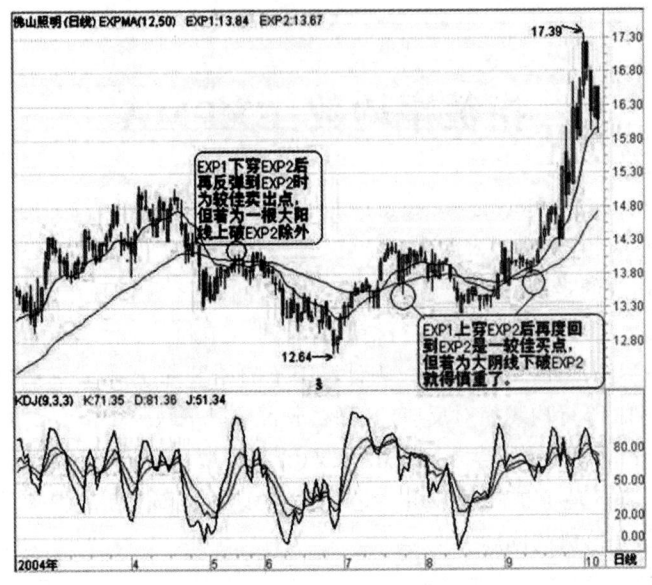

图18-4　EXPMA实例

平滑异同移动平均线：MACD

MACD是根据移动平均线较易掌握趋势变动的方向之优点所发展出来的，它是利用两条不同速度(一条变动的速率快——短期的移动平均线,另一条较慢——长期的移动平均线)的指数平滑移动平均线来计算两者之间的差离状况(DIF)作为研判行情的基础,然后再求取其DIF之9日平滑移动平均线,即MACD线。MACD实际就是运用快速与慢速移动平均线聚合与分离的征兆,来研判买进与卖出的时机和信号。

1. MACD的基本运用方法

MACD在应用上,是以12日为快速移动平均线(12日EMA),而以26日为慢速移动平均线(26日EMA),首先计算出此两条移动平均线数值,再计算出两者数值间的差离值,即差离值(DIF)=12日EMA-26日EMA。然后根据此差离值,计算9日EMA值(即为MACD值);将DIF与MACD值分别绘出线条,然后依"交错分析法"分析,当DIF线向上突破MACD平滑线即为涨势确认之点,也就是买入信号;反之,当DIF线向下跌破MACD平滑线时,即为跌势确认之点,也就是卖出信号。

MACD理论除了用以确认中期涨势或跌势之外,同时也可用来判别短期反转点。在图形中,可观察DIF与MACD两条线之间垂直距离的直线柱状体(其直线棒的算法很简单,只要将DIF线减去MACD线即得)。当直线棒由大开始变小,即为卖出信号,当直线棒由最小(负数的最大)开始变大,即为买进信号。因此我们可依据直线棒研判短期的反转点。

一般而言,在持续的涨势中,12日EMA在26日EMA之上,其间的正差离值(+DIF)会越来越大;反之,在跌势中,差离值可能变负(-DIF),负差离值也越来越大,所以当行情开始反转时,正或负差离值将会缩小。MACD理论利用正负差离值与其9日平滑均线的相交点,作为判断买卖信号的依据。

2. 计算方法

第一步,计算平滑系数:MACD一个最大的长处,即在于其指标的平滑移动,特别是对一些剧烈波动的市场,这种平滑移动的特性能够对价格波动作较和缓的描绘,从而大为提高资料的实用性。不过,在计算EMA前,首先必须求得平滑系数。所谓的系数,则是移动平均周期之单位数,如几天,几周等。其公式为:

$$平滑系数=2\div(周期单位数+1)$$

如, 12日EMA的平滑系数=2÷(12+1)=0.1538

26日EMA平滑系数=2÷(26+1)=0.0741

第二步,计算指数平均值(EMA):一旦求得平滑系数后,即可用于EMA之运算,计算公式为下:

$$今天的指数平均值=平滑系数\times(今天收盘指数-昨天的指数平均值)+昨天的指数平均值。$$

依公式可计算出12日EMA:

$$12日EMA=2\div13\times(今天收盘指数-昨天的指数平均值)+昨天的指数平均值$$

由于每日行情振荡波动之大小不同,并不适合以每日之收盘价来计算移动平均值,于是有需求指数(Demand Index)之产生,乃以需求指数代表每日的收盘指数。计算时,都分别加重最近一日的分量权数(两倍),即对较近的资料赋予较大的权值,其计算方法为:

$$DI=(C\times2+H+L)\div4$$

其中 C为收盘价;H为最高价;L为最低价。

所以,上列公式中之今天收盘指数,可以需求指数来替代。

第三步,计算指数平均的初值:当开始要对指数平均值,作持续性的记录时,可以将第一天的收盘价或需求指数当作指数平均的初值。若要更精确一些,则可把最近几天的收盘价或需求指数平均,以其平均价位作为初值。此外,亦可依其所选定的周期单位数,来做为计算平均值的基期数据。

3. 运用原则

(1)DIF与MACD在0以上,大势属多头市场。DIF向上突破MACD可作买点,交叉向下,只能看作行情的回档,不能看成空头市场的开始。

(2)DIF与MACD在0以下,大势属空头市场。DIF向下跌破MACD可作卖出,若DIF向上突破MACD,是高价位抛售股票者的回补现象,也可看作少数投资者在低价位试探着去接手,只适合买入走短线。

(3)牛差离:股价出现二或三个近期低点,而MACD并不配合出现新低点,可作买入。

(4)熊差离:股价出现二个或三个近期高点而MACD并不配合新高点,可作卖出。

(5)MACD可配合RSI(相对强弱指数)与KD(随机指数),互相弥补各自的缺点。

(6)高档二次向下交叉要大跌,低档二次向上交叉要大涨。

(7)当市场呈牛皮盘整格局,股价不上不下时,MACD买卖信号较不明显,可运用其他的技术分析指标如短期KD图形作为辅助工具。

MACD实例如图18-5所示。

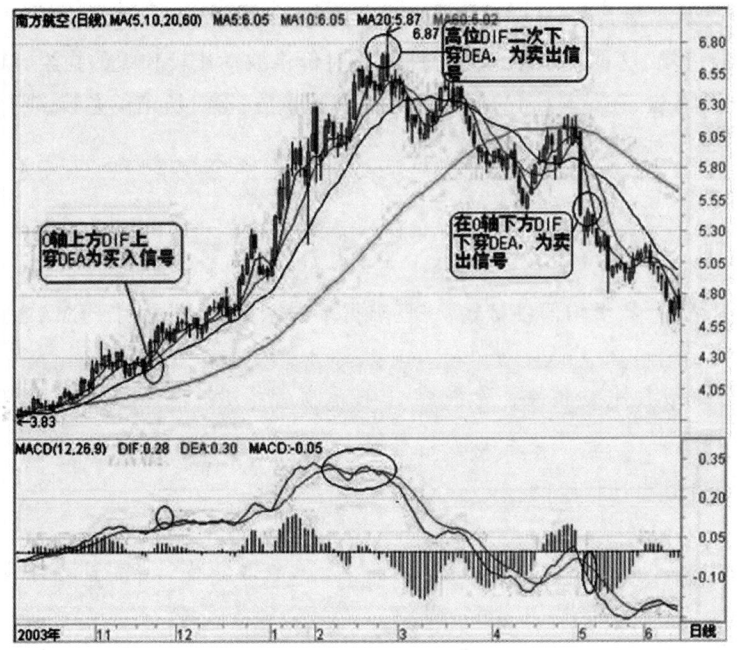

图18-5　MACD实例

梅斯线：MASS

　　MASS（Mass Index），梅斯线是Donald Dorsey累积股价波幅宽度之后，所设计的振荡曲线。本指标最主要的作用在于，寻找飙涨股或者极度弱势股的重要趋势反转点。MASS指标是所有区间振荡指标中，风险系数最小的一个。由于股价高低点之间的价差波带，忽而宽忽而窄，并且不断地重复循环。利用这种重复循环的波带，可以准确地预测股价的趋势反转点，一般市场上的技术指标，通常没办法具备这方面的功能。观察MASS指标的曲线图时，必须特别注意其曲线"凸出的部分"。当股价的高低波幅差距扩大，或者股价的动量指标急速喷出时，都会造成曲线形成"凸出的部分"。为了将股价的波幅差距，固定成一个范围模式，MASS指标将每日的价差波幅，以指数平均的方式加以平滑，以便观察它波带宽窄的程度。

　　一般而言，当MASS高于25时，代表价差波幅扩大。当MASS低于25时，代表价差波幅狭窄。但是，所谓"凸出的部分"，经常是价差波幅瞬间大幅扩张所造成的。由于冲击的力量过于猛烈，造成MASS曲线向上穿越27，暗示股价波带的宽度已扩增至一定极限，近期内反转的可能性增加。为了让MASS指标的反转信号，实际具有参考价值。观察MASS曲线的"凸出的部方"信号时，必须同时观察K线图走势，并且在K线图表上，搭配一条9天的移动平均线。根据移动平均线移动的方向，决定进场买入或者退场卖出。

1. 计算公式

　　　　AHL=DIF的9天指数平均数
　　　　BHL=AHL的9天指数平均数

$$MASS=\sum_{i=1}(AHL \div BHL)$$

一般参数设定为25天,可视需要缩短周期至12天。

参考MASS指标时,须同时观察K线图走势,并且在K线图上,绘制一条股价的9天移动平均线。

2. 运用原则

MASS曲线向上穿越27,随后又掉头跌落26.5。当时,如果股价的9天移动平均线,正处于上升状态,代表多头行情即将反转下跌;MASS曲线向下穿越27,随后又掉头突破26.5,当时,如果股价的9天移动平均线,正处于下跌状态,代表空头行情即将反转上涨。MASS曲线低于25的股票,一般较不具投资利润。

股价的反转形态,通常有以下两种状况:

(1)沉闷缓慢的渐进,外观上像一个弧形状,速度由慢而快的加速度推进。

(2)高低价差逐渐扩大,大幅摇晃后形成头部或底部。

弧形反转:股价长期处于低迷状态,上下来回振荡幅度狭小,股民不耐久盘,纷纷抛售持股以求解脱。这种行情经过有心人耐心的收集后,股票筹码逐渐落入少数人的手中。由于卖压逐日的减轻,需求量大于供给量,造成股价缓慢走高。部分灵活的股民,看出股价起死回生的迹象,纷纷加入买方的阵营,使得股价的上涨幅度突然加大。当股价已经脱离低价区一段距离之后,激动的投资大众,再也忍受不了诱惑,大量的资金蜂涌买入。

这种底部反转的形态,须要细腻的观察力,在股价走势稍为形成弧形时,就应该警觉介入。但是,由于股价长期低迷的关系,该只股票往往已经被股民忽略,如果稍一不留神,很容易错过反转介入的机会。

摇晃的动能:股价趋势将反转之前,通常会大幅的振荡。如果每日股价的高低点差距不大,则股价形成主要反转点的可能性较小。如同波浪理论的原理一般,最后的第五波,都是幅度大且快速的行情,也就是行情结束前的特征。每日的高低价差,维持在较小的波动范围时,代表当时股民的情绪稳定。因此,不管股价是涨是跌,大致上都会维持其原来的趋势前进。然而,基于"混乱是获利的好时机"的原理,每一次股民情绪恐慌的时候,都是进场操作的大好时机。这种敏感度,读者们除了必须自己细心体会之外,主要是以近期内,股价扩张的高低价差为判断依据。如果一个密闭的容器内,装着汽油或者任何化学合成物,经过用力摇晃之后,内部压力加大,很容易促使容器爆裂,物质喷出。这种道理运用在股票市场,每每得到印证。MASS指标主要在于侦察这种"摇晃的动能",由于买方与卖方激斗的结果,造成一股冲突的力量。这股力量是一种警告信号,提醒股民,目前是两军大会战的时刻。一旦激战停止之后,多空优势会明朗化,股价趋势随即面临反转的危机。"混乱的走势"会造成股民情绪紧张,导致股价的波动幅度加剧,也只有在这种时机下,MASS指标才有可能出现"凸出"信号。在正常行情中,MASS指标没有任何作用。

更简单地说,MASS指标只有在股价波动幅度扩大时,才被利用来测量其波带的宽窄度,并且评估个股是否已经进入极度"摇晃"的状态。当"摇晃"的程度到达一定的极限时,暗示股价正在进行反转前的准备动作。

MASS实例如图18-6所示。

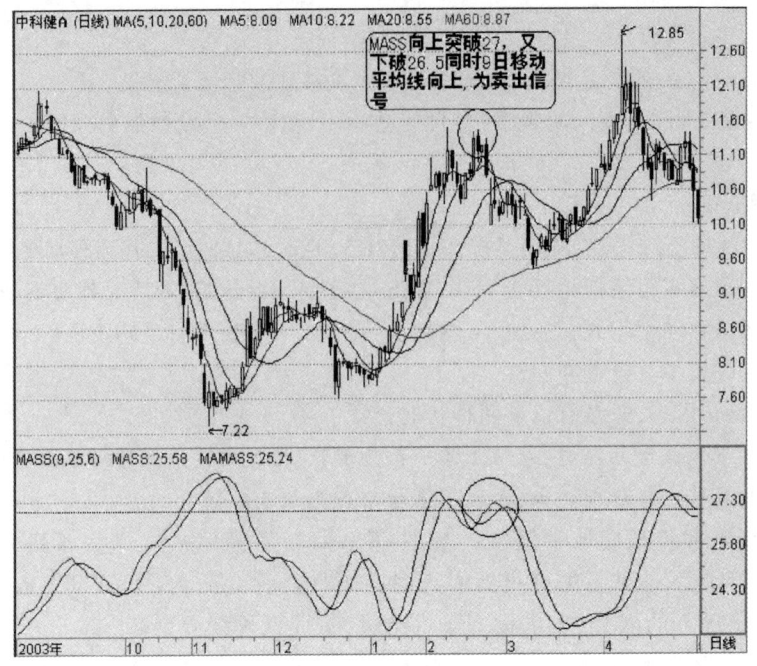

图18-6 MASS实例

抛物线转向:SAR

抛物线转向也称停损点转向,是利用抛物线方式,随时调整停损点位置以观察买卖点。由于停损点(又称转向点SAR)以弧形的方式移动,故称之为抛物线转向指标。

1. 计算方法

(1)先选定一段时间判断为上涨或下跌。

(2)若是看涨,则第一天的SAR值必须是近期内的最低价;若是看跌,则第一天的SAR必须是近期的最高价。

(3)第二天的SAR,则为第一天的最高价(看涨时)或是最低价(看跌时)与第一天的SAR的差距乘上加速因子,再加上第一天的SAR就可求得。

(4)每日的SAR都可用上述方法类推,归纳公式为:

$$SAR(n)=SAR(n-1)+AR[EP(n-1)-SAR(n-1)]$$
$$SAR(n)=第n日的SAR值$$
$$SAR(n-1)即(n-1)日之值$$

AR:加速因子;

EP:极点价,若是看涨一段期间,则EP为这段期间的最高价,若是看跌一段时间,则EP为这段期间的最低价;

EP(n-1):第(n-1)日的极点价。

(5)加速因子第一次取0.02,假若第一天的最高价比前一天的最高价还高,则加速因子增加0.02,若无新高则加速因子沿用前一天的数值,但加速因子最高不能超过0.2;反之,下跌也类推。

(6)若是看涨期间,计算出某日的SAR比当日或前一日的最低价高,则应以当日或前一日的最低价为某日之SAR;若是看跌期间,计算某日之SAR比当日或前一日的最高价低,则应以当日或前一日的最高价为某日的SAR。

2. 运用原则

买卖的进出时机是价位穿过SAR时,也就是向下跌破SAR便卖出,向上越过SAR就买进。

3. 评价

(1)操作简单,买卖点明确,出现信号即可进行。

(2)SAR与实际价格,时间长短有密切关系,可适应不同形态股价之波动特性。

(3)计算与绘图较复杂。

(4)盘局中,经常交替出现信号,失误率高。

三重指数平滑移动平均数:TRIX

TRIX(Triple Exponentially Smoothed Moving Average),长线操作时采用本指标的信号,可以过滤掉一些短期波动的干扰,避免交易次数过于频繁,造成部分无利润的买卖及手续费的损失。本指标是一项超长周期的指标,长时间按照本指标信号交易,获利百分比大于损失百分比,利润相当可观。

1. 计算公式

第一步,将每天的收盘价计算成12天的EXPMA(指数平均数),则每天都可以产生一个指数平均值,称为AX值。

第二步,从第13天开始,将AX值计算成12天的EXPMA,则从第13天以后,每天都可以产生一个双重指数平均值,称为BX值。

第三步,从第25天开始,将BX值计算成12天的EXPMA,则从第25天以后,每天都可以产生一个三重指数平均值,称为TRIX。

第四步,从第33天开始,将TRIX值计算成9天的移动平均值,则从第33天以后,每天都可以产生一个TRIX的移动平均值,称为TMA。

此时,计算表上,第33天以后每天都会记录一个TRIX数值和一个TMA数值,分别连接每天的数据,TRIX以实线而TMA以虚线画出。

注意:计算步骤第一步第三步是以指数平均的方式计算的,第四步是以移动平均的方式计算的,两者之间不可混淆。

2. 运用原则

打算进行长期控盘或投资时,趋向类指标中以TRIX最适合。

TRIX由下向上交叉TMA时,买进。

TRIX由上向下交叉TMA时,卖出。

其余可参考MACD指标。

TRIX实例如图18-8所示。

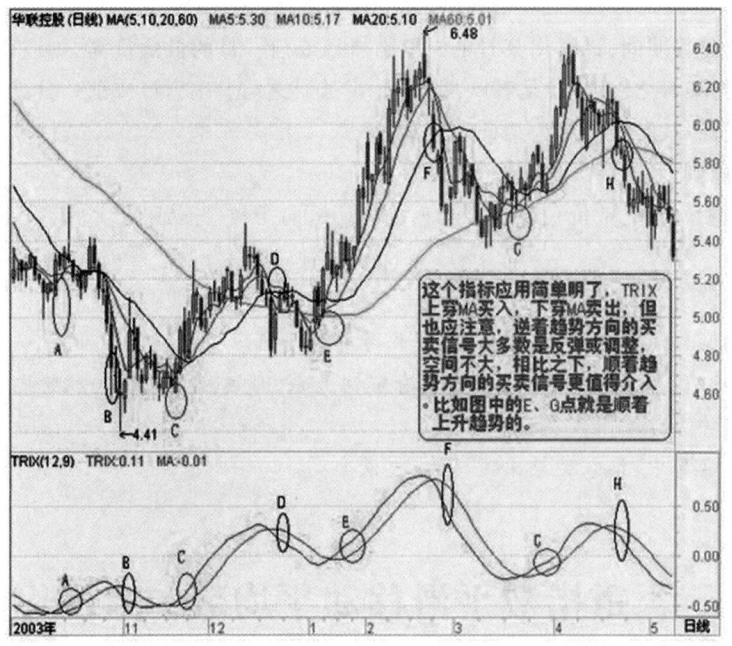

图18-8 TRIX实例

布林线:BOLL

布林线(Bolinger Bands)是通过计算股价的标准方差,再求取股价的信赖区间得到的支撑压力线。分为上轨、中轨、下轨三条线,上轨为压力线、下轨为支撑线,中轨也就是计算公式所采用的参数,一般为20日股价的平均线。

布林线运用原则如下:

(1)经过数波下跌后,随后常会转为较长时间的窄幅整理,这时我们发现布林线的上限和下限空间极小,越来越窄,越来越近。盘中显示的最高价和最低价差价极小,短线没有获利空间,盘中交易不活跃,成交量稀少,投资者要密切注意此种缩口情况,因为一轮大行情可能正在酝酿中,一旦成交量增大,股价上升,布林线开口扩大,上升行情宣告开始。

(2)如布林线在高位开口极度缩小,一旦股价向下破位,布林线开口放大,一轮跌势将不可避免。

(3)将布林线和其他指标配合使用效果会更好,如成交量、KDJ指标等。

(4)使用布林线要注意判明是在常态区还是非常态区,在常态区可以在上轨卖出,下轨买入;在非常态区按其他原则买卖。

(5)买入信号组合:价格不断触及上轨且摆动指标为正。卖出信号组合:价格不断触及下轨且摆动指标为负。

BOLL实例如图18-9所示。

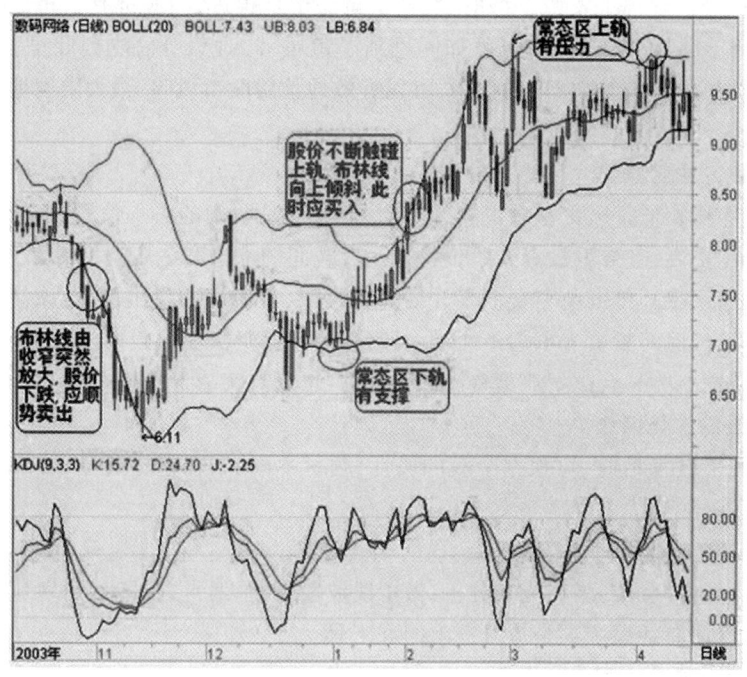

图18-9 BOLL实例

瀑 布 线

瀑布线是非线性移动平均线的组合形式。它分别代表着不同时间周期的股价运动状况,是及早反映股票的形态反转,把握股价运动趋势的好方法。它是K线绑定指标,适合于各种分析周期。瀑布线的典型形态特征是:六条线段由汇聚到发散,到极度发散,再由极度发散到汇聚,形象揭示股票形态的反转过程。瀑布线是欧美国家20世纪90年代初,广泛应用于金融分析领域中的判断股价运行趋势的主要分析方法,因此线由汇聚向下发散时呈瀑布状而得名。

1. 瀑布线原理

瀑布线系统的本质是股价非线性移动成本均线。瀑布线与普通均线系统相比较,具有反应的速度快、给出的买卖点明确的特点,并能过滤掉盘中主力震仓洗盘,可直观有效地把握住大盘和个股的运动趋势,是目前判断大势和个股股价运行趋势颇为有效的均线系统。以灯塔油漆为例,该股瀑布线系统是在1998年1月14日开始粘合汇聚向上发散的,此后主力缓步推高,股价沿瀑布线攀升,在13元一线主力刻意打压洗盘,普通均线系统多次出现了死叉发出了卖出信号,但瀑布线却始终没有向下发散给出卖出信号,有效过滤掉了主力的骗线,随后瀑布线系统重新向上发散,在助涨的作用下,一路强势上行;12月上旬股价跌破了20元整数位,开始汇聚向下发散,表明跌势确立,是中线离场的好时机。

做股票在某种程度上可以说是在做趋势,换句话说是在做概率,那么运用瀑布线的理论依据之一就是数学概率理论,即股票在一个瀑布线明显的上升(下降)趋势中,绝大多数时段的买入(卖出)都可以赚到(少赔)钱;其理论依据之二是体现了顺势而为的股市投资精髓,为投资人提供了跟庄追势的操作指南;瀑布线系统还反映了著名的"鱼身理论",即瀑布线在低价区粘合汇聚向上发散,就好比发现了鱼头于是跟进,当股价有了相当幅度的涨升后开始出现粘合汇聚向下发散时,就如同见到了鱼尾,此时鱼身已吃到肚里,焉有不走之理!瀑布线系统还具有趋吉避凶的作用,可以有效地预防股市风险,最大限度地获取股票差价利润。

2. 瀑布线的顺势操作

买点:瀑布线在低价区由粘合汇聚开始向上发散,是明确的买入信号,且如有成交量的配合,则准确率更高,它告诉投资人股价将有一段时间的涨升和一定幅度的涨升。

卖点:瀑布线在高价区由粘合汇聚开始向下发散,是明确的卖出信号,该信号的确立无需成交量的配合,此时投资人不但不能买入股票,而且要坚决卖出股票。

瀑布线所发出的买点比卖点更具准确可靠性,也更具实战价值。

3. 瀑布线的逆势操作

当瀑布线极度发散时,可根据个股的股性、题材不同,结合趋势通道、乖离率指标做相应的滚动操作。

4. 瀑布线的分析周期选择

做长线一般要用周的瀑布线来分析,做中线波段行情,通常以日K线所对应的瀑布线系统为主,而分时瀑布线系统则是短线进出的好工具。

5. 巧用瀑布线十六字诀

瀑布线上考虑买入,瀑布线下坚决卖出。

6. 适用范围

瀑布线适用于有趋势行情,在趋势明朗的上涨或下跌趋势中,能给出明确的买卖点和持仓信号,是把握中线波段行情的利器,平衡市操作中可考虑使用分时瀑布线决定短期买卖点。

瀑布线实例如图18-20所示。

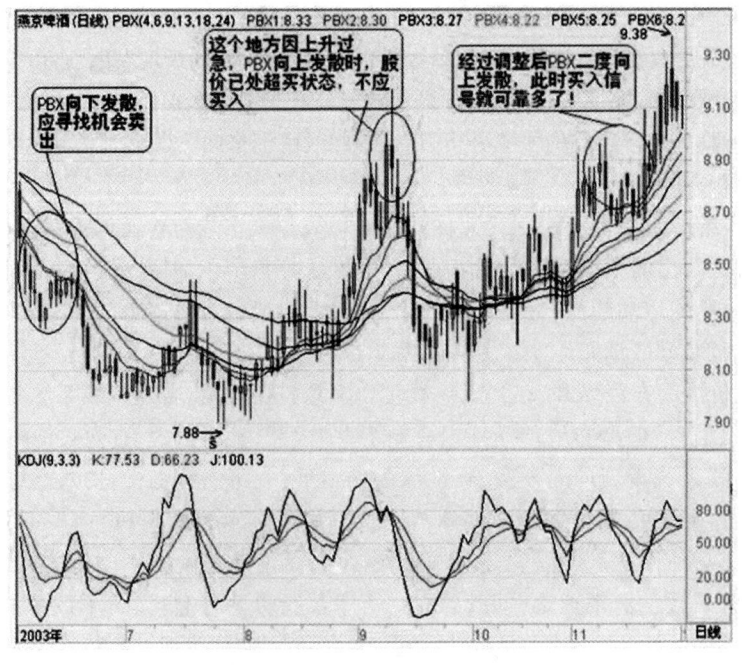

图18-20 瀑布线实例

佳庆变异率：VCI

VCI佳庆变异率(Volatility, Chaikin's)，由Marc Chaikin研制而成。本指标的作用与MASS相当类似，同样以波幅价差的宽窄度，测量股价趋势的反转点。利用波幅价差的宽窄度，决定反转点的理论，众说纷纭。大致上，有下面两种论点：

第一派的说法：假设每一次头部区的行情，股民的情绪都处于紧张及犹豫不决的状态，造成股价振荡幅度加大。因此，头部区的VCI曲线，通常位于高水平的位置。相反的，每一次底部区的行情，由于股民缺乏信心，交易冷谈及成交量退潮的关系，其每日波动的价差会逐渐地缩小。因此，底部区的VCI曲线，通常位于低水平的位置。

第二派的说法：是由Marc Chaikin提出来的。假如目前的VCI曲线，相较前一段时间的曲线位置有明显异常的"凸出"，代表底部已逐渐形成。Marc Chaikin认为，这种"凸出的部分"，是因为下跌行情最后的阶段，股民恐慌性抛售后，造成波幅价差扩大的原因。相反的，一段长时间内的波幅价差，维持在低水平的位置时，代表不久之后股价将形成头部区。因为一个已经充分反应景气的多头市场，股民对股价仍抱着期望，大部分不会考虑抛售持股。但是，也由于价格涨幅已大的股票，股民也不愿意贸然加码买进。因此，多空双方对峙胶着，波幅价差陷入狭窄的盘整，促使VCI曲线降至低水平。Marc Chaikin认为，一位有经验的股民，不能完全依赖一个指标信号，对行情下判断。同样的，读者也不能仅依据VCI指标的信号，来认定趋势反转点。Marc Chaikin建议，观察VCI指标时，可以同时配合移动平均线及Bollinger Bands指标使用。

1. 计算公式

$$VCI=(当天的DMA-10天前的DMA)\div 10天前的DMA\times 100$$

2. 运用原则

(1)股价持续下跌一段时间后，出现恐慌性卖压。此时，如果VCI曲线瞬间蹿升至高水平，从图表外观上观察，异常凸出于先前曲线之上时，代表股价已经逐渐接近底部。

(2)股价经过数个波段的上涨之后，行情逐渐走缓，并且维持一段时间的窄幅盘整，促使VCI曲线降至低水平。此时，应留意股价是否正在酝酿形成头部。

(3)股价以类似波浪理论的模式上涨，并且出现行情末期加速度现象。此时，如果高低价差波幅扩大，促使VCI曲线异常地凸出时，应留意股价随时都有形成头部的可能。

股价在趋势的发展状态中，有些意外的状况非常难料。因此，利用VCI曲线的"凸出"现象，判断股价的头部和底部时，必须考虑的问题相当复杂。VCI指标搭配EXPMA、Bollinger Bands同时使用，可以减少误判的机会。

观察Bollinger Bands路径波带的上下限距离，如果出现扩大的现象，而当时的0.15EXPMA正处于上升状态时，则应立即查看VCI曲线，是否也同时出现"凸出"形态。这三种征兆同时存在时，判断为头部的准确度相对提高。另外，如果Bollinger Bands的波带距离并未变宽，而且VCI曲线也维持在低水平波动。但是，股价的0.15EXPMA，已经向下交叉0.04EXPMA时，代表市场已经完成涨幅，动能消耗殆尽，头部已经形成。Bollinger Bands的波带变宽，VCI曲线出现"凸出"的现象时,如果0.15EXPMA正处于下跌状态,代表底部已经逐步浮现。出现这类型征兆时,大部因为市场发生重大利空消息。这时候的盘势,会同时伴随失望性的抛售卖压,并且笼罩在一片恐惧的气氛中。

注意:VCI指标、MASS指标及Bollinger Bands指标,三者都是依股价路径波带的宽幅,来评估股价反转的可能性。因此,三种指标必须经常相互验证,以求得更可靠的信赖度。

十字过滤线:VHF

VHF英文全名Vertical Horizontal Filter。1991年8月,由Adam White首次在于Futures杂志上发表,其主要的作用在于分辨行情的种类。趋势行情应该采用趋势指标,横向整理行情应该采用超买超卖指标,不同的指标适用于不同的市场走势。但是,如何区别目前的走势,属于单一方向的趋势行情还是横向振荡的整理行情,是许多使用技术分析的股民共同遭遇的难题。MACD指标及移动平均线,都是典型的趋势指标。当行情朝单一方向前进时,这两种指标可以提供股民明确的方向指示及买卖信号。然而,行情一旦朝横向箱型发展时,MACD和移动平均线,会因为波动频繁的关系,出现很多假信号陷阱,使得股民顿时失去方向感。股价呈箱型走势波动时,RSI及KD指标可以提供短期的买卖信号,然而,行情的发展没有一定的规则。当弱势的箱形行情,演变成强势的趋势行情时,股民如果仍然参考RSI和KD指标的买卖信号,则会在指标到达80时立即卖出股票。结果,这个价位却是趋势行情的起涨点,此时卖出股票真的很冤枉。为了让技术分析的信号,充分的发挥功能,不同的市况必须搭配不同的指标。如果指标的选择错误,必然没办法得到好的操作结果。因此,辨别目前行情的地位,是每一位股民进行交易投资之前最重要的工作。Adam White所设计的VHF指标,解决了上述的问题,提供股民清晰明确的信号,可以澄清"趋势行情"与"箱型行情"的界限。经过VHF指标过滤后的行情,可以帮助股民选择最佳的指标组合。

1. 计算公式

$$NUM=|HCP-LCP|$$
$$DEN=SUM(CLS-CLSn)$$
$$VHF=NUM \div DEN$$

本指标参数一般设为28天,视个股状况不同,可调整为14天或7天。

2. 运用原则

VHF的值越高,代表目前正处于趋势行情,应选择趋势指标为参考工具。

VHF的值越低,代表目前正处于箱形行情,应选择超买超卖指标为参考工具。

VHF处于上升状态时,代表股价处于趋势行情。

VHF处于下跌状态时,代表股价处于箱形行情。

VHF指标的图表上,可以切画一条中界线,分隔趋势和箱形的波动范围。这一条中界线一般位于0.35~0.4之间,但是,不同的个股,其中界线位置稍有差异,读者应自行设定最佳的中界线。

将中界线视为X轴,另外设一条Y轴与X轴交叉成十字坐标轴,Y轴可任意左右移动。将Y轴移至VHF曲线穿越X轴处,如果VHF曲线位于十字坐标轴的右上方,代表股价处于趋势行情。如果VHF曲线位于十字坐标轴的右下方,则代表股价处于箱形行情。

如果DMI指标中的+DI值高于-DI值,而VHF曲线向上或向下突破X轴时,为中线买点。

如果DMI指标中的+DI值低于-DI值,而VHF曲线向上或向下跌破X轴时,为中线卖点。

股民选择股票时,一定选择介入强势股,也就是说,选择股价趋势已经正式启动的个股。我们在DMI指标的说明中,所介绍的ADXR评比线,可以分辨趋势行情与箱形行情,借以选择介入趋势行情的个股。VHF指标与ADXR评比线,虽然有异曲同工之处,但是,显示在图表上时,VHF指标的作用比ADXR评比线更明确。VHF指标可以直接产生买卖信号,ADXR评比线却欠缺这一方面的功能。一般而言,当股民决定进入市场之前,首要之务在于先搞清楚当时行情的定位,经过第一道辨认手续后,才能进一步规划操作策略。由于股票市场里上市公司的数目相当多,想要过滤属于趋势行情的个股,必然需要花费相当多的时间。因此,现阶段国际金融交易市场流行人工智慧选股系统,其整个系统第一步最重要的流程,就是扫描过滤趋势行情股。利用这层原理,我们可以藉VHF指标,过滤筛选出值得介入的个股。如果你选择介入的股票,它的VHF曲线位于十字坐标轴的右上方,那么,它一定是趋势股。接下来的第二道流程,必定是选择最适当的趋势指标,作为主要的参考工具。如果你选择介入的股票,它的VHF曲线位于十字坐标轴的右下方,那么,它一定是箱形整理股。箱形整理股的操作策略,必须选择超买超卖指标为主要参考工具。换句话说,当VHF曲线的数值较高时,应进行中线交易。当VHF曲线的数值较低时,则进行短线交易。

宝塔线:TOW

宝塔线的特征与点状图类似,亦即并非记载每天或每周的股价变动过程,而乃系当股价续创新高价(或创新低价),抑或反转上升或下跌时,再予以记录、绘制。

宝塔线实例如图18-21所示。

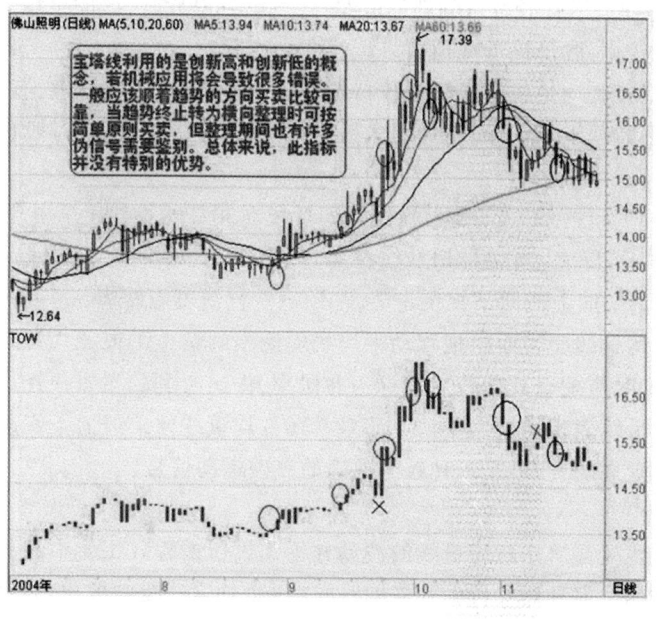

图18-21　宝塔线实例

一般宝塔线分析要点如下:

(1)宝塔线翻白(红)之后,股价后市总要延伸一段上升行情。

(2)宝塔线翻黑之后,股价后市总要延伸一段下降行情。

(3)盘局时宝塔线的小翻白、小翻黑,可依设定损失点或利润点之大小而决定是否进出。

(4)盘局或高档时宝塔线长黑而下,应即获利了结,将手中持股卖出;反之,翻白而上,则是介入时机。

(5)宝塔线分析若能再与K线,移动平均线等共同运用,效果更佳。

(6)宝塔线翻黑下跌一段后,突然翻白,须防范为假突破之现象,不可马上抢进,须察3天。最好配合K线与成交量观察再作决定。

均量线

均量线是一种反映一定时期内市场平均成交情况亦即交投趋势的技术性指标。

1. 计算方式

将一定时期内的成交量(值)相加后平均,在成交量(值)的柱条图中形成较为平滑的曲线,即均量线。一般情况下,均量线以10日作为采样天数,即在10日平均成交量基础上绘制,亦可以同时选设10日和30日的采样天数绘制两条均量线,其中10日均量线代表中期的交投趋势,30日均量线则代表较长期的交易趋势。

2. 运用原则

在有均量线的成交量图中,可以看出均量线在成交量的柱条图之间穿梭波动,从而揭示股价变动的趋向。在上涨行情初期,均量线随股价不断创出新高,显示市场人气的聚集过程。行情进入尾声时,尽管股价再创新高,均量线多已衰退疲软,形成价量分离,这时市场追高跟进意愿发生变化,股价接近峰顶区。

在下跌行情初期,均量线一般随股价持续下跌,显示市场人气涣散,有气无力。行情接近尾声时,股价不断跌出新低,而均量线多已走平,或有上升迹象,这时股价已经见底,可以考虑伺机买进。

对设有两条均量线的成交量图,当10日均量线在30日均量线上方并继续上扬时,行情将会保持上涨势头;反之,当10日均量线在30日均量线下方继续下跌时,显示跌势仍将继续。而均量线不论是向上或下拐头走势,都预示着行情可能转势,是一种警戒信号。当10日均量线与30日均量线交叉而出现移动平均线理论中的黄金叉或死亡叉时,则是对行情转势进行的确认,这时应配合其他技术指标一并研判,作出有利的投资抉择。在盘局时,10日均量线与30日均量线表现得纠缠不清,而最后10日均量线向上或向下突破30日均量线,则可预示行情打破盘局的方向,是一种较为准确的突破辅助信号。

3. 功能分析

在研判均量线时,需注意均量线的波动并不提供所谓程式买卖中的买进或卖出信号,亦不具备移动平均线那种对股价助涨或助跌的功能。均量线反映的仅是市场交投的主要趋向,对未来股价变动的大势起着辅助指标的作用。

均量线实例如图18-22所示。

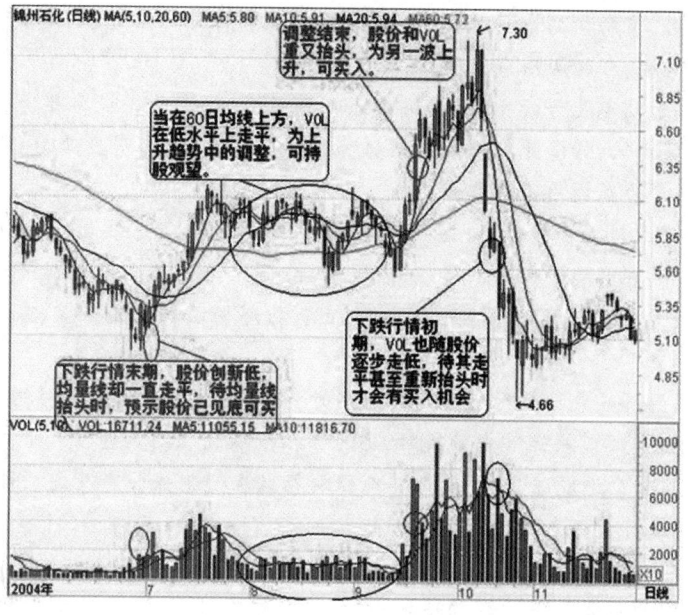

图18-22 均量线实例

威廉指标：%R

威廉指标（WMS%或%R）是由Larry Williams 1973年首创的，最初用于期货市场。WMS%表示市场处于超买还是超卖状态。

1. 计算公式

威廉指数%R是利用摆动点来量度股市的超买卖现象，可以预测循环期内的高点或低点，从而提出有效率的投资信号。

$$\%R=100-(C-L_n)\div(H_n-L_n)\times 100$$

其中 C为当日收市价；L_n为N日内最低价；H_n为N日内最高价；公式中N日为选设参数，一般设为14日或20日。

%R指标表示的含义是当天的收盘价在过去的一段日子的全部价格范围内所处的相对位置。如果%R的值比较大，则当天的价格处在相对较高的位置，要提防回落；如果%R的值较小，则说明当天的价格处在相对较低的位置，要提防反弹；%R取值居中，在50%左右，则当天的价格上下的可能性都有。

2. 运用原则

威廉指数计算公式与强弱指数、随机指数一样，计算出的指数值在0~100之间波动，不同的是，威廉指数的值越小，市场的买气越重；反之，其值越大，市场卖气越浓。应用威廉指数时，一般采用以下几点基本法则：

（1）当%R线达到80时，市场处于超卖状况，股价走势随时可能见底。因此，80的横线一般称为买进线，投资者在此可以伺机买入；相反，当%R达到20时，市场处于超买状况，走势可能即将见顶，20的横线被称为卖出线。

（2）当%R从超卖区向上爬升时，表示行情趋势可能转向，一般情况下，当%R突破

50中轴线时,市场由弱市转为强市,是买进的信号;相反,当%R从超买区向下跌落,跌破50中轴线后,可确认强市转弱,是卖出的信号。

(3)由于股市气势的变化,超买后还可再超买,超卖后亦可再超卖,因此,当%R进入超买或超卖区,行情并非一定立刻转势。只有确认%R线明显转向,跌破卖出线或突破买进线,方为正确的买卖信号。

(4)在%R进入高位后,一般要回头,如果这时股价还继续上升,这就产生背离,是出货的信号;在%R进入低位后,一般要反弹,如果这时股价还继续下降,这就产生背离,是买进的信号。%R连续几次撞顶(底),局部形成双重或多重(底),则是出货(进货)的信号。

(5)在使用威廉指数对行情进行研判时,最好能够同时使用强弱指数配合验证。同时,当%R线突破或跌穿50中轴线时,亦可用以确认强弱指数的信号是否正确。因此,使用者如能正确应用威廉指数,发挥其与强弱指数在研制强弱市及超买超卖现象的互补功能,可得出对大势走向较明确的判断。

3. 评价

威廉指数属于研究股价波幅的技术指标,在公式设计上,它与随机指数的原理比较近似,两者均为从研究股价波幅出发,通过分析一段时间内高、低价位与收市价之间的关系,反映市场的强弱及买卖气势。不同的是,随机指数采样天数较短,计算结果更具随机性,而威廉指数的采样天数略容易错过大行情,也不容易在高档被套牢。但由于该指标敏感性较强,在操作过程中,如完全按其信号出入市,未免过于频繁,因此,在使用过程中,最好能结合强弱指数、动向指数等较为平衡的技术指标一起研判,由此可对行情趋势得出较准确的判断。

威廉指标实例如图18-23所示。

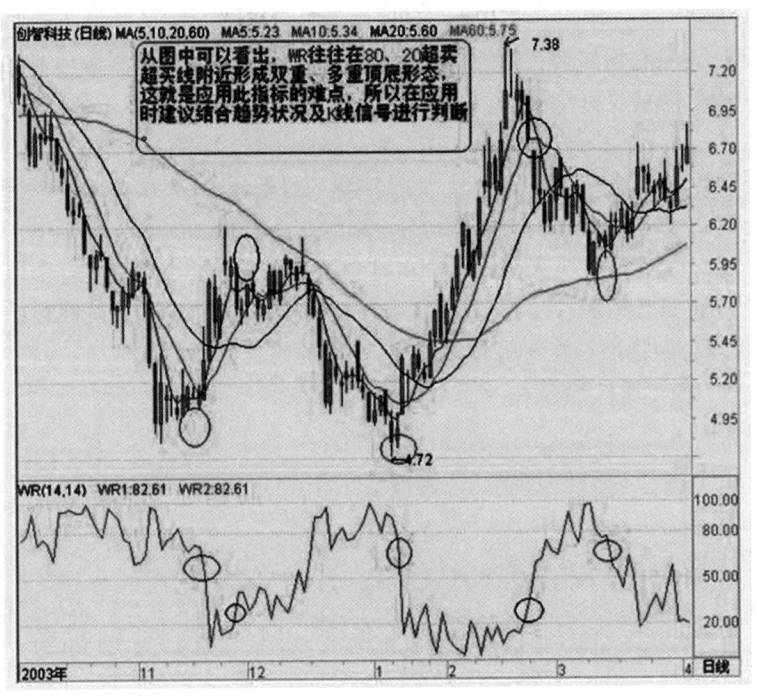

图18-23 威廉指标实例

乖离率:BIAS

乖离率简称Y值,是移动平均原理派生的一项技术指标,其功能主要是通过测算股价在波动过程中与移动平均线出现偏离的程度,从而得出股价在剧烈波动时因偏离移动平均趋势而造成可能的回档或反弹,以及股价在正常波动范围内移动而形成继续原有势的可信度,BIAS指的是相对距离。乖离度的测试原理是建立在:如果股价偏离移动平均线太远,不管股份在移动平均线之上或之下,都有可能趋向平均线的这一条原理上。而乖离率则表示股价偏离趋向指标的百分比值。

1. 计算公式

Y值=(当日收市价−N日内移动平均收市价)/N日内移动平均收市价×100%

其中N日为设立参数,可按自己选用移动平均线日数设立,一般分定为6日,12日,24日和72日,亦可按10日,30日,75日设定。

2. 运用原则

乖离率分正乖离和负乖离。当股价在移动平均线之上时,其乖离率为正;反之则为负,当股价与移动平均线一致时,乖离率为0。随着股价走势的强弱和升跌,乖离率周而复始地穿梭于0点的上方和下方,其值的高低对未来走势有一定的测市功能。一般而言,正乖离率涨至某一百分比时,表示短期间多头获利回吐可能性也越大,呈卖出信号;负乖离率降到某一百分比时,表示空头回补的可能性也越大,呈买入信号。对于乖离率达到何种程度方为正确之买入点或卖出点,目前并没有统一原则,使用者可凭观图经验对行情强弱的判断得出综合结论。一般来说,在大势上升市场,如遇负乖离率,可以趁跌价买进,因为进场风险小;在大势下跌的走势中如遇正乖离,可以待回升高价时,出脱持股。

由于股价相对于不同日数的移动平均线有不同的乖离率,除去暴涨或暴跌会使乖离率瞬间达到高百分比外,短、中、长线的乖离率一般均有规律可循。下面是国外不同日数移动平均线达到买卖信号要求的参考数据:

6日平均值乖离:−3%是买进时机,+3.5是卖出时机;

12日平均值乖离:−4.5%是买进时机,+5%是卖出时机;

24日平均值乖离:−7%是买进时机,+8%是卖出时机;

72日平均值乖离:−11%是买进时机,+11%是卖出时机。

另外,根据乖离率在图表上的形态可依据以下原则:

(1)BIAS形成从上到下的两个或多个下降的峰,而此时股还在继续上升,是抛出的信号。

(2)BIAS形成从下到上的两个或多个上升的谷,而此时股还在继续下跌,是买入的信号。

(3)当短期BIAS在高位下穿长期BIAS时,是卖出信号;在低位,短期BIAS上穿长期BIAS时,是买入信号。

(4)BIAS从下向上穿过0线,或BIAS从上向下穿过0线,可能也是采取行动的信号。上穿为买入信号,下穿为卖出信号。因为此时,股价也在同方向上穿过了MA。

(5)BIAS是正值,股价在MA之上,如果股价回落到MA之下但随即又反弹到了MA之上,同时BIAS也是呈现相同的走势,是买进信号;对于下降的卖出信号也可类似处理。

(6)BIAS是正值,并在向0回落,如果接近0时,反弹向上,是买入信号;对BIAS是负值可照此办理。

乖离率实例如图18-24所示。

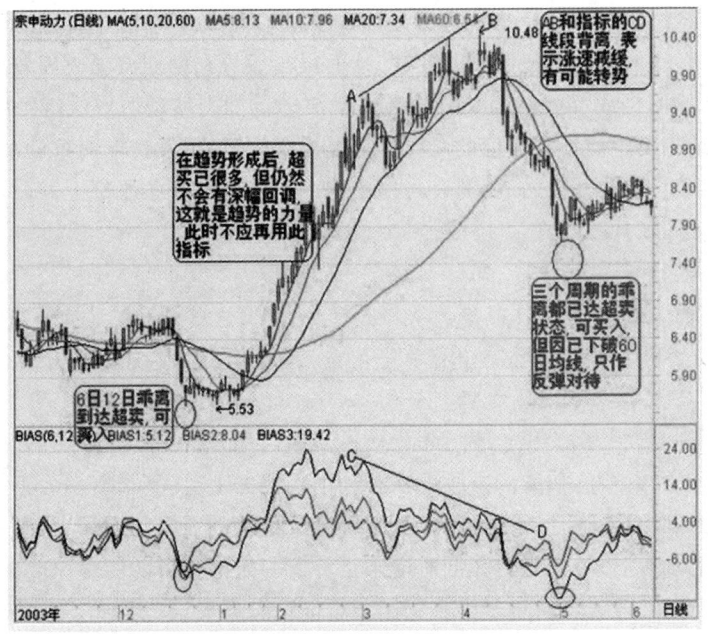

图18-24　乖离率实例

顺势指标:CCI

顺势指标CCI(Commodity Channel Index),由Donald Lambert所创,专门测量股价是否已超出常态分布范围,属于超买超卖类指标中较特殊的一种,波动于正无限大和负无限小之间。但是,又不需要以0为中轴线,这一点也和波动于正无限大和负无限小的指标不同。然而每一种的超买超卖指标都有"天线"和"地线"。除了以50为中轴的指标,天线和地线分别为80和20以外,其他超买超卖指标的天线和地线位置,都必须视不同的市场、不同的个股特性而有所不同。唯独CCI指标的天线和地线分别为+100和−100。这一点不仅是原作者相当独到的见解,在意义上也和其他超买超卖指标的天线地线有很大的区别。

什么是超买超卖指标?顾名思义,"超买"就是已经超出买方的能力,买进股票的人数超过了一定比例。那么,根据"反群众心理",这时候应该反向卖出股票。"超卖"则代表卖方卖股票卖过了头,卖股票的人数超过一定比例时,反而应该买进股票。这是在一般常态行情下,经常最被重视的反市场、反群众理论。但是,如果行情是超乎寻常的强势,则超买超卖指标会突然间失去方向,行情不停地持续前进,群众似乎失去了控制,对于股价的这种脱序行为,CCI指标提供了不同角度的看法。

按照波浪理论的原理,股价以5波的方式前进,而发展到最后第5波阶段时,无论处于上涨波或下跌波,都是行情波动最凶、最猛的时候,群众毫无理性的疯狂,使股价在很短的时间内加速度完成最大幅度的波动。有些股民想在最安全的范围内买卖股票,但是对于部分冒险性、赌性较高的股民而言,他们宁可选择在高风险的环境下,介入速度快、利润大的市场。这种市场经常是下赌注要快,逃得也要快,给赌性强的股民一种快刀斩乱麻的畅快感。如果说以0~100为范围的超买超卖指标,专门是为常态行情设计的。那么,CCI指标就是专门对付极端行情的。也就是说,在一般常态行情下,CCI指标不会发生作用。当CCI扫描到异常股价波动时,战斗机立刻升空作战,而且力求速战速决,胜负瞬间立即分晓,赌输了也必须立刻加速逃逸。CCI的"天线"是+100,"地线"是-100,这个范围也有可能因为个股股性改变而稍有变动,这可要靠各位读者明察秋毫加以增减。但是,大体上不会差异太大。

1. 计算公式

$$CCI = \frac{价位 - 价位的移动平均}{价位的乖离值的移动平均 \times 循环周期 \div 3}$$

通常价位都选取中价即:(最高+最低+收盘)÷3

2. 运用原则

(1) CCI从+100~-100的常态区,由下往上突破+100天线时,为抢进时机。

(2) CCI从+100天线之上,由上往下跌破天线时,为加速逃逸时机。

(3) CCI从+100~-100的常态区,由上往下跌破-100地线时,为放空时机。在中国股市无法做空,可以把它当成卖出信号而抛出持股。

(4) CCI从-100下方,由下往上突破-100地线时,空头应立即回补。在中国股市无法做空,可以把它当成短线买进信号。

如果你习惯冒险,喜欢在战况激烈、烽火连天的环境下生存,那么CCI指标是你很好的选择。

顺势指标实例如图18-25所示。

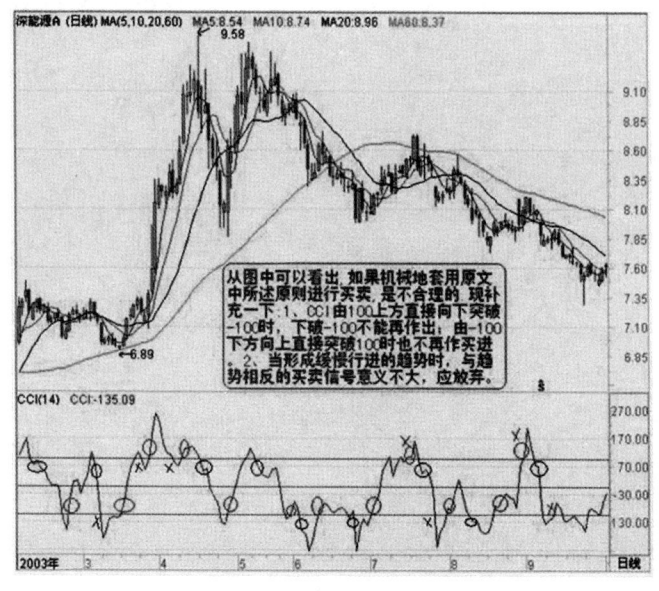

图18-25 顺势指标实例

区间振荡线：DPO

　　区间振荡线DPO（Detrended Price Oscillator）。20世纪八九十年代，Walt Bressert将他对于衍生性期货商品循环规则的研究心得，发表于期货商品杂志。虽然，这份研究报告，对目前的技术分析研究者而言，似乎太过于简单。但是，他已经把移动平均线从传统的观念上跳脱出来。这个观点，逐渐被研究周期循环的学者采用。宇宙间的事物是一种生生不息的循环，例如四季的循环、日夜的循环、潮汐的循环、动物的冬眠等，都是人类可以预测的。然而宇宙间仍存在着人类无法准确预测的循环，例如天气、地震。这是因为很多周期长短不同的循环，错综干扰的交互作用，使得个别周期无法单独显现。Walt Bressert研究这种交互作用后发现，一个长周波包含了数个短周波。数个短周波的组合构成一个长周波。观察短周波的运动规律，可以估计长周波峰谷出现的时机。例如，四个短期循环底部构成一个长期循环底部。因此，DPO指标刻意忽略较长周期的波动，一方面可以减少周期干扰的混淆；另一方面可以凸显个别周期的波动。

　　一段周期的移动平均线，其周期的1/2处，是价格重心的聚集点。以20天的周期为例，第10天是整段周期的重心平衡点。移动平均线的形状很像一条波浪状扭曲的绳子，股价在这条绳子的周围上下来回穿梭。如果消除扭曲的波动，将这条绳子拉平，重心平衡点视为图表上的0轴。把当日价格与重心平衡点间的差距，绘制于0轴的上下方。如此一来，可以更清楚地显现出短周期的高、低点。假设移动平均线是长周期的循环，股价波动是短周期循环。那么，可以发现，DPO指标为了避免长、短周期互相干扰，直接将移动平均线拉直后，当成0轴。然后依据Envelope轨道线的做法，在移动平均线(0轴)的上下方，以固定百分比的差距，设定两条上限和下限，代表股价的超买超卖界限值。

图18-26　区间振荡线实例

1. 计算公式

$$MA = N天的移动平均值$$
$$DPO = CMX - MA(N \div 2 + 1)$$

一般参数N设定为20天或28天。

2. 运用原则

在0轴上方,设定一条超买线,DPO波动至超买线时,代表股价处于短期高点。

在0轴下方,设定一条超卖线,DPO波动至超卖线时,代表股价处于短期低点。

注意！不同股票的超买超卖界限值都不同,读者应观察其历史数据后,自行设定。

DPO位于0轴上方,代表多头趋势。或者,DPO由负值向上穿越0轴时,视为买进信号。

DPO位于0轴下方,代表空头趋势。或者,DPO由正值向下穿越0轴时,视为卖出信号。

区间振荡线实例如上页图18-26所示。

随机指标:KDJ

随机指标(Stochastics)由美国的乔治·莱恩(George Lane)博士所创,其综合动量观念、强弱指标及移动平均线的优点,也是欧美证券期货市场常用的一种技术分析工具。

随机指标设计的思路与计算公式都起源于威廉(W%R)理论,但比W%R指标更具使用价值,W%R指标一般只限于用来判断股票的超买和超卖现象,而随机指标却融合了移动平均线的思想,对买卖信号的判断更加准确；它是波动于0~100之间的超买超卖指标,由K、D、J三条曲线组成,在设计中综合了动量指标、强弱指数和移动平均线的一些优点,在计算过程中主要研究高低价位与收盘价的关系,即通过计算当日或最近数日的最高价、最低价及收盘价等价格波动的真实波幅,充分考虑了价格波动的随机振幅和中短期波动的测算,使其短期测市功能比移动平均线更准确有效,在市场短期超买超卖方面,又比相对强弱指标RSI敏感,总之KDJ是一个随机波动的概念,反映了价格走势的强弱和波段的趋势,对于把握中短期的行情走势十分敏感。

1. 计算公式

随机指数可以选择任何一种日数作为计算基础,例如5日KD线公式为:

$$K值 = 100 \times [(C-L5) \div (H5-L5)]$$
$$D值 = 100 \times (H3 \div L3)$$

式中 C为最后一日收市价；L5为最后五日内最低价H5为最后五日内最高价；H5为最后三个(C-L5)数的总和L3为最后三个(H5-L5)数的总和。

2. 运用原则

随机指数是用%K,%D二条曲线构成的图形关系来分析研判价格走势,这种图形关系主要反映市场的超买超卖现象,走势背驰现象以及%K与%D相互交叉突破现象,从而预示中、短期走势的到顶与见底过程,其具体应用法则如下:

(1) 超买超卖区域的判断——%K值在80以上,%D值在70以上为超买的一般标准；%K值轻20以下,%D值在30以下,为超卖的一般标准。

(2)背驰判断——当股价走势一峰比一峰高时,随机指数的曲线一峰比一峰低,或股价走势一底比一底低时,随机指数曲线一底比一底高,这种现象被称为背驰,随机指标与股价走势产生背驰时,一般为转势的信号,表明中期或短期走势已到顶或见底,此时应选择正确的买卖时机。

(3)%K线与%D线交叉突破判断——当%K值大于%D值时,表明当前是一种向上涨升的趋势,因此%K线从下向上突破%D线时,是买进的信号;反之,当%D值大于%K值,表明当前的趋势向下跌落,因而%K线从上向下跌破%D线时,是卖出信号。K上穿D是金叉,为买入信号,这是正确的。但是出现了金叉是否就应该买入,还要看别的条件:第一个条件是金叉的位置应该比较低,是在超卖区的位置,越低越好;第二个条件是与D相交的次数,有时在低位,K、D要交叉好几次,交叉的次数以2次为最少,越多越好;第三个条件是交叉点相对于KD线低点的位置,这就是常说的"右侧相交"原则,K是在D已经抬头向上时才同D相交,比D还在下降时与之相交要可靠得多,换句话说,右侧相交比左侧相交好。

对于K从上向下穿破D的死叉,分析同上类似。

%K线与%D线的交叉突破,在80以上或20以下较为准确,KD线与强弱指数不同之处是,它不仅能够反映市场的超买或超卖程度,还能通过交叉突破达到归出买卖信号的功能,但是,当这种交叉突破在50左右发生,走势又陷入盘局时,买卖信号应视为无效。

(4)K线形状判断——当%K线倾斜度趋于平缓时,是短期转势的警告信号,这种情况在大型热门股及指数中准确度较高;而在冷门股或小型股中准确度则较低。当KD指标在较高或较低的位置形成了头肩形和多重顶底时,是采取行动的信号。注意,这些形态一定要在较高位置或较低位置出现,位置越高或越低,结论越可靠,越正确。操作时可按形态学方面的原则进行。对于KD的曲线我们也可以画趋势线,以明确KD的趋势。在KD的曲线图中仍然可以引进支撑和压力的概念。某一条支撑线和压力线的被突破,也是采取行动的信号。

(5)另外随机指标还有一些理论上的转向信号:K线和D线上升或下跌的速度减弱,出现屈曲,通常都表示短期内会转势;K线在上升或下跌一段时期后,突然急速穿越D线,显示市势短期内会转向;K线跌至零时通常会出现反弹至20~25之间,短期内应回落至接近零。这时,市势应该开始反弹。如果K线升至100,情况则刚好相反。

(6)在使用中,常有J线的指标,即3乘以K值减2乘以D值(3K-2D=J),其目的是求出K值与D值的最大乖离程度,以领先KD值找出底部和头部。%J大于100时为超买,小于10时为超卖。

(7)当行情处在极强极弱单边市场中,KDJ出现屡屡钝化,应改用MACD等中长指标;当股价短期波动剧烈,KDJ反应滞后,应改用CCI、ROC等指标,或是使用SLOWKD慢速指标。

3. 慢速KD指标:SLOWED KD

Slowed KD是在KD的基础上,对D再进行一次平滑,这次选择的平滑工具是移动平均,而不是指数平滑。Slowed KD中的K就是KD中的K,Slowed KD中的D是KD中D值的移动平均。我们知道,经过平滑的比未经过平滑的慢,所以Slowed KD同KD的本质没有什么不同。

随机指数实例如图18-27所示。

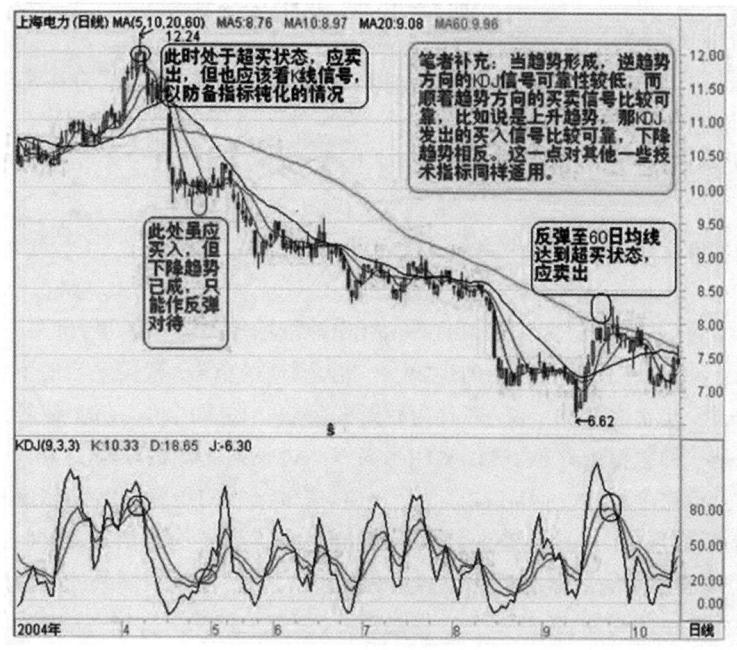

图18-27 随机指数实例

资金流量指标:MFI

资金流量指标MFI(Money Flow Index),1989年3月由J·Welles Wilder's 在 Stocks& Commodities 杂志首次发表MFI指标的用法,MFI指标实际是将RSI加以修改后演变而来。RSI以成交价为计算基础;MFI指标则结合价和量,将其列入综合考虑的范围。可以说,MFI指标是成交量的RSI指标。就以RSI、STIX、MFI种指标为例,一个有评估价格的作用,一个有评估大盘的作用,一个有评估资金的作用,三者各有其不同的意义存在。如果仅单纯参考RSI指标,则股民只能了解价格波动的状况,而无法衡量资金及整体市场的脉动。

1. 计算公式

$$MF=TP×成交金额$$

分辨PMF及NMF值:

如果当日MF>昨日MF,则将当日的MF值视为当日PMF值。而当日NMF值=0。

如果当日MF<昨日MF,则将当日的MF值视为当日NMF值。而当日PMF值=0。

$$MFI=100-[100÷(1+MR)]$$

参数一般设定为14天,可以自行修改。

2. 运用原则

(1)MFI>80时,代表资金短期过热信号。但是,必须等待MFI指标再度向下跌破80时,才能确认资金转向。

(2)MFI<20时,代表资金短期冷却信号。但是,必须等待MFI指标再度向上突破20时,才能确认资金转向。

(3)MFI在80左右的水平，出现一顶比一顶低，和股价"背离"的现象时，可视为中期反转下跌的信号。

(4)MFI在20左右的水平，出现一底比一底高，和股价"背离"的现象时，可视为中期反转上涨的信号。

(5)MFI指标连续两次向下交叉其平均线时，视为卖出信号。(平均线一般设定为6天)

(6)MFI指标连续二次向上交叉其平均线时，视为买进信号。(平均线一般设定为6天)

资金流量指标的超买超卖作用，和W%R、RSI等指标相类似。但是，超买超卖和反转的定义必须澄清。一般而言，超买超卖的现象，被视为短期的信号。超买之后的下跌，只能将其视为暂时的回档，超卖之后的上涨，视其为暂时的反弹。如果以超买超卖信号，来确认波段行情的结束，是一种粗糙的评估，失误率相当高。经过长期测试的结果，利用"背离"信号确认股价的反转，可靠度较高。而MFI指标的"背离"信号，比RSI指标的"背离"信号，更能忠实地反映股价的反转现象。一次完整的波段行情，至少都会维持一定相当的时间，反转点出现的次数并不会太多。如果指标出现反转信号的次数太频繁，发生假信号的可能性必然增加。基于如此，指标参数的周期，最好不要设得太短，以免产生指标陷阱过多的困扰。将MFI指标的参数设定为14天时，其背离信号产生的时机，大致上都能和股价的顶点吻合。因此，读者实际使用本指标时，在参数设定方面，应尽量维持14天的原则。

理论上，价涨量增及价跌量缩是一种惯性作用。股价进行波段涨升时，成交量必须伴随上升。MFI指标爬升至80以上时，代表短期内资金有消耗过量的疑虑，但是，这只是一种警告而已，未来必须视MFI指标是否持续下降，才能确认资金已经退潮。当然，一个资金已经退潮的行情，不仅不利于股价的推升，更容易造成股价回档。相反的，当MFI指标下降至20以下的水平时，代表短期内资金已达冷却的效果。但是，虽然股价经常在资金冷却至一定极限后开

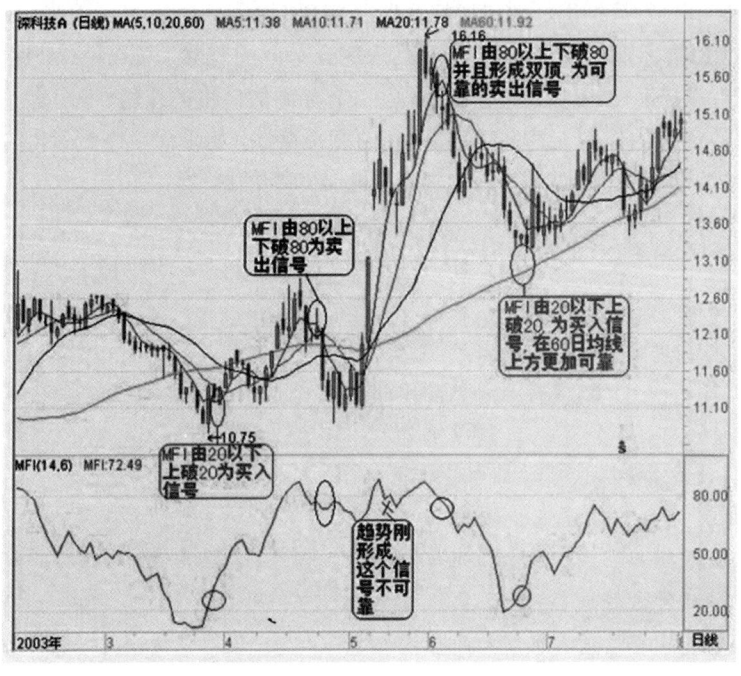

图18-28 资金流量指标实例

始弹升。不过,也有可能因为市场情绪过度沮丧的缘故,造成股价变成一潭死水,形成在底部区盘整的局面。读者们或许有经验,当你刚结束剧烈的运动后,心脏扑通扑通地跳,这时候要你立刻冷静下来,绝对是做不到的。同样的道理,当股市正热络的时候,股民的情绪亢奋,想在短时间内让股民恢复理性,也是不可能的。因此,当MFI指标到达资金超买的状况时,不一定需要立刻作出反应,等待资金再稍微退潮一点,确认能量已经消失时,再执行卖出的动作不迟。

底部区的资金状况与头部区不同,想煮开一壶冷水还容易,想煮开一壶冰水可没那么简单。股价的涨升虽然必须伴随成交量。但是,底部区成交量的扩增,却不一定能立刻促使股价上涨。成交量就好比热能与燃料一般,对一个已经冷却的行情必须一次又一次的加温,才能刺激他的活跃度。例如,你要开始运动前,当然会先暖暖身,这是自然现象,因此,MFI指标在底部区的信号表现会比较迟缓。读者们应该等待MFI指标,完成一波又一波的加热波动后,再确认买进的动作。所谓一波又一波的加热,就是一底比一底高的"背离"走势。注意,MFI指标确认反转的信号,主要运用在场头部区。底部区的反转确认,可靠性较低。

资金流量指标实例如上页图18-28所示。

动量线:MOM

动量线(Momentum),简称MOM或MTM。"动量"这一名词,市场上的解释相当广泛。以Momentum命名的指标,种类更是繁多。综合而言,动量可以视为一段期间内,股价涨跌变动的比率。这里所介绍的动量线,是由Perry Kaufman在《Trading Systemsand Methods》一书所提出的简易动量模式。一般股民,经常将Momentum视为超买超卖指标,而忽略其在"速度"方面的表现。事实上,将Momentum解释成"速度线",更符合其实际的作用。理论上,一波健全的股价趋势,其上涨或下跌的过程,应该维持着一定的行进速度。如果行进的速度逐渐减缓,股价很容易转变成整理的格局,甚至于反转。因此,观察股价的速度感,对于股价多空力道的判定,有很大的帮助。

1. 计算公式

12天MOM=(当日收盘价-12天前收盘价)
25天MOM=(当日收盘价-25天前收盘价)

图表上除了显示动量线之外,经常另外配置一条动量线的10天平均线。

2. 运用原则

12天MOM以0轴为中心线,0轴的上、下方,分成六等份的超买超卖区,分别为+1、+2、+3和-1、-2、-3。例如:甲股的12天MOM上升至6.8时,我们将它定义为+1。那么,13.6就是+2,20.4就是+3。相反的,-6.8定义为-1,-13.6为-2,-20.4为-3。

注意,每一只股票的超买超卖区都不一样,读者必须自行寻找适合的界限值。

(1)短线行情,12日MOM上升至+1时,股价回档。
(2)短线行情,12日MOM下跌至-1时,股价反弹。
(3)中期趋势,12日MOM>+2时,经常是上升波段结束的时机。
(4)中期趋势,12日MOM<-2时,经常是下跌波段结束的时机。
(5)12日MOM>+3变成极端行情时,视为强势多头格局,持股不必过早卖出。可以等待MOM指标曲线,变成一波顶比一波顶低,而与股价走势背离时,再卖出不迟。

(6)12日MOM<-3变成极端行情时,视为极弱势空头格局,不可随意进场买入股票。至少等待MOM指标曲线,形成一波底比一波底高,而与股价走势背离时,再择机进场买入。

25天MOM(速度线)以O轴为中心线:

(1)25天MOM>O轴,代表中期多头走势。

(2)25天MOM<O轴,代表中期空头走势。

(3)25天MOM向上交叉其6天平均线,并且其6天平均线也同步向上扭转时,股价容易上涨。

(4)25天MOM向下交叉其6天平均线,并且其6天平均线也同步向下扭转时,股价容易下跌。

注意,单纯观察25天MOM的6天平均线时,这条曲线一般都与股价同步。因此,当25天MOM的6天平均线开始走缓,并且有转弯迹象时,应小心股价是否即将反转。

(1)25天MOM也可以画出+3~-3六个超买超卖界限,但是,一般以12天MOM较为常用。

(2)25天MOM与12天MOM合并使用效果更佳。当12天MOM显示超买或超卖状况时,同时观察25天MOM,可以检查其是否构成反转的条件。如果条件尚未成熟,则12天MOM所显示的超买或超卖现象,可能只会促使股价回档或者反弹而已。

(3)如果12天MOM曾经上升至+2或+3的界限,同时25天MOM也显示股价有向下反转的疑虑时,请参考EXPMA指数平均数,观察其0.15指数平均数,是否发生向下交叉0.04指数平均数的现象。如果EXPMA的两条平均数,已经出现向下交叉的信号,则可以确定股价正式向下反转。

(4)如果12天MOM曾经下跌至-2或-3的界限,同时25天MOM也显示股价有向上回升的迹象时,请参考EXPMA指数平均数,观察其0.15指数平均数,是否发生向上交叉0.04指数平均数的现象。如果EXPMA的两条平均数,已经出现向上交叉的信号,则可以确定股价正式向上反转。

振荡量指标:OSC

振荡量是动量指标的另一表现形式,一般用百分比值来加以计算。其内涵是以当日收盘价除以N日前收盘价,再乘以100。

1. 计算公式

$$OSC=(C_t \div C_{t-n}) \times 100$$

其中C_t为当日收市价;C_{t-n}为N日前收市价。

2. 运用原则

计算出的振荡量,数值在100在上时,在绘制图形时,即以100为基准横轴。当动量值在100以上,是为多头市场倾向,100以下则为空头市场倾向,运用原则与MTM公式一样。

心理线:PSY

心理线PSY(Psychological Line)主要是从股票投资者的买卖趋向的心理方面,对多空双方的力量对比进行探索,将某段时间内投资者倾向买方还是卖方的心理与事实转化为数值,形成人气指标,作为买卖股票的参数。

1. 计算公式

$$PSY = N日内的上涨天数 \div N \times 100$$

其中 N一般设定为12日,最大不超过24,周线的最长不超过26。

2. 运用原则

(1)由心理线公式计算出来的百分比值,超过75时为超买,低于25时为超卖,百分比值在25~75区域内为常态分布。但在涨升行情时,应将卖点提高到75之上;在跌落行情时,应将买点降低至45以下。具体数值要凭经验和配合其他指标。

(2)一段上升行情展开前,通常超卖的低点会出现两次。同样,一段下跌行情展开前,超买的最高点也会出现两次。在出现第二次超卖的低点或超买的高点时,一般是买进或卖出的时机。

(3)当百分比值降低至10或10以下时,是真正的超卖,此时是一个短期抢反弹的机会,应立即买进。

(4)心理线主要反映市场心理的超买或超卖,因此,当百分比值在常态区域上下移动时,一般应持观望态度。

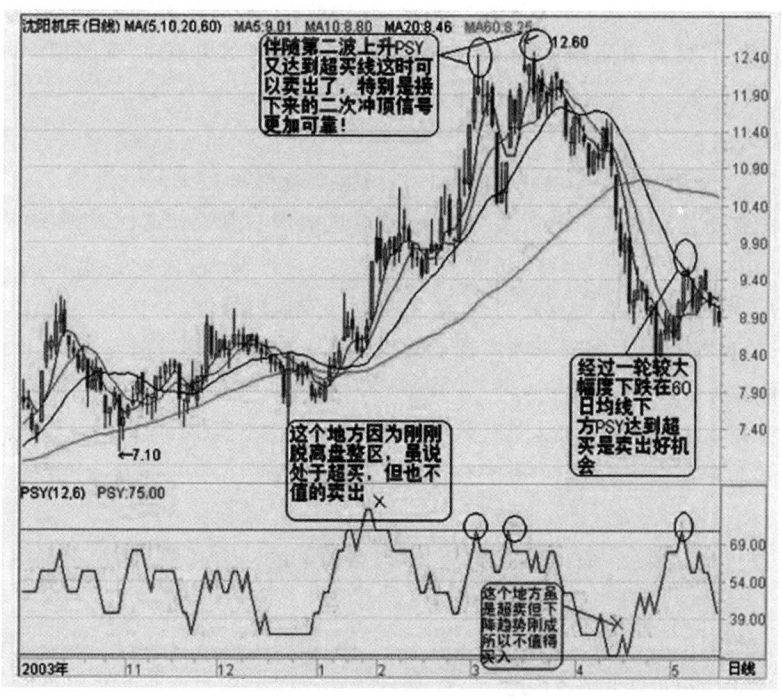

图18-31 心理线实例

(5)心理线和VR配合使用,决定短期买卖点,可以找出每一波的高低点。

(6)心理线和逆时针曲线配合使用,可提高准确度,明确指出头部和底部。

心理线实例如上页图18-31所示。

变动率指标:ROC

变动率指标ROC（Rate of Change）是由Gerald Apple和Fred Hitschler两人在《Stock Market Trading Systems》一书所共同提出的。ROC指标可以同时监视常态性和极端性两种行情,等于综合了RSI、W%R、KDJ、CCI四种指标的特性。ROC也必须设定天线和地线。但是却拥有三条天线和三条地线(有时候图形上只需画出各一条的天地线即可)。和其他的超买超卖指标不同,天地线的位置既不是80和20,也不是+100和-100,ROC指标的天地线位置是不确定的。什么是不确定的位置呢？ROC不是介于0~100之间波动的,它以0为中轴线,可以上升至正无限大,也可以下跌至负无限小。但是基本上ROC指标线的上下幅度,都会保持有限度的波动,不会无限制地扩张。ROC指标的内涵在于股价和12天前价格的距离,为什么呢？我们假设12天前的价格是一根柱子,而现在的价格是一头牛,两者之间绑着一条长短不等的绳子,在这条绳子的范围之内(常态范围),牛可以正常的走动吃草,但是每一根柱子上都绑着一头牛,每一条绳子的长度都不同。因此,每一头牛(个股)可以自由走动的距离也不同。同样的,现在的价格和12天前的价格之间,也存在着差距的限制,而每一只股票和它12天前的差距限值也不相同,这就是ROC指标第一条超买超卖线距离,随着个股的不同而有所不同的原理。

牛安静地吃草,就是所谓的"处于常态范围"之内,可是,牛(股价)也可能会发狂,挣脱绳索拔足狂奔,这会演变成"极端行情"。那么,我们就以0轴到第一条超买或超卖线的距离,往上和往下拉一倍、两倍的距离,再画出第二条、第三条超买超卖线,则图形上就会出现上下各三条的天地线。

1. 计算公式

变动率指标=(本日收盘价-12日前收盘价)÷12日前收盘价

原理:根据价格和供需量的关系,股价的涨幅随着时日其涨幅必然日渐缩小,此时速度力量慢慢减缓时,行情可能反转。同理,下跌亦然。

优点:股价抵达高峰或低点之前,变动率指标会先提出警告。

缺点:应考虑大势,上涨时只能在低点买进。在高档的动量值反转时卖出不做新空单。

2. 运用原则

(1)当ROC由上往下跌破0时为卖出时机,ROC由下往上穿破0时为买进信号。

(2)当股价创新高点,而ROC未配合上升,意谓上涨动力减弱,此背离现象,应慎防股价反转而下。

(3)当股价创新低点,而ROC未配合下降,意谓下跌动力减弱,此背离现象,应逢低承接。

(4)若股价与ROC在低水平同步上升,显示短期趋向正常或短期会有股价反弹现象。

(5)若股价与ROC在高水平同步下降,显示短期趋向正常或短期会有股价回落现象。

(6)ROC波动于"常态范围"内,而上升至第一条超买线时,应卖出股票。

(7) ROC波动于"常态范围"内,而下降至第一条超卖线时,应买进股票。

(8) ROC向上突破第一条超买线后,指标继续朝第二条超买线涨升的可能性很大,指标碰触第二条超买线时,涨势多半将结束。

(9) ROC向下突破第一条超卖线后,指标继续朝第二条超卖线下跌的可能性很大,指标碰触第二条超卖线时,跌势多半将停止。

(10) ROC向上穿越第三条超买线时,属于疯狂性多头行情,应尽量不轻易卖出持股。

(11) ROC向下穿越第三条超卖线时,属于崩溃性空头行情,应克制不轻易买进股票。

(12) 当ROC指标穿越第三条超买超卖线时,可利用具有超前性的SAR确定止盈、止损点,成果相当令人满意。

相对强弱指数:RSI

相对强弱指数RSI(Relative Strength Index)是与KD指标齐名的常用技术指标。RSI以一特定的时期内股价的变动情况推测价格未来的变动方向,并根据股价涨跌幅度显示市场的强弱。

1. 计算公式

先介绍RSI的参数,然后再讲RSI的计算。

参数是天数,即考虑的时期的长度,一般的有5日、9日、14日等。这里的5日与MA中的5日线是截然不同的。下面以14日为例具体介绍RSI(14)的计算方法,其余参数的计算方法与此相同。

先找到包括当天在内的连续14天的收盘价,用每一天的收盘价减去上一天的收盘价,我们会得到14个数字。这14个数字中有正(比上一天高)有负(比上一天低)。

$$A = 14个数字中正数之和$$
$$B = 14个数字中负数之和 \times (-1)$$

A和B都是正数。这样,我们就可以算出RSI(14)。

$$RSI(14) = A/(A+B)$$

从数学上看,A表示14天中股价向上波动的大小;B表示向下波动的大小;A+B表示股价总的波动大小。RSI实际上是表示向上波动的幅度占总的波动的百分比,如果占的比例大就是强市,否则就是弱市。

目前,大量的书籍中是这样介绍RSI的。

$$RSI = 100 - 100/1 + RS$$
$$RS = A/B$$

式中 RSI 为相对强度。

通过很简单的数字推导就可知道,这个式子就是上面介绍的式子。

很显然,RSI的计算只涉及收盘价,并且可以选择不同的参数。RSI的取值介于0~100%之间。

2. 运用原则

(1) 不同参数的两条或多条RSI曲线的联合使用。同MA一样,天数越多的RSI考虑的时间范围越大,结论可靠,但反应速度慢,这是无法避免的。参数小的RSI我们称为短期RSI;参数大的我们称之为长期RSI。这样,两条不同参数的RSI曲线的联合使用法则可以完全照搬MA中的两条MA线的使用法则。即

短期RSI＞长期RSI,则属多头市场;

短期RSI＜长期RSI,则属空头市场。

当然,这两条只是参考,不能完全照此操作。

(2)根据RSI取值的大小判断行情。将100分成四个区域,根据RSI的取值落入的区域进行操作。强弱指标保持高于50表示为强势市场,反之低于50表示为弱势市场。强弱指标多在70与30之间波动。当6日指标上升到达80时,表示股市已有超买现象,如果一旦继续上升,超过90以上时,则表示已到严重超买的警戒区,股价已形成头部,极可能在短期内反转回转。

极强与强的分界线和极弱与弱的分界线是不明确的,换言之,这两个区域之间不能画一条截然分明的分界线,这条分界线实际上是一个区域。我们在别的大量的技术分析书籍中看到的30%、70%或者15%、85%,这些数字实际上是对这条分界线的大致的描述。应该说明的是这个分界线位置的确定与以下两个因素有关。

与RSI的参数有关。不同的参数,其区域的划分就不同。一般而言,参数越大,分界线离中心线50%就越近,离100%和0%就越远。

与选择股票本身有关。不同的股票,由于其活跃程度不同,RSI所能达到的高度也不同。一般而言,越活跃的股票,分界线的位置离50%就应该越远,越不活跃的股票分界线离50%就越近。

随着RSI取值的从上到下,应该采取的行动是这样一个顺序:卖出—买入;卖出—买入。市场是强市,我们要买入,但是强得过了头我们就该抛出了。物极必反,量变引起质变都是对这个问题的好的说明。当RSI处在极高和极低位时,可以不考虑别的因素而单方面采取行动。比如说上证指数的RSI如果达到了93%以上,则必须出货;RSI如果低于5%则一定买进。当然,这里的93%和5%是可能变化的,它与RSI的参数有关,与选择的股票有关。

(3)从RSI的曲线形状上判断行情。同KD指标一样,当RSI在较高或较低的位置形成头肩形和多重顶底,是采取行动的信号。切切记住,这些形态一定要出现在较高位置和较低位置,离50%越远越好,越远结论越可信,出错的可能就越小。形态学中有关这类形状的操作原则,这里都适用。

与形态学紧密相联系的趋势线在这里也有用武之地。RSI在一波一波的上升和下降中,也会给我们提供画趋势线的机会。这些起着支撑线和压力线作用的切线一旦被突破,就是我们采取行动的信号。

(4)从RSI与股价的背离方面判断行情。与KD指标一样,RSI也有利用背离进行操作的。RSI处于高位,并形成一峰比一峰低的两个峰,而此时,股价却对应的是一峰比一峰高,这叫顶背离。股价这一涨是最后的衰竭动作(如果出现跳空就是最后缺口),这是比较强烈的卖出信号。与这种情况相相反的是底背离。RSI在低位形成两个依次上升的谷底,而股价还在下降,这是最后一跌或者说是接近最后一跌,是可以开始建仓的信号。

(5)相对强弱指数能显示市场超卖和超买,预期价格将见顶回软或见底回升等,但RSI只能作为一个警告信号,并不意味着市势必然朝这个方向发展,尤其在市场剧烈振荡时,超卖还有超卖,超买还有超买,这时须参考其他指标综合分析,不能单独依赖RSI的信号而作出买卖决定。此外,由于RSI是通过收盘价计算的,如果当天行情的波幅很大,上下影线较长

时，RSI就不可能较为准确反映此时行情的变化。

RSI实例如图18-33所示。

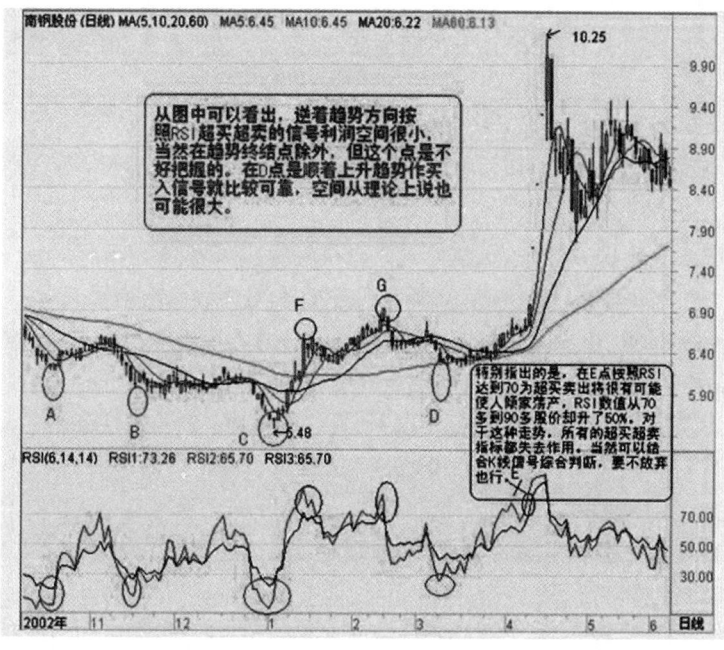

图18-33 RSI实例

终极指标：UOS

终极指标UOS(Ultimate Oscillator)，由Larry Williams所创。他认为现行使用的各种振荡指标，对于周期参数的选择相当敏感。不同的市况、不同参数设定的振荡指标，产生的结果截然不同。因此，选择最佳的参数组合，成为使用振荡指标之前最重要的一道手续。为了将参数周期调和至最佳状况，Larry Williams经过不断测试的结果，先找出三个周期不同的振荡指标，再将这些周期参数，按照反比例的方式，制作成常数因子。然后，依照加权的方式，将三个周期不同的振荡指标，分别乘以不同比例的常数，加以综合制作成UOS指标。经过一连串参数顺化的过程后，UOS指标比一般单一参数的振荡指标，更能够顺应各种不同的市况。UOS是一种多方位功能的指标，除了趋势确认及超买超卖方面的作用之外，它的"突破"信号，不仅可以提供最适当的交易时机之外，更可以进一步加强指标的可靠度。

1. 计算公式

①TH=MAX(今日最高价,昨日收盘价)
②TL=MIN(今日最低价,昨日收盘价)
③TR=TH-TL
④XR=当日收盘价-TL
⑤XRM=(M天的XR和÷M天的TR和)
⑥XRN=(N天的XR和÷N天的TR和)
⑦XRO=(O天的XR和÷O天的TR和)

⑧UOS＝⑤、⑥、⑦项参数的反比例值

一般参数M＝7,N＝14,O＝28。

2. 运用原则

(1)股价创新高点,UOS指标并未伴随创新高,两者产生"背离"时,是多头趋势即将结束的警告信号。

注意,UOS指标必须位于50之上,其多头背离信号才可信任。

(2)多头背离现象发生后,UOS指标向下跌破其背离区的N字波低点时,是中线卖出的确认信号。

(3)UOS指标上升至50~70之间,随后向下跌破50时,是短线卖出信号。

(4)UOS指标上升至70以上,随后又向下跌破70时,是中线卖出信号。

(5)股价创新低点,UOS指标并未伴随创新低点,两者产生"背离"时,是空头趋势即将结束的警告信号。

注意,UOS指标最低必须曾下跌至35以下,其空头"背离"信号才可信任。

(6)空头"背离"现象发生后,UOS指标向上突破其"背离"区的N字形高点时,是中线买进的确认信号。

(7)当UOS向上突破65时,表示股价气势极强,是另一段延长波的开始。此时,可视为短线的投机性买进信号。

注意,以此信号买进之后,如果UOS持续向上突破70,则可以等待UOS再度向下跌破70时卖出。或者,等待UOS指标和股价产生多头"背离"时,再卖出。

(8)UOS指标下跌至35以下,随后向上回升突破35时,视为短线买进信号。

终极指标最特殊的地方,在于它在确认交易时机的功能。在所有金融技术分析中,能够利用"背离"信号,来判断趋势反转点的指标很多。但是,股价波段趋势结束后,不一定马上会加速上涨或下跌。很多时候,股价会在反转信号发生后,以横向整理的方式,酝酿头部或者底部型态。这段酝酿的时间内,股价正在进行掉头回转的动作,然而,回转动作是否完成却是股民最关心的问题,也是最难认定的技术难题。如果读者发现背离信号后,随即立刻卖出或者买进股票。有时候,可能会遭遇股价却静止不动的窘境。把资金投入股市,最怕遇到盘整行情,一方面没有利润可图;另一方面必须应付利息支出。发生这些状况时,股民经常不知该如何是好,甚至于开始怀疑指标的可靠性。因为股价掉头转弯时,需要一段时间,才会朝反方向前进。如果能掌握最佳的买卖时机,股民可以避免过早介入市场,免于陷入盘整振荡的格局中。当然,每一位股民都希望自己买进股票后,股价能够立刻上涨;卖出股票后,股价能够立刻下跌。但是,真实的交易市场,不可能那么理想化。我们经常从过去的历史图表中发现,很多技术指标的信号,事后证明,可靠度都相当高。但是,实际按照信号买卖时,似乎却没有这么轻松。这是因为信号发生的时间,和股价正式开始前进的时间有一段时间差。在这段时间差内,股民们会产生等待、怀疑、焦急、犹豫等种种情绪,如果时间差拖得太长,往往会因为情绪压力的关系,中途出场观望。结果,一旦股民黯然离场之后,股价反而正式展开行情。"背离"信号只是一种警告,表示股民应该提高警觉,因为发生这种信号时,股价不一定会立即反应。股民如果不了解这层道理,一股脑儿跳进市场,那么,你会以为自己错了,以为自己掉进了泥沼之中,因此,急着想脱身逃走。

UOS指标为了解决股民过早买进股票,或者过早卖出股票的缺点,在它的背离信号中,增添了"突破"的确认信号。这一个突破信号,就是让你在股价的转弯过程中,选择最适当的时机进场。经过这一道确认手续后,股民对于信号可靠性的信心会增加,焦虑性的情绪会缓和许多。如此一来,才能真正遵守信号的指示,按部就班的执行操作步骤。

注意,N字波的"突破"信号并不是绝对的,它只是提醒你,这个"背离"信号,确实值得信任。

UOS实例如图18-34所示。

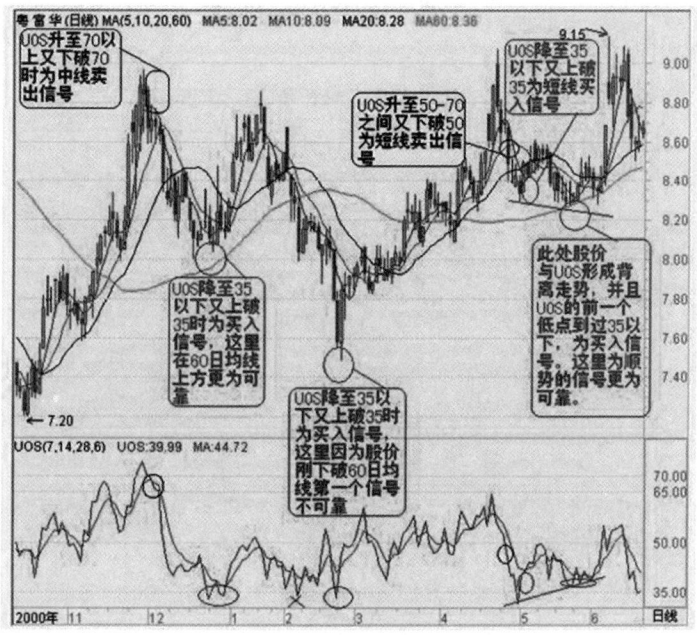

图18-34　UOS实例

支撑压力指标:MIKE

支撑压力指标(MIKE),是一种随股价波动幅度大小而变动的指标。

1. 计算公式

中价＝(最高价+最低价+收盘价)÷3

初级压力＝中价+(中价-12日最低价)

初级支撑＝中价-(中价-12日最低价)

中级压力＝中价+(12日最高价-12日最低价)

中级支撑＝中价-(12日最高价-12日最低价)

强力压力＝2×12日最高价-12日最低价

强力支撑＝2×12日最低价-12日最高价

以上三条通道的内在含义如下:

(1)窄通道是将某段时间内的高低位与当天的加权收市价(中价)比较,若加权收市价较接近该段时间内的最低价,则假设市况倾向于下跌,市价应无力返回该段时间的最高价水平。该公式假设反弹的幅度约为加权收市价至最低价的幅度,将此幅度加在加权收市价之上,便成为反弹阻力。相反,由于市势下跌,跌幅应会超越以往的最低价,该公式假设跌幅为最高价减加权收市价的幅度,加权收市价减去这幅度后便成为支撑。若市况上升,支持及阻力亦可以此类推。

(2)中间通道的公式中对波动幅度进行了调整。一般而言,市况波动只会向一边走,不会上下阻力支持均到达。

(3)阔通道为市况波动的极限。在一般市况下,价位是难以到达的。MIKE指标通过明确计算出股价的支持及阻力位,给短线操作者以极大的便利,是一项极其重要的短线技术指标。

MIKE实例如图18-35所示。

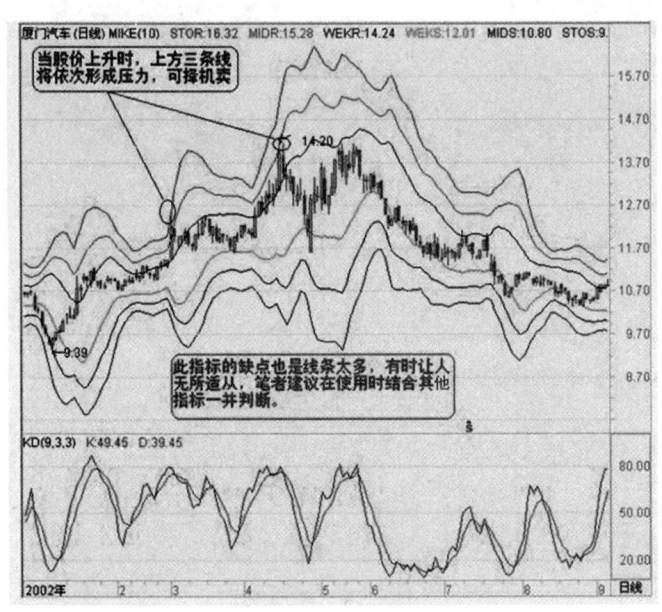

图18-35　MIKE实例

2. 运用原则

(1)当股价脱离盘整,朝上涨的趋势前进时,股价上方三条"上限"为其压力参考价。

(2)当股价脱离盘整,朝下跌的趋势前进时,股价下方三条"下限"为其支撑参考价。

(3)盘整时,股价若高于其中界线,则选择"上限"价位为参考依据;股价若低于其中界线,则选择"下限"价位为参考依据。

逆势操作系统:CDP

很多股票投资者在市场上推崇追涨杀跌,而不愿参加盘整。实际上,适量参与盘整能够在市场中找到感觉,尤其是在远离成交密集区的低指数区域。所以在盘局阶段寻求胜算较大的实战技巧是当务之急。在成交量极低的时候,耐心等待是上策;在成交量温和变化时,不妨根据CDP设计阻力价和支撑位,通过高抛低吸来降低成本。逆势操作系统CDP,是一种根据动量领域变化所定的股价界限。

1. 计算公式

$$CDP=(H+L+2C)\div 4$$

其中 H为前1日最高价;L:前1日最低价;C为前1日收市价。

AH(最高价)=CDP+(H-L)
NH(近高价)=CDP×2-L
AL(最低价)=CDP-(H-L)
NH(近低价)=CDP×2-H

2. 运用原则

CDP的意义在于预估次日的点位,是一种假想敌的作战方式,判断的关键是看股指(股价)的CDP五个数值(AH、NH、CDP、NL、AL)。这样,投资者参照CDP就可以避免在盘局中最高值的价位追买,而在最低值的价位去追卖。

人气和意愿指标:AR、BR 与 CR

人气指标(AR)和意愿指标(BR)都是以分析历史股价为手段的技术指标,其中人气指标较重视开盘价格,从而反映市场买卖的人气;意愿指标则重视收盘价格,反映的是市场买卖意愿的程度,两项指标分别从不同角度对股价波动进行分析,达到追踪股价未来动向的共同目的。

1. 人气指标

人气指标是以当天开市价为基础,即以当天开市价分别比较当天最高、最低价,通过一定时期内开市价在股价中的地位,反映市场买卖人气。人气指标的计算公式为:

$$AR=N日内(H-O)之和÷N日内(O-L)之和$$

其中 H=当日最高价;L=当日最低价;O=当日开市价;N为公式中的设定参数,一般设定为26日。

人气指标的基本应用法则:

(1)AR值以100为中心地带,其±20之间,即AR值在60~120之间波动时,属盘整行情,股价走势比较平稳,不会出现剧烈波动。

(2)AR值走高时表示行情活跃,人气旺盛,过高则表示股价进入高价,应选择时机退出,AR值的高度没有具体标准,一般情况下,AR值上升到150以上时,股价随时可能回档下跌。

(3)AR值走低时表示人气衰退,需要充实,过低则暗示股价可能跌入低谷,可考虑伺机介入,一般AR值跌至70以下时,股价有可能随时反弹上升。

(4)从AR曲线可以看出一段时期的买卖气势,并具有先于股价到达峰顶或跌入谷底的功能,观图时主要凭借经验,以及与其他技术指标配合使用。

2. 意愿指标

意愿指标是以昨日收市价为基础,分别与当日最高、最低价相比,通过一定时期收市收在股价中的地位,反映市场买卖意愿的程度,意愿指标的计算公式为:

$$BR=N日内(H-CY)之和÷N日内(CY-L)之和$$

其中 CY=昨日收市价;N为公式中的设定参数,一般设定值同AR一致。

意愿指标的基本应用法则:

(1)BR值的波动较AR值敏感,当BR值在70~150之间波动时,属盘整行情,应保持观望。

(2)BR值高于400以上时,股价随时可能回档下跌,应选择时机卖出;BR值低于50以下时,股价随时可能反弹上升,应选择时机买入。

一般情况下,AR可以单独使用,BR则需与AR并用,才能发挥效用,因此,在同时计算

AR、BR时，AR与BR曲线应绘于同一图内，AR与BR合并后，应用及研判的法则如下：

(1)AR和BR同时急速上升，意味股价峰位已近，持股时应注意及时获利了结。

(2)BR比AR低，且指标处于低于100以下时，可考虑逢低买进。

(3)BR从高峰回跌，跌幅达1.2时，若AR无警戒信号出现，应逢低买进。

(4)BR急速上升，AR盘整小回时，应逢高卖出，及时了结。

3. CR指标

在AR、BR指标基础上，还可引入CR指标，作为研判和预测走势的参考指标。

CR是以昨日之中间价为计算基础，理论上，比中间价高的价位其能量为"强"，比中间价低的价位其能量为"弱"，CR以N日内昨日中间价比较当日最高、最低价，计算出一段时期内的"弱分之强"指标，从而分析股价波动中的神秘内容，对解决股价涨跌时间问题亦有一定帮助。

CR的计算公式为：

$$CR=N日内(H-PM)之和÷N日内(PM-L)之和$$

其中 PM为昨日中间价；中间价为(最高+最低价+收市价)÷3；H为最高价；L为最低价。

CR在应用上，其急升、急落和其他变化，同AP、BR可做相同解释，CR的性格价于AR和BR之间，一般比较接近BR，当CR低于100时，一般情况下买进后的风险不大。

简易波动指标：EMV

简易波动指标EMV（Easeof Movement Value），由"Cycle In The Stock Market"作者Richard W·Arms, Jr, 根据等量图（Equivolume Charting）原理制作而成。如果较少的成交量便能推动股价上涨，则EMV数值会升高；相反的，股价下跌时也仅伴随较少的成交量，则EMV数值将降低。此外，倘若价格不涨不跌，或者价格的上涨和下跌，都伴随着较大的成交量时，则EMV的数值会趋近于零。这个公式原理运用的相当巧妙，股价在下跌的过程当中，由于买气不断的萎靡退缩，致使成交量逐渐地减少，EMV数值也因而尾随下降，直到股价下跌至某一个合理支撑区，捡便宜货的买单促使成交量再度活跃，EMV数值于是作相对反应向上攀升，当EMV数值由负值向上趋近于零时，表示部分信心坚定的资金，成功的扭转了股价的跌势，行情不但反转上扬，并且形成另一次的买进信号。行情的买进信号发生在EMV数值，由负值转为正值的一刹那，然而股价随后的上涨，成交量并不会很大，一般仅呈缓慢的递增，这种适量稳定的成交量，促使EMV数值向上攀升，由于头部通常是成交量最集中的区域，因此，市场人气聚集越来越多，直到出现大交易量时，EMV数值会提前反应而下降，行情已可确定正式反转，形成新的卖出信号。EMV运用这种成交量和人气的荣枯，构成一个完整的股价系统循环，本指标引导股民借此掌握股价流畅的节奏感，一贯遵守EMV的买进卖出信号，避免在人气汇集且成交热络的时机买进股票，并且在成交量已逐渐展现无力感，而狂热的群众尚未察觉能量即将用尽时，卖出股票并退出市场。

1. 计算公式

$$(1) A=(TH+TL)÷2$$

其中 TH、TL分别为今日最高价和最低价。

$$(2) B=(YH-YL)÷2$$

其中YH、YL分别为昨日最高价和最低价。

(3) MID=A−B

(4) BRO=VOL÷(H−L)

(5) REM=$\sum_{i=1}$(MID÷BRO)

(6) EMV=REM÷14(画实线)

(7) EMVA=SUM(EMV1…EMV9)÷9(画虚线)

2. 运用原则

(1)当EMV由下往上穿越0轴时,买进。

(2)当EMV由上往下穿越0轴时,卖出。

注意,读者将在指标图形中发现,EMV指标曲线大部分集中在0轴下方,这个特征是EMV指标的主要特色,因此,图形上可以看出EMV位于0轴之上的机会并不多,就好像雨后春笋一般冒出。由于股价下跌一般成交量较少,EMV自然位于0轴下方,当成交量放大时,EMV又趋近于零,这可以说明EMV的理论精髓中,无法接受股价在涨升的过程,不断地出现高成交量消耗力气,反而认同徐缓成交的上涨,能够保存一定的元气,促使涨势能走得更远更长。从另外一个角度说,EMV指标已经为投资人过滤了行情,凡是过度急躁冒进的行情都不被EMV看好,EMV重视移动长久且能产生足够利润的行情。

EMV实例如图18-37所示。

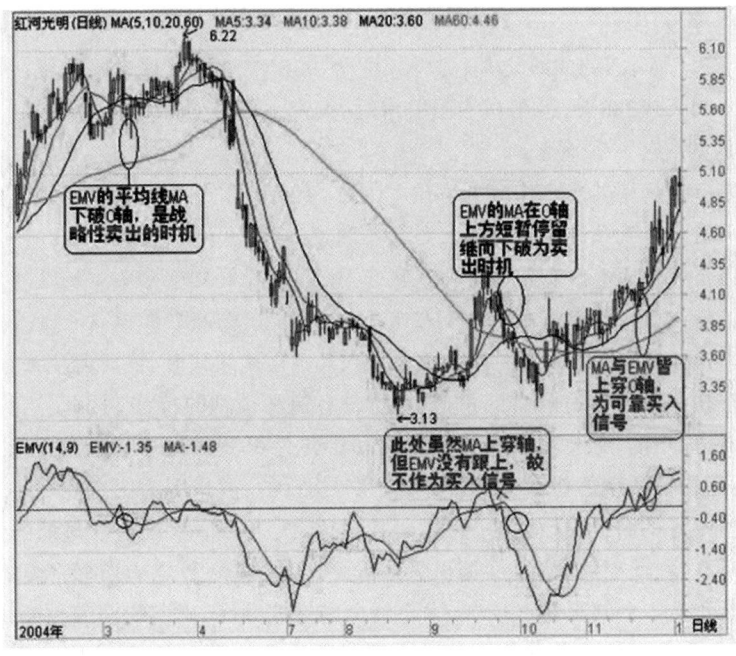

图18-37 EMV实例

因为EMV已经为我们过滤了许多不值得介入的行情,在这种去芜存精的过程后,实际上我们可以将EMV当成系统交易型的指标。一段固定的投资期内,不断的依据EMV信号进出,获利率相当高。为了克服个人对EMV指标的疑虑,别无他法,除了必须对指标内统计盈亏概率的几率问题有信心之外,读者不妨任选数只个股,观察1~2年EMV的投资报酬率,自然能增强对EMV指标的信心。注意,当ADX或ADXR出现"指标失效"信号时,应立即停止使用EMV指标。请参考DMI剑法说明。

使用EMV指标跨越0轴的买卖原则时,除了EMV指标线之外,关于EMV和EMV的平均线,两线的交叉并无意义,而是选择以EMV指标平均线跨越0轴为信号,所产生的交易成果将更令人满意。

负量指标:NVI

负量指标NVI(Negative Volume Index),是Norinan Forback研发的成果。其作用与PVI正量指标相类似,主要用途除了被利用于寻找买卖点之外,更是侦察大多头市场的主要分析工具。PVI指标的理论观点认为,当日的市况如果价跌量缩时,表示大户主导市场。也就是说,PVI指标主要的功能,在于侦察行情是否属于大户市场。

1. 计算公式

$$NVI=NV+(CLS-CLSn)+CLSn×NV$$

第一次计算时,昨日的NVI一律以100代替。本公式须先比较当日成交金额与前一日成交金额后才能逐步计算。

图K线上除了显示NVI曲线之外,另外须配合一条NVI的N天移动平均线(一般平均线参数设定为72、144天或288天,运用在中国股市时,大都采用较短周期)。

2. 运用原则

NVI指标位于其N天移动平均线之上时,表示目前处于多头市场。
NVI指标由下往上穿越其N天移动平均线,代表长期买进信号。
NVI指标位于其N天移动平均线之下时,表示目前处于空头市场。
NVI指标由上往下穿越其N天移动平均线时,代表长期卖出信号。
NVI指标与PVI指标,分别向上穿越其N天移动平均线时,视为大多头信号。

由于散户扮演着行情追随者的角色,并且具有追涨杀跌的特征。因此,当行情出现价涨量增的走势时,散户的信心增加,介入市场的动机转为积极。此时,财力雄厚的"庄家"或者"大户",正好趁行情活络的机会,顺势调节股票。相反的,散户因为资金相对不足的缘故,无法在股票行情不好的时候,逢低向下分批承接。因此,当行情呈现价跌量缩的走势时,大部分散户会退场观望,此时,大户反而伺机吸纳股票。因此理论上,NVI指标将萎缩的成交量视为大户介入的资金。金融交易市场中,大户资金的推波助澜,确实扮演着重要角色。由于大户资金雄厚,具有锁定筹码的功能,因此,大部分股民选择股票时,喜欢跟随庄家大户进出。也就是说,一般股民认为,凡是庄家大户积极介入的股票,大致上都有一段利润不错的趋势行情。虽然大户的资金,对于推动股价行情,具有关键性的力量。但是,我们曾经说过,散户的资金也是一股不可忽视的力量。只有大户资金的市场,行情的发展有限。一个全面大多头的行情,必须拥有大户与散户集体推动的力量。因此,NVI指标与PVI指标,实际上是同样的作用,只是观察的目标不同而已。如果两种指标的信号同时发生,一般可视为"大多头"行情来临前的重要征兆。

NVI实例如图18-38所示。

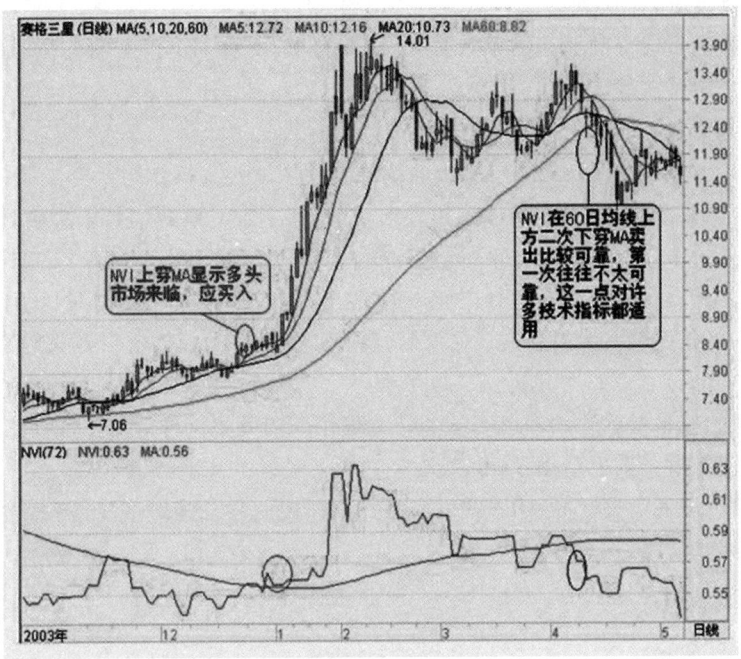

图18-38　NVI实例

能量潮指标：OBV

能量潮指标OBV(On Balance Volume)，中文名称直译是平衡交易量。有些人把每一天的成交量看作海的潮汐一样，形象地比喻OBV为能量潮。OBV是由Granville于20世纪60年代发明的。我们可以利用OBV验证当前股价走势的可靠性，并可以OBV得到趋势可能反转的信号，对于预测未来是很有用的，比起单独使用成交量来，OBV比成交量看得更清楚。

OBV的构造的基本原理是根据潮涨潮落的原理。事物向前发展总是有曲折的，不会一帆风顺，正如海浪在向前推进时，中途还有潮落的现象。每次向前的浪潮如果总比向后的浪潮大，则整个趋势还是向前的。

让我们把股市比喻成一个潮水的涨落过程。如果多方力量大，则向上的潮水就大，中途回落的潮水就小。衡量潮水大小的标准是成交量。成交量大，则潮水的力量就大；成交量小，潮水的力量就小。每一天的成交量可以理解成潮水，但这股潮水是向上还是向下，是保持原来的大方向，还是中途回落，这个问题就由当天的收盘价与昨天的收盘价的大小比较而决定。

(1)如果：今收盘价>昨收盘价，则这一潮水属于多方的潮水。

(2)如果：今收盘价<昨收盘价，则这一潮水属于空方的潮水。

潮涨潮落反映多空双方力量对比的变化和最终大潮将向何处去。这就是OBV的基本原理，也是OBV又叫能量潮的原因。

1. 计算公式

$$今日OBV=昨日OBV+sgn×今成交量$$

其中 sgn是符号的意思,sgn可能是+1,也可能是-1,这由下式决定。

如果今收盘价>昨收盘价,+1;如果今收盘价<昨收盘价,-1。

成交量指的是成交的股票的手数,不是成交金额,有些书上没有明确指明这两个概念,在这里我们作出了明确的区别。

2. 运用原则

(1)OBV不能单独使用,必须与股价曲线结合使用才能发挥作用。

(2)股价上升(或下降),而OBV也相应地上升(或下降),则我们可以更确认当前的上升(或下降)趋势。

(3)股价上升(或下降),但OBV并未相应地上升(或下降),则我们对目前的上升(或下降)趋势的认可程度就要大打折扣。这就是背离现象,OBV已经提前告诉我们趋势的后劲不足,有反转的可能。

(4)对别的技术指标适用的形态学和切线理论的内容也同样适用于OBV曲线。W底和M头等著名的形态学结果也适用于OBV。

(5)在股价进入盘整区后,OBV曲线会率先显露出脱离盘整的信号,向上或向下突破。

OBV实例如图18-39所示。

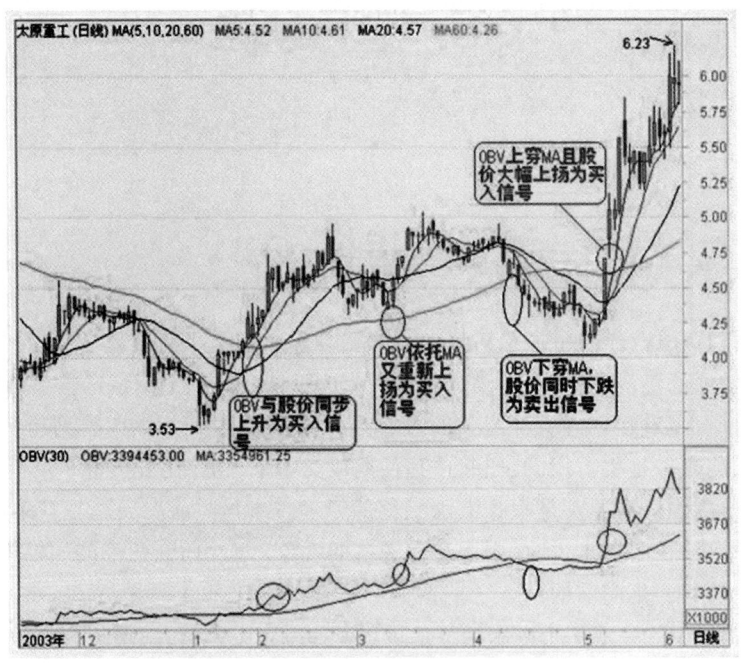

图18-39　OBV实例

正量指标:PVI

正量指标PVI(Positive Volume Index),首次由NormanForback在《Stock Market Logic》一书中发表。其主要的作用有两点:

(1)辨别目前的股价,处于多头市场或者空头市场。

(2)追踪散户资金流向。

PVI指标的理论观点认为,当日的市况如果量增价涨时,表示散户主导市场相反的,如果当日的成交值缩减,表示精明的大户正不动声色地收购股票。也就是说,PVI指标主要的功能,在于侦测行情是否属于散户市场。

1. 计算公式

$$PVI=PV+(CLS-CISn)÷CLSn×PV$$

第一次计算时,PV一律以100代替。本公式须先比较当日成交金额,与前一日成交金额后才能计算。

K线图上除了显示PVI曲线之外,另外须配合一条PVI的N天移动平均线(一般平均线参数设定为72、144天或288天,运用在中国股市时,大部采用较短周期)。

2. 运用原则

PVI指标位于其N天移动平均线之上时,表示目前处于多头市场。

PVI指标由下往上穿越其N天移动平均线,代表中期买进信号。

PVI指标位于其N天移动平均线之下时,表示目前处于空头市场。

PVI指标由上往下穿越其N天移动平均线时,代表中期卖出信号。

散户通常是一个喜欢追涨杀跌的群体,因此,当行情出现价涨量增的走势时,可以想象,"散户群"必会赶来凑热闹。相反的,所谓的"庄家",为了消化手中库存股票的压力,反而会在散户群集的市场中抛售股票。因此,Norman Forback教授认为,这种价涨量增的市场,应该归纳为散户主导的市场。然而,PVI指标并不是一个"反市场操作"指标。也就是说,以散户为主轴的行情,并不表示股价绝对会下跌。在一般市场里,散户的财力仍然是一股不可忽略的力量,只是散户有"不团结"及"筹码零乱"的特性,容易导致行情波动较不稳定而已。以台湾股市为例,有一段时期,股民相当热衷于追踪买卖量较大的券商,将其视为庄家买卖的依据。结果发现,有部分庄家并未介入的个股,其股价仍然能够维持相当的强势。这种状况,让一些迷信庄家的股民百思不解。庄家并不一定是"赢家",股市中很多例子显示,散户也可以"蚂蚁绊大

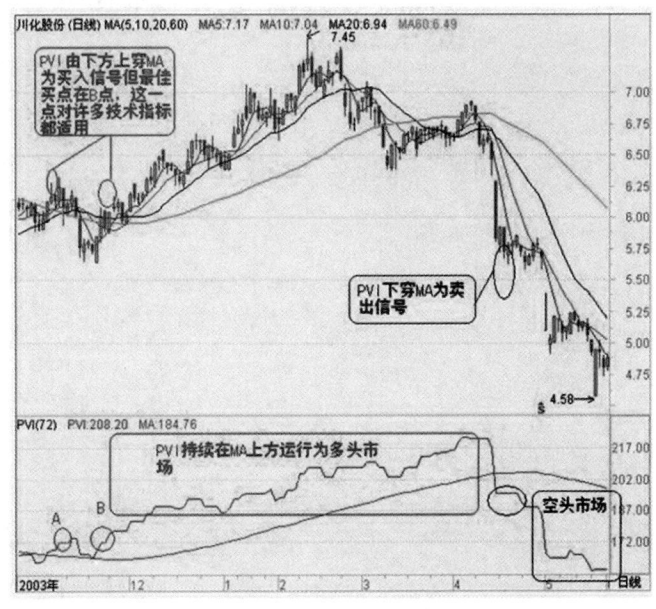

图18-40　PVI实例

象"。股市中发生过无数次"大水冲倒龙王庙"的景象,庄家及大户纷纷败在散户的手上。

PVI指标除了可以帮助股民认清市场的结构,归属于大户或者散户市场之外,尚可以利用其指标的交叉信号,作为中期买卖的依据。但是,其最大的功能是配合NVI指标,共同追踪即将引发大多头行情的股票。因此,PVI指标与NVI指标,实为一组不可分的指标组合。

PVI实例如上页图18-40所示。

指数点成交值:TAPI

TAPI(Total Weighted Stock Index)意即:"每一加权指数点的成交值"。其理论依据是认为成交量是股市发展的源泉,成交量值的变化会反映出股市购买股票的强弱程度及对未来股价的展望;简言之,TAPI是探讨是每日成交值与指数间的关系。

1. 计算公式

$$TAPI=每日成交总值÷当日加权指数$$

2. 运用原则

(1)加权指数上涨,成交量递增,TAPI值亦应递增,若发生背离走势,即指数上涨,TAPI值下降,此为卖出信号,可逢高脱手或于次日获利了结。

(2)加权指数下跌,TAPI值上扬,此为买进信号,可逢低买进。

(3)在上涨过程,股价的明显转折处,若TAPI值异常缩小,是为向下反转信号,持股者应逢高卖出。

(4)在连续下跌中,股价明显转折处,若TAPI值异常放大,是为向上反转信号,持股者可逢低分批买进。

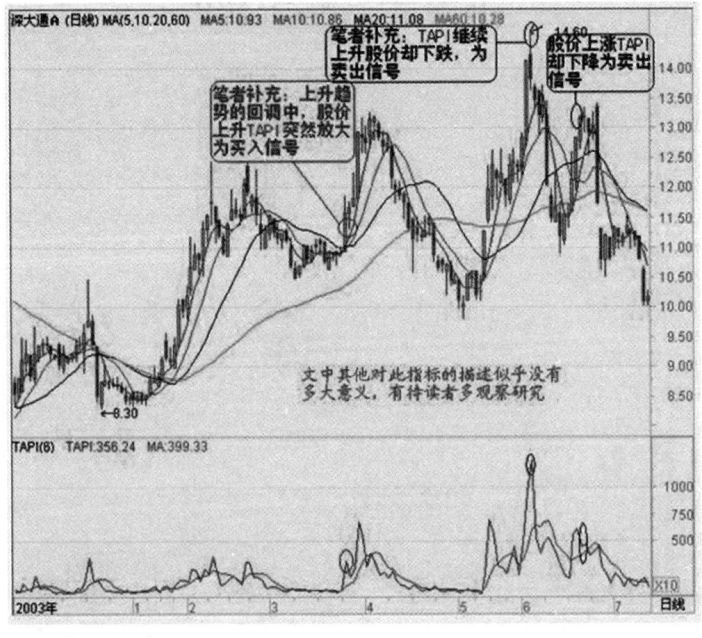

图18-41 TAPI实例

(5) TAPI值无一定之高点、低点，必须与大势K线或其他线路研判，不能单独作用。

(6) 由空头进入多头市场时，TAPI值需超越110，并且能持续在110以上，方能确认涨势。

(7) TAPI值低于40以下，是成交值探底时刻，为买进信号。

(8) TAPI值持续扩大至350以上，表示股市交易过热，随时会回档，应逢高分批获利了结。

(9) TAPI值随加权股价指数创新高峰而随之扩大，同时创新高点，是量价的配合。在多头市场的最后一段上升行情中，加权股价指数如创新高峰，而TAPI水准已远不如前段上升行情，此时呈现价量分离，有大幅回档之可能。大势在持续下跌一段时间，接近空头市场尾场时，TAPI值下降或创新低值的机会也就越小。

TAPI实例如上页图18-41所示。

成交量比率：VR

成交量比率VR(Volitility Volumle Ratio)，或称成交量变异率，主要的作用在于以成交量的角度测量股价的热度，不同于AR、BR、CR的价格角度，但是却同样基于"反市场操作"的原理为出发点。和VR指标同性质的指标还有PVT、PVI、NVI、A/DVOLUME等，本书中仅列举VR一项。对于以"反市场操作"的原理使用VR指标，看起来似乎很简单，实则内部蕴藏玄机，"反市场操作"的背后还有"反反市场操作"，如同"反间谍"的背后还有"反反间谍"，这个市场"螳螂捕蝉，黄雀在后"，尔虞我诈，投资人须时时谨慎提防。当你认为盲目的群众绝对是错误的时候，群众却可能是对的。所以，什么时候该脱离群众？什么时候该附和群众？这是VR指标最大的课题。如果你追求真理，那么，股票市场有一个真理，也是唯一的股市真理——"没有道理的道理"。

1. 计算公式

$$VR = N日内上升日成交额总和 / N日内下降日成交额总和$$

其中 N日为设定参数，一般设为26日。

2. 运用原则

(1) 将VR值划分下列区域，根据VR值大小确定买卖时机：低价区域40~70可以买进；安全区域80~150持有股票；获利区域160~450根据情况获利了结；警戒区域450以上伺机卖出。

(2) 当成交额经萎缩后放大，而VR值也从低区向上递增时，行情可能开始发动，是买进的时机。

(3) VR值在低价区增加，股价牛皮盘整，可考虑伺机买进。

(4) VR值升至安全区内，而股价牛皮盘整时，一般可以持股不卖。

(5) VR值在获利区增加，股价亦不断上涨时，应把握高档出货的时机。

(6) 一般情况下，VR值在低价区的买入信号可信度较高，但在获利区的卖出时机要把握好，由于股价涨后可以再涨，在确定卖出之前，应与其他指标一起研判。

参与一个波段行情的投资者包含三种人：①先知先觉的；②后知后觉的；③不知不觉的。我们运用的"反市场心理"，主要在反"不知不觉"这一类型投资者的心理，当VR平稳温和地缓步递升时，市场上充满着不确定的因素，仅仅是部分"先知先觉"的投资客少量的介入，前期的速度相当缓慢，无法令人相信将会发展成大行情。直到VR倏地蹿升穿越250，"后知后觉"的投机客猛然惊醒后，立即纵身跃入市场，不仅加快了行情的脚步，直到终于唤醒了"不知不觉"的跟进者，陆续加入战局之后，早先入座的客人已相继离席，结果是，这餐饭留给最后离席的人买单。初期缓升，却快速跃过250的这类形态，常发展出大行情。因此，除了以VR的高档信号为判断依据，应配合CR、TRIX、DMI进行综合研判，比较能得到客观的答案。

VR实例如图18-42所示。

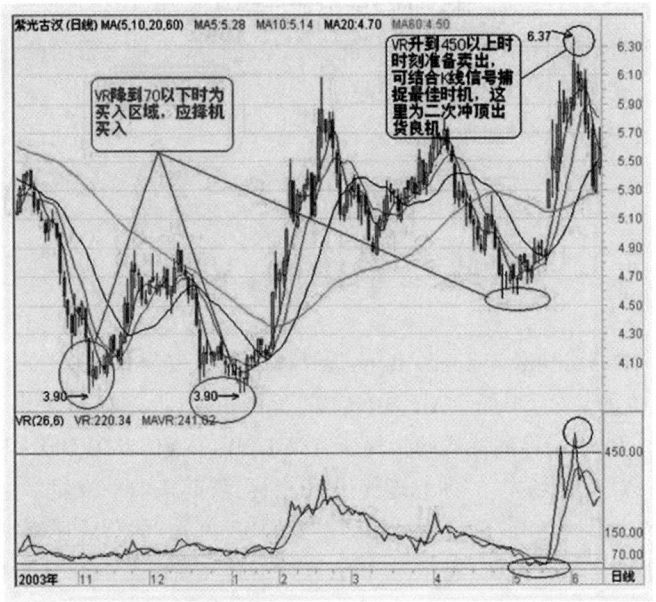

图18-42　VR实例

威廉变异离散量：WVAD

威廉变异离散量WVAD（William's Variable Accumulation Distribution），由Larry Williams所创。是一种将成交量加权的量价指标。其主要的理论精髓，在于重视一天中开盘到收盘之间的价位，而将此区域之上的价位视为压力，区域之下的价位视为支撑，求取此区域占当天总波动的百分比，以便测量当天的成交量中，有多少属于此区域。成为实际有意义的交易量。如果区域之上的压力较大，将促使WVAD变成负值，代表卖方的实力强大，此时应该卖出持股。如果区域之下的支撑较大，将促使WVAD变成正值，代表买方的实力雄厚，此时应该买进股票。WVAD正负之间，强弱一线之隔。非常符合我们推广的东方哲学技术理论，由于模拟测试所选用的周期相当长，测试结果也以长周期成绩较佳。因此，笔者建议长期投资者适合使用，如同EMV使用法则一样，应该在一定的投资期限内，不断地根据WVAD信号将交易买卖，以求得统计盈亏概率的成果。

1. 计算公式

(1) A＝当天收盘价－当天开盘价

(2) B＝当天最高价－当天最低价

(3) V＝当天成交金额

(4)WVAD= (A÷B×V)

(5)参数周期可更改为6或12天

2. 运用原则

(1)当WVAD由负值变成正值的一刹那,视为长期的买入点。

(2)当WVAD由正值变成负值的一刹那,视为长期的获利点。

注意,依照WVAD信号买入股票时,可以不必等待WVAD卖出信号,而在买入股票之后交给SAR管理。

由于交易的周期颇长,WVAD也有长期指标共同的特点,买点离最近一次的低价区稍远,卖点也距最近一次的高价区稍远,如果长期使用WVAD为买卖交易的依据,一旦其他指标已领先出现信号时,对于投资人的心理压力而言,很难持续坚持等待WVAD信号的出现,只要有一次无法克服障碍忍耐到底,则WVAD的统计交易模式,很可能因为个人主观情绪的左右,导致全盘投资计划的挫败。WVAD偏向于系统交易的模式,全然和预测型分析无关,预测型分析经常是为了追求行情最终点的价格。然而,这一种方法完全和本书介绍给读者的目的不同。股价的头部和底部都是风险最大的地方,高利润高风险这是一定的道理,股价趋势的中段是风险最稳定的时期,因此,股票市场有一句谚语:"吃鱼不吃头和尾,吃鱼身",鱼头和鱼尾再甜再好吃,也只挑最容易下筷子的部位。我们之所以不鼓励预测型分析,实在是因为市场风云莫测,读者朋友们应从这个角度出发,应该放弃那最后一段的利润。考90分是简单的,但是,拼了命想考100分的话,这区区10分却要付出相当大的代价,还不见得能达成目标。市场上存在着两种人,一种是来股票市场赚钱的,一种是来股票市场证明自己智慧,我们希望读者朋友都是第一种人,然而事实上,"钱"来得并不容易,投资人的情绪变化,随着市场价格的起伏波动,将越来越浮躁不安,所以,心理的煎熬必须忍耐过去,否则,即使WVAD指标实际的成效再好,对您却一点儿帮助也没有。

WVAD实例如图18-43所示。

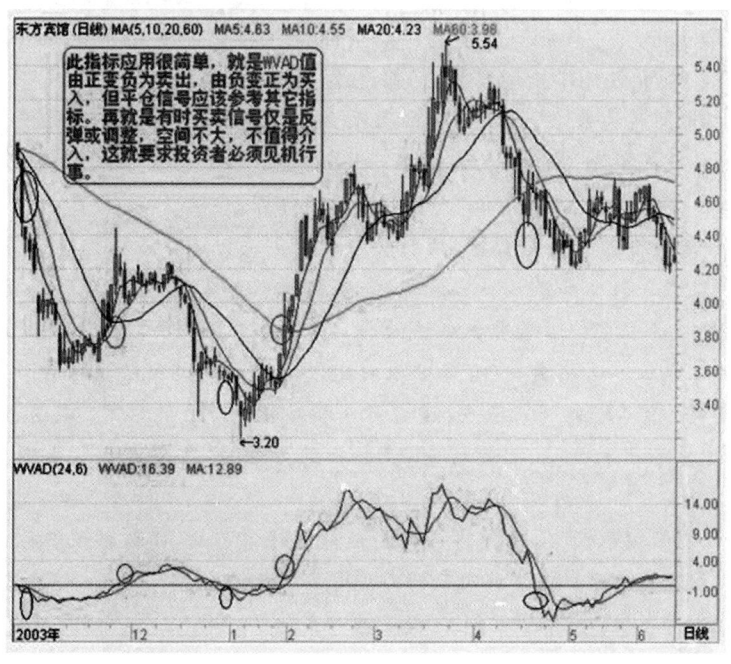

图18-43 WVAD实例

佳庆指标：CHAIKIN

佳庆指标CHAIKIN(Chaikin Oscillator)，是由Marc Chaikin所发展的一种新成交量指标。他汲取Joseph Granville和Larry Williams两位教授的理论精华，将A/DVOLUME指标加以改良，衍生出佳庆指标。Marc Chaikin本人对佳庆指标的设计原理，做了以下简要的叙述：

为了将市场的内在动能，真实地表现在分析图表上，现有的技术指标，不管应用在大盘或者个股，都必须将成交量列入考虑的范围。在价格的波动趋势中，成交量分析有助于掌握股价本质上的强弱度。成交量与股价的背离现象，经常是确认反转信号的唯一线索。Joseph Granville和Larry Williams两位教授，直到20世纪60年代后期，才开始注意成交量与股价的关系。他们发现，必须在成交量总额中，筛选出较具意义的部分成交量，才能创造出更具代表性的指标。多年来，大部分的分析师，将上涨股的成交量全部视为正值，将下跌股的成交量全部视为负值。但是，这种论调存在着很大的缺点，必须加以改良，才足以反应股价的真实本质。以OBV累积能量线为例子，如果当日股价上涨，则当日所有的成交量总额，一律视为多头动能；如果当日股价下跌，则当日所有成交量总额，一律视为空头动能。这种论点太过于简化，而且不符合实际的现状。一段完整的趋势行情，会发生很多次重要的短、中期头部和底部，然而，OBV指标主要是针对极端的行情起作用。也就是说，只有在成交量极度萎缩或极度扩张的状况下，OBV指标才能发挥作用。Larry Williams将OBV加以改良，用来决定当日的成交量，属于多方或空方力道。OBV以当日的收盘价和前一日的收盘价比较，然而，Williams却以当日收盘价和当日开盘价比较，并且设计了一条累积能量线。如果收盘价高于开盘价，则开盘价距收盘价之间的上涨幅度，以正值百分比表示，并乘以当日成交量。如果收盘价低于开盘价，则开盘价距收盘价之间的下跌幅度，以负值百分比表示，再乘以当日成交量。经过这样的改良之后，其侦测量价背离的功能，显然更具有参考价值。

Chaikin Oscillator是一个很有价值的买卖指标，比前两位教授的理论，更能精确地反应成交量的流向。然而，使用本指标之前，必须注意下列三大要点：

(1)以中间价为基准，如果收盘价高于当日中间价，则当日成交量视为正值，收盘价越接近当日最高价，其多头力道越强；如果收盘价低于当日中间价，则当日成交量视为负值，收盘价越接近当日最低价，其空头力道越强。

(2)一波健全的上升趋势，必须包含强劲的多头力道。多头力道就像火箭升空需要消耗的燃料一般。如果多头力道虚弱，则视为燃料不足，没有推升股价的条件。相反的，下跌趋势经常伴随着较低的成交量。但是，波段下跌趋势即将结束前，经常会出现恐慌性抛压。这些卖盘，有部分来自于法人机构的大额结账抛售。这一点，相当值得注意。股价不断地创新低点，成交量也相对呈现缓步的缩减。在这量缩低迷的期间，注意突然暴出的大量，我们称它是"凸出的力量"。这个现象发生时，经常是底部完成的信号。

(3)我们必须承认，没有任何一个指标是绝对完美的，建议搭配其他指标辅助，可以避免假信号的发生。一般将21天的Envelope指标、超买超卖指标、佳庆指标组成一个指标群。运用在短、中期的交易上，成效相当良好。

1. 计算公式

$$(1) A/D = \sum \left[\frac{(C-L)-(H-C)}{(H-L)} \times V \right]$$

(2) CHAIKIN = A/D的(n)expma - A/D的(m)expma

2. 运用原则

(1)佳庆指标与股价产生背离时,可视为反转信号(特别是其他搭配运用的指标群,正处于超买或超卖水平时)。

(2)佳庆指标本身具有超买超卖的作用,但是,其超买和超卖的界限位置,随着个股不同而不同,股民须自行认定。

(3)佳庆指标由负值向上穿越0轴时,为买进信号(注意!股价必须位于90天移动平均线之上,才可视为有效)。

(4)佳庆指标由正值向下穿越0轴时,为卖出信号(注意!股价必须位于90天移动平均线之下,才可视为有效)。

本书所提"凸出的力量",与MSI指标的"冲力"现象不同。这两种征兆,虽然都是发生在底部区域的特殊现象。但是,所谓的"冲力",是股价已经止跌反转上升,而且其强劲的上升力道,迅速让股价脱离弱势区,进而引发大行情的反转过程。而"凸出的力量"发生时股价仍处于下跌的局面,或者仍处于底部整理状态。虽然Marc Chaikin认为"凸出的力量",是法人机构抛售所造成的。不过,许多以借贷的资金,购入大量股票的股民,都有可能是造成"凸出的力量"的主要分子。"凸出的力量"牵涉"反市场心理"。或者手中坚持不卖的股票,因为股价逐日的挫跌,信心逐日受到打击,终于有一天,忍痛认赔杀出之后,股价却开始反转上涨。对于"忍耐"这方面的能力,股民能忍受的程度,似乎都大同小异。市场上有很多股民,经常抱着侥幸的心理,不敢果断地处理问题,手中股票一旦套牢,便只能以"等待"来面对危机。

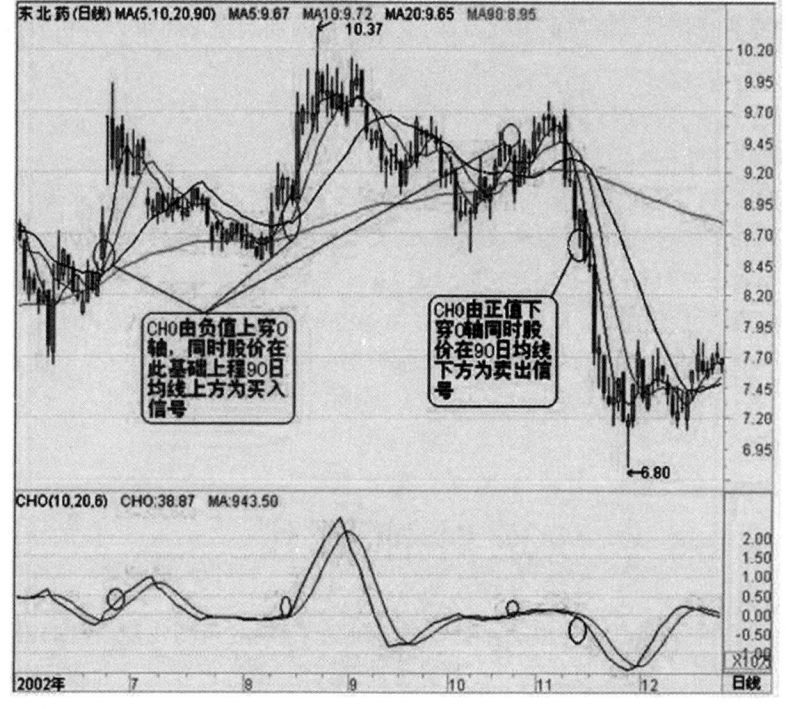

图18-44　CHAIKIN实例

可是,这种手法却又经常晚节不保,无法坚持到底。一方面价差的损失;另一方面利息的负担,双重压力的煎熬下会不约而同的杀出持股。倾刻间,市场上的筹码不再零乱,不安定的持股人出局后,股票的筹码转而集中在少数人手里。一般正常情形之下,底部的成交量,大都是极低的窒息量。如果要让成交量骤增,除了大量恐慌抛出的股票之外,还须要有大量接手的实力买盘。这些实力买盘,大部分是实力坚强的自有资金。由于这些"有心人"的全力介入,造成"凸出的力量",这种状态虽然和一般的底部形态不同,但是,却是一个值得信任的底部信号。

CHAIKIN实例如上页图18-44所示。

成交笔数分析

成交笔数分析乃是依据成交次数、笔数的多少,了解人气的聚集与离散,进而研判价因人气的强弱势变化,所产生可能的走势。

一般成交笔数分析要点如下:

(1)在股价高档时,成交笔数较大,且股价下跌,为卖出时机。
(2)在股价低档时,成交笔数放大,且股价上升,为买入时机。
(3)在股价高档时,成交笔数放大,且股价上升,仍有一段上升波段。
(4)在股价低档时,成交笔数缩小,表示即将反转,为介入时机。
(5)成交笔数分析较不适用于短线操作。

成交笔数分析也可采用平均量指标研判,平均量就是每笔交易的平均成交量,它是用来测知大户是否进场买卖股票的有效方法,从平均量的变动情形将可以分析股价行情的短期变化。

运用原则:

(1)平均量=成交量÷笔数。
(2)平均量增大表示有大额的买卖,平均量减小表示参加买卖的多是小额散户。
(3)在下跌行情中,平均量逐渐增大,显示有大户买进,股价可能于近日止跌上升。
(4)在上涨行情中,平均量逐渐增大,显示有大户出货股价可能于近日止涨下跌。
(5)在上升或下跌行情中,平均量没有显著的变化,表示行情仍将继续一段时期。
(6)在一段大行情的终了,进入盘局时,平均量很小且无大变化,则表示大户正在观望。

逆时钟曲线

逆时钟曲线是利用股价与成交量变动的各种关系,观测市场供需力量的强弱,从而研判未来的走势方向。在图表上绘出一逆时钟方向的线图,故称之逆时钟曲线。逆时钟曲线的变动在说明多头市场至空头市场的量价关系,在供需的变化中显示多空力道的强弱,提供买卖时机,此方法对于底部的确认特别有效。逆时钟曲线是采用移动平均价和移动平均量制作出的线路,移动平均虽具有圆滑信号的功能,但在本质上移动平均属于时间落后的方式。移动平均的走势,通常有落后股价波动的倾向,因此逆时钟曲线的走势,一旦发生变动转向,有落后股价的趋势。所以使用逆时钟曲线分析行情,研判买卖时机,须配合其他买卖指标,只将其作为辅助性的指标,用以研判大趋势。这样才更能发挥逆时钟曲线的功能。

1. 绘制方法

(1)以数学的坐标绘制逆时钟方向曲线,垂直纵轴代表股价,水平横轴代表成交量。

(2)周期参数:期间的长短,因个人操作不同而异。通常采用的期间为25日或30日(6周)。

(3)计算股价和成交量的简单(算数)移动平均值。如采用25日的周期参数时,须计算其股价(或指数)的25日简单移动平均价及成交量的25日简单移动平均量。

(4)坐标的垂直纵轴为移动平均价,水平横轴为移动平均量,两者的交叉点即为坐标点,坐标点间的连线呈逆时钟方向变动。如果我们以具体的方法说明,定Y轴为股价,X轴为成交额,且在图表中记下25天的移动平均点。假设某一天25日的移动平均股价为加权指数312点,移动平均成交额500万股,我们就可将之记录在坐标上,两者相交于一点,如此每天记下交叉点,即可描绘出逆时钟曲线。

2. 逆时钟曲线走势变动的三种局面

(1)上升局面:股价随着成交量的增加而增加,逆时钟曲线的走势由下向右或向上转动。

(2)下降局面:量价同步下降,逆时钟方向曲线走势由平转下或右上方朝左转动。

(3)循环局面:量价是同步上升,后同步下降,逆时钟曲线走势由下向右上,左上,左下循环。

3. 逆时钟八角图

逆时钟曲线可构成完整的八角形,有七个阶段的运用原则。

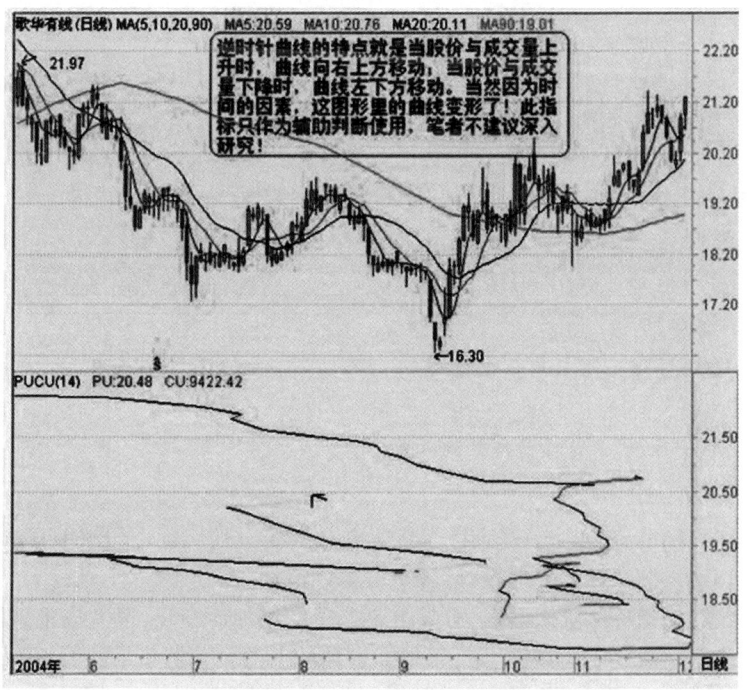

图18-45　逆时钟曲线实例

(1)阳转信号:股价经一段跌势后,下跌幅度缩小,甚至止跌转稳,在低档盘旋,成交量明显的由萎缩而递增,表示低档接手转强,此为阳转信号。

(2)买进信号:成交量持续扩增,股价回升,量价同步走高,逆时钟方向曲线由平转上或由左下方向右转动时,进入多头位置,为最佳买进时机。

(3)加码买进:成交量扩增至高水准后,维持于高档后,不再急剧增加,但股价仍继续涨升,此时逢股价回档时,宜加码买进。

(4)观望:股价继续上涨,涨势趋缓,但成交量不再扩增,走势开始有减退的迹象,此时价位已高,宜观望,不宜追高抢涨。

(5)警戒信号:股价在高价区盘旋,已难再创新的高价,成交量无力扩增,甚至明显减少,此为警戒信号,心理宜有卖出的准备,应出脱部分持股。

(6)卖出信号:股价从高档滑落,成交量持续减少,量价同步下降,逆时钟方向曲线的走势由平转下或右上方朝左转动时,进入空头倾向,此时应卖出手中持股,甚至融券放空。

(7)观望:成交量开始递增,股价虽下跌,但跌幅缩小,表示谷底已近,此时多头不宜再往下追杀空头也不宜放空打压,应伺机回补。

逆时钟曲线实例如上页图18-45所示。

绝对广量指标:ABI

绝对广量指标ABI(Absolute Breadth Index),由Norman G·Fosback所创,并且发表在《Stock Markei Logic》一书中,属于大势型的动量指标。本指标不以价格趋势为目标,主要的设计目的,是为了侦测市场潜在的活跃度。读者可以将ABI想象成"极端指标",ABI的数据越高,表示整体市场的涨跌家数差异越大。一般情况下,市场行情有涨有跌,而上涨家数多于下跌家数,或者下跌家数多于上涨家数,原本就是正常现象。但是,当上涨家数与下跌家数的差异大幅增加时,则另外有其特殊的意义存在。由于行情大涨或大跌的关系,股市通常容易出现涨跌一面倒的行情,而ABI指标正是针对这种"极端"行情而设计的。

1. 计算公式

(1)ABI=绝对值(ADP-BIP)

其中ADP和BIP分别为上涨家数和下跌家数。

(2)UIS=全部上市公司的总家数

(3)R=ABI÷UIS

(4)MABI=R的10天移动平均值

2. 运用原则

(1)当ABI指标的数据,上升至320~350时,行情经常会产生强力扭转的力道。

(2)当ABI指标的数据处于低档时,表示市场行情低迷。

注意,上述ABI指标之极限数据,应随上市公司的增加而变化,读者应于一段时间后,自行调整极限数据之值。理想状态之下,当整体市场的上涨家数等于下跌家数时,代表多空双方的力道取得平衡。但是,一般行情之中,涨跌家数必然会产生些许的差距。只是,当这个差距太小时,股票市场不容易产生太大的涨跌幅。也就是说,当ABI指标的数据太低时,表示市场处于低迷期,股民的获利情况普遍不佳。市场中,能够让ABI指标产生极端数据的行情不多,除非市场遭遇大利空或大利多,ABI指标才可以提供这方面的参考数据。以反市场的角度观察股市时,我们希望在多数人追涨股价时卖出股票,在多数人追杀股价时买进股票。以波浪理论说明,当行情正在进行上升第5波的疯狂大涨时,股市通常伴随着不断发布的利多。当股民沉醉在买了就赚的欢愉时,很容易引发整个市场全面扬升的局面,导致ABI指标向上蹿升至一个"极端"。然而,反市场的心理作用提醒我们,趁着多数群众浑然忘我之际,应该反向卖出持股才对;反之,在下降第5波的大跌行情中,利空消息满天飞舞,股民们你推我挤,争先恐后的卖出股票,此时,ABI指标也会向上蹿升至一个"极端",而明智的股民应该趁群众方寸大乱的时候,反市场买进股票。

3. 评价

股票市场处于平稳发展的太平日子时,ABI指标的用处不大。唯有在暴涨暴跌的兵荒马乱行情里,ABI指标才能展现它的作用。

ABI实例如图18-46所示。

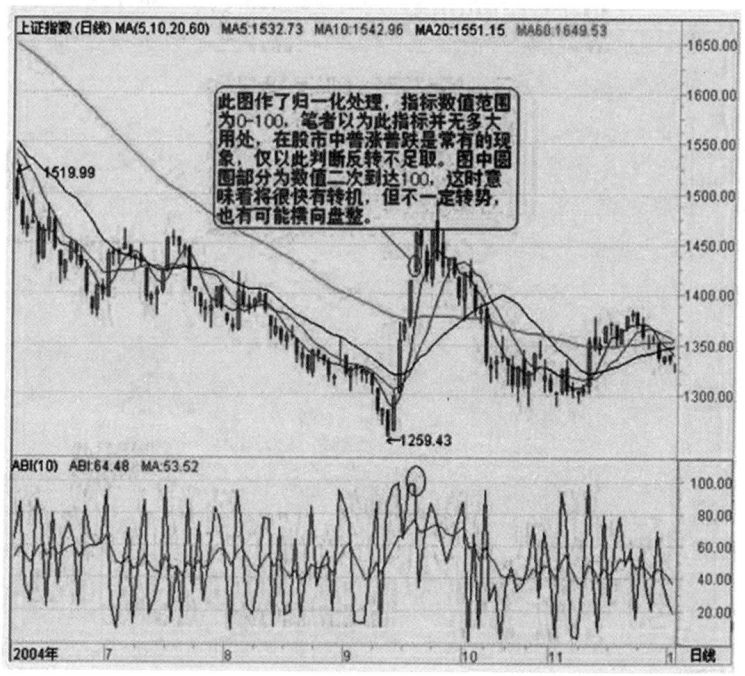

图18-46　ABI实例

腾落指数:ADL

腾落指数ADL(Advance/decline line),是上升下降曲线的意思。它利用简单的加减计算每天股票上涨家数和下降家数的累积结果,以了解股票市人气的盛衰,探测大势内在的动量是强势还是弱势,对大势的未来进行预测。

1. 计算公式

将每天收盘价上涨股票家数减去收盘价下跌的股票家数(无涨跌不计)后累积值:

$$ADL(T)=\sum_{i=1}^{t}(上涨家数-下跌家数)$$

起始日期为ADL(1)；目前日期为ADL(T)。

2. 运用原则

腾落指数与股价指数比较类似，两者均为反映大势的动向与趋势，不对个股的涨跌提供信号，但由于股价指数在一定情况下受制于权值大的股只，当这些股只发生暴涨与暴跌时，股价指数有可能反应过度，从而给投资者提供不实的信息，腾落指数则可以弥补这一类缺点。

由于腾落指数与股价指数的关系比较密切，观图时应将两者联系起来共同验证。一般情况下，股价指数和腾落指数皆上升，或两者皆跌，则可以对升势或跌势进行确认。如若股价指数大动而腾落指数横行，或两者反方面波动，不可互相印证，说明大势不稳，不可贸然入市。

具体来说有以下六种情况：

(1)股价指数持续上涨，腾落指数亦上升，股价可能仍将继续上升。

(2)股价指数持续下跌，腾落指数亦下降，股价可能仍将继续下跌。

(3)股价指数上涨，而腾落指数下降，股价可能回跌。

(4)股价指数下跌，而腾落指数上升，股价可能回升。

(5)股市处于多头市场时，腾落指数呈上升趋势，其间如果突然出现急速下跌现象，接着又立即扭头向上，创下新高点，则表示引情可能再创新高。

(6)股市处于空头市场时，腾落指数呈现下降趋势，其间如果突然出现上升现象，接着又回头，下跌突破原先所创低点，则表示另一段新的下跌趋势产生。

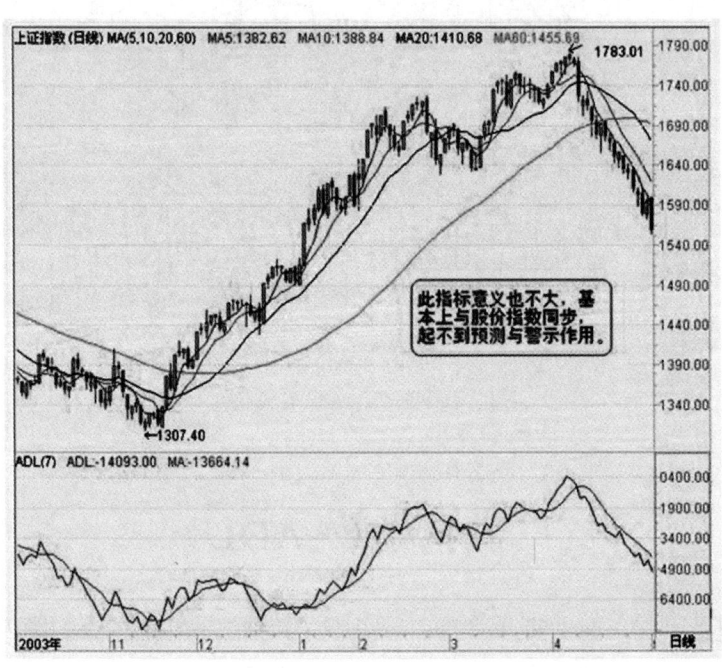

图18-47　ADL实例

根据经验结果，ADL对多头市场的应用比对空头市场的应用效果好。这一点读者在使用ADL时应该注意，并加以验证。

3. 研判

为什么股价指数与腾落指数有以上关系呢？因为指数是以股价和股本来加以计算的，这样使得高股价与大股本额股票(一般为主流股)升跌在指数运算中所占比例重大，而腾落指数把每种股票都作为股市一个分子，两者的结合分析，可以看出股市的走势。一般来说，若是多头走势，维持上升走势一定要有重心，重心即所谓的主流股，当主流股大涨小回以维持中长线的投资者信心，而其余股票则采取轮涨的步调上扬时，上升的步伐将是十分稳定的。如果在K线上升而ADL下降，就是提醒你大盘的上升气势已有偏于某一族群的味道，而涨势不均匀并非是件好事，通常在连续这种背离现象时，都是大势回档的先兆；反之，在空头的行情里，虽然K线仍然收黑，但ADL已翻上，代表了多头主力企图以点的攻击增强对面的扩张，既然大多数的股票回升了，大盘的止跌也应该不远了。

ADL走势与指数走势多数有类似效果，因而也可用趋势线和形态研判。

ADL实例如上页图18-47所示。

涨跌比率：ADR

涨跌比率ADR其实就是上升下降比。由于与ADL有一定的联系，ADR又称为回归式腾落指数。ADR是由股票的上涨家数和下降家数的比值，其理论基础是"钟摆原理"，由于股市的供需有若钟摆的两个极端位置，当供给量大时，会产生物极必反的效果，则往需求方向摆动的拉力越强；反之亦然。

1. 计算公式

ADR的基本思想是观察股票上涨家数与下降家数的比率，以看出股市目前所处的大环境。

$$ADR(N)=P1/P2$$

N值一般取14日，也有用10日或者24日，甚至更长6周，13周，26周等。

涨跌比率的计算方法与移动平均线的计算方法完全相同，如以6日为X期间时，当第7日的涨跌家数累计加入后，必须同时将第一时的涨跌家数删除以保持6日的最新移动资料。涨跌比率所采样的期间，决定线路上下的振荡次数与空间，期间越大，上下振荡的空间越小，反之期间越小振荡空间越大。参数究竟选几，没有一定之规，完全由人为操纵。不过参数选择得是否合适是很重要的。选得过大或过小都会影响ADR作用。目前，比较流行的是选择参数为10，即以10日作为的选择日数。ADR还可以选择别的参数，如5、25等。ADR的图形是以1为中心来回波动，波动幅度的大小取决于公式中分子和分母的取值。数选择得越小，ADR上下波动的幅度就越大，曲线的起伏就越烈。数选得越大，ADR波动的幅度就越小，曲线上下越平稳，这一点同大多数技术指标是一致的。

2. 运用原则

(1)当涨跌比率(R)大于1.5时，表示股价长期上涨，有超买过度的现象，股价可能要回跌。

(2)当涨跌经率(R)小于0.5时，表示股价长期下跌，有超卖过度的现象，股价可能出现反弹或回升。

(3)当涨跌比率(R)在1.5与0.5之间上下跳动时表示股价处于正常的涨跌状况中,没有特殊的超买或超卖现象。

(4)当涨跌比率(R)出现2以上或0.3以下时,表示股市处于大多头市场或大空头市场的末期,有严重超买或超卖现象。

(5)除了股价进入大多头市场,或展开第二段上升行情之初期,涨跌比率有机会出现2.0以上的绝对买卖数字外,其余次级上升行情超1.5即是卖点,且多头市场低于0.5元现象极少,是极佳之买点。

(6)涨跌比率如果不断下降,低于0.75,通常显示短线买进机会。在空头市场初期,如果降至0.75以下,通常暗示中级反弹机会,而在空头市场末期,10日涨跌比率降至0.5以下时,为买进时机。

(7)对大势而言,涨跌比率有先行示警作用,尤其是在短期反弹或回档方面,更能比图形领先出现征兆。若图形与涨跌比率成背驰现象,则大势即将反转。

ADR实例如图18-48所示。

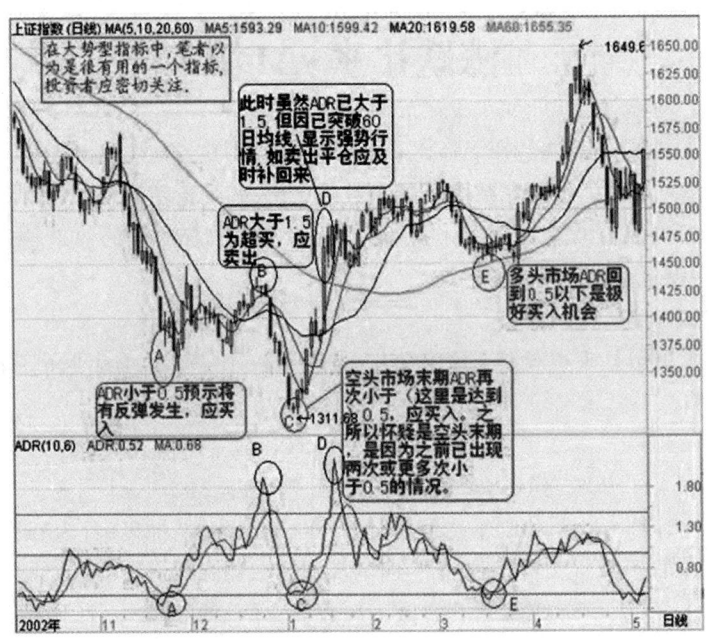

图18-48 ADR实例

阿姆氏指标:ARMS

阿姆氏指标ARMS(ARMS INDEX),1967年由Richard W·Arms所创。一年之后,这个指标被陆续引用,衍生出许多不同名称,例如以短线交易指标(Short-Term Trading Index)命名,采用最后两个单字的前两个字母,称之为TRIN,另外还有MKDS、STKS等名称。

1. 计算公式

(1)R=ADI÷ADV(每日记录)

ADI和ADV分别为上涨家数和下跌家数。

(2)ARMS=N天R的移动平均值

(3)N的参数为4或21或55(一般参数以21天较常用)。

ARMS属于大势指标,是一种判断整体股市反转点的分析工具。本指标是以上市公司涨跌家数的比例,结合涨跌股数成交量比率,对照两者之间关系的变化,所求出的一条比率线。这一条比率线,可以侦测成交量的流向。当ARMS指标低于1时,代表大部分成交量流向上涨股。相反的,当指标高于1时,代表大部分成交量流向下跌股。换句话说,当指标低于1时,一般被视为多头市场;指标高于1时,一般被视为空头市场。上述的说明,读者容易误会ARMS是一种多空指标,事实上ARMS指标的超买超卖作用在实际市场操作中,经常有令人满意的表现。当指标跌至"地线"之下时,属于超买现象,应该留意卖出的机会。当指标升至"天线"之上时,属于超卖现象,暗示短线买入机会来临。值得注意的是,本指标"天线"与"地线"的定义,和一般超买超卖指标的用法相反。走笔至此,读者可能已经发现,ARMS是以1为中界线。而一般超买超卖指标,大部分都是以0或50为中界线,这是ARMS最大的特点。此外,适应不同市场及不同个股,其"天线"及"地线"的位置也不相同。投资人必须经过长期的观察之后,分别订立不同的标准。

2. 运用原则

(1)上证指数4天ARMS指标的超卖界限为2.4,21天ARMS指标的超卖界限为1.1。

(2)上证指数4天ARMS指标超买界限的参考价值低,暂时不推荐,21天ARMS指标的超买界限为0.7。

(3)深证指数4天ARMS指标的超卖界限为1.4,21天ARMS指标的超卖界限为1.4。

(4)深证指数4天ARMS指标的超买界限为0.35,21天ARMS指标的超买界限为0.6。

注意,上述超买超卖值,是笔者依中国股市的特性所拟订的标准。读者实际运用时,尚须稍加修正其数值。

当ARMS指标上升超越至其超卖天线区时,代表整体股市正进入超卖状态。但是,必须等到ARMS曲线,重新向下跌破其超卖天线值时,才能确认市场底部完成;反之,当ARMS指标下降超越至其超买地线区时,代表整体股市正进入超买状态。但是,必须等到ARMS曲线,重新向上突破其超买地线值时,才能确认市场头部完成。

在正常发展的股票市场中,一个底部或一个头部的形成,必然都须经过"转弯"的过程。也就是说,市场的发展,由缓角度变成高角度之后,当其即将扭转市场的方向时,必然会将高角度重新拉回缓角度。在角度缓减的过程中,上市公司的涨幅会逐渐变化,促使ARMS指标适时产生信号。但是,有时候市场的发展并非正常化时,则ARMS指标的信号,会出现落后的现象。例如,市场出现猛烈利空,行情不经过角度缓减的过程,直接向下锐挫。类似这种状况的走势,ARMS指标的参考价值将会降低。实际上,大部分指标的信号,对于以锐角向下回挫的头部行情,通常一筹莫展。但是,如果我们再仔细观察其他指标的信息时,仍然不难发现,行情在直线暴跌之前,会事先出现一些征兆。这些征兆虽然没办法准确掌握行情大跌的时间,不过,至少可以提供若干的警告。例如,行情虽处于连续的上升状态,而某些指标却已经开始形成一顶比一顶低的背离现象时,读者们必须提高警觉,随时都要保持危机意识。因此,可以说ARMS指标较适合运用于稳定成熟的市场,过分投机的行情,必须配合VR(成交量指标)、BR(情绪指标)、AR(动能指标)等指标加以辅助。这些指标具有测量能量的作用。因此,可以在整体市场的涨跌家数差异尚未扩大之前,事先提出量能过热的警告,弥补ARMS指标信号迟缓的不足。

ARMS实例如图18-49所示。

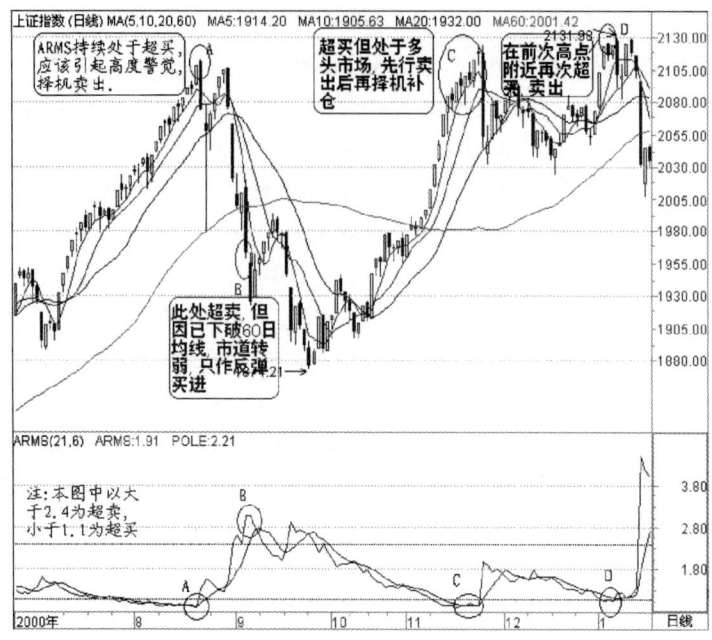

图18-49　ARMS实例

广量冲力指标：BTI

广量冲力指标(The Breadth Thrust Index)，由Martin Zweig所创。本指标是一种市场动量指标，属于超买超卖类型。它最主要的作用，在于侦测市场是否即将展开大多头行情。很多分析师相信，股市存在着"相对力量"，与某些物理现象吻合。例如，棒球场上的竞赛，经验丰富的球迷，依据棒击打棒球的清脆响声，就可以判断这一球会飞得多远，同样的，要判断市场是否将产生大行情，那么，起涨点的强势与否可以比拟成球棒打击的声响，连续上涨的大阳线，代表强劲的打击力道，后市发展成大行情的机会相当高。Zweig发现，美国股市自1945年以来，总共出现14次这种强劲的"冲力"现象。平均每一次冲力出现时，市场至少上升24.6%以上，涨幅相当可观。因此，Zweig相信，大多数的多头市场开始之前，都是由这种"冲力"现象所引起。总而言之，多大的力量，可以让球飞得多远，两者之间成正比。有气无力的初升力道，后市很难变成大行情。这一点，是BTI指标的理论基础。

1. 计算公式

(1) $BI = UPW \div (UPW + DPW)$

UPW和DPW分别为上涨家数和下跌家数。

(2) BTI=BI的N天指数平均数

(3) N一般以10天为基准。

2. 运用原则

(1) 61.5%是BTI的"天线"位置。

(2) 40%是BTI的"地线"位置。

(3)BTI>61.5%时,市场超买,回档机会大。

(4)BTI<40%时,市场超卖,反弹机会大。

(5)BTI从低于40%之下,10天之内,直线上升至61.5%之上,是一种冲力的表现,暗示未来市场发展成大行情的会大。

如果是一段多头趋势,能够维持和缓有秩序地上涨,那么,这种行情股民较能够掌握。在缓涨或缓跌的市场,参考技术指标信号操作时,大部分的买卖时机都非常适宜。但是,股民们心理非常清楚,股市不可能经常出现这种理想状况。大部分时候,市场的涨跌是忽快忽慢,捉摸不定的。股市处于沮丧的谷底区时,景气大都正处于低迷期,行情平静无波。股民长期等待,逐渐丧失投资耐心之余,如果市场突然掀起一股惊涛骇浪,股民很难立刻应变处理,等到真正回过神来时,行情早已大幅涨升。经验中我们常看到,行情大幅上涨之后,股民们往往会受不了诱惑,进场抢搭顺风车。但是,满怀希望跳进场之后,行情却变成牛步拉锯。市场虽然仍维持上升趋势不变,但是,接下来的行情,却是一场长时间的涨跌锯,股民必须有超强的耐力,必须耐磨耐震,才能在这种消耗战中获利。初升段的大涨升,是一种"冲力"的表现。然而,很少人能在"冲力期"获利。冲力期涨幅常常占整个波段涨幅相当大的比例,不仅利润可观,而且时间非常短,是一种"瞬间利润"。BTI指标无法帮助股民获得瞬间利润。这种瞬间利润的作用,只在暗示行情未来的发展走向,便于及早拟定投资策略。由于大多头行情,具有长期趋势的特性,当BTI出现"冲力"信号时,投资人应该尽量选择长期指标,避免短线进出,才能获得较大利润。

BTI实例如图18-50所示。

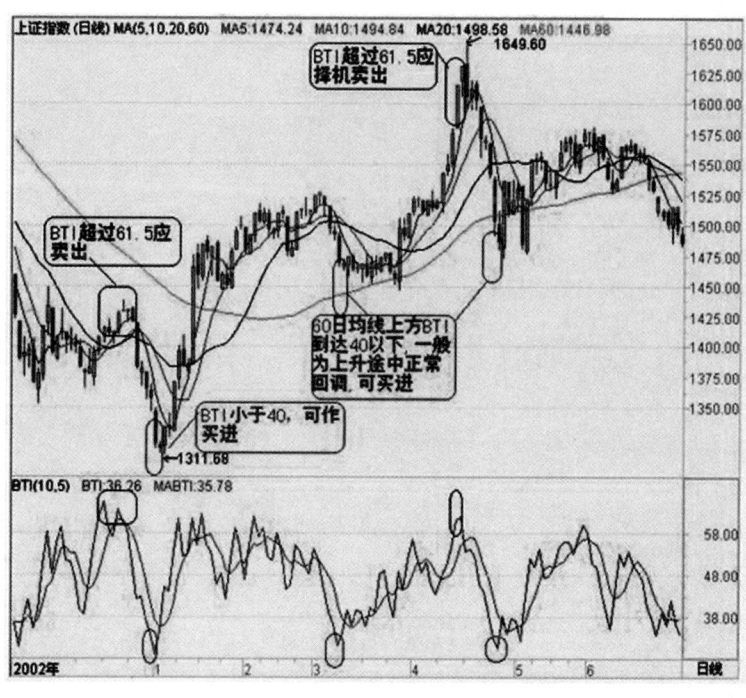

图18-50　BTI实例

麦克连指标:MCL

麦克连指标MCL(McClellan Oscillator),由Sherman和Marian McClellan两人所创。本指标是一种市场广量指标,藉平滑涨跌家数差值制作而成。MCL指标是除了ADL指标之外,投资人最常采用的广量指标。指标利用上涨或下跌家数变化,结合成交量为主要计算因子者,都可以称之为"广量"指标。广量指标又有以下两点含义:

(1)大多数个股呈现稳健的上升,才能算是一个健全的多头市场。

(2)仅有少部分个股上涨的行情,是空头市场的特征。换句话说,持续一段涨势的多头市场,目前虽然仍处于上升的局面。但是,下跌的股数已经大于上升的股数时,代表多头行情即将结束;反之亦然。

1. 计算公式

(1)DIF=UPW-DPW

UPW和DPW分别为上涨家数和下跌家数。

(2)AD=DIF的19天指数平均数。

(3)BD=DIF的39天指数平均数。

(2)、(3)的计算法请参考EXPMA公式说明。

(4)MCL=AD-BD

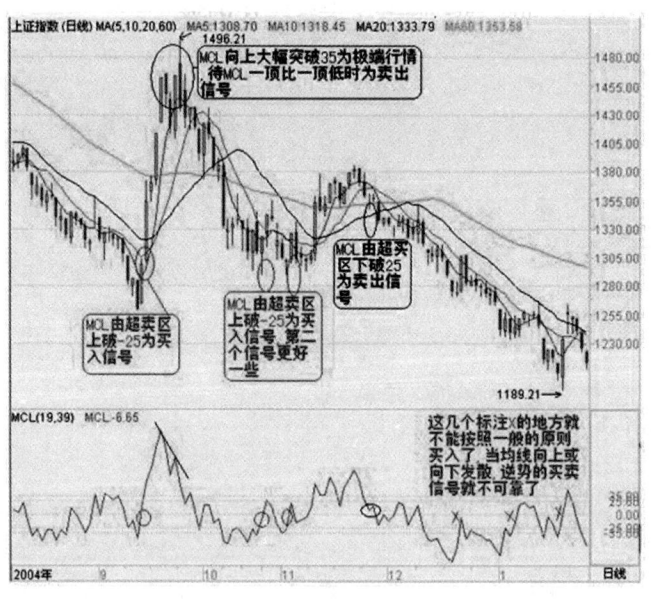

图18-51 MCC实例

2. 运用原则

(1)当MCL上涨至+25~+35之间的超买区,随后反转向下跌破+25时,可视为短期卖出信号。

(2)当MCL下跌至-25~-35之间的超卖区,随后反转向上突破-25时,可视为短期买进信号。

(3)MCL向上超越+35时,代表涨势变成"极端行情"。此时,不必急于卖出持股,指数一般会持续向上涨升2~3个星期左右。或者,至少必须等MCL形成一顶比一顶低的"背离"走势时,再考虑卖出;等MCL形成一底比一底高的"背离"走势时,再考虑买进。

MCC实例如上页图18-51所示。

麦氏综合指标:MSI

麦氏综合指标MSI(McClellan Summation Index),由Sherman和Marian McClellan两人所创。MSI是MCL指标的延续,两者的作用相当类似,MCL属于短、中期指标,而MSI属于长期指标,两者之间有互补的作用。两者都以确认趋势反转为目的,但是,MSI比MCL指标的参考价值更高。MCL属于超买超卖指标,指标抵达超买或超卖区时,是一种警告信号。但是,市场经常出现超买而指数不跌,或者超卖而指数不涨的"极端行情",使得超买超卖信号的作用,相对参考价值降低。此时,MSI指标信号的可靠度,比MCL指标高出很多。

注意,MSI指标表面上看起来,是一种超买超卖指标,实际上,MSI指标最大的作用,在于寻找大盘指数长期趋势的头部和底部。由于周期参数拉长的关系,这种信号发生的频率并不高,相对产生信号失败的机会也不多。虽然信号出现的频率低,但是每一次信号,都具有极高的参考价值。

MSI实例如图18-52所示。

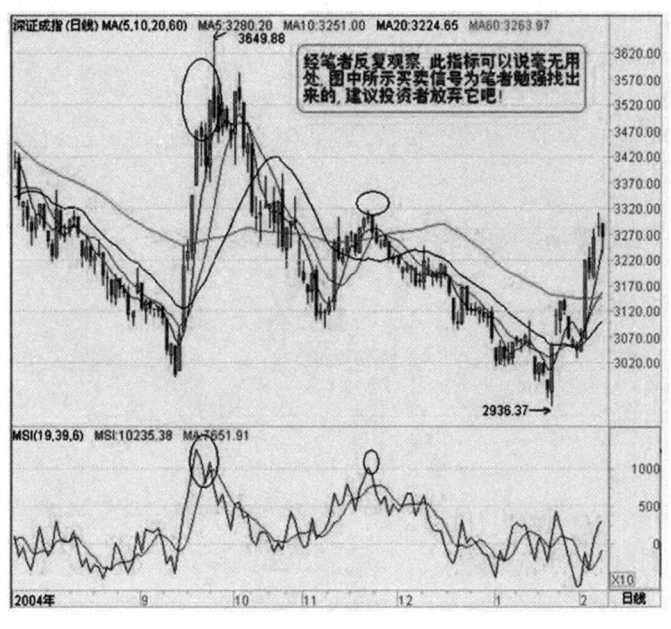

图18-52　MSI实例

1. 计算公式

(1)DIF=UPW—DPW

UPW和DPW分别为上涨家数和下跌家数。

(2)AD=DIF的19天指数平均数

(3)BD=DIF的39天指数平均数

(4)MCL=AD-BD

(5)MSI=MCL+[(常数×AD)+(常数×BD)]+1000

2. 运用原则

(1)深证指数的MSI低于-1300,上证指数的MSI低于-2000时,大盘发展成长期底部的机会高。

(2)深证指数的MSI高于+7000,上证指数的MSI高于+7000时,市场发展成长期头部的机会大。

(3)当MSI由极限低点,直接向上挺升至极限高点时,视为大多头行情即将展开的信号。

超买超卖指标:OBOS

超买超卖指标OBOS(Over bought over sold),同ADR一样,是用一段时间内上涨和下跌的股票的家数的差距来反映当前股市多空双方力量的对比和强弱。ADR选的是两者相除,而OBOS选择的方法是两者相减,比ADR涵义更直观,计算更简便。

1. 计算公式

OBOS=N日内上涨家数移动总和-N日内下跌家数移动总和

N日的采样统计一般设定为10日。

2. 运用原则

(1)OBOS的数值可为正数亦可为负数,当OBOS为正数时,市场处于上涨行情;反之,为下跌行情。

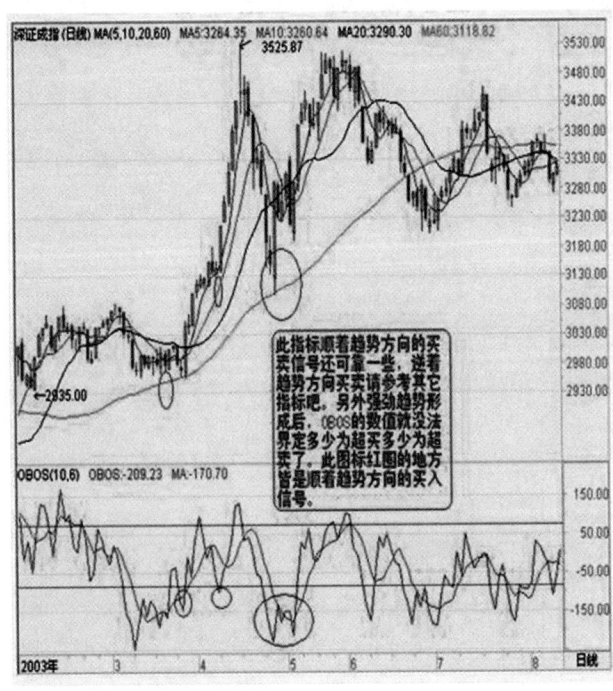

图18-53 OBOS实例

(2)10日OBOS对大势有先行指标之功能，一般走在大势前，6日或24日的OBOS因其波动太敏感或太滞缓，参考价值不大。

(3)当OBOS达到一定正数值时，大势处于超买阶段，可选择时机卖出；反之，当OBOS达到一定负数值时，大势超卖，可选择时机买进。OBOS的超买和超卖的指标区域，因市场上市的总股只多寡而变。

(4)OBOS走势与股价指数相背离时，需注意大势反转迹象。

(5)OBOS可用趋势线原理进行研判，当OBOS突破其趋势线时，应提防大势随时反转。

(6)OBOS亦可采用形态原理对其研判，特别当OBOS在高档走出M头或低档走出W底时，可按形态原理作出买进或卖出之抉择。

OBOS实例如上页图18-38所示。

指数平滑广量指标：STIX

指数平滑广量指标STIX是衡量大盘指数的超买超卖指标，首见发表于Polymetric Report杂志。本指标是从ADR涨跌比率演变而来，主要是将ADR指标经由指数平均的方式平滑求出。在常态的市场中，STIX指标超出超买超卖区的频率不多。由于交易次数减少的关系，投资人如果忠实遵守STIX指标的信号，除了可以更严谨地过滤假信号之外，还可以降低手续费的损失。在各种大势指标中，BTI、ARMS、MCL、STIX等指标，同属于超买超卖类型。交易市场实战时，上述指标必须融为一个组合，相互协调印证。

1. 计算公式

(1)AI=UPS

(2)DI=DPS

(3)ADI=(AI+DI)×100

(4)STIX=(今日ADI×常数A)+(昨日STIX×常数B)

第一次计算时，昨日STIX以昨日的ADI代替。

2. 运用原则

(1)STIX指标一般波动于+42~+58之间。

(2)STIX指标下跌至+45时，大盘已达超卖区，通常是不错的进货点。除非是长期跌势或大暴跌之外，否则，指标较少跌至+42以下。

(3)STIX指标上升至+56时，大盘已达超买区，通常被视为获利点。如果指标上升高达+58时，选择卖出手中持股，一般失误率不大。除非大多头市场的初升段。

(4)上述超买超卖值范围，随着各国市场不同，应自行修正成适合的数值。

简单地说，可以将STIX指标当成大盘专属的RSI指标。因为，一般RSI是以价格或者指数为计算因子，而指数却经常会有失真的现象发生。例如，某些占权值重的大型股上涨，而占权值较小的小型股下跌，但是，指数却仍然会呈现上涨的局面，这种状况就是所谓的"指数失真"。因为，当大部分小型股已经领先下跌时，通常是市场走到尽头的前兆，而依指数为计算基础的RSI却持续上涨，这种状况下参考RSI指标，显然客观性不够。RSI指标运用在个股时，主要是评估股价的超买超卖现象。然而，指数的背景却与股价大不相同。以股价为计算基础时，因为它只单纯衡量一只股票的涨跌幅，所以，适用个别股票价格来计算RSI。但是，衡量大盘的超买超卖时，却不能从指数涨跌的角度观察，因为指数无法完全取代整体股市的内部结构。从个股的角度，看待指标的超买超卖时，我们希望得到一段空间内，股价涨跌幅度的"极限"数据。至于大盘走势，其超买超卖的定义，取决于整体市场所有股票的表现。当大部分股票处于上涨状态时，表示市场气氛异常热络，此时的大盘超买才有意义。否则，当大盘指数失真时，相对其超买现象也会失真。因此，STIX指标不以指数为计算因子，改采市场涨跌家数的变化为因子。读者们可能已经习惯用RSI指标，来判断超买超卖的界限。但是，可以尝试使用STIX指标，来判读上证或深证指数。这种方法除了可以使大盘超买超卖的参考性更客观之外，也可以用来与RSI指标相互佐证。

STIX实例如图18-39所示。

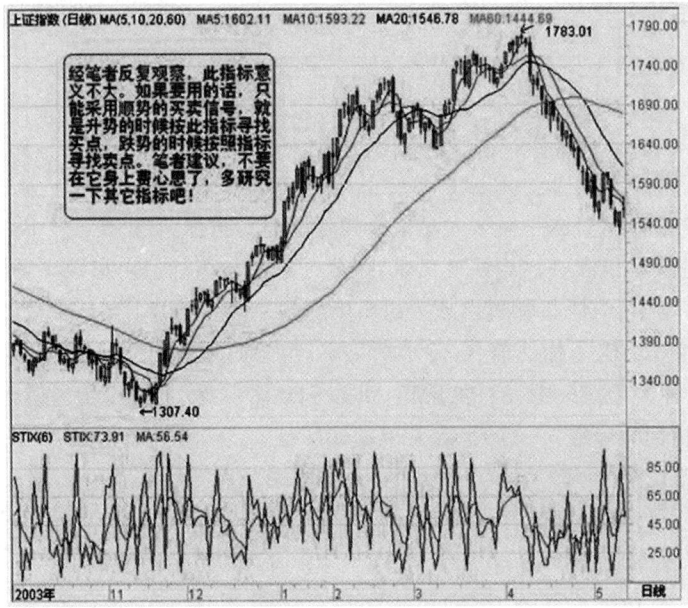

图18-39　STIX实例

第5篇

股票操作民间智慧

第19章

选股智慧

选股第1招：洞悉成交量的变化

1. 成交量的圆弧底

当成交量的底部出现时，往往股价的底部也出现了。成交量底部的研判是根据过去的底部来做标准的。当股价从高位往下滑落后，成交量逐步递减至过去的底部均量后，股价触底盘稳不再往下跌，此后股价呈现盘档，成交量也萎缩到极限，出现价稳量缩的走势，这种现象就是盘底。底部的重要形态就是股价的波动的幅度越来越小。此后，如果成交量一直萎缩，则股价将继续盘下去，直到成交量逐步放大且股价坚挺，价量配合之后才有往上的冲击能力，成交量由萎缩而递增代表了供求状态已经发生变化。

股价：高位下跌──→盘整──→波动幅度减小──→微升──→剧升

成交量：巨量──→递减──→盘稳──→极度萎缩──→递增──→剧增

成交量的变化现象由巨量而递减→盘稳→递增→巨增，如同圆弧形一般，这就是圆弧底。当成交量的圆弧底出现之后显示股价将反转回升了。而其回升的涨幅及强弱势态决定于圆弧底出现之后成交量放大的幅度，若放大的数量极大，则涨升能力越强。

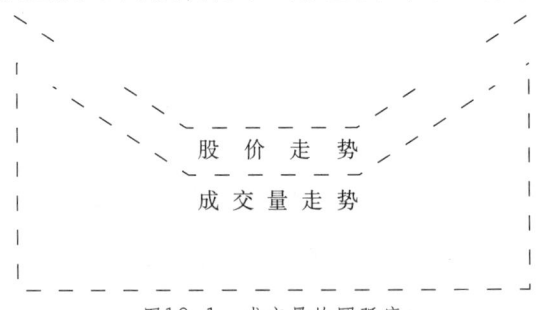

图19-1 成交量的圆弧底

底部区域成交量的萎缩表示浮动筹码大幅缩减，筹码安定性高，杀盘力量衰竭，所以出现价稳量缩的现象，此后再出现成交量的递增，表示有人吃货了，因为如果没有人进货，何来出货呢？所以此时筹码的供需力量已经改变，已蕴藏着上攻行情。成交量见底的股票要特别加以注意。当一只股票的跌幅逐渐缩小跳空下跌缺口出现时，通常成交量会极度萎缩，之后量增价扬，这就是股价见底反弹的时候到了。但是，当成交量见底时，人们的情绪也往往见底了，赚钱的人逐渐退出，新入场的人一个个被套，因此入场意愿也不断在减弱。如果当人们买股票的欲望最低的时候，而股价却不再下跌，那只说明人们抛售股票的意愿也处于最低状态。这种状态往往就是筑底阶段的特征。问题是,既然成交量已萎缩至极,说明参与者是很少的,这就证明真正能抄到底部的人必然是非常少的。

当股价长期盘整却再也掉不下去的时候,有一部分人开始感觉到这是底部,于是试探性地进货,这造成成交量少许放大。由于抛压很小,只需少量买盘就可以令股价上涨,这就是圆底右半部分形成的原因。如果股价在这些试探性买盘的推动下果然开始上扬,那必然会引起更多的人入市的愿望,结果成交量进一步放大,而股价也随着成交量开始上扬。这种现象犹如雪崩,是一种连续反应。

只要股价轻微上涨就能引发更多的人入市,这样的市场就具有上涨的潜力,如果这种现象发生在成交量极度萎缩之后,那么就充分证明股价正在筑底。

选股的时候需要有耐心,筑底需要一段时间。在成交量的底部买入的人肯定具有很大的勇气和信心,但他不一定有耐心。一个能让你挣大钱的股票的底部起码应持续半个月以上,最好是几个月。请问谁能有这样的耐心看着自己买入的股票几个月内竟然纹丝不动呢?如果你有这样的耐心,那么恭喜你,这说明了你具备炒股赚钱的第一个基本条件。还有一些相对保守的投资者,他们不愿意在底部等待太久,他们希望看清形势之后再作出决策,圆弧底的右半部分是他们入市的机会,尤其是当成交量随着股价的上升而急速放大时,他们认为升势已定,于是纷纷追入。正是由于这一类投资者的存在,且人数众多,才形成突破之后急升的局面。

建议大家做有耐心的投资者,在成交量底部买入。事实上这种做法才是真正的保守和安全的。在市势明朗之后才买入的人也许能够赚钱,第一,他们赚不到大钱,他们只是抓住了行情的中间的一段;第二,他们面临的风险实际上比较大,因为他们买入的价格比底部价格高出了许多。当它们买进的时候,底部买进的投资者已经随时可以获利离场,相比之下,谁主动谁被动一清二楚了。

2. 成交量的微妙变化

上面讲的成交量的圆弧底,那需要较长时间形成。但是,有时成交量的微妙变化,只需要几天就可以确认,而这种变化所反映的内容却是很明确的。如果我们发现了这种变化并抓住它,就有可能在很短时间内取得较大的利润。但要说明的是,前面讲的成交量的圆弧底需要耐心,而这一节讲的成交量的微妙变化则需要细心。一个总的前提条件是:首先成交量必须大幅萎缩,离开这一点,无异于缘木求鱼,就谈不上选股抓黑马的问题。成交量萎缩反映很多问题,其中最关键的内容是说明筹码的安定性好,也就是说没有人想要抛出这只股票了,而同时股价不下跌,这更说明了市场抛压已经穷尽,只有在这样的基础上,才能发展成狂涨的黑马股。

但黑马股并不是突然形成的,看起来好像黑马股是在某一天突然爆发,但在之前已经有很多迹象。而成交量的细小变化最能反映出这种迹象。

一种变化如图19-2所示。成交量从某一天起突然放大,然后保持一定的幅度,几乎每天都维持这种水平。这种变化表明有新的力量已经介入这只股票,并有计划地投入资金吸纳该股。这种介入往往引起股价上涨,但在收市时却有人故意将股价打低,其目的昭然若揭。所以我们在日线图上可以看出,在成交量放大的同时,股价小幅上涨,但常常在收市时下跌,形成十字星状。建议投资者每天收市后浏览一遍日线图,把注意力集中在成交量上面,尤其集中在成交量已经大幅萎缩的股票上面。一旦发现近两天成交量温和放大,且维持一定水平,(股价形成十字星)就必须将该股列入重点观察对象,进行跟踪。

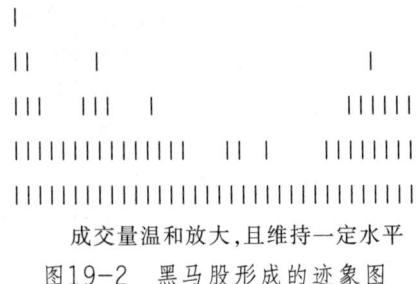

成交量温和放大,且维持一定水平

图19-2　黑马股形成的迹象图

另一种变化如图19-3所示。成交量从某一天起逐步放大,并维持一种放大趋势。这也是有一种新的力量介入该股的证明,否则的话,怎么会这么有规律呢？与此同时,股价常表现为小幅上扬,主力意图十分明显,不加掩饰。这种形状的出现表明主力已经没有多少耐心或时间来慢慢进货了,不得不将股价一路推高进货(急速建仓,高举高打)。这种情形就像飞机起飞,先在跑道上加速,一旦经过三五天加速过程之后,必定会突然起飞走出一段令人惊喜的行情。

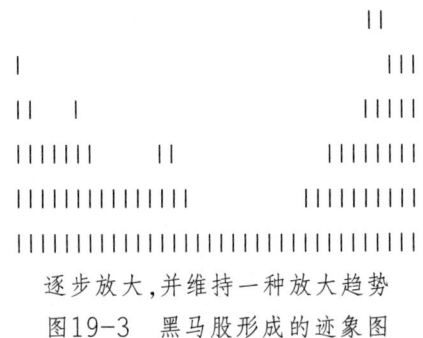

逐步放大,并维持一种放大趋势

图19-3　黑马股形成的迹象图

前面说过,观察成交量的细微变化,最重要的就是细心。许多人根本就不肯花时间去浏览所有股票的走势图,但正是因为别人不愿意做这些细微的工作,你做了,所以你能赚别人的钱。当你认识到股市的残酷之后,大概你不敢不小心从事了。请你想象一下,此时此刻除了你之外,还有成千上万的人在想如何从股市中赚钱,而你必须去赚他们的钱。如果你不比别人更细致更用功,那么凭什么去赚别人口袋里的钱呢？

事情很简单,肯用功的人在成交量出现微妙变化时就发现了,并且果断买入该股票,不肯用功的人此时根本不知道这只股票正在酝量巨变。当势态明朗了,股价涨起来了,大家才蜂拥而至,企图再分一杯羹喝,这样后知后觉的人们很少能赚到钱,因为他们追进股票的时候,先知先觉的人们正笑眯眯地收他们的钞票。

所以你必须花时间去观察成交量的细微变化,这是你的炒股水平超过别人的有效途径。其他方面的素质,比如天生的投机细胞,良好的知识背景,性格方面的因素,这都不是短时间内可以形成的,唯有细心分析,勤奋工作,这一点你可以从今天就能做到,一旦做到了。你就具备了一个远胜常人的优势。

成交量变化的分析方法不仅可以用于日线图,在周线图或小时图上都可以运用。关键在于,用什么样的图分析得出来的结论只能适用于相应的时段。比如日线图上看得到的底部常常是中期底部,随后展开的升势可能持续一个月或几个月,而小时图上的底部就只能支撑十几个小时了。如果你是真正的长线投资者,那么应该用周线图来分析,周线图上的底部一般可以管1年到几年的时间。

3. 长期牛股的底部动量

成交量可以说是股价的动量。一只股票在狂涨之前经常是长期下跌或盘整之后，这样在成交量大幅萎缩，再出现连续的放大或温和递增，而股价上扬。一只底部成交量放大的股票，就像火箭在升空前必须要有充足的燃料一样，必须具有充分的底部动力，才能将股价推升到极高的地步。因此，一只狂涨的股票必须在底部出现大的成交量，在上涨的初期成交量必须持续递增，量价配合，主升段之后往往出现价涨量缩的所谓无量狂升的强劲走势。

从实际的图例可知，一只会大涨的股票必须具备充足的底部动力才得以将股价推高，这里所说的充足的巨量是相对过去的微量而言，也就是说，当一只股票成交量极度萎缩后，再出现连续的大量才能将股价推高。成交量是衡量买气和卖气的工具，它能对股价的走向有所确认。因此，精明的投资人对于底部出现巨大成交量的股票必须跟踪，因为当一只股票的供求关系发生极大变化时，将决定股价的走向，投资者绝对不可以忽略这种变化发生时股价与量的关系，一旦价量配合，介入之后股价将必然如自己预期的那样急速上扬。

成交量的形态改变将是趋势反转的前兆。个股上涨初期，其成交量与股价的关系是价少量增，而成交量在不断持续放大，股价也随着成交量的放大而扬升。一旦进入强势的主升段时，则可能出现无量狂升的情况。最后末升段的时候，出现量增价跌、量缩价升的背离走势，一旦股价跌破10日均线，则显示强势已经改变，将进入中期整理的阶段。

因此，当你握有一只强势股的时候，最好是紧紧盯住股价日K线图，在日K线一直保持在10日均线之上，可以一路持有，一旦股价以长阴线或盘势跌破10日均线，应立即出货，考虑换股操作。

盘整完成的股票要特别注意，理由是其机会大于风险。盘整的末期成交量为萎缩。代表抛盘力量的消竭。基本上，量缩是一种反转信号，量缩才有止跌的可能，下跌走势中，成交量必须逐渐缩小才有反弹的机会。但是，量缩之后还可能再缩，到底何时才是底部呢？只有等到量缩之后又是到量增的那一天才能确认底部。如果此时股价已经站在10日均线之上，就更能确认其涨势已经开始了。

所以，基本上我们应重视的角度是量缩之后的量增，只有量增才能反映出供求关系的改变，只有成交量增大才能使该股具有上升的底部动量。

在盘局的尾段，股价走势具有以下特征：

(1) 波动幅度逐渐缩小。

(2) 量缩到极点。

(3) 量缩之后是量增，突然有一天量大增，且盘出中阳线，突破股票盘局，股价站在10日均线之上。

(4) 成交量持续放大，且收中阳线，加上离开底价3天为原则。

(5) 突破之后，均线开始转为多头排列，而盘整期间均线是重叠在一起的。

选股第2招：寻找稳赚图形

近年来沪深股市的走势，越来越明显地表现一个特点，那就是市场的走势已越来越技术化。也就是说，前几年出现的那些反技术的操作手法在逐渐地消失。无论是市场主力，还是散户投资者，都不得不服从于市场本身的规律，任何企图扭转大势的努力都是徒劳的。股市出现这样的特征,根本原因还是股市的规模容量扩大了,股市走势本身所应有的规律性便越来越显现出来了。

在所有的股价走势的规律中,最直观的就是股价走势的形态了,俗称图形。这里所要寻找的稳赚的图形,实际上就是发现那些良好的走势形态,借助这些形态来挖掘市场走向的本质,从而捕捉到最能带来丰厚利润的个股。

前面已经讲过,随着市场容量的扩大,技术分析在股市中的作用也越来越大。正因为市场中有太多的个人和机构都在依据图形来操作,图形的影响力也就越来越大。因此,对于一个完整漂亮的图形不应有所怀疑,尤其是对那些花了很长时间形成的图形,更应该信它。庄家机构只能短时间内影响股价,无法长期控制股价去形成一个大的形态。

1. 重要的稳赚图形——圆底

第一个要介绍的图形就是圆底,之所以要把它放在第一位,是因为历史证明这个图形是最可靠的。同时,这个图形形成之后,由它所支持的一轮升势也是最有力最持久的。在圆底形成过程中,市场经历了一次供求关系的彻底转变,好像是一部解释市场行为的科教片,把市势转变的全过程用慢镜头呈现给所有的投资者。应该说,圆底的形态是最容易被发现的,因为它给了充分的时间让大家看出它的存在。但是,正是由于它形成的时间所需时间较长,往往反而被投资者忽略了。

圆底,是指股价在经历了漫长的下跌之后,跌势逐渐趋缓,并最终停止下跌,在底部横盘一段时间后,又开始再次缓慢回升,终于向上发展的过程。现在我们通过圆底这个图形表象来研究这个过程的本质。如图19-4所示。

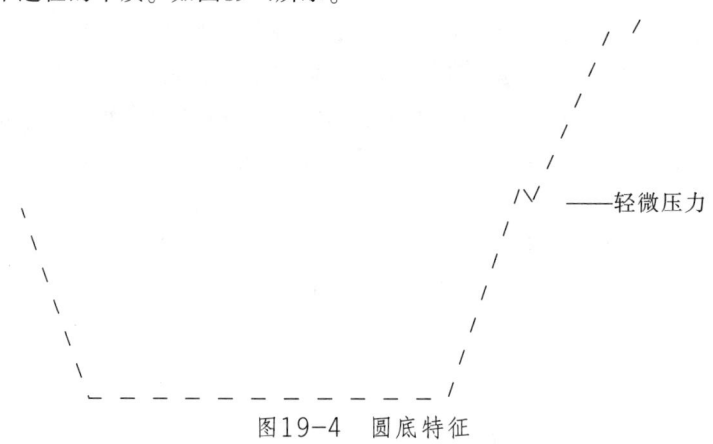

图19-4 圆底特征

当股价从高位开始回落之初,人们对股价的反弹充满信心,市场气氛依然热烈,因此股价的波动幅度在人们的踊跃参与之下依然较大。但事实上,股价在振荡中正在逐渐走低,不用多久,人们就发现现在这时的市场很难挣钱,甚至还常常亏钱,因此参与市场的兴趣在逐渐降低。而参与的人越少,股价更加要向下发展取得平衡。正是这种循环导致股价不断下跌,离场的人也就越来越多。

然而,当成交量越来越少的时候,经过长时间的换手整理,人们的持股成本也逐渐降低,这时候股价下跌的动力有所减弱,因为想离场的人已经离场了,余下的人即使股价再跌也不肯斩仓。这样,股价不再下跌。但这时候也没有什么人想买股票,大家心灰意冷,这种局面要持续相当长的一段时间,形成了股价底部横盘的局面。

这种横盘要持续多久很难说,有时是几个月甚至几年,有时是几个星期,但我们有兴趣的是,这种横盘局面迟早会被打破,而盘面打破的特征就是股价开始小幅上扬,成交量开始放大,这一现象的实质是市场上出现了新的买入力量,打破了原有的平衡,因而迫使股价上行。

事情发展总是循序渐进水到渠成的,当新的买入力量持续增强的时候,说明市场筑底成功,有向上发展的内在要求,才形成了圆底的右半部分。当股价在成交放大的推动下向上突破时,这是一个难得的买入时机,因为圆底形成所耗时间长,所以在底部积累了较充足的动力,一旦向上突破,将会引起一段相当有力而持久的上涨。投资者这时必须果断,不要被当时市场虚弱的市场气氛给吓倒。

圆底的主要特征:

(1) 打底的时间较长。
(2) 底部的波动幅度极小,成交量极度萎缩。
(3) 股价日K线与平均线叠合得很近。
(4) 盘至尾端时,成交量缓慢递增,之后就是巨量向上突破阻力线。
(5) 在经历了大幅下跌之后形成。

2. 重要的稳赚图形——双底

第二个可靠的底部形态就是双底。在选股的时候,在实战中运用最多的也就是这种图形。双底形成的时间比圆底短一些,但它常常也具有相当强的攻击性。

一个完整的双底包括两次探底的全过程,也是反映出买卖双方力量的消长变化。在市场上实际走势中,形成圆底的机会较少些,反而形成双底的机会较多些。因为市场参与者往往难以忍耐股价多次探底,当股价第二次回落时而无法再创新低的时候,投资者大多开始补仓介入了。如图19-5所示。

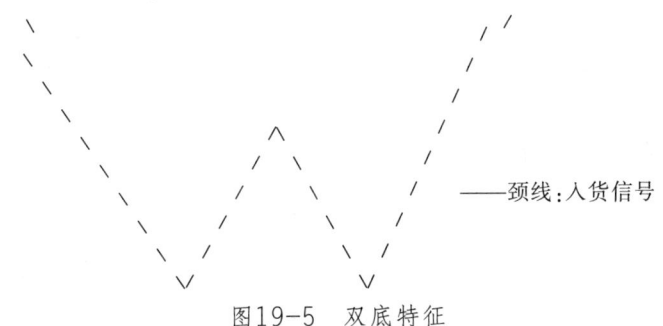

图19-5 双底特征

每次股价从高水平回落,到某个位置自然而然地发生反弹之后,这个低点就成为了一个有用的参考点。市场上许多人都立即将股价是否再次跌破此点当成一个重要的入市标准。同时,股价探底反弹一般也不会在一次完成。股价反弹之时大可不必立即去追高。一般来讲,小幅反弹之后股价会再次回落到接近上次低点的水平。这时应该仔细观察盘面,看看接近上次低点之后的抛压情况如何,接盘的情况如何。最佳的双底应是这样,即股价第二次下探时成交量迅速萎缩,显示出无法下跌或者说没有人肯抛的局面。事情发展到这个阶段,双底形态可以说成功了一半。

那么另一半决定于什么呢?决定于有没有新的买入力量愿意在这个价位上接货,即有没有主动性买盘的介入。一般来讲,股价在跌无可跌时总有人去抄底,但有没有人肯出稍高的价钱就不一定了。如果股价在二次探底之时抛压减轻,但仍然没有人肯接货,那么这个双底形态可能会出现问题,股价在悄然无声中慢慢跌破上次低点,这样探底就失败了。

只有当二次探底时抛压极轻,成交萎缩之后,又有人愿意重新介入该股,二次探底才能算成功。在这种主动性买盘的推动下,股价开始上升,并以比第一次反弹更大的成交量向上突破，这个双底才算成功。看盘高手会在股价第二次探底的时候就发现这是一个成功的双底，并立即作出买卖的决定，但我们建议大家等到双底确认完成之后，即向上突破之后再介入该股，这样的风险小得多。

严格意义上的双底往往要一个月以上才能形成，但是，有许多短线高手乐意在小时图或15分钟图上寻找这种图形，这也是一种有效的短线操作方法。但要小心的是，一个分时图上的双底形成之后，并不能认为日线图上的造势也改变了。因为分时图的形态能量不足以改变日线图的走势。

双底的重要特征是：

(1) 股价两次探底，第二次低位不低于第一次的低位，常常是第二次低位要稍高些。

(2) 第一次探底的成交量已经大幅萎缩，反弹自然发生。

(3) 第二次下跌时成交量更小。

(4) 第二次上升时有不少主动性买盘的介入，成交量明显放大。

(5) 以大阳线突破。

3. 重要的稳赚图形——突破上升三角形

前面讲的两种包赚图形都是底部形态，在那时候买入当然最好，风险最小，收益最大。但还有一些可以令你赚钱的图形发生在股价上升途中。

股价的上升犹如波浪推进，有涨有落但总趋势向上，也就像长途跑步一样必须休息。股价整理的意义就在于休整，如果不整理，股价就不可能有能力再往上冲。对于短线炒手来讲，股价休整的时候可以暂时退出观望，或者抽出资金来买入那些休整结束的股票。如今市场的一个很大特点就是，每天都有很多股票正在盘整，也有些股票已经完成盘整开始新的上升。这样给投资者以很大的选择余地。

在各种盘整走势中，上升三角形是最常见的走势，也是标准的整理形态。抓住刚刚突破上升三角形的股票，足以令你大赚特赚。如图19-6所示。

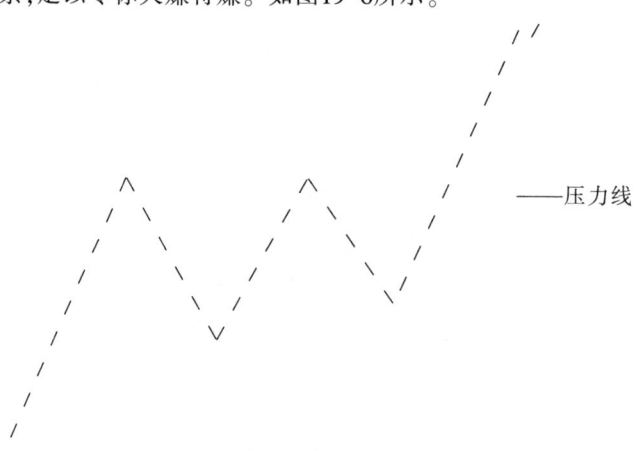

图19-6　上升三角形

股价上涨一段之后，在某个价位上遇阻回落，这种阻力可能是获利抛压，也可能是原先的套牢区的解套压力，甚至可能是主力出货压力，总之，股价遇阻回落。在回落过程中，成交量迅速减小，说明上方抛盘并不急切，只有到达某个价位才有抛压。由于主动性抛盘并不多，股价下跌一些之后很快站稳，并再次上攻，在上攻到上次顶点的时候，同样遇到了抛压，但是，比起第一次来这种抛压小了一些，这可以从成交量上看出来，显然，想抛的人已经抛了不少,并无新的卖盘出现。这时股价稍作回落,远远不能跌到上次回落的低位,而成交量更小了。于是股价自然而然地再次上攻,终于消化了上方的抛盘,重新向上发展。在上升三角形没有完成之前,也就是在没有向上突破之前,事情的方向还是未知的,如果向上突破不成功,可能演化为头部形态,因此在形态形成的过程中不应轻举妄动。突破往往发生在明确的某一天,因为市场上其实有许多人在盯着这个三角形,等待它的完成。一旦向上突破,理所当然地会引起许多人的追捧,从而出现放量上涨的局面。

上升三角形形成过程中是难以识别的,但是通过第二次回档时盘面情况来观察,可以有助于估计市势发展的方向。特别是对于个股走势判断,更加容易把握,因为现在的公开信息中包括三个买卖盘口的情况和即时成交的情况,只要仔细跟踪每笔成交,便可以了解该股回档时的抛压及下方支撑的力度,并分析是否属于自然止跌,如果属于庄家刻意制造图形,则支撑显得生硬勉强,抛压无法减轻。

上升三角形的上边线表示一种压力,在这水平上存在某种抛压,而这一抛压并不是固定不变的。一般来说,某一水平的抛压经过一次冲击之后应该有所减弱,再次冲击时更进一步减弱,到第三次冲击时,实质性抛盘已经很少了,剩下的只是心理上的压力而已。这种现象的出现,说明市场上看淡后市的人并没有增加,倒是看好后市的人越来越多。由此可以想见,股价向上突破上升三角形的时候,其实不应该拖泥带水,不应该有多大的阻力,这是判断一个真实突破的关键。

然而,如果在股价多次上冲阻力区的过程中,抛压并没有因为多次冲击而减弱,那只能说市场的心态本身正在转坏,抛压经过不断消耗反而没有真正减少,是因为越来越多的人加入了空方的行列,这样的话,在冲击阻力过程中买入的人也会失去信心,转而投降到空方的阵营。这种情形发展下去,多次冲击不能突破的顶部自然就形成了一个具有强大压力的头部。于是,三角形失败,形成多重顶。

如果对上升三角形的本质有了充分而又具体的认识,在此基础上去识别正确形态,做到胸有成竹,捕捉具有完美上升三角形形态的个股,想不赚钱都难了。

上升三角形具有以下特征:

(1) 两次冲顶连线呈一水平线,两次探底连线呈上升趋势线。
(2) 成交量逐渐萎缩在整理的尾端时才又逐渐放大并以巨量冲破顶与顶的连线。
(3) 突破要干净利落。
(4) 整理至尾端时,股价波动幅度越来越小。

4. 重要的稳赚图形——突破矩形

矩形整理的分析意义和上升三角形完全相同,只是股价每次探底时都在同一水平获得支撑,而不像三角形那样低点逐步上移。

矩形常常被人们成为股票箱,意思是股价好像被关在一个箱子里,上面有盖,下面有底,而股价在两层夹板之间来回运动。如果这种来回运动具有一定的规律性,即上升时成交量放大,下降时成交量缩小,并且随着时间推移,成交量整体呈现缩小的趋势,那么这个矩形是比较可靠的。

矩形常常是在主力机构强行洗盘下形成的,上方水平的阻力线是主力预定的洗盘位置,下方的水平支撑线是护盘底线,在盘面上我们有时可以看到股价偶尔会跌破支撑线,但迅速回到支撑线之上,这可能是主力试探市场心态的方法。如果一个重要的支持位跌破之后,市场并不进一步下挫,这充分说明市场的抛压已经穷尽,没有能力进一步下跌。

突破矩形如图19-7所示。矩形有一个量度的升幅,即当矩形向上突破之后,最小要向上升到这个矩形本身的高度那么多。这种量度升幅是某种经典的理论,它在我们的股市中有多大的可信程度还有待观察。但有一点可以肯定,即大的矩形形态比小的可靠得多。股价在股票箱中来回振荡的次数可多可少,这决定于市场的需要。振荡的次数越多,说明市场的浮码清洗得越彻底,但要记住,振荡的尾声必须伴随着成交量的萎缩。在实战中,完全标准的矩形并不是常见的,股价走势常常在整理的末段发生变化,不再具有大的波幅,反而逐渐沉寂下来,高点无法达到上次的高点,而低点比上次低点稍高一些,演变为旗形。这种变形形态比标准矩形更为可信,因为形态的末端说明市场已清楚地表明了它的意愿,即说明整理已到达末期,即将选择方向。因此,真正的突破不一定发生在颈线位置上,真正的看盘高手不必等到颈线突破才进货。当然,这需要更加细致地看盘技巧。

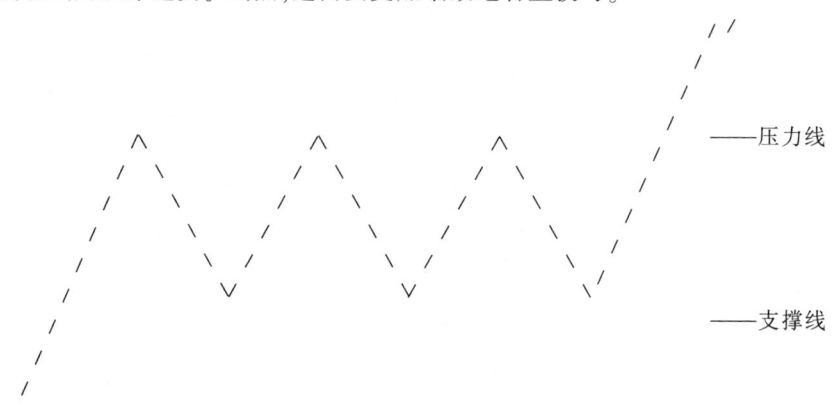

图19-7　突破矩形

矩形的特征如下:

(1) 盘整的时间较长。

(2) 上升的压力线平行于支撑线。

(3) 突破阻力线时必须伴随着大的成交量。

(4) 盘整期越久,将来突破之后的行情越大。

到这里为止,我们已经介绍了四种比较可靠的稳赚图形,从形态分析的角度来看,它们包括了两个底部形态和两个顶部形态。由于形态分析的内容博大精深,在这里不能全深入地介绍。对于一个完全领略了形态分析精要的投资者来说,形态图形的本身并不重要,重要的东西在图形之外,在市场多空双方力量的对比,在市场气氛,而图形只不过是市场状态的表象而已。所以,掌握形态分析的精要,就基本上掌握了市场特有的逻辑,就能做到"一把直尺闯天下"。

5. 强势股的走势特征

随着市场上个股之间的走势分化情况日趋严重,投资者选股的能力显得越来越重要。大市的走势必定是波动式的,有升也有跌,只要整体趋势向上,我们就说大市好。然而个股的走势有时并非完全依照大市波动,可能走出个股行情。当指数回调时,总有一些个股不跌,甚至反而上升,这些个股往往是强势股(或庄股)。当然,并非所有的大市回调时反而上升的个股均可成为强势股,因为市场上有一种股票庄家专门逆势操作,即大市上升时它不上升,大市下跌时它却异军突起,对于这种股票,我们不称它为强势股,因为它们的势并不强,只是逆大市而动而已。庄家这样操作的理由主要是,这种股票容易引起投资者的注意,当大市跌时它名列涨幅榜上,那当然引人注目,于是总有人跟风。同时,当大市上升时它不上升,则是为了易于派发,如果指数已经上升了一大截,自然有人去寻找那些涨幅不大的股票买入,以期待补涨。总之,逆势而为的股票纯属庄家行为,不是我们所说的强势股。强势股的走势特征如图19-8所示。

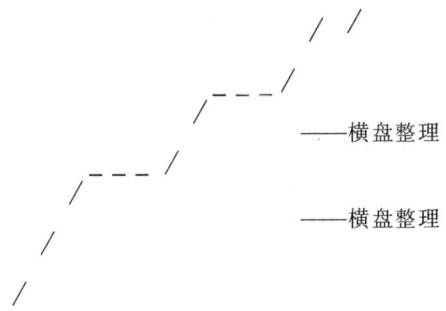

图19-8 强势股的走势特征

强势股是指大市回档时它不回档,而以横盘代替回档,当大市重新向上时,它升幅更为猛烈的个股。这种股票一般具有良好的市场属性,有长庄把守,有坚实的群众基础。大市下跌时,持该股的投资者根本不会动摇持股的信心,庄家也在全力护盘,不让股价下跌,一旦大市转强,庄家立刻奋力上拉,而散户也大加追捧。

抓住这种股票是最让人舒服放心的,识别这种股票也不难。凡是个股K线图以横向整理代替回档者,表示有主力长期驻守,市场持股者也看好后市,所以卖压极轻,浮动筹码少,往往使此股呈稳健上升之态。

6. 一般性的结论

(1) 选股务必根据图形,千万不要怀疑完整而漂亮的图形。

(2) 应选择当时市场的热门股票,热门股往往是最强势的股票。

(3) 选股应作投资组合,以应付轮涨,图形漂亮的股票不止一个,唯有投资组合才能提高战果。

(4) 最稳健的操作手法还是选择筑底完成的个股,因为此时利润大于风险。但投资者应能看出何时要发动攻势,以免资金被压死在里面。筑底完成的股票需要发动之前必有巨大的成交量发出信号。

(5) 打底已久,低位出现多次跳空的股票需要特别注意,因为这些股票的卖压已经消耗干净,浮动筹码已经很少,筹码的安定性好,供求关系正处于强烈不平衡之中。

(6) 不论打底时间有多长,不见底部完成,不能放量则不进场。

(7) 重视个股的表现,不能被大势所迷惑。

(8) 图形的判断必须配合成成交量,否则无法精确把握股价走势。

选股第3招:分析平均线系统

1. 平均线的本质

对移动平均线进行分析是选中强势股、黑马股的又一有效的方法。移动平均线是分析价格变动趋势的一种方法,它主要是将一定时间内的股价加以平均,根据平均值作出图线。通常将每日的K线图与平均线绘在同一张图中,这样便于分析比较。通过分析平均线的走势以及平均线与K线之间的关系来决定买卖的时机,或是判断大势的方向。

主张采用移动平均线的人士认为,每天交易中的大多数细小的波动仅仅是一个重要的趋势的小插曲,如果过分看重这些小波动,反而容易忽略主要的趋势。因此,他们认为分析股价走势应有更广阔的眼光。采用平均线的方式,着眼于价格变动的大趋势。

一般平均线采样数有3天、7天、10天和30天等,甚至有长期平均线取样时间长达150天和250天。

技术分析者之所以能够用平均线来分析价格走势,是因为它具有以下基本特征:

(1) 趋势的特征。平均线能够表示出股价运动的基本趋势。

(2) 稳重的特征。移动平均线不会像日线那样大起大落,而是起落得相当平稳。向上的平均线经常是缓缓向上,向下也是这样。要改变平均线的运动趋势相当不容易。

(3) 安全的特性。通常越长期的平均线,越能表现出安全的特性,即移动平均线不会轻易地往上往下,必须等市势明朗后,平均线才会真正改变方向。经常是市势开始回落之初,平均线却是向上的,等到市势落势显著时,才见平均线走下坡。这是平均线的最大特色。越是短期的平均线,安全性越差。越是长期的平均线,安全性越好,但也因此而使平均线反应迟钝。

(4) 助涨的特性。股价从平均线下方向上突破后,平均线也开始向上移动,可以看成是多头的支撑线,市价每次跌回平均线附近时,自然会产生支撑力量。短期平均线向上移动的速度较快,中长期移动平均线向上移动的速度较慢,但都表示一定期间内平均持股成本增加,买方力量若仍然强于卖方的话,股价每次回落到平均线附近时,便是买进的时机。如果平均线的助涨的功能消失,股价重回平均线之下,这时可能趋势已经转变。

(5) 助跌的特性。股价从平均线上方向下突破后,平均线也由此开始向下方移动,这时平均线成了空头的阻力线,市价每次反弹至平均线附近时,自然产生阻力。因此在平均线往下运动时,每当股价反弹到平均线附近都是卖出的时机,平均线此时具有助跌的功能。如果市价下跌逐渐趋缓,平均线开始减速下行,此时若股价再次与平均线接近,则可能向上冲破均线开始升势,此时均线的助跌的功能减弱。

2. 如何分析平均线系统

首先,平均线系统本身已经反映了股价目前的运动趋势,可以说,平均线就是股价目前运动的趋势线。当平均线向上运动时,反映股价总的趋势是向上的,相反,当平均线向下倾斜的时候,说明股价正在一个下跌的趋势当中。平均线运行的角度反映了这个趋势的强弱程度。越是陡峭的平均线反映股价运动趋势越是强烈。然而,平均线的运行角度是在不断变化的,这就反映股价运动的趋势蕴含着变化的契机。因此,首先,分析平均线系统是看它运动的方向和角度,从而判断目前股价运动的大趋势及这个趋势的强弱程度;其次,我们要观察不同期限的平均线的运动情况之间的关系。简单地说,就是观察短期、中期和长期均线之间的排列关系。这种排列常被分为多头排列、空头排列和整理形排列三种。多头排列是指排列方式从上至下分别为:短期、中期、长期,而且所有均线都正向上方运动,这种排列揭示出股价正处于一个强烈的多头趋势之中,这种趋势还会保持一段时间。空头排列是指排列方式从下至上分别为:短期、中期和长期,而且所有均线都正以一定的角度向下运动,这种排列说明股价正处于一个下降趋势之中。整理形排列是指短期、中期、长期均线都呈水平运动状态,且相互纠缠在一起,相距非常之近,这种排列说明股价的运动暂时失去方向,等待市场决定突破方向。最后,我们要看目前的股价处于均线系统之中的什么位置。一般来讲,股价在均线系统之上是强势信号,股价在均线系统之下是弱势信号,如果股价与均线系统非常接近,且股价的波动幅度很小,那么面临的将是一个突破,以决定后市的方向。

股价与平均线偏离的程度也是很有用的一个指标,由于平均线实质上反映的是一段时间以来的平均持股成本,因此股价与平均线的偏离程度可以反映出市场上获利或套牢的投资者情况。这个指标称为乖离率,其主要的功能是通过测算价格在波动过程中与移动平均线的偏移平分比,从而得出股价在剧烈波动时因偏离平均成本太远而可能造成的回档或反弹,以及价格在正常波动范围内移动而继续原趋势的可信程度。一般来讲,当股价偏离短线均线10%以上之后,即10日乖离率超过10%时,股价有向短期均线靠拢的要求,以消化短期获利的压力或空头回补的压力。而中期乖离率超过30%以后,中级趋势必须修整才有进一步发展的动力。

3. 应用平均线的买进法则

(1) 移动平均线从下降转为水平,并且向上移动,而收盘价从平均价的下方向上方移动与平均线相交,并超越平均线时,形成一个买进的信号。

(2) 收盘价在平均线上方变动,虽然出现回跌,但并没有跌破平均线,又回头上升,这时也是一个买进信号。

(3) 收盘价曾一度跌至平均线下方,但平均线保持上升势头,这时也是买入的信号。

(4) 收盘价在平均线上方运动,突然暴跌,距离平均线很远,这是超卖现象,收盘价可能回升,这是一个买进信号。

4. 应用平均线的卖出法则

(1) 股价在平均线上方运动,并呈现上升趋势,离平均线越来越远,表明近期内买入者都已获利,随后会有获利回吐,这时是卖出信号。

(2) 移动平均线由向上逐渐转为水平,并且呈下降趋势,而股价从平均价的上方与平均线相交之后跌至平均线下方,说明价格会出现较长时间的下跌,为卖出信号。

(3) 收盘价在平均线下方移动,反弹时没能涨破平均线,而且平均线正趋于下降,这是卖出信号。

(4) 股价在平均线附近徘徊,而平均线正呈明显的下降趋势,这时也是卖出时机。

5. 强势股平均线系统的特征

移动平均线就是超势线,股价在一段时间内,沿着一定的轨道运动,事实上,股价经常贴着这轨道运动,在趋势没有改变之前,不必卖出手中的股票。而趋势线越陡峭的个股,其走势也越强。凡是短期均线向上角度越陡的股票,反映出强的走势,应该列入优先考虑选择之中,这类股票的均线系统必须呈多头排列,且每次回档都在均线之上获得支持,而回档也常常用横盘的方式来完成,股价的横盘等待均线的上扬,一旦均线上升到接近股价的位置,便发挥出均线助涨的作用,推动股价继续上扬,这类股票必须牢牢抓住。

分析上升趋势线的仰角是非常重要的选股分析,一旦买入自己认为的强势股就一定要盯住其上升趋势,看它是否继续维持其强势。只要是一条已建立的上升通道保持没被破坏,都表示持股是正确的,新的买入者继续加入市场,但是,投资者必须特别加以注意的是当股价的日K线每次触及趋势线时,股价所作出的反应到底是获得支持还是跌破,尤其是突破时伴随着增加的成交量。

趋势的改变,投资者必须特别加以警觉,因为那时多空双方力量会有转变,当趋势的改变信号甚至反转形态出现时,就是应该换股的时候了。所以,投资者一定要选择强势股介入,但又要避免选择乖离率太大的个股,因为这些股票的势头虽然很强,但升势过猛需要回调整理,不如等它回调至均线附近再介入。

6. 应用平均线选股的一般性的结论

(1) 选股必须先分析其平均线系统排列的情况,认清该股目前所处的形势。

(2) 选股应选择均线系统呈多头排列的股票,这些股呈强势,获利的机会大。

(3) 平均线反映的是大众平均持股成本,通过分析股价与均线位置之间的关系,可以估计目前市场上获利抛压及空头回补意愿的强弱。

(4) 在趋势未改变之前不要抛出手中的股票。

(5) 选股务必分析短期的乖离率,不宜介入乖离率太大的股票。

(6) 短期均线急速上扬的股票必须注意。

(7) 强势股也应具有强势均线系统,往往在回档至均线附近即获支持,这正是买入时机。

(8) 通过分析均线系统可以得出一系列买卖信号,而均线系统本身反应较慢,所以应该结合日K线分析,由它们的位置关系来决定买卖策略。

选股第4招:掌握主力的动向

1. 主力选股的依据

主力在市场上的作用是有目共睹的,中国股市的一大特点即是:各种主力对股价的影响十分明显。然而主力并非永远站在胜利一方的,许多时候庄家炒作失误,也会陷入相当被动的局面。所以对散户投资者来讲,要识别并正确地跟踪主力,与庄家周旋,方可避免同庄家一起灭亡的命运。主力机构的操作失误有时因为操作水平不高,有时是大势所逼,有时因为选股不当。

主力选股的依据可以从技术面和基本面两方面去理解。在技术面上,首先,被选中的股票必须是有利于炒作的,比如盘子的大小要与操作者本身的资金量相配合,太大的资金炒作太小的股票会感觉池子太小,不能容身;太小的资金去炒作大的盘子会感到力不从心,推不动盘口。其次,考虑目前该股的筹码分布情况。所谓筹码分布,既指筹码在不同价格上的分布,又指筹码在不同的投资者手中的分布。从筹码分布的状况可以看出上方套牢区主要集中在什么部位,在哪一类投资者手中。最后,考虑的第三个因素就是指目前该股的走势,是否已经打底完成,还是正处于下跌的途中。在这些方面的因素考虑完之后,如果认为技术上该股适合炒作,那么还要对公司情况作出调查,了解其背景,看看有没有隐藏的利空,或者有没有可供炒作的题材。

从基本面的考虑主要是指大势的考虑。股票不是天天都可以炒作的,而炒过一段时间之后自然要作出休整,如果在大势的末段进庄选股,自然不会有什么好结果。基本面的考虑还包括国家的经济环境与政策,其他机构的动向等。

一般主力炒作某只股票都应有相应的理由,才能引起散户的跟进,大致有以下的理由是主力机构乐于接受的:

(1) 有重大利多的股票。
(2) 股本小,筹码少,易于控制的股票。
(3) 公司业绩好的股票。
(4) 可能资产重组的股票。
(5) 想象空间大的股票,比如高科技股。

2. 主力进货的时机

主力进货一般选在下列的时机:

(1) 股价在低价区或有投资价值的时候。
(2) 个股底部构筑完整之时。
(3) 人心极度悲观,严重超跌时。
(4) 恐慌性暴跌或长时期下跌之后。
(5) 了解到公司有重大利多消息之时。
(6) 可能有股权争夺之时。

3. 主力操作的方式

主力泛指市场上一股有势力的力量,并不一定具体指某个机构或个人,因而主力的操作方式很大程度上要随市势的变化而变化,对中国股市而言,主力很可能是某个机构或集团,其操作方式也就带来了很大的人性色彩。这正是我们股市投机性强、波动大的原因。主力在市场的作用主要是:煽风,点火,带动人气,引起股价波动。可以说,正是因为主力的存在才使得市场变得活泼。

成交量的变化是推动股价变化的主要动力,而筹码的锁定程度决定了股价波动的强烈与否。主力如果想要随心所欲地翻云覆雨,首先他必须控制得住筹码,也就是说他必须透过市场吸收筹码,而且必须要和上市公司相协调,以免上市公司与之作对。当他完全掌握了筹码的主动权之后,才能在阻力不大的情况下操纵股价。因此,我们在选股时必须特别注意主力动向及其操作手法,才能精确判断其做空或做多的企图。通常主力机构在制定了操作计划之后,就开始在市场中默默吸货,直到能够控制大势之后,再进行拉升。在吸货期,主力常以散布利空消息或打压的方式吓出散户的筹码,反复振荡吸货,之后才可能拉出大阳,令股价迅速远离吸货的成本区。在拉升一段后,主力要进行洗盘操作,使投资者对涨势半信半疑,不敢坐顺风车,这时市势振荡加剧,令人不安。主力洗盘时,常故作弱势状,以诱出信心不坚定的筹码,令市场的平均成本提高。主力振荡洗盘的方法常常是高出低进,迫使散户抛出,改由另一批人接货。或者,直接向下打压洗盘,顺便赚些差价。因此,主力洗盘阶段的目的有两个:一是完成筹码换手,提高平均成本;二是赚取可观的差价。当洗盘接近完成的时候,股价的波动也就越来越小,短线客无利可图,筹码自然稳定。洗盘完成之后要拉升,逼使空头加补,这就是我们常说的轧空行情。这一阶段上升猛烈,令人不得不去追涨,这就是行情的主升段。主力拉升股价的方法包括:散发小道消息,勾结传媒等,利用大成交量突破整理区,使技术派人士跟进,或者与上市公司合作,发布利多消息,号召散户追高。这时筹码的锁定程度高,股价极易飞涨。

在主升段的末期,主力开始分批出货,最后的主升段往往是公司利多消息后发布的时候,也是主力出最后一批货的时候。日K线图形态往往是缺口向上、十字星或巨量的高开小阴线表现。主力出货形成各种各样的头部，依照出货的量的多少或者股票的盘子的大小不同而不同。有的是M头，有的是头肩顶，有的是单日转向。总之，主力出清手中持股就撒手不管，股价自然难以维持。

在我们的股票市场上，影响股价涨跌的各种因素中，首位的是人为因素，公司业绩与经济环境都排在之后。因为主力掌握两项有力的武器，其一是资金，其二是内幕消息及传媒的关系。这两点足以决定个股的价格在很大程度上可以被操纵。

当然，股市的大趋势是无法被完全操纵的，这是普通的投资者有可能赚钱的原因。庄家即使成功地控制个股的价格，但如果失去了大势的支持配合，一样会作茧自缚，一败涂地。所以对散户投资者来讲，唯有提高自己的专业水平，把握整个经济环境的变化，才能在市场上赚钱。

4. 主力轮炒手法分析

主力做多或做空可以从盘面上看出征兆，比如大盘以轮涨的方式出现时，主力做多的心态明显，因为轮涨可使市场人气不至于快速消散，且能抑制空头的打压。在人气聚集的情况下，空头打压不但十分费劲，而且反而易被轧空。轮炒的手法也易于掩护已被炒高的个股顺利出局，因为轮炒可使指数不因个别股票出货而下跌，使指数保持上扬的势头，这样比起全面性拉升来，要省事得多，也不会引起投资者的戒心。主力采用轮炒的方式做多，不但可以维持人气不散，更可令资金易于周转而灵活运用，指数因轮炒而呈连续上扬的形态，整个大盘的成交量也因轮炒而不消退，使得投资者的资金不至于离开股市。各种股票在轮炒中排有不同次序，从而形成领先大势的股票、跟随大势的股票和落后大势的股票等。

轮炒有一项重要的特性，那就是当可以炒作的股票越来越少时，即表示接近多头市场的尾声了，至少，应该有一次大的调整。

5. 散户跟随主力的要诀

市场主力操作股票一般以下列法则为依据：

（1）市场人气状态决定股价的涨跌。

（2）供求关系的变化是股价变动的依据。

（3）股价的操作必须灵活，不能一味地做多或做空。

（4）必须有能力控制筹码。

（5）操作必须理性，对散户心理了解必须透彻。

市场主力操作股价并不是件轻松的事，因为资金大，又需要考虑散户的心态、大势的走向等。而散户的行动比主力灵活得多，这就为散户赚钱创造了条件。散户的最佳选股策略是选择那些主力吸货完成刚刚开始拉升的股票，然后在主力出货之前或刚出货时卖出。要做到这些，必须注意跟随主力的策略。

散户捕捉主力行踪的方法不外乎两种：

第一种方法是从成交量分析，从走势看出主力意图。要做到这一点，必须加强看盘功夫的锻炼，全面掌握各种技术分析方法。关于如何从盘面看出庄家的行动，说起来是十分丰富的话题，但无论如何，散户先应该掌握基本的技术分析方法，在此基础上，再练些套路，这些套路可以是庄家主力操盘的常见手法，比如洗盘，拉抬等。练好了套路并非就天下无敌了，应该再向更高的境界冲击。有时你会被庄家的花招陷阱所迷惑，或者，你明明知道此举在洗盘，却还是因为害怕而抛出股票，这是你面对的问题已不是技术上的了，而是心理上的问题,关键在于功力不够,信心不够。这时即使你掌握了花拳绣腿,仍然敌不过凶悍庄家的简单招数。这时你面对战胜庄家的第二个境界:即如何加强自己的内功修炼。

散户捕捉主力行踪的另一种方法,是从主力制造的种种市场气氛中看出主力的真实意图,即从市场气氛与庄股实际走势的反差之中发现问题。在主力吸货时,常常会有利空消息传出来,如果你看到股评家极力唱空,但这只股票的走势分明显示有庄家吸货的痕迹,那还有什么疑问呢?在主力出货的时候,往往当天各种股评都会推出该股,似乎一定要在今天买入才能甘心,但该股当天竟冲高回落,成交量巨大,那不是主力出货又是什么呢?

散户平时要加强个股的基本分析及炒作题材分析,借以找出可以被主力介入的个股。除了注意关注上市公司的各种报道之外,更需多注意筹码归向分析,追踪盘面浮码多少。如果发现浮码日益减少,应密切注意。

散户介入每只股票之前,必须考虑风险与报酬的比例,必须注意到介入该股的价位与长期底部的距离,乖离率的大小等因素。散户跟随主力时选择理想的底部介入才是最佳和最安全的策略。毕竟股价要大涨,必须要有健全而完整的底部图形,筹码安全性高,将来上升的阻力才会小。底部结构不理想的个股,很难有好的表现。投资者千万不要忽视一个完整的底部图形,更不要无视它的威力,嘲弄或不信任完美图形的人,无异与市场作对,逆行情的操作是会受到重创的。

几乎所有的坚实底部,在它的低点或是平台部位都会出现成交量剧减的局面,这种现象表示卖压已经消竭,持股者不再愿意杀跌。如果此后,成交量再一路放大,且股价收涨,那就表示有一股新的力量介入,主力进场做多的意图表露无遗,投资者可以大胆跟进,利润必远大于风险。

总的来说,散户操作股票的几大要点是:

(1) 判断大势。

(2) 选中好股票。

(3) 不断换股以应付轮炒。

其中,判断大势并不难,选股才是制胜的重要关键,而应付轮炒则是使自己资本迅速扩充的好办法。但是选对股票不一定能赚钱,如果投资者只知道何时买进而不知何时卖出,就会和大多数人一样,眼睁睁地看到股票大涨,又眼睁睁地看着它跌回去,所有的利润都如过眼烟云,白忙一场。长抱着股票未必是一种高明的操作方式,如果死抱着一只毫无希望的股票,是根本不可能赚钱的。

当市场的主要趋势发生改变,投资者必须察觉到这种变化,绝不能忽视它而盲目乐观,死抱股票。主力的操作也有着阶段性和节奏感,一旦目标达到,主力会毫不犹豫地出货,这是趋势反转的开始。所以,散户跟随主力必须要清楚判断主力出货的时机,这才是胜利的最后保证。

在股市中要迅速赚大钱就必须追踪盯紧主力,涨时应重势,而不必考虑其业绩如何,股票是没有定数的,高了可以更高,低了可以还低。股价只有涨跌之分别。这是股票操作的基本常识,不能以为垃圾股就不会成为黑马。事实上,股票业绩的好坏不是静止不变的,垃圾股也可能因为经营改善而成为绩优股,绩优股也可能经营失败成为垃圾股,这就是股票的魅力所在。一切事情都有可能发生,股票炒的是明天而不是今天。

6. 掌握主力动向的一般性的结论

(1) 股价与业绩并非有绝对的关系,多空双方力量的消长与筹码供求关系的变化才是决定股价的根本原因。

(2) 主力介入的个股,其波动幅度必然比没有主力介入的个股大,而投资者的选股策略是要抓住这些股票。获利的可能性越大,其风险也就越大。

(3) 选股应特别注意筹码供求强烈不平衡的股票,筹码锁定程度高的股票在起涨点出现放量时应特别关注。

(4) 主力吸货的主要表现在成交量上,由成交量的变化能看出主力操作的心态、主力的动向等。对于从事技术分析的投资者来讲,这是一件相当重要的事。

(5) 参与买卖的人的评价越不一致,成交量越大,而投资大众的评价趋于一致时,成交量反而减少。

(6) 股市有潮起潮落,而影响股市多空力量的因素中有除权除息的因素,往往股市之高潮就出现在这些时间里。

选股第 5 招:了解个股特性

1. 选择市场性优异的股票

每个股票都有其特性,即股性。股性好,指它活跃,在大势升时它升得多,大势跌时它也振荡较大,这种股票群众基础好,大家都乐意炒它,其股性也越来越活跃。而股性不好的股票往往股价呆滞,只会随大势作小幅波动,炒作这种股票往往赚不到什么钱。

每种股票都有其习性,这种习性是长期炒作形成的,是由于大众对它的看法趋于一致造成的,一般难以突变。但股性并不是永远不变的,有时通过机构长时间努力,或由于经济环境的改变,可能会改变一些股票的特性。

几乎所有的热门指标股,都有良好的市场性,这些股票的筹码锁定好,易大起大落,投资者高度认同这些股票,一有风吹草动即大胆跟风,往往造成股价疯涨。大众认同的程度越高,其市场的属性越好,而这些股票往往有市场主力的介入,在其中推波逐澜,甚至有些股票的主力每隔一定的时间总要折腾一番,似乎吃定这只股票。而主力对于长期介入较多的股票市场性很熟悉,也常常选择同一只股票多次介入。这正是形成个股独特股性的重要原因。

股本结构这个因素是个股的重要属性之一,多年来股本小的个股往往较容易成为主力炒作的目标。很多主力介入操作的重要参考就是股本的大小。小型股容易控制筹码,轻、薄、短、小的股票具备拉升容易的特点,十分利于操作。

冷门股有时也成为惊人表现的个股,其实,这种冷门股从前大多也有过突然爆发的经历。也就是说,它的股性就是喜欢突然拉升。冷门黑马股大多流通筹码很少,股本小,所以这类股票一旦打底完成发动攻击,其升幅往往是十分可观的。

股票的特性是长期形成的,需要投资者长期了解才能全面熟悉它们。当你了解它们以后,遇到一定的情况,你可以估计到这些股票有什么反应,这对预测个股态势十分有利。同样,如果某只股票的个性出现变化,那么你就可以很快记住它们的变化。

因此,选择股票因该首先考虑股性,落后大势的弱势股不要去碰它们,而热门的指标股是首选目标,某些冷门股经过长期的盘整,有可能突然爆发,也可以考虑选择。

2. 选择波动幅度大的股票

既然每只股票的特性不同,自然有的波动大,有的波动小,波动大的股票最适合短线进出,当一只原本平静无波,股性死寂的股票突然连续数日转强时,绝不能等闲视之,如果此时成交量配合,那这只股票大可有一番表现。

3. 选择有潜力的低价股

股票价格低,这本身就是一个优势。低价格往往意味着低风险。某只股票的价格之所以低,那说明该股票的种种不利因素已被大众所了解,而股票市场的有一个特点就是,大家都已经知道的事情往往对市场不再起作用。正如大家已经知道的好消息公布出来也无法再使市场上升。所以,如果某只股票的价格很低,那一定是因为一些众所周知的原因,而且大家都已经接受了这种现状。然而事情并非一成不变,对业绩差的公司来说,使它业绩变差有时比使它业绩变好更难。在一批低价股中,常常就隐藏着几个可能变好的股票,这是好最值得炒作的原因。同时,低价的特性使得炒作成本低,容易引起主力的关注,容易控制筹码。由于比例的效应,低价股上涨获利的比率会更大,获利的空间与想象的空间均更广阔。再加上群众基础好的原因,常常会使低价股成为大黑马。

当然,并非低价就一定好,有些上市公司积弱多年,毫无翻身的机会,甚至亏损累累,这样的低价股还是少碰为妙。最重要的是找出低价股中的好股票和有利好的可能。

4. 新上市的股票要特别关注

现在,新上市的股票越来越多,于是投资者已经变得很麻木,对新股视而不见。这反而给我们提供机会。新股中也有好有坏,但总的来说,它们都有一个共同的优点,那就是上方无套牢盘。一般新股上市,原始股东都是获利的,只要他们愿意抛出,都可以赚钱。同时,新股没有什么复杂的历史,这样也使主力容易掌握筹码的分布情况,容易集中吸货,从而完全控制该股票的筹码。尤其是那种上市后曾跌破发行价的新股,更是难得的炒作对象。在发行价之下,常常有机构大量吸货,日后必有不俗的表现。这种股票的筹码高度集中,机构主力爱做多高的价都可以。

今天的市场上,新股被疯炒的例子举不胜举。最后到了逢新必炒的地步。这充分证明:当主力机构在市场上再难找到的炒作对象时,新股就成了最好的选择。新股的炒作可以纯粹当做数字游戏来玩,完全可以不理会其业绩的实质。只要主力有勇气接走所有的低位抛盘,以后的股价就只是一个数字而已。

另外,由于股票上市的承销商制度,使得新股上市直接关系到承销商和上市公司的面子,所以即使大市不利,券商也要尽力护盘维持形象。这样的结果往往是手上的股票越来越多,最后不得不做庄炒作一番。

5. 选择强势产业的股票

强势产业的股票往往是领导大市的主角,尤其是行业中的龙头,往往具有指标股的作用。因此,选股必须选择强势产业中的领头股,这样往往能领先大势获利。通常,在某个多头市场的领头股,到大市反转时,便成为抗跌的好股票。

投资者应该了解整个国家的经济形势与产业政策,哪些是夕阳产业,哪些是强势产业,应该做到心里有数。对国家产业政策扶持的上市公司来讲,经营的阻力上要小一些,获利的能力上要大一些。另外,从全世界的产业发展趋势来看,也可以看出哪些是有前途的,哪些行业是面临困境的。投资者应有买股票就是买未来的观念,所以对前景看好的尖端产业应具备长远的眼光,对高科技、高附加值的产业,尤其要特别注意。

投资者应经常去检视各类产业股票的表现情形,将有助于摆脱目前的弱势产业的股票,换入强势产业的股票,你会发现某一行业的股票常常有某种联动性。如果某产业的龙头股表现疲弱,则往往会波及该行业的其他股票。同样,如果某行业的几种指标股呈强劲起势,则会带动其他同类个股。

6. 了解个股特性的一般性的结论

(1) 股票没有好坏之分,只有涨与不涨之分,只有弱势和强势之分。而不同的股票常有不同的个性,正如不同的人有不同的性格一样。

(2) 落后大势的弱势股尽量不要碰它,换成强势股。

(3) 选股要选波动大的股票,这种股票的获利机会大些,同时要注意风险。

(4) 有潜力的低价股是投资者最好的选择。这类股票收益大风险小,只要它情况转好,机会就来了。

(5) 选股应优先考虑重要的指标股或行业龙头股,这类股票往往是热门股票,有主力关注,也容易引起大众跟风。

(6) 对股性判断不是一朝一夕之功,需要长时间的接触,而股性一旦形成,就难以改变。

(7) 久盘之股,有主力介入要特别关注,股性有可能因为主力介入而改变。

(8) 新股可以说无股性,上方也无套牢盘,可能成为主力炒作的目标。

(9) 根据国家的产业政策和经济形势来分析判断哪个行业的股票是最有前途的股票。

选股第6招:分析炒作题材

所谓题材,说穿了就是炒作股票的借口,用来激发市场人气的工具。有些题材确有实质性内容,而有些则纯粹是空穴来风,甚至是刻意散布的谣言。而且很多题材对上市公司本身有多大好处是不能随便确定,许多具体情况需要具体分析。但市场的特点是只要有题材,市场就乐于挖掘和接受,而题材的真实作用反而被忽视了。

1. 常用来炒作的题材

(1) 经营业绩改善或有望改善。从根本来讲,业绩是股市的根本所在,业绩是硬道理。所谓利好的预期最终都会反映到业绩上来,因此这是最有号召力的题材。而其中,业绩可望改善比业绩已经改善更有吸引力。因为人们更看重上市公司的未来。这类题材每到公布业绩报告期间显得尤为活跃,而公布完后,就暂时告一段落。

(2) 拥有庞大的土地资产有望升值,极具想象力。但最终要看是否有人挖掘并宣传这个题材。

(3) 国家产业政策扶持。最关键的是优惠的税收政策和贷款政策。如能源、交通、化工、通讯、高科技等行业。

(4) 合资、合作或股权转让。分析合资题材,要全面考虑合资伙伴的经济实力和市场能量,分清有利的真合资和纯粹为造题材而吹捧的假合资,分清合资的前景是好是坏。

(5) 增资配股或送股分红。增资配股本身并不是分红行为,它并没有给股东什么回报,只是给股东一个增加投资的权利。在牛市中,这种优先投资的权利往往显得非常重要,并具有一定的价值,因为牛市中人们预期股价会上升,可以优先投资必定会带来良好的收益。送股分红是上市公司给股东的真正回报,在这种回报真正兑现之前,往往会出现抢权现象,因为预期牛市会填权。增资配股或送股分红成为一种题材,是因为人们的牛市预期。一旦大势逆转,人们预期熊市到来,送股也好,配股也好,都不能激起人们的购买欲望。

(6)控股或收购。这在国外发达市场中是股市最有吸引力的题材之一。因为它给人以无限的想象空间。控股指某财团在股票市场上大量吸纳某只股票,以求最终控制该公司。不过在中国股市的二级市场上发生真正意义的抢股收购是不太可能。这与上市公司的股本结构有关。就目前而言,控股或收购还仅仅是一个炒作题材。多数控股行为是由于庄家炒作失当,手中的股票越来越多,以至于达到或超过举牌的界限,而不得不举牌。

2. 分析炒作题材

分析题材是真是假其实不难,可以分析上市公司的各种公告和报表。但最好的方法是拿题材来与盘面比较,看盘面是否支持该题材的存在。对于真正的炒股高手来说,根本用不着整天打听什么消息,一切都在盘面上清楚地反映出来了。

某个题材到底能给盘面造成多大的影响,那不决定于题材的情况,而决定于盘面当时的处境。盘面的反应就是供求关系的变化,盘面的状态就是指目前供求关系的状态。

比如说一根火柴能否引起森林大火呢?不一定,那不决定这根火柴,而决定于森林的状态。市场也是这样,气氛有高有低,人气有旺有衰,同样的题材投入到市场中,反应常常因时而异。这就是市场的微妙之处。只有懂得了题材与市场的这种关系,就等于站到了市场之上,置身事外来分析市场的反应。

反过来,通过市场对题材的反应,也可以看出目前市场所处的状态。一个对坏消息毫无反应的市场无疑是个强势市场,而一个对庄家鼓吹的种种利好题材没有什么反应的市场是弱势市场。在牛市中,即使庄家不去鼓吹,投资者也会自己去发掘。所以题材是借口,市场状态才是关键。

题材的真假无关紧要,重要的是市场的反应,题材的号召力,跟风者多不多。

3. 轮炒的策略

轮炒与其说是一种策略,不如说是一种自然现象。所谓轮炒,是指把市场上不同板块分成几个层次,顺序分批炒作的现象。轮炒可以是市场主力的安排,也可能是市场自发形成。大盘中股票太多,所有股票一起上涨需要太多的资金,而且股票一起上攻时,投资者的注意力分散了,不容易形成强烈的攻势。轮炒的本质是把大盘分割成许多自我体系的部分,然后集中力量来炒作一批股票。另外,当一批股票走弱时,可以有另一批股票来代替前者支撑局面,用以维护市场人气。

轮炒往往依照先一线绩优股,再二线股中价股,再三线低价股。这是因为行情发动之初,人们往往对后市存有疑虑,一般不敢买入那些业绩没有保证的个股,而此时绩优股的价格偏低,投资价值显现,成为第一批投资者的首选。当一线股炒高以后,二线股随之跟上,因为它们的业绩也不差,既然一线股已经很高了,那么后来者只有选择这些了。接下来,市场趋于越来越活跃,投机的气氛也越来越浓厚,于是三线股作为最投机的品种来炒作,这种炒作常常失去理性,成为纯粹的数字游戏。

当一二三线股轮炒一遍之后，一般市势就告一段落，回落调整以待时机。这是轮炒的普遍规律,当市场上可炒的股票越来越少的时候,市势也就差不多到尽头了。但也有一种情况，即轮炒二线股的时候，一线股已经开始调整，炒三线股的时候，一二线股又在调整，当三线股炒作完后，也许一线股已经调整得相当彻底，这时如果大势长期看好，则有可能重新启动一线股,带动市场新一轮循环。所以应该把握市场节奏,当三线股炒作完以后,密切注意一线股的走势，看是否有启动的迹象。一旦如此，则大势可能长期看好，可以开始新一轮炒作。

轮炒策略可以节省主力机构的资金，也符合市场心理的要求，因而大势的发展往往表现出轮涨的特征。投资者应充分利用自己的资金来应付轮炒，从而获得最大的利润。

第 20 章

不同时机的投资技巧

在具体的投资活动之前,要考虑最重要的问题在于判断与选择买卖股票的有利时机。因为高质量的股票并不一定意味着高收益,股票投资的收益率随着股票价格的升降而沉浮,因此投资者就应选择证券价格被低估时买进,而在证券价格被高估时卖出,使投资组合一直保持在令人满意的状态。

根据股价的变动走势来确定最佳投资时机,是一项技术性颇强、难度颇大的决策过程。

在上一章,我们已经说明影响股价变动的走势因素是多方面的,其中包括股份公司的因素,也包括市场的因素,还包括政治、经济的因素以及人为的因素等。因此,要判断分析股价变动的走势,可以从图表分析,即技术分析来判断确定股票买卖的时机;也可以从因素分析来判断确定股票买卖的时机;以及可以从综合分析来判断确定股票买卖的时机。

以股价趋势来确定投资的时机,是关系着投资者投资活动成败的重要一步,但是要正确地判断股价的走势,确定投资的最佳时点,需要投资者具有扎实的股票投资的基本知识,掌握股价走势分析的基本技术和要领,以及丰富的股票投资的实践经验和果断的决策意识。

下面我们将介绍在不同的时机进行投资的原则与技巧。

新股发行时投资的技巧

新股的发行市场与交易市场的关系是相互影响的。了解和把握其相互之间的关系,是投资者在新股发行时正确进行投资决策的基础。

在交易市场的资金投入量为一定数的前提下,当发行新股时,将会抽出一部分交易市场中的资金去认购新股。如果同时公开发行股票的企业很多,将会有较多的资金离开交易市场而进入股票的发行市场,市场的供需状况就会发生变化。但另一方面,由于发行新股的活动,一般都通过公众传播媒介进行宣传,从而使新股的申购数量,大多超过新股的招募数量,这样,必然会使一些没有获得申购机会的潜在投资者转而将目光投向交易市场。如果这些潜在投资者经过仔细分析交易市场的上市股票后,发现某些股票本益比、本利比倍数相对低,就可能转而在交易市场购买已上市股票,这样,又给交易市场注入新的资金量。

虽然在直觉上可将新股发行与交易市场的关系作出上述简单分析和研判,但事实上,真正的影响关系到底是正影响还是负影响,是发行市场影响交易市场,还是交易市场影响发行市场,要依股市的当时情况而定,不能一概而论。例如,有些公司发行新股的消息公布后,不少投资者担心发行新股会冲击老股,纷纷地抛出老股而形成巨大的卖压,致使老股股价出现大的跌幅,但当抽签认购率很低时,尚未中签的投资者纷纷又将闲散资金投向交易市场购买老股,从而又使老股股价出现连连攀升的市况。

一般来讲,社会上的游资状况、交易市场的盛衰,以及新股发行的条件,是决定发行市场与交易市场相互影响的主要因素。其具体表现是:

(1) 社会上资金存量大、游资充裕、市况好时,申购新股者必然踊跃。

(2) 市况疲软,但社会上资金较多时,申购新股者也较多。

(3) 股票交易市场的市况好,而且属于强势多头市场时,资金拥有者往往愿将闲钱投在交易市场搏击,而不愿去参加新股的申购碰运气。

(4) 新股的条件优良,则不论市况如何,总会有很多人积极去申购。

新股上市时投资的技巧

新股上市一般指的是股份公司发行的股票在证券交易所挂牌买卖。新股上市的消息,一般要在上市前十几天经传播媒介公之于众。新股上市的时期不同,往往对股市价格走势产生不同的影响,投资者应根据不同的走势,来恰当地调整投资策略。

当新股在股市好景时上市,往往会使股价节节攀升,并带动大势进一步上扬。因为在大势看好时新股上市,容易激起投资者的投资欲望,使资金进一步围拢股市,刺激股票需求。相反地,如果新股在大跌势中上市,股价往往还呈现出进一步下跌的态势。此外,新股上市时,投资者还应密切注意上市股票的价位调整,并掌握其调整规律。

一般来讲,新上市股票在挂牌交易前,股权较为分散,其发行价格多为按面额发行和中间价发行,即使是绩优股票,其溢价发行价格也往往低于其市场价格,以便使股份公司通过发行股票顺利实现其筹款目标。因此,在新股上市后,由于其价格往往偏低和需求量较大一般都会出现一段价位调整时期。其价位调整的方式,大体上会出现如下的几种情况:

(1) 股价调整一次进行完毕,然后维持在某一合理价位进行交易。此种调整价位方式,系一口气将行情做足,并维持与其他股票的相对比值关系,逐渐地让市场来接纳和认同。

(2) 股价一次调整过后,继而回跌,再维持在某一合理价位进行交易。将行情先做过头,然后让它回跌下来,一旦回落到与其他股票的实质价位相配时,自然会有投资者来承接,然后依据自然供需状况来进行交易。

(3) 股价调整到合理价位后,滑降下来整理筹码,再作第二段行情调整回到原来的合理价位。这种调整方式,有涨有跌,可使申购股票中签的投资者卖出后获利再进,以致造成股市上的热络气氛。

(4) 股价先调整到合理价位的一半或2/3的价位水平,即予停止,然后进行筹码整理,让新的投资者或市场客户吸进足够的股票,再做第二段行情。此种调整方式,可能使心虚的投资者或心理准备不足的投资者减少盈利,但有利于富有股市实践经验的投资老手获利。

由此可见,有效掌握新股上市时的股价运动规律并把握价位调整方式,对于股市上的成功投资者是不可或缺的。

分红派息前后投资的技巧

股份公司经营一段时间后(1般为1年),如果营运正常,产生了利润,就要向股东分配股息和红利。其交付方式一般有三种:一种以现金的形式向股东支付。这是最常见、最普通的形式,在美国,大约80%以上的公司公司是以此种形式进行的。二是向股东配股,采取这种方式主要是为了把资金留在公司里以用于扩大经营,以追求公司发展的远期利益和长远目标。第三种形式是实物分派,即是把公司的产品作为股息和红利分派给股东。

在分红派息前夕,持有股票的股东一定要密切关注与分红派息有关的4个日期:

(1) 股息宣布日,即公司董事会将分红派息的消息公布于众的时间。

(2) 派息日,即股息正式发放给股东的日期。

(3) 股权登记日,即统计和确认参加本期股息红利分配给股东的日期。

(4) 除息日,即不再享有本期股息的日期。

在这4个日期中,尤为重要的是股权登记日和除息日。由于每日有无数的投资者在股票市场上买进或卖出,公司的股票不断易手,这就意味着公司的股东也在不断变化之中,因此,公司董事会在决定分红派息时,必须明确公布股权登记日,派发股息就以股权登记日这一天的公司名册为准。凡在这一天的股东名册上记录在案的投资者,公司即承认其为股东,有权享受本期派发的股息与红利。如果股票持有者在股权登记日之前没有过户,那么其股票出售者的姓名仍保留在股东名册上,这样公司仍承认其为股东,本期股息仍会按照规定分派给股票的出售者而不是现在的持有者。由此可见,购买了股票并不一定就能得到股息红利,只有在股权登记日以前到登记公司办理了登记过户手续,才能获取正常的股息红利收入。

至于除息日的把握,对于投资者也至关重要,由于投资在除息日当天或以后购买的股票,已无权参加本期的股息红利分配,因此,除息日当天的价格会与除息日前的股价有所变化。一般来讲,除息日当天的股市报价就是除息参考价,也即是除息日前一天的收盘价减去每股股息后的价格。例如,某种股票计划每股派发1元的股息,如除息日前的价格为每股18元,则除息日这天的参考报价应是17元(18元减去1元)。掌握除息日前后股价的这种变化规律,有利于投资者在购买时填报适当的委托价,以有效降低其购股成本,减少不必要的损失。

对于有中、长线投资打算的投资者来说,还可趁除息前夕的股价偏低时,买入股票过户,以享受股息收入。出现有时在除息前夕价格偏弱的原因,主要在于此时短线投资者较多。因为短线投资者一般倾向于不过户、不收息,故在除息前夕多半设法将股票脱手,甚至价位低一些也在所不惜。因此,有中、长线投资计划的人,如果趁短线投资者回吐的时候入市,即可买到一些相对低廉的股票,又可获取股息收入。至于在除息前夕的哪一具体时点买入,则又是一个十分复杂的技巧问题。一般来讲,在截至过户时,当大市尚未明朗时,短线投资者较多,因而在截止过户前,那些不想过户的短线投资者就得将所有的股份卖出,越接近过户期,卖出的短线投资者就越多,故原则上在截至过户前的1~2天左右,有可能会买到相对适宜价位的股票,但切不可将这种情况绝对化。因为如果大家都看好某种股票,或者某种股票的股息十分诱人,也可能会出现相反的现象,即越接近过户期,购买该股票的投资者就越多,因而,股价的涨升幅度也就越大,投资者必须对具体情况进行具体分析,以恰当地在分红派息期掌握好买卖的火候。

多头市场除息期投资的技巧

多头市场是指股价长期保持上涨势头的股票市场,其股价变化的主要特征为一连串的大涨小跌变动。要正确地在多头市场的除息期进行投资,必须首先对多头市场"除息期行情"进行研判。

多头市场"除息期行情"最显著的特征是:

(1) 息优股的股价,随着除息交易日的逐渐接近而日趋上升,这充分反映了股息收入的"时间报酬"。

(2) 除息股票往往能够很快填息,有些息优股不仅能够"完全填息",而且能够超过除息前的价位。

(3) 按照股价的不同,出现向上比值的趋向,投资者所认同的本利比倍数越来越高。

根据上述"除息期行情"的特征进行分析研判,可以得出多头市场的以下几点特征:

(1) 股利的时间价值受到重视。即在越短的时间领到股利,其股票便越具价格。所以,反映在股价上,就是出现逐渐升高的走势。

(2) 股票除息后能够很快填息,因此,投资者愿意过户领息,长期持股的意愿也较高。

(3) 行情发行初期,由业绩优良、股息优厚、本利比倍数很低的股票带动向上拉升;接着,价位较低却有股利的股票调整价位;最后,再轮到息优股冲刺。

(4) 股市行情一波接着一波上涨,一段挨着一段跳升,轮做的迹象十分明显。选对了股票不断换手可以赚大钱,抱着股票不动也会获利的机会,因此,投资者一般都不愿意将资金撤出股市。

(5) 由于在早期阶段本利比偏低,大批投资者被吸引进场,随着股价的不断攀升,使得本利比倍数变得越来越高。

掌握了多头市场"除息期行情"的这种变化特征,投资者如何进行操作也不说自明了。

股价回档时投资的技巧

在股价不断上涨的趋势中,经常会出现一种因股价上涨速度过快而反跌到某一价位的进行调整的现象。股市上,股票的回档幅度要比上涨幅度小。道·琼斯理论认为,强市场往往会回档1/3,而弱市场则通常会回档2/3。

股票在经过一段时间的连续攀升之后,投资者最关心的就是回档问题。持有股票者希望能在回档之前卖掉股票;未搭上车者,则希望在股价回档之后得到补偿。

股价在涨势过程中,之所以会出现回档,主要有以下原因:

(1) 股价上涨一段时间后,其成交量逐步放大,因此须稍作停顿以便股票换手整理。就像人跑步一样,跑了一段之后,必须休息一下。

(2) 股价连续上涨数日之后,低价买进者已获利可观,由于"先得为快"和"落袋为安"的心理原因,不少投资者会获利了结,以致形成上档卖压,造成行情上涨的阻力。

(3) 某些在上档套牢的投资者,在股价连续上涨数日之后,可能已经回本,或者亏损已大大减轻,于是趁机卖出解套,从而又加重了卖盘压力。

(4) 股票的投资价值随着股价的上升而递减,投资者的买进兴趣也随着股价的上升而趋降,因而,追涨的力量也大为减弱,使行情上升乏力。

鉴于行情在上涨过程中,必然会出现一段回档整理期,投资者应根据股市发展的趋势,对股市回档进行预期,已达到回档前出货和回档后及时进场的目的。

彷徨走势时投资的技巧

股市一旦陷入"消息行情",就会产生彷徨走势。如碰到所谓利空消息出现,股价就会向下急速滑落;如遇到所谓利多消息,则股价又会扶摇直上,其灵敏度之高、反应之迅速,令人叹为观止。

股价随着消息走的趋势,可称之为"彷徨走势"。因为这时股票投资者对于股票投资本身已经没有主意,只好翻阅报刊杂志,找一些消息来为自己壮胆,或者弄个借口来安慰自己。于是乎,"消息"满天飞,"消息"也就成为当天股市行情的决定力量了。处于这种"彷徨走势"之中的股市,一般都不再注重公司业绩和技术分析,这个时候的投资者最关心的是能获得足以影响股市走势的信息。因此,在股价的"彷徨走势"中,投资者可采取的策略是:

(1) 抽出资金以作观望,待形势明朗后,再入市运作。

(2) 对于各种正式消息、传闻消息和传播消息进行冷静分析,以免跌入股市陷阱。

乖离走势时投资的技巧

乖离走势指的是股市上的"多空拼斗"的情况。在股票市场里,"多空拼斗"的情形时有发生,但其最终结果不论是"杀多"还是"轧空",都会造成股价的不合理变动。

多头是指投资者对股市前景普遍看好,预计股价将会上涨,于是先低价买进,待上涨到某一高价位时再卖出,从中获利。采用这种先买进后卖出的投资者称为多头。空头则是指投资者对股市前景看坏,预计股价将会下跌,于是先将股票卖出,待其下跌到一定价格时再买回,以获取差额收益。采用这种先卖出后买进的交易方式的称为空头。由于多头与空头之间采取的方法不同,多头期望股价节节上升,空头则希望股价一跌再跌,所谓"多空拼斗"就是由于利益不同所引发的。

如果多头空头的力量不强,则不同的投资方法只能产生一种制衡作用。如若多空力量均十分强劲,且又抱着"必胜"的信念,则拼斗结果必然有一方会受重创,并由于股价的不正常起落,使部分投资者遭受损失。

在这种"多空拼斗"的乖离走势中,一般小额投资者的策略原则应是:不要盲目跟进,既不宜见涨心痒,冒险去追逐这种投资股票;也不宜盲目的抛空自己手头的股票。

淡季时投资的技巧

成交量的增减与股市行情枯荣,有着相当密切的关系。大凡交易热闹时进场,才有希望获得短期的差价收益。如要着眼于长期投资,则不宜在交易热闹时进场,因为此时,多为股价走高的阶段,如进场建仓,成本可能偏高,即使所购的股票为业绩优良的投资股,能够获得不错的股利收益,较高的成本还是会使投资报酬率下降。

如果长期投资者在交易清淡寥落时进场建仓,或许在短期内不能获得差价收益,但从长期发展的角度来看,由于投资成本低廉,与将来得到的股利收益相比,投资报酬率还是可以令人满意的。因此,交易清淡时,短线投资者应袖手旁观,而对于长线投资者来说,则是入市建仓的大好时机。

主张长线投资者在交易清淡时进场收购,并不是说在交易开始清淡的时候,就可以立即买进。一般来讲,应该是淡季的末期才是最佳的买入时机,问题的难度在于没有人能够确切地知道到底什么时候才是淡季的尾声。也许在长期投资者认为已经到了淡季尾声而入市,行情却继续疲软了相当一段时间;也许认为应该再慎一慎的时候,行情突然好转而痛失良机。

所以,有些投资者,尤其是大户投资者,在淡季入市时,采取了逐次向下买进的做法,即先买进一半或1/3,之后不论行情是涨是跌都再加码买进,这样即使是在淡季进场,不错失入市良机,又可收到摊平成本的结果。

超买超卖时投资的技巧

超买与超卖是股市上两个专有的技术名词。对某种股票的过度买入称之为超买;反之,对于某种股票的过度卖出则称之为超卖。

股市上,经常会出现因某种消息的传播而使投资者对大盘或个股作出强烈的反应,以致引起股市或个股出现过分的上升或下跌,于是便产生了超买超卖现象。当投资者的情绪平静下来以后,超买超卖所造成的影响会逐渐得到适当的调整。因此,超买之后就会是股价出现一段回落;超卖之后,则会出现相当程度的反弹。

投资者如了解这种超买超卖现象,并及时把握住其运动规律,就又能在股市中增加获利机会。

这里的关键是,如何适时地测度出股市上的超买超卖现象。目前,测度超买超卖现象的技术分析方法很多,主要有相对强弱指数(RSI)、摆动指数(OCS)、随机指数(STC)及百分比等。对于这些技术分析指数,我们将在"技术分析常识"部分中向您详细介绍。

多头市场投资的技巧

一般来讲,选择恰当的股票,必须在股市循环的内涵下进行。对于涨势市场或多头市场的循环阶段,通常会出现四种行情。

在多头市场的第一段行情中,大多数股票的价格会摆脱空头市场的过度压抑而急剧上涨,整个股市的指数升幅较大。通常占整个多头市场行情的50%左右。对应的在第一段行情的投资策略是,迅速地将留存的观望资金投入股市,特别是投向那些高度风险股票和小型成长股。因为高风险股由于具有最高度的走向破产的可能性,因而在空头市场可能被打击得最为惨重。持有此类股票的投资者极易在此种情况下逃离股市而使股价跌到极低的、非正常的水准,而一旦多头市场出现,投资者信心恢复,这类高风险股就会恢复到正常的水平。

在多头市场的第二段行情中,市场指数的升幅往往超过多头市场行情的25%,但是股票选择变得更为困难,在此期间,大多数风险股已涨到接近其实际应有的价格水平。与其他股相比,已不再投资价值,因而此时选股时必须基于长期展望来考虑。相应的第二段行情的投资策略是,将资金主要投资于成长股,特别是小额资本的成长股。因为此时人们普遍看好市况并对经济前景持乐观态度,而小额资本企业较之大型工业企业具有更大的成长性,所以,小额资本的成长股能更多地吸引买盘从而使其股价更快地攀升。

在多头市场的第三段行情中,股价的涨幅往往少于整个多头市场行情的25%,而且只有极少数股票在继续上升。对应第三段行情的投资策略是,慢慢卖出次等成长股,将部分资金转移到具有多头市场里维持价位能力的绩优成长股;或将部分资金抽出转现。因为在此行情中,股市涨落大部分已告结束,这时买卖股票必须具有选择性,只能买进绩优成长股,以及那些在未来经济困境中仍能获益的顺应大势股。简言之,必须开始对承受空头市场的风险做好准备。

在接下来的第四段行情中,该涨的股票已经基本上涨得差不多了,因此能赚到一两成就算很幸运了。此时只有绩优成长股和少数可在经济困境中获利的股票才能继续上升。对应第四段行情的投资策略是,最好将持有的股票全部脱手以观变化,将其投放在收益较安稳的各种债券和存款上,以便在空头市场完结时在再进行新一轮的投资。

高价买进的技巧

高价买进是指投资者以较高的价格买入已经上涨了的股票,以期待股价进一步上涨而获利的技巧。

采用高价买进策略必须注意三点:

(1) 购买的股票应是具有良好发展前景的股票。因为此时股票投资的魅力在于日后可能获得的较高的回报。只有具有良好发展前景的股票,才能在较高的价位上再节节攀升,给投资者带来丰厚的回报。

(2) 高价买进的时间必须是在行情看涨期。只要是在行情看涨期,即使目前一时不被投资者欢迎,也可能提早恢复股票的知名度。

(3) 选择知名度周期长的股票。股票知名度周期越长,其股价持续上涨的时间也越长。

需要特别指出的是,高价买进是一项风险性较高的投资策略,如果没能把握股市的通盘行情,最好不要采用。

买涨与买未涨的技巧

买涨与买未涨是两种截然相反的股票买进的时机选择技巧。

买涨通常指投资者顺势而为,见涨抢进,且大多有追涨杀跌的习惯。这种买涨的做法,在大势反转向多头市场时,大多能轻易获得利润;如若在遇到主力介入操纵股价时,大多也能跟进获利。其不利之处在于进出股市较为频繁,因而手续费的支出较高,一旦抢到最高价而不能出手,就会出现亏损累累的局面,因而风险也较大。

买未涨是指投资者将购进股票的时机选择在股价处于尚未涨阶段的策略。这种投资者除了精于计算投资报酬率外,更注重发行公司的业绩展望。这种做法大多对个股进行分析比较,由于股市大多有轮番涨跌的习性可寻,故其选择那些处于尚未上涨的成长股作为投资对象,除了风险较小以外,通常也有利可寻。如果是买到最低价,有时获利甚至能多达数倍。

以上两种方法各有利弊,买涨着眼于短线利润,较具投机性,适合于一般的中短线操作;买未涨着眼于长期利润,适合于较为稳健的投资者进行中长期投资。这两种不同的买进时机选择的技巧,可供不同个性的投资者选用。

换手的技巧

换手的技巧是投资者在股价轮番上涨的过程中,将持有的已上涨股票脱手转现,转而购进其他更具有增长可能性的股票的投资技巧。

国内外股市运作的经验表明,股票市场在结束熊市而进入牛市的初始阶段,经常由于有心人的介入炒作而使股价出现轮番上涨的情形,投资者如能把握市场行情,进行不断换手,即不断地抛出涨幅较大的股票,以转移资金去购进价格较为平稳的股票,就能在股市的轮番上涨期间不断地获利。

投资者进行换手的时机通常选择在成交量开始增加、交易开始活跃时进行,此时会有较多的投资者承接补进,使股票顺利出手。

当然,换手策略也有缺陷。如果在股票换手后,所抛出的股票仍在继续攀升,而所承接的股票价格依然维持原状,甚至出现下滑,就会使换手者遭受损失。而又如果在换手后,抛出的股票和承接的股票都以同等的幅度出现涨跌,则会使投资者加大投资成本,白白支出一些交易的税费。

换手投资的策略仅适用于经验丰富的股市老手采用。

第21章

解密庄家,与庄共舞

如何估算庄家仓位轻重

一只股票的升幅,在一定程度上是由介入的资金量的大小来决定的,庄家动用的资金量越大,持有的筹码越多,日后的升幅越可观。而一些庄持有流通筹码往往不足20%,操作上往往浅尝辄止,投资者见涨追进时股价已经见顶,参与价值不大。那么,如何估算庄家仓位轻重呢?市场分析人士经常称某股"庄家已经控盘",其依据何在?既然我们无法打开庄家的账户看,不妨通过其他方法来帮助判断。

1. 根据吸货期的长短来判断

对吸货期很明显的个股,简单算法是将吸货期内每天的成交量乘以吸货期,即可大致估算出庄家的持仓量,庄家持仓量=吸货期×每天成交量(忽略散户的买入量)。从等式看,吸货期越长,庄家持仓量越大;每天成交量越大,庄家吸货越多。因此,若投资者看到上市后长期横盘整理的个股,通常为黑马在默默吃草。有些新股不经过充分的吸货期,其行情往往难以持续,近期出现大批新股短期走势极强,市场呼声极高、但很快即走软的现象,例如科龙电器上市第二天即涨停,之后很快回落;哈空调上市第二天亦出现涨停,华菱管线、丰原生化、华西村这些个股亦仅有一两天强势。可以说,没有经过主力充分吸筹期,行情必然难以长久,投资者对多数新股不妨等其整理数个月之后再考虑介入。

2. 根据换手率来判断

在低位成交活跃、换手率高、而股价涨幅不大的个股,通常为庄家吸货。期间换手率越大,主力吸筹越充分,全柴动力3月份以来成交放大,3、4月份成交8 400万股,换手率超过100%,而期间涨幅仅20%左右。类似的个股如津百股份6月份换手率即超过100%,当月涨幅亦仅10%左右,该股在8、9月相对弱市中表现出色。"量"与"价"似乎为一对互不甘弱的小兄弟,只要"量"先走一步,"价"必会紧紧跟上"量"的步伐,投资者可重点关注"价"暂时落后于"量"的个股,等待其"奋发图强"、"后来居上"的机会。对刚上市的新股是否值得参与,可重点关注其上市后的换手率,凯迪电力上市当日换手高达80%,大量的短线资金介入使该股在弱市中表现特出。

3. 根据大盘整理期该股的表现来分析

有些个股吸货期不明显,或是老庄卷土重来,或是庄家边拉边吸,或是在下跌过程中不断吸,难以明确划分吸货期。这些个股庄家持仓量可通过其在整理期的表现来判断,长城电工1998年上市后逐波下行,吸货期不明显,5~6月份的拉升明显属于庄家行为,7~9月份大盘基本处于调整期,而该股6月底在12元附近,9月底依然固守在12元附近的整理区,跌幅小于大盘,庄家介入程度深;再看该股流通股达8 000多万,对这样的偏大盘股主力亦"调教"自如,持筹量可见一斑。类似的个股如江淮动力亦一直固守17元附近的平台,若无充分的持筹量难以抵挡"空军"的步步紧逼。

4. 根据上升过程中的放量情况来判断

一般来说,随着股价上涨,成交量会同步放大,某些庄家控盘的个股随着股价上涨,成交反而缩小,股价往往能一涨再涨,如康达尔、亿安科技、南通机床、红星宣纸等上涨过程中成交反而萎缩,这些个股后市表现有目共睹。对这些个股可重势不重价:庄家持有大量筹码,在未放大量之前即可一路持有。ST中浩庄家能把"鸡毛"捧上天,关键在于该股流通股仅2 624万——庄家拿了大量筹码,别人是无法投反对票的。

庄家的基本手法

在中国股市赚钱,最重要的是要懂得做庄或做庄家相关人。有些上市公司股票,在大环境(如经济增长、利率)与其实际业绩均无大变化的情况下,在短期内(一二个月或三四个月)会涨二三倍或者跌四五倍。何故?庄家之为也。其手法是,对敲,自买自卖。在拉抬时,不断少卖多买;在打压时,不断多卖少买。接近拉抬目标价位,手中已拥有大量股票时,就逐步出货。同样,在打压价位时,开始逐步进货。庄家通过这两种手法的交替使用,达到快速盈利的目的。

1. 自买自卖对敲盘

为了使这种违反证券纪律的行为不致被发现,庄家要拥有数十个乃至一二百个户头(在大陆个人是凭身份证到当地证券登记公司办理深、沪股市的账户)。庄家多是大企业,或以大企业担保获得的个人贷款。若以公司户头或某一个人的户头,这样对敲拉抬打压,很容易暴露。所以,预先必须准备多个户头。个人身份证一般是在农村购买,购买一个身份证约50元即可得(因农民补办一个身份仅需10元,何况身份证对农村老人本身没有什么用处,因此,有一批专门收购贩卖农村老人身份证的掮客)。这样,庄家的股市操盘手可以凭借自己拥有的多个不同账户进行对敲,使证券管理部门难以发现。

2. 准备做庄资金

依据选定股票的类型(上市股票量的大小及市价)及拟做庄的时限筹集相应的资金。如某股票上市量为1 000万股,现市价为10元,一般能控制三四成,即有三四千万元就可。大的证券公司自有资金雄厚,且往往与商业银行是关联的(许多证券公司原来就是银行办的,现名义上虽已分离,但实际上关系密切,银行借款是较容易的),所以,大的证券公司往往能同时做许多股票的庄家,有些工商企业用自有资金或银行的贷款,也能做些股票的庄家,有些外资(主要是我国港台的个人资金)以购买大陆个人身份证的办法或为大陆的私营企业主,也能做一些股票的庄家。大陆现上市股票逾千家,其中较活跃的股票,多是以庄家为后盾的。

举一个例子,一家上市公司(乡镇企业)的任证券部经理,平常老板给他1 000万元炒股,他做副庄家(一般主庄家要找几个副庄家)。有次,因某公司将出卖土地给港商,即当年业绩会有大的变化,老板向银行借得1亿元的3个月短期贷款。此经理用此1亿元,又找了二三个副庄家,共约15 000万元,将这家公司的股价炒高一倍半,扣除贷款利息、证券交易税与交易费,在两个半月内,实赚8 000万元,老板即奖证券部400万元,这位经理个人分得200万元。

3. 庄家类型

(1) 大的证券公司多是单独做庄或与其要炒作的上市公司联合做庄。这类庄家资金实力雄厚,且可利用上市公司的真假信息进行炒作。

(2) 上市公司自己炒自己的股票,如深圳发展银行1996年即动用自己的数亿资金将自己公司的股票炒高了几倍。

(3) 几家上市公司联合相互炒作对方公司的股票,然后盈利分成。

(4) 国有大企业单独做庄,并提供资金或信息让其相关的企业,如附属的服务公司,或其亲戚朋友当大的跟庄者,一起哄抬股价,在达到目标价位时,通知相关企业或个人先出货,这样做庄者与其相关人员均可获利。如出货不顺利,国有大企业庄家宁可自己受困,也要让这些相关企业和个人先出货盈利。因即使庄主的货出不去,压的是国家的钱,而盈利的则是与公司高级管理层相关的个人。

4. 利用上市公司年报,特别是中期报表(中期报表无须会计师事务所审核)盈利的升降,来拉抬或打压股价

与上市公司联手的庄家,若手上持有大量股票,则将报表利润提高,使之大大高于预期,以便拉高出货;若庄家拟做这家公司的股票,手上持股又少,则压低报表利润,使之大大低于预期,以便压低吸筹。因许多上市公司只是某个大公司的子公司,它可通过内部资产的调整,或大公司内部货品交易价格的高低调整,达到上市公司盈利高低的变化。如上海钢运公司1996年亏损,1997年1~10月亦然,但到12月份突然每股盈利0.30元多。其变化并非钢运公司业绩变化,而是母公司将赚钱的子公司划入,而将属于钢运公司的另一赔钱的公司划出,这一所谓资产重组,使之股价大涨。

5. 利用各种证券报刊,传递真假信息,编造各种并购及盈利预测造市

上述种种做庄行为,政府证券管理部门并非不知。一是难以查证,二是证券管理部门人员有的是这种庄股炒作的受益者。庄家通常将消息先透露给这些管理部门的少数人,他们知道了进出货的目标价位,当然获利甚丰。所以,管理部门人员睁一只眼,闭一只眼。尽管政府高层和证券法规禁止这类庄家炒作行为,但实际上却无法彻底解决。2009年的创业板推出后,由于各个股票的盘子都比较小,庄家容易操控,因此在很短时间内遭到了恶炒。直到监管部门对吉峰农机的庄家进行点名通报和惩罚后,随着吉峰农机股价的应声而跌,恶炒创业板的情形才得到遏制。

庄家操盘五部曲

在股市大盘向上的过程中,个股轮炒是一种常见的现象,如果把握得当,投资者可以把一个牛市当成两个牛市来做,获利会非常丰厚。发现庄家大牛股其实并不难。一般来讲,被庄家看中的股票通常是投资者不太注意的股票,在低位横盘已久,每日成交量呈现为豆粒状,如同进入冬眠一样。但恰恰是这类股票,一旦醒来,有如火山爆发一样,爆发出大幅飙升行情。任何一个庄家的操作思路不外乎经历以下几个阶段。

1. 目标价位以下低吸筹码阶段

只要投资者掌握有关庄股的活动规律,获大利并不难。在这一阶段,庄家往往极耐心地、静悄悄地、不动声色地收集低价位筹码,这部分筹码是庄家的仓底货,是庄家未来产生利润的源泉,一般情况下庄家不会轻易抛出。这一阶段的成交量每日极少,且变化不大,均匀分布。在吸筹阶段末期,成交量有所放大,但并不很大,股价呈现为不跌或即使下跌,也会很快被拉回,但上涨行情并不立刻到来。因此,此阶段散户投资者应观望为好,不要轻易杀入以免资金呆置。

2. 试盘吸货与震仓打压并举阶段

庄家在低位吸足了筹码之后,在大幅拉升之前,不会轻举妄动,庄家一般先要派出小股侦察部队试盘一番,将股价小幅拉升数日,看看市场跟风盘多不多,持股者心态如何。随后,便是持续数日的打压,震出意志不稳的浮码,为即将开始的大幅拉升扫清障碍。否则,一旦这些浮码在庄家大幅拉升时中途抛货砸盘,庄家就要付出更多的拉升成本,这是庄家绝对不能容忍的。因此,打压震仓不可避免。在庄家打压震仓末期,投资者的黄金建仓机会到来了。此时,成交量呈递减状况且比前几日急剧萎缩,表明持股者心态稳定,看好后市,普遍有惜售心理。因此,在打压震仓末期,趁K线为阴线时,在跌势最凶猛时进货,通常可买在下影线部分,从而抄得牛股大底。

3. 大幅拉升阶段

这一阶段初期的典型特征是,成交量稳步放大,股价稳步攀升,K线平均线系统处于完全多头排列状态,或即将处于完全多头排列状态,阳线出现数多于阴线出现次数。如果是大牛股则股价的收盘价一般在5日K线平均线之上,K线的平均线托着股价以流线型向上延伸。这一阶段中后期的典型特征是,伴随着一系列的洗盘之后,股价上涨幅度越来越大,上升角度越来越陡,成交量越放越大。若有量呈递减状态,那么,这类股票要么在高位横盘1个月左右慢慢出货,要么利用除权使股价绝对值下降,再拉高或横盘出货。当个股的交易温度炽热,成交量大得惊人之时,大幅拉升阶段也就快结束了,因为买盘的后续资金一旦用完,卖压就会倾泻而下。因此,此阶段后期的交易策略是坚决不进货,如果持筹在手,则应时刻伺机出货。

4. 洗盘阶段

洗盘阶段伴随着大幅拉升阶段,同步进行,每当股价上一个台阶之后,庄家一般都洗一洗盘,一则可以使前期持筹者下车,将筹码换手,提高平均持仓成本,防止前期持筹者获利太多,中途抛货砸盘,从而使庄家付出太多的拉升成本。二则提高平均持仓成本对庄家在高位抛货离场也相当有利,不至于庄家刚一出现抛货迹象,就把散户投资者吓跑的情况。此阶段的交易策略应灵活掌握,如是短暂洗盘,投资者可持股不动,如发现庄家进行高位旗形整理洗盘,则洗盘过程一般要持续11~14个交易日左右,则最好先逢高出货,洗盘快结束时,再逢低进场不迟。

5. 抛货离场阶段

此阶段K线图上阴线出现次数增多,股价正在构筑头部,买盘虽仍旺盛,但已露疲弱之态,成交量连日放大,显示庄家已在派发离场。因此,此时果断出仓,就成为投资者离场的最佳时机。此阶段跟进者则冒了九死一生的风险,实为不智之举。

如何判断主力在洗盘

很多投资者在买进某种股票以后,由于信心不足,常致杀低求售、被主力洗盘洗掉,事后懊悔不已,看着股价一直上去。炒股的人,对于主力的洗盘技巧务必熟知,而主力的洗盘方式不外乎下面几种。

1. 开高杀低法

此法常发生于股价高档无量,而低档接手强劲之时,投资人可以看到股价一到高档(或开盘即涨停),即有大手笔杀了,而且几乎是快杀到跌停才甘心,但是股价却是不跌停,不然就是在跌停价位,不断产生大笔买盘,此时缺乏信心者仍低价求售,主力于是统统吃进,等到没有人愿意再低价卖出。压力不大时,再一档一档向上拉升,如果拉了一二档压力不大,可能会急速接到涨停,然后再封住涨停,所以当投资人看到某股低位大量成交时,应该勇于大量承接,必有收获。

2. 跌停挂出法

此法即主力一开盘就全数以跌停挂出,散户在看到跌停打不开时,深恐明天会再来个跌停,于是也以跌停杀出,待跌停杀出的股票到达一定程度而不再增加时,主力乃迅速将自己的跌停挂出单取消,一下将散户的跌停抛单吃光,往上拉抬,而其拉抬的意愿视所吃的筹码多寡而定,通常主力一定要拥有大量的筹码时,才会展开行动,因此若筹码不够,则第二天可能还会如法炮制,投资者亦应在此时机低价买进才是。

3. 固定价位区洗盘法

此种情况的特征是股价不动,但成交量却不断扩大。其洗盘的方式为:某股涨停是25元,跌停是15元,而主力会在18元处限价以超大量的单子挂入。这样的结果将导致一整天股价将"静止"在18元和17元之间,只要股价久盘不动,大部分人将不耐烦抛出,不管再多的量全部以17元落入主力的手中,直到量大到主力满意为止。然后,往后的涨幅又是由主力决定,而散户只有追高或抢高的份了。

4. 上冲下洗法

当股价忽高忽低,而成交量也不断扩大时,投资者应该设法在低价位挂进股票。此法乃是主力利用开高走低、拉高、掼低再拉高,将筹码集中在他手上的方法,故称为"上冲下洗"。此法乃综合开高杀低法和跌停挂出法而成,将会造成特大的成交量。

主力试盘手法揭秘

主力吸货完毕之后,并不是马上进入拉升状态。虽然此时提升的心情十分急切,但还要最后一次对盘口进行全面的试验,称作"试盘"。

一般主力持有的基本筹码占流通盘的45%~50%,剩余的55%~50%在市场中。在较长的吸货阶段,主力并不能肯定在此期间没有其他的主力介入,通常集中的"非盘"如果在10%~15%以上,就会给主力造成不小的麻烦。在操作过程中这种情况十分常见。经常两个主力几乎在同时介入，持仓比例都差不多，吸货阶段都十分吃力。常常到最后这只股不错，但就是不涨，上下振荡，成交量时大时小。这类股多半是几个主力碰了头，彼此相互制约。如1998年2月两个主力同时看好南京某股票，当时该股只有3 000万股的流通盘，双方在吸货之后，都已持仓近千万股，这可进退两难了。由于大主力之间进行"合作"几乎不可能，所以该股上下振荡许久，不能顺利上攻，成了一块"鸡肋"，食之无味，弃之可惜。所以必须"试盘"。

试盘的方法一般是主力用几笔大买单，把股价推高，看看市场的反应。主力将大买单放在买二或买三上，推动股价上扬，此时看看有没有人在买一上抢货，如果无人理，就说明盘面较轻，但股性较差；如果有人抢盘，而且盘子较轻，就成功了一半。紧接着主力在拉升到一定的价位时，忽然撤掉下面托盘的买单，股价突然地回落。而后，主力再在卖一上压下一个大卖单，这时股价轻易下挫，这说明无其他主力吃货。在推升过程中，盘中有较大的抛压，这时主力大多先将买盘托至阻力价位之前，然后忽然撤掉托盘买单，使股价下挫。如此往复，高点不断降低，该股的持有者会以为反弹即将结束。突然主力打出一个新高之后，又急转直下，此时比前期高点高，眼看很快要跌回原地，"非盘"再不敢不减仓了，于是集中的抛单被拆散了。

例如：某大户的持股成本在10元左右(与主力的成本相近)，共15万股，主力在11元左右开始试盘，连续几日从11元多下触10元，有一天突然破位下行到9.8元，此时大户减磅3万股，紧接着又猛地拉起到10.80元，大户认为应该拿回筹码，于是买回1万股。而后股价又拉至11.80元，大户还未来得及高兴，就又跌到10元。大户感到抛压太大，又减磅4万股，至此，大户持仓是9万股(15-3+1-4)的筹码，而且平均成本比过去高多了。这样在11元的抛盘由15万股变成了0。

试盘的种种情况探明了市场中的持仓情况。股性死板没有关系，在大盘弱势中逞强，强势中压盘就能很快地活跃起来。

买卖盘是主力动向的窗口

市场中，投资者经常谈论的热门话题之一便是主力的动向，把好"主力脉"，便有了收益的保障。探寻主力动向的方法很多，但许多投资者都忽视了就在我们身边可以准确观察主力动向的窗口，那就是个股交易的买卖盘，具体操作中就是一只股票委托买入的价格、数量及委托卖出的价格、数量的反映。目前钱龙交易系统可以为投资者提供三档的买卖盘情况，即个股当时走势中买一、买二、买三对卖一、卖二、卖三。这种买卖盘是个股庄家的"发言"场所，其动向在这里经常表露。

1. 巨大抛单被吃掉的情形，很可能是庄家在建仓

当某只股票长期在低迷状况中运行，某日股价有所启动，而在卖盘上挂出巨大抛单(每笔经常上百、上千手)，买单则比较少，此时如果有资金进场将挂在卖一、卖二、卖三3档的压单吃掉，可视为是主力建仓动作。

注意，此时的压单并不一定是有人在抛空，有可能是庄家自己的筹码，庄家在造量，在吸引投资者注意。此时，如果持续出现卖单挂出便被吃掉的情况，那便可反映出主力的实力。投资者要注意，如果想介入，千万不要跟风追买卖盘，待到大抛单不见了，股价在盘中回调时再介入，避免当日追高被套。主力有时卖单挂出大单，也旨在吓走持股者。无论如何，在低位出现上述情况,介入一般风险不大,主力向上拉升意图明显,短线有被浅套可能,但终能有所收益。与上述情况相反,如果在个股被炒高之后,盘中常见巨大抛单,卖一、卖二、卖三3档总有成百、上千手压单,而买盘不济,此时便要注意风险了,一般此时退出,可有效地避险。

2. 大抛单下压股价后又被迅速拉起,很可能是庄家在试盘

当某只股票在某日正常平稳的运行之中,股价突然被盘中出现的上千手的大抛单砸至跌停板或停板附近,随后又被快速拉起。或者股价被盘中突然出现的上千手的大买单拉升然后又快速归位,出现这些情况则表明有主力在其中试盘,主力向下砸盘,是在试探基础的牢固程度,然后决定是否拉升。

在这里有必要解释一下什么是试盘。庄家在拉升股价之前,为了避免给散户抬轿子,就要尽可能把不坚定的浮筹吸纳到自己的手中,以便自己的利益最大化。怎样才能知道浮筹已被吸纳殆尽了呢?试盘的目的就是为了解答这个问题。如果打压股价后,卖盘踊跃而买盘稀少,说明股价的底部还不牢固,还有下跌的空间,庄家会趁势进一步打压,以便在更低的价位获取筹码;反之,如果打压股价后,买盘踊跃而卖盘稀少,说明股价的底部基础很牢固,再无下跌的空间,庄家为避免散户得到便宜的筹码,会大幅拉升股价。这就是庄家试盘的基本思路。

该股如果在一段时期内总收下影线,则主力向上拉升的可能性大,反之主力出逃的可能性大。结合本书前面所讲的K线知识,下影线代表了多方的力量。如果庄家试盘时先打压后拉升,在K线上的体现就是留下一根较长的下影线。

3. 连续下跌后出现的大买单,是典型的庄家护盘

某只个股经过连续下跌,出现了经常性的护盘动作,在其买一、买二、买三3档常见大手笔买单挂出,这是绝对的护盘动作,但这不意味着该股后市止跌了。因为在市场中,股价护是护不住的,"最好的防守是进攻",主力护盘,证明其实力欠缺,否则可以推升股价。此时,该股股价往往还有下降空间。但投资者可留意该股,因为该股"套住了庄",一旦市场转强,这种股票往往一鸣惊人。

主力护盘的特征

在大盘下跌时最能体现出个股的强弱,投资者从盘面中观察有无主力护盘动作,从而可判断出主力有无弃庄企图。有些个股在大盘下跌时犹如被人遗弃的孤儿,一泻千里,在重要的支撑位、重要的均线位毫无抵抗动作,说明主力已无驻守的信心,后市自然难以乐观,有些个股走势则明显有别于大盘,主力成为"护盘功臣",此类个股值得重点关注。一般来说,有主力护盘动作的个股有以下特征。

1. 以横盘代替下跌

主力护盘积极的个股,在大盘回调、大多数个股拉出长阴时,不愿随波逐流,而是保持缩量整理态势,等待最佳的拉抬时机。

2. 拉尾市

拉尾市情况较复杂,应区别来分析,一般来说,若股价涨幅已大,当天股价逐波走低,在

尾市却被大笔买单拉起的个股宜警惕。此类个股通常是主力在派发之后为保持良好的技术形态而刻意为之。有些个股涨幅不大，盘中出现较大的跌幅，尾市却被买单收复失地，则应为主力护盘的一种形式。

但是股市是一个复杂的博弈场所，人人皆知的结论就会被人加以利用。前几年出现的所谓"涨停板敢死队"，其获利的秘诀就是利用了这一个规律。几个大户联合起来在尾市共同拉升一只股票直至涨停，引起广大股民的关注，第二天当追涨的资金进入时，"敢死队员们"趁势获利了结，短期获利。

因此，再次提醒本书的读者，在股市中赚钱，绝不能教条地使用任何结论和方法，而是要用心体会，灵活运用。

3. 顺势回落、卷土重来

有些主力错误地估计了大盘走势，在大盘回调之际逆市拉抬，受拖累后回落，若线图上收带长上影的K线，但整体升势未被破坏，此类"拉升未遂"的个股短期有望卷土重来。

机构操盘的惯用伎俩

1. 交易时间的惯用法

目前沪深交易所规定，每周一至周五上午9:30~11:30，下午13:00~15:00为交易时间，集合竞价是每个交易日第一个买卖股票的时机，这也是机构大户借集合竞价高开拉升或减仓，跳空低开打压或进货的黄金时间段，开盘价一般受昨日收盘价影响。

若昨日股指、股价处于当日最高价位，次日开盘往往跳空高开；反之则低开。当然在连续的单边走势后会发生特殊情况，一般情况下开盘后股价立即单边涨停或跌停的情况出现，预示着该股有消息或信心十足的机构猛烈的单边动力，可以适当的跟进做多或做空。

有许多有经验的投资者常常在9:20左右敲键F3，然后敲键+号进入即时成交视窗，一般情况下最先出现的有大手笔竞价成交的个股很可能成为当日的主要做多或做空明星品种，因为一般情况下，大资金的操盘手如在当日有操作计划，都会较早地到证券公司做好准备并较早地做好集合竞价显示出趋向，作为投资者应注意此种股票的短线动向并利用之。

另外如果能够把握住意外的无原因的大幅高开或大幅低开的机会则是意外之喜（对于勤快的投资者1年可能会把握5次左右的此类机会）。

需要注意的是如果预见较大的利多或利空因素参与集合竞价，时间最好应在9:20以前。

上午10:00左右将是产生当天集中交易热点的时间，此时昨日尾市走强的品种与部分板块强弱代表股票的强弱度已经显露，而一些职业机构在看清当天的消息面情况后开始演出，此时市场表现将可能是市场全天表现的缩影，只不过会在涨跌幅度上发生量变。

由于在中午有电台、电视股评的因素存在（有些股评人士是上午涨就叫好，上午跌就叫空），13:00开盘时容易造成当天的次（最）高点或次（最）低点，此时很容易操作错误，应多看技术指标与冷静思考。

14:30左右就是一天主力做多做空的黄金发力时间段，并且决定一天的最终交易涨跌情况，是短线操作的最佳时机，当然在14:30前主力也会经常制造骗线引人上当，投资者可以根据成交量判断。

2. 当日信息的常用知识

一般情况下当天的信息会对一部分个股的涨跌起到一定的影响,如果因为当天的报刊消息影响,第二天召开股东大会影响,头天停牌今天补涨、跌的影响,出现小范围的板块效应的涨跌,投资者不应追高杀跌而应顺势操作。因为此类个股通常情况下是一天行情,在弱势中见到此类性质的涨势可对目标股短线减仓,在强势中见到此类跌势不应斩新仓。

需要注意的是,在弱势中,配股期临近的个股多数属于下跌加速股,这是因为部分投资者因资金紧张的原因进行逃权操作。

另外需要注意指数与板块的轮涨效应,当一个新的指数或板块在下午后来居上后,上午的强势股板块有走弱的危险;一旦B股率先出现较大变化,A股有跟上的可能。

14:30~15:00的价量关系通常的特点是小量小跌或小涨,大量大跌、大涨应顺势而为;小量大跌大涨或大量小跌小涨应逆势看待;尾市时有异动的个股属于近期活跃庄股,需要分析其是否存在做多、做空的机会。

3. 时间周期的常用常识

沪深股市的历史显示,通常情况下每周周一的走势结果对全周影响较大,这天的强弱往往预示着机构对近期行情的正常看法,因为绝大多数机构的操作计划都是在周日确立,周一得到较为集中的实施。

第 22 章
股票买卖操作方法

顺势投资法

对于那些小额股票投资者而言,谈不上能够操纵股市,要想在变幻不定的股市战场上获得收益,只能跟随股价走势,采用顺势投资法。当整个股市大势向上时,以做多头或买进股票持有为宜;而股市不灵或股价趋势向下时,则以卖出手中持股而拥有现金以待时而动较佳。这种跟着大势走的投资作法,似乎已成为小额投资者公认的"法则"。凡是顺势的投资者,不仅可以达到事半功倍的效果,而且获利的几率也比较高;反之,如果逆势操作,即使财力极其庞大,也可能会得不偿失。

采用顺势投资法必须确保两个前提:一是涨跌趋势必须明确;二是必须能够及早确认趋势。这就需要投资者根据股市的某些征兆进行科学准确的判断,就多头市场而言,其征兆主要有:

(1) 不利消息(甚至亏损之类的消息)出现时,股价下跌。
(2) 有利消息见报时,股价大涨。
(3) 除息除权股,很快做填息反映。
(4) 行情上升,成交量趋于活跃。
(5) 各种股票轮流跳动,形成向上比价的情形。
(6) 投资者开始重视纯益、股利;开始计算本益比、本利比等。

当然顺势投资法也并不能确保投资者时时都能赚钱。比如,股价走势被确认为涨势,但已到回头边缘,此时若买进,极可能抢到高位,甚至接到最后一棒,股价立即会产生反转,使投资者蒙受损失。又如,股价走势被断定属于弱势时,也常常就是回升的边缘,若在这个时候卖出,很可能卖到最低价,追悔莫及。

"拔档子"操作法

所谓"拔档子"是指投资者先卖出自己所持有的股票,待其价位下降之后,再买入补回的一种以多头降低成本,保存实力的方法。投资者"拔档子"并不是对后市看坏,也不是真正有意获利了结,只是希望趁价位高时,先行卖出,以便自己赚自己一段差价。通常"拔档子"

卖出与买回之间相隔不会太久,短则相隔一天即于回补,长则可能达一二个月之久。

"拔档子"的动机有两种,其一为行情上涨一段后卖出,回降后补进的"挺升行进间拔档",其二为行情挫落时,趁价位仍高时卖出,等价位跌低时再予回补的"滑降间拔档"。前者系多头推动行情上升之际,见价位已上升不少,或者遇到沉重的压力区,干脆自行卖出,希望股价回落,以化解涨升阻力,待方便行情时再度冲刺;后者则为套牢多头,或多头自知实力弱于卖方,于是在股价尚未跌低之前,先行卖出,等价位跌落后,再买回。

"拔档子"做对了,可降低成本,增加利润,万一做错了则吃力不讨好。通常的做法应是见好就收,以免成为压低行情,白白让别人捡便宜货。

保 本 投 资 法

保本投资法是一种避免血本耗尽的操作方法。保本投资的"本"和一般生意场上"本"的概念不一样,并不代表投资人用于购买股票的总金额,而是指不容许亏蚀净尽的数额。因为用于购买股票的总金额,人人各不相同,即使购买同等数量的同一种股票,不同的投资者所用的资金也大不一样。通过银行融资买进的投资者所使用的金额,只有一般投资者所用金额的一半(如美国联邦储备银行规定从事卖空者在进行交易是需支付当时股票市场价格50%的保证金);以垫款买进(当然是非法的)的投资者所用的金额,更是远低于一般投资者所用的金额。所以"本"并不是指买进股票的总金额。"不容许亏蚀净尽的数额'则是指投资者心中主观认为在最坏的情况下不愿被损失的那一部分,即所谓损失点的基本金额。

保本投资法的基本假设是,任何人的现金都是有限度的。因为它的关键不在于买进而在于卖出的决策。为了作出明智的卖出决策,首先,保本投资者必须定出自己心目中的"本",即不容许亏损净尽的那一部分。其次,必须确定获利卖出点,最后必须确定停止损失点。比如若某股票投资者心目中的"本"定为投资总额的1/2。那么他的获利点即为所持股票市价总值达到最初投资额的150%时,此时该股票投资者可以卖出持股的1/3,先保其本。然后,再定所剩下的"本",比如改定为20%,它表示剩下的持股再涨20%时,再予卖掉1/6,即将这一部分的"本"也保下来了。以此类推,再定出还剩下的持有股票的本。上述获利卖出点的确定是针对行情上涨时所采用的保本投资法策略。至于行情下跌时,则要确定停止损失点。停止损失点是指当行情下跌到达股票投资者的心目中的"本"时,即予卖出,以保住其最起码的"本"的那一点,如假定某股票投资者确定的"本"是其购买股票金额的80%,那么行情下跌20%时,就是股票投资者采取"停止损失"措施的时候了,即全身而退以免蒙受过多亏损。这就是保本投资法的关键在于卖出决策的道理所在。

这种方法比较适用于经济景气明朗时,股价走势与实质因素显著脱节时,以及行情变化怪异难以估量时,操作此法进行投资的人,切忌贪得无厌。

守 株 待 兔 法

守株待兔是一家喻户晓的成语,将这一成语运用到股票投资中,并非要求投资者将自己的希望吊在一棵"树"上，而是为了获利，要求广泛撒网，守住很多树（最好是全部树），既买进交易所挂牌且每天均有交易的多数或全部股票。对于普遍的投资者来讲，选择合适的投资对象非常关键，而且不易把握，如果缺乏正确可靠的消息来源和行家的指导，自己无法确定投资对象时，不妨采用此法。

具体的做法是，投资者可以将每天挂牌上市的股票各购进1股或几股。这样，任何股票涨跌都有可能获得收益而不至于全亏（当然，由于系统性风险而引起的整个股市是一种例外情况）。

操这种方法的人应该自己首先订立一个原则，如涨跌幅度超过二成则可售出或买进。甲股票涨了二成卖掉它；轮到乙股票涨了二成也卖掉它；丙股票跌了二成买进，丁股票跌了二成也补进。这样做就不必为股票的选择而大动脑筋，省去甚多麻烦，也降低了投资对象选择中的风险，收益可观。

但是，守株待兔法并不是最高明的办法，只是在选择投资对象没有绝对把握时才采用，采用这种方法需注意以下几点：

（1）不要涉足过分冷门的股票，因为过分冷门的股票可能使部分资金冻结，一般投资人的资金大多有限，经不起长期的冻结。

（2）一旦决定采用这种方法，就应该抱定不赚不卖的信心，不为各种马路消息所左右，既然网已经全部张开，只需等待，肯定会赚。

（3）必须关心经济景气动向，对于政治、军事等宏观的风险因素也要密切注视其变化，以便及早预测整个股市暴跌情况的发生，否则将大亏特亏，到时悔之晚矣。

以静制动法

当股市处在换手、轮做，行情走势表现为"东升西跳"、"此起彼落"时，股票投资者不妨采用以静制动的做法，经常出入证券交易所的人，大都易受情绪的影响，如在股票轮做、行情东升西跳时，采取追涨的做法或跟随主力进出，很可能买到的是就要停顿或回头的股票，结果是疲于奔命，吃力不讨好没什么收益，甚至会有损失。

既然在股票轮流跳动阶段，没有绝对把握去购买刚好发动涨势的股票，就不妨以静制动，选择涨幅较小，或者尚未调整价位的股票买进持有，等到其他同类股票的价位涨高了，自然会有主力发现这种未动股票的潜力，到时这种股票价格也会因主力的参与而上涨，你便可从中获利。这就是生意场上的所谓"大家都做的，我不做"，"迎风的树，结不牢果实"。

经常采用这种方法进行投资的人，一般不仅投资的技艺娴熟，而且修养也很深。因此，从事投资虽然旨在获利，但投资人的内在涵养也很重要，这即所谓的"场内工夫场外学"之道理。

摊平操作法

俗话说，智者千虑，必有一失。任何精明的投资人，都不可避免的有时会作出错误的决策,如买进的时机不对,或者买进价格高了等。因此,有经验的股票投资者都必定会摒弃赌徒心理,讲求逐步操作,即任何买卖进出都不用尽全部财力,以便下档摊平,或上档加码。

下档摊平的操作方法,是指投资人在买进股票后,由于股价下跌,使得手中持股形成亏本状态,当股价跌落一段时间后,投资人以低价再买进一些以便匀低成本的操作方式。下档摊平的操作方法大体上可以分为三种。

1. 逐次平均买进摊平法

即将要投入股票的资金分成三部分,第一次买进全部资产的1/3,第二次再买进1/3,剩余的1/3最后买进,这种方法不论行情上下,都不冒太大的风险。

2. 加倍买进摊平法

加倍买进摊平法有二段式和三段式两种。二段式为将总投资资金分成三份,第一次买进1/3,如果行情下跌,则利用另外的2/3;三段式是将总投资资金分成七份。第一次买进1/7;如行情下跌,则第二次买进2/7;如行情再下跌,则第三次买进4/7,此法类似于"倒金字塔买进法",适用于中、大户的操作。

3. 加倍卖出摊平法

加倍卖出摊平法是将资金分成三份。第一次买进1/3,如发现市场状况逆转,行情确已下跌,则第二次卖出2/3,即要多卖出一倍的股票。这样可以尽快摊平,增加获利机会。

上档加码就是买进股票之后,股价上升了,再加码买进一些,以使持股数量增多,扩大获利的比率。

加码买进匀低成本法

当行情急剧下跌,在价位上出现亏损时,只要经济的发展仍有希望,投资者要耐心等待,也可以在低档时加码买进以匀低成本。可以在股价跌到相当程度,照原持有股加码买进。如果资金宽裕,可以加倍或数倍买进以匀低成本。

加码买进以匀低成本的先决条件,是整个经济前途仍有希望,所投资股票的实质条件仍在,因此可以买进以摊平成本。

金融资产的投资三分法

在西方各国,如美国最流行的三分法是:1/3的现金存入银行以备急需,1/3的现金购买债券、股票等有价证券作长期投资,剩下的1/3投资于房地产等不动产,因为一般情况下房地产只会增值而不会贬值,这部分投资可以作为准备金和后备基金,以备其他投资蚀本时用以保本或翻本。

在有价证券的投资上,投资者也往往将1/3用来购买安全性高的债券或优先股,1/3购买有发展前途的成长型股票,1/3购买普通股票,以分散风险并取得差价收益。

目前我国的房地产市场尚未发育成熟,投资者可以把1/3资金用于银行存款或持有现金,1/3购买安全性高的债券,1/3购买股票,只要投资者能按一定的比例适当分配手中的资金,就能以钱养钱,并能最大限度地抓住获利机会。

分散投资组合法

这种投资组合的主要含义是:

(1) 购买股票的企业种类要分散,不要集中购买同一行业企业的股票,不然的话,若碰上行业性不景气,由于本行业股价受不景气的影响会全部大幅下跌,会使投资者蒙受极大损失。

(2) 购买股票的企业单位要分散,不要把全部资金投资于一个企业的股票,即是该企业目前经营业绩很好也要避免这种情况。

(3) 投资时间要分散。购买股票前应当先了解一下各种股票的派息时间,一般公司是每年3月份召开股东代表大会,4月份派息,也有半年派一次息的。购买股票时可按派息时间岔开选择购买。因为按以往情况分析,派息前股价都会升高,即使投资者购买的某种股票因利率、物价等变动而在这一时间蒙受公共风险,投资者还可以期待到另一时间派息的股票上获利。

(4) 投资区域也要分散。由于各地的企业会受当地市场、税赋、法律政策等多方面因素的影响而产生不同的效果,分开投资,便可收"东方不亮西方亮"之效。

按投资期限制定的比例组合法

按投资期限长短划分制定的比例组合法包括长线投资、中线投资和短线投资。长线投资是指买进股票以后不立即转售,长期持有以便享有优厚的股东收益,持有时间起码在半年以上,其对象一般是目前财务状况良好而又有发展前景的公司股票。中线投资指的是把自己几个月内暂时不用的钱进行投资,投资对象是估计几个月内可供提供良好盈利的股票。短线投资是指那些股价起伏甚大,几天内就可以有大涨跌的股票。一个投资者应该把自己的资金分成较长期内不用等待获利,几个月内不用和随时可动用,搞得好可获其利,搞不好全部损失也在所不惜的三部分,分别用于长线投资、中线投资和短线投资。用于长线投资的那部分一定要沉得住气,要坚持自己的意图,放长线钓大鱼,不达目的绝不罢休,切忌股价稍有上升就轻易抛出,其结果往往是图了眼前小利而损失长远大利。

试探性分开投资法

比如你要买1 000股某种股票,可以先买500股作为试探,等到该股票上涨到一定幅度出现回档,且价位至低档不再往下跌时(根据股市常规,股价上涨到一定幅度必然会有回档),再买进500股。这样,如果你买的股票正处于"牛市"中,股价按刚才分析上涨,你两次投资均可获利;如果你处于"熊市",股价不涨,反而回落,你的损失也比原来一下子全部投资

1 000股要减少一半。

由风险情况制定的组合法

尽管投资风险变幻莫测,现代证券理论越来越倾向于对风险进行定量分析,即把风险区分为可计算的风险和不可计算的风险两类。通常运用一种股票价格除以平均股价指数或通过本利比的计算,便可以确定股票的风险等级或风险率,除数越小,本利越低,风险越大。此外,报酬率(收益率)也可以运用一定的方法计算出来。最理想的组合形式就是在投资人测定自己希望得到的投资报酬和所能承担的风险之间,选择一个最合适的组合。

计 划 模 式 法

初涉足证券市场的投资者往往在进入市场之前没有制订一套明确的投资计划,仅凭借自己的主观意识随机应变,这种随机性的"非定式"投资行为通常为稳健的投资者所避讳。因为这样,投资人的行为很容易被"舆论"所左右,盲目跟风,风险颇大。一个明智的投资者在购买股票以前,应该首先认真地调查股市行情,然后根据自己的实力和条件,制订可行的投资计划,只有这样,才能在股市中站稳脚跟,不为谣言所动,依据股市的实际情况,减少风险,获取收益。

与非定式计划相对的,则是"定式投资计划",这种计划方式在国际上得到广泛运用。它可分为两种:一种是非常值定式计划;另一种是常值变化定式计划。非常值定式计划的观念是并不重视股票的"正常价值",不论价值高低,坚持按照预定的计划,持续不断地投资。非常值定式计划包括下面几种投资方式。

1. 等级投资计划

等级投资计划的具体做法是:内心确定股价变动的某一幅度为一个买卖单位,如认定股价上涨或下跌5元或者10元为一个等级,当股价升降达到一个等级时,就买进或者卖出一定数量的股票,这样可以达到平均买入价低于平均卖出价的目的。

2. 均价成本投资法

这种方法最为投资者推崇和广泛采纳。采用这种方法必须注意应选择具有长期投资价值的股票,而且最好是市价波动比较明显的股票,这种方法的具体操作规则是:在预定的一段时间内,如半年或1年间,以同样数目的资金定期买进股票。当股价上涨时,买进的数量相应减少;股价下跌时,买进的数量相应较多,这样在一般情况下,可以使平均买进价格低于市价水平。

3. 固定金额投资计划

固定金额投资计划就是把投资于股票的金额固定在一个水平上,不论股价上升或下降,都要保证持股数量在这一固定金额的水平,其具体操作的法则是:

(1)同时投资于股票和债券。

(2)确定持有股票的数量在一个固定的金额水平。

(3)在固定金额基础上计划一个百分比,当股价上涨幅度超过这个百分比时,则抛售部分股票,购买债券;相反,当股价下跌幅度超过百分比时,就卖出债券,买进股票,以保持固定金额的水平。

4. 固定比率投资计划

证券市场在不断完善和发展,投资方法也随之不断地改进,固定比率投资计划法就是由固定金额投资法演化而来。固定金额投资法的操作与调整仅仅是为了维持固定的金额,缺乏与市场价格相适应的有机关联,固定比率投资计划法则注意到了股票与债券在市场价格方面所占的比率关系,因而其核心内容是把持有的股票金额与债券金额确定在一个固定的比率水平上。

5. 变动比率投资计划

变动比率投资计划又叫常值变化定式计划,它可分为以市值为基础的常值变化计划和以内值为基础的常值变化计划两种,无论是哪一种方法,其一般原则均是:将投资对象分成两组,一组是富有进取性、成长性而颇有风险的股票;另一组则是防守性、安全性的债券。这里所谓的"变化"是指两组之间的投资比率是变动的,根据整个市场行情的变化而变化。这种方法更加灵活多变且不易掌握,其难点在于如何确定与调整比率。一般是根据长时期的股价统计材料,计算其"中央价值",以求得一个"正常价值"来作为调整比率得依据。

第23章

炒股的心理建设

炒股盈利的思考方式

在进入具体的买卖技巧的探讨之前,希望读者们能明白炒股成功必须有什么样的思考方式。炒股的目的是从股市赚钱,但想赚钱并不表示你就能赚到钱。你必须在正确的时间做正确的事情,赚钱只是结果。因为你在正确的时间做正确的事情,所以你得到了回报。

你首先必须以保本为第一要务,在保本的基础上再考虑怎样赚钱。保本不是说保就能保得住的,除非你不涉足股市。只要你把资金投入股市,你就有亏本的可能。股票何时运动正常的概念非常重要,你对股票何时运动正常完全没有概念的话,你的炒股无非是"瞎猫碰到死老鼠"。学股之路是艰难且漫长的,要想从股票学校毕业,你必须有一定的素质。只有具备这些素质,你才可能熬过黑暗的时光。否则,成功只是幻想。你如果还不具备成功的投资者所具有的共性,希望你从今天开始培养。除了毅力之外,没有别的要求。

1. 保本

炒股是用钱赚钱的行业。一旦你的本金没有了,你就失业了。无论你明天见到多么好的机会,手头没有本金,你只能干着急。几乎所有的行家,他们的炒股的建议便是尽量保住你的本金。而做到保本的办法只有两个:快速止损;别一次下注太多。

炒过股票的朋友都有这样的经历:亏小钱时割点肉容易,亏大钱时割肉就十分困难。这是人性的自然反应。在一项投资上亏太多钱的话,对你的自信心会有极大的打击。你如果有一定的炒股经历,必然同时拥有赚钱和亏钱的经验。赚钱时你有什么感觉?通常你会在内心指责自己为什么开始的时候不多买一些,下次碰到"应该会赚大钱"的机会,你自然就会下大注。这是极其危险的。在炒股这一行,没有什么是百分之百的。如果第一手进货太多,一旦股票下跌,噩梦就开始了。每天下跌,你希望这是最后一天;有时小小的反弹,你就把它看成大起的前兆;很快这只股票可能跌得更低,你的心又往下沉。你失去理性判断的能力。

具体的做法就是分层下注。你如果预备买1 000股某只股票,第一手别买1 000股,先买200股试试,看看股票的运动是否符合你的预想,然后再决定下一步怎么做。如果不对,尽快止损。如果一切正常,再进400股,结果又理想的话,买足1 000股。

由于股票的运动没有定规,你不入场就不可能赚钱,而入场就有可能亏钱,所以承担多少风险便成为每位炒手头痛的事。索罗斯在他的自传中提到他对承担多大风险最感头痛。解决这个问题并无任何捷径,只有靠你自己在实践中摸索对风险的承受力,不要超出这个界限。

然而什么是你对风险的承受力呢？最简单的方法就是问自己睡得好吗？如果你对某只股票担忧到睡不着，表示你承担了太大的风险。卖掉一部分股票，直到你觉得自己睡得好为止。

把"保本"这个概念牢牢地记在心里，你在炒股时每次犯错，你的体会就会深一层，时间一久，你就知道该怎样做了。

2. 不断盈利

读者或许会嘲笑这样的题目，炒股如果不是为了盈利，炒股干什么？但你注意到"盈利"两字前是什么？是"不断"。在股票市场偶尔赚点钱不难，只要你运气好就可以了。难的是"不断"两字。有多少次你听到朋友说："我今年不错，股票大市跌了20%，我只亏10%，我战胜了股市！"真的吗？任何专业的炒手，唯一该问的问题应该是我今年挣了多少？有谁听说过服装店老板说自己较隔壁店少亏钱而洋洋得意的吗？但我们却常听到炒股的人居然会为亏钱而自豪！这其实便是炒股艰难的地方。看不见、摸不着的股票使一般人的判断力走了样。

要想在股市不断赚钱，除了知识和经验之外，就是必须忍耐，等待赚钱的时机。问问一般的股民，他们入市资金有多少买了股票？有多少是现金？你会很惊奇地发现，一般股民几乎把入市资金全部买了股票。不管是牛市还是熊市时，他们都是这样。这些人有一共同的想法："我的钱是用来赚钱的。"读者们若有机会到赌场看看，就明白股民们为什么会这样做。赌客们站在赌台旁，一注都不肯放过，生怕下一手就是自己赢钱的机会。直到输完才会收手。你要明白一点：股市有时是完全无序的，你根本就不知道股票下一步会怎样运动。就像你的女朋友生气时一样，你不知她在想什么？不知她要干什么？这时最佳的方法就是别惹她。在股票市场，就是别碰这样的股票。

股票在大多数时候是有理性，有规律的。虽然每只股票的个性都不一样，但大同小异，你需要不断研究，不断观察，等你的经验积累到一定地步，就知道怎样顺势而行。等待、忍耐、观察，只有在股票的运动符合你的入场条件时才入场。只有这样，你才能够确定你入场的获胜概率大于50%。在这基础上，不断盈利才有可能。当然，千万别忘了保本。

3. 赔小钱赚大钱

给读者一道题：在你面前是两位炒手的交易记录。他们去年都翻了一倍，即100%的回报率。一位是常胜将军，他的交易全部赚钱，有买必赚，虽然每次赚的都不多，但他的交易记录密密麻麻的一大沓，积少成多，他赚了100%。另一位似乎运气不怎么样，交易中亏的次数多，赚的次数少。但他亏时亏得钱少，赚时赚得钱多，特别是有只股票卖出价较买入价升了四倍。算总账他也赚了100%。你怎么评价这两位股票炒手？

两人中的一位是运气很好的新手，另一位可是资深的专业炒手。你现在大概能够猜到哪位是哪位了吧？

从他们的交易记录，你体会到什么了吗？在现实生活中，专业炒手的记录几乎都如上面所描述，他们明白股票买卖不可能每次都正确，那么在错误的时候为何要付大的代价？但在他们正确的时候，他们试图从中得到最大的利润。可是新手们很少有这么好的运气，他们通常把赚钱的股票首先出手，满足于赚小钱，结果通常是手头有一大堆套牢的股票。

想象你手里有100 000元，你告诉自己要分散风险，每只股票只投1/10，即10 000元，1年下来，五升五跌，5只股票跌了10%，4只升了10%，另外1只升了200%。那么1年下来，这100 000元变成129 000元，近30%的回报率。其中那只升了200%的股票是成功的决定性因素。

炒过股的朋友，你买过5元的股票升到15元吗？这样的机会多不多？你抓到过多少？你是不是常常过早离场？使你过早离场的主要原因有两个：一是喜欢贪小便宜；二是对股票较长趋势的判断缺乏经验。得到便宜是很愉快的，每次卖掉赚钱的股票你都觉得自己是炒股天才，想上酒店庆贺一番。你总是试图重复这类愉快的经验。所以我们看到新手赚钱时通常只赚小钱。

话又说回来，如果你知道5元的股票会升到15元，你也绝不会提早离场的。问题是你不能确定。这便涉及股票运动是否正常的判定问题。在这里要强调的是：只要股票运动正常，便必须按兵不动。在很多炒股高手的经验中都特别指明，他们炒股的秘诀不是怎样思考，而是在买对了的时候能够安坐不动。这是很难的一件事，你要克服脱手获利的冲动。巴菲特持有可口可乐的时间超过30年，其间可口可乐的股价涨跌起伏都没有能打动这位股神的心，其伟大也许正在于此。

另一点要强调的是：如果你确定股票运动正常，你的胜算很大，这时你应该在这只股票上适当加大下注的比重。如果你的制胜概率是60%，你下10%的注，但如果经验告诉你这次的制胜概率是80%，你就应加注，从10%提高到30%甚至50%。

成功投资者所具有的共性

1. 要有成为投资专家的欲望

无论做什么，没有欲望是不可能成功的。缺少欲望，你会在碰到些小困难时就打退堂鼓。股友们或许会说："我欲望很强烈，我很想在股市发财。"真是这么回事吗？美国在今天有超过3 000万的股民，华尔街曾经对一般的股民做过调查，其结果是惊人的：80%的股民入市并非以赚钱为主要目的。炒股是金钱游戏，一个绅士们玩的游戏，股民们入市的主要目的是参加这一游戏。你所有富有的朋友都在炒股，你必须成为他们中的一员，这样在大家的闲谈中你也成为"成功人士"的一分子。每个人都有或多或少的赌性，股市提供了满足赌性的场所，它给你日常烦闷的生活提供的调剂。问问你自己，是否也是因这些原因进入股市的？再问一个问题：为了买家里2 000元的那台电视机，你跑了几家商场比价？找了多少材料？问过多少人？做了多少研究？昨天你花20 000元买了那只股票，你又做了多少研究，找了多少资料？你买股票下的工夫是买电视机的百分之几？必须指出：欲望必须由努力做基础，否则只是白日梦。

股神巴菲特每天必做的功课是阅读5份财经类报纸，每买进1只股票前必须要自己研究该公司连续3年的财务报表和该公司所在行业的研究情报，让自己比绝大多数人都深刻了解该公司。中国民间的投资高手林园，现在定居在北京香山脚下，他在选择每一只股票之前都要到该企业进行实地考察，下的工夫比一般的投资人要多得多。上海的民间投资高手殷保华，是资深的老股民，初入股市时也曾一败涂地，之后四处拜师学艺，业余时间读遍了市面上所有的投资类书籍，终于成就上海滩的一段投资传奇。

上面这些真人真事，告诉我们炒股盈利不是碰运气，不是豪赌，而是要靠专业知识和技术的积累，以及勤奋扎实的长期努力，绝对不是好逸恶劳者的寄生手段。

2. 必须具备锲而不舍的精神

锲而不舍是句很容易说，但很难做到的话。记得美国前总统柯立芝有句名言："这个世界充满聪明而失意的人，受过良好教育但成日感叹怀才不遇的人……他们有个共性，缺少锲而不舍的精神。"

什么是锲而不舍的精神？它是在忍无可忍的时候，再忍下去的毅力！如果谁认为他能在股市一炮打响，一飞冲天，他准是在做白日梦。就算他运气好，一进场就捞了一笔，这笔钱来得容易，但它只是股市暂时借给他的，他如果不即刻上岸，股市迟早会向他讨回去。想从股市不断赚到钱，你必须有知识，有经验，你必须成为专家。

在此不妨和读者分享成功学大师拿破仑·希尔在他的不朽名著《思考致富》中的一句话："当财富来到的时候，它将来得如此急，如此快，使人奇怪在那艰难的岁月，这些财富都躲到哪里去了？"这句话和孟夫子的名言"天将降大任于斯人也，必先苦其心智，饿其体肤，劳其筋骨……"有异曲同工之处。

成功来得太容易，它通常不会持久。这个世界有太多的地方能让头脑发热的人摔跤，而且你永远猜不到在什么地方摔跤。因为成功若来得太容易，人往往不知福，不惜福，忘了自己是谁。黎明之前总是最黑暗的，你能熬过这段时间，你才能看到光明。请记住，成功的秘诀不外乎是"在忍无可忍的时候，再忍一忍"。

3. 要有"与股市斗，其乐无穷"的气派

所有成功的投资者对市场及其运作都有极大的兴趣，他们喜欢市场所提供的挑战，有强烈的欲望要战胜这一市场。

吸引他们在这一市场搏斗的不是金钱，不是名誉，不是快速致富。金钱只是他们玩股票游戏成功后的奖品。对一般人而言，他们进市场的目的是为了赚钱，这一期望使他们在这行成功的概率变得很低。因为这一期望使他们难以维持冷静的观察力，他们没有耐性等待必然的结果。一位成功的炒手必须如一位成功的商人，正确地预见未来的需求，适时进货，耐心地等待盈利的时刻。

4. 要甘于做孤独者

几乎所有成功的投资者都是孤独者。他们必须是孤独者。因为他们常要做和大众不同的事。

无论是低买高卖还是高买更高卖，他们都必须维持独立的思维，为了与众不同所以做和大众相反的事是极其危险的。他们必须有合理的解释为何大众可能不对，同时预见采用相反思维所将引致的后果。这给他们与众不同时所需的信心。从孩提时代，我们就深知合群从众的重要性。胡思乱想，奇怪的主意，使你失去朋友，受到嘲弄。长期以来我们已习惯于"集体思维"。但炒股需要不同的思维方式。如果股市大多数人都看好某股票，他们都已按自己的能力入场，还有谁来买股使股市继续升得更高？反之，如果大多数股民不看好股市，他们都已经脱手出场，那么股市的继续下跌区间也已不大。你如果随大流，则你将常常在高点入市，低点出市，你将成为失败者。

当然，何为大多数股民看好大市或大多数股民不看好大市是很难计量的，你主要通过研究"股市"来得到答案。这里强调的是思维的方式。你从小学习的那些讨人喜欢的性格，如听话、合群、不标新立异等都成为炒股成功的障碍。

5. 必须具有耐心和自制力

耐心和自制力都是听起来很简单但做起来很困难的事情。炒股是极其枯燥无味的工作。有人说："我炒过股，我觉得极其刺激好玩。"这是因为他把炒股当成消遣，没有将它当成严肃的工作。围棋爱好者觉得围棋很好玩。但问问那些下棋为生的人，他们一定会告诉你成日盯谱是多么的枯燥单调。其中的道理是一样的。每天收集资料，判断行情，将其和自己的

经验参照并定好炒股计划,偶尔做做或许是兴奋有趣的事,但经年累月地重复同样的工作就是"苦工"。你不把"苦工"当成习惯,你在这行成功的机会就不大。

因为炒股是如此的单调乏味,新手们就喜欢不顾外在条件地在股市跳进跳出寻刺激。在算账的时候,你自然明白寻找这一刺激的代价是多么高昂。你必须培养自己的耐心和自制力,否则想在这行成功是很难的。

看过狮子是怎样捕猎的吗?它耐心地等待猎物,只有在时机及取胜机会都适合的时候,它才从草丛中跳出来。成功的炒手具有同样的特点,他绝不为炒股而炒股,他等待合适的时机,然后采取行动。

等待时机也如种植花草。大家都知道春天是播种的时候,无论你多么喜欢花,在冬天把种子播入土的结果将是什么是很清楚的。你不能太早,也不能太迟,在正确的时间和环境做正确的事才有可能得到预想的效果。不幸的是,对业余炒手而言,往往不是没有耐心,也不是不知道危险,他们也知道春天是播种的时机,但问题是他们没有足够的知识和经验判定何时是春天。

这需要漫长且艰难的学习过程,除了熬之外,没有其他的办法。当你经历了足够的升和跌,你的资金随升跌起伏,你的希望和恐惧随升跌而摆动,逐渐地,你的灵感就培养起来了。

6. 必须有一套适合自己的炒股模式

炒股高手只有在股票的外在条件(包括基础分析、技术分析及股票大势)符合自己的作战计划时才采取行动。俗话说"条条道路通罗马",这里的"罗马"就是累积财富,成为股票游戏的胜利者,而"道路"就是你自己的方法。什么道路并不重要,重要的是这条道路必须符合你的个性,你走起来轻松愉快,你有信心能走远路。在这基础上你才会对自己的方法有信心,最终不断完善自己的方法以取得最高效率。

7. 必须具有超前的想象力及对未来的判断

这并不是说优秀的投资者具有一般人所不具备的第六感,而是他们有能力自繁杂的信息中理出头绪。大多数人注重于今天发生的一切并假设今天发生的一切会不断延续,但优秀的投资者会看得更远一步,预想在什么情况下今天的情形会停滞甚至产生逆转。他们并不较一般人聪明,但他们独立思考,不拘泥于成见。当他们看到改变的苗头,立即采取行动,绝不拖泥带水。

8. 成功的投资者绝不幻想

一旦你把资金投入某只股票,按原来的预想,这只股票的运动不对,你会怎么办?一般人常常想象出各种理由把这一不正常的运动"合理化"。这种为避免割肉痛苦的合理化假设是极其致命的,这也是许多有一定经验的炒手最终不得不举手投降的主要原因。一位成功的投资者绝不让情感左右自己,有的话程度也很小。无论割肉认错是多么痛苦,他们绝不迟疑。他们明白,让这样的情况延续只会带来更大的痛苦和损失。业余炒手很少问自己一个问题:"假如我今天手边有钱,还会买这只股票吗?"就是问了,也会找成堆的理由来安慰自己:"隔壁老王说这只股票的下跌只是暂时的","卖出股票要手续费"等等。一句话,业余炒手想方设法不去止损。

9. 要有应用知识的毅力

怎样才能减肥?答案其实只有四个字:少吃多动。减肥的知识是如此简单,减肥应是轻而易举的事吗?事实正好相反。美国有个统计,100人参加减肥训练,只有12人降低了体重,其中只有两人将减肥训练持续1年以上,即2%的成功率。减肥失败的原因不是因为学习减肥多少困难，而是因为大多数人缺少每天应用这些知识的毅力。你很想吃一块蛋糕，但你知道这一块蛋糕下肚子，锻炼1天的效果就泡汤了，你忍得住吗？你定好计划，每天吃什么，锻炼多久，你坚持了多久？

　　炒股也是一样，任何对炒股有一定认识的人，都明白炒股所需的具体知识少得可怜。股票只有两条路可走，不是上就是下，影响股票升落的因素就是这么多，真正重要的因素列出来占不满你的手指，甚至不识字的也可以在股市露一手。股票的引诱力也人所共知，你如果做得好，前景大大的光明。这样的行业，成功率甚至低过减肥。为什么？因为人们常常做不到自己知道该做的事情。

　　人们都知道诚实是取信于人的不二法门，有多少人做到了？我欣赏王安先生的话："我可能没有把我知道的全部告诉你，但告诉你的，全部是真的。"我们都知道"贪"是受骗的根源，有多少人做到了"不贪"？报纸上天天讲的骗人和被骗的故事都是怎么发生的？我们都知道努力是成功的基石，大家都想成功，有多少人做到了"努力"？或许有人认为每天工作8小时就已很"努力"了，未免太简单了些。我们都知道应该"当天的事情当天做完"，有多少人做到了？这样的例子很多很多。这些都是不难做到的事，需要的不过在行动上应用，但大多数人都失败了。

　　一位成功的投资者，他应十分留意怎样将他的知识应用在炒股中，他不会为应用这些知识的枯燥而忽略细节。在日常生活中，获得知识通常并不困难，困难在于用毅力应用这些知识。在炒股问题上，我是坚信"知易行难"之说的。

华尔街的家训

　　炒股是老行业。在华尔街，100年前流行的是火车股、钢铁股，接着流行收音机股、电视机股，后来流行的是电脑股、网络股……每种股票的兴起都代表了新的行业和人类文明的进步。在这千变万化的股市历史万象中，唯一不变的是股票的运动规律。和百年前甚至更早时期的先辈一样，现代人有着同样的贪婪、恐惧和希望，一样在亏损时不肯割肉，一样满足于小利而在股票的牛市中途退席。当年的股市充满小道消息，今天的股市还是充满小道消息；当年有公司做假账，今天也有公司做假账。

　　巴鲁克是20世纪30年代著名的炒家。从华尔街赚够钱后成为罗斯福总统的财经顾问。他自传的前部分讲的便是他的华尔街生涯。他父亲是位著名的医生。他刚进华尔街，父亲给了他10万美元，那时这可是一笔巨款。可这10万美元只撑了3年。他告诉父亲已亏光10万美金的时候，期待父亲的狂怒。但他父亲没有狂怒，只给了他信任的目光，又给了10万美元，告诉他这是家里最后的资产了。在第6年的时候，他第一次一笔赚到6万美元。在自传中，他说他明白自己从此完成了炒股的初期教育，他不再是"妄想"在华尔街生存，而是"知道"能在华尔街生存。他在自传中充满着对父亲的崇敬。

　　像巴鲁克这样的前辈们和他的前辈们，用他们的经验写下了一条条的家训——想在股票投资这行生存和成功所必须遵循的原则。这些原则，100年前适用，今天适用，100年后一样适用，因为人性不会改变。

　　华尔街一代新人换旧人，每人都希望他的存在能在历史上留下一笔，各种各样的格言警句如恒河沙数。令我惊奇的是，华尔街在近半个世纪已没有出现新的"家训"。有人出了些新的规则,仔细读之,只不过用新文字把老的家训重述而已,换汤不换药。

要把所有的华尔街家训都写出来起码要有200页的篇幅,其中大部分是"为赋新词强说愁"。笔者在这里将实践中证明最为重要的规矩整理出来。这些规矩已由很多人的实际操作证明可以遵循且行之有效,希望读者们能牢牢记住它们。

1. 止损,止损,止损

我不知道该怎样强调这两个字的重要,我也不知还能怎么解释这两个字,这是炒股的最高行为准则。你如果觉得自己实在没法以比进价更低的价钱卖出手中的股票,那就赶快退出这行吧。你在这行没有任何生存的机会。最后割一次肉,痛一次,你还能剩几块钱替儿子买奶粉。

2. 分散风险

做这行需要有赌性,但不能做赌徒。如果你在这行玩刺激,手手10下大注,梦想快快发财,那你迟早翻船说再见,而且速度会较你想象快得多。你有10次好运,第11次好运不见得会落在你头上。记住,你只能承担计算过的风险,不要把所有鸡蛋放在一个篮子里。把手头的资本分成5~10份,在你认为至少有1:3的风险报酬比率时把其中的1份入市,同时牢记止损的最高生存原则,长期下来,不赚钱都难。新手的错误是太急着赚钱,手手都要豪赌,恨不得明天就成为亿万富翁。中国"财不入急门"的古训,在这行真可以说是字字珠玑。

3. 避免买太多股票

问问自己能记住几个电话号码?普通人是100个,你呢?手头股票太多时,产生的结果就是注意力分散,失去对单独股票的感觉。我一直强调,你必须随时具备股票运动是否正常的感觉,在此基础上才有可能控制进出场的时机。买一大堆类别不同的股票,恨不得挂牌的股票每只都买一些,是新手的典型错误,因为注意力将因此分散。将注意力集中在3~5只最有潜力的股票,随着经验的增加,逐渐将留意的股票增加到10~15只。我自己的极限是20只股票。读者可以试试自己的极限何在?但在任何情况下,都不要超出自己的极限。

4. 有疑问的时候,离场!

这是一条很容易明白但很不容易做到的规则。很多时候,你根本就对股票的走势失去感觉,你不知它要往上爬还是朝下跌,你也搞不清它处在升势还是跌势。此时,你的最佳选择就是离场。离场不是说不炒股了,而是别碰这只股票。如果手头有这只股票,卖掉。手头没有,别买。我们已经明了久赌能赢的技巧在于每次下注,你的获胜概率必须超过50%,只要你手头还拥有没有感觉的股票,表示你还未将赌注从赌台撤回来。当你不知这只股票的走势,你的赢面只剩下50%。专业赌徒绝不会在这时把赌注留在台面上。

别让"专业赌徒"四字吓坏你,每个生意人其实都是专业赌徒。你在学习成为炒股专家,对自己的要求要高一些。这时出现另一问题。炒过股的朋友都会有这样的感觉:"当我拥有某只股票的时候,我对它的感觉特别敏锐,股市每天算账,它让我打起十二分的精神,如果手中没拥有这只股票,我对它的注意力就不集中了。"我自己有同样的问题,我的处理方式就是只留下一点股票,如100股。如果亏了,我就将它当成买药的钱,权当我买了贴让注意力集中的药。

5. 忘掉你的入场价

坦白地讲,没有三五年的功力,交过厚厚的一大沓学费,要你忘掉进价是做不到的,但你必须明白为什么要这么做。今天你手中拥有的股票,按你的经验,明天都应该会升。如果经验告诉你这只股票的运动不对了,明天可能会跌,那你把它留在手中干什么?这和你在什么价位进价有什么关系？之所以难以忘掉进价，这和人性中喜赚小便宜,绝不愿吃小亏的天性有关。如果这只股票的价位已较你的进价为高，你脱手会很容易，因为你已赚了便宜。若低的话，你须面对"吃亏"的选择。普通人会找100个"理由"再懒一会儿。朋友,"再懒一会"的代价是很高的。人很难改变自己的人性，那就试着忘掉进价吧。这样你就能专注于在正确的时间做正确的事。

6. 别频繁交易

有的人开始专职炒股的时候，每天不买或卖上一次就觉得自己没完成当天的工作。以炒股为生，不炒不就是没事干？这可是我的工作啊。结果为此付出了巨额的学费。

当经验积累到一定地步，你就会明白股市不是每天都有盈利机会的。你觉得不买不卖就没事干，缺少刺激，代价是每次出入场的手续费。除了手续费之外，每天买卖都带给你情绪的波动，冲散了冷静观察股市的注意力。可以这么说，在你留意跟踪的股票中，每天都有70%胜算的交易机会是骗人的。频繁交易常常是因为枯燥无聊。频繁交易不仅损失手续费，同时使交易的质量降低。

7. 不要向下摊平

犯了错，不是老老实实地认错，重新开始，抱着侥幸心理，向下摊平，把平均进价降低，希望股票小有反弹就能挽回损失，甚至赚钱。这是常人的想法和做法，在这行则是破产的捷径。英国的巴林银行就这样全完了。上海石化在美国挂牌上市,1997年最高曾达到每股45美元。从45美元跌到35美元，很低了吧？是不是再补上2 000股？再跌到25美元，你准备怎么办？还往不往下摊？结果上海石化一路跌到每股10美元。作为股票投资人，这样的好戏只要上演一出，你就全部被套牢，等它升回45美元？或许有可能，但这是两年后还是20年后才会发生的事则谁也说不清！如果永远不回去呢？这样被烫一次，你将不再有胆量继续炒股。假如幸运地市场给你一个解套的机会，你会马上套现把钱放在米缸里，还是天天摸到钱放心。再见了，又一位交了学费毕不了业的学股人。

不要向下摊也可用另一种说法：第一次入场后，纸面上没有利润的话不要加码。纸面有利润了，表示你第一次入场的判断正确，那么可以扩大战果，适当加注，否则即刻止损离场，另寻机会。读者请静下心来思考一下为什么，道理其实很简单。

也许有人不服气，我已有10次向下摊平都摊对了，它确是解套良方。但你还未告诉我你第11、第15次的结果。你敢保证它们不会是王安电脑(王安电脑曾是美国第二大电脑公司，现已破产)？对炒股老手来讲，可以有很多例外。其中之一就是股票在升势时，任何点都是好的入场点，碰巧你一入场，股票开始正常下调，在下调结束回头的时候，你可以考虑再进点股，就算进价较你第一次进价为低也没有关系。这样做的思想基础不是为了解套，而是你"知道"股票的升势还在继续。只有将炒股武艺炼到"无招"地步的炒手才可以考虑这么做，没有三五年的经验莫谈。新手们谨请记住，不要向下摊平。

8. 别让利润变成亏损

这条规矩的意思是这样的：你10元1股进了1 000股，现股票升到12元了，在纸面上，你已有2000元的利润。这时要定好止损价，价格应在10元之上，比如说10.5元或11元，不要再让股票跌到9元才止损。你如果炒过股，就会明白当股票从10元升到12元，却让它跌回9元，最后割肉止损，其感觉是多么令人懊恼。你会觉得自己太愚蠢了。任何时候你如果有自己蠢的感觉，你一定做错了什么。把止损点定在11元，卖掉时算算还赚到钱，这和在9元时不得不割肉的感觉肯定是不一样的。这还牵涉到炒股的第一要务：保本。在任何情况下，尽量保住你的本金。

有些读者会问：股价是12元，把止损点定在11.9元，这样不就能保证赚得更多，数钱时更开心吗？说得是不错，但实际上不能这么做。股票波动一毛钱的时间有时不用两分钟，一旦你出场了，股票可能一路冲到15元，你就失去赚大钱的机会了。把止损点定在10.5元或11元，你给股票10%左右的喘息空间，一只正常上升的股票，不会轻易跌10%的。

9. 跟着股市走，别跟朋友走

这条规矩的简单解释就是：别跟朋友买或卖，要按市场情况来买卖。在交易大厅常常听到："你今天进了什么股票？我想跟你进点。"这样的话令人好笑，因为它总让人想起3个瞎子排成一列往前行走，第一位瞎子就不管了，反正大家都看不见。而3位眼睛好的行人往往是排成一行走，你走你的，我走我的，还方便聊天，碰到石头水沟时大家各自知道怎么避开。他们也有一列走的时候，那时他们走的路一定是最通畅的。

一位真正懂炒股的人通常不愿别人跟着买，因为你可以跟我买，但我要卖的时候你不知道，结果可能害了你。如果卖股票时还要记着通知你，心理负担多大。亏的话怎么办？

朋友，下点工夫，研究股票的运动规律，学着选择买点和卖点。想跟朋友买卖不要紧，掂掂他是什么材料。喜欢你跟着的通常本身是瞎子，瞎子喜欢带路。

该卖股票的时候，要当机立断，千万别迟疑。

股票波动从来花样百出，它在跌的时候，总会不时给你个小反弹，给你一线希望，让你觉得跌势已开始转头。股票重新下跌，你原来的希望破灭，准备割肉放弃时，它又来个小反弹，重新把你拴住。开始小小的损失，经过几个这样的来回，变成了大损失。这就是已学会"止损"的股友还会亏大钱的原因。

止损的概念不要只体现在你的本金上，也要包括利在内。10元买进1 000股，花了10 000元的本，升到15元，你手头就有15 000元了。别把5 000元仅当成纸面利润，不信的话就把股票卖掉，存入银行，看看多出的5 000元是真钱还是假钱。定好了出场价，当股票跌到这点时，不要幻想，不要期待，不要讲理由，即刻卖掉再说。

10. 别将"股价很低了"当成买的理由，也别将"股价很高了"当成卖的理由

一位华尔街炒股高手手里至今还有只股票，交易符号是ihni，公司开养老院。5年前它从15美元跌到5美元，他觉得股价很低了，花了5 000美元进了1 000股。现在的牌价是0.25美元。他的5 000美元只剩下250美元。该高手一直没有止损，当年是"不肯"，今天他用它来提醒自己："你永远不知股票会跌到多低。"因为人是很健忘的。

很多新手们特别喜欢买低价股，这里的低价是指股票从高价跌下来，如40美元跌到20美元。这样的想法或许是源自日常生活，衣服从40美元降价到20美元，那一定是便宜了。把这样的习惯引申到股票，自然而然地找"减价股票"。很不幸，你用选衣服的方法选股票，在这行就死定了。股票从40美元跌到20美元，通常都有它的内在原因，你用什么断定它不会继续往下跌呢？英文有句话是这么说的：别试着去接往下掉的刀子，它会把你的手扎得血淋淋的！所谓炒手，最重要的是跟势，股票从40美元跌到20美元，明显是跌势，你不能逆势而行。当然要是股票从40美元跌到10美元，现在又从10美元升到20美元，那就是两码事了。

一位新手在发现他买进的股票升了时，会很兴奋，也惴惴不安，生怕市场把好不容易借给的利润又收回去。成日脑海里盘旋的就是"股票是不是升到顶了"，"还是别贪了，快快卖吧"。这里要提醒读者的就是：别将"股价很高了"当成卖的理由，你永远不知股票会升多高。只要股票的升势正常，别离开这只股票。记住前面提到过的华尔街格言：截短亏损，让利润

奔跑。

11. 定好计划，按既定方针办

入股时，认清你的风险和回报各是什么。若市场未按你预定的轨道运行时怎样应变？最好写下应变的策略。特别对新手而言，入市几天后，自己都记不起入股时是怎样想的。如果你的止损是10%，10元进货，升到15元，止损点就定在13.50元，没什么价钱好讲的，股票跌到13.50元就说再见。如果你的原计划是10元入股，15元卖出获利，那么股票升到15元时就坚决卖出，不要犹豫，虽然我强调在这行最好不要预定获利点，但你如果有这样的计划，就照做。股票买卖的方法实际上没有什么对或错，关键是你需要找到适合自己风险承受力的方法，且坚决按照这个方法去做。随着经验的增加，你会不断改变自己的方法，这就如螺旋一样，转了一圈，你似乎还在原位，但其实你已经高了一层。方法可以修改，也必须随着经验的积累而修改，重要的是在任何时候，都必须有个方法且用它来指导你的行动。

新手们最易犯的错误之一就是缺少计划。觉得这只股票跌了很低了或某人说这只股票好就买进。买进后怎么跟踪就毫无头绪了。什么情况下止损，什么情况下获利，一问三不知。你若也是其中一员，赶快学着定好自己的计划。股票学校的学费是很贵的。

12. 市场从来不会错，你自己的想法常常是错的

华尔街很多著名的专家，在这条上都翻了跟斗。人一旦出了点名，名声就重于一切，他们认为股票要升，不升怎么办？结论自然是市场错了，市场还未体验到这只股票的价值。结果是专家们一个个从宝座上跌下来。这样的故事非常之多。越聪明的人，越容易自以为是。他们在生活中的决定通常正确的居多，有些是开始不对劲，但最终证明他们正确。或许最终他们确实是正确的，但在市场证明之前，他们可以早已剃光头回家了。不要自以为是，不要有虚荣心，按市场给你的信息来决定行动计划，一有不对即刻认错，这才是股市的长存之道。

炒股成功的心理障碍

在掌握了一定的股票基本知识和炒股经验之后，要想在股票行长期生存，炒股者最不应该忽视的就是自己的心理建设。人性中根深蒂固的恐惧、贪婪、希望影响着我们所做的每一个决定，使我们常常做不到自己知道应该做的事。要完全克服人性中的弱点是很困难的，但我们首先必须知道这些弱点是什么及什么是正确的做法。

成为一位成功的股票投资人，你必须做到下述三点：

第一，获得炒股的基本知识。
第二，制定切实可行的炒股计划。
第三，严格按照这个计划实行。

到现在为止，你已具备足够的基本知识来判断股票的走势和股市大市，知道应该怎么选股，怎么决定买入点和卖出点。你已经有足够的知识架构来制定作战计划。

股票的基本知识是死的，学会它相对容易，制定作战计划也并不困难。困难在于怎样从心理上自然地执行这些计划及在必要的时候修改这些计划。业余和专业炒手的区别就划分在这里。

怎样规划作战方案，决定于个人对风险的承受力，也决定于你预计的持股时间。你如果决定入股后就20年不动,那有一套做法,你可以只选5只股票,每只股票投入你资本的20%,其后就不再看它。20年是很长的时间,5只股票只可以有1只翻了10倍,两只破产没有了,2只不动,但如果这就是你的计划,照做。

对一般中短期的炒手而言,如果你觉得自己对风险的承受力大,可以把鸡蛋放入二三个篮子里,且给较大的止损程度,如25%。如果自己觉得对风险承受力小,可以选5~10只股票来分散风险,把止损点定在10%或更小。这类选择因人而异,也没有哪种对哪种错的讲法。重要的是你觉得舒服,觉得你自己控制着情况。有些人可能喜欢将所有的资金只投资一只股票,这也没有问题,但如果因此紧张得睡不着觉,则这方式便不对。

现在我们谈谈为什么一般人总是不能严格执行原定的计划。如果我们对自己和对市场都有完美的了解,要做到第三点即严格按照计划其实也很容易。问题是我们通常并不完全了解自己,也不完全了解市场,我们只能"尽力而为"。这就使得我们总是会想办法,找借口来不按这些规则办。因为严格执行这些规则常常刺激我们最软弱的部位——"自我"。它包括对亏钱的恐惧,对认错的抗拒,对不劳而获的期望,一夕致富的梦想。

炒股是人类这种动物争夺生存资源的斗争,一切人性都变成赤裸裸的。先谈谈人的情感。人是有情感的,人的情感是心理上对外部条件、自身的受益或损害的反应。这基于我们在生活中的实践,基于我们的价值观念。

影响盈亏的三个心理因素

1. 恐惧

我们有恐惧,就如同孩童害怕受到火的伤害,恐惧使孩童不敢再去玩火。这就是对身体伤害的恐惧。我们害怕战争,因为战争摧毁生命和财产。我们从小教导小孩要"听大人话","听话"逐渐成为价值观念的一部分,我们认为这是"正确"的价值观。待我们长大后,自己成了大人,我们自然地将"听大人话"升格成"听领导的话","听专家的话","听权威的话"。小时"不听话"时所受的责罚使我们恐惧日后不听"上一级"的话会导致的后果。

我们恐惧亏钱,小时我们用金钱交换糖果,交换衣服,我们知道失去金钱就失去交换这些令人愉快物质的媒介。所以我们在股市也不愿亏钱,恐惧使我们不能止损。

恐惧是有传染性的。听到战争的时候,人人都充满恐惧,虽然远离战场的普通百姓,受到身体伤害的可能性其实很小,但因大家都恐惧,所以我们也恐惧。在股市上,熊市来了,股民们开始恐惧,我们也随其他股民的恐惧而恐惧。事实是当普通股民感到恐惧的时候,熊市通常已接近尾声。但我们绝没有胆量在这个时候逆大众心理而动,恐惧使我们在应该进场的时候反而出场了。

恐惧有很强的记忆能力。你如果在股市经历了一个可怕的亏损,你将恐惧同样的经历会重新出现。在下次投资的时候,你的判断力就会受到这个经历的影响,任何可能有麻烦的迹象,无论这迹象是多么小,你都将作出离场的决定,以避免再次受到伤害。这就是炒手们常常过早离场的原因。应该获利5万元的机会,你可能只得到5千元。上次你有了赚钱股票以亏钱收场的惨痛经历,你这次要避免同样的伤痛,什么走势、大市、分析等你都顾不得了。

股市出了热门股,人人都在追捧,你有能力抵抗诱惑吗?你对"未随大流"的恐惧和失去"赚大钱"机会的贪婪常使你在股票的最高点入股。

2. 贪婪

贪婪是情绪反应的另一极端,它在股市上的表现就是在最短的时间内赚很多的钱。

在日常生活中,你听说过有人嫌工资太高、福利太好的吗?无论得到什么,得到多少,你总会编出理由来证明你应该得到更多。这一方面出自人对争夺生存资源的自然反应;另一方面源自对自己的无知,对外界的无知,所谓缺乏自知之明。在股票投资上,这种情绪是极其有害的。

首先,它会使你失去理性判断的能力,不管股市的具体环境,无法让钱闲着,而勉强入市。不错,资金不入市不可能赚钱,但贪婪使你忘记了入市的资金也可能亏掉。不顾外在条件,不停地在股市跳进跳出是还未能控制自己情绪的股市新手的典型表现之一。

贪婪也使你忘记了分散风险。自己美滋滋地想象着如果这只股票翻两倍的话你能赚多少钱,忽略了股票跌的话怎么办。新手的另外一个典型表现是在加股的选择上。你买了300股10元的股票,如果升到15元,你会想,如果当时我买1 000股该多好。同时你开始想象股票会升到20元,你即刻多买3 000股,把你绝大部分本金都投入到这只股票上。假设这时股票跌了1元,你一下子从原先的1500元利润变成倒亏1 800元。这时你失去思考能力,希望开始取代贪婪,你希望这是暂时的反调,它很快就会回到上升之途,直升至20元。你可能看到亏损一天天地加大,你每天都睡不好。

这里不是说加股就是不对的,而是说情绪性地加股是不对的,特别在贪婪控制你的情绪之时。你是否被贪婪控制,自己最知道。话又说回来。如果你原先的计划就是先用300股来试市场,你很清楚何时加股,应加多少,情况不对的时候何时退场,你将不会有焦虑失眠等问题。总之,因为部分胜利而引发贪婪,情绪化地用贪婪引导行动,它将引致灾难。

3. 希望

股票不断爬升,你终于等不及了,你进场了,希望股票会继续升。不幸的是,一旦你进场,股票开始下跌,你的账面损失一天天在增加。自然地,你希望股价能回升到你入市的价格,让你全身而退。这种希望是阻止你进行理性思考的障碍之一。

一旦怀抱"希望",你每天都在寻找对你有利的信息,忽略对你不利的信息。就如同一般人对表扬常记于心,把批评当耳边风一样。你每天都在希望股票做对你有利的运动,而不是客观地判断市场。

希望可以定义成"对某种事物的期待"。成功的投资必须基于对今天和未来所发生的事件对股价的可能影响做理性判断,"希望"在这个判断过程中不应占有任何地位。股票的运动绝不以你的希望为转移,它会走自己的路。别忘了你买的股票都是其他人卖给你的。你有一定的期望,至少有相同的人持有相反的期望。没有理由认为股市对你特别偏爱。每次进的股票开始亏钱,你必须很严肃地问自己:我原先买这只股票的理由对吗?再进一步问自己:如果我今天没有这只股票,手上有余钱,我还会买这只股票吗?如果答案是肯定的,没有卖出的必要;如果不是,那么你在用希望取代理性判断,赶快卖股走人。这样做有两个明显的结果:一是防止小的亏损慢慢累积成致命的大亏;二是你失掉了包袱,容易开始新的市场观察,寻找下一个机会。

以上我们讨论了三个影响我们做决定的心理因素,是不是就完全了呢?当然不是。但可以这么说:这三个心理因素影响炒股犯错的99%以上。了解了这些心理因素,我们就有了借鉴的根据,为什么我们定好的计划在执行中总是会出偏差?为什么我们会犯那些事后回想起来觉得不可思议的错误?这些错误如果严格执行原定计划的话是完全可以避免的。摔了跤,我们首先要明白为什么摔跤？其后我们才知道该采取什么措施来防止再摔同样的跤。

决胜股市的正确心态

可以说,这本书所讲的一切规则都是要帮助你克服这些影响炒股成功的心理障碍。你如果将自己训练到完全克服这些心理障碍了,你就根本不再需要这些规则,它们应自然地、随心所欲地发自内心。此时,你便从有招的业余选手进步到无招的炒股高手。但这条路是艰苦漫长的,你不仅需要战胜自然——学习炒股的知识,你还要战胜自己——克服根深蒂固的恐惧、希望和贪婪这些先天性的心理障碍,并逐渐养成正确的心态。

要成为炒股专家,真正直接有用的专业知识并不多,它比成为一位普通工程师的要求少多了。但要真正地应用这些知识,却是严酷的挑战。因为这些知识并没有严格的对错之分,其对错因人而异。人作为有智慧的动物,它的特性之一就是学习的能力。无论是炒股知识还是怎样应用这些知识,都是可以学习的。对易者,它们很容易；对难者,它们很难。你需要具备一定的素质,要有正确的心态。这些素质和心态是一般人或多或少都具备的,但具备并不够,要完美。具备只能让你有时赚到钱,只有完美了,你才会有信心不断赚到钱。这些正确的心态至少包括以下几方面。

1. 你要相信自己

自信是在任何行业成功的首要条件。你自己都不相信自己,在困难面前你会马上打退堂鼓。相信自己的能力,相信自己能够学习所需的技能且在实践上获得成果。

2. 诚实地面对自己,评价自己

无知的狂妄自大是做人失败的主要原因,失败的投资者大多认为股市欠他们什么。他们太相信自己的判断,事实和想象往往有段距离。

3. 独立的判断能力

不要人云亦云,不要大家都追捧热门股,你也追捧热门股。要用自己的经验和直觉评价一下热门股后面的理由是否站得住脚。当面对不同意见的时候,静心地思考一下对方的理由。

4. 自我督促

这行业也是多劳多得的行业,但多劳多得是长期而言,短期来说,你的努力不见得能得到和努力相匹配的结果。当成果和努力不直接挂钩的时候,一般人总是会松懈下来,这是要不得的。要想在任何行业成为专家,你都必须锲而不舍地努力。

5. 改变的能力

股票的特性在于它没有恒定的运动规律。你定好炒股计划后,必须随时观察你的计划的实施效果及这个计划是否符合你本身的风险承受力。必要时,修改你的计划。比如你原先决定只买两只最有潜力的股票,但你发现资本太过集中,晚上睡不好,这时就必须摊平风险,买4只或5只股票,直到晚上睡得好为止。

6. 热爱你选择的行业

你如果把炒股当成成名致富的捷径,你就犯了极大的错误。你必须热爱炒股所提供的挑战,享受你的每一个进步,在工作中得到乐趣。金钱仅仅是副产品。否则,你会失望的。

以上6点是针对炒股写的。其实,想在任何行业成为专家,你都必须具备类似的素质。否则你就是庸庸碌碌混日子。但在炒股这行,由于金融市场的快速多变,对这些素质的要求便显得特别突出。没有自信,你对犯错的恐惧迟早将使你失去思考和做决定的能力。没有独立的判断力,随大流人云亦云,你迟早会发现自己是股票投资的失败者。不诚实地面对自己,你的决定将基于希望而不是事实。最后,你如果不是热爱这个行业,只是追求金钱,你很快就是发现炒股是多么的单调无趣,钱来得也远不如你想象的容易。你很快就会举手投降。

怎样养成正确的炒股心态

一位成功的炒手,必须具有正确的心态。你已明白必须建立规则,按照规则执行你的炒股计划。你知道必须相信自己,要独立思考,要自我督促,这些都是要努力控制自己的东西,要强迫自己去做的东西。只有在实践中不断重复,直到这些要求成为你的自然反应,成为你的直觉,你才有了正确的心态,这时你才真正学会了炒股。

你必须学习体会按规则行动是愉快的,不按规则行动是痛苦的。刚学止损的时候,亏钱总是痛苦的,不然何为割肉?随着时间的推移,你经历了小损成为大损的过程,其间的焦虑、怀疑、失眠,一次又一次,你就逐渐形成快速止损的心态。开始时定下的止损规则显得难以执行,慢慢地成为下意识的行动,一旦股票运动不对,不采取行动就寝食难安。这个过程,就是你学股的成长过程。

炒股需要很多和人性逆向而行的心态,这种心态首先你必须明白它。比如不愿止损、喜欢不顾外在条件在股市跳进跳出、好获小利等。明白了问题之所在以后,你必须有意识地训练自己不犯这些错误。就算犯了,告诫自己下次别犯同样的错误。为做到这些,你要观察、要反省。

观察市场,用你的知识及经验判断市场的行动及发展,做到这点的基础当然是你必须有一定的市场知识和经验。随着时间的推移,自然地,你会"感觉"到市场下一步的"方向"何在。潜意识中,你会听到一个声音:"现在是买进的时候",或者是"现在是卖出的时候"。这时你开始将这个声音和你的规则相比较。你若想买进某只股票,你开始问:这只股票处在升势吗?这家公司有没有新产品?股票的大市是牛市还是熊市?这只股票的价格变化和交易量的互动是否正常?你问自己内心中"买"的声音是源自"自以为是"还是客观的判断?

每次犯错,好好地分析自己为什么犯错,违反了什么规则?人犯了错,自然的情绪就是寻找替罪羊:如股票大户操纵、报纸登假新闻、公司做假账等。这些其实在股票的运动和交易量上都有迹可循。请清楚地提醒自己:自己,也只有自己,才能对结果负全部责任。犯错不可怕,可怕的在于不承认自己犯了错,炒股是这样,做人何尝不是这样?

炒股的正确心态还必须包括专心。你要专心研究股市的规律,这需要实践。只看几本书是不够的。就如同游泳,无论你读了多少游泳的书,不下水是不成的。专心地观察股市,它是公众参与的行业,是有迹可循的。特别留意自己熟悉的股票,一段时间后,你会发现心里"买"或"卖"的声音越来越精确。

给自己这样的信心:只要我全力以赴,专心致志,我什么都能学会。你对这行了解得越多,从中得到的乐趣也越多。俗话说知识是享受,股票的知识也不例外。而且这些知识除了精神享受之外,还能提供财务上的收益。

专心是在任何行业成功的基本要求。股票投资是极其普通的行业,用不着很大的资本,也没有很多专门的知识。千千万万人都在这行打滚,你要做得比他们更好,凭什么?普通人每天工作8小时,你也工作8小时的话,你也只会是普通人中的一员。想比普通人站得更高,看得更远,只有依靠8小时以外的努力。

享受你所做的一切。这或许听来很奇怪,但这是事实。你一旦把炒股当成工作,它是单调辛苦的。看看你的周围,有多少人能说享受自己的工作?大多是为五斗米折腰,一天天混日子罢了。你如果每天都告诉自己:"我从炒股中得到很多乐趣",你的心态就会不一样。这不是阿Q精神,试试就知道区别了。把工作当中享受,你会更专心。我所见到的大多是玩股的,把炒股当成业余消遣,这些人永远都达不到专业的层次。

读了这么多,不去做的话,什么用都没有。这个世界充斥着幻想但从不实践的人。也有很多埋头做事,却从不幻想的人。那些满怀理想,又努力用实践来实现这些理想的人少之又少,而只有这些人才会是生活中真正的成功者。他们每天都充满活力,为实现理想而努力,不计报酬,因为工作的乐趣已是最大的报酬,他们把每个失败和挫折都当成前进路上不可避免的障碍。从这一点来说,在股票投资成功的条件与其他行业毫无区别。

再看看你周围那些空虚的眼神,那些埋怨"我还没有碰到机遇","我这匹千里马未遇到伯乐"的"怀才不遇"者,几乎毫无例外地成日怨天尤人,搬弄是非。这些人要么从来就没有理想,要么从未想过通过努力来实现自己的理想。所有的理想随着时间的推移而消失。他们充满着对自己的不信任和深深的不安全感。

要成为哪种人?选择是很清楚的。从今天开始,从现在开始,给自己定个可行的计划,定个实现这个目标的计划,坚定不移地按计划做。只要锲而不舍,你迟早能达到这个目标。它所能获得的结果将是惊人的。

还要提醒你,在你成功之前,你会碰到很多嘲笑你的人。嘲笑别人很容易,要自己做出些小的成就就非常困难。你仔细观察后会发现那些喜欢嘲讽人的人几乎毫无例外是生活的失败者,碌碌无为地混日子者。对这些人的嘲笑,你必须能一笑了之。